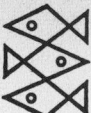

Über dieses Buch Dreißig Jahre lang galt Madame de Staël (1766–1817) als Europas ungekrönte Herrscherin: Goethe rühmte »die großen Vorzüge der hoch denkenden und empfindenden Schriftstellerin«, Schiller »die Klarheit, Entschiedenheit und geistreiche Lebhaftigkeit ihrer Natur«. Dichter, Politiker, Fürstlichkeiten beteten sie an, folgten ihrem Rat.

Durch ihren Vater, den Schweizer Bankier und Finanzminister Ludwigs XVI. Necker, kommt sie früh mit der Politik in Berührung, durch ihre Mutter, die in Paris einen literarischen Salon unterhält, mit den geistigen Größen der Zeit. 1789 engagiert sie sich für die Sache der Revolution, muß jedoch 1792 nach Coppet (Schweiz) fliehen, wo ihre Freundschaft mit Constant beginnt. 1802 durch Napoleon erneut aus Frankreich verbannt, bereist sie Europa, widmet sich ihrem schriftstellerischen Werk und ihrer umfangreichen Korrespondenz: gefühlsselige Liebesbriefe, Briefberichte von Reisen in Deutschland, England, Italien, Anklage- und Verteidigungsbriefe an Talleyrand, Joseph Bonaparte, Wellington, La Fayette, Briefgespräche mit Humboldt, Chateaubriand, Byron, Wieland, Briefmemoranden an Bernadotte, Jefferson, Pitt und den Zaren Alexander.

Georges Solovieff, anerkannter de Staël-Forscher, hat eine vorzügliche Auswahl getroffen, die durch erläuternde Zwischentexte und wichtige Briefzeugnisse der Partner ergänzt ist. So entstand das authentische Porträt, ja das Selbstporträt einer der interessantesten und modernsten Frauengestalten neuerer europäischer Geschichte und zugleich das politische, geistige, künstlerische Panorama einer ganzen Epoche.

Der Herausgeber Georges Solovieff, geb. 1921 in Berlin, Schulbesuch in Berlin, Paris und Genf, Studium am Harvard College, an der Columbia University und an der Sorbonne. Während des Zweiten Weltkrieges Dolmetscher in der amerikanischen Armee, anschließend Tätigkeit als Redakteur und Bibliothekar in New York. Von 1960–72 Professor an der Sorbonne/Paris, von 1972–75 an der University of California/Los Angeles; seit 1977 lebt er in Salzburg, wo er im Französischen Kulturinstitut und an der Volkshochschule unterrichtet und Vorlesungen hält. Publikationen u. a.: Madame de Staël, Lettres, à Narbonne. Paris 1960; Madame de Staël ses amis, ses correspondants. Choix de lettres (1778–1817). Paris 1970; Madame de Staël, Choix de textes. Thématique et actualité. Paris 1974.

Madame de Staël

Kein Herz,
das mehr geliebt hat

Eine Biographie in Briefen

Herausgegeben
von Georges Solovieff

Aus dem Französischen übersetzt
von Rudolf Wittkopf

Fischer Taschenbuch Verlag

Ungekürzte, korrigierte Ausgabe
Veröffentlicht im Fischer Taschenbuch Verlag GmbH,
Frankfurt am Main, April 1986

Titel der französischen Originalausgabe: ›Choix de Lettres‹
Erschienen bei Édition Klincksieck
© 1970 Édition Klincksieck, Paris
Copyright der deutschen Ausgabe:
© 1971 S. Fischer Verlag GmbH, Frankfurt am Main
Umschlaggestaltung: Jan Buchholz/Reni Hinsch
Abbildung: Lithographie von Delpech nach Gerard
Druck und Bindung: Clausen & Bosse, Leck
Printed in Germany
1680-isbn-3-596-25653-4

Für Simone Balayé

Inhalt

1

Kindheit und Jugend der Germaine Necker
(1778-1785)

Ende Februar 1778 drohte Germaine infolge des harten Lehrplans, den
ihre Mutter ihr zumutete, ein Nervenzusammenbruch, und der berühmte
Genfer Arzt Tronchet verordnete ihr Luftveränderung und Schonung sowohl ihrer körperlichen wie geistigen Kräfte. Statt der Bücher viel Bewegung im Freien und einfache, bequeme Kleidung. So schickte man das
junge Mädchen auf das Landhaus der Neckers in Saint-Ouen.

Gemeinsam mit einer Freundin tollte sie im Park, verfaßte eigene Komö-
dien, improvisierte Spiele, verkleidete sich als Nymphe, versuchte sich im
Bogenschießen und entdeckte die Freuden der Natur.

Necker kam am Wochenende aus Paris, sei es allein, sei es begleitet von
Abbé Raynal, Marmontel oder Buffon. Seine Frau besuchte, wenn es ihr
möglich war, ihre Tochter zweimal in der Woche.

Madame Necker (1737–1794), eine bemerkenswerte Frau, die ihr Glück
aus eigener Kraft gemacht hatte, war von ihrem Vater, einem Waadtländer
Pastor, in den Naturwissenschaften und in antiker und moderner Literatur
unterwiesen worden und hielt ihr ganzes Leben lang an strengen religiösen Prinzipien fest. Als Mitarbeiterin ihres Gatten und Inhaberin eines
berühmten Salons findet sie noch Zeit, sich der Wohltätigkeit zu widmen
und gründet in Paris das Necker-Spital. Kurz vor ihrem Tode veröffentlicht
sie ihre *Reflexions sur le divorce,* die möglicherweise von der verunglück-
ten Ehe ihrer Tochter inspiriert wurden, und hinterläßt einen umfangreichen Briefwechsel und Essays, von denen ihr Gatte nach ihrem Tode einen
Teil in fünf Bänden unter dem Titel *Mélanges* veröffentlichte.

Diese ersten Briefe lassen die Zuneigung und die Ergebenheit Germaines
ihrer Mutter gegenüber erkennen, unter deren strenger Ägide sie die
Regeln des Anstands lernt. Sie zeugen sowohl von einer bemerkenswerten
Reife im Ausdruck wie auch von Selbstanalyse und sind sicherlich dem
etwas rhetorischen Stil ihrer Eltern nachgeahmt.[1]

An Madame Necker

[Paris oder Saint-Ouen] Samstagabend [Anfang 1778?]

Meine liebe Mama,

Ich muß Ihnen schreiben. Mein Herz ist wie zugeschnürt, ich bin traurig, und dieses große Haus, das eben noch all das enthielt, was mir teuer war, und wo meine Welt und meine Zukunft ihre Grenzen hatten, ist für mich nur mehr eine Wüste. Ich habe zum ersten Mal gemerkt, daß dieser Raum zu groß für mich war, und bin in mein kleines Zimmer gelaufen, damit mein Blick wenigstens die Leere, die mich umgab, im Zaume halten könnte. Dieses augenblickliche Alleinsein hat mich über meine Lage zittern lassen. Sie, liebe Mama, finden in sich Tröstungen ohne Zahl, aber ich finde in mir nur Sie. Das ist meine Räson, mein Mut, und ich fühle, daß Ihre Lektionen mich gelehrt haben, Sie zum Vorbild zu nehmen wie die Tugend selbst, in der Sie mich unterwiesen. Hundertfach glücklich, wenn man nur den Beispielen jener folgen darf, die man liebt; doch wäre die Tugend in Ehren gehalten worden, wenn Sie lasterhaft gewesen wären? Ich verwünsche diesen Ball und all meine frivolen Gelüste. Ich habe mich sehr geirrt, wenn ich glaubte, ich würde mich dort amüsieren. Hatte ich wirklich gedacht, daß ich fern von Ihnen dieselben Augen haben würde?

Mit Hochachtung bin ich, meine liebe Mama, die zärtlichste Tochter,

Necker[2]

An Madame Necker

[Saint-Ouen? Frühjahr oder Sommer 1778 oder 1779]

Es fällt mir schwer, Ihnen zu schreiben. Wenn ich mich Ihrer würdig fühlte, würdig Ihrer Lektionen, wieviel Freude würde es mir bereiten, Ihnen mit meinen Fortschritten Ehre zu machen und Ihnen jeden Tag zu danken; doch da ich Ihnen nur die Schande und die Beschämung bieten kann, immer wieder in dieselben Fehler zu verfallen, entgleitet mir die Feder, überlasse ich mich der Mutlosigkeit und Traurigkeit. Ja, meine liebe Mama, werden Sie es glauben? Gestern abend bin ich in meine gewöhnliche schlechte Laune verfallen und heute morgen abermals, über eine andere Sache. Ersparen Sie mir Ausführlichkeit, es fällt mir zu schwer, über diese Ärgerlichkeit minuziös zu reden. Ich habe das Gefühl, ich würde sie rechtfertigen, schriebe ich darüber, und ich könnte sie dann unmöglich vergessen. Außerdem mißtraue ich meiner Schwäche; ich müßte befürchten, daß ich, wenn ich darüber schriebe, etwas weglassen würde; ich fühle, daß es mir unmöglich wäre, alles zu sagen, ich müßte erröten, Sie nur mit meinen Fehlern unterhalten zu können; warum habe ich Ihnen nicht von Siegen, die ich über mich davongetragen habe, zu erzählen? Ach! Mama, meine liebe Mama, tadeln Sie mich [...]

Adieu, meine liebe Mama, lassen Sie sich umarmen.

Ihre sehr ehrerbietige und gehorsamste Tochter,

Minette Necker[3]

An Madame Necker

[Saint-Ouen, Mitte Mai 1778 oder 1779]

Meine liebe Mama,

Seit wir Sie verlassen haben, bin ich so glücklich gewesen, wie es möglich ist, wenn man Ihnen fern ist. Es ist jedoch ein gar beschränktes Glück. Diese große Leere in meinem Herzen kann nur ein wenig ausgefüllt werden, wenn ein anderes, weit minder starkes Gefühl (ein Vergleich wäre unvernünftig) mich sanft daran erinnert, wie sehr ich Sie liebe. Diese Wirkung hat für mich alle Liebe, deren ich für andere fähig bin; ich erstatte sie Ihnen zurück wie einen Raub, den ich an Ihnen begehe, da ich nicht genügend in mir selbst finde, um Sie so zu verehren wie Papa.

Mademoiselle Hubert ist, wie Sie sehen, meine liebe Mama, gestern abend angekommen und wird bis morgen bei mir bleiben. Samstag ist noch recht fern, und ich werde Sie bis zu diesem Zeitpunkt nicht sehen. Ich rede Ihnen unablässig nur von Ihrem Fernsein, verzeihen Sie; Sie möchten, daß ich Ihnen all das sage, was ich denke. Fern von Ihnen, bedrückt mich unaufhörlich der Kummer, Sie nicht zu sehen, und selbst wenn ich mich dieses Vergnügens erfreue, beschäftigt mich dieser einzige Gedanke. Ja, Mama, lebte ich tausend Jahre, um Sie zu betrachten, wenn Sie einen Augenblick den Kopf wenden würden, ich glaube, ich wäre darauf immer noch eifersüchtig. Adieu, meine zärtliche Mama. Haben Sie die Güte, trotz all meiner Torheiten zu sehen, daß Sie geliebt werden wie... könnte ich etwas Stärkeres sagen als: wie Sie es verdienen. Lassen Sie sich tausendmal küssen, indem ich Sie an ein Herz drücke, das allein Ihnen und meinem Papa gehört.

Ich bin mit Hochachtung Ihre alleruntertänigste Tochter,

Necker

P. S. Wir schicken Ihnen die schönsten Blumen aus unserem Garten.[4]

Bedauerlicherweise gibt es aus den folgenden vier Jahren keine Briefe. Während ihrer Mädchenzeit entdeckt Germaine ihre erste Leidenschaft: ihren Vater, der seinerseits mehr Zuneigung zu ihr denn zu seiner Frau zeigt. Zwischen Vater und Tochter entsteht ein gegenseitiges, durch eine gewisse Komplizenschaft noch vertieftes Einverständnis. Sie beschäftigt sich mehr und mehr mit seinen politischen Ideen, vor allem nach der Veröffentlichung seines *Compte rendu au Roi* (1781), der die Ursache seiner ersten Demission ist; später wird sie ihn ihren »Fénelon der Politik« nennen. Bevor die Familie 1784, zur Zeit der ersten Verabschiedung Neckers, das Schloß und die Baronie Coppet bei Genf erwarb, hatte sie das Schloß Beaulieu nahe Lausanne gemietet.

Anfang September 1784 ziehen die Neckers in ihr neues Schloß Coppet. Germaine verbringt einen großen Teil ihrer Zeit mit Lesen (*The sentimental journey* von Sterne und die Geschichte Ludwigs XII., unter anderen), betätigt sich als Sekretärin ihrer Mutter und läßt sich durch *Mélanie* von Laharpe in die Schauspielkunst einführen. Obgleich sie die Reize des Landlebens entdeckt, vermißt sie Paris sehr.

Mehrere Heiratspläne werden für sie erwogen, doch trotz der von Staël seit seiner vor kurzem erfolgten Ernennung zum Botschafter unternommenen Offensive um ihre Hand sind von dieser Seite, zumindest für einige Zeit, kaum Fortschritte zu verzeichnen.

Von Ende Oktober bis Ende April 1785 halten sich die Neckers in Avignon und Montpellier auf, wo Madame Necker die Ärzte konsultiert. Dann, nach einem Monat in Lyon, begeben sie sich in ihr Landhaus, Schloß Marolles, nahe Arpajon.

Im Juli 1785 begegnet Germaine Necker ihrem künftigen Gatten. Man kennt ihren ersten Eindruck von ihm.

Dem Baron Eric Magnus de Staël-Holstein (1749–1802), einem gutaussehenden Mann von damals 36 Jahren, mangelte es trotz einer vernachlässigten Bildung weder an Intelligenz noch an Anpassungsfähigkeit, Ehrgeiz, Schläue oder Charme. Es fehlte ihm nur geistige Weite und Temperament. Bereits im Alter von dreizehn Jahren in der Armee, zeichnet er sich 1772 bei dem Staatsstreich Gustavs III. von Schweden als Fähnrich der Garde aus. Nach zwei Reisejahren wird er zum Kämmerer der Königin ernannt. Im März 1776 tritt er als Hauptmann in den Dienst des Königs. Im April desselben Jahres geht er nach Paris mit der Absicht, in die amerikanischen Expeditionstruppen einzutreten. Statt dessen nimmt ihn der Botschafter von Schweden, Creutz, als Attaché zu sich, und der junge Staël erobert sich schon bald Paris und Versailles. Er führt ein verschwenderisches Leben über seine Verhältnisse und borgt Geld, ohne seine Schulden zurückzahlen zu können. So, aller Mittel ledig, entscheidet er sich gegen 1778, eine reiche Erbin zu heiraten. Im folgenden Jahr stellen Comtesse de Boufflers und Creutz ihn den Neckers vor.

Das erste Billett der jungen Dame an ihren Verlobten ließ bereits eine leichte Enttäuschung durchblicken, verursacht vielleicht durch diverse finanzielle Fragen oder andere die Eheverhandlungen betreffenden Bedenken.[5]

An Monsieur de Staël

[Paris? Herbst 1785]

Niemand hat mehr als ich, Monsieur, die Wertschätzung bewiesen, die man Ihrem Charakter schuldet: ich habe Ihnen mein Lebensglück anheimgestellt. Konnte ich Ihnen ein größeres Zeichen des Vertrauens geben? Die Schwierigkeiten, die Sie machen, sind hingegen alle wider mich. Diese müssen mich verletzen, sofern ich das Versprechen geglaubt habe, das Sie mir gaben, als Sie mich Donnerstag verließen, und zumal sofern ich geglaubt habe, was Sie mir über Ihre Gefühle sagten. Ich mische in die Entscheidungen des gerechtesten und nobelsten Mannes[6] indes keinerlei eigene Empfindlichkeit. Ich hege den Wunsch, die Zusammenkunft möge einen glücklichen Ausgang nehmen. Wenn mein Los mit dem Ihren verbunden werden soll, glauben Sie mir, werde ich eine Vorstellung bewahren, die ich brauche: daß Sie ein Betragen Überwindung kostet, das der Sensibilität, auf die ich hoffen zu können meinte, so wenig ähnelt. [...] [7]

2

Madame de Staël, Botschafterin von Schweden
(1786)

Die Hochzeit findet am 14. Januar 1786, wie schon bei ihren Eltern, in der Kapelle der Schwedischen Botschaft in Paris statt. Fersen ist einer der Trauzeugen. Der Vertrag war am Vorabend vom König und der Königin und allen Prinzen von Geblüt unterzeichnet worden.

Dem Brauch jener Zeit zufolge verbringt das junge Paar die ersten Tage der Ehe unter dem Dach der Brauteltern. Vier Tage später richtet sich die junge Baronin in der Schwedischen Botschaft ein, die sich in der Rue du Bac, der heutigen Nr. 94, befand. Der Familientradition gemäß nimmt sie schriftlich in traurigem Ton Abschied. Der Stil ähnelt immer noch dem ihrer Mutter.

Obgleich ihr Hauptbeweggrund zur Heirat mit Staël der ist, sich von der mütterlichen Herrschaft zu befreien, macht sie sich ein Gewissen daraus, daß sie die Mutter mit ihrer Weigerung, Pitt zu heiraten, enttäuscht hatte.

An Madame Necker

[Paris, 19. Januar 1786]

Meine liebe Mama,

Ich werde heute abend nicht zu Ihnen zurückkehren. Es ist der letzte Tag, und ich verbringe ihn, wie ich mein ganzes Leben verbracht habe. Wieviel kostet es mich, eine solche Veränderung zu erleiden! Ich weiß nicht, ob es eine andere Lebensweise gibt; ich habe nie andere erprobt, und das Unbekannte vergrößert noch mein Leid. Ach! ich weiß, vielleicht habe ich Ihnen Unrecht getan, Mama. In diesem Augenblick, der wie der des Todes ist, tritt mir alles, was ich getan, vor Augen, und ich fürchte, in Ihrer Seele die Trauer zu vermissen, derer ich bedarf. Aber wollen Sie glauben, daß die Trugbilder der Phantasie meine Augen oft verblendet haben, daß sie sich oft auch zwischen Sie und mich gestellt und mich unkenntlich gemacht haben. Doch ich spüre in diesem Augenblick an meiner tiefen Zärtlichkeit, daß sie sich immer gleich geblieben ist. Sie ist ein Teil meines Lebens und ich fühle mich in diesem Augenblick, da ich Sie verlasse, ganz verwirrt und verstört. Ich werde morgen früh zurückkommen, doch heute nacht werde ich unter einem neuen Dach schlafen. Ich werde in meinem Hause nicht den Engel haben, der es vor Blitzschlag oder Brand bewahrte. Ich werde die nicht bei mir haben, die mich, sollte ich jetzt sterben, beschützen und vor Gott mit den Strahlen ihrer schönen Seele verhüllen würde. Ich werde nicht ständig Neues über Ihre Gesundheit erfahren. Ich sehe den Jammer aller Minuten voraus. Ich brauche Ihnen nicht zu sagen, Mama, wie sehr meine Zärtlichkeit für Sie die Kraft meines Herzens erhöht. Die Ihre ist so rein, daß man alle Gefühle, die man ihm widmet, vom Himmel läutern lassen muß. Ich erhebe mein Empfinden zu Gott, ich bitte ihn, Ihrer würdig zu sein; das Glück wird hernach kommen, von Zeit zu Zeit, niemals; das Ende des Lebens beendet alles, aber Sie sind so sicher, daß es ein anderes gibt, so sicher, daß mein Herz nicht daran zweifeln kann.

Ich möchte nicht schließen: meine Gefühle ließen mich mein ganzes Leben lang schreiben. Seien Sie versichert, meine liebe Mama, meiner tiefen Ehrfurcht und meiner grenzenlosen Liebe. [...]

Diesen Donnerstagmorgen noch bei Ihnen.[1]

Und dies ist vielleicht die Antwort darauf.

Madame Necker an ihre Tochter

[Paris, Januar 1786?]

Höre aufmerksam, mein Kind, die letzten Ratschläge und die letzten Gebote Deiner Mutter. Glaube, daß ihnen eine Sinnesart zugrunde liegt, die sie Dir fast heilig machen müssen. Du hast Dir vielleicht einige Vorwürfe zu machen ob des Betragens, das Du mir gegenüber hattest, so Du es mit der Genugtuung vergleichst, die Du mir hättest geben können; doch wenn ich in Deiner Seele manche Gewissensbisse erwecke, so, um Dir den Weg zu zeigen, wie Du sie für immer beschwichtigen kannst. Du kannst noch alles wiedergutmachen und mich nach meinem Tode glücklicher machen, als es Dir möglich gewesen wäre während Deines Lebens. Ich vermache Deinem Vater alle Anrechte, die ich auf Deine Zärtlichkeit hatte, zusätzlich zu denen, die er bereits auf Dich hat. Ersetze ihm, wenn möglich, dieses

Herz, das auf Erden nur für ihn schlug; Du wirst andere Pflichten haben, doch alle sind mit dieser verknüpft. Lebe mit ihm; überlasse ihn nicht seinem Schmerz. Laß Dich nie entmutigen, wenn er Deine Tröstungen anfangs zurückweist. Sinne auf Mittel und Wege, seine Phantasie zu beschwichtigen und entreiße ihn der Einsamkeit, welchen Widerstand er Dir auch entgegensetzt. Möge er mir den Dienst, mit dem ich ihn betraue, erweisen, meine Asche aufzubewahren, auf daß sie sich eines Tages mit der seinen mische; doch möge ihn diese Sorge nicht zu sehr beschäftigen. Versuche bei ihm zu sein, wenn er kommt, um über meinem Grab einige Tränen zu vergießen; gib' die Deinen hinzu und glaube, daß Du mich zur glücklichsten Mutter gemacht haben wirst.

Oh, mein Kind! was wirst Du auf der Welt finden, das der Genugtuung gleichkommt, die Du erfahren wirst, wenn Du Dir sagst: »Ich gehorche meinem Gott, ich tröste den allerwürdigsten Vater und erweise dem Andenken meiner Mutter die Ehre, die sie immer von mir wünschte«? Ja, Du siehst mich jetzt an jener Grenze, die das Leben von der Ewigkeit trennt: ich möchte die Hand auf das eine wie auf das andere legen, um sowohl die Existenz eines Gottes zu bezeugen als auch das Glück, das aus der Tugend erwächst. Ich habe gewünscht, daß Du M. Pitt geheiratet hättest. Ich hätte Dich gern an das Herz eines Gatten mit großer Charakterstärke gelegt; ich wollte auch einen Schwiegersohn haben, dem ich die Sorge um Deinen armen Vater hätte anvertrauen können und der die Kostbarkeit dieser Hinterlassenschaft zu schätzen gewußt hätte. Du hast mir diese Genugtuung nicht geben wollen. Nun gut, alles ist verziehen, wenn Du Deinem Vater und Dir selbst all das erweist, was ich von jener Vereinigung erhoffte. Werde vielseitig, um die Zerstreuungen zu schaffen, die England, der Stand eines Schwiegersohns und die Geschäfte Deinem Vater hätten bieten können. Wohin er auch gehen will, folge ihm; lebe in seinem Hause; erlaube nicht ohne triftige Gründe, daß er eine Nacht unter einem anderen Dach verbringt, als dem, unter dem Du wohnen wirst. Vertrau Deiner Gutartigkeit; Du wirst nur Fehler machen, wenn Du von ihr Abstand nimmst, und glaub mir, eine Liebkosung Deines Vaters, eine Segnung Deiner Mutter, aus den höchsten Himmeln auf Dich ausgegossen, werden Dir herrlicher erscheinen als lange Lobpreisungen. Laß diese Welt, mit der Du schlecht vertraut gewesen bist: lebe für Deinen Gott, für Deinen Vater und für Deine anderen Pflichten. Du wirst sehen, um wieviel süßer die Freuden des Herzens sind als jene des Ehrgeizes. Oh, mein Kind! Dein Charakter ist nicht gebildet; Dein Kopf führt Dich oft irre; nimm als Richtschnur und Gesinnung die Religion. Deine Aufgabe ist groß; auf Erden lebte ich nur für Deinen Vater, denn Du warst für mich ein Stück von ihm. Nun, Du mußt meinen Platz an seiner Seite einnehmen. Du wirst Frau und Mutter sein; um alle diese Pflichten aufs Trefflichste zu verbinden, lehre Deinen Gatten und Deine Kinder, daß Dein Vater für sie der Mittelpunkt auf Erden sein muß. Du selbst wirst dann ihrer aller gemeinsamer Schatz werden. Eure Gebete werden sich himmelwärts vereinigen, und ich werde sie hören.[2]

Während der fünfzehn Monate, die zwischen diesem und dem folgenden Brief liegen, führt die Jungvermählte ein recht betriebsames Leben: am 31. Januar hält sie ihren offiziellen Einzug in die Gesellschaft und wird bei Hofe vorgestellt. Wenn Eric in Versailles ist, oft für mehrere Tage, wechselt das junge Paar viele Briefe. Sie lernen sich besser kennen und entdecken jeder des anderen eigentliches Wesen – sie seine Mängel, er ihre Überlegenheit und ihren anspruchsvollen Charakter.

In den ersten beiden Jahren ihrer Ehe stürzt sie sich ungezwungen ins gesellschaftliche Leben. Das Paris der letzten Jahre des Ancien régime entspricht ganz ihrem Temperament. Bald ist ihr Salon in der Rue du Bac so bedeutend wie der ihrer Mutter. Die politische Epoche löst die philosophische ab.

Den Herbst 1786 verbringt sie mit dem Hofe in Fontainebleau und nimmt an zahlreichen Diners und Soupers teil, nicht ohne die große Leere eines solchen Lebens zu spüren. Im November 1786 schreibt sie ihr erstes Bulletin an ihren neuen König Gustav III. von Schweden und übernimmt so eine der Aufgaben ihres Gatten. Darüber hinaus findet sie die Zeit, zwei Theaterstücke zu verfassen, *Jane Grey* und *Sophie ou Les Sentiments secrets*, und eine Erzählung, *La Folle de la Forêt de Sénard*. Die beiden letzteren erscheinen 1790 in der *Correspondance littéraire*.

Im Februar 1787 erklärt Calonne den *Compte rendu* von 1781 für irrig und unwahrscheinlich. Necker publiziert ohne königliche Genehmigung ein Dementi und erhält darob am 13. April von Baron de Breteuil den Befehl, sich binnen 24 Stunden zwanzig Meilen von der Hauptstadt zu entfernen. Ludwig XVI. gestattet ihm jedoch, auf seinem Schloß Rivière in Thomery, am Rande des Waldes von Fontainebleau, zu bleiben. Zu dieser Zeit war Madame de Staël, die ihre Eltern begleitete, seit fünfeinhalb Monaten in anderen Umständen.

Hier nun der erste veröffentlichte Brief Neckers an seine »Minette«[3], geschrieben drei Monate vor seiner Zurückberufung durch den König, nachdem er sechs Jahre in Ungnade gewesen war.

[Marolles, April 1787]

Meine liebe Minette,

Nachdem wir alles wohl erwogen haben, voller Achtung für Deinen letzten Rat, werden wir uns, falls nichts Unerwartetes eintritt, morgen in aller Frühe auf Schloß Renard begeben [...]. Ich fürchte die ausgeprägten Neigungen Deiner lieben Mama im guten wie im bösen; indes macht sie sich guten Mutes auf den Weg... Du wirst in einer Woche alle Neuigkeiten sammeln können: wir sind von Germani[4] auf dem laufenden gehalten worden und noch mehr durch Deine Briefe, die eine wiewohl kurze, dennoch höchst amüsante Reisebeschreibung sind. Doch all das ist nicht meine gute Minette, von der ich mich seit so langem getrennt fühle und die wiederzusehen mich beglücken wird. Die liebe Mama wird der größtmöglichen Ruhe pflegen, die ihr Zustand erfordert. Manchmal kann ich mich des Gefühls nicht erwehren, daß man uns hart behandelt, wenn man uns zu all dem Hin und Her zwingt. Dies nicht meinetwegen, doch eine Frau, die man sehr krank weiß, eine Tochter, die bereits rund wie eine Trommel ist, all das ändert eine Verbannung sehr. Diese Dinge erregen mich etwas mehr, seitdem ich auf mich selbst angewiesen bin und seit ich all die Ungelegenheiten erfahren habe, die einer Ausweisung ohne Domizil erwachsen: und auch seitdem ich sehen mußte, daß das Wort »vorübergehend«, das ich in einem Brief an Baron de Breteuil[5] eingefügt hatte, ohne Wirkung geblieben ist. Wir werden Zeit haben, darüber zu moralisieren. Eine große Wiedergutmachung, ein großer Ausgleich liegt im öffentlichen Interesse; ohne das... Doch nur von Dir werde ich wohl alles erfahren.[6]

Der folgende Brief, vom psychologischen Standpunkt aus einer der interessantesten, befaßt sich mit Guibert und Staëls Eifersucht auf ihn. Nach den Angaben eines Botschaftssekretärs liebte Madame de Staël zwar ihren Gatten und schätzte seinen Charakter, doch liebte er sie mehr. Später soll sie Fanny Burney anvertraut haben, Guibert sei vor 1786 in sie verliebt gewesen.

Graf François-Apolline de Guibert (1744–1790), »ein Genie sowohl in der Strategie der Liebe wie des Krieges«, hatte Germaine Necker als kleines Mädchen kennengelernt und ein Jahr vorher (1786) ein schmeichelhaftes Porträt von ihr gezeichnet. Anläßlich seines Todes drei Jahre später wird sie eine Eloge schreiben, veröffentlicht in der *Correspondance littéraire*. Als seine Witwe 1809 die an ihn gerichteten berühmten Briefe der Mademoiselle de Lespinasse erscheinen läßt und ankündigt, sie wolle noch andere veröffentlichen, drängt Madame de Staël, bei dieser Nachricht von Panik ergriffen, ihren Sohn Auguste, in Paris ihre eigenen Briefe an Guibert zurückzukaufen. Sie sind höchstwahrscheinlich nicht erhalten geblieben.

An Monsieur de Staël

[Thomery, 11. Mai 1787]

Ich schreibe an M. de Guibert, um ihn zu bitten, den Brief zurückzuschicken, den er von mir bekommen hat und den ich meinem Vater übergeben werde; er soll zwischen Ihnen und mir der Richter sein. Ich möchte nicht, daß er beurteilt, wie das Unrecht eines Mannes anzusehen ist, der dauernd von größtem Zartgefühl redet, der mir zwanzigmal gesagt hat, er glaube nicht das Recht zu haben, meine Briefe zu öffnen, der um mein Vertrauen gebeten hat, indem er beteuerte, er könne mir mein Mißtrauen gegen ihn nicht verzeihen, wenn er mir erklärt habe, daß er einen derartigen Autoritätsmißbrauch als niederträchtige Handlung betrachte, und der, als ich mich das erste Mal ohne die Spur eines Argwohns, ohne die geringste Notwendigkeit, nur um ihm meine Wertschätzung zu beweisen, auf seine Versprechungen verlasse, mich so schändlich täuscht! [...] Doch ich möchte, daß mein Vater über diesen Brief urteilt, daß er sieht, ob diese leidenschaftliche Ausdrucksweise nicht die gleiche ist, deren meine Mutter, schriebe sie an M. de Guibert, sich bediente, und ob es ein einziges Wort gibt, das von einem Gefühl zeugen könnte, das über die zärtliche Freundschaft hinausgeht, die ich für M. de Guibert empfunden habe, bevor ich in irgendeinem Verhältnis zu Ihnen stand.

M. de Guibert ist gewiß einer der Männer, die ich am meisten liebe und schätze. Er ist einer von jenen, dem ich für die übergroße Verbundenheit, die er mir jederzeit bewiesen hat, größten Dank schulde. Ich weiß nicht genau, wo seine Gefühle für mich haltmachen, wie weit sie gingen, doch bin ich von der Mustergültigkeit seines Betragens überzeugt, und daran muß ich mich halten. Wenn ich ein zärtlicheres Gefühl ahnte, würde mich vielleicht mein Selbstgefühl irreleiten, täuscht es mich aber nicht, so wäre das ein Grund mehr, einen Mann zu lieben, der mich im Hinblick auf sein eigenes Glück zu sehr auszeichnete und doch genug achtete, daß er nie versuchte, das meine zu trüben. Überdies wiederhole ich Ihnen noch einmal, ich glaube nicht, daß M. de Guibert in mich verliebt ist, doch gewiß ist, was ich aus tiefster Seele schwöre und Ihnen versichere, daß ich für ihn nur die zärtlichste Freundschaft empfinde. Sterben soll ich bei der Geburt meines Kindes, wenn es in meinem Herzen ein anderes Gefühl für ihn gibt! Ich habe niemals jemanden hintergangen, ich habe zu fest geglaubt, von einem Menschen, den ich aufs höchste schätze, auch nicht hintergangen zu werden! Dieses Exempel wird mich jedoch nicht entmutigen, und der Argwohn meines Gatten wird mich nicht zu Heimlichkeiten verleiten, wozu ob ihres Verhaltens sich so viele Frauen an meiner Stelle berechtigt glauben würden.

[...] Was haben Sie gewonnen mit der traurigen Kenntnis von einer vorübergehenden trüben Stimmung, die eine entgegengesetzte Regung vielleicht bald vergessen ließ? Nun Sie eins meiner Gefühle ertappt haben, halten Sie es für das einzig wahre, das einzig dauerhafte? Man müßte entweder alles oder nichts wissen. Man muß im ganzen urteilen. Ein anderer Brief bei einer anderen Gelegenheit hätte vielleicht ganz andere Erklärungen enthalten, und Sie hätten sich danach eine Vorstellung von meinem Charakter und von dem aller Menschen gemacht, es sei denn, eine vorherrschende Leidenschaft ließe ihnen nicht mehr die Beweglichkeit, die von ihrem Wesen nicht zu trennen ist.

Ich fand meinen Vater tief betrübt darüber, daß ich nicht mehr frei war und daß ich ihn zwang, anderen Sinnes zu werden, gegen seinen Stolz, für den sein ganzes Leben der Beweis gewesen war, zu verstoßen, indem er das schändliche Land, wo er zum Dank für seine Dienste eine so grausame Schmach erlitten hatte, nicht für immer verließ. In meiner Gegenwart war ihm entschlüpft, daß man nicht gewagt hätte, ihn zu verbannen, wäre er der Schwiegervater von M. Pitt gewesen [...]. Ich hörte meine Mutter und ihn darüber sprechen, Frankreich zu verlassen. Nun, mir wurde augenblicklich klar, daß alle Hoffnung auf Rückkehr für immer dahin war. Ich sah den triftigen Grund, der mich bestimmt hatte, M. Pitt abzuweisen, für immer zunichte geworden, und ich fühlte, daß ich meinen Vater weit glücklicher gemacht hätte, wäre ich seinem geheimen Wunsch und dem ausdrücklichen Willen meiner Mutter gefolgt. Alle diese Gedanken erstickten mich in jenem Moment. Sie haben mich oft bezichtigt, ehrgeizig zu sein, Sie haben recht. Ist es nicht ein schmerzlicher Augenblick, wenn man all solcher Hoffnung beraubt wird? Es war mir ein Bedürfnis, mich bei M. de Guibert zu beklagen, der mir geraten hatte, M. Pitt nicht zu heiraten, und ich versüßte mit einem freundschaftlichen Satz das Gefühl, das er haben mußte und gehabt hat, meine Jugend und meine Unerfahrenheit schlecht beraten zu haben. Ich sprach ihm nicht von Ihnen, es war auch nicht der richtige Augenblick. Er kennt meine Meinung und meine Gefühle, und er denkt nicht wie Sie, daß Sie ihn *um sein Glück beneiden* müßten. [...] Ich vermute, daß dieser lange Brief auch für Sie ermüdend ist. Glauben Sie, daß nach dem Unrecht, das Sie mir getan haben, und auch ohne dieses Unrecht, je einer von mir eine Rechtfertigung von dieser Länge bekommen hat? Sie sagen sich bereits, daß das meine Pflicht und Schuldigkeit ist. Ich könnte, ohne es daran fehlen zu lassen, gekränkt bleiben und beweisen, daß ich mir nichts vorzuwerfen hatte; doch ich wollte Sie überzeugen und vor allem Sie trösten! Ich wäre glücklich, sollte mir das gelungen sein, glücklich, wenn Sie den Stolz meines Charakters hinlänglich kennen, um zu fühlen, welchen Wert ich Ihrem Glück beimesse, daß ich ihm meine sehr berechtigten Ressentiments opfere. [...][7]

Der Brief hat die gewünschte Wirkung: Eric gibt sich nicht nur zufrieden, er macht auch seinen Einfluß auf Marie-Antoinette geltend, mit dem Erfolg, daß sein Schwiegervater im Juni 1787 zurückberufen wird.
Während der letzten Monate ihrer Schwangerschaft liest Madame de Staël als Vorbereitung auf ihren Essay über Rousseau den *Contrat social*, die *Lettres de la Montagne* und *Emile*.
Am 31. Juli bringt sie in Paris ihr erstes Kind zur Welt, Edwige-Gustavine, benannt nach seinem Paten König Gustav III. von Schweden, der bei der Taufe durch Fersen vertreten ist. Doch das Kind lebt nur zwanzig Monate.

An Monsieur de Staël

[Paris]. Neun Uhr [Herbst 1788?]

Du bereitest mir Kummer mit Deiner Affektiertheit, die Dich von mir entfernt. Du bereitest mir Kummer, wenn Du mir gegenüber ein so schlechtes Betragen zeigst. Schließlich bereitest Du mir Kummer dadurch, daß Du mich zwingst, Dich nicht mehr zu lieben. Du wirst meinen Qualitäten, der Aufrichtigkeit meines Herzens nicht gerecht. Du gibst Deinen Launen und Deiner Eigenliebe nach. Nichts Liebenswürdiges, nichts Sanftmütiges, nichts Bescheidenes kommt Dir in den Sinn oder aus Deinem Herzen. Wenn Du so fortfährst, wirst Du mich verlieren, und dies wird einzig und allein Deine Schuld sein.

Noch ist Zeit: kein Gefühl, kein Gedanke steht zwischen Dir und mir. Aber bedenke, wieviel Reue und Gewissensbisse man empfinden müßte, hat man sich bei einem Menschen, der vielleicht über der alltäglichen Art steht, verhaßt gemacht, hat man eine Frau, die Ihrem Leben viel hinzufügte, ins Unglück gestürzt, hat man sich schließlich die Mutter seines Kindes für immer entfremdet, sie, die sich nur die Torheiten ihres Alters vorzuwerfen hatte, sie, die man späterhin als die beste Freundin, der man je begegnen kann, als Frau und als Mensch, wiedergefunden hätte.[8]

Überdenke unsere Lage mit Vernunft und Verstand. Du verfügst bestimmt über das eine oder das andere. Sicherlich: ich war davon betroffen. Oft auch, ich will es gestehen, hat mich das Gegenteil geschmerzt. Von den beiden so verschiedenen Personen in Dir, die eine sanftmütig und empfindsam, die andere schroff und hochmütig, die eine vernünftig und geistvoll, die andere borniert und starrköpfig, sei die bessere, die einzige, die man lieben kann. Ich verspreche keine Liebe; ich halte mich dieses Gefühls für unfähig. Aber ich verspreche für dies erste Ich die aufrichtigste Zärtlichkeit und hoffe sehr, daß in meinem Herzen nicht die unüberwindlichste Abneigung gegen Dein anderes entsteht. Nimm Stellung dazu und entscheide Dich. Verbinde die Zukunft mit der Gegenwart und fasse einen vernünftigen und festen Entschluß. Willst Du mein Gemüt verbittern, meine Prinzipien erschüttern, mich schließlich unter meine Würde fallen lassen und in dieser Lage das Recht erwerben, mein Leben zu Grunde zu richten, nachdem ich das Deine verschönert habe? Meide den Weg, den Du, seitdem wir verheiratet sind, so oft eingeschlagen hast und nun ständig einschlägst seit einem Monat. Willst Du mich glücklich machen und Dir Dein Glück schaffen? Einmal — glaub mir, ich weiß, was Liebe erweckt, ich weiß, was liebenswert macht, ich weiß, was mich bindet oder fernhält — einmal, einen Monat lang, versuche, geliebt zu werden, weil Du liebenswürdig bist, und glaub vor allem nicht, daß Lieben eine Pflicht sei, daß nichts dazu zwingen könne, niemand das Recht habe, darauf zu rechnen.

Adieu. Laß uns Freunde sein und somit glücklich. Ich sehne mich mehr danach als Du. Ich bedarf dessen mehr, und, was Dich entwaffnen sollte, das Gegenteil ist für Dich gefährlicher, als für mich.[9]

3

Die ersten Jahre der Revolution
(1789-1791)

An Monsieur de Staël

[Versailles], Donnerstag [18. Juni 1789]

Diese Woche hat der Dritte Stand den Adel und den Klerus eingeladen, ihre Wahlakten gemeinsam zu überprüfen. Der Adel sowie der Klerus, einige Geistliche ausgenommen, haben bis jetzt davon nichts wissen wollen. Alsdann hat sich der Dritte Stand zur Nationalversammlung konstituiert, die sich aus rechtlich bestätigten Volksvertretern zusammensetzt, was allen Adligen und Klerikern die Möglichkeit beläßt, sich mit ihnen zu vereinigen, was ihnen jedoch jegliche Verbindung zur Kammer des Adels und des Klerus, die sie das Komitee des Adels und des Klerus nennen, nimmt. Sie werden allen Begehren der Nation und des Königs voraneilen, als wären sie allein: sie werden die Steuern genehmigen und die Verfassung ausarbeiten, wenn der Adel nicht mit raschem Entschluß eingreift, wenn der König sich nicht entscheidet. Der Adel wird dem König ein Memorandum überreichen, das dem des Dritten Standes ähnlich ist, ähnlich jedoch im gegenteiligen Sinne. Der König wird den Dritten Stand wahrscheinlich nicht als die Nation anerkennen, aber er wird ihn nicht zwingen können, den Namen zu ändern. Die verschiedenen Verfassungspläne der drei Stände werden ihm vorgelegt werden, und er wird einen der drei wählen oder sie alle modifizieren; doch wenn er bei einer so großen Gärung der Vernunft nicht Gehör verschaffen kann, wenn er gezwungen ist, zwischen zwei Extremen zu wählen, wie dann den Bürgerkrieg vermeiden, da er entweder den Adel, den Klerus und die Parlamente, die sich zusammentun werden, oder den gesamten Dritten Stand gegen sich haben wird? Diese letztere Partei wäre die weitaus gefährlichste, doch alle beide bieten große Nachteile. Bleibt nur zu hoffen, daß es zwischen den beiden Verfassungen viel Gemeinsames gibt; die Hauptforderungen der Memoranden aller drei Stände sind die gleichen; sie unterscheiden sich nur in der künftigen Organisation der Generalstände, und der Vorschlag, zwei Kammern wie in England zu bilden, wird in den drei Ständen vielleicht die meisten Stimmen auf sich vereinigen.

Die heuchlerische Sanftmut des Klerus, die hartnäckige Ignoranz des Adels und die blinde Wut des Dritten Standes bieten ein trauriges Schauspiel. Nie stand eine Nation zwischen soviel Leid und soviel Glück: auf der einen Seite Hunger, Bankrott und Bürgerkrieg; auf der anderen Friede, Freiheit und Macht. Und trotzdem ist ihre Wahl ungewiß oder vielmehr, sie will das Ziel, ohne die Mittel zu billigen, ohne sich zu entschließen, von ihren Systemen und Sonderinteressen abzugehen. Das ist bejammernswert. Alle in der Umgebung der Königin und des Königs sind für den Adel. Nur das Ministerium unterstützt den Dritten Stand, obgleich es dessen Exzesse mißbilligt. Am selben Tage, als er sich zur Nationalversammlung erklärte, hat er alle Steuern annulliert und neu erhoben und die Staatsschuld unter den Schutz der nationalen Ehre gestellt. Er wird sich gut führen. Der König wird sich genötigt sehen, die Pläne des Dritten Standes zu seinen eigenen zu machen: es ist dies eine andere Vorgehensweise, ihn zu begünstigen, ohne den Adel derart zu verletzen, daß er sich gezwungen sieht, sich aus den Generalständen zurückzuziehen. [...][1]

An Monsieur de Staël

[Paris?] Acht Uhr [April–September 1789]

Ich gebe Dir mein Wort, daß meinem Herzen nichts ferner liegt, als Dir Kummer bereiten zu wollen, und daß meine Stimmung, wenn Du mein Wesen verletzt, weit mehr von jenem Schmerz herrührt, den ich für Dich voraussehe, denn von dem, den ich selber empfinde. Im übrigen war ich weder hartherzig noch gleichgültig, als ich Dich verließ, denn hätte ich mich in solcher Gemütsstimmung befunden, wäre ich geblieben, bis sie vorübergegangen wäre und hätte sie nicht mit mir genommen.

Ich sage Dir noch einmal: wenn Du mich zu Deinem Glück brauchst, gib mir welches, damit ich es Dir zurückgeben kann. Ich für mich werde schon zurechtkommen, schlecht und recht. Doch Du, der genug zu lieben weiß, um die großen Freuden und Leiden zu kennen, bereite in mir Deine eigene Glückseligkeit. Adieu, bis heute abend: ich rechne mit Dir, aber vor Mitternacht.[2]

Zwischen ihrem Brief vom Juni an ihren Gatten und dem folgenden an den König von Schweden³ erleben Frankreich und Madame de Staël eine Zeit großer Umwälzungen: am 11. Juli wird Necker ein drittes Mal verabschiedet, mit der Weisung, das Land unverzüglich und heimlich zu verlassen. Mit seinem Schwiegersohn reist er über Brüssel, wo er sich mit seiner Frau und seiner Tochter, die von Gouvernet begleitet werden, trifft, in die Schweiz.

Das über Neckers Verabschiedung aufgebrachte Volk greift am 14. Juli zu den Waffen und stürmt die Bastille.

Am 26. August stimmt man für die Deklaration der Menschen- und Bürgerrechte.

König Gustav III. von Schweden (1764–1792), ein aufgeklärter, charmanter Despot, sehr frankophil und voller reaktionärer Ideen, hatte 1772 unter dem Deckmantel des Liberalismus durch einen Staatsstreich die Macht an sich gerissen und die königliche Autorität wiederhergestellt. Nach einem zweijährigen Krieg gegen Rußland trägt er sich mit dem Gedanken, gegen die Revolution zu intervenieren und die königliche Familie zu retten. Bei Verhandlungen mit französischen Emigranten findet er, auf einem Maskenball in Stockholm von einer Kugel getroffen, den Tod. Ribbing, einer der Attentäter, wird später ein intimer Freund Madame de Staëls.

An Gustav III.

[Paris? Versailles?] (16. August 1789)

Sire,

Werden Eure Majestät gütigst die Huldigungen einer Person entgegennehmen, die seit langer Zeit so viele unselige, herrliche und unglaubliche Ereignisse erregt haben? Ich frage mich, ob seit einem Jahr, seit einem Monat, seit vierzehn Tagen nicht tausend Jahre vergangen sind, und wenn ich nicht Gustav und seinen Ruhm wiederfinden würde, müßte ich glauben, ich lebte in einer anderen Welt. Majestät werden über alle Ereignisse unterrichtet sein, doch ich bin noch im Zweifel, wie Majestät darüber geurteilt haben werden. Ich würde mir Euer Majestät Urteil zu eigen machen, ich würde mich ihm beugen, wenn Majestät Zeuge gewesen wären. Aber wer kann von fern die kleinen Ursachen dieser großen Wirkungen wahrnehmen? Wer ist nicht versucht, so schreckliche Ereignisse mit imposanten Gründen zu erklären? Ich jedoch, die alles aufmerksam verfolgt hat, ich, die während des Sturms das mir Teuerste auf dieser Welt am Ruder sah, für mich ist erwiesen, daß eine Intrige des Hofes, der die übertriebenen Forderungen des Adels unterstützte, der in Versailles das ganze Königreich sah und meinte, man breche die Macht des Volkes, indem man M. Necker, seinen treuesten Verteidiger, beseitige, daß eine Intrige, sagte ich, gesponnen von Graf d'Artois, alles verursacht hat. Man hat in der Meinung des Königs seine Sache mit der des Adels verknüpft. Vergebens das kürzliche Beispiel Schwedens, wo Eure Majestät Hindernisse nur in diesem ersten Stand Eures Königreichs gefunden haben, vergebens sagte die Vernunft, daß man die Macht des Königs auf seine Popularität gründen müsse. Vergebens widerholte mein Vater im Rat immer wieder, daß man hinter den sechshundert Vertretern der Gemeinden Tausende von Männern zu sehen habe, bereit, zu den Waffen zu greifen. Man tat hochmütig ab, was man weislich hätte bedenken müssen, und der Abschied meines Vaters, die Truppenzusammenziehung, die Ernennung eines verhaßten Ministeriums[4] gaben dem gesamten Königreich das schreckliche Signal. Ich glaube nicht an diese Verschwörung, von der man uns ständig redet, an diese Bombardierung von Paris, an diese Verhaftung aller Deputierten, an diese so absurden wie abscheulichen Absichten, aber ich bin sicher, daß man sich Hoffnung machte, die Generalstände davonzujagen, dem König seine volle Autorität wiederzugeben, und daß man glaubte, mein Vater hätte, als er fortwährend wiederholte, der König besitze in diesem Augenblick dazu nicht die Macht, ihn über seine wirkliche Stärke getäuscht.

Als die Verbannung meines Vaters ruchbar wurde, griff das ganze Königreich zu den Waffen. Alsdann, davon bin ich überzeugt, alsdann haben Ausländer, vielleicht auch durch verbrecherische Pläne aufgestachelte Franzosen, aus diesen Wirren Nutzen gezogen, haben sie verstärkt und nähren sie weiter; ohne die Fehler der Regierung, ohne die Entlassung meines Vaters hätten sie jedoch nie Erfolg gehabt. Eine Kabale, einen vereinzelten Aufstand erreicht man mit Lügen und Geld, nie aber erhebt sich ein ganzes Königreich ohne ernsthafte Gründe, ohne für alle Welt durchschlagende Gründe. Innerhalb von vierzehn Tagen hat sich die Lage der Dinge völlig geändert. Mein Vater, der sich aus Frankreich gerettet hatte, der den Ruhm geflohen war wie man die Schande flieht, mein Vater, der nicht aus Machtgier zurückkam, sondern um sich dem öffentlichen Wohl Frankreichs zu weihen, fand in den gebrochenen oder verwirrten Autoritäten die Herrschaft der Gewalt, den Ursprung der Gesellschaften, eine alte Nation, die eher in die Kindheit zurückgefallen, denn zur Jugend zurückgefunden hat, ein verderbtes Volk, das die Einrichtungen Amerikas übernehmen und die Freiheit erlangt haben will, bevor sich eine öffentliche Meinung gebildet hat, kurz, einander widerstrebende Vorstellungen, schroffe Gegensätze zwischen den Charakteren und den Umständen, die einen schaudern machen.

Man muß die Heilmittel gegen das Unheil eines einzigen Tages von langer Zeit erwarten. Alle Bestrebungen meines Vaters müssen darauf hinzielen, die Autorität des Königs wiederherzustellen. Wenn er nicht völlig im Besitz der Exekutivgewalt ist, wenn ihm die Truppen den Gehorsam verweigern, dann ist dieses Land verloren. Wenn eine Regierung seit so langem besteht, muß sie wohl notwendig sein. Es ist wie mit den Regeln der Arithmetik, für die man den Beweis findet, indem man sie umkehrt. Nie hat mein Vater die Absicht gehabt, ihre Grundlagen zu zerstören. Sicher wollte er große Verbesserungen, Verbesserungen, die ebenso unerläßlich wie in sich nützlich geworden waren; doch dadurch, daß der König und der Adel sie verweigerten, als keine Zeit mehr war, erschütterten sie das Königreich. Mein Vater hat den König ständig beschworen, doch einzugestehen, daß er nachgeben müsse. Dem entgegengesetzten System ist die Anmaßung des Volkes und die Geringschätzung des Monarchen wie der Großen zuzuschreiben, die, wie man ebenso sah, der Vernunft alles verweigert und der Gewalt alles hingegeben haben. Hält dieser Zustand an, geht Frankreich zugrunde, und seine Auflösung wäre schrecklich. Aber ich habe noch Hoffnung, ich habe die Hoffnung, daß mein Vater es retten wird. Er wird jeden Tag irgend etwas Gutes tun, er wird jeden Tag etwas Schlimmes verhüten: und die beschwichtigende Zeit wird in ihrem Gang nicht aufgehalten werden können. Wird diese Erwartung getäuscht, muß man Frankreich für immer den Rücken kehren. Konstantinopel wäre als Asyl sicherer als ein Land, das schrankenloser Freiheit preisgegeben ist, das heißt dem Despotismus aller.

[...]

Bleibt mir, Euer Majestät Rechenschaft abzulegen über mein persönliches Verhalten. Ich habe von M. de Staël verlangt und erreicht, daß er zehn Tage fern bleibt, um meinen Vater in einem Augenblick zu begleiten, da vielleicht sein Leben, zumindest seine Freiheit, in Gefahr sein konnte, denn die Wut seiner Nachfolger nahm in dem Maße zu, wie Frankreich ihm nachtrauerte [...]. Mit Respekt, wenngleich nicht ohne Besorgnis, unterstelle ich Euer Majestät das Verhalten M. de Staëls. Ich bitte Majestät demütig, ihn auch fürderhin wohlwollend zu behandeln. Unser beider Schicksal hängt von Euer Majestät ab. Niemand wird eifriger als M. de Staël für Euer Majestät

Interessen eintreten, niemand hat in diesem Augenblick so viele Möglichkeiten, die Befehle Euer Majestät auszuführen, niemand wird zu allen Zeiten ein größeres Verlangen danach spüren. [...][5]

Am 24. Juli hatte der König seinen Minister zum drittenmal zurückberufen und einen Boten gesandt, der Necker und die Seinen in Basel erreichte. Es wurde eine triumphale Rückkehr nach Paris. Von der Popularität ihres Vaters wie berauscht, schreibt Madame de Staël in ihren Memoiren: »Ich spürte, daß ich die Grenzen des erreichbaren Glücks berührt hatte.«
In den vierzehn Monaten zwischen dem letzten und dem folgenden Brief wütet die Revolution, die in ihrem Verlauf weder Menschen noch Dinge schont.
Im Oktober 1789 marschiert eine Schar Frauen und Kinder nach Versailles, um Brot zu fordern, und bringt den König mit nach Paris zurück. Am Tage nach der Eroberung der Bastille verläßt der erste Strom von Emigranten mit Graf d'Artois Frankreich, und ihre Güter wie jene der Kirche werden konfisziert.
Necker gelingt es, die Regierung noch einen Winter lang aufrechtzuerhalten und Frankreich von einer Woche zur anderen das Fortleben zu sichern. Am 14. Juli 1790, dem ersten Jahrestag des Sturms auf die Bastille, feiert man das Fest der Föderation und die neue Verfassung, an der Madame de Staël mit Sieyès und La Fayette mitgearbeitet hatte. Doch im September muß Necker infolge der Veröffentlichung seines Berichts über die Finanzverwaltung, der eine unwahrscheinliche Differenz von 99 Millionen aufwies, in der Nationalversammlung seinen Abschied nehmen. So geht seine politische Karriere zu Ende, und die Neckers ziehen sich auf Schloß Coppet zurück.
Bevor sie zu ihnen kommt, bringt Madame de Staël am 31. August 1790 ihr zweites Kind, Louis-Auguste, zur Welt. Es ist die Frucht ihres Verhältnisses mit Narbonne, wird jedoch gesetzlich als Sohn Monsieur de Staëls anerkannt.[6]

An Monsieur de Staël

Coppet, den 22. Oktober [1790]

[...]

Bei uns in diesem Schloß [...] ist M. Gibbon, der Verfasser der Geschichte des Oströmischen Kaiserreiches und ehemalige Verehrer meiner Mutter, jener, der sie heiraten wollte. Wenn ich ihn sehe, frage ich mich, ob ich seiner Verbindung mit meiner Mutter entsprossen wäre; doch ich sage mir nein, und mein Vater allein hat genügt, damit ich zur Welt kam. Mein Gott! Wie wichtig ist es für mich, daß er nach Paris zurückkehrt, mein Vater! Die Luft dieses Landes hier behagt ihm nicht [...]. Er ist melancholisch, aber gütig und zartfühlend, so wie ich ihn immer gefunden habe, wenn man mich zu ihm ließ. Wenn ich dieses würdevolle Beispiel wechselhaften Menschenschicksals, der Liebe und Undankbarkeit einer großen Nation betrachte, ertappe ich mich oft dabei, daß meine Augen voller Tränen sind; doch ich versuche, jedes Gefühl, das ihn schwach machen könnte, vor ihm zu verbergen. [...] Ich bin indessen weit davon entfernt, heiter zu sein, heiter aus Glück, und vielleicht war ich noch nie so tief melancholisch.

Dieses Land gefällt mir auch gar nicht. Der Charakter der Genfer ist keineswegs liebenswürdig. Sie sind sehr bemüht, sich ungezwungen zu geben, was sie zu Vertraulichkeit, nicht aber zu feiner Lebensart führt, und wiewohl ich bei ihnen nicht übel reüssiere, muß ich mich dazu anhalten, gefallen zu wollen: Du wirst zugeben, daß das nicht meine Art ist.

Ich habe große Lust, nach Paris zurückzukommen, vor allem jedoch, um mich zu vergewissern, daß mein Vater dorthin zurückkehren wird. Fornier[7] behauptet, Du hättest kein Verlangen, mich zurückzuholen, und es wäre Dir nur lieb, von mir getrennt zu sein. Zuerst widerspreche ich, doch dann überzeugt er mich manchmal, so schwer fällt es mir, zu glauben, daß Du mich aufrichtig und freimütig liebst. Ich werde Dir einen Brief für M. de Rosenstein[8] schicken. Wenn das Ministerium wechselt, würdest Du nicht gut daran tun, dem König von den Beziehungen zu schreiben, die Du zu dem neuen haben kannst? Es ist eine gute Methode, ihn zu überzeugen, daß man mit dem neuen Minister zufrieden ist.

Adieu, mein lieber Freund. Wäre ich mit Deinen Briefen zufriedener, würde ich mit größerer Freude von meiner zärtlichen Teilnahme für Dich sprechen. Küsse Auguste für mich. [...][9]

Graf Frédéric-Séraphin de Gouvernet, der spätere Marquis de la Tour du Pin (1759–1837), dessen Vater als Kriegsminister eben seinen Abschied nehmen mußte, ein Neffe der Prinzessin d'Hénin, gehörte ebenfalls der Gruppe der Konstitutionellen an. Er fühlte sich besonders Narbonne verbunden.

Bis 1789 Obrist der königlichen Flotte, war er sehr verärgert über seinen Mißerfolg bei den Generalständen. Er diente 1790 unter Bouillé in Nancy und wurde im März 1791, teils dank der Unterstützung von Narbonne und

Madame de Staël, zum bevollmächtigten Gesandten in Den Haag ernannt. Diesen Posten trat er allerdings erst im Oktober an.

Im März 1794 gelingt es ihm und seiner Frau, von Bordeaux aus mit einem amerikanischen Schiff, das nach Boston ausläuft, zu fliehen. Sie verdienen ihren Lebensunterhalt, indem sie im Staate New York zwei Jahre lang eine Farm bewirtschaften. Am Vorabend des Fructidor wieder in Frankreich, suchen sie bis 1799 Zuflucht in England. Im Jahre 1809 beruft Napoleon ihn in die Präfektur von Amiens und Brüssel, und diese Stellung bekleidet er bis zur Restauration. Ludwig XVIII. schickt ihn dann als Botschafter und Bevollmächtigten nach Wien, ernennt ihn zum Pair und zum Gesandten am Hofe der Niederlande, wo er bis 1817 bleibt. Er beendet seine Laufbahn als Botschafter in Turin und beschließt seine Tage in Lausanne.

Madame de Staël, die ihn seit ungefähr drei Jahren kannte, ist ihm sehr zugetan und ehrt ihn mit ihrem Vertrauen, ohne jedoch die geringste Koketterie spielen zu lassen. Seine kleine Statur und sein wenig einnehmendes Äußeres kompensierte er mit einem wachen und regen Geist. Sie befreundet sich auch mit seiner Frau, einer geborenen Dillon, die den Staëls ihr Haus in der Rue du Bac vermietet hatte.

In den sechzehn Briefen, die Madame de Staël zwischen 1790 und 1791 an ihn richtet – alle sind veröffentlicht – und in denen sie ihn immer wieder ermutigt oder ihm Ratschläge gibt, beweist sie eine bemerkenswerte Kenntnis in politischer Psychologie und zeigt uns, welch großen Anteil sie an den Ereignissen nimmt.

An Gouvernet

Coppet, den 21. November 1790

Sie haben guten Grund, über die Schwäche aller unserer Freunde ungehalten zu sein. Schwäche und Rechtschaffenheit, Schlechtigkeit und Stärke, das ist es, was in den beiden Waagschalen liegt; aber schließlich kann es eine solche Entrüstung, so große Furcht und Hoffnung geben, daß sie die Tugend in Bewegung bringt, und nur die Ohnmacht vermag das Laster nicht aufzuhalten. Bleiben wir also mit den Leuten, die wir schätzen, in Verbindung, ermutigen wir sie nach besten Kräften und, was immer kommen mag, nähern wir uns Menschen, von denen wir uns abgewandt haben, nie in ihrem Wohlergehen. Käme die Gegenrevolution und würden sie wegen der allgemeinen Sache verfolgt werden, könnten wir sie vielleicht wiedersehen; doch solange sie für Dienste, die sie sich selber erwiesen haben, gekrönt werden, laßt uns Feinde bleiben. Die Führer von 89, das heißt diejenigen, die wir die Führer nannten, haben sich Ihnen gegenüber sehr gut benommen; denken Sie nicht, sie seien weniger, weil sie ohne Erfolg blieben. Treue, Beständigkeit und verbissene Entschlossenheit sind vortreffliche Eigenschaften unserer Gegner. Lassen wir uns nicht sagen, wir änderten uns unaufhörlich, und sagen wir uns selbst, ohne Zeit zu verlieren mit dem Erkennen der Fehler unserer Freunde, daß man, wenn nichts mehr daran zu ändern ist, Vorteil daraus ziehen muß. Ich empfehle Ihnen M. de Montmorin[10], M. de Lessart[11] und auch M. de La Fayette[12], der wieder eine günstige Gelegenheit finden kann, weil ihm seine Stellung den Vorteil bietet, daß er sich in einem Tag wieder erheben kann. Schließlich bitte ich Sie noch, Sie, der Eindrücken so zugänglich ist, und indem wir uns fest versprechen, in allem gegen die Jakobiner zu sein, lernen wir von ihnen die Kunst, sie zu bekämpfen: ich sage *wir*, als wenn ich jemand wäre, doch hat es in unserem besonderen Verhalten manche Übereinstimmung gegeben, und ich schätze Ihre Handlungen und politischen Meinungen so sehr, daß ich sie mir zu eigen mache. [...] Vor allem ist die Gegenrevolution zu befürchten: daß der Haß der Jakobiner von diesem Grundsatz nie abbringe! Wissen Sie, ob sie M. de Narbonne verdächtigen? Ob das Untersuchungs-Komitée sich mit ihm beschäftigt? Das wäre bei seinen Ansichten, die auch Sie kennen, doch recht seltsam. Erlauben Sie mir, Sie sofort zu benachrichtigen, wenn man plant, keinen Botschafter mehr zu haben, und unsere Freunde, wenn dem so ist, gegen eine Idee aufzurufen, die mein ganzes Leben umstürzen würde; kümmern Sie sich ernstlich und schnell darum. [...][13]

Von Coppet aus schickt Madame de Staël ihrem Gatten Belehrungen über seine Pflichten als Botschafter, ohne zu begreifen, daß ihre Begeisterung für diese Anfänge der Revolution vor dem König von Schweden kaum Gnade finden dürfte. Dieser beginnt denn auch, dem Ehepaar Staël zu mißtrauen. Eric wiederum beklagt sich, wenn auch aus rein persönlichen Gründen, bei seinem Freund Rosenstein über das Verhalten seiner Gattin und über die Gleichgültigkeit seiner Schwiegereltern ihm gegenüber.

An Monsieur de Staël

Coppet, den 29. November [1790]

Du beklagst Dich, mein lieber Freund, daß ich Dir so selten schreibe. Ich versichere Dir jedoch, daß bei mir niemand in größerer Gunst steht. M. de Montmorency[14] schreibt mir mit jeder Post vier Seiten voller Neuigkeiten, und dieses Verhalten, dem Deinen weit überlegen, wird mit *Gleichem* vergolten. Der Bischof[15] bekommt höchstens alle acht Tage einen Brief von mir und, was Dich wundern wird, seit *drei Wochen* hat M. de Narbonne mir nicht eine Zeile geschrieben und folglich von mir auch keine bekommen. Wenn Du dieses Schweigen erklären kannst, wirst Du mir eine Freude machen, denn ich zerbreche mir den Kopf darüber, und es macht mir echten Kummer [...]. Paris ist mir lieber, und ich habe nicht übel Lust, dorthin zurückzukehren. Dieser Wunsch vermischt sich zu meinem großen Leidwesen mit dem, Dich wiederzusehen, denn ich möchte, daß Du ganz klar siehst, was Dir gehört, und Du ohne zu zweifeln weißt, wieviel Du meinem Lebensglück bedeutest. [...]

Mir scheint, daß Mme de Saint-Priest[16] Dir recht gut gefällt. Ich bitte Dich, Dir darin nichts vorzumachen: sie hat überhaupt keinen Geist und wird obendrein auch für geistlos gehalten. Ich bin besorgt über das, was sie Dir gesagt hat, über Deine Prinzipien und Deinen Umgang. Ich glaube, daß es angebracht wäre, in Deinen Briefen[17] auch einige Beziehungen zur Volkspartei zu erwähnen, da es unbedingt notwendig ist, Neues zu erfahren und mit den herrschenden Männern, sei es in privaten, sei es in öffentlichen Angelegenheiten, verhandeln zu können. Ich glaube auch, daß man, da dem so ist, die Gegenrevolution als wahnwitzige Chimäre darstellen muß. Ich sage nicht wahnwitzig ihres Ziels, sondern ihrer Unmöglichkeit wegen. Der Mensch von Geist muß, so scheint mir, seine Unzufriedenheit mit dem gegenwärtigen Zustand bekunden, ihn jedoch als dauerhaft betrachten, entrüstet in seinem royalistischen Herzen, doch kühlen Kopfes sehen, daß die Veränderungen, die Verbesserungen ohne Umsturz möglich sind und Frankreich frei bleiben wird, ohne aufzuhören, Frankreich zu sein. Das ist, glaube ich, die Wahrheit. Es ist auch das, was uns ansteht, denn die Anarchie und der Despotismus bringen auch Deine Existenz in Gefahr. Im übrigen scheint mir, daß M. de Montmorin echten Einfluß nehmen wird. Wenn dem so ist, wirst Du, glaube ich, über Deine Beziehungen zu ihm sprechen können. M. de Saint-Priest geht nach Schweden. Ich weiß nicht, wie er zu uns steht, doch nehme ich an, Monsieur, daß seine Frau Ihnen darauf Antwort geben wird. Scherz beiseite, ich will Dich nicht von Deinen Amtspflichten entbunden wiedersehen, denk daran.
[...]

Sag mir ganz ehrlich, ob Du Lust hast, mich wiederzusehen. Da Du mir nicht davon sprichst, zweifle ich daran. Der Zeitpunkt meiner Rückkehr ist unbestimmt. Ich könnte meine Sommerreise früher antreten, wenn ich die Winterreise verkürzte; ich könnte auch das Gegenteil tun, obgleich mir das Klima im Augenblick gar nicht gefällt. Schreib mir freimütig, was Du möchtest. Zurückkommen, ohne erwünscht zu sein, ist trauriger als bleiben. Apropos, *unter uns*, was für einen Brief hast Du eigentlich an meine Mutter geschrieben? Sie hat mich durch meinen Vater fragen lassen, ob ich ihn Dir nicht vor der Abreise aufgesetzt hätte. Sie sagen, er sei poetisch; sie haben ihn mir nicht zeigen wollen. Sprich nicht über diesen Scherz: man würde ihn mir übel nehmen. [...]

Adieu, mein Freund. Ich danke Dir, daß Du für Deinen Sohn sorgst. Kinder sind ein großes Glück. Hier sieht man sie ständig in den Salons, ich bin närrisch nach ihnen. Es ist eine gute Methode, oft mit ihnen zusammen zu sein. Ich habe über die Erziehung eines Sohnes hochfliegende Vorstellungen, doch wenn Auguste sich einfallen ließe, in seinem Jahrhundert nur der zweite Mann von Genie zu sein, wäre ich recht *enttäuscht*. Nochmals adieu, schreib mir oft und vermisse mich mehr.[18]

Madame de Staël kehrt im Januar 1791 nach Paris zurück, wo sie in der Revolution eine kurze, aber wichtige Rolle spielt. Sie gibt »Koalitions-Diners« und macht aus ihrem Salon das Forum aller politischen Tendenzen: mit Barras und Condorcet zur Linken, mit Barnave, Lameth und Malouet zur Rechten, während sie selbst mit Talleyrand, Narbonne und anderen in der Mitte bleibt. Dieser hatte Auftrag, die Prinzessinnen von Frankreich nach Rom zu begleiten, und ist eben zurückgekehrt, um dem König von der Reiseetappe dieses Tages Bericht zu erstatten.

An Gouvernet

[Paris] Den 13. März 1791

Ich schreibe Ihnen nicht, um Ihnen eine Freude zu machen, sondern zu meinem Vergnügen, denn ich habe Ihnen nichts Neues zu berichten. Man sagt, die Jakobiner seien geschlagen und wollten sich von neuem erheben; sie haben als eine ihrer Maßnahmen gewählt, öffentliche Sitzungen abzuhalten und suchen nun ein Lokal dafür. Die jüngste Idee unsererseits ist die, die Jakobiner von ihrer Truppe zu trennen und infolgedessen sogar von den Soldaten recht Gutes zu sagen. Gäbe es ihre Gesellschaft nur in Paris, müßte man versuchen, sie im Ganzen zu bekämpfen; doch in Anbetracht der Tochtergesellschaften in der Provinz und ihrem Ruf als Freunde der Konstitution ist es vielleicht ratsamer, sich nur mit den Anführern zu messen, die durch ihren Einfluß in der Nationalversammlung die Jakobiner beherrschen und durch ihren Einfluß auf die Jakobiner die Nationalversammlung. Ich hatte gestern die Crème von 89 zum Souper: Chapelier[19], Baumetz[20], als Erweiterung unseres Freundeskreises, und den Minister[21], der mit seiner gewöhnlichen Überlegenheit über alles erhaben ist. Ich hoffe, Sie bringen es bei Ihrer Rückkehr fertig, daß er seine Heimlichtuereien aufgibt; als er mir mitteilte, daß er Graf Choiseul[22] nach Rom schicken werde, meinte er, daß er mir in zehn oder zwölf Tagen Positives sagen könnte.[23] Geb's Gott oder besser, geb's die Freundschaft, daß Sie über dieses Arrangement, das mir in seiner Vollendung noch soviel Sorge macht, glücklich sind. In der Nacht von Donnerstag zu Freitag ist Graf Louis hier eingetroffen; er hatte seine Prinzessinnen glücklich nach Chambéry gebracht; in dem Augenblick, als sie die Brücke von Beauvoisin, die Frankreich mit Savoyen verbindet, passierten, war die eine Hälfte voller Franzosen, die sie beschimpften, und die andere voller Savoyarden, die riefen: »Vive nos Dames!« und sie begrüßten, indem sie ihre Hüte in die Luft warfen. Dieser Kontrast hat die Damen tief bekümmert, und sie sind in Tränen ausgebrochen; ich auch, als ich diesen Bericht hörte, ich war genauso bewegt. Der arme Graf Louis bricht am Samstag, dem 19. nach Parma auf, und auch wenn er die Nächte hindurch reist, kann es geschehen, daß er acht Tage ausbleibt [...].[24]

Madame de Staël kehrt im Mai nach Coppet zurück. Einen Tag bevor sie ihrem Gatten den folgenden Brief schickt, wird die königliche Familie in Varennes festgenommen.

An Monsieur de Staël

Coppet, den 23. Juni [1791]

Ich habe von Dir, mein lieber Freund, einen Brief bekommen, der von einem zärtlichen Gefühl zu mir spricht. Du hast auch einen an meine Mutter geschrieben, der den Eindruck, den das Buch meines Vaters[25] erweckte, vorzüglich wiedergegeben hat. Damit hast Du in diesem Hause als Briefschreiber einen großen Erfolg. Ich jedoch, die ich mich nicht an die literarische Seite dieses Erfolgs halte, werde auf Deinen Brief aus der Tiefe meines Herzens antworten. Du sagst, daß *die zärtlichen Neigungen das Leben bedrängen wie die Empfindungen verzehrenden Ehrgeizes;* aber zählst Du denn die Leidenschaft der Liebe zu jenen Leidenschaften, die man für gewöhnlich als völlig glücklich betrachtet, und muß man dieser so flüchtigen Glückseligkeit sein Leben lang nachtrauern? Wenn ich wollte, könnte auch ich meine Rechnung aufmachen und feststellen, daß mich die Illusionen dieser Art, an denen ich mit meinem Herzen und meiner Phantasie hing, nicht glücklich gemacht haben. Du sagst, *meine Freundschaft zu Dir bekunde sich nur in Worten;* das wäre schon etwas, denn ich finde, in Sachen des Gefühls haben Worte den Charakter von Taten. Ist das denn nicht eine Tat: der ständige, mannigfach bezeugte Wunsch, unsere Verbindung zu festigen, ihr Dauer zu verleihen, ihr den Reiz der Vertrautheit zu geben, wenn ihr schon der der Leidenschaft mangelt, und sich gleich an das Ziel zu begeben, wo man einige Jahre später immer anlangt? Du nennst Taten das Opfern von Freunden, die mir teuer sind und die einer nach dem anderen Gegenstand Deiner Eifersucht werden. Ich versichere Dir, nichts vergiftet die wohltuende Wärme, die ich in ihren Gefühlen finde, so sehr wie die Vorstellung, daß sie Dein Glück trüben, aber nur die Liebe vermag das ganze Herz zu erfüllen, und doch wäre die Liebe selbst unklug, wenn sie verlangte, hier alleine zu regieren. Alle diese Bande werden gleichwohl oft durch Abwesenheit, durch die Zeit oder durch Zufall zerbrochen; die Freundschaft aber, die einen mit dem Gatten, dem Vater seiner Kinder verbindet, ist solchen Zufällen nicht unterworfen und ruht auf festerem Grund. Das ist die Wahrheit. Das ist das Gefühl, das ich Dir weit freimütiger zeigen würde, hättest Du mir ein einziges Mal gesagt, daß es Dir etwas bedeute. Was Dein Amt als Botschafter angeht, so liegt mir freilich viel daran. Es stimmt, solltest Du es willentlich verlieren, würde ich in dieser Haltung ein großes Unrecht mir gegenüber sehen. Doch wenn das Schicksal es Dir nimmt, habe ich nicht verdient, daß Du die Auswirkung eines solchen Umstands auf meine Pläne oder meine Gefühle fürchtest. Adieu.[26]

Im Juli erhält Madame de Staël in Coppet Besuch von Narbonne, der seine Mission erfüllt hat und sich wieder zu seinem Regiment in Besançon begibt.

Coppet, 30. Juli [1791]

Ich habe von Dir, mein lieber Freund, zwei Briefe auf einmal erhalten, die eine lange Antwort verdienen. Beginnen wir mit dem, der von Deinen Gefühlen und unserem künftigen Leben spricht. Er ist mit viel Zartgefühl und bestimmt ganz freimütig geschrieben; es wird angenehm und leicht sein, ihn zu beantworten. Ich habe Fehler, die Dich quälen mußten, und dieser Gedanke ist der einzige, der mir Gewissensbisse macht. Ich glaube, daß die Grundlage jeder Moral die Achtung oder die Sorge um das Glück des anderen ist.[27] In der Tragödie, die ich gerade schreibe, gibt es einen Vers, der meine Devise ist:

Wenn einer Unglück stiftet, so hat er eine Freveltat begangen.

Diesbezüglich also will ich mich tadeln und Deine Vorwürfe mit Kummer, doch ohne Groll ertragen. Und nun, willst Du, daß ich überprüfe, nicht das, was ich gern versprechen möchte, sondern das, was ich hoffe, halten zu können, nämlich all das, was die zärtlichste Freundschaft für den Mann eingeben kann, der nur dieses Gefühl fordert und glücklich ist, wenn es ihm entgegengebracht wird? Alle Vorwürfe, die Du mir machst, kommen daher, daß Du diese Bedingungen nicht erfüllt hast. Deine Eifersucht hat mich in allen möglichen Formen verfolgt, und wenn ich heute auch zugebe, daß es nicht richtig war, Liebe zu fordern, so erlaubtest Du Dir doch Quälereien, die bestimmt keine Liebe erwecken, da sie auch noch die zerstören könnten, die vielleicht bereits da war. Schließlich warst Du mit den Zeichen der Zuneigung, die ich Dir zu geben begann, nie zufrieden, und diese Ungerechtigkeit erfand sich schließlich wirkliche Gründe für die vielen Vorwände. Ich hatte unrecht, weil man mir Unrecht unterschob, und die ständigen Anklagen erschufen ihre eigene Begründung.

[...] Aber noch einmal, wir müssen der eine wie der andere mit der Vergangenheit zu Gunsten der Zukunft abschließen. Du sollst mich ganz kennenlernen: ich werde bestimmt nicht sein, was man eine »femme anglaise« nennt. Vielleicht wird die Zeit zeigen, daß ich von der Natur einige Gaben bekommen habe, die mich entschuldigen; doch wollte man mich dazu zwingen, nachdem ich alles versucht habe, mich von dem Joch, das man mir auferlegte, zu befreien, würde ich mich, glaube ich, in den See stürzen, an dessen Ufer man mein Leben anketten möchte.[28] Aber all das, was die Freundschaft einer ehrenwerten Frau an Zuneigung und Hingabe zu dem Mann, den sie aus freier Wahl als Gatten annimmt, nachdem ihn der Zufall ihr zuführte, zu erwecken vermag, all das darfst Du von mir erwarten. Niemand, das wage ich zu sagen, kann dankbarer sein, und Du wirst nichts zu meinem Glück tun, was ich nicht bemüht bin, mit dem Deinen zu belohnen. Ich spreche nicht von äußeren Dingen: man kann sie nur als unumgängliche Konsequenzen der Hälfte der Gefühle, die ich eben ausdrückte, betrachten. Aber vom Teilhaben an den Dingen, die das Herz bewegen, von vollkommener Brüderlichkeit in all dem, was dieses Wort einschließt, und nicht in dem, was es ausschließt. Ich habe das Recht, daß man mir glaubt in einem Augenblick, da die gegenwärtige Krise mir erlaubte, einen Weg einzuschlagen, der, halb so vorteilhaft wie der, den Du verfolgst, um mich von der Rückkehr abzuhalten, uns für lange Zeit auseinanderführen würde. Jetzt, da die Chancen des Schicksals für mich etwas günstiger zu sein scheinen als für Dich, wiederhole ich Dir, daß *mein Glück* mit der Wärme und Dauer unserer Verbindung verknüpft ist. Aber ich verlange Freundschaft und Freiheit. Diese beiden Güter sind mir gleich notwendig: mein Herz will das eine, mein Geist das andere. Ihre Natur fordert es, und was sie gebietet, ist ein Gesetz, das allein der Tod aufheben kann. Ich kann weder die Abwesenheit des Menschen, mit dem mein Schicksal verbunden ist, ertragen noch mich seiner Forderung unterwerfen.

Ende August verläßt Madame de Staël Coppet und ist rechtzeitig zur Eröffnung der Gesetzgebenden Versammlung in Paris.
Da Gustav III. beabsichtigt, die Beziehungen zu Frankreich zu lockern, läßt er Staël langen Urlaub nehmen und vertraut die Botschaft einem Sekretär, Bergstedt, an.
Madame de Staël wendet sich an den engen Freund ihres Gatten, Rosenstein, um ihm ihre Ansichten über die politische Lage darzulegen und für ihren Gatten einzutreten.
Nils von Rosenstein (1752–1824), angesehener Philosoph und Redner, wurde 1782 zum Attaché an der Schwedischen Botschaft in Paris ernannt, wo Creutz ihn den Neckers vorstellt. Kurz danach begleitet er seinen König nach Rom, und obgleich er die Enzyklopädisten bewundert und liberale, wenn nicht gar republikanische Ideen vertritt, wird er dank Staël der Erzieher des jungen Erbprinzen bis zu dessen Volljährigkeit.
Gewissermaßen ein weltlicher und ohne Zweifel atheistischer Fénelon, ein konzilianter und kluger Kopf, macht er Locke und Condillac populär und

steht sich mit jeder Regierung gut. Dreißig Jahre hindurch übt er eine Art literarisches Patriarchat in seinem Lande aus, wo er nacheinander das Amt des Kanzlers der Universität von Uppsala, das des Sekretärs auf Lebenszeit der Akademie und schließlich das des Ministers für Schulwesen und Kultus innehat.

Ebenfalls der Vertraute der Gattin seines Freundes geworden, erhielt er von Madame de Staël zwischen 1785 und 1812 etwa sechzehn Briefe.

An Rosenstein

[Paris,] Den 16. September [1791]

[...] Was immer man sagen mag, Frankreich wird wieder eine Macht werden, die es zu berücksichtigen lohnt. Es ist vielleicht nicht klug, daß man es im Gleichgewicht des politischen Systems Europas nicht mehr in Betracht ziehen will. Die deutschen Fürsten werden unter der Allianz des Königs von Preußen und des Kaisers leiden, und ich weiß nicht, ob Schweden angesichts der vereinten und ohne Gegengewicht bleibenden Macht Rußlands und Englands etwas gewinnen wird. Diese Interessen sind mir immer, ich gestehe es, wichtiger erschienen als das, was man die Sache der Könige nennt. Welche Torheit Frankreich auch begeht, solange es große Zusammenschlüsse von Menschen gibt, wird die Monarchie bestehen bleiben. Sie liegt in der Natur der Dinge, und nichts kann hindern, daß man darauf zurückkommt; doch wenn das politische Gleichgewicht Europas erst einmal gestört ist, wird es lange dauern, bis es wiederhergestellt ist. Überdies glaube ich, daß sich diese Revolution weit mehr gegen den Adel denn gegen das Königtum richtet. Im Kampf der Aristokratie gegen die Demokratie kann die Monarchie sehr leicht *den Kopf aus der Schlinge ziehen,* und wenn das geschieht, wird die Vernichtung der dazwischen stehenden Schichten der königlichen Macht dienen: in der Türkei gibt es nicht mehr Adel als in Frankreich.

Unter diesem Gesichtspunkt wie unter vielen anderen finde ich Frankreichs Verfassung grundschlecht. Sie stellt überhaupt kein Gleichgewicht her. Wenn der König in der einzigen Kammer, die es gibt, die Mehrheit hat, vermag er alles; hat er sie nicht, vermag er nichts. Um wie vieles geschickter ist doch Englands Verfassung durchdacht! und was sind unsere Franzosen doch für miserable Köpfe, daß sie gemeint haben, es wäre unter ihrer Würde, sie nachzuahmen, und eine Verfassung verlange, wie ein episches Gedicht, Erfindungsgabe![29] Zudem war der Adel in den Anfängen der Revolution geradeso gegen die Verfassung Englands wie heute gegen die Frankreichs, und es ist das Unglück unseres Landes gewesen, daß niemandem vorher etwas Vernünftiges einfiel, nicht das geringste vorsorglich getan wurde: der König, die Adligen und die Demokraten, alles hat sich nach den Umständen gerichtet. Sollte ich je nach Schweden kommen, werde ich Ihnen einige Überlegungen zeigen, die ich über diese Revolution angestellt und aufgeschrieben habe und deren Genauigkeit einiges Verdienst zukommt.

Ich muß Ihnen jedoch von der augenblicklichen Lage sprechen: der König und die Königin vollbringen seit einer Woche tagtäglich irgendeine *patriotische* Tat, das ist der übliche Ausdruck. Es ist sicher sehr großmütig, all die Schmach, die sie haben erleiden müssen, zu vergessen und durch dieses Verhalten den Krieg, der Frankreich drohte, abzuwenden, doch scheint mir die Veränderung zu plötzlich, und ich weiß nicht, ob nicht mehr Würde die Wohlmeinenden von der Lauterkeit dieser neuen Entschlüsse besser und tiefer überzeugen würde. Das Volk begreift diese feinen Unterschiede übrigens nicht, und von morgens bis abends wird getanzt und gefeiert. Kurz, es hält sich für glücklich und setzt seinen Stolz darein, daß es vor seinen Feinden auch glücklich erscheine. [...]

Die Freiheiten, die sich die Presse herausnimmt, gehören zu den scheußlichsten Unannehmlichkeiten dieses neuen Regimes. Man muß zugeben, daß die Aristokraten ebensoviel Gebrauch davon machen wie die Demokraten, und was bei einer Partei, die sich die der Ritterlichkeit nennt, in Erstaunen setzt, ist ihr Grimm gegen die Frauen.[30] Alles, was jung ist, ist Gegenstand ihrer infamen Schmähschriften. Ich habe freilich nicht geglaubt, daß solche Abscheulichkeiten den König beeindrucken könnten; ich habe ihm jedoch geschrieben, um ihn davor zu warnen, weil ich wußte, daß man in Aachen versucht hatte, ihn gegen mich einzunehmen. Seien Sie so gut und unterstützen Sie meinen Brief.[31] Keinerlei ehrgeizige Absicht hat ihn inspiriert: ich glaube, daß der König das *Versprechen*, das er uns gütigst gegeben hat,[32] halten wird, ob er mir geneigt ist oder nicht.

[...] Ich bitte Sie inständig, ausdrücklich zu wiederholen, daß M. de Staël keinerlei Verbindung haben kann zu den Gemeinheiten, die man mir anhängen wollte, denn ich habe an den Angelegenheiten Frankreichs nur Anteil genommen durch die Rolle, die mein Vater gespielt hat, und seit seinem Abgang ist mir nur eine große Erschütterung geblieben. M. de Staël hat ob der extremen Mäßigung seiner Gesinnung und seines Charakters an den Regungen, die ich in den ersten Tagen meiner Hoffnung empfand, keinen Anteil genommen. [...]

Adieu, Monsieur. Lassen Sie mich wissen, ob Sie mit dem Werk von M. de Talleyrand über das Schulwesen[33] zufrieden sind; ihre Zustimmung wird ihn ehren.[34]

Am 6. Dezember erreicht es Madame de Staël nach allerlei Intrigen und Machenschaften, daß Narbonne zum Kriegsminister ernannt wird und somit Duportail, Anhänger einer Friedenspolitik, ablöst. Den Tag darauf hält der neue Minister vor der Nationalversammlung eine brillante Rede. Unter dem Einfluß seiner Geliebten und dem Talleyrands stellt er sich zwei Aufgaben: einerseits das Vertrauen der Nationalversammlung zu gewinnen, andererseits das Ansehen und die Macht der Monarchie wiederherzustellen, indem er für einen begrenzten Krieg gegen die von Preußen und Österreich unterstützten Emigranten eine Armee aufstellt.

Der folgende Brief zeugt von der aktiven Teilnahme seiner Verfasserin an allen diesen Plänen.

An Gouvernet

[Paris,] 12. Dezember 1791

Wir haben in unserem Rat beschlossen, mein lieber Gouvernet, daß wir im Augenblick nichts Besseres tun können, als Sie dort bleiben zu lassen, wo Sie sind.

Konstantinopel ist M. du Moutier versprochen; es ist allerdings nicht sicher, ob M. de Choiseul bereit ist, zu weichen. Alle anderen Botschaften, Neapel, Spanien, gibt es so lange nicht, bis diese Königreiche unsere Verfassung akzeptiert haben. Im übrigen soll bei diesem Wechsel, der den Revolutionären zuliebe vorgenommen wurde, von Ihnen nicht die Rede sein; oft schreibt man aus Den Haag, daß Sie nicht sehr für die Verfassung seien, und wir werden mehr Ansehen haben, wenn wir Sie dort lassen. Man muß Ihnen dort jedoch mehr Geld geben, und das hoffe ich zu erreichen; wir ersuchen um eine Gratifikation von zwanzigtausend Livres, und wir werden sie vor der Abreise von Mme d'Hénin[35] erhalten. Doch welchen Lauf nehmen die Dinge? Paris will, koste es, was es wolle, daß man auf die Weigerung des Kurfürsten von Mainz[36], die dort versammelten Emigranten zu vertreiben, mit einer Kriegserklärung antwortet. Man wird sich, so man dazu nicht schändlich gezwungen werden will, diesem

Willen der Nation beugen müssen. Werden Österreich und Preußen die deutschen Fürsten unterstützen? Es schaudert einem vor dem Abgrund, in den man sich da stürzt. Man beginnt den Krieg ohne Geld und ohne Offiziere; es muß jedoch sein, denn diese lange Unsicherheit für Gut und Leben ist ein unhaltbarer Zustand für eine Nation. Es ist das allergrößte Unheil, das man sich nur vorzustellen vermag. Könnten Sie in Holland nicht ermitteln, was Preußen plant? Dienen Sie mit ganzem Herzen der mutigen Aufopferung M. de Narbonnes. Er meint, daß es Frieden in Frankreich erst nach der Auflösung der Partei der Emigranten geben kann. Ein Extrem tötet das andere; da man die Partei der Republikaner nicht hat vernichten können, muß man den Adel angreifen: in dieser feindlichen Partei finden die Schurken Waffen und die ehrbaren Leute Vorwände. Sie werden durch diesen Brief erfahren, was alles man tut, um gegen das mutige Gesuch des Bischofs von Autun zu Felde zu ziehen. Wir befinden uns tiefer denn je in der Revolution, aber das ist ein Grund mehr, sich zur Verfassung zu bekennen. Wir werden sie später ändern, doch zuerst muß sie siegen. M. de Narbonnes Antrittsrede ist brillant gewesen; doch was wird die Zukunft bringen? Der König und die Königin waren ganz für ihn; er hält sie für vollkommen aufrichtig [...]. M. de Staël wird in drei oder vier Tagen zurückberufen: alles um mich her ist Zerstörung. Ich baue auf die Talente und den Mut M. de Narbonnes; wenn er dieses Land rettet, ist das ein Wunder und kein Geniestreich.[37]

4

Der Graf von Narbonne
(1792-1793)

Während Narbonnes Ministerzeit stellt man eine Armee von 150 000 Mann auf. Sie untersteht dem Kommando von Rochambeau, Luckner und La Fayette. Zu ihrem Stabe zählen d'Arblay und Montmorency. In der Zwischenzeit verhandelt Talleyrand in London über Englands Neutralität, während Staël in Stockholm Gustav das Lob Narbonnes singt. Dennoch führen alle diese Anstrengungen zu nichts, und am 10. März 1792 verliert Narbonne sein Amt und geht zu La Fayette und d'Arblay nach Arras.

Alsdann überstürzen sich die Ereignisse, die zu den Massakern des kommenden Septembers führen: am 20. April erklärt Dumouriez Österreich den Krieg, einen Krieg, der sich über ganz Europa und auch auf die Vereinigten Staaten ausdehnt und dreiundzwanzig Jahre dauern sollte; am 20. Juni dringt das Volk in die Tuilerien ein und setzt dem König die rote Mütze der Jakobiner auf; im Juli unterbreiten Madame de Staël, Malouet und Narbonne der königlichen Familie den Plan, nach England zu fliehen, doch ihr Ansinnen wird abgelehnt; am 10. August metzelt die Menge in den Tuilerien die Schweizergarde nieder und bringt Ludwig XVI. in den Temple. Narbonne, Montmorency, Gouvernet und andere Freunde von Madame de Staël, die den König beschützen wollten, entgehen dem Blutbad mit knapper Not und fliehen in die Schwedische Botschaft, wo es Madame de Staël gelingt, sie einige Zeit zu verstecken. Zehn Tage später kann Narbonne dank der Hilfe seiner Geliebten und Bollmanns, eines jungen Arztes aus Hannover, nach Dover fliehen. Sie selbst bleibt noch einige Tage in Paris und versucht, auch noch anderen Freunden zu helfen, wobei sie beinahe gleichfalls umgekommen wäre. Schließlich gelingt es ihr, die Hauptstadt Ende September zu verlassen, und zehn Wochen vor der Geburt Alberts, ihres zweiten Kindes von Narbonne, ist sie bei ihren Eltern in Coppet.

Am 25. August beginnt ihr berühmter Liebesbriefwechsel mit Narbonne, der an die 130 Briefe zählt, der letzte vom 16. Mai 1794.[1]

Das Verhältnis mit dem verführerischen Grafen Louis de Narbonne-Lara (1755–1813) währte bereits dreieinhalb Jahre und ging in seine letzte Phase. Sich alles dessen bewußt, was er ihr verdankte: Hunderttausend Livres für seine Schulden, eine Karriere, das Leben und den Lebensunterhalt während seines Exils – fühlte er sich wahrscheinlich weder imstande, eine so große Schuld zurückzuzahlen noch dem Liebesbedürfnis der Madame de Staël zu genügen, auch wurde er ihrer mit der Zeit müde. Er warf ihr nun vielleicht auch vor, daß sie ihm das liberale Gedankengut nahegebracht hatte, das Frankreich zum Untergang führte, aber es lag wohl auch an seiner leichtlebigen Natur, die einer dauerhaften Liebe unfähig war, daß er sich zwei Jahre später ganz von ihr löste.

»Sie hatte Narbonne zum Kriegsminister gemacht, um ihren eigenen Ehrgeiz zu steigern, ihn auf einen Weg geführt, den er sein Leben lang bereute, und hatte ihm nur das Leben gerettet, um über ihn zu verfügen wie über etwas, das einem alleine gehört«,[2] eine Methode, die sie ihr Leben lang sowohl bei Freunden als auch bei Geliebten anwendet.

War dieses Verhältnis zwar nicht das dauerhafteste, so doch das leidenschaftlichste von allen, und sein Bruch hinterläßt in ihrem Herzen eine tiefe Wunde. Narbonne teilt mit seinem Freund Talleyrand den tiefen Groll Madame de Staëls wegen seiner Untreue und mangelnden Dankbarkeit, überdies zürnt sie ihnen, weil sie in den Dienst der Tyrannen getreten sind.

Als Madame de Staël 1813 in London vom Soldatentod Narbonnes in Ostdeutschland hört, zeigt sie, wie Mary Berry zu berichten weiß, keinerlei Regung.

An Narbonne

Coppet, den 8. September [1792]

[...] Ach! mein Freund, es gibt für Deine Freundin auf der Welt nur Dich! Ich habe das nur zu gut gefühlt, als ich hier ankam; nichts hat mich berührt, ich habe nur gespürt, wie sehr mir Nachrichten von Ihnen fehlten. In Genf wie auch in meinem Pariser Viertel stand bereits fest, daß man mich und meine Zofe auf den Stufen des Hôtel de Ville ermordet habe, und da das um ein Haar wahr geworden wäre, hat mir ganz Genf eine Anteilnahme bewiesen, die mich fast glauben läßt, daß wir dort, wenn es Dir recht ist, ein angenehmes Asyl finden werden. [...] Hat man Dir berichtet, daß im Hôtel de Ville das Gerücht umging, M. Bertrand, M. de St[aëls] Sek[retär], der sich zu mir durchgeschlagen hatte, seien Sie gewesen? Ich war im Begriff, diese Beschuldigung mit der leidenschaftlichen Liebe zu den Gesichtszügen dessen, den man liebt, zurückzuweisen, aber man hat so laut gerufen, man solle mir den Kopf abschlagen, daß mich das davon abgebracht hat, von der Schönheit des Ihren zu sprechen. Während dieser zwei Stunden, in denen man mich von der Sektion zum Hôtel de Ville geschleppt hat, habe ich mich oft gefragt, was Todesfurcht eigentlich ist, und ich habe erfahren, daß sie nichts ist im Vergleich zu einer Minute der Sorge um Sie. [...] *Er ist gerettet* waren die Worte, die mein Herz ganz leise wiederholte wie die Frommen das *Ave Maria*. Mathieu[3], der so gut zu lieben weiß, hat versucht, mir ins Hôtel de Ville zu folgen, doch wenn ich ihn gesehen hätte, würde ich weniger Kraft gehabt haben. Man muß entweder alleine sterben oder leben mit denen, die man liebt; ich könnte mich hier zum ersteren entschließen. Mein Vater hat mich ersucht, Ihren Namen nicht in Gegenwart meiner Mutter auszusprechen, und das scheint mir äußerst schwer, weil mir kein anderer einfällt. Mein Vater hat diesbezüglich denselben Standpunkt wie vor einem Jahr, und glauben die beiden heute etwa, daß eine menschliche Macht mein Leben von dem Deinen trennen könnte, nachdem meine Leidenschaft durch so starke Bande und soviel Unglück geheilt worden ist? Ich habe mich heute morgen gefragt, ob ich das Opium, das ich seit dem 20. April[4] immer bei mir habe, wegwerfen soll. Das ist unmöglich, solange ich nicht für immer mit Ihnen vereint bin. Am 1. März werden wir es gemeinsam verbrennen; bis dahin, ich beschwöre Dich, sei sehr vorsichtig. Achten Sie auf Ihre Gesundheit, die ein feuchtes Klima angreifen könnte, machen Sie sich viel Bewegung und meiden Sie die Gesellschaft der französischen Aristokraten; Sie sind so ritterlich, und die anderen sind so dumm. Schließlich lassen Sie mich wiederholen, was Sie manches Mal zu hören geneigt waren, nämlich, daß Auguste anziehend ist, daß ich in meinem Schoß ein neues Unterpfand unserer Liebe sich regen fühle und daß das Los des einen, das Leben des anderen, das ihrer armen Mutter, allein mit Ihnen verbunden ist, mit der Luft, die Sie atmen, so daß Sie nicht einen Augenblick für sich allein sein können. Wenn Sie je der Meinung waren, daß meine Aufopferung irgendwie belohnt werden müsse, so nur mit dem, was Sie für sich selbst tun. Ich sage jedem, der mich liebt: »Nehmen Sie sich seiner an, helfen Sie mir damit.« Habe ich nicht das Recht, es Ihnen selbst zu sagen? Ich habe Paris mit schlechtem Gewissen verlassen. [...] Ich bin dem Schrecken gewichen, den die Gefahren des Vortags erregten, gewichen dem Wohlwollen Manuels[5], der Zuneigung zu mir gefaßt hatte und dem ich weit mehr als nur meine Freilassung verdanke: die Befreiung von François de Jaucourt[6] am Vorabend des entsetzlichen Tages, und ich werfe mir meine Feigheit vor; bis Mathieu bei Ihnen ist, werde ich viel durchmachen. Was riskierte ich denn schon, wenn ich in meinem Hause blieb? Aber Sie wollten das nicht; ich mußte Ihnen gehorchen. Solange Ihnen mein Leben vonnöten ist, gehört es da nicht Ihnen? Und nach Ihnen gehört es Mathieu. Ich bin sehr besorgt um ihn. Mein Vater hat mich liebevoll aufgenommen, aber ich muß Ihnen etwas Scheußliches sagen, nämlich, daß ich ihm nie mit ganzer Seele zugehören werde, solange er meine Empfindung für Sie nicht teilt, wie er sie teilen könnte. Es gibt auf der Welt nur Sie; nichts existiert außer in Beziehung zu Ihnen; alles übrige ist Wirrwarr in meinem Kopf und in meinem Herzen; ich kann nichts beurteilen, nichts vergleichen, es sei denn mit Hilfe Deiner Gedanken, Deiner Anteilnahme, Deiner Meinung, mit Dir, mein Schutzgeist. Darin liegt zuviel Anbetung; ich verliere Sie, doch dieses Gefühl erstickt mich, wenn ich es nicht ausdrücken darf.[7]

Mittlerweile hatte Narbonne in London von seiner Ächtung, der Konfiszierung seiner Güter und von den Gefahren gehört, in welchen seine Angehörigen und seine Freunde schwebten, nicht zu reden von jenen Gefahren, die seinem Land und der königlichen Familie durch die gegen sie geführte Klage wegen Hochverrats drohten. All das dürfte seine Saumseligkeit gegenüber seiner anspruchsvollen Briefpartnerin erklären.
Gegen Mitte September verlassen Narbonne und einige Freunde der Konstitution, wie Montmorency und Jaucourt, London und lassen sich in Mickleham, Grafschaft Surrey, nieder, wo sie das Landhaus Juniper Hall pachteten.

An Narbonne

[Coppet,] 19. September [1792. Morgens]

Abermals greife ich zur Feder, um Sie zu beschwören, mir doch zu schreiben, so daß ich mir Ihr unbegreifliches Schweigen erklären kann. Wenn Sie meiner überdrüssig geworden sind, warten Sie wenigstens, bis ich niedergekommen bin. Ich bin verzweifelt, bin ganz alleine, und es gibt niemanden, zu dem ich sprechen könnte. Ich weine Tag und Nacht. Mein Gott, wer hätte mir gesagt, daß er, den ich am 20. August gerettet habe, mich zum Tode verurteilen würde? Ich bin dazu entschlossen; ich leide schon zu lange. Wenn ich von Ihnen nichts höre, werde ich ein Ende machen. Sie sind der grausamste, der undankbarste, der barbarischste Mann. Jene, die in Paris töten, schaffen weniger Leid, als Ihre entsetzliche Unbekümmertheit; sie wird, glaube ich, auch ohne daß ich mir etwas antue, genügen, mein Leben zu enden. Kurz, ich bin furchtbar elend. Mein armes Kind, ach! warum einem Kinde das Leben schenken, das Ihnen ähneln wird? Aber ich habe vielleicht unrecht; es ist nicht Ihre Schuld. Ich will alles glauben, nur nicht eine derartige Ungeheuerlichkeit. Ich bitte Sie, sich zu bezwingen, bis ich niedergekommen bin. Schreiben Sie mir wieder, lassen Sie mich nach London kommen. Ich bin erst 25 Jahre;[8] geben Sie mir noch ein Jahr zu leben. Könnte es Sie nicht verlocken, mir ein bißchen Glück zu schenken? Seit vier Monaten erleide ich Höllenqualen; ich bitte Sie jetzt nur um Briefe, die meine Lage erleichtern könnten. Sie wissen nicht, in was für einer Lage ich mich befinde; ich kann Glück in dieser Welt nur von Ihnen erhoffen, mein Leben hängt davon ab, ob ich Sie sehe und von Ihnen geliebt werde. Das habe ich vielleicht verdient! Doch wenn Sie mich verabscheuen, verkürzen Sie mein Leiden, halten Sie mich nicht von Schweigen zu Schweigen in einer Ungewißheit, die mir nicht erlaubt, irgendeinen Entschluß zu fassen. Ich habe scheußliche Krämpfe und bin soweit, mich zu töten [. . .].[9]

An Narbonne

[Coppet,] den 19. September [1792. Abends]

Ich gehe vor meinem Tisch auf die Knie, um meinen Freund für all die Dummheiten um Verzeihung zu bitten, die ich ihm in meinem letzten Brief gesagt habe, aber er weiß noch nicht, was er mir bedeutet. Ich kann nicht — ich fühle das jeden Tag mehr — ich kann in seiner Abwesenheit nicht leben; mein ganzes Blut gerät über einen ausbleibenden Brief in Wallung, und vielleicht ist Dein Herz von der magischen Wirkung, den Dein Brief auf mich ausübte, berührt worden.[10] Ich war dem Tode ganz nahe, ich konnte nicht mehr sprechen, nicht mehr leben, ich war nahe daran, verrückt zu werden und traf schon alle Anstalten für meinen Tod. Als dieser Brief kam und ich diese so liebe Schrift erkannte, habe ich gezittert, die zärtlichen Worte, die er mir sagte, habe ich wohl zehnmal gelesen, und das tiefe Dunkel der Zukunft hat sich gelichtet. Ach! mach von dieser süßen Macht öfters Gebrauch. Sieh Deiner Freundin die Schwächen großer Leidenschaft nach; sie wird Dir beweisen, daß sie auch deren Vorteile besitzt [. . .].[11]

Coppet, den 26. [September 1792]

Es gibt keine Leidenschaft, die nicht eine Qual ist. Ich liebe Sie, und Sie lassen es sich gefallen [...]. Alle Augenblicke fühle ich, daß es mir unmöglich ist, Ihr Fernsein zu ertragen [...]. Ach! mein Freund, laß uns beieinander sein! Ich werde die Zeit bis zu diesem Augenblick nach besten Kräften verkürzen; sechs Wochen nach meiner Niederkunft reise ich ab. Ich hoffe, daß M. de St[aël] nicht hier sein wird, aber ich werde auch dieses und alle anderen Hindernisse überwinden, denn vom Tode zum Leben ist es nicht so weit wie von Deinem Fernsein zu Deinem Dasein [...]. Ich dringe sehr auf die Geldangelegenheiten, denn ein Mann wie Sie braucht Mittel, und ich kann den Gedanken nicht ertragen, daß Ihnen ein einziger Wunsch unerfüllt bleibt. Leider jedoch, was war in dieser Hinsicht zu erdulden in all dem, was mein Herz an Mitteln zum Glück um Sie hatte ansammeln wollen! Wie oft ist mir das mißlungen! Ach! die Zukunft wird besser aussehen. Ich las heute, *am Ende wird die Leidenschaft die Welt bezwingen*. Vielleicht wird die Beständigkeit, die Glut meiner Leidenschaft für Sie einige der Hindernisse beseitigen, die uns im Wege sind. Ich habe nur den einen Gedanken; eine so große Absorbierung muß weit führen. Auguste hat mir für M. de Narbonne eine seiner Haarlocken gegeben. Da ich ihm unablässig von Ihnen erzählte, habe ich ihn auf die Idee gebracht, doch letztlich ist er selber darauf gekommen. Sagen Sie mir, ob sie brünett ist, das ist das einzige, was ich mir wünsche. Es bedeutet schon viel, Ihr Sohn zu sein, doch Ihnen zu ähneln, würde meine Zärtlichkeit noch vergrößern. Meine Mutter erteilt meinem Sohn bereits hehre Lektionen; er antwortet darauf mit der hartnäckigen Bitte, hinausgehen zu dürfen. Meine Mutter verzeiht es ihm dieses Jahr noch, weil er gerade erst zwei Jahre alt ist; noch ist nicht zu sehen, daß er die Unerschrockenheit seines Vaters besitzt. Meine Mutter sagt, ihre größte Freude wäre, zu sehen, daß ein kleiner Hasenfuß in ihm steckt. Ich habe da andere Prinzipien, doch noch drängt es nicht, daß ich auf ihnen bestehe. Wahr ist, daß er Intelligenz besitzt, bemerkenswerte sogar, und wenn Sie nicht *denaturiert* sind, werden Sie ihn lieben. Allerdings gibt es diesbezügliche Zweifel [...].[12]

Coppet, den 2. Oktober [1792]

Meine Leidenschaft für Sie ist in geistiger Hinsicht ein Phänomen; ich bin erschrocken über ihre Macht. Gestern erwartete ich einen Brief von Ihnen, er kam nicht, und ich hatte eine Stunde lang irrsinnige und grausame Krämpfe. Heute erhalte ich einen ganz alten vom 16. September; ich finde nichts Unglückliches mehr auf der Welt. Meine Seele hat sich wieder aufgeschwungen, ich glaube, dem 15. Januar näher zu sein, und mein Vater, der nicht einen einzigen Tag in seinem Leben von Leidenschaft ergriffen worden ist, betrachtet mich als ein Wesen jenseits oder vielleicht auch diesseits menschlicher Natur. Sie müssen wissen, wenn man Leben schenkt, mehr als das Leben, durch einige Zeilen an eine arme Frau, die Sie vergöttert, daß es grausam wäre, sich dem zu versagen.

Ich finde Ihren Brief an die N[ationalversammlung] viel besser, als ich für möglich hielt,[13] denn ich hatte das Thema für unter Ihrer Würde gehalten, doch ist in ihm Distanz gewahrt. Wenn wir erst wieder zusammen sind, werden uns die Umstände vielleicht irgendein ausführliches Manifest eingeben; Sie werden daran denken, und wir werden uns auf diesem Landsitz, dahin alle meine Wünsche gehen,[14] damit befassen [...]. In drei Monaten wird man das Ende meines Lebens festsetzen. Doch ich habe keine Lust zu sterben. Folgendes ist mir widerfahren: M. de Staël hat einen Bestallungsbrief des Herzogs von Södermanland[15] erhalten, der ihn zum Bot[schafter] erklärt, mindestens bis zum Jahre 96. Folglich zahlt er die Schulden, die ich für ihn gemacht habe (was, nebenbeigesagt, bedeutet, daß ich *das Geld, um das ich Sie gebeten hatte*, nicht mehr brauche, daß ich im Gegenteil sogar die Hoffnung habe, Ihnen noch mehr geben zu können), und da er im Augenblick nicht nach Frankreich zurückkehren kann, kommt er in die Schweiz, um hier auf den Zeitpunkt zu warten, da er in Paris sein Amt wird antreten können. Er ist aufgebracht *nicht über seine Frau, die er bedauert, sondern über die Freunde, die sie grausam und arg mißbraucht haben*. Er liebt innigst seinen reizenden kleinen Auguste und verehrt die religiösen Tugenden Mme Neckers, an die sein Brief gerichtet ist. Gestern also sagt mir meine Mutter, sie habe ausnehmend gute Nachrichten für mich, und gibt mir diesen Brief; ich lese ihn und gebe ihn ihr wortlos zurück. Wechselnde Lobeshymnen auf M. de Staël ob seiner Geschicklichkeit, mit der er sich einer Rente von achtzigtausend Livres etc. versichert hat, werden angestimmt, ohne an meinem Schweigen etwas ändern zu können, und nichts hat mehr verblüfft als dieses Benehmen. Ich sage nur ganz obenhin, daß ich glücklich sei, einen Teil unserer Schulden bezahlt zu sehen, da ich meinem Vater dann weniger zur Last falle. Meine Mutter geht in recht schlechter Stimmung hinaus, und hier nun mein Gespräch mit meinem Vater: ich beginne damit, ihm zu erklären, daß ich sofort nach London abreisen wolle, daß ich vor der Niederkunft noch Zeit hätte, durch Frankreich zu reisen und daß die Gefahr, Räubern in die Hände zu fallen, nichts wäre im Vergleich zu jener, die ich somit vermiede, nämlich in M. de St[aëls] Gegenwart *zu einem für ihn höchst ungewöhnlichen Zeitpunkt* niederzukommen,[16] daß er Auguste vor mir als seinen Sohn bezeichnen würde und mein ganzes Blut sich ob eines solchen Gedankens empören würde, daß ich überdies sähe, man wolle darauf hinaus, uns wieder zusammen zu bringen, und daß ich am 15. Januar nur zu zwei Reisen entschlossen sei: zu einer nach England oder einer auf den Grund des Sees. Ich sprach unter vielen Tränen; das war sehr anstrengend, aber notwendig. Mein Vater hat mir geantwortet, daß ich vielleicht in der verlängerten Amtsdauer M. de St[aëls] Vorteile finden könnte, die sich mit meinen Neigungen vereinigen ließen. Ich habe ihm erwidert, daß ich das Glück M. de St[aëls] in keiner Weise mehr teilen wolle, daß ich keinerlei Anspruch darauf hätte, da mich nichts mit ihm verbinde und daß es darüber hinaus mehr als wahrscheinlich sei, daß ich nicht lange in Frankreich leben wolle, daß es ein sehr glückliches Zusammentreffen von Ereignissen geben müsse, damit es meinen Freunden dort gefallen könnte und daß ich nur unter dieser Bedingung dorthin zurückkehren würde, schließlich, daß ich den Kampf, den man mir vorbereitete, nicht durchstehen möchte und ich mich ihm entziehen würde, indem ich am nächsten Tag um 4 Uhr morgens nach Paris und London abreisen wolle. Dieser Entschluß, bei dem ich blieb, versetzte ihn in Schrecken. Andererseits sah er, daß ich von ihm nur abgehen würde, wenn er mir verspräche, mich gegen M. de St[aël] zu unterstützen. Sie wissen, daß es ihm nicht liegt, sich in bestimmtem Ton zu äußern. Er hat mir jedoch gesagt, sollte meine Liebe zu Ihnen *fern vom Zauberer* weiterbestehen, sollte ich in drei Monaten noch dieselben Gefühle haben, dann könne niemand verlangen, daß man mit dem Gegenstand seines Hasses weiterlebe. [...] Ich habe ein wenig lachen müssen über die dreimonatige Prüfzeit für ein Gefühl, das seit vier Jahren bestand, das alle Bande gestärkt hatten, für das ich zwei- oder dreimal mein Leben aufs Spiel gesetzt hatte und tausendmal entschlossen war, es hinzugeben, doch indem ich ergeben all das anhörte, was er mir, eingedenk meiner Mutter, über mein ungestümes Wesen wohl sagen mußte, schloß ich mit dem, was ich wollte: den Abbruch jeglicher Beziehungen zu M. de St[aël] vor Ablauf von drei Monaten. Ist es nicht gut, dafür eine Zeit zu wählen, da es ihm wohlergeht? Ist mir gestattet, sein Vermögen und sein Glück zu teilen, wenn ich nicht seine Frau bin? Schließlich, wäre es mir möglich, ihn dahin zu bringen, daß er die rein brüderliche und zweitrangige Rolle spielt, die er akzeptieren müßte, um uns nicht zu stören? Und schließlich, wenn es stimmt, daß C[om]tesse Louise[17] sehr krank ist und wenn meine Religion die Scheidung erlaubt?[18] Dieser letzte Gedanke ist absurd, und ich schäme mich, daß ich gewagt habe, an dergleichen zu denken. [...] Ich schwöre, daß ich mich, wenn es sein muß, töten würde, ich ließe es mir gefallen, von ihm getrennt zu sein, aber nicht, M. de Staël zwei Monate länger zu sehen und Dich zwei Monate weniger. Adieu, adieu, schreib mir.[19]

Seit der Besetzung Savoyens durch republikanische Truppen fühlten sich die Neckers, die auf der Liste der Emigranten standen, in Coppet, so nahe der französischen Grenze, nicht mehr sicher und zogen nach Rolle.

An Narbonne

Rolle, den 11. Oktober [1792]

[...] Mein Vater [...] hört nicht auf, sich der verächtlichsten Ausdrücke zu bedienen, wenn er von meiner Schwangerschaft und meiner Leidenschaft für Sie spricht. Meine Mutter macht ihm, das Evangelium in der Hand, Vorwürfe wegen seiner Nachsicht mit mir, wie sie es nennt, und er glaubt, Gott und ihr gegenüber seine Pflicht zu erfüllen, indem er mich mit Ausdrücken des Lasters und der Schande bedenkt. Manchmal fühle ich, wie mein ganzes Wesen sich darüber empört. Es folgen Bemerkungen über Ihren Charakter, über Ihre mutmaßliche Unbeständigkeit, über Ihre Undankbarkeit, und so absurd all das ist, er kann sehen, daß diese Art Prophezeiung mir immer weh tut. Gestern sagte ich ihm, ich bedanke mich dafür, daß er solche Waffen gebrauche, um mich von Ihnen zu trennen, daß ich, spräche er um seines Unglücks oder seiner Zärtlichkeit willen zu mir, ihm zwar nicht gehorchen könne, sondern leiden müsse, während er, wenn er entweder von meinem oder Ihrem Verbrechen spreche, mein Herz nicht berühre. Nun, Sie können sich keine Sprache vorstellen, die verschiedener wäre von der unsrigen. Bedient er sich ihrer mehr als früher? Oder empfinde ich die Kontraste so stark, weil ich Sie kennengelernt habe? Schließlich bringt mich alles zu der süßen und tiefen Gewißheit, daß das Leben ohne Sie leer wäre und daß die Vernunft selbst sein Opfer fordern würde. Das Hauptargument meines Vaters, mich jetzt an der Abreise zu hindern, ist meine Schwangerschaft. Er sagt, daß ich aller Welt verkünden würde, wer der Vater meines Kindes ist, wenn ich zu Ihnen käme. Er sagt das lange nicht so schön, wie ich es Ihnen übersetze. Ich bringe das gegenwärtige Opfer für meine Abreise sechs Wochen nach der Niederkunft. Ich hatte geglaubt, daß diese letzten Ereignisse meine Gefühle für Sie heiligen müßten, aber bei empfindsamen Wesen rechtfertigt die übergroße Leidenschaft die Leidenschaft selbst. Hier verzeiht man eher Unrecht als Hingabe, und die Persönlichkeit, die dominiert, läßt einen nicht so sehr den Fehltritt fürchten wie die Macht, die er verleiht. Ich möchte nicht, daß diese Dinge je über Ihre Lippen kommen; ich bin meinem Vater stets sehr verpflichtet, und ohne den Einfluß meiner Mutter wäre daraus ein wahres Glück geworden. Doch sie hat sich all seiner Fehler bemächtigt; mit ihnen hat sie sich am meisten in Übereinstimmung gefunden, und durch ihre Fehler regiert man die Männer weit besser denn durch ihre Vorzüge.[20] Persönlichkeit, Freude an Geld, Hang zum Herrschen, alle diese Neigungen werden noch größer, wenn eine Frau, die sie kennt, nicht aufhört, uns unsere Freigebigkeit, unsere Selbstverleugnung, unsere Unterwerfung unter den Willen anderer vorzuwerfen; es gibt niemanden, den man nicht glücklich und gefügig macht, indem man ihm vorhält, er besitze all das, was ihm fehlt, im Übermaß. Ich, ich bin lästig, weil ich mich immer nur an die Güte, an den Mut, an die Empfindsamkeit wende; ich lobe, was ich an solchen Eigenschaften sehe, und verlange ihrer noch mehr. Das ist nicht geschickt, doch ich kann nicht anders. Ich bin anspruchsvoll auch in der Genealogie des Sieges, und soll ich ihn davontragen, muß die Ursache der Wirkung würdig sein. Wieviel langen Reden könnte man den Vorwurf des Egoismus machen, doch in mir sehe ich wirklich nur Sie, habe ich nur Interesse an dem, was mit Ihnen in Beziehung steht, und ich empfinde keinerlei Scham, mit Ihnen über das zu sprechen, was sich Ich nennt. [...] Da ich Sie sicher viel mehr brauche, als Sie mich, muß alles zusammenkommen, um das zu beweisen. Erwarten Sie mich also in dem trauten Asyl, wo mein ganzes

Herz bereits ist, verlassen Sie sich wegen unseres Zusammenkommens auf mich und sorgen Sie sich nur um Ihre Gesundheit und Ihr Gefühl für mich; gleich, an welchem Ort der Welt Sie leben und mich lieben, ich werde mich aufmachen, das Leben und das Glück zu suchen. [...][21]

An Narbonne

[Rolle, 22. November 1792]

Die ersten Buchstaben meiner zitternden Hand sollen meinem Freunde sagen, daß ich vorgestern, den 20ten, nachdem ich ihm geschrieben, vor allem nachdem ich einen Brief von ihm bekommen hatte, der allein mir die Kraft geben konnte, die scheußlichsten Schmerzen zu ertragen, einem Sohn[22] das Leben geschenkt habe, schön und braun, der gleich seiner Mutter leben wird, um Dich zu lieben, und der ein weiteres Band sein wird zwischen unseren beiden untrennbaren Geschicken [...].[23]

An Narbonne

Rolle, den 23. Dezember [1792]

[...] Der Augenblick ist gekommen, zwischen Dir und dem Rest der Welt zu wählen, und zu Dir zieht mich mein ganzes Herz. Möge das Geschenk meines Lebens das Deine verschönern, möge ich in Deinen Augen nicht durch eben die Opfer verlieren, die ich meiner Leidenschaft für Dich darbringe, und mögest Du, wenn man meinen Ruf für immer herabsetzt, jene noch achten, die nur ihre Liebe als Gesetz anerkannt hat [...].[24]

Weihnachten erklärt Madame de Staël ihren Eltern, daß sie zu einem Besuch nach Genf gehen wolle. Nun, sie kehrt nicht zurück. Sie verläßt die Stadt am 28. Dezember Richtung Paris, macht in Passy bei den Gouvernets Station, und Montmorency begleitet sie von dort nach Boulogne. In England erwartet sie, bevor sie den Heißgeliebten wiedersieht, ein anderer Freund.

Charles-Maurice de Talleyrand-Périgord (1754–1838), vielleicht ein früherer Geliebter, der ihr 1788, wie man sagt, von Narbonne vorgestellt wurde und der sie durch seine Konversation, seinen großen Charme und seine männliche Intelligenz bezauberte, Bischof von Autun und später Fürst von Bénévent, »der beste Mann«, wie sie ihn damals bezeichnet, hört gegen 1800 auf, in ihrer Gunst zu stehen, als er sich von ihr abwendet, um Bonaparte zu dienen, und das trotz allem, was er ihr verdankt: seine Rückkehr aus dem amerikanischen Exil, ein großes Darlehen, als er dringend Geld brauchte, und die Lancierung seiner Karriere. Sie brandmarkt ihn später ob seines Ehrgeizes, seines übergroßen Egoismus und der Gefügigkeit, die Napoleon mehr oder weniger direkt von seinen Dienern forderte.[25] Sie rächt sich an ihm, indem sie ihm in *Delphine* die unsympathischen Züge der Madame de Vernon verleiht, was ihn zu der Bemerkung veranlaßt, Madame de Staël habe ihn und sich selbst als Frau verkleidet. Zu der Rolle, die sie am 18. Fructidor spielte, sagte er, es mache ihr Vergnügen, die Leute ins Wasser zu werfen, um sie hernach wieder herausfischen zu können. herausfischen zu können.

Sie unterhalten einen regen Briefwechsel, besonders zwischen 1793 und 1797, von dem allerdings nur zwei Briefe erhalten sind, wohingegen von ihm an sie zwanzig bekannt sind.

An Madame de Staël

[London, um den 20. Januar 1793]

Ich werde Sie also wiedersehen! Wenn ich je von Glück zu sprechen wage, bei Ihnen kann ich dies sicher tun [...]. Glauben Sie, daß wir jemals diese schöne Ruhe der Faulenzer finden werden, in der einem so wohl ist? [...] In unserer Lage gibt es Faulheit nur in der Erinnerung an jene schönen Tage [...]. Sie haben beinahe die ganze Reputation Ihres Geistes, aber Sie besitzen noch nicht Ihren ganzen Geist: Sie müssen auch die ganze Reputation Ihres Charakters haben. Durch die Ruhe werden Sie sie ihm verleihen [...]. Ich weiß nicht, ob Sie ihn genug lieben [...].[26]

Nach einigen Tagen in London, wahrscheinlich bei Talleyrand, trifft sie um den 25. Januar nach einer Rast bei Madame d'Hénin und ihrem Freund Lally-Tollendal in Richmond in Juniper Hall ein. Während dieses Aufenthalts schickt sie einen Brief an Lord Grenville.[27]
William Wyndham Grenville (1759–1834), zu dieser Zeit Außenminister, nachdem er Speaker im Unterhaus und Innenminister gewesen war, war ein Vetter von Pitt. Er hatte 1792 das *Alien Bill* (Fremdengesetz) erlassen, auf Grund dessen Talleyrand rund zwei Jahre später aus England ausgewiesen wird.

[Richmond,] 22. Januar [1793]

Der Abscheu, den Frankreich im furchtbarsten Augenblick der Menschheitsgeschichte einflößt, erlaubte mir nicht, in jenem für immer entehrten Land zu bleiben, und ohne die Ankunft M. de Staëls abwarten zu können, habe ich mich beeilt, eine Zuflucht in diesem glorreichen Land zu suchen, dessen Tugenden allein machen, daß man wieder an die Segnungen wahrer Freiheit zu glauben vermag. Das Amt eines Diplomaten, das M. de Staël wieder bekleidet, macht es mir zur Pflicht, Sie von meinem Aufenthalt in Juniper Hall zu unterrichten. Ich bedarf dieses Anlasses, um über die Mühe zu triumphieren, die es mir macht, von mir zu sprechen, in einer Zeit, in der zu leben so betrüblich ist, daß es mir schwerfällt, meinen Namen zu nennen.[28]

Den Tag zuvor, am 21. Januar, war Ludwig XVI. in Paris enthauptet worden, und als sie und Narbonne einander schließlich wiedersehen, hindert ihn der Schmerz über den Tod seines Königs an jedem anderen Gedanken oder Gefühl.

Juniper Hall, ein schöner, von den berühmten Gebrüdern Adams ausgeschmückter Wohnsitz, liegt am Fuße des gleichnamigen Hügels in der herrlichen Gegend von Box Hill. Dort verbringt Madame de Staël, wie sie später sagen wird, »vier Glücksmonate, die dem Schiffbruch des Lebens entkommen waren«. Zu den Nachbarn zählen die berühmte Romanschriftstellerin Fanny Burney, deren Schwester Susan Philips samt Familie sowie die Locks vom Norbury Park, die mit Narbonne und seinen Exilgefährten alle aufs herzlichste verbunden sind.

Fanny Burney (1753–1840) jedoch, künftige Gattin des Generals d'Arblay, verweigert Madame de Staël trotz spontaner Zuneigung die Gastfreundschaft in der Furcht, sich den Tadel konservativer und frommer englischer Kreise zuzuziehen, einerseits wegen der angeblichen Jakobiner-Sympathien der Französin, andererseits wegen ihres unschicklichen Verhältnisses mit Narbonne. Als ehemalige Hofdame der Königin befürchtet sie auch, wenn sie sich mit Madame de Staël befreunde, die bescheidene Pension, die sie vom Hofe erhält, zu gefährden.

Obgleich sie sich dessen voll bewußt ist, bietet die Besucherin sofort all ihren Charme auf, um die Autorin von *Evelina* für sich zu gewinnen. Sie schreibt ihr im Laufe dieses Jahres fünf Briefe oder Billets.

Während dieses England-Aufenthaltes setzt Madame de Staël die Arbeit an ihrer Abhandlung über die *Passions,* die sie im vorangegangenen Herbst begonnen hatte, fort.

Fanny Burney, die später Madame de Staëls Briefe an Narbonne widerwillig aufbewahrt, bezeichnet sie als »brennende Briefe, die verbrannt werden sollten«, tut aber nichts dergleichen.[29] Die beiden Frauen begegnen sich 1802 in Paris noch einmal.

An Miss Burney[30]

[Juniper Hall, Februar 1793]

Ihre Karte in Französisch, meine Teure, hat bereits etwas von der Anmut, mit der Sie in Englisch schreiben: Cecilia übersetzt. Ich korrigiere lediglich insofern, als ich die Lücken einiger Sätze schließe, und ich lege in sie Freundlichkeiten für mich hinein. Ich ziehe meinen Lehrer nicht zu Rate, wenn ich Ihnen schreibe; ein Fehler mehr oder weniger tut bei solch einer Gelegenheit nichts zur Sache. Was für Mr. Clarke[31] grammatisch immer korrekt sein mag, es kann zwischen Ihnen und mir keinerlei Gleichheit schaffen. So überlasse ich es ganz meinem Herzen, den Mangel aufzuwiegen. Reden wir von einer wichtigen Sache: sehe ich Sie heute morgen? Was gibt es Neues von Captain Phillip? Wann kommen Sie und verbringen in diesem Haus eine ganze Woche? Jede Frage erheischt eine genaue Antwort; eine gute ebenfalls. Mein Glück hängt davon ab, und ich nehme Sie bei Ihrer Ehre.

Guten Morgen und leben Sie wohl.

Bitten Sie Madame Phillip, all ihre Französischkenntnisse aufzuwenden, um Ihnen dieses Billet zu erklären.[32]

An Miss Burney

[Juniper Hall, Februar 1793]

Sagen Sie mir, meine Liebe, ob dieser Tag bezaubernd ist und ob er nicht eine wunderschöne Zeit in meinem Leben sein soll? Kommen Sie mit Ihrer reizenden Schwester zum Diner und bleiben Sie Tag und Nacht bis zu unserer traurigen Trennung? Ich trage mich mit dieser Hoffnung die ganze Woche lang; enttäuschen Sie nicht mein Herz.

Ich hoffe, daß dieses Billet sehr klar ist, aber um ganz sicher zu gehen, sage ich Ihnen in Französisch, daß Ihr Zimmer, das Haus, die Bewohner von Juniper, daß alles bereit ist, die erste Frau Englands zu empfangen.[33]

Edward Gibbon (1737–1794), noch immer in der Schweiz, half Madame de Staël als Vertrauter und Schützling bei der Berner Regierung, von der sie hoffte, für Narbonne und sich selber die Aufenthaltsgenehmigung in Lausanne, das damals noch Berner Territorium war, zu erhalten. Als er einige Monate später wieder in London ist, verschafft er auch Narbonne einen englischen Paß für die Schweiz. Gibbon kannte Germaine seit ihrer Kindheit, und als die Neckers während seiner Besuche in Paris den Wunsch geäußert hatten, doch immer das Vergnügen seiner anregenden und geistsprühenden Gesellschaft haben zu können, hatte sich das zehnjährige Mädchen spontan und in vollem Ernst angeboten, den Autor der *History of the decline and fall of the Roman Empire* zu heiraten, so untersetzt, klein und häßlich er war, nur um ihn an die Familie zu binden. 1784 findet er die junge achtzehnjährige Louise »ungestüm, eitel, aber gut und über mehr Geist denn Schönheit verfügend«.
Als Gibbon im Januar 1794, drei Monate vor Madame Necker, stirbt, schreibt sie Eric de Staël: »Der arme Gibbon, der einzige Mann, der mich dazu bringen konnte, die Schweiz zu lieben.«
Zwischen 1792 und 1793 schickt sie ihm sechs Briefe.

An Gibbon

26. Februar [1793]. Juniper Hall

[...] Ich habe London noch nicht gesehen, und an Engländern kenne ich nur freundliche Nachbarn und Miss Burney, die eine zärtliche Zuneigung zu mir gefaßt hat, weil wir beide *bluestockings* sind. Doch da ich vierzehn Tage in Ihrer Stadt verbringen will, wollen Sie bitte *umgehend* an Mylord und Mylady Sheffield[34] schreiben, daß Sie wünschen, sie möchten mich unter ihren unmittelbaren Schutz nehmen. Das ist in einer aristokratischen Gesellschaft nicht unnütz. Man sagt mir, es sei so weit, daß es selbst die Regierung in Verlegenheit setze: wegen zu viel Freundschaft, wie sie meint! Was übrigens gut ist, ist die immer größere Wahrscheinlichkeit, daß dieses große und schöne Asyl der Vernunft und der Tugend erhalten bleiben wird. Für Holland kann ich mich da nicht verbürgen. Was für ein Mann, dieser Dumouriez![35] Der erste aus der Revolution erwachsene Ruhm [...].[36]

An Gibbon

[...]

Stellen Sie sich vor, seit es in London nur noch die Minister-Partei gibt, ist es die langweiligste Stadt der Welt! Verhüte Gott, daß ich diese Einigung der Geister für England nicht glücklich finde, die, ohne die Verfassung im geringsten zu ändern, der Regierung die vorübergehende Diktatur beschert, welche alle Regierungen in diesem Augenblick brauchen. Doch der Reiz der Gesellschaft ist durch diesen Despotismus und diese Einförmigkeit der Meinungen völlig zerstört. Sie halten mich doch gewiß nicht für die schüchternste Person der Welt? Nun, ich habe nicht gewagt, M. Fox[37] aufzusuchen. Ich spreche nicht von anderen Mitgliedern der Opposition: Sheridan[38], Gray[39] etc., ebensogut könnte man sich auf den Grund der Themse begeben! Aber M. Fox, aber die Töchter von Mylord Stanhope[40], aber den Dr. Moore[41], weil er der Arzt von Ld. Lauderdale[42] ist, aber Mylord Wycombe[43], weil er gegen den Krieg gewesen und der Sohn ist von Mylord Lansdowne[44]. Was soll ich Ihnen sagen? Sie sind wie die Farbigen in Santo-Domingo, die man bis in die letzte Generation verfolgt! Die Minister-Partei ist gleichzeitig die der *fashionables* and *country gentlemen*. Welche Macht kommt einer solchen Koalition gleich?

Sie werden mich fragen, wie ich mich inmitten von alledem aus der Affäre ziehe. Recht gut. Ich traf auf dem Lande Nachbarn, die mich, wenn ich's Ihnen noch sagen muß, gern hatten. Die achtbarste Familie Englands: M. und Mme Lock[45], Mlle Burney, M. und Mme Benn, Inder und *immensely rich*. In London, wo ich mich drei Wochen aufhielt, habe ich in der bekehrten Opposition gelebt: bei der Familie von Mylord Guilford[46] und der Schwägerin von Lord Clarendon, Mme Villiers[47], von der Minister-Partei. Ich habe die *bluestockings* gesehen, Montagu[48] etc., und ich hätte, wäre ihm nicht das grausame Unglück[49] widerfahren, auch den vortrefflichen Lord Sheffield gesehen. In den Zeitungen stand überhaupt nichts von mir. In der Gesellschaft ist man höflich gewesen, mit dem *aber* meiner angeblichen Demokratie, doch ohne daß auch nur einmal das Wort Prüderie vorgebracht worden wäre, obgleich ich auf dem Lande in demselben Hause wohne.[50] Ich habe recht schmeichelhafte Neugier gespürt, wovon zu erzählen mir jedoch die Zeit fehlt. Im Endergebnis könnte ich England mehr lieben als alles, was nicht das ist, was Frankreich war. Zumal dann, wenn es stimmt, wie alle Engländer behaupten, daß dieser

Zustand royalistischer Konvulsion dem nur zu berechtigten Entsetzen zu verdanken ist, das die französischen Prinzipien einflößen, und daß der natürliche Zustand dieses Landes eine größere Unabhängigkeit der Meinung ist und sein wird. Nun, Sie sind sehr maßvoll, sehr ruhig und sogar ziemlich aristokratisch, wenn ich das sagen darf; wohlan, Sie würden sich hier beengt fühlen! Was mich betrifft, ich ersticke hier vor Besonnenheit, und der glänzende Triumph, daß von mir nicht die Rede ist, kommt mich teuer zu stehen. Trotz dieses ernsten Scherzes möchte ich bis zum Ende der Campagne hier bleiben, und ich fände es angenehm, in einem Lande zu leben, dessen Natur so schön und dessen Regierung so friedliebend ist, mit schwärmerischen Nachbarn, die mir zugetan sind, wenn mein Vater es mir erlaubte und mir das nötige Geld schickte, um hier zu leben. Doch weigert er sich, und ist es mir nicht möglich, nach Frankreich zurückzukehren, werde ich eines schönen Morgens vor Ihrer Türe stehen und Sie werden verhindern müssen, daß man mich wegjagt, denn ich bin er.[51]

London 27. April

Ich habe soeben drei Stunden mit M. Fox verbracht; er ist in Wirklichkeit bei weitem kein so schlechter Mensch. Wir werden uns in einem Monat darüber unterhalten.[52]

Die Furcht und das Mißtrauen der Engländer gegenüber Frankreich grenzten an Hysterie; am 1. Februar war zwischen den beiden Ländern der Krieg ausgebrochen. Die »Junipériens« fühlten sich bedroht; Staël, der seit Ende Mai wieder Botschafter war, übte, ebenso wie Necker, auf Madame de Staël Druck aus, in die Schweiz zurückzukehren. Sie willigt unter der Bedingung ein, daß Narbonne und Talleyrand ihr feierlich versprechen, nachzukommen, sobald sie Mittel und Wege dazu gefunden habe. Narbonne jedoch leidet unter dem wenig konventionellen Auftreten seiner Geliebten in der Öffentlichkeit und löst sich von ihr, ihre so verschiedenen Naturen vertragen sich immer weniger.
Am 25. Mai begleitet er sie nach Dover. In Ostende erwartet sie ein Sekretär der Schwedischen Botschaft, der sie durch die militärische Zone Deutschlands bringt. Bei jeder Unterbrechung der Reise schickt sie Narbonne einen Brief.

Frankfurt, den 2. Juni [1793]

[...] Ich bin M. de St[aëls] mehr denn je überdrüssig und aus folgendem Grund: Sie werden wissen oder auch nicht wissen, daß ich mich mit ihm nur befreundete, um reicher zu sein; ich höre, daß er mehr Schulden hat als Geld. Dieser Mann fügt allen seinen Fehlern noch eine Unordnung und einen Luxus hinzu, von dem man sich keine Vorstellung machen kann; er ruiniert sich nicht etwa durch eine großzügige Lebensart, sondern durch Prahlerei und Verweichlichung; er muß ein Bett in seiner Suite haben, die schönsten Pferde, eine Meute Hunde, drei Kammerdiener und ist dabei demokratisch wie Robespierre! Welche Mischung von lauter Niederträchtigkeiten, denn es ist niederträchtig, wenn alle, die man kennt, im Elend leben und man den Luxus, der zu nichts mehr nütze ist, auch noch zur Schau stellt. Nichts würde mich mehr empören als zu sehen, wie M. de St[aël] im Wagen fährt, wo Sie zu Fuß gehen. Das hat etwas von *Saturnalien* an sich. Er wird sich ändern müssen, oder wir werden uns trennen, denn ich will ihn nicht, nur um reicher zu sein, und lieber würde ich betteln gehen, als einen finanziellen Vorteil zu haben, den Sie nicht teilen können. Sie wissen nur zu gut, und ich muß jeden Tag daran denken, daß mein Charakter die kleinen Dinge des Alltags nicht ganz leicht nimmt. Sie können sich also vorstellen, daß mir wohler wäre, in der Hölle zu wohnen als in einem Haus, wo ich mir bei jeder unnützen Ausgabe sagen müßte: »Wäre die nicht gemacht worden, hätte M. de Narbonne seiner Mutter[53] viel Freude bereiten können, hätte mein Freund selbst eine Freude gehabt«; und was hat er für Neigungen, großer Gott! Großzügig zu sein, nur großzügig zu sein, während dieser weibische Mann sich sein Bett nachtragen läßt. Ach! wem liegt schon daran, daß er sich hegt und pflegt? Wenn ich ihn davon nicht abbringe, werde ich sogar noch dabei gewinnen, wenn ich alleine lebe, in jeder anderen Hinsicht wird es eine Qual sein. Ich wünsche mir über all das einen Brief von Ihnen, aber teilen Sie meinen Zorn; es muß sein. Ach! alles führt nur dazu, daß ich Dich anbete. Welches menschliche Wesen ist Dir je gleichgekommen? Laß Dir gesagt sein, daß Du ein Engel bist, und Du wirst besser verstehen, daß ich ohne Dich nicht leben kann, daß ich Dir das Leben, die Ruhe, die Hoffnung, das Glück, ja, alle Gefühle verdanke, die noch irgend tröstlich sind! Guten Abend [...].[54]

Madame de Staël und ihre Freunde in der Schweiz
(1793)

Zu dem Zeitpunkt, da sie Gibbon den folgenden Brief schreibt, war dieser unterwegs nach London, und ihre Wege hatten sich ohne ihr Wissen in Frankfurt gekreuzt. Was ihr Verhältnis mit Narbonne sowie ihre Absicht betrifft, sich in der Schweiz niederzulassen, kommt Madame de Staël den Einwänden des Engländers zuvor; sie versucht, ihre Gefühle zu erklären und zu rechtfertigen.

An Gibbon

Basel, den 10. Juni [1793]

[...]

Um Ihren Rat unbesehen anzunehmen, müßte es mir gelungen sein, Ihnen klar zu machen, daß es Gefühle gibt, die, weil sie alle Eigenschaften der Liebe und der Freundschaft vereinigen, das Leben eines Menschen so verwandelt haben, daß sie er selbst sind, viel mehr als er. Ich gerate durch romantische Ideen nicht in Schwärmerei, und ich glaube an das, was die Vernunft seit Anfang der Welt mit immer neuem Erfolg gegen sie sagt; doch wenn die Umstände, die so außergewöhnlich sind wie die Revolution, die sie geschaffen hat, die Seelen und Gedanken zweier Menschen seit fünf Jahren verschmolzen haben, wenn die gleichen Umstände eine gegenseitige Abhängigkeit bewirkt haben, so daß keiner mehr ohne den anderen leben kann, wenn schließlich all das, was man die Schicklichkeit, das Ansehen, die Vorzüge der Welt nennt, nicht mehr ist als ein Haufen lächerlicher Trümmer, dann weiß ich nicht, welchen Grund zu leben es gäbe, sollte man sich trennen müssen! Gehen Sie also von dem Gedanken aus, daß mich nichts dazu bringen kann, und sagen Sie mir, was Sie tun werden und was ich tun soll.

Man sagt, die Franzosen stünden in Ostende. Mein Gott, wie notwendig ist der Frieden und wie unnütz der Krieg! [...][1]

An Narbonne

Coppet, 23. Juli [1793]

[...] Alles ist Gegenstand tödlicher Beunruhigung, wenn es einem um sein einziges Glück geht, sowohl um das größte menschliche als vielleicht auch um das himmlische Glück. Ich mag das Wort von Mme Lock: »Ich hoffe, mich an der Gottheit nicht zu versündigen, wenn ich glaube, daß ihr Paradies das meine nicht übertreffen kann.« Ach! kommen Sie, und ich werde daran glauben; überstürzen Sie jedoch nichts [...]. Die Schweizer Häuser reichen an Juniper nicht heran, und ich merke, daß ich Sie gut aufnehmen will. Man braucht sowohl das Glück und die Freude des geliebten Menschen, als auch, was viel weniger ist, ein kleines angenehmes Gefühl; man möchte ihm nicht nur die Krone der Welt aufsetzen, sondern auch die des eigenen Gartens; man möchte so gern, und man vermag doch nichts [...]. Hier lebt unter falschem Namen ein Graf Ribbing[2], der berühmt-berüchtigte Komplize von Ankarström[3]. Wir verkehren nicht mit ihm; es ist ihm jedoch unter zwei verschiedenen Vorwänden gelungen, uns beim Spaziergang zu treffen. Er ist stattlich von Gestalt, für Frauen, die lieben, was man Schönheit nennt [...]. In seiner Konversation ist mehr Neckerei als Nachdruck; übrigens hat er große Neigung, sich in mich zu verlieben. Doch solange M. de St[aël] hier ist, erlaubt mir die Würde des Botschafters nicht, ihn zu sehen. Im Ernst, gibt es einen Mann auf der Welt, der sich erkühnt, Deine Geliebte zu lieben? Ach! nur über der Erde, in einer anderen Region, mag ihm gestattet sein, an dergleichen zu denken [...].[4]

An Narbonne

Coppet, 20. September 1793

Ich habe Ihren Brief vom 5. September erhalten; ich werde Ihnen ganz offen darauf antworten. Ich war sicher, daß Sie es so *anstellen* würden, daß Ihre Abreise in die Schweiz unmöglich würde; ich hätte das an Ihren Briefen sehen müssen, in denen die Erfindungen wirklich zu leicht aufeinanderfolgen [...]. Hier sind die Gründe, Sie sich in der Schweiz zu wünschen: das artige Benehmen M. de St[aëls] mir gegenüber, das Anerkennung verdient; als er billigte, daß ich Sie für den Rest des Lebens als Bruder betrachte, konnte er annehmen, daß Sie dort hinkommen würden, wo meine Pflichten mich festhielten;

die Gesundheit meines Sohnes, die eine Reise angreifen kann; vielleicht ein wenig Rücksicht darauf, daß Sie mich in einem Lande aufsuchen würden, wo ich Sie der Regi[erung] avisiert habe, und dessen sämtliche Einwohner gesehen haben, wie ich gegen den Willen meiner Familie wegging, um zu Ihnen zu kommen; finanzielle Gründe, die den Aufenthalt in England bei den *Schulden*, die man für mich bezahlt hat, sehr schwierig machen; die politische Position M. de St[aëls], die ich durch eine weitere Reise *nach England* gefährde; schließlich — und dieser Grund ist vielleicht der begreiflichste — die Gewißheit, die ich meinen Eltern damit gebe, daß Sie mich nicht mehr lieben! Meinen Eltern! *Ich habe sie, diese Gewißheit,* doch einzugestehen, daß ich nach so vielen Opfern nichts als Unglück und Schande geerntet habe, das ist ein Geheimnis, das man erst nach dem Tode verraten kann. Wenn Sie jedoch darauf beharren, nicht zu kommen, werde ich nach London gehen. M. de St[aël] erwartet Ihre Antwort; meine ganze Familie bittet Sie, sich über das Schicksal des unglücklichen Wesens, das Ihnen anheimgegeben ist, doch wenigstens offen und ehrlich äußern zu wollen [...]. Ich verlange eine prompte und entscheidende Antwort; ich möchte nur diese Worte: »ich will oder ich will nicht kommen«; alles andere ist Lüge, über die ich für Sie erröte. Wollen Sie nicht, werde ich mich von M. de St[aël] trennen und nach London gehen; so zu handeln ist infam, aber ich bin dazu gezwungen. Weder der eine noch der andere wird sich dessen lange erfreuen, denn Sie werden mich deswegen verachten, und ich werde Sie am Ende Ihrer egoistischen und perfiden Handlungsweise wegen hassen. Doch haben Sie mich allmählich in den Abgrund gezogen; ich kann Sie weder achten noch kann ich es lassen, Sie zu vergöttern. Ich sehe, daß Sie mich nicht im geringsten brauchen, aber ich sterbe, wenn ich Sie nicht wiedersehe. Nun denn, das Opfer will gebracht werden. Nachdem Du mich in meinen eigenen Augen verächtlich gemacht hast, wirst Du die Überreste meines Lebens auskosten, und Du wirst die unglückliche Person, die Du zugrunde gerichtet hast, überleben. Ach! mein Sohn. Ach! mein Gott! Auf den Knien bitte ich Sie, nehmen Sie einen anderen Namen an und kommen Sie über Holland; verstoßen Sie mich nicht!

Als ich diesen Brief beendete, bin ich wegen der Erregung, in die er mich versetzt hatte, ohnmächtig geworden. Man ist M. de St[aël] holen gegangen, und als ich wieder zu mir kam, hat er mir gesagt: »Ich merke sehr wohl, meine liebe Freundin, daß M. de N[arbonne] nicht hierher kommen will; Ihr Vater und ich haben seit langem vorausgesehen, daß er im letzten Moment Ausflüchte finden würde, und da er Ihrem Drängen nicht nachgibt, ist ganz klar, daß er entweder möchte, daß Sie darauf verzichten, ihn zu sehen, oder daß Sie zu ihm kommen. Sie gehen an diesem Kampf zugrunde, und wenn ich Sie auch nicht glücklich machen kann, so muß ich Sie doch nicht gleich töten. Teilen Sie M. de N[arbonne] daher mit, wenn er Ihnen weiterhin mit so elenden Vorwänden kommt, die Ihrer und seiner unwürdig sind, daß ich Sie in einem Monat, sobald Sie auf diesen Brief eine Antwort bekommen haben, persönlich nach Frankfurt bringen werde, von wo aus Sie nach England gehen werden. Ich weiß, daß ich dadurch in Frankreich und folglich auch in Schweden mein Ansehen verliere, aber Ihr Leben ist mir teurer als alles andere, und ich sehe, daß Sie sterben!« [...] Dort ist der See; soll ich mich nicht hineinstürzen, anstatt Ihre unerbittliche Freundlichkeit anzuflehen? Ich bitte Sie, ich bitte Sie, kommen Sie! Ach! hören Sie meine Schreie nicht? Vermag diese Flut von Tränen, die ich seit zwei Tagen zwischen Leben und Tod vergossen habe, Dich nicht zu erweichen? Weil die Revolution mir Feinde gemacht hat, weil mein Vater möglicherweise ruiniert sein wird, weil ich allein bin auf der Welt, willst Du mich töten? [...] Nein, das kann nicht sein, Du wirst kommen; nein, die Franzosen sind Schurken, aber immerhin verfolgen sie nur ihre Feinde, und mich, die ich Dich so geliebt habe, haßt Du nicht, und nur der wütendste Haß könnte mich wegstoßen. Ich ziehe morgen mit M. de Staël in das für Sie gemietete Haus[5]; ich werde dort mit ihm allein sein. Sollte mir etwas besonders eigentümlich sein, so ist es dies, daß ich dieser Situation mit größerem Schrecken entgegensehe, als tausend Qualen. [...] Sie kennen nicht mein Wesen; verletzen Sie es ganz, werde ich mir Schande machen, aber mit mir werde ich auch Sie verlieren. *Alle Einzelheiten meines Verhaltens Ihnen gegenüber*, meine Freunde, meine Dienstboten, Bollmann, die ganze Welt wird zum Zeugen genommen für eine so besonnene und unerbittliche Abscheulichkeit, um der Welt ein Exempel zu geben, damit jeder weiß, daß solch ein Mensch gelebt hat. Wenn auch nur einer meiner Freunde Sie wiedersieht, werde ich mein Lebtag nicht mehr mit ihm sprechen, ich werde im Zorn sterben, den hassend und verfolgend, den ich so leidenschaftlich geliebt habe. Du machst mich toll, Du bist der barbarischste Mensch, den es gibt, Marat würde sich meiner erbarmen. [...] Ich bitte Dich um Gnade, Gnade für das Verbrechen, Dich geliebt zu haben, Dir das Leben gerettet zu haben, Gnade. Ach! ich bin so unglücklich, daß Du mein Wohltäter sein wirst, wenn Du jetzt kommst. Sie können mich in einem Monat wieder verlassen, wenn Sie wollen, nur daß ich Sie gesehen habe, daß ich habe weinen können, daß ich an dieser heißen Wut nicht sterbe, daß ich Sie nicht länger hasse; dieses Gefühl tut verzehrend weh. Gebieter über die Unglücklichste aller Frauen, haben Sie Mitleid mit mir, o mein Gott, haben Sie Mitleid mit mir![6]

Am 28. August hatten die Engländer, infolge der Revolte der südlichen Provinzen gegen den Konvent, unter der Führung von Admiral Hood Toulon besetzt, müssen sich aber am 19. Dezember wieder zurückziehen. Talleyrand hoffte, wie auch andere Konstitutionelle, dort eine konterrevolutionäre Aktion zustande zu bringen, und schreibt an Madame de Staël, daß er und Narbonne sich bereithalten, an dem Unternehmen teilzunehmen, eine Aussicht, die ihre Freundin mit Schrecken erfüllt.
Zur gleichen Zeit kümmerte sich Talleyrand in London um die Veröffentlichung von Madame de Staëls Verteidigungsschrift der Marie-Antoinette.
Kaum in die Schweiz zurückgekehrt, hatte Madame de Staël damit begonnen, ein regelrechtes Büro für Lebensrettung einzurichten und zu finanzieren, um Freunde und Unbekannte in Paris vor dem Schafott zu bewahren. Eine der ersten Geretteten war Narbonnes Tochter.

Talleyrand an Madame de Staël

London, 8. Oktober 1793

[...] Nur aus dem Innern Frankreichs kann die Kraft kommen, die imstande ist, das große Ziel, das die Mächte sich setzen müssen, zu erreichen [...]. Es gibt [...] eine große Anzahl Menschen, die das scheußliche Joch, das auf ihnen lastet, abschütteln wollen. Sollte man für diese unzähligen Menschen nicht nach einer Möglichkeit suchen, die ihnen erlaubt, ihre Meinung auszusprechen und zu verteidigen, indem man die kriegführenden Mächte als Beschützer und nicht als Feinde hinstellt? Die Erfahrung zeigt, daß die Mächte im Norden schlechte Maßnahmen getroffen haben, denn seitdem sie bei ihren Erfolgen sich alle Formen der Eroberung zu eigen gemacht haben, sind die nördlichen Départements, die dem republikanischen Geist anfangs am meisten abgeneigt waren, heute dem Konvent am meisten ergeben, und daß der Süden, der ursprünglich glühend republikanisch war und von seiten des Auslandes keinerlei Beunruhigung erfährt, bereit ist, zur begrenzten Monarchie zurückzukehren.

Ich bitte M. Pitt, sich gütigst nach Frankreich hinein zu begeben, um die Erfolgsaussichten richtig zu beurteilen [...]. Immer wieder hört man, die Konstitutionellen hätten keine Partei in Frankreich. Frankreich (ausgenommen die republikanischen Führer) ist ihre Partei, denn gerade die Liebe der Franzosen zur Konstitution hat man benutzt, um sie zu vernichten. Indem man sagte, der König wolle kein konstitutioneller König sein und die kriegführenden Mächte wollten die Konstitution vernichten, hat man das Volk aufgebracht, und so ist es zum 10. August gekommen. Das Volk hätte nicht daran gedacht, republikanisch zu werden, wäre es nicht getäuscht worden; die Mächte hätten nach einem offenen Bekenntnis zur Konstitution fortan kaum zu kämpfen brauchen und in Frankreich selbst Tausende von Männern bereit gefunden, ihnen zu helfen.

[...] Ich glaube und ich bin sicher, daß auch Sie der Ansicht sind, wenn die Konstitutionellen in den Städten, die sich unter den Schutz der Alliierten stellten, protegiert würden und man ihnen die Möglichkeit gäbe, ihr Begehren zu äußern, sie es bald dahin brächten, das Volk aufzuwiegeln, den Königsnamen ohne Furcht aussprechen zu lassen, die Königin aus dem Temple herauszuholen, den Emigranten ohne großes Aufheben die Rückkehr auf ihre Besitzungen zu ermöglichen, den Franzosen und den Mächten einen annehmbaren Frieden vorzuschlagen, der nicht mit Knechtschaft erkauft wäre, und schließlich die Konstitution zu ändern, um sie monarchischer, regierungsfreundlicher zu machen: aber all das ohne einen neuen Erdrutsch [...]. Das ist es, was für Narbonne und für mich das Klügste ist. Adieu, ich liebe Sie von ganzem Herzen.[7]

An Narbonne

Nyon, 14. Oktober [1793]

[...] Wenn Sie kein Ungeheuer sind, kommen Sie hierher. Ich schwöre Ihnen, wenn Sie nach Toulon gehen, reise ich sofort nach Paris, ermorde Robespierre und helfe Ihnen, indem ich sterbe. Mein Gott, was sind Sie für ein barbarischer Mensch! Mußten Sie mein Leben annehmen, um es so zu tyrannisieren? [...] [8]

An Narbonne

[Nyon,] 5 Uhr morgens, den 16. Oktober [1793]

[...] Es gibt keine Ausflüchte noch Aufschübe mehr: am 20. November müssen wir den Jahrestag Ihrer Rettung und Alberts Geburtstag begehen, durch meinen Tod, mein Glück oder meine Abreise. Ich ähnele Ihnen nicht, M. de N[arbonne], ich besitze nicht Ihren verführerischen Charme, aber meine Seele ist in Feuer getaucht, und was ich gesagt habe, werde ich tun [...]. Adieu, absoluter Herr meines Schicksals, einer Frau, die Freunde, Kinder und Pflichten hat und die sterben wird, weil sie Sie geliebt hat — schreckliches Exempel der Folgen irgendeines Fehlers — aber war es Ihre Sache, die Bestrafung zu übernehmen? [9]

An Narbonne

18. [Oktober]

[...] Ach! komm, gib mir wieder zärtliche Gefühle; Deine Macht ist so groß, daß sie alle Spuren auslöschen wird, die Dein Verhalten in den vergangenen drei Monaten hinterlassen hat. Laß mich Dich sehen und ich glaube nicht länger, daß ich gelitten habe, Du bist mein Befreier, und auf den Knien bitte ich Dich, mir zu sagen, was ich tun muß, um mich Dir dankbar zu zeigen, um Dich über das Leben verfügen zu lassen, das Deine Gegenwart mir wiederschenkt! [...] Doch schwankend zwischen dem Mann, den ich zu kennen geglaubt habe, und dem, der sich mir seit zwei Monaten zeigt, zieht sich meine Todesangst hin, und der Tod vervielfältigt sich in allen Formen meiner Verzweiflung [...]. Ich habe Ihren Brief vom 3. erhalten, in dem Sie sich über meine Vorwürfe beklagen. Ach! Grausamer, Du willst mir einen Dolch ins Herz stoßen und Du beklagst Dich über meine Schreie! Aber ach, wenn sie Dir weh tun, möchte ich sie unterdrücken [...] Derjenige von beiden, der den anderen unbedingt braucht, muß immer verzeihen [...]. Meine ganze Seele ist in diesem Brief; ich habe, so gut Worte das vermögen, das brennende Gefühl ausgedrückt, das mich durchbebt; nie hat jemand so gelitten, nie hat sich das Denken leidenschaftlicher zum Gegenstand seiner Hoffnung emporgeschwungen [...]. Ich habe alles gesagt; dieser Brief ist der letzte, den Sie von mir bekommen. Doch sollten Sie nicht kommen, werden Sie noch *einen* erhalten, schwarz gesiegelt, dessen Adresse von M. de St[aël] sein wird. Wenn Sie ihn in Händen halten, denken Sie daran, daß Sie es so gewollt haben, und leben Sie weiter, um durch Ihre Fürsorge für meine Söhne das Verbrechen zu sühnen, das Sie begehen werden, indem Sie ihnen ihre arme Mutter nähmen. Adieu.[10]

An Narbonne

Nyon, 19. November 1793

Weder mit dieser noch mit der letzten Post habe ich Briefe von Ihnen erhalten. Sie bringen sich sowohl um alles Glück, das mir noch bleibt, als auch um den ganzen Anteil des Ihren, der von mir abhängt. [...] Sie kennen mich, Sie wissen, daß es in Frankreich seit drei Monaten nicht ein einziges so elendes Geschöpf gibt wie mich, daß ich, wenn ich nicht das Gefühl hätte, von meinen unglücklichen Freunden gebraucht zu werden, diesem so abscheulichen Leben ein Ende gemacht hätte, ja, daß vielleicht selbst diese Erwägung nicht den Sieg davontragen wird über die Grausamkeit meiner Verzweiflung, und Sie bleiben dort! Liebenswürdig scherzend sagen Sie zu Mathieu: »Mme de St[aël] vierundzwanzig Stunden früher zu sehen, wäre ganz unvergleichlich.« Komm doch und mache Deine Scherze auf dem Grab der Unglücklichen, an deren Blut und Tränen Du Dich labst; grausamer Mensch, wie hast Du mir weh getan, was für ein Verbrechen muß es sein, Dich zu lieben, gemessen an der Strafe! Sie halten alles, was ich Ihnen sage, für überspannt. Sie irren sich, das Gefühl, das Sie gerettet hat, das Ihnen so oft zugute kam, dieses selbe Gefühl hat mein Herz wieder ganz erfüllt. Seit drei Monaten badet es in Tränen. Weder Sie noch ich werden diese drei Monate auslöschen können. Noch einmal, seien Sie auf der Hut; meine ganze Seele wird sich gegen Sie auflehnen [...]; voller Verachtung für die so abscheuliche

Undankbarkeit und voller Zorn [...]. Ich fühle, daß es mir, wenn ich sterbe, ein Vergnügen sein wird, Sie als den abscheulichsten Mörder bekanntzumachen, den man sich vorstellen kann. Und zu diesem Exzeß haben Sie mich gebracht. Ich, die ich Sie vergötterte! Ich, die ich Sie anbetete, Sie in meinem Leben nur um eine einzige Gunst gebeten habe, wozu mich Ihr eigenes Interesse veranlaßt hat; und Sie, Sie bestätigen, was der Bischof, Mathieu, François[11], jeder, der Sie so sehr liebt, fast so wie ich empfindet. Diese werden ihre unglückliche Freundin von Dir zurückfordern, ihr letztes, von Dir hingeopfertes Glück. Ach! mein Gott, mein Kopf will nicht mehr! Ich möchte sterben. Adieu.

[P. S.] Ein Mann ist auf dem Wege nach Paris mit dem Auftrag, sich um Ihre Tochter zu kümmern; sie wird bei mir als meine Nichte wohnen.[12]

6

Der Graf von Ribbing, der »schöne Königsmörder«
(1793-1795)

Madame de Staël hatte, wie wir wissen,[1] im Juli den Grafen Adolf Ludwig Ribbing (1765–1843) kennengelernt. Der blonde »schöne Königsmörder« wohnte in der Nähe von Genf unter dem Namen Bink, er war zuerst zum Tode verurteilt, dann aus Schweden verbannt worden, weil er an dem Attentat auf Gustav III. (am 16. März 1792) beteiligt war oder es vielleicht sogar angezettelt hatte.[2]

Dem alten Königsgeschlecht der Wikinger entstammend, begann er seine militärische Ausbildung in Berlin. 1782 dient er in Frankreich beim Regiment Hessen-Darmstadt, wo er 1792 noch einmal Zuflucht sucht. Zu einer Familie gehörend, die gegen die Königsherrschaft von jeher in Opposition stand, begeistert er sich für die Revolution, schlägt sich jedoch auf die Seite der Girondisten. 1799 heiratet er eine Französin und nimmt seinen Wohnsitz in Frankreich, wo er an verschiedenen politischen Zeitungen mitarbeitet.

Zwischen 1793 und 1797, der Zeit, da das Herz Madame de Staëls sich nach ihm verzehrt – bis zu dem Augenblick, da auch er sich ihrer überhandnehmenden Macht entzieht –, schreibt sie ihm 110 Briefe. Doch anders als bei Narbonne empfindet sie ihm gegenüber keinen Groll und leiht ihm nach dem Bruch sogar Geld. Sie verlieren sich nie ganz aus den Augen.

Dieses Opfer des Despotismus verkörpert für sie mehr als jeder andere Mann in ihrem Leben ihre Idealvorstellung vom romantischen Helden,[3] und unter seinem Einfluß bekehrt sich Madame de Staël zum Republikanismus.

An Ribbing

[Nyon?] Sonntag, 1. Dezember [1793]

Jeden Tag schließe ich mich mehr an Sie an; Ihr Charakter birgt Schätze der Güte, des Stolzes und des Adels, die alle Augenblicke zum Vorschein kommen, und je mehr Sie Sie selbst sind, desto weniger brauchen Sie es zu zeigen. Jetzt, da ich Sie gut kenne und auch meine eigenen Gefühle kenne, beginne ich mich zu beunruhigen, welchen Eindruck ich wohl auf Sie mache. Ich fürchte, daß Sie mich falsch beurteilen, daß das, was mich von anderen unterscheidet, dazu führt, daß man mich verkennt, und daß die Begeisterung, die Sie in mir erwecken, von Ihnen selber nicht richtig verstanden wird [...]. Ich möchte gern wissen, ob Sie einmal volles Vertrauen zu mir haben werden, ob Sie so weit gehen werden, mir Ihre Seele ganz zu öffnen. Ich weiß von ihr soviel als nötig ist, um Sie zu bewundern und an Sie zu glauben, doch nicht genug, um Ihr Glück zu beeinflussen, um an all Ihrem Kummer Anteil zu nehmen. Ihre Seele ist so stark, daß sie selbst noch in der Vertraulichkeit der Freundschaft tapfer ist und lieber das, was sie betrübt, überwindet, als es zu gestehen. Alle gewöhnlichen Beziehungen des Lebens scheinen mir Ihrer unwürdig; wenn ich Sie sehe, möchte ich Ihnen am liebsten Platz schaffen. Überall, so will mir scheinen, ist es zu eng für Sie [...]. Was mir an der französischen Revolution widerwärtig ist, ist das Chaos, in das sie alle Gefühle und Ideen stürzt. Ich weiß nicht mehr, wo das Schöne, das Wahre, das Rechte ist, und ich muß mich, wenn ich an Sie denke, zusammennehmen, um meine Ansichten zu ordnen und sie mit meinem Herzen in Einklang zu bringen. Ich ertappe mich dabei, daß ich sogar jenen großen Schritten nachtraure, von denen unser kleines Asyl widerhallte. Der ganze Tag war eine Kette von Freuden, als ich Sie hier in unserem Gefängnis hatte. Seit Ihrer Abreise habe ich von M. de Narbonne nichts gehört, und der 30. ist vorbei. Vor Ihnen hatte ich nicht für möglich gehalten, daß etwas mein Gefühl für ihn schwankend machen könnte, doch nachdem man Ihnen begegnet ist, wünscht man jedermann etwas. Ich beginne jedoch, mir um die größten Freunde der Freiheit wegen dieser so langen und gefährlichen Reise Sorge zu machen. Meinetwegen verläßt er einen friedlichen Ort, meinetwegen setzt er sich über alle Vorurteile Deutschlands hinweg. Der Gedanke, ihm könnte deshalb etwas zustoßen, ist mir unerträglich. In was für einer Zeit leben wir, und wie erstaunlich ist es, daß man sich noch vergnügen kann und sich sogar oft einzig und allein mit dem beschäftigt, was Sie betrifft! Manchmal mache ich mir deswegen Vorwürfe, und so rein meine aufrichtige Freundschaft für Sie sein mag, ist mir doch, als würde ich das Glück, das ich empfinde, wenn ich Sie sehe, dem Mitleid mit soviel Unglück stehlen, und die Revolution erfülle mich nicht genug, wenn Sie bei mir sind. Schreiben Sie mir am Dienstag und Mittwoch.[4]

Monsieur de Staël war nach Stockholm gefahren, er sieht seine Gattin erst Januar 1795 wieder.

In dem folgenden Brief finden wir die erste Anspielung auf Madame de Staëls Absicht, sich in Amerika niederzulassen, ein Plan, der im Laufe der Jahre bei ihr immer wieder auftaucht. Ihr Vater war in Verhandlungen getreten, die zum Kauf von Ländereien im Staate New York für 38 000 Dollars führten.

An Monsieur de Staël

Nyon, 23. Dezember [1793]

Hier eine große Neuigkeit, die Einnahme von Toulon. Du hast das Vergnügen, das vorausgesehen zu haben; aber bist Du nicht auch betroffen darüber, daß Siege und Verbrechen immer miteinander einhergehen, und stürzt Dich dieses Schauspiel nicht in einen schmerzlichen Skeptizismus hinsichtlich aller Gefühle, Ideen und Berechnungen? Soll ich Dir sagen, zu welchem Schluß mich diese Ereignisse bringen? In Amerika soviel Geld zu haben wie nur möglich, und diese Situation hinter uns zu lassen. Freiheit, Vermögen und Freundschaft, das ist alles, was gerettet werden muß. Ein gutes Klima, Musik und angenehmes Zusammensein, das sind die einzigen Dinge, in denen Frankreich nicht enttäuscht hat. Nicht einmal in den anderen Ländern gibt es noch Rang, Ruhm oder Würde: dieser Abgrund hat alles verschlungen. Gleichwohl dürfte die Einnahme von Toulon M. Pitt zu Fall bringen, England würde mir gleich besser gefallen. Ich bin auch sehr neugierig auf das, was Du mir von Kopenhagen berichten wirst. Wir könnten uns sicher einig werden; wogegen ich jedoch eine entschiedene Abneigung habe, ist, daß Du eine Rolle in Schweden spielst. Du würdest Dir ein ähnliches Schicksal wie mein Vater bereiten. Wer sich dem Fortschritt der Aufklärung widersetzt, scheitert; wer sich ihm verschreibt, setzt seinen Namen an den Anfang einer Geschichte aus Blut und Elend. Wenn Du mir erlaubst, ein Urteil zu haben, über die Wahrscheinlichkeit dieses Schicksals ist es am stärksten ausgeprägt.[5]

Während sie auf Narbonne wartet und mit Ribbing flirtet, findet Madame de Staël Zeit, an *Zulma* zu arbeiten. An dieser Hymne auf die Liebe, inspiriert von ihrer unglücklichen Leidenschaft zu Narbonne, »ist ihre Seele mehr beteiligt« als an allen ihren anderen Schriften. Sie wird im März 1794 in Lausanne veröffentlicht.

Nyon, 15. Februar 1794

Nunmehr sind es drei Wochen, daß ich nicht ein einziges Wort von Ihnen erhalten habe. Ach! was habe ich nur verbrochen? Warum verweigern Sie mir die einfachen Äußerungen der Freundschaft? Kann ich diese Freundschaft, nach der ich mich sehne, denn nicht gewinnen, sie, die mir heute das zu sein dünkt, was Ihre Liebe war: das höchste Gut und die einzige Möglichkeit zu leben? Habe ich unrecht gehabt in meinen Briefen? Ach! um so besser, wenn ich unrecht gehabt habe; Ihre Schuld ist dann nicht so groß, und ich darf annehmen, daß Sie noch irgendwelches Interesse an mir haben. Können Sie, um meiner Kinder willen, die Abneigung gegen mich nicht überwinden? Ich bin unbescheiden gewesen, vielleicht habe ich Vorstellungen über die Ordnung Ihrer häuslichen Verhältnisse gehabt, die Ihnen mißfielen; die grausame Lehre eines ganzen Jahres wird mich sicher gebessert haben. Ich habe solche Angst vor Ihnen, daß ich mein Lebtag nicht mehr wagen werde, Ihnen einen Vorwurf zu machen, noch einen Willen zu bekunden. [...] Ich habe gewagt, von Undankbarkeit zu sprechen; ich werde Sie als meinen Wohltäter ansehen, wenn Sie mich aus der Verzweiflung und Erniedrigung retten, in die mich die Verachtung stürzt, die Sie mir bezeigen. Die Verachtung, ach! ich bin in meinem Verhalten Ihnen gegenüber ein Engel gewesen, wenn man aber von dem Ihrigen mir gegenüber erfahren wird, wird man es sich nur damit erklären können, daß man mich für die letzte aller Frauen hält. Wer wird glauben, daß ein Mann wie Sie so mit der Frau gebrochen hat, von der er alles bekommen hatte und der er sein Leben verdankte, wenn er an ihr nicht die gemeinsten Fehler entdeckt hat? Erniedrigen Sie mich nicht, indem Sie mich schmählich im Stich lassen; möge ich Ihre Freundin bleiben, mögen meine Kinder Ihnen ans Herz wachsen! Ach, wenn Sie wüßten, wie sehr Auguste Ihnen ähnelt; wie lieb er ist, wie er Ihren Namen ausspricht! Wo werden Sie je so teure Bande finden? Sie sind jung, aber ist es an der Zeit, neue Freunde zu finden, die Gesellschaft, der Sie in bester Erinnerung sind, abzuschaffen? Ich weiß, man kann sich die Liebe nicht ins Herz zurückrufen, doch darum bitte ich Sie nicht. Alles gebietet mir selber, auf sie zu verzichten: das Verhalten M. de Staëls und das Leid, das ich diesem unseligen Gefühl verdanke. Ich weise sie bei jenen Menschen, die sie mir noch mit heftiger Leidenschaft darbieten, zurück;[6] von Ihnen erwarte ich sie nicht mehr und begehre sie auch nicht mehr, doch was wird aus mir werden, wenn sechs Jahre meines Lebens keine anderen Spuren hinterlassen als meine innere Zerrissenheit? Der einzige, den ich geliebt habe, Sie, dem ich alles geopfert habe, Sie, den ich in der Zeit, da es mir gut ging, Frankreich, das mir zu Füßen lag, vorzog, darf ich Ihre Schrift nicht mehr sehen, nie mehr den Klang Ihrer Stimme hören? Eine andere wäre stolzer, eine andere würde Ihnen zu verstehen geben, daß es entweder Liebe oder Haß gibt; ich aber, ich sage Ihnen, ich gestehe Ihnen, daß ich noch glücklich wäre, gäben Sie mir in Ihrem Herzen den Platz einer Freundin, gingen Sie wenigstens noch durch mein Zimmer, erlaubten Sie mir, an demselben Ort zu wohnen, wo Sie wohnen. [...] Diese Worte: *»Ich werde ihn nie mehr sehen«* lassen das Blut in meinen Adern gefrieren. Ich werde ihn nie mehr sehen, ihn, für den ich habe leben und sterben wollen, der einzige Gedanke meiner Jugend, den, mit dem mir kein Mann vergleichbar schien und der noch in diesem Augenblick über den schönsten, stolzesten und leidenschaftlichsten Mann[6] triumphiert, ich werde ihn nie mehr sehen. Nein! Vater meiner Kinder, nein, das kannst Du nicht wollen! [...] Wer hätte mir gesagt, wer hätte *Ihnen, Ihnen selber* gesagt, daß in einer Zeit, da alle Bande wieder enger werden, Sie dasjenige zerreißen würden, das mich mit Ihnen verbindet, und daß Sie, gerade als ich M. de Staël dazu gebracht hatte, Sie wie seinen Bruder aufzunehmen, als all das, was ich war, für immer Sie wurde, daß Sie da eine neue Lebensbahn einschlagen oder andere Verpflichtungen eingehen würden? Nein, zerreißen Sie sie nicht, diese Bande; sie waren vielleicht zu beschwerlich, ich forderte zuviel, ich wollte Sie als Preis für mein Ich; das war zu anspruchsvoll, doch lassen Sie die freundschaftliche Vertraulichkeit zwischen uns bestehen: Sie haben nur zu gut bewiesen, daß mein Unglück Sie nicht rührte, doch um Ihres eigenen Glücks willen verstoßen Sie mich nicht ganz. Wenn die Zeit der Liebe für Sie vorbei sein wird, werden Sie sehen, daß wir uns zwangsläufig näher kommen, daß Sie niemandem so unentbehrlich sein werden wie mir, und dieses Gefühl bringt zurück [...]. Danton hat seinem Vertrauten geantwortet: *»Rette er sich; ich möchte das auch!«:* nicht, daß er die Gegenrevolution befürchtet, aber er glaubt, daß sie sich alle gegenseitig umbringen werden [...].[7]

Talleyrand an Madame de Staël

London, 1. März 1794

[...] Ich bin sehr froh, daß unsere Kolonie in der Schweiz sein soll; sie ist besser dort als in England; selbst Narbonne hat hier einen schweren Stand; nachdem man erzählte und es jeden Tag wiederholt, der oder jener Franzose und vielleicht alle konstitutionell Gesinnten würden London verlassen müssen, befragt er darüber bald den Herzog von Glocester[8], bald M. Faulknor[9], all das macht das Leben höchst unerfreulich. Ich bin der festen Meinung, daß er im April bei Ihnen sein wird, das hat er mir jedenfalls gesagt. [...] Sobald Sie einen sicheren Ort gefunden haben, wo ich hinkommen und bleiben kann, werde ich zurückkehren; [...] wenn in unserem Sinne etwas geschieht, werde ich zurückkehren; und [...] wenn die Dinge in Europa ganz übel ausgehen, werde ich Sie schützen und Ihnen für die nächsten zehn Jahre einen Zufluchtsort einrichten; aber richten Sie es so ein, daß wir nicht mehr als ein Jahr getrennt sind [...].[10]

An Narbonne

Nyon, 12. März [1794]

[...] Ich habe Ihnen wirklich Unrecht getan: ich habe von Geld, von Undankbarkeit gesprochen; damit habe ich Ihnen, glaube ich, einen deutlichen Beweis für den scheußlichen Zustand gegeben, in den Sie mich gebracht haben, denn in der Zeit, da ich Sie in Ihrer Beziehung zu mir habe schätzen können, war ich so stolz, so dankbar für die Dienste, die Sie mir erlaubten, Ihnen zu erweisen, daß nur das Delirium einer Verzweiflung, die alles überstieg, was ich je durchgemacht habe, jene Sätze, an die Sie mich erinnern, erklären kann [...]. Nichts auf der Welt ist natürlicher, als das Vermögen seiner Frau zu teilen, derjenigen, die auf unser Glück, das auf Erden nur von uns gefunden werden kann, wohl ein Recht hat, deren persönliches Einkommen so sicher wie unabhängig ist, deren Kinder die unseren sind, deren Ruf von uns abhängt, die durch unser Fernsein herabgesetzt wird, wie sie durch unsere Fürsorge geehrt worden wäre, und deren Wohltäter man immer ist, wenn man ihr nichts zuleide tut, wie Sie sich seit sechs Monaten ein Vergnügen daraus machen. Aber von jedermann Geld ausborgen, ach! Sie, der Sie von Stolz sprechen, ist darin echter Stolz? Ich wäre glücklich, lebte ich allein von Ihrem Glück [...].

Ach! mein Freund, Sie appellieren an meine Umgebung, sie soll über Sie das Urteil sprechen; nicht einer hat sich meinem Herzen genähert, der nicht ganz so denkt wie ich. Doch was kümmert mich die Meinung der anderen? Der nachsichtigste aller Ihrer Richter ist mein Herz; doch Sie kennen meinen Charakter, Sie wissen, daß er alles verziehen hätte, nur nicht eine Trennung von einem Jahr, nur nicht ein vergebliches Flehen. Ich habe Ihnen gesagt: »Ich sterbe, wenn Sie nicht kommen.« Sie sind nicht gekommen, und ich lebe noch. Wir können einander nicht mehr glauben. [...] Ich beklage Ihren Verlust mehr als den Frankreichs, mehr als den aller Illusionen meines Lebens; ich beklage Ihren Verlust mit Strömen von Tränen. Zwanzigmal habe ich diesen Brief unterbrochen, um mit Schmerzensschreien Ihr Bild zu küssen, aber ich weiß sehr wohl, daß ich Sie verloren habe. Wäre ich bei Ihnen, ich würde immer noch Macht über Sie haben, dessen bin ich ganz sicher; meine Freunde, vielleicht sogar die Leidenschaft eines anderen für mich, würden Sie wieder anfeuern [...].

An Narbonne

13. [März] 1794

[...] Der arme M. de Ribbing [...] glaubte, ich würde sterben und hoffte inständig, trotz seiner außerordentlichen Zuneigung zu mir, auf Ihr Kommen, das er für das einzige Mittel hielt, mich zu retten. Nach soviel Leid kann ich für Sie nicht mehr anziehend sein; unser Verhältnis kann nicht fortdauern – ich spüre das sehr wohl – doch so Sie zu den Pflichten, zu denen Sie sich bekennen, gütigst auch mich zählen, so meine Kinder auch die Ihren sind und so die, die Ihnen das Leben gerettet hat und fünf Jahre lang nur dagewesen ist, um Ihnen zu gefallen, auch Ihre Frau ist, geben Sie sechs Monate, um zu verhindern, daß ich verrückt werde [...].[11]

Nach Ablauf des Mietvertrags für Haus Traxel in der Umgebung Nyons zieht Madame de Staël Mitte März zu ihren Eltern auf Schloß Beaulieu, das diese bereits im Januar wieder bezogen hatten, weil Madame Necker ihrem Arzt in Lausanne, Tissot, dort näher war.
Zur gleichen Zeit waren Ribbing und Montmorency, deren Aufenthaltsgenehmigung für das Gebiet Berns abgelaufen war, nach Zürich abgereist.

An Narbonne

[...] M. de Ribbing [...] ist ob seiner Qualitäten und Gefühle einer der unsrigen geworden. Wie oft habe ich ihm von Ihnen erzählt! Welchen Kult habe ich mit Ihnen getrieben, wo seine Leidenschaft für mich eine andere Frau auf andere Gedanken hätte bringen können! Ach! daß es dazu nicht gekommen ist! Er weiß zu lieben, er hat Charakter und ist so stark wie empfindsam, aber wenn Sie mich noch lieben sollten, seien Sie nicht eifersüchtig; es gibt auf der Welt für mich nur Sie, meine Kinder, fünf Jahre Erinnerung und diesen unaussprechlichen Zauber, der es fertigbringt, daß man Ihnen alles verzeiht [...].[12]

An Narbonne

Lausanne, 22. März [1794]

[...] Wo Sie mir von M. de Ribbing sprechen, sagen Sie mir, ich sei ein Wesen, aus dem man nicht klug wird. Nein, ich habe mit ihm nicht kokettiert, aber ich hätte ihm gern — und ich möchte das noch immer — dieses Herz geschenkt, das Sie zurückweisen [...], *Sie brauchen mich mehr als ich Sie;* welch grausame Ironie! Ich möchte lieber mein Leben lang betteln gehen, als Ihnen ein Jahr fern sein, sollten Sie mich zu Ihrem Glück nicht brauchen [...].[13]

An Narbonne

Den 25. März 1794, Lausanne

[...] Sehe ich Sie jemals wieder, werde ich bei Ihrem Anblick zittern, wie man es tut in Gegenwart des Menschen, der einem auf der Welt am meisten zuleide getan hat, und alles Vertrauen ist zerstört. Sie haben ein Gefühl wie das meine sehr schlecht verstanden und sehr schlecht behandelt; Sie waren nicht imstande, es zu ermessen. Ein Franzose, das französische Blut, widerstrebt der Dankbarkeit; Dankbarkeit bedeutet Erinnerung, und Sie haben keine. Ich verbringe mein Leben damit, ihnen allen zu dienen, und jeder ihrer Art wird am Ende den einen oder anderen Zug zeigen, der den Ihren ähnelt [...]. Sie erinnern mich an das, was ich über M. de Ribbing gesagt

habe; ich gehe zwanzigmal weiter: ich bin bereit, mich ihm hinzugeben. Ich begehe das Unrecht, mich leidenschaftlich lieben zu lassen,
um bisweilen von der übergroßen Verzweiflung dieser so starken
Seele in eine Art Erregung versetzt zu werden, die die schreckliche
Last auf meinem Herzen einen Augenblick wegnimmt. Glaubte ich,
seine unbegreifliche Schönheit vermöchte auf meine Sinne einzuwirken und ich fände, wenn ich mich ihm hingebe, fünf Minuten Trun-
kenheit, ich würde es noch heute abend tun [...].[14]

Trotz des alarmierenden Gesundheitszustandes ihrer Mutter begleitet Madame de Staël am 6. April ihre Vettern Necker de Saussure, die auf dem
Wege nach England sind, bis Zürich, unter dem Vorwand, für Montmorency und Jaucourt eine Aufenthaltsgenehmigung zu erwirken, doch
in Wirklichkeit, um dort mit Ribbing zusammenzutreffen. Nach einer Unterbrechung der Reise in Bern ist sie am 11. April in Zürich.

An Narbonne

Zürich, 15. April [1794]

[...] Wenn Sie diese Briefe lesen, die alle Ausdrucksmöglichkeit und
alle Moral hinter sich lassen, werden Sie sehen, daß ich mich höchst
unklugerweise meinem Schmerz überlassen habe, aber daß ich nichts
gesagt habe, was Ihr Verhalten mir gegenüber *charakterisieren* konnte. Glauben Sie mir, ich bin noch hinreichend bei Verstand, um Ihnen
die besonderen Einzelheiten unserer gemeinsamen Geschichte nennen zu können, hätte ich mit Verstand darüber gesprochen [...]. *Sie
zu heilen suchen,* sagen Sie, *mit sanfteren Worten;* heilen! aber wovon denn, gerechter Himmel? von dem Fehler, Ihnen und für Sie
mein Leben gegeben zu haben? Ach! wahrlich, das ist ein großer
Fehler, und Sie würden mich mehr lieben, wenn ich Sie nur betrogen
hätte wie Mme de Coigny[15] oder ruiniert wie Mlle Contat[16]. Glauben Sie mir, M. de Narbonne, mir ist mehr damit gedient als Ihnen,
wenn ich Ihnen Ungerechtigkeit nicht glaube, und ich gäbe mein ganzes Leben, bis auf 8 Tage, dafür, das Gefühl des Vertrauens wiederzufinden, das ich in Dover hatte, als ich Sie vor nun einem Jahr verließ
[...].[17]

Um den 26. April, nachdem sie mit ihren Vettern noch bis nach Schaffhausen gereist war, treten Madame de Staël und Ribbing die Rückreise an. Auf dem Weg nach Bern verbringen sie gemeinsam drei idyllische Tage in Suhr und Murgenthal, wo sie sich ihm, bevor sie sich trennen, augenscheinlich hingibt.

An Ribbing

Bern, Dienstag um 2 Uhr [29. April 1794]

[...] Ach! wie sehr habe ich gespürt, daß mein Leben dem Ihren verbunden war! Als ich Sie erbleichen sah, stockte das Blut in meinem Herzen, und geistig und körperlich empfand ich, daß ich dieselbe Lebensquelle hatte. Ja, ich liebe Sie, und Sie zweifeln nicht länger daran; es hat einen Kampf gegeben, Sie haben einen Sieg errungen, und ich bin der Wagen des Triumphators. Unsere Rollen sind vertauscht, aber gehen Sie sanft mit mir um in meiner neuen Sklaverei. Sie wissen nicht, welche Verpflichtung Sie eingegangen sind. Mein Leben ist ganz in Ihrer Hand, und Sie haben gesehen, wie beständig mein Herz ist. Ach! da es so lange den Gedanken von sich wies, nur Sie zu lieben und einen anderen zu vergessen, wer sollte es Ihnen je entreißen können? Ich habe nur wenig, doch alles, was mir bleibt, gehört Ihnen. Ach! wie nicht ewig beklagen, was das Geschenk, das mein Herz Dir hat machen wollen, befleckt? Doch lassen wir diese unseligen Gedanken und reden Sie mir nur von dem Tag und der Stunde, da wir wieder beisammen sein werden. Dieses armselige Mézery, man meldet mir, daß es bereits ganz fertig ist. Ihr Zimmer ist hergerichtet [...].[18]

Sie ist am 2. Mai wieder in Lausanne und richtet sich in Mézery ein, einem Schlößchen ganz in der Nähe, wo 1763 Gibbon zur Zeit seines Flirts mit Mademoiselle Curchod, der späteren Madame Necker, logiert hatte.
Eine Woche später schreibt Narbonne ihr einen Brief, der voller Vorwürfe und Beleidigungen ist. Sie reagiert darauf heftig und bitter.

An Narbonne

Mézery bei Lausanne, den 9. Mai [1794]

[...] Was mich betrifft, will ich die Ausdrücke Ihres Briefes auf sich beruhen lassen; Sie bezeichnen eine Person als *verächtlichste aller*

Dirnen, deren einziges Unrecht auf Erden es ist, Ihnen eine abgötti-
sche Liebe, die hienieden nicht ihresgleichen hat, entgegengebracht
zu haben [...]. Sie haben vielleicht recht, denn Sie wären gar zu abscheulich, wenn ich nicht das verworfenste Weib wäre, und M. de
Narbonne ist nie abscheulich gewesen. Anscheinend habe ich, was ich
Ihnen zu bedeuten glaubte, geträumt, und wahr sind nur meine
Briefe [...].[19]

Am 14. Mai stirbt Madame Necker. Ihre Tochter scheint nicht sehr betroffen. Zwei Tage später schickt sie Narbonne den letzten Brief dieser
leidenschaftlichen Korrespondenz.[20]
Jacob Henri Meister (1744–1826), ein alter Freund der Familie Necker,
hat sich einen Namen gemacht vor allem als Herausgeber und Mitarbeiter
der *Correspondance littéraire,* bei der er von 1773 bis 1789, dem letzten
Jahr ihres Erscheinens, Grimms Nachfolger war.
Als echter Züricher schrieb er in Französisch philosophische Essays und
Reisebücher, darunter seine *Souvenirs d'un voyage en Angleterre* (1791),
wo er vier Jahre gelebt hat.
Einerseits war er überzeugter Monarchist und Freund der Könige und
Aristokraten, andererseits verkehrte er in allen literarischen Kreisen und
war eng befreundet mit Grimm, Diderot, Holbach, Goethe und Wieland.
Mit ihm führt Madame de Staël ihren längsten Briefwechsel (über 90 Briefe
zwischen 1786 und 1816) und wendet sich, was die Schweiz anbelangt,
wegen Rat und Beistand immer an ihn.

An Meister

Lausanne, 18. Mai [1794]

Sie haben von dem Unglück gehört, das meinen Vater daniederge-
beugt hat. Aber vielleicht wissen Sie nicht, daß meine Mutter besondere, höchst ungewöhnliche Anweisungen gegeben hat über die verschiedenen Arten, sie einzubalsamieren, zu konservieren und unter
Glas in Spiritus zu legen, so daß, wie sie glaubte, ihre Gesichtszüge
völlig erhalten blieben und mein unglücklicher Vater sie sein Leben
lang betrachten könnte. Nicht so verstehe ich den sehnlichen
Wunsch, nicht vergessen zu werden.
[...] Würden die Herren Züricher die Geschichte Schwedens genau
kennen, hätten sie von dem berühmten Blondhaar des Grafen von
Ribbing reden hören, das zu M. de Binks Gestalt nicht recht passen

will. Graf von Ribbing weilt bei dem Grafen von Horn[21] in Dänemark. Es ist falsch, daß sie das Los haben entscheiden lassen,[22] völlig
falsch; doch ich will Ihnen gestehen, daß mich keine Geschichte so
interessiert hat wie die des Grafen Ribbing. Sein Mut, seine – ganz in
Ihrem Sinn – aristokratische Haltung, die Hochachtung des gesamten
schwedischen Adels dem König, der ihn herabsetzen wollte, zum
Trotz, geben ihm, meiner Meinung nach, eher ein Recht auf Bewunderung denn auf Tadel, und es gibt nicht einen Schweden, vornehm
durch Geburt oder noblen Charakter, der nicht so spräche. Auch M.
Bink ist dieser Ansicht, ohne mit dem unglücklichen Grafen von Ribbing das geringste gemein zu haben [...].[23]

Talleyrand an Madame de Staël

Philadelphia, 12. Mai 1794

[...] Seitdem ich in Amerika bin, habe ich *nur* zwei Briefe erhalten,
jenen von Mathieu und den Ihren. Wie gut haben sie mir getan! Wie
lange ist es her, daß meinem Herzen etwas Angenehmes widerfuhr!
Ich habe es die ganze Zeit hier dadurch abgelenkt, daß ich mich geistig beschäftigte, daß ich Pläne schmiedete, wie ich zu Geld komme,
und mich allerlei Spekulationen hingab; all das ist schön und gut,
doch nur für ein paar Viertelstunden.
[...] Amerika ist ruhig, das ist sicher, und gibt es nun Krieg oder
nicht (ich glaube allerdings nicht an einen Krieg), sind wir hier gut
aufgehoben. Leute, die ich gar nicht kannte, sind mir gegenüber von
einer wohlwollenden Gesinnung, der ich seit langem nicht mehr begegnet war. Ich möchte mich bis zum Herbst zu nichts entschließen,
erst den Ausgang des Krieges in Flandern und am Rhein abwarten
und danach zu allem Ihre Meinung hören. Ich habe Ihnen vor meiner
Abreise gesagt, und ich wiederhole es: ich werde das tun, was meine
Freunde tun werden; nichts könnte mich dazu bringen, mein Leben
von dem ihren zu trennen. Ich liebe Sie viel zu sehr, um für mich allein einen Entschluß zu fassen. Meine Vernunft sagt mir, daß man
sich wieder ein kleines Vermögen schaffen muß [...]. Hier gibt es
viel Geld zu verdienen, allerdings nur für Leute, die welches haben.
Wenn Sie Leute kennen, die Lust hätten, hier in Grundstücken zu spe-
kulieren, würde ich gern ihre Geschäfte abwickeln. Hätte ich genügend Leute, die mich mit ihren Geschäften betrauten und mich am
Gewinn beteiligten, könnten sie und ich viel Geld verdienen; sie, weil

die amerikanischen Kaufleute sich auf Geschäfte wenig verstehen, und ich, weil ich keinerlei Geld aufzubringen bräuchte, um am Gewinn zu partizipieren. Denken Sie doch einmal daran [...].[24]

All ihre heftigen Gefühlswallungen während der Terrormonate in Paris hindern Madame de Staël kaum daran, Zeit, Geld und Energie für die Fortsetzung ihrer Rettungsaktion zu opfern. Bei diesem noblen Unternehmen hilft ihr ein gewandter und selbstloser Mann aus dem Jura, namens Jacques Tréboux, der die Geretteten über die französisch-schweizerische Grenze bringt. Dieses ausgeklügelte System beschreibt sie ihrer Freundin Madame d'Hénin. Adélaïde-Félicité-Etiennette Guinot de Monconseil, Princesse d'Hénin (1750–1830) war es, die, damals noch in England, im Oktober 1793 gemeinsam mit ihrem Freund Lally-Tollendal, Bollmann beauftragt hatte, die Flucht ihres Vetters La Fayette aus dem Gefängnis von Olmütz vorzubereiten.

An Madame d'Hénin

Lausanne, 17. Juni [1794]

[...] Das ganze Geheimnis dieses Schweizer Unternehmens ist höchst einfach. Man wählt eine Frau, deren Personalbeschreibung ähnlich ist, und sie besorgt sich für eine Geschäftsreise nach Paris und zurück einen Paß; die Schweizerin geht nach Paris, läßt ihren Paß beim Grenzübergang visieren, geht zu ihrer Sektion und dem Pariser Magistrat, läßt sich ein *Visum* für die Rückreise geben und überläßt ihren Paß, ihre Taufurkunde, ihre Bürgerbriefe, alle ihre Papiere, die sie als Schweizerin ausweisen, der Dame, die man retten will. Wenn man dann einen anderen Weg nimmt, gibt es keinen Grund, daß man festgenommen wird; noch ist ein solches Mißgeschick nicht vorgekommen; aber auch in einem solchen Fall habe ich das Versprechen eines vortrefflichen Mannes, der den Kordon der Schweizer Grenze befehligt, daß er als Schweizer Einspruch erheben wird [...]. Auf diese Möglichkeit [...] bin ich zuerst für Mathieu und François[25] gekommen [...]. Einen Mann zu retten ist nicht so kostspielig, weil man nur einen Mann schickt, während man für eine Frau einen Mann und eine Frau braucht [...].[26]

Im Juni kommt Ribbing zu Madame de Staël, die für ihn und seine Mutter ein Haus in Lance, ganz in der Nähe von Mézery, gemietet hatte.

Der 9. Thermidor (27. Juli) bringt den Sturz Robespierres und das Ende der Schreckensherrschaft in Frankreich; die Nachricht davon erreicht die Schweiz jedoch erst am 31. Juli. Den Tag zuvor trifft Narbonne nach einer fünfwöchigen Reise durch die im Krieg liegenden Länder Holland und Deutschland endlich in Lausanne ein, doch scheint er vielmehr die Absicht zu haben, seine Mutter in Rom aufzusuchen, wohin sie den königlichen Prinzessinnen gefolgt war.

Einem Zeugen zufolge lernen die beiden potentiellen Rivalen einander kennen und verstehen sich, ganz entgegen den Befürchtungen Madame de Staëls, sehr gut. Doch auf Weisung des Vogts von Lausanne muß Ribbing das Land abermals verlassen.

An Ribbing

[Mézery, 24. ? Juli 1794]

So werden Sie mich in vier Tagen also für immer verlassen. Vor der Ankunft M. de Narbonnes hatte ich *Ihr Versprechen, bis zum Frühling zu bleiben.* Er ist gekommen, ich habe alle meine Bande zu ihm gelöst, ich habe Ihnen ein Gefühl bewiesen, das tausendmal zärtlicher war denn je zuvor, und Sie gehen. Das hatte ich kommen sehen, ich habe Ihnen viel zu offen gezeigt, wie maßlos ich Sie liebe. Damit habe ich den Reiz, der Sie an mich fesselte, zerstört — doch Ihr Wort, das ich respektierte wie die Notwendigkeit selbst! Ich kann Ihnen nichts mehr sagen. Ich erliege dem Schlag, den ich am meisten befürchtet, aber am wenigsten vorhergesehen habe. Sie sagen, daß Ihre Mutter mich liebt. Ach! schon das Mitleid müßte sie davor bewahren, mir so weh zu tun. Kommen Sie mir entgegen; ich gehe in einer halben Stunde hier weg, zu Fuß. Ich werde Sie im Wald von Lance treffen. Könnte doch die Sonne mich auf dem Wege töten! Nein, ich hätte das nie geglaubt, das Herz trügt, es vertraut Ihnen. Adolphe, Sie werden sich so viel Leid noch vorwerfen.[27]

An Madame d'Hénin

Lausanne, 29. Juli [1794]

Welche Qualen müssen Sie, meine liebe Prinzessin, seit Ihrem letzten Brief wieder ausgestanden haben! Prince d'Hénin[28], Madame de Biron[29] und der Terror, der zusehends wächst! Seit dem 11. Juli habe ich von denen, die wir lieben, nichts gehört. Ich habe Charles[30] mitgeteilt, daß seine Freundin[31] in die Conciergerie überführt wurde und daß ich sofort einen Kreditbrief über 40 000 Livres geschickt und Weisung gegeben habe, alles zu versuchen, den Wärter zu bestechen und ihm außerhalb Frankreichs ein unabhängiges Leben zu versprechen. Als dieser Bote, von dem ich noch keine Nachricht habe, gegangen ist, berichtet mir ein Schweizer Kaufmann, nicht der Freund, von dem Sie die Briefe haben, sondern ein Mann, den ich bezahlt habe, um sich einzig und allein um Charles' Freundin zu kümmern, daß er hofft, sie in drei Wochen retten zu können. Ich traue mich so wenig, mich auf diesen Brief zu verlassen, daß ich es Charles nicht direkt schreibe. Ich habe von dem Boten auch keine Nachricht über die junge Freundin erhalten, hatte jedoch geraten, nur im Notfall zu schreiben, und in dem Brief, der die Überführung von Charles' Freundin meldete und die Verzweiflung unserer Freundin darüber, bat man mich mit derselben Dringlichkeit um das, was ich schickte, und man schien dieselben Hoffnungen zu hegen. Ich erwarte täglich die Nachricht von Leben oder Tod, denn ich habe für unsere Freundin alles geschickt, um was man mich bat für die junge: ein Signal für die Nachzügler ist abgegangen, ein junger Mann für den Sohn und Mittel für die Großmutter. Ich habe mich jenes Wortes erinnert: *»Retten Sie meine Freundin, und ich folge Ihnen überallhin.«* Schließlich habe ich mit der Inbrunst eines Menschen, der sich der Ächtung aller in Frankreich festgenommenen Personen sicher glaubt, darum gefleht, man möge meiner letzten Bitte und meinen besten Möglichkeiten Genüge tun. Ich warte jetzt; es gibt nichts mehr zu versuchen, man muß sich in seinen Mantel hüllen und Himmel oder Hölle von der Vorsehung oder den Henkersknechten entgegennehmen [. . .].[32]

An Ribbing

[Mézery?] Montag, 4. August [1794]

Welch schönen Brief habe ich gestern abend von meinem Adolphe erhalten! Ich erhoffte mir heute morgen noch einen, doch muß ich glücklich sein über den, den ich habe. Deine Seele tritt in ihm deutlich zutage. Ach! mein Adolphe liebt mich, denn es wäre seines Charakters nicht würdig, so zu sprechen, wenn er nicht entschlossen wäre, wieder zu mir zu kommen und mein Leben mit dem seinen zu verbinden. Du kannst mich vergessen, mein Dir ergebenes Herz eines Tages verstoßen, aber die Wahrheit verleugnen, das kannst Du nie. Fragen Sie mich nicht länger, mein lieber Adolphe, ob ich mich seit Ihrer Abreise geändert habe. Diese angeblichen Launen rühren von meinen Kämpfen her, doch es gibt auf der Welt nicht ein Herz, das anhänglicher, beständiger wäre als das Deiner Freundin. Ich werde mich in dem Heim, wo Sie mich allein gelassen haben, grämen. Schon hat M. de Narbonne die Sprache gesprochen, die ich befürchtete; aber weißt Du, welchen Eindruck das auf mich gemacht hat? Mir blutet das Herz, wenn ich daran denke, daß ein anderer ein Anrecht auf mich hatte, und ich wundere mich, daß ich trotzdem so glücklich sein konnte, in dem Besten aller Männer ein Gefühl zu erwecken. Ach! möge ich dieses Gefühl behalten, und Frankreich und die Erde werden sich für uns öffnen. Für Mut und Liebe findet sich überall ein Ort, aber mein Herz, das so zu leiden vermag, mein Herz, das mehr liebt, als es je geliebt hat, braucht ruhige Gewißheit über Sie, über Ihre Einstellung zu der neuen Bindung, die Sie einzugehen bereit sind. Sie haben mir einen heiligen Namen gegeben, einen Namen, den ich vielleicht erhalten werde, einen Namen, dessen ich bereits würdig bin. Dieser Winter wird über unser Leben entscheiden, ja, über unser ganzes Leben, was immer Sie auch tun. Unwiderruflich aber wird mir Glück und Leid nur mehr durch Sie zuteil. Erweisen Sie sich dieser ernsten Verantwortung würdig, ohne sie zu fürchten [...].[33]

Ribbing kommt um den 15. August zurück nach Lausanne und verbringt wieder etwa vierzehn Tage bei seiner Freundin – die letzte Zeit ihres Glücks. Endgültig trennen sie sich am 7. September in Suhr, nahe Zürich, von wo er nach Dänemark geht.

An Ribbing

Mézery, 9. Oktober 1794

Welch schmerzliche Erinnerungen haben sich, mein Adolphe, meiner bemächtigt, als ich an diese Stätten zurückkehrte, die von Deiner Gegenwart noch ganz erfüllt sind. Du hast dieses Haus nie bewohnt, aber ich bin die Straße entlanggegangen, die mich nach Lance führte, und ich habe die Wegkreuzung gesehen, an der Du auf mich gewartet hattest; ich werde zu dem alten Schloß gehen, wo mir jeder Schritt den Charme und die Güte meines Adolphes wieder ins Gedächtnis rufen wird. Dort zu wohnen erlaubte der Seele nicht einen Augenblick Ruhe, die Nächte wären sehr wahrscheinlich ohne Schlaf, doch gefällt es meiner Melancholie, gelegentlich hinzugehen, um Dein Bild heraufzubeschwören. Gab es wirklich eine Zeit, da ich Dich täglich sah und Du mich an Dein Herz drücktest? Das alles ist meinem jetzigen Leben so fern, daß ich diese Erinnerungen manchmal für Gespinste meiner überspannten Einbildung halte. Oh! mein Schutzengel, schwöre mir, daß Du zurückkommst; wenn ich Dich noch einmal gesehen habe, werde ich sterben können; alle menschliche Glücksfähigkeit wird dann erschöpft sein. Ich habe hier Mathieu und M. de Narbonne angetroffen; letzterer hat eine Aufenthaltsgenehmigung *für Anet*[34] erhalten. Man sagt, die hohen Behörden wollten *mich isolieren*, das jedenfalls ist das Wort, dessen sie sich bedienen; sie wissen also nicht, daß ich, wenn mein Adolphe nicht da ist, völlig allein bin; all diese Aufenthaltsgenehmigungen werden sich finden, doch würde ich diesem Land den Rücken kehren, wenn mein armer Vater mich nicht so dringend nötig hätte. Ich denke immer daran, einmal wieder in das Haus Traxel zu ziehen und Ihnen ein Scheindomizil in Céligny zu schaffen. Das auf lange Sicht; so Gott, dem ich, weil ich Sie anbete, sicherlich schlecht diene, mir erlaubt, die Glücklichste aller Frauen zu sein. Aber ich habe meinem Vater erklärt, daß ich im kommenden Frühjahr reisen möchte. Sollten Sie, wenn Ihre Mutter nach Schweden geht, es vorziehen, zu mir zu kommen, dann würde ich hier bleiben; doch habe ich nur ein Ziel, nämlich daß Sie entscheiden; ich habe selbst den Wunsch, die Ereignisse führten mich zu Ihnen. Mir ist, als würden Sie mehr an mich glauben, wenn ich komme. Guten Abend, mein Herz ist sehr bewegt, guten Abend.[35]

Inzwischen hatte Madame de Staël am 18. September bei den Cazenove d'Arlens in Montchoisi nahe Lausanne Benjamin Constant kennengelernt. In ihrem nächsten Brief an Ribbing finden sich ihre drei Lieben kurze Zeit vereint – die vergangene, die gegenwärtige und die künftige.
Zehn Tage später nimmt sie eine weitere vor der Guillotine Gerettete bei sich auf, Madame de Laval, Mathieu de Montmorencys Mutter und einstige Geliebte Narbonnes, der dieser bis zum Ende treu bleibt.

Mézery, 22. Oktober [1794]

Ich will, mein lieber Adolphe, die liebe Gewohnheit, Ihnen zu schreiben, wieder aufnehmen. Es hat Tage des Schweigens gegeben, an denen ich Ihnen gegenüber vielleicht ungerecht gewesen bin, aber ich habe nicht einen Augenblick aufgehört, an meinem Schmerz zu spüren, wie notwendig Sie all dem sind, was in mir den Namen des Lebens verdient [...]. Ich fühlte mich des Ruhms, einen Mann wie Sie zu binden, nicht würdig, aber dieses Gefühl verbietet mir auch, mich lange zu beklagen. Wenn Sie mich lieben, lebe ich, triumphiere ich, bin ich Sklavin und Königin zugleich; wenn Ihr Gefühl nachläßt, gehe ich mit mir ins Gericht und schweige. Als ich Sie verließ, habe ich Ihnen gesagt, es gebe ein Jahr in meinem Leben, das als einziges in meiner Erinnerung fortbesteht, und sollte ich danach sterben, so habe ich doch das Glück in all seinem Glanz erfahren [...]. Mein Freund, Du weißt nicht, wie zauberhaft ich mir all jene Züge ausmalte, die ich so oft mit Entzücken betrachtet habe. Liegt darin etwas von jener schnöden Wollust, die ich verachte? Nein, Liebe ist's, die sich all ihre Erinnerungen bildlich vor Augen führt, so daß man den geliebten Menschen vor sich sieht, wenn man an ihn denkt [...]. Adolphe, ich fürchte, daß jene Tage der Hoffnung und der Liebe bald eine bittere Erinnerung sein werden. Mittlerweile ist M. Constant, von dem ich Ihnen, glaube ich, schon gesprochen habe, so leidenschaftlich zu mir entbrannt, daß ich Ihnen davon keine Vorstellung geben kann; er verzehrt sich und erdrückt mich mit seinem Kummer, was ihn um seinen einzigen Reiz, einen sehr überlegenen Geist, bringt, und er fordert Mitleid, was mich abwechselnd ermüdet oder mir sagt, daß mein Adolphe mich nie, ja nie so heftig geliebt hat. Sollte Ihnen zu Ohren kommen, daß dieser M. Constant, Junker Seiner Hoheit des Herzogs von Braunschweig[36], siebenundzwanzig Jahre alt, so rot wie das Haus Hannover selbst, sich im Wald von Sery[37], den er soeben gepachtet hat, um sein Leben in meinem Garten oder meinem Herzen zu verbringen, umgebracht hat, glauben Sie nur nicht, daß das meine Schuld ist; ich habe ihm lediglich Lobendes über ein Werk mit dem Titel *l'Esprit des religions* gesagt, das wirklich die Begabung eines Montesquieu verrät, und er, völlig vergessend, daß seine Gestalt selbst für ein Herz, das nicht Dir gehörte, ein unüberwindliches Hindernis darstellt, ist ganz toll geworden. Er ist von Sinnen, wenn er mich dabei ertappt, wie ich Dein Bild aufstelle, und ich habe nur eine Möglichkeit gefunden, ihn nicht davonzujagen, ich zwinge ihn, zuzuhören, wenn ich von Ihnen rede [...]. Montag, als ich las, was mir Ihr Brief Neues brachte, hat mir M. de Narbonne, ohne daß ich es merkte, über die Schulter gesehen, und ein einziges, nicht allein die Politik betreffendes Wort hat mir eine Eifersuchtsszene ohne Liebe eingebracht, was recht sonderbar ist, wenn man einander umso fremder geworden ist, je mehr man unglücklicherweise geglaubt hat, unlöslich miteinander verbunden zu sein [...]. Dieses Zusammensein mit M. de Narbonne ist qualvoll; er hat Angst, mich zu verlieren, und grollt mir wegen meiner Zuneigung zu Ihnen, die erforderlich macht, daß Ihre Rückkehr in seinen Augen über mein ganzes Schicksal entscheidet [...].[38]

An Ribbing

Coppet, 30. November [1794]

Du hast allen Grund, mein einziger Freund, mein himmlischer Adolphe, Dich über meine wilden Wutanfälle lustig zu machen. Du hast noch mehr Grund zu der Gewißheit, daß der Frühling, wenn er Dich mir wiederbringt, in meinem Herzen die letzte Spur von Groll auslöschen wird. Dich wiedersehen, Dich wiedersehen! Ach! wird mir dieses Glück beschieden sein? Mir stockt das Blut, wenn ich mir, gar oft traurig, einen Augenblick lang vorzustellen versuche, daß mein Adolphe die Tür des Zimmers öffnet, in dem ich mich aufhalte, daß sein göttliches Gesicht alles, was mich umgibt, erhellt, daß er da ist. Ach! mein Gott! Möge Dich die Gewißheit von Deiner Macht über alles hinwegtrösten, außer über mein Leid! Kannst Du zulassen, daß ich mich gräme? Kannst Du so ungeheuer töricht sein, mich zu bitten, meinen Freund nicht in eine *schreibende Maschine* zu verwandeln. Ich überlasse Dir gern diese meine ganze Literatur, und ich gebe zu, daß Achilles nicht Homer ist. Aber ist er denn eine Maschine, wenn er seiner Freundin schreibt? Ist es denn *eine Qual für ihn,* zwei Stunden in der Woche darauf zu verwenden, ihr großes Leid zu ersparen und ihr höchstes Glück zu schenken? Ich weiß nicht, was im Leben eines Menschen mehr wiegt als einem empfindsamen Wesen tiefes Leid zu ersparen. Ich füge der Größe dieses allgemeinen Gedankens nichts hinzu, und ich möchte auch keine zu große Gunst erwiesen haben, wenn ich Dich frage, ob mein Leben, das Dir geweiht ist und über das Du mehr verfügen wirst als Du glaubst, diese Rück-

sicht auf meine Bekümmernisse nicht wert ist. Ich wünschte, es wäre
Ihnen ein Bedürfnis, mir zu schreiben; ich anerkenne, daß Sie es für
mich tun. Auch muß ich Ihren Vorwurf, ich sei anspruchsvoll, zurückweisen. Es gibt kein Gefühl, das nicht nach dem sich sehnte, der
es weckte. Ich brauche Ihre Liebe: alle ihre Beweise sind mir vonnöten. Doch nur in dieser Hinsicht will ich auf Sie einwirken. Ich
möchte einen Führer, mir liegt das Führen fern, und zu den tausend-
undein Gründen meiner Zärtlichkeit für Sie zähle ich die Charakterstärke, auf die mich zu stützen mir so lieb sein wird. Mir scheint,
unsere Pläne für die Zukunft sind sehr einfach: wir leben in Frankreich oder in Dänemark, die Schweiz kann immer nur eine vorübergehende Bleibe sein; doch um sich irgendwo niederzulassen, werden
wir nur den Ort geeignet finden können, wo die Regierung auch tatsächlich für uns ist. Ich leide unter alldem, was Ihren Charakter verletzt, und dieses Teilen der Gefühle wird auch ein Teilen der Selbst-
achtung sein, denn unsere Namen, so hoffe ich, werden eines Tages
viel zu untrennbar sein, als daß Ihr Ruhm nicht die Quelle wäre, aus
der ich mein ganzes Leben schöpfen werde. Doch Frankreich, wir
haben das beide gesagt, ist vor *allem* der Schweiz viel näher, es wird
mich nicht von meinem Vater trennen, und dort bin ich gegenüber
M. de Staël viel stärker; wenn, wie ich glaube, die Republik ausgeru-
fen wird, ist sie eine viel sicherere Garantie als irgendein Minister, und
vielleicht werden Ihre Eltern, von dem milden Klima verlockt, das
Glück meines Lebens vervollkommnen, wenn sie mir in Frankreich
Hort und Familie sind. [...].[39]

An Ribbing

[Beaulieu,] 27. Januar [1795]

Soeben bekomme ich einen Brief von Ihrer Mutter, und sie sagt kein
Wort von einer Reise im Frühling hierher, obgleich sie mir für diese
Zeit ihre Abreise nach Schweden ankündigt. Schriebe sie mir so,
wenn sie wünschte, daß ich Sie auffordere, ihr zu folgen? Ach! mein
Gott, ich habe in Morgenthal nicht genug geweint, mein Herz glaub-
te an Ihre Versprechen und vielleicht... Ach! wieviel Tränen habe
ich vergossen seit diesem ersten Brief, in dem Sie mir mitteilten, daß
Sie *im Norden seßhaft* seien. Zum letzten Mal, Adolphe, hören Sie
meine Bitte. Ihre Mutter geht nach Schweden, kein Gefühl, keine
Pflicht hält Sie in Dänemark. Währenddessen widmen Sie mir sechs

Monate, kaufen Sie um diesen Preis mein Leben. Ach! heißt das, zu viel von Ihnen verlangen? Wenn Sie mich verstoßen, sage ich Ihnen keineswegs, ich würde mich töten; kann eine Frau wissen, ob sie den Mut dazu hat? Und meine Kinder! Doch das Leben wird für mich nur eine lange Qual sein; ich werde keine Zukunft mehr haben, ich werde nicht mehr wissen, was mit mir anfangen, aus welchem Grund mich für etwas entscheiden, ich werde mich auf der Welt so allein fühlen, als hätte ich mich in einer Wüste verirrt. Meine Gesundheit, meine Kraft, meine Jugend, alles wird mich schließlich verlassen, und an dem Tage, da ich den Brief erhalten werde, der mich verstößt, wird mein Herz, meine Hoffnung, wird alles Lebendige sterben; ich werde versuchen, jenen, die leiden, Gutes zu tun, meine Kinder auf-zuziehen, für meinen armen Vater zu sorgen und zu jenen religiösen Gedanken meine Zuflucht zu nehmen, denen ich, wie Sie gesehen ha-ben, den Halt des Lebens und das Wohl im Tode zuzusprechen neige. Ich werde Sie nicht verfluchen, Sie wissen, daß ich mich Ihrer nie würdig gefühlt habe. Ich werde Ihnen nur vorwerfen, daß Sie mir et-was *versprachen*, was Sie nicht hielten. Wir beide sind mehr wert als diese gewöhnliche Geschichte aller Liaisons, und ich werde nach Frankreich gehen in dem Bewußtsein, daß mich Unvorsichtigkeit und Tatkraft zur Genüge kompromittieren werden, um ein Leben, über das Sie Ihr Urteil gesprochen haben werden, auf dem Schafott zu beenden. Ach! werden Sie diese Worte, die durch einen Tränen-schleier hindurch geschrieben sind, entziffern können? Sagen Sie mir wenigstens, ob Sie mich verstoßen können, ob Sie den grausamen Mut dazu aufbringen, sagen Sie mir wenigstens, daß Sie bewegt ge-wesen sind, daß es Sie einiges gekostet hat, dieses verhängnisvolle Ur-teil zu unterschreiben. *Ach! wenigstens sagt mir: Brutus, er haßt Dich nicht. Dieser Satz allein gibt Würde mir und Ehre wieder, und aus der Schande jetzt und hier wird mich mein Nachruhm retten.*[40] Ach! wenn Sie je gelitten haben, wenn Sie fürchten, noch leiden zu müssen, beklagen Sie mich, erinnern Sie Ihr Herz an die Tage, da ich Ihnen teuer war, da Ihr reizender Kopf wonniglich an meinem Busen ruhte und dieses in Tränen gebadete Herz, diese für Sie geöffneten Arme und diese Stimme, die Sie unter Seufzern ruft, Sie zu rühren vermochten. Adolphe, Adolphe, Deine Freundin liegt Dir zu Füßen, Du verlangtest von ihr einst einen Triumph der Sinne, der ihr, wie sie voraussah, alsdann verhängnisvoll werden sollte; heute bittet Dich ihr ganzes Sein, laß mich Dir mein Leben schenken, ich schwöre Dir, daß Dein Glück dadurch größer werden wird. Du wirst allen gefallen, doch wo wirst Du ein Wesen finden, das nur lebt, um Dich zu lieben, dessen Schicksal Du schmiedest und das, unabhängig von seiner Lage, Dich braucht, weil Du Adolphe bist, weil kein Mann Dir gleichkommt und weil das Herz, das von Dir geliebt wurde, sich für nichts im Leben mehr zu interessieren vermag. Hier bin ich von Engländern[41], lauter Fremden, umgeben. Mindestens drei oder vier belagern mich ständig. Mir graut vor ihren Gefühlen, wiewohl ich immer Spaß daran hatte, zu gefallen. Einer von ihnen, Sir Thomas Rivers[42], erinnert im Teint ein wenig an Sie, und vorgestern auf einem Ball, den man für mich gab, unterstand er sich, das Haar von hinten nach vorne frisiert zu tragen, genau wie Sie. Als ich eintrat, wandte er sich um. Die absurde Ähnlichkeit frappierte mich, meine Knie gaben nach, und den ganzen Abend konnte ich weder tanzen noch es lassen, mit diesem Sir Thomas Rivers zu plaudern [...]. Neulich sprang mir der Ring, den Sie mir geschenkt haben, als ich damit spielte, ins Feuer; ich war in heller Verzweiflung und erklärte allen meinen Freunden — dieser unglückliche Benj. Constant war auch dabei —, daß ich den, der sich weigerte, ihn mir herauszuholen, nie mehr sehen wolle. Meinen Leuten wurde eine Belohnung versprochen, und der arme Eugène[43] holte ihn mir voller Freude heraus, wofür ich ihm ewig dankbar bin. [...] M. de Staël hat einen Brief vom Wohlfahrts-Ausschuß erhalten, der ihn auffordert, schleunigst zu kommen. Früher hätte ich den neuerlichen Bitten M. de Staëls, dorthin zu gehen, nicht widerstanden. Heute würde ich es hassen, mich von dem Ort zu entfernen, an den zurückzukommen Sie mir versprochen haben und wo mir alles, was mich umgibt, für Ihr Versprechen zu bürgen scheint. Ach! ich habe zuviel geredet; Sie wissen nur zu gut, wie grenzenlos ich Sie liebe. Aber da dieses Gefühl nur das Herz angeht, ist es das letzte Mal, daß Sie mich von meinem Unglück sprechen hören. Wenn Sie mich lieben, wenn Sie sich nur ein bißchen noch für mich interessieren, habe ich zuviel gesagt: ein einziges Wort genügte Ihrem Herzen. Wenn die Versprechen, das Mitleid und der Dank, den so große Ergebenheit verdient, Ihnen nichts bedeuten, adieu! Sie werden dann von mir kein Lebenszeichen mehr erhalten, doch hören Sie noch, daß ich trotz dieses schrecklichen Unrechts bis an mein Lebensende die Erinnerung an Adolphe, so wie ich ihn gekannt habe, bewahren werde, an den Adolphe von Nyon, von Mézery und von Morgenthal, an Adolphe, der nicht die Macht hat, auch wenn er mir das grausamste Ende bereitet, daß ich bereue, ihn kennengelernt zu haben und zumindest einen Tag diejenige gewesen zu sein, die er auf der Welt am meisten geliebt hat. Adieu. Mein Vater leidet an seiner Krankheit, die ob ihrer Folgen höchst besorgniserregend ist, wiewohl es ihm jetzt schon besser geht. Es handelt sich um beginnende Wassersucht. Ich bin zu ihm nach Beaulieu gezogen, um ihn zu pflegen. Mir wurde beim Schreiben dieses Briefes zweimal unwohl, mein Leben ist durch die Leiden dieses Monats hier fast erloschen. Ach! Mein Gott![44]

In diesem Winter denkt Madame de Staël sogar daran, sich scheiden zu lassen und Ribbing zu heiraten. Monsieur de Staël hatte Anfang Januar während der in Basel geführten Friedensverhandlungen zwischen Schweden und der neuen Regierung des Direktoriums zwei Tage in Mézery verbracht. Im Februar kehrt er auf seinen Posten in Paris zurück.
In dieser Zeit läßt Madame de Staël ihre *Réflexions sur la Paix, adressées à Pitt et aux Français* drucken (Fox wird deren Vorzüge am 24. März im Parlament loben). Sie hatte diese Schrift Dezember 1794 gemeinsam mit Constant, ihrem neuen Freund und Mitarbeiter, verfaßt. Mit ihm betritt sie bald wieder die politische Bühne Frankreichs. Im Augenblick ist sie noch »meilenweit von einem Gefühl entfernt, das nicht schlichte Freundschaft wäre«, wie sie ihrem Gatten anvertraut, und fügt hinzu: »selbst Dir gegenüber habe ich nie den Grad meiner Gefühle verhehlt«.[45]

An Monsieur de Staël

[Beaulieu?] 1. März [1795]

Ich muß, mein lieber Freund, eine sichere Gelegenheit nutzen, um Dir meine Einstellung zu meiner Frankreichreise offen darzulegen. Du würdest mir sehr großen Kummer machen, opfertest Du diplomatischer Konvenienz, was wirklich und wahrhaftig mein Glück ist, und mein Herz könnte nur gekränkt sein, wenn ich sehe, daß Du immer wieder Gründe suchst, mich von Dir fern zu halten, zumal ich seit zwei Jahren in einem Lande bleiben muß, das mir in vieler Hinsicht gar nicht gefällt, und darauf warte, daß es Dir beliebt, mich aus dieser Verbannung zu holen. Nach Frankreich zu gehen, ist keineswegs mehr gefährlich; es wäre also nur eine Art Hemmung vor mir, wenn es Dir widerstrebt, mich dort zu sehen ... Du weißt so gut wie ich, daß Du in Deiner Stellung tausend Gründe für oder gegen einen Entschluß anführen kannst; aber wärest Du an meiner Stelle, würdest Du ebenso wie ich glauben, daß Deine Betrachtensweise immer einem Wunsch unterworfen ist, und Du würdest Dich, ebenso wie ich, ob der geringen Bereitwilligkeit, die Du mir gegenüber zeigst, verletzt fühlen. Sprechen wir nicht mehr darüber; ich kenne Dich gut genug, um sicher zu sein, daß Du, nachdem ich Dir gesagt habe, daß mein Glück daran hängt, nach Frankreich zu gehen, dieses Land zu verlassen und Dich wiederzusehen, Deine Frau und Deinen Sohn herzlich aufnehmen und dieser natürlichen Gefühle wegen die Politik zurücktreten lassen wirst [...].

Adieu, mein lieber Freund; in sechs Wochen werde ich Dich wiedersehen; die Freude darüber wird, wenn Du sie im voraus teilst, groß sein [...]. Ich hoffe für uns, mein lieber Freund, daß es weder zur Scheidung noch zur Trennung kommen wird, sondern zu einer guten und schönen Gemeinschaft bis zu meinem Lebensende und darüber hinaus in Deinem Herzen [...]. Ich bin, ich gestehe es, auf das neue Frankreich höchst neugierig, und es schmerzt mich etwas, daß Du mich deswegen in Verdacht haben mußt; es ist aber trotzdem wahr, daß ich weder den Mut noch den Wunsch hätte, dorthin zu gehen, hätte ich nicht Dich zum Freund und Beschützer [...]. Ich habe die so lieben Briefe, in denen Du mich Minette nanntest, wohl erhalten, aber erst beim Wiederlesen habe ich ihren Zauber gespürt, und ich fürchte immer noch, es könnte mir etwas davon entgangen sein. Werde indessen nicht müde, gut zu mir zu sein, auch wenn meine Unbedachtsamkeit mich daran gehindert hat, dies zu merken und Dir genügend dafür zu danken. Unseren Kindern geht es gut; Du weißt, daß ich Auguste mitbringe.[46]

An Ribbing

[Beaulieu oder Mézery?] 3. März [1795]

[...] Sie erwähnen M. de Narbonne und Benj. Constant. Ich will auf diese beiden Fragen eingehen. M. de Narbonne hat sich, wie ich Ihnen, glaube ich, berichtet habe, an Mme de Laval gehängt, und dieses Verhältnis hat den alten Haß dieser Frau auf mich wieder aufleben lassen; er hat sie dazu gebracht, sich mir gegenüber unmöglich zu benehmen, überall zu verbreiten, daß ich Sie liebe und sogar, daß ich Sie heiraten wolle. Mitten in diesen Zänkereien hat Mme de Laval Mézery verlassen. Sie hat M. de Narbonne mitgenommen und, ohne auf die Bitten Mathieus zu hören, 30 Meilen von mir mit M. de Narbonne eine Wohnung bezogen.[47] Es ist darauf zwischen Mathieu, M. de Narbonne und mir zu einer sehr heftigen Auseinandersetzung gekommen; und zu meinem großen Bedauern haben wir, M. de Narbonne und ich, uns überworfen, obschon es mir vielleicht auch lieb war, nicht in Ihrer Gesellschaft einen Mann zu sehen, der mich um das Glück gebracht hat, Ihrer würdig zu sein. Die näheren Umstände seiner Schwäche für Mme de Laval und seiner Undankbarkeit mir gegenüber, die Vorstellung, daß ich einen Mann, den ich lange geliebt habe, nicht mehr sehen möchte noch sehen darf, haben mir einen Schmerz zugefügt, den ich schwer verwinden kann. Indes, ich sage Ihnen das, obgleich ich mich vor Ihnen nicht zu rechtfertigen brauche, ist das Betragen M. de Narbonnes mir und auch Mathieu gegenüber derart gewesen, daß ich ihn nicht wiedersehen kann und daß Mathieu, der bei mir geblieben ist, ihn nur bei seiner Mutter treffen kann. Ach! welch ein Ende für ein Verhältnis, das von meiner Seite so voller Hingebung war! Er sagt, daß mein Gefühl für Sie an allem schuld sei, und ich schwöre Ihnen, ich hätte die freundschaftlichen Bande nie zerrissen, hätte er nicht seit Ihrer Abreise, seitdem mein Leben Ihnen gehört, als Freund alle meine Achtung verloren. Was Benj. Constant angeht, so stellt er mir nach mit einer Leidenschaft, die mir Angst einjagt. Wenn ich ihn bitte, mein Zimmer zu verlassen, rennt er sich an meinem Kamin den Schädel ein. Er wird mich, *wenn Sie nicht kommen*, ob ich will oder nicht, nach Paris begleiten. Er ist ein Verrückter mit viel Geist und ungemein häßlich, aber eben ein Verrückter, und er ist der eine Grund, M. de Narbonne der andere, weswegen ich mit Ihnen nicht in der Schweiz bleiben möchte. Doch ist mir alles gleich, wenn ich Sie nur sehe [...].[48]

7

Madame de Staël, Benjamin Constant und das Direktorium (1795-1799)

Nach dem Weggang ihrer Freunde verläßt Madame de Staël Mézery und geht nach Coppet. Im April überwacht sie den Druck mehrerer Publikationen in Lausanne, darunter *Zulma* und ihren *Essai sur les Fictions*. Am 10. Mai verläßt sie, von Constant begleitet, Coppet. Auf dem Wege nach Paris machen sie in Yverdon am Neuchâteler See halt, um Narbonne, Montmorency und anderen Freunden Lebewohl zu sagen.

Necker an seine Tochter

[Coppet, 15. Mai 1795]

Dein Fuhrmann muß morgen früh um fünf Uhr hier vorbeikommen. Diese letzte Verbindungsmöglichkeit mit Dir, bevor Du französischen Boden betrittst, ist mir wertvoll, und ich möchte Dir noch ein Wort zukommen lassen. Ich fürchte nur, es wird melancholisch ausfallen. Ich weiß nicht, ist es die Folge der Einsamkeit oder das Nahen eines unwiderruflichen Augenblicks, aber ich fühle mich nicht mehr so stark. Auch will mir scheinen, daß die Nachrichten aus Frankreich bis zum 9., wenngleich nicht eigentlich alarmierend, so doch düster sind, was meine Stimmung drückt. Ich beschwöre Dich, ohne Zögern Deinen Plan zu ändern, wenn Dir dergleichen noch mehr zu Ohren kommt, und auch noch in Besançon oder auf dem weiteren Wege umzukehren, wenn Dich irgend etwas dazu veranlaßt. Was bedeutet der kleine Effekt einer Abwechslung neben den großen Zeitumständen, von denen unsere Sicherheit wie die unseres Kindes und die Seelenruhe eines Vaters betroffen werden. Mir gefällt nicht, daß Germany, der Dich sehr lobt, von der rühmlichen und unerwarteten Rolle spricht, die Du vielleicht spielen wirst. Leider schrieb er das nach einem mit Dir geführten Gespräch, und ich fürchte, Du hast insgeheim beabsichtigt, daß man von Dir spricht. Doch wie einen solchen

Plan verwirklichen ohne ewige Unannehmlichkeiten! Erinnere Dich all der Scherereien, denen Du Dich früher ausgesetzt hast. Mäßige Deinen Ehrgeiz, bis Du in einem Lande lebst, wo Du sagen und schreiben kannst, was Du willst. Erlaube mir, M. Constant hier zu bitten, daß er Dich nicht ansporne und Dich immer wieder ermahne, vorsichtig zu sein und abzuwarten [...].

Adieu, liebe Minette, der Himmel beschütze Dich und bringe Dich wieder heil nach Hause. Denk an Deine Gesundheit und bedenke wenigstens einmal, daß sie anerkanntermaßen zu den höchsten Gütern zählt. Adieu, adieu.

Den 15. Mai. – Es kann sein, daß dieser für mich so schicksalhafte Tag,[1] an dem ich Dir schreibe, meine geistige Verfassung beeinflußt.[2]

Bei ihrer Ankunft in Paris am 25. Mai ist die Stadt wegen des Blutbads unter den Arbeitern vom 1. Prairial noch in Aufruhr.

Nach nahezu dreijähriger Abwesenheit wieder in ihrem geliebten Paris, eröffnet Madame de Staël, während Constant eine Wohnung in der Nachbarschaft nimmt, schnell wieder ihren Salon, wo sie, in ihrem Versuch, Royalisten und Republikaner zu versöhnen, die unterschiedlichsten politischen Elemente zusammenbringt. Sie diskutiert dort mit ihnen die neue Konstitution aus dem Jahre III, die auf dem Zwei-Kammer-System fußt (dem Rat der Fünfhundert und dem Rat der Ältesten), und verfolgt eifrig die Sitzungen des Konvents. Schon bald wird sie beschuldigt, in der Schweiz mit den Emigranten konspiriert zu haben und sieht sich einer böswilligen Pressekampagne ausgesetzt, was sie nötigt, sich zu verteidigen und ihre republikanischen Ansichten zu verkünden.[3]

Aufs neue vom Sog der Politik, der Zerstreuungen oder einfach der Betriebsamkeit erfaßt, korrespondiert sie mit Ribbing seltener, obschon sie ihn drängt, an der post-thermidorischen Regierung aktiv teilzunehmen. So verliebt Constant zu dieser Zeit in sie ist, kann er ihren Widerstand doch erst im kommenden Jahr brechen, als sie alle Hoffnung auf eine Verbindung mit Ribbing endgültig aufgegeben hat.

An Ribbing

Den 13. August [1795], Paris

Ja, ich glaube Ihnen jetzt. Seit einem Jahr versprechen Sie mir zu kommen, schwören Sie es. Seit zwei Briefen sind Sie aufrichtig und, was zu denken gibt, nach einem Jahr billigster Versprechungen sprechen Sie das Wort *Freiheit* aus. Ich werde Sie also nie wiedersehen, nie. Ach! Sie sagen, M. de N[arbonne] habe schuld daran. Ich liebte ihn nicht mehr, sondern Sie, es ist unmöglich, die Leidenschaft zu beschreiben, die aufopfernde Liebe, die Sie mir einflößten. Annehmlichkeiten eines Landes, eines Aufenthaltsorts machen sicher viel aus, doch mehr noch ist es, einem Herzen zu begegnen, das nicht ohne Macht ist und sich uns mit aller Kraft hingab. Adolphe, glauben Sie mir, das wog den Unterschied zwischen Dänemark und einem Land, in dem ich leben könnte, wohl auf. Ich habe Ihnen von Frankreich gesprochen, weil Sie diesem Land früher vor jedem anderen den Vorzug gaben, aber Sie wissen, daß ich mit Begeisterung in der Schweiz leben würde, wären Sie dort. Ich bin durch meine Liebe zu Ihnen so tief gesunken, daß ich noch diese letzte Bitte an Sie richte: Wollen Sie in die Schweiz reisen? Wollen Sie entweder direkt dorthin zurückkehren oder über Paris kommen, um mich mitzunehmen? Sobald Ihr Brief eintrifft, reise ich ab. Dieses Frankreich, dieses Paris, das Leben, das ich hier führen kann, auch meine Freunde, die ich hierher zurückkommen lasse, das ganze Leben ist nichts im Vergleich zu der einzigen Möglichkeit, es mir zu erhalten, indem ich Sie wiedersehe. Nur diese letzte Bitte noch, antworten Sie mir: »Ich will Sie nicht mehr sehen. Nimmer wird derjenige, der Sie in *Suhr* verlassen hat, sein Versprechen einlösen, nimmer werden seine Arme Sie an sein Herz drücken. Ihr Schicksal ist besiegelt, leben und sterben Sie alleine.« Nun denn, sagen Sie mir das und schreiben Sie mir dann nicht mehr. Ihre Schrift, die mir einst so viele Liebesschwüre aufzeichnete, die ganze Art Ihrer Briefe, Ihr Bild, all das erschüttert ein todtrauriges Herz, das am 7. September[4] zum letzten Mal Glück empfand. Ich verzeihe Ihnen. Ich war Ihrer nicht würdig. Zwanzig Mal. Sie wissen es, zwanzig Mal, bevor ich dem unwiderstehlichen Zauber erlag, den Sie seit den ersten Tagen auf mich ausübten, zwanzig Mal bin ich vor dem Unglück, das mich erwartete, zurückgebebt. Ach! wie glücklich ist doch Ihre Mutter! glücklicher noch jene, die im Grabe ruht. Es ist ein Triumph für Sie, daß eine Frau, umgeben von irdischen Glücksgütern, von Freunden, von Ehrerbietung, stirbt aus Verzweiflung, Sie nicht wiederzusehen, sei es auf den Felsen Ihres rauhen Vaterlandes, sei es am Tag, ehe man mich zum Schafott führt. Barbarischer Adolphe, schließen Sie mich von aller Hoffnung ab; ich habe ja gelebt, Du hast mich fast ein Jahr lang geliebt und ich habe diesen ganzen August[4] in Deinen Armen verbracht. Soll das Grab sich schließen! Ich habe genug gelebt. Ach! mein Gott, gäbe es einen Menschen auf der Welt, dem ich so viel Gutes tun könnte, indem ich ihn wiedersähe, indem ich diese 500 Meilen zurücklegte, wie würde ich mich hassen, wenn ich ihm das verweigerte! Hier nun die letzte Gunst, um die eine unglückliche Frau Sie bittet. Erklären Sie mir zuerst, warum Sie Ihre Versprechungen so gering achten; sagen Sie mir dann, warum Sie mich Ihre Freundin nennen, wenn Sie den Entschluß fassen, mich nie wiederzusehen; schließlich sagen Sie mir das Wort *nie!* und dies sei der letzte Brief [...]. Werden Sie, um mir das Leben zu retten, nur dem Tode Opfer bringen? [...] [5]

Fünf Tage später wird Madame de Staël von Legendre, ihrem früheren Schlachter, der Abgeordneter geworden ist, beim Konvent denunziert. Er beschuldigt sie, die Emigranten zu begünstigen und ein Komplott gegen die Republik zu schmieden. Auch wird Monsieur de Staël, der in Verhandlungen über einen schwierigen Neutralitätsvertrag zwischen seinem Land und Frankreich steht, vom Wohlfahrts-Ausschuß nahegelegt, seine Frau von Paris fernzuhalten.

Sie und Constant ziehen sich nach Ormesson bei Enghien zu Montmorency zurück, wo ihnen im August der Chevalier François de Pange (1764–1796) fast täglich einen Besuch abstattet. Ihre Bekanntschaft mit diesem Mitschüler und Freund André Chéniers reicht annähernd zehn Jahre zurück. Als liberaler Konstitutioneller hatte er die Revolution begrüßt, aber ihre Gewalttaten verurteilt, und war in die Schweiz emigriert, wo er gemeinsam mit Jaucourt nahe Neuchâtel eine Druckerei leitete. In eben dieser Druckerei wurden die *Réflexions sur la Paix intérieure* gedruckt, die auf Panges Rat hin jedoch nicht zum Verkauf kamen. Als Dichter und Publizist verfolgte er einen bemerkenswerten Plan: eine »Geschichte des Menschen« im Kontrast zu einer »Geschichte der Ereignisse«.

Beeinflußt von seinen politischen und literarischen Meinungen, von Ribbing sich lösend und noch nicht an Constant gebunden, bezeigt Madame de Staël ihm kurze Zeit eine glühende Freundschaft. In der Zeit von 1795 bis zu seinem vorzeitigen, durch Tuberkulose herbeigeführten Tod zehn Monate später, schreibt sie ihm achtzehn Briefe. Auf ihr Entgegenkommen reagierte er nicht,[6] nichtsdestoweniger bleibt er für sie »der einzige Mann, durch den ich begriffen habe, daß man ihn lieben konnte, ohne Gegenliebe zu erwarten«.

Ich bin von Ihrem Brief so verwirrt, daß ich weder weiß, wie die
Gefühle äußern noch wie sie zurückhalten, die auf Sie eine Wirkung
haben können, die dem Sehnen meiner Seele ganz konträr wäre. Was
für Worte Sie schreiben! *eine Freundschaft brechen, keine Verpflich-*
tung eingehen, nicht wissen wollen, wann Sie kommen, glauben, daß
ich hier gut aufgehoben bin. Ach! Monsieur de Pange, erfassen Sie
von der Liebe nur deren Ungerechtigkeit, deren Vergessen, deren
Unbeständigkeit? Und als ich mich damit abgefunden hatte, nicht das
erste Objekt eines Herzens wie des Ihrigen zu sein, tat ich dies denn
nicht wenigstens in der angenehmen Einbildung, daß Sie mir nie ein
Leid antun würden? [...] Sie haben nicht das Recht, mich zu quälen.
Erinnern Sie sich dessen, was Sie mir über die Freundschaft gesagt
haben. Was meinem Dasein an Leben bleibt, hängt an dieser Freundschaft; seit vier Monaten verdanke ich ihr alles, und, was noch
schmerzlicher ist, ich brauche noch alles. Ich denke nicht daran, Ihre
Unabhängigkeit zu beeinträchtigen; habe ich auch nur ausprobiert,
welche Macht ich als Frau über Sie haben könnte? Habe ich nicht
richtig geahnt, daß ich Sie lieben würde, als ich Ihnen zu gefallen
suchte, und daß ich mich dem ganzen Ernst der Freundschaft ver-
schreiben müsse, um ein Glück zu sichern, das mir Leben gibt? Ich
habe manchmal daran gedacht, mich Ihnen ganz zu weihen, doch nie
Sie mir. Derjenige, der den anderen braucht, muß sich unterwerfen;
und wie oft habe ich Ihnen nicht gesagt, daß ich keinerlei Herrschaft
über mich selbst hatte, daß allein die Bande des Herzens mir Kraft
geben konnten und daß ich zugrunde gehen würde, wenn keiner sich
um mich kümmerte. *Ihre Unabhängigkeit schmälern,* das hieße, Ihnen Vorwürfe zu machen, und ich versichere Ihnen, daß mir das in
dem Augenblick, da ich Sie wiedersehe, nicht in den Sinn kommen
wird, daß ich nicht glaube, irgendein Recht auf Sie zu haben, oder
daß es mir einfiele, mich zu beklagen. Doch wenn ich Ihnen damit,
daß ich Sie brauche, Zwang antue, werde ich Sie noch mehr zurück-
schrecken. Wenn Sie mich hier nicht sehen wollten, würde ich
Frankreich verlassen; seit ich hier bin, habe ich kein persönliches
Glück erfahren, das nicht von Ihnen herrührte. Sie wissen so gut wie
ich, was dem, was ich hier liebe, fehlt, doch was Sie nicht so gut wissen können wie ich, ist, daß Sie in den Augen eines jeden, der Sie
kennt, die Vollkommenheit selbst sind; daß Sie für mich noch etwas

Liebenswerteres sind und daß ich in Ihrer Freundschaft all das zu finden glaube, was es auf Erden an Glück für mich gibt, so Sie nur dieses Damokles-Schwert über mir hinwegnehmen.

Ich bitte Sie inständig, zu mir zu kommen oder mir in Paris, in Passy[7] nur für eine Stunde ein Zusammensein zu gewähren. Mir scheint jetzt sicher, daß ich Sie nie wiedersehen werde; ich bin davon mehr betroffen, denn überzeugt; aber Sie, dem ich so oft gesagt habe, wie sehr ich zu leiden vermag, werden Sie mir den Dienst versagen, das Verhängnis zu brechen, das Ihr Brief über mich gebracht hat? [...] Ich möchte nicht verlieren, was ich erhalten habe, diese Freundschaft ist mir *notwendig*; was tut es, wenn sie es für Sie nicht ist? Geben Sie mir von Ihrem Überfluß, was mein Leben sein wird. [...][8]

Im Vendémiaire (vom 10. bis zum 13. Oktober) kommt es zwischen den Republikanern und Royalisten zum Aufruhr. Bonaparte, von Barras, einem der fünf Mitglieder des Direktoriums, herbeigerufen, unterdrückt ihn. Davon überzeugt, daß Madame de Staël bei diesen Vorfällen eine bedeutende Rolle gespielt habe, gibt ihr der Wohlfahrts-Ausschuß zehn Tage, um Frankreich zu verlassen, doch ihr Gatte erwirkt die Aufhebung dieser Verfügung. Infolge neuer, von Legendre gegen sie vorgebrachter Beschuldigungen geht Madame de Staël für einige Zeit in die Normandie, kehrt dann aber nach Paris zurück.

Bevor sie sich nach Coppet begibt, wo sie und Constant am 1. Januar 1796 eintreffen, hatte sie in Paris während einiger Tage Ende November zum letztenmal Ribbing wiedergesehen.

Am 25. Januar kann Pange endlich Madame de Serilly heiraten, die Frau, die er liebt; eine für Madame de Staël schmerzliche Nachricht.

An Pange

Coppet, den 12. Februar 1796

Sie haben meine Antwort auf die Neuigkeit sicher erhalten, und ich danke Ihnen dafür, daß Sie ihrer bedurften. Nun, da die Art Betäubung, in die mich ein Ereignis versetzen mußte, das mich Ihretwegen so tief berührte, vorüber ist, bin ich es Ihnen schuldig, in meinem Herzen nach all dem zu forschen, was ich empfunden habe.

Mein erster Brief konnte nur Bestürzung zum Ausdruck bringen; jetzt habe ich in mein Leid Ordnung gebracht und ich kann es vor Ihnen ausbreiten. Erstens glaube ich, und as wird schon bald ein sehr lieber Gedanke sein, daß Sie für sich ganz recht getan haben, und es erscheint mir keineswegs als Inkonsequenz für Ihren Charakter. Es handelt sich nicht um Leidenschaft, also nicht um Sklaverei, und in mancher Hinsicht werden Sie an Freiheit mehr gewonnen denn verloren haben. Ich, ich hatte keinerlei Recht, mich deswegen zu grämen, wie ich Ihnen ja bereits gesagt habe, und trotzdem muß ich Ihnen gestehen, daß ich über diese Nachricht viele Tränen vergossen habe; und da sie, wenn ich Sie wiedersehe, vielleicht wiederkommen werden, wäre es sinnlos, es zu verhehlen. Ich war gewohnt, Sie für dieses Gefühl, das einzige, das ich völlig verstehe, unempfindlich zu halten, und meiner großen Verehrung und Ihres Charakters wegen nahm ich an, Sie seien ein besonderes Wesen. Heute, da ich weiß, daß Sie auch ein Mensch sind, war es mir, als hätte ich Sie verloren, als hätten Sie mich gerade so wie eine andere lieben können. Doch warum dieses Gefühl, da es doch Freundschaft war, was mich mit Ihnen verband? Ich glaube, wenn man siebenundzwanzig ist[9] und keine entschiedene Vorliebe hat, mischt man in seine Freundschaft irgend etwas Vages und Außerordentliches, was ihr Reiz verleiht; und als die Schranke gerade dort errichtet wurde, wo ich vermutete, habe ich gemerkt, wie ich zurückwich, habe ich gefühlt, daß wir uns zwar ebenso schreiben würden, doch daß es nun nicht mehr so schön wäre, zusammen zu singen. Schließlich hatte ich Kummer, was mir, wie ich glaube, wohl erlaubt ist, beziehungsweise wünschte ich, daß man mir den Kummer nähme, indem man ihn mir verbietet. Nun ist alles gesagt, Sie sehen, daß ich Sie deswegen nicht weniger lieben werde, aber Sie werden verstehen, daß ich Sie mehr geliebt habe. Es liegt mir daran, was die äußeren Lebensumstände betrifft, von Ihnen zu erfahren, ob ich Sie ebenso oft wie früher sehen werde, ob Ihre Art sich geändert hat: schließlich zeige ich Ihnen mein Gefühl; es ist an Ihnen, alles das zu sehen, was es braucht ... Ich habe Ihren Brief vor einer Viertelstunde erhalten, und es ist mir ein dringendes Bedürfnis, auf das, was mich bewegt, sofort zu antworten; diese Schwäche aus Leidenschaft hat mich viele Fehler begehen lassen; Briefe sind für mich so lebendig wie das Wort, aber bei Ihnen fürchte ich nichts; ich bin ich und Sie sind Sie; ich darf bei diesem Gedanken wieder Mut fassen. [...] Ich führe die Arbeit an dem Werk über die Leidenschaften fort, Sie werden, ich hoffe es, damit zufrieden sein; es ist viel Melancholie in dem, was ich seit meiner Abreise geschrieben habe, und infolgedessen mehr Wahres!

Sehen Sie gelegentlich M. de Ribbing? Wie denken Sie über ihn und was macht er? [...][10]

[Coppet?] 26. Februar [1796]

Heute ist es einen Monat her, daß Sie aufgehört haben, mir zu schreiben, und durch Briefe [...] erfahre ich, daß Sie Mme de V[alence][11] zugetan sind. Vor einem Monat noch schworen Sie mir, Ihr Leben hinge von meinem Gefühl für Sie ab. Vor zwei Monaten habe ich Sie verlassen, und Sie geruhen nicht einmal, mir zu schreiben, um mich wissen zu lassen, daß die Koketterie einer Frau, — und was für einer Frau? — Sie zweieinhalb Jahre der Leidenschaft und der Opfer, Ihre Schwüre, mein Vertrauen und mein Glück auf einmal haben vergessen lassen. [...] Sie gebieten meinen Freunden Schweigen. Ich fürchte, daß der Aufenthalt in Paris, wenn ich nicht dort bin, Sie langweilt, ich mache Sie bekannt mit allen, die mich lieben, und Sie machen alle abwendig von mir und liieren sich mit einer der Frauen, mit denen ich befreundet war, um mir zu meiner Verzweiflung noch den Gedanken einzugeben, daß, hätte ich nicht diese verrückte Befürchtung gehabt, Sie könnten sich in Paris nicht amüsieren, und wäre ich nicht bis ins einzelne um Ihr Glück besorgt gewesen, ich heute nicht der unglücklichste Mensch wäre, einsam, verlassen, mutterseelenallein, der alles, was er liebte, verloren hat, und auch seine Freunde. [...] Ich bitte Sie nur noch um eines: um dieses Armbands willen, um dieser Locke willen, die Sie getragen haben, um irgendeines Gefühls von Mitleid willen, schicken Sie mir einen Brief, der Milde und Wahrheit enthält. Denn dieses Schweigen ist so beleidigend, so hart! Was nur ist in mir, das Abscheu einflößt? Ich liebe Sie, ich setze mich Ihretwegen allem aus, ich denke nur an Ihr Glück, und das erste dumme Ding, das Ihnen nach einem Monat begegnet, benimmt Sie Ihrer eigenen Eindrücke und, was Ihres Charakters unwürdig ist, erreicht bei Ihnen ein Schweigen, das nicht einmal der verachtenswerteste Mensch verdiente, wenn er im mindesten darunter litte. Und ausgerechnet mir tut Adolphe diesen Schimpf an! Ach! ist Ihr Herz denn nicht das, wofür ich es gehalten habe? Ich werde nach Paris gehen. Noch vierzehn Tage, und ich bin entweder tot oder abgereist. Grausamer Mensch, genug! Du wirst nie glücklich sein, da Du Dich nicht scheust, einer anderen das Herz zu zerreißen. Antworten Sie mir. Ach Gott! wie müßte ich Sie ob so viel Leids, das Sie mir antun, hassen![12]

[...] Ihre Phantasie hat sich eine Welt geschaffen, die recht verschieden ist von jener, in der ich die meine zurückhalte, und trotzdem geben wir den Dingen, mit denen wir sie bevölkert haben, dieselben Namen. Wie über sie reden und uns verstehen? Nur ein einziges dieser Worte wage ich mit Ihnen auszusprechen: es ist das Wort *Freundschaft*. Nur ihm erkenne ich das Recht zu, mich zu begeistern, und das, seitdem Sie Ihr Bild mit ihm verknüpft haben. Doch gibt es in dieser ganzen Welt des Geistes nicht zwei Vorstellungen, die verschiedener sind als jene, die wir uns vom Glück gemacht haben. Wenn ich Ihnen sagen würde, woran ich es erkenne und worin es für mich besteht, würden Sie ob der Abgeschmacktheit meiner Schilderung den Gegenstand bald aus den Augen verlieren. Sie sehen in ihm eine große Leidenschaft, gemischt mit stürmischen Ereignissen, Aufregungen, Freuden und Opfern; es ist, kurz gesagt, um diese Aufzählung nicht zu verlängern, alles das, was die Seele anzuziehen und zu erregen vermag. Ich wünschte der meinen nur Frieden, Frieden und zärtliche Liebe, eine Freundin, die sich meiner so sicher wäre, daß sie in der Wirrnis meines Lebens nicht nach Zeichen für ihre Rechte zu suchen braucht. Auch müßte mir ihre Zuneigung das gleiche Vertrauen einflößen, und ich hätte die Wohltaten ihrer Zuneigung nicht angenommen, wären sie unter der Bedingung gegeben, daß ich fürchten müßte, sie könnten mir eines Tages fehlen.

[...] Sie bitten mich mit aller Anmut und Wärme, die Ihre Freundschaft ausstrahlt, mich Ihnen gegenüber nicht zu ändern und meine Frau zu bewegen, Sie zu lieben. Als ich mit ihr wegen der Ehe verhandelte, habe ich mit Bestimmtheit erklärt, daß an den Vorkehrungen, die ich für mein Glück bereits getroffen hatte, nichts geändert werden dürfe; Sie sehen, daß dieser Paragraph mir meine Beziehungen zu Ihnen ausbedingt. Was die Gefühle betrifft, um die Sie sie bitten wollen, haben Sie je erfolglos versucht, sie jemandem einzuflößen? [...][13]

10. März, Coppet, 1796

[...] Zum letzten Mal, wenn Sie mich nicht mehr lieben, hören Sie die Stimme des Menschen, für den Sie auf der Welt das Teuerste gewesen sind, heben Sie diesen Brief, dessen Schrift Sie einst bewegt hat, auf zur letzten Erinnerung an ein Gefühl, das sich Ihrer bemächtigte, an einen Menschen, der die Ehre hatte, den vornehmsten Charakter seines Jahrhunderts für sich zu gewinnen, und lassen Sie mich wissen, daß Sie ihn erhalten haben. Ich muß wissen, daß dieses Testament meines Herzens in Ihren Händen ist, daß Datum und Ort Ihnen manchmal gegenwärtig sein werden und daß die Tränen, mit denen ich dieses Papier benetzt habe, in Ihnen einen Augenblick lang Rührung hervorgerufen haben. [...] Wenn derselbe wahrhafte Charakter, auf den mein Vertrauen sich beruft, Sie veranlaßt, mir zu sagen, daß ich am 19. Januar aufgehört habe, die zu sein, ohne die, wie *Sie* sagten, *zu leben Ihnen unmöglich wäre*, so lernen Sie mich durch mich selbst kennen, nicht durch all das, was der Neid geflissentlich Schlechtes über einen Menschen sagt, der durch sein Unglück in mancher Hinsicht überlegen ist, es aber nicht verstanden hat, sich aus seinen Vorzügen das einzig wünschenswerte Gut zu schaffen, das Glück, denjenigen, den sie geliebt hatte, an sich zu fesseln.[14] Sie haben gesehen, was es mich gekostet hat, mit M. de Narbonne zu brechen, und vielleicht fühlt er in der traurigen Lage, in der er sich jetzt befindet,[15] besser als irgend jemand sonst, was meine große Hingabe wert war. Und dabei hatte ich das, was man Liebe nennt, diese unwiderstehliche Anziehung der Augen wie des Herzens, nie für ihn empfunden. Mit 26 Jahren[16] habe ich gegen meinen Willen, gegen alle Hindernisse, die uns im Wege standen, eine grenzen- und maßlose Zuneigung zu Ihnen gefaßt, und solange ich lebe, werden Sie den Beweis erhalten, daß dieses Gefühl nicht erloschen ist [...]. Ich habe keinen Anspruch auf Ihre Dankbarkeit, mein Gefühl beherrschte mich und nicht Sie, und ich habe nie für möglich gehalten, daß es Ihnen leichter fallen würde, ohne mich fertig zu werden, als mir ohne Sie [...]. Ich liebe Sie über alle Opfer der Welt hinaus, das meines Lebens inbegriffen, aber ich gestehe, daß Benj. sich mir nie als Adolphes Rivale gezeigt hat. Er findet viel Gefallen an meinem größten Talent, dem Geist; er nimmt Anteil an jenen literarischen Arbeiten, mit denen ich die leeren Stunden einer Frau ausfülle, und schließlich glaube ich, Ihnen gesagt zu haben (unter dem Siegel der Verschwiegenheit) und trotz des Widerwärtigen einer solchen Sache, daß seine Frau[17] als Scheidungsgrund seinen erbärmlichen Gesundheitszustand angegeben hatte. Es scheint, er ist über die Zeit der Liebe hinaus, zumindest über jene, die man erweckt [...]. Es ist beschlossen, daß ich alleine lebe, daß ich ohne Beistand in ein neues Lebensalter gehe, und daß mein leidenschaftliches und tiefes Gefühl mein Herz verzehren wird. Gott, der Zufall, was weiß ich, will, daß Frauen, die weniger taugten als ich, ihren Kopf in die Arme eines Beschützers legen und die Erinnerungen der Jugend mit dem Vertrauen des reifen Alters verschmelzen konnten, daß sie nicht wie ich ein Leben lang nur die Einsamkeit des Verlassenseins erfahren haben [...]. Adieu, Adolphe, vielleicht adieu für immer; vielleicht adieu für drei Wochen, und das Leben ist dann wieder glücklich. Was immer kommen mag, das letzte Gefühl in meinem Leben wird verbunden bleiben mit dem letzten Mal, als Sie mich an Ihr Herz drückten.[18]

Constant kehrt also im April nach Paris zurück. Als Madame de Staël ihm dorthin folgen will, erfährt sie, daß man sie heimlicher Beziehungen zu Wickham, dem englischen Gesandten in Bern, beschuldigt. Für den Fall, daß sie nach Frankreich zurückkehren sollte, hatte das Direktorium einen Haftbefehl erlassen. Andererseits wird sie von Bern als Jakobinerspitzel streng überwacht; ihr Name erscheint sogar auf einer Liste von Übeltätern. Entrüstet beruft sie sich beim Polizeidirektor in Genf auf ihre republikanische Loyalität und schickt ihrem Mann eine ultimative Erklärung.

An Monsieur de Staël

[Lausanne, den 17. Mai 1796]

Hier, mein lieber Freund, das merkwürdigste Papier, das es, glaube ich, je gegeben hat. Sie finden da unter *Dieben* den Namen Ihrer Frau [...]. Meine sofortige Reise nach Paris muß den Eindruck, den eine solche Nachricht in diesem Lande erweckt, zunichte machen.
Ich denke daher, daß Sie nicht nur in sie einwilligen, sondern daß Sie sie Ihrer Ehre wegen fordern werden. Sollte meine Gegenwart Ihre Interessen gefährden, steht Ihnen die Hälfte meines Vermögens jederzeit zur Verfügung als Entschädigung für das Opfer, das Sie unserer Ehre bringen, und trotzdem werde ich immer noch nicht glauben, Ihnen zur Genüge die Dankbarkeit zu bezeigen, die ich Ihnen schuldete.

Ich hoffe, daß meine Fürsorge Ihnen das Leben in jeder Situation glücklich machen wird, doch sollten Sie zögern, würde ich Sie auf der Stelle ersuchen, Ihnen nicht länger dadurch Schaden zuzufügen, daß ich einen Namen trage, den Sie nicht in Schutz nehmen wollen.[19]

An Monsieur de Staël

[Coppet? Mai 1796]

Es ist für Deine und meine Ehre von großer Wichtigkeit, daß ich schleunigst nach Frankreich reise [...]. Es ist das erste Mal, daß ich Dich um etwas mit solcher Dringlichkeit gebeten habe und daß ich das Schicksal unseres Lebens damit verknüpfte. Kurz, ich bitte Dich um den größtmöglichen Gefallen, um etwas, dessen Verweigerung mich zutiefst kränken würde. Du weißt, wie heftig ich auf verletzende Eindrücke reagiere. Auf nichts kommt es mir mehr an, als diese Art Triumph zu vereiteln, den mir feindlich gesinnte Aristokraten ob meiner gegenwärtigen Lage gern davontragen möchten. Gäbe es etwas, das Deine Stellung und Deine Ehre dermaßen trifft, kein Opfer wäre mir zu groß, das zu verhindern. Das gleiche erbitte ich heute von Dir im Namen Deiner Kinder, im Namen des Gefühls, das Du für mich gehabt hast, und schließlich im Namen alles dessen, was uns im Laufe unseres Lebens aneinander zu binden vermag.[20]

Staël erreicht zwar die Aufhebung des Haftbefehls gegen seine Frau, doch der Ausweisungsbefehl bleibt. So muß Madame de Staël das ganze Jahr in der Schweiz zubringen, in dem Lande, vor dem sie einen »herrlichen Abscheu« hat.
Anfang September verbringt Staël, der von seinem Posten abgelöst und auf dem Wege nach Aix-les-Bains ist, einige Tage in Coppet. Er hat finanzielle Schwierigkeiten und schuldet seinen Gläubigern über 150 Tausend Schweizer Franken, nicht gerechnet die Pension, die er seiner langjährigen Geliebten, Mademoiselle Clairon[21], ausgesetzt hat.
In der Zwischenzeit, Anfang August, war Constant aus Paris gekommen.
Einige Tage nach ihrem Abschied von Ribbing im September 1794 in Murgenthal hatte Madame de Staël bei Freunden in Greng die Bekanntschaft eines jungen Mannes von 21 Jahren gemacht. Er gefiel ihr sofort, und schon bald empfindet sie für ihn so etwas wie Liebe.
Der Graf und spätere Marquis Jean-Claude-Adrien de Mun (1773–1843), mütterlicherseits ein Enkel von Helvétius, war als Unterleutnant der schotti-

schen Leibgardisten-Kompanie zu seinem Vater in die Armee Condés gekommen, und Vater und Sohn nahmen mit Agoult am Rückzug aus der
Champagne teil. Auf Schloß Löwenberg, nahe Morat, erwirbt er sich
schnell die Freundschaft der französischen Emigranten.

Von charmantem Äußeren und großer Intelligenz, war er von der Gemahlin des Botschafters hingerissen und kam jeden Tag nach Greng, »um ihr
zuzuhören und auch, um sie zu sehen«, wie sein Freund Norvins, der erste
Biograph Napoleons, berichtet. Er nennt sie »seine schöne Göttin«, läßt
sich von ihr und Constant zu den Ideen einer parlamentarischen Monarchie
bekehren und schreibt ihr Liebesbriefe, die später vernichtet wurden;
dann, im Jahre darauf, wendet er sich von ihr ab und schenkt seine Gunst
Madame de Valence.

Trotzdem schreibt sie ihm zwischen 1796 und 1800 siebenundreißig
Briefe.

Dank ihrer Fürsprache bei Barras, Chénier und Desrenaudes[22] war es Talleyrand, den sie hier »den Kater« nennt, im Jahr zuvor erlaubt worden, aus
Amerika zurückzukehren. Er war seit März in Paris, doch sollten sie sich
erst im Frühjahr 1797 wiedersehen.

An Mun

[Coppet?] den 12. September [1796]

Können Sie daran zweifeln, mein lieber Adrien, daß ich jeden Brief
von Ihnen als wahre Wohltat empfange? Ich kenne nichts Geistvol-
leres als diese Briefe, und Sie laufen weit eher Gefahr, daß ich sie
drucken lasse, als daß ich eine solche Korrespondenz vernachlässige;
doch besteht ein so großer Unterschied in unseren Beziehungen —
was Sie mir schreiben, ist so hübsch, was ich Ihnen antworte, so fade —
daß ich manchmal zögere, mich in ein solch ungünstiges Licht zu setzen [...]. Wo Sie auch sind, lassen Sie keine Post aus, mir zu schreiben: ich beunruhige mich so leicht, und jeden Tag gewinnen Sie mein
Herz mehr. Ich habe Angst, all das zu nehmen, was Sie verlieren, Sie
wissen, daß dies meine berühmte Methode ist, wenn es sich um das
Gefühl handelt. Ich bin sehr besorgt über das, was Sie mir vom armen Kater berichten, und vor allen Dingen habe ich ungeheure
Angst, es könnte ihm einfallen, sein Kommen aufzuschieben; es ist
dies eine Schwierigkeit, an die man nicht glauben darf und der man
vor allen Dingen Trotz bieten muß [...]. Mein Mann fährt übermorgen zur Kur nach Aix; zumindest hat er mich nicht lange gelangweilt.
Er steckt bis über die Ohren in Schulden, was für mich recht arg ist,
und wenn ich Sie nicht heirate, so nicht deswegen, weil ich ihn liebe;

aber auch nicht, weil ich Sie nicht liebe, sondern weil ich für Sie keine gute Partie bin [...]. Adieu, lieber Adrien, daß Sie mich mitten in Paris noch lieben, macht Ihnen Ehre, aber vor allem macht es mir Freude![23]

An Mun

[Coppet?] den 19. September [1796]

[...] Ich werde auf Ihre Freundschaft noch viel stolzer, als ich schon war; das Gefühl ist stärker geworden, und ich könnte Ihnen vielleicht von einigen anderen erzählen; aber man soll einem Mann, der in Paris ist, nie etwas Zärtliches schreiben; es könnte ihn in einem Augenblick erreichen, da er sich gerade ausgezeichnet unterhält; und man kommt sich dann recht dumm vor. Sie, Sie können mir hierher alles schreiben, was Sie wollen, ohne die gleiche Gefahr zu laufen. Sie fragen oft nach meinem armen weißen Teufel[24], er wird in 14 Tagen bei Ihnen sein; aber seien Sie dann in Paris, ihr werdet in meinem Namen zusammenkommen und ich werde wie Jesus Christus sagen: »Wenn ihrer zwei oder drei in meinem Namen versammelt sind, werde ich mitten unter ihnen sein.« Es ist zu hoffen, daß das Direktorium nicht gegen das Evangelium kämpfen will [...]. Mein Mann ist zur Kur nach Aix abgereist; es war recht ungemütlich miteinander: für uns ist es besser, wenn man einander von ferne verbunden ist. Ich bin hier also ganz allein mit meinem Vater und dem weißen Teufel. Es ist eine schreckliche Prüfung für alle Gefühle, sich immer Auge in Auge zu sehen: man braucht Gesellschaft, um geistvoll zu sein, Gesellschaft, um sich zu lieben, Gesellschaft für alles, außer für sich ganz allein; das ist nicht so dumm, wie man meinen könnte: sobald man zu zweit ist, muß man viel mehr sein [...]. Ich war traurig, daß ich mit der letzten Post keine Briefe von Ihnen erhielt; selbst das jüngste Glück wird mir sehr schnell zur Gewohnheit; ich bin zum Glücklichsein wenig begabt. Ich habe von hier aus Ihre Aufnahme bei Ihrer Großmutter[25] miterlebt. Ich möchte doch gern wissen, was man für eine Großmutter empfindet; fast nichts, glaube ich, außer dem Vergnügen, jung genug zu sein, um eine solche Beziehung aufrechtzuerhalten. Erinnern Sie sich an den Brief, zu dem sie den weißen Teufel inspiriert hatte? [...] Adieu, lieber Adrien, mir lieber denn je, adieu.[26]

Im September hatte Madame de Staël schließlich ihren drei Jahre vorher begonnenen Traktat über *L'influence des passions sur le bonheur des nations et des individus* veröffentlicht und Constant mit mehreren Exemplaren nach Paris geschickt.

Das Werk wird mit Lob aufgenommen, und Constant kommt im Dezember mit der Ankündigung zurück, daß die Regierung ihr gestatte, acht Bannmeilen von der Hauptstadt Wohnung zu nehmen. Er selbst hat gerade Hérivaux gekauft, eine alte Abtei nahe Luzarches, ungefähr zehn Meilen nordwestlich von Paris, die als Nationaleigentum für 34 000 Francs versteigert wurde, wovon Necker ihm einen Teil geliehen hatte. Dort arbeitet Constant, unter Mitwirkung seiner Freundin, an seinem Buch *Des réactions politiques*, einer glänzenden Darlegung seiner liberalen Haltung und, nach Madame de Staël, »das bedeutendste Werk, das in unserer Sprache erschienen ist«. Die republikanische Gesinnung beider geht hervor aus ihrem Brief an Roederer, den sie zu Taten anspornen will.

Der Publizist Pierre-Louis Graf Roederer (1754–1835), Deputierter des Dritten Standes in den Generalständen, 1791 General-Prokurator und Syndikus des Departements Seine, dann Mitglied der konstituierenden Versammlung, ein Freund ihrer Eltern und seit 1790 auch der ihre, versuchte ebenfalls, den König zu retten. Bei der Proskription der Girondisten tauchte er bis zum Sturz Robespierres unter.

1794 wird er Miteigentümer des *Journal de Paris,* an dem auch M.-J. Chénier und Pange mitarbeiten, und im Jahr darauf gründet er das *Journal d'Économie politique et morale.* Dann tritt er ins Institut de France ein, entgeht den Proskriptionen des 18. Fructidor und spielt eine bedeutende Rolle beim Staatsstreich vom 18. Brumaire. Von da an steht er zu Bonaparte. Er wird Staatsrat, Präsident der Sektion für Inneres, Direktor des Unterrichts-Ministeriums und Senatsmitglied, fällt aber dann beim Ersten Konsul in leichte Ungnade. Später wird er in den Grafenstand erhoben. 1806 ernennt ihn König Joseph zum Finanzminister in Neapel, und nach einer Inspektionsreise durch Spanien verwaltet er das Großherzogtum Berg. Da er im Jahr zuvor anläßlich ihrer *Réflexions sur la Paix* für sie eingetreten war, erhofft sich Madame de Staël für ihr neues Werk von ihm eine günstige Kritik, die ihrer Rückkehr nach Paris förderlich sein könnte. Statt dessen kritisiert er dessen Inhalt und findet den Stil dunkel und unrein, wiewohl er ihrer Liebe zur Republik beistimmt. Sie ist ihm deshalb jedoch nicht gram und sieht ihn nach dem 18. Fructidor bei Montmorency in Ormesson. Später, im Jahre 1800, greift er Constant an, und von 1802 an betrachtet er Madame de Staël als Intrigantin und bezeichnet *Delphine* als ein unmoralisches Buch. Obgleich die Taktlosigkeit Roederers eine gewisse Kühle zwischen ihnen schafft, schätzt sie ihn nicht weniger; es ist sogar möglich, daß er ihr bei Napoleon als Mittelsmann diente. Sie sehen sich nochmals 1808 in Lausanne und 1809 in Lyon. Zwischen 1795 und 1800 schreibt sie ihm 32 Briefe, deren Antworten uns fehlen.

An Roederer

[...] Ich bin, glaube ich, weder der Liebling der Republikener noch des Direktoriums; aber ist Ihnen nicht klar, daß, wenn Sie sie verlieren, Sie selber verloren sind? Ich weiß so gut wie Sie, daß [...] es ihnen an Einsicht und Kenntnis fehlt [...] Sie könnten sie aufklären; [...] sie sind oft ungerecht [...], Sie könnten ihnen den rechten Weg zeigen [...]. Was ist besser, diejenigen, denen man alles voraus hat, oder diejenigen, die über Sie erhaben zu sein glauben? Es ist manchmal gefährlich bei den Republikanern, doch die anderen überhäufen Sie mit Verachtung [...]. Wollen Sie sich einzig und allein dem Schreiben widmen, bis die Gegenrevolution die Zeitungen und die Pressefreiheit vernichtet? [...] Wenn man nicht gerade freudig aufgenommen, aber doch gelitten werden will, ist nichts von so sicherem Erfolg, wie die Republikaner zu unterstützen. Man steht an ihrer Spitze [...]. Die anderen beargwöhnen die Aufklärung [...] und haben keine ihrer mannigfachen Vorurteile aufgegeben. Nicht eine gemäßigte Monarchie sieht man auf die Republik folgen, sondern eine Monarchie, die despotischer ist als die von 1788, weil es in der Masse des Dritten Standes gegen sie keine Opposition mehr gibt. Die Republikaner sind nicht liebenswürdig, [...] doch ist es wichtig, wie sie sind, wenn die Freiheit von allen Seiten zugrunde gerichtet wird? [...] Gefahr droht nur von seiten der Aristokratie, da herrscht ewiger Haß, da herrschen Zustände, die sich nicht mehr ändern werden, wenn sie sich erst einmal eingebürgert haben, und da werden alle Menschen Ihrer Gesinnung moralisch vernichtet in einem Ausmaß, daß ich für meinen Teil keine physische Gefahr kenne, die ich dem nicht vorziehen würde [...].[27]

An Meister

[Hérivaux,] 22. April 1797

Mein Vater versichert mir, daß Sie so gütig sind, an mich zu denken. Ich bin bis jetzt so verfemt, so einsam gewesen, daß ich vor mir selbst in Grund und Boden versank. Nach den Wahlen werde ich nach Paris zurückgehen, und dann werde ich meine Briefe Ihrer etwas würdiger erachten, sollten Sie nicht selber in ein Land kommen, das gegenwärtig viel aristokratischer ist als Sie.

Goethe hat mir, im allerprächtigsten Einband, einen Roman von sich geschickt mit dem Titel *Williams [sic] Meister*. Da er in deutsch war, konnte ich nur den Einband bewundern (Benjamin versichert, unter uns, daß ich reicher bedacht bin als er, der ihn gelesen hat). Aber Sie müßten so gütig sein und Goethe von mir einen sehr schönen Dank zukommen lassen, der über meine Unkenntnis einen Schleier wirft und viel von meiner Dankbarkeit und von meiner Bewunderung für den Autor des Werther zum Ausdruck bringt. Haben Sie das Buch von Benjamin[28] gelesen? Haß und Liebe finden es viel ausgezeichneter als das erste;[29] ich hätte gern gewußt, wie Sie es beurteilen.

Aber haben Sie denn nicht genug von Ihrer Züricher Republik, und sind Sie nicht neugierig, in [...] eine demokratische Republik zu kommen, wo man riskiert, gesteinigt zu werden, wenn man kein Aristokrat ist; ein philosophisches System, wo das Bekenntnis zum abergläubischsten Katholizismus zu allem dienlich ist, usw. Ohne die Armeen gäbe es keine Hoffnung mehr für die Republik, und ich möchte ein Buch so beginnen: *Die Gegenrevolution ist beendet, Ludwig XVIII. herrscht; bleibt dahingestellt, ob die beiden Räte und das Direktorium geschickt genug werden konspirieren können, um ihn zu entthronen.* Sie spüren, daß mein Patriotismus sehr verstimmt über all dies ist. Die Republik verbannt mich; die Gegenrevolution hängt mich; ich brauche einen Mittelweg, der in Frankreich jedoch immer nur so kurze Zeit gangbar ist, daß er kaum noch als Übergang von einem Exzeß zum anderen dient [...].[30]

Madame de Staëls Beziehung zu Benjamin Constant (1767–1830) besteht, wie wir gesehen haben, schon seit über zwei Jahren, doch intim wird sie wahrscheinlich erst 1796. Dieser komplexe und widersprüchliche Mensch, wunderlich und unberechenbar, überspannt und hypernervös, kam in Lausanne zur Welt und heiratete zweimal eine Deutsche, doch bedeuten ihm seine Liebesverhältnisse mehr als seine Ehen, und von seinen Geliebten zählt in seinem Leben nur eine: Madame de Staël. Fünfzehn Jahre lang, also von 1794 bis 1809, stöhnt er unter ihrem Joch, und als er seine Freiheit wiedererlangt, beseufzt er seine Unabhängigkeit von ihr. Sie ist die einzige Frau, die er wirklich geliebt hat, die einzige, der er sich wirklich hingegeben hat und die seinem Geist Nahrung gab. Diese beiden Wesen, die sich so oft streiten und doch so gut kennen und verstehen, brechen gegen 1809 mehr oder weniger miteinander und sehen sich zwischen 1811 und 1814, der Zeit, da Constant für Juliette Récamier[31] schwärmt, nicht mehr. Die Jahre vergehen, die Gefühle ändern sich, der Zauber schwindet. Dennoch wird Constant dem Andenken an die Dame von Coppet bis zu seinem Tode treu bleiben.

Er suchte nicht den literarischen Erfolg, vielmehr strebte er eine politische Karriere an. Zu diesem Zweck erwirbt er 1795 die französische Staatsbürgerschaft und will Führer einer Partei werden, was ihm während des Direktoriums allerdings mißlingt. 1800 wird Bonaparte überredet, Constant zum Tribunen zu ernennen, doch als allzu liberal wird er zwei Jahre später aus dem Tribunat ausgeschlossen. Er muß sich wieder der Literatur zuwenden, in diesem Fall seinem Werk über die Religionen, das er 1785 begonnen hatte und dem er größere Bedeutung beimißt als all seinen anderen Schriften. 1811 verläßt er die Schweiz und geht nach Deutschland, wo die Zeitumstände ihn wieder zur Politik führen. Er ergreift Partei für Bernadotte und veröffentlicht *Esprit de conquête*, sein wohl vollkommenstes und bedeutendstes politisches Werk. 1815 erliegt er der Versuchung, in der Politik eine aktive Rolle zu spielen, als Napoleon ihm während der Hundert Tage freundliches Entgegenkommen zeigt und ihn beauftragt, die Zusatzakte zur Verfassung des Kaiserreichs auszuarbeiten und ihn zum Staatsrat ernennt. Nach der Rückkehr Ludwigs XVIII. geht Constant nach England, wo er *Adolphe* veröffentlicht, und kommt im September 1816 zurück. Von dieser Zeit an leistet er das meiste, er wird Abgeordneter, einer der gefürchtetsten Redner der Kammer, Theoretiker der liberalen Partei und des parlamentarischen Systems in Frankreich. Die Pariser bereiten ihm ein imposantes Staatsbegräbnis.

Von der Korrespondenz der beiden sind uns nur etwa vierzig Briefe von Madame de Staël, vorwiegend aus der Zeit von 1812 bis 1816, und zwei Billets von Constant erhalten.

Wahrscheinlich damals, während ihres Aufenthalts in Hérivaux, zwingt Madame de Staël ihm das folgende Versprechen ab, vergleichbar jenem Schlegels von 1803.[32]

Constant an Madame de Staël

[Hérivaux? April? 1797]

Wir versprechen, uns gegenseitig unser Leben zu widmen, wir erklären, daß wir uns als unlöslich verbunden betrachten, daß unser Schicksal in jeder Hinsicht für immer ein gemeinsames ist, daß wir nie irgendeine andere Bindung eingehen werden und daß wir jene, die uns verbunden sind, wieder in die Arme schließen werden, sobald uns das möglich ist.

Ich erkläre, daß ich dieses Versprechen aus tiefstem Herzen gebe, daß ich nichts auf Erden kenne, was so liebenswert ist wie Madame de Staël, daß ich in den vier Monaten, die ich mit ihr verbracht habe, der glücklichste Mensch gewesen bin und daß ich es als das größte Glück meines Lebens betrachte, ihre Jugend glücklich machen zu dürfen, langsam mit ihr zu altern und das Ende zu erwarten mit dem Menschen, der mich versteht und ohne den es auf dieser Erde keinen Sinn für mich mehr gäbe.

Benjamin Constant.[33]

Im Mai zieht Madame de Staël wieder in die Rue du Bac, wo am 8. Juni ihre Tochter Albertine zur Welt kommt, die vielleicht die Frucht ihrer Liebschaft mit Constant ist. Monsieur de Staël führte sich, wie sie Montmorency anvertraute, »gut« auf bei dieser Gelegenheit, »ohne lebhafte Gefühlsäußerung, aber mit Anteilnahme und Fürsorge«.

Ihre Beziehungen zu dem General und Marquis Marie-Joseph de La Fayette (1757–1834) datieren aus den Anfangszeiten der Revolution. In jener Zeit war sie ihm wegen seiner Gegnerschaft zu Necker wenig hold. Gustav III. beschrieb sie ihn damals als seiner Aufgabe nicht gewachsen, beherrscht von Schmeichlern, unfähig und unsicher, wobei sie über ihn und Bailly, den Bürgermeister von Paris, sagte: »Diese Herren sind wie der Regenbogen; sie zeigen sich immer erst nach dem Gewitter.«

Später ändert sich ihr Verhalten, und sie bemüht sich sehr um seine Freilassung. Doch vergeblich, er muß den Vertrag von Campo Formio im Oktober 1797 und Bonapartes Intervention abwarten. In ihren *Considérations sur la Révolution française* lobt sie dann seine Selbstlosigkeit, seinen Enthusiasmus, seine Festigkeit in der Gesinnung, der Washingtons ähnlich, die Kühnheit seiner Gedanken und Taten, seinen echt republikanischen Geist und findet seinen Charakter eher englisch als französisch. Nach Madame de Staëls Tode befreundet er sich mit ihrer Tochter.

Zur Zeit dieses Briefes lebte er in der Emigration bei Plön in Holstein.

Vierzehn Briefe von La Fayette an Madame de Staël sind uns bekannt, doch nur ein Brief von ihr an La Fayette; er bezieht sich auf die erste Nachricht von seiner bevorstehenden Freilassung:

An La Fayette   [Paris,] 20. Juni 1797

Ich hoffe, dieser Brief erreicht Sie. Ich möchte eine der ersten sein, die Ihnen von all den Gefühlen der Empörung, des Schmerzes, der Hoffnung, der Angst, der Beunruhigung und der Entmutigung spricht, mit denen Ihr Los während dieser fünf Jahre das Herz all jener erfüllt hat, die Sie lieben. Ich weiß nicht, ob es möglich ist, Ihnen Ihre qualvollen Erinnerungen erträglich zu machen. Ich wage Ihnen jedoch zu sagen, während die Verleumdung jeden um Ruf und Ehre gebracht hat und die Parteien sich an Einzelpersonen hängten, weil sie in der Sache nicht siegen konnten, hat Ihr Unglück Ihren Ruhm nicht beeinträchtigt, und wenn Sie sich erholen können, steigen Sie ganz unversehrt aus dem Grab, wo Ihr Name neuen Glanz bekommen hat. Kommen Sie direkt nach Frankreich; es gibt für Sie kein anderes Vaterland. Sie werden dort die Republik finden, die Ihre Überzeugung herbeiwünschte, als Ihr Gewissen Sie dem Königtum verpflichtete. Sie werden sie durch Sieg berühmt und frei von den Verbrechen finden, die ihren Anfang besudelt haben. Sie werden sie unterstützen, weil es Freiheit in Frankreich nur noch geben kann durch sie, und weil Sie als Held wie als Märtyrer mit der Freiheit so eins geworden sind, daß ich ohne Unterschied Ihren Namen und das Wort Freiheit ausspreche, um auszudrücken, was ich für Frankreichs Ehre und Glück ersehne.

Kommen Sie nach Frankreich; Sie werden dort Freunde finden, die Ihnen ergeben sind, und lassen Sie mich hoffen, daß meine ständige Besorgnis um Sie, meine vergeblichen Bemühungen, Ihnen dienlich zu sein, mir etwas Anspruch auf ein wenig Anteilnahme Ihrerseits geben.[34]

Während des Sommers 1797 greift Madame de Staël auf seiten der Republikaner wieder aktiv in die Politik ein, sie spielt eine wichtige Rolle bei den Intrigen, die gegen die royalistische Mehrheit zum 18. Fructidor (4. September) führen. Ihr größter Beitrag ist – wiederum durch Barras' Vermittlung – Talleyrands Ernennung zum Minister des Äußeren. Um den Sieg der Republikaner zu stützen, will man sich der Hilfe der Armee versichern, und vielleicht auf den Rat von Madame de Staël wenden sich Barras und Rewbell an Bonaparte, der noch in Italien ist. Dieser entsendet Augereau an seiner Statt. Kaum ist die Aufregung abgeklungen, übt man Vergeltung an den royalistischen Gegnern, unter denen sich zwei der fünf Direktoren und mehrere Freunde von Madame de Staël befinden (wie Suard, der, von ihr gewarnt, entkommen konnte, Du Pont de Nemours und Jordan), die sie alle zu retten versucht, womit sie sich erneut in Opposition begibt. Befragt, welche Rolle seine Freundin bei dem Staatsstreich gespielt habe, soll Talleyrand geantwortet haben: »Sie hat den 18., aber nicht den 19. zustande gebracht«, eine Anspielung auf den Wunsch Madame de Staëls, die Royalisten zu stürzen, ohne erneuten Terror heraufzubeschwören.

Am 6. Dezember, auf einem von Talleyrand ihm zu Ehren gegebenen Empfang im Auswärtigen Amt, sieht Madame de Staël den Helden Bonaparte zum erstenmal. Sie trifft ihn in diesem Monat noch mehrere Male und wird ihm am 3. Januar 1798 vorgestellt. Während er ihr keine große Aufmerksamkeit schenkt, vergleicht ihn die Frau Botschafterin in ihrer Begeisterung mit »Scipio und Tankred, die schlichten Tugenden des einen mit den glänzenden Taten des anderen vereinend«. In *Jean de Witt*, einer unveröffentlicht gebliebenen Tragödie aus dieser Zeit, nimmt sie für ihren Protagonisten den General zum Vorbild. Später wird sie ihn den »Robespierre zu Pferde« nennen.

Indessen gelüstete Bonaparte für seinen bevorstehenden Ägypten-Feldzug nach dem Golde von Bern, und er schlug dem Direktorium vor, das Waadtland mit Hilfe französischer Truppen von der Berner »Tyrannenherrschaft« zu befreien. Madame de Staël, in Sorge um die Schweiz, wendet sich an ihren Freund Barras, um diesen Plan zu verhindern, der möglicherweise auch die Streichung ihrer Lehensrente, deren Zahlung in Frankreich seit der Revolution eingestellt worden war, zur Folge gehabt hätte. Aber Barras kann an der Unternehmung nichts ändern, und Madame de Staël kehrt in aller Eile nach Coppet zurück, von wo sie ihm den folgenden Brief schickt.

Der charmante Vicomte Paul de Barras (1755–1829), provenzalischer Edelmann und ehemaliges Konventsmitglied, hatte zum Sturz Robespierres beigetragen. Eben noch ein leidenschaftlicher Jakobiner, nun ein bestechlicher Krypto-Monarchist, verderbt und korrupt, war er nach dem Staatsstreich vom 13. Vendémiaire einer der fünf Direktoren geworden und hatte sich schnell zu ihrem offiziösen Präsidenten aufgeworfen. Er führte auf dem Schloß von Grosbois ein großes Haus und lebte damals mit Madame Tallien, der Nachfolgerin von Joséphine de Beauharnais, die Bonapartes Gemahlin geworden war. Der Erste Konsul wendet sich am 18. Brumaire von ihm ab, und seine politische Karriere findet so ihr Ende.

Der einzige aus dem ersten Kreis der Direktoren, der Madame de Staël nicht feind ist, »hatte in ihren Augen das Prestige eines Mannes der einstigen Gesellschaft bewahrt. Sie gab sich Barras gegenüber Täuschungen hin und wollte in ihm einen Retter sehen.«[35] Er ermöglichte 1796 die Rückkehr der Staëls nach Frankreich, wofür sie ihm dankbar bleibt, und sie stellte ihm Talleyrand vor, als dieser aus dem Exil zurückkehrte.

Hier nun einer der uns bekannten vier Briefe, die sie zwischen 1796 und 1799 an ihn schreibt.

An Barras   Coppet, 3. Pluviose im Jahre vi [22. Januar 1798]

Hier meine Bittschrift an den Bürger Präsidenten, doch möge mir gestattet sein, von meiner Situation vertrauensvoll zu dem Manne zu sprechen, dem ich sowohl meine Aufenthaltsmöglichkeit in Frankreich als auch einige Hoffnung auf Ruhe und Auskommen in der Zukunft verdanke. Fünfzehntausend Mann französischer Truppen umschließen unser armes kleines Land, und man droht uns jeden Augenblick mit ihrer Invasion. Dieser Ort liegt der Grenze am nächsten und dort, eine Viertelmeile von der Armee, habe ich meine Kinder und meinen Vater. Was will das Direktorium eigentlich von uns? Änderungen in der Konstitution des Waadtlandes? Die werden gemacht, die werden Tatsache; die Anwesenheit der Heeresmacht jedoch zerstört sowohl alle Freiheit bei den Beratungen als auch jede Kaltblütigkeit; man macht sich keine Vorstellung von der Verzweiflung fast der gesamten Bevölkerung; ihr Land produziert nicht die Hälfte des Getreides, das für ihre Ernährung benötigt wird, und wenn man sie vom deutschen Teil der Schweiz abtrennt, verlieren sie alle ihre Unterhaltsmittel. Ihr Land ist feucht und morastig, seine Bebauung deswegen schwierig, und sie sind außerstande, Abgaben zu leisten. Die Schweiz, sagte Montesquieu in *Esprit des lois*, die Schweiz zahlt der Natur mehr als jedes andere Land seiner Regierung. Sie sind protestantischen Glaubens, sie leben auf dem Lande im Schoße ihrer Familie, es gibt keine Sitten, die denen der Franzosen entgegengesetzter sind. Dreiundeinhalb Viertel des Landes bitten nur um die eine Gnade, daß das Direktorium die Truppen abziehe, sie werden innerhalb ihrer Grenzen tun, was immer Sie verlangen, doch sie zittern davor, Kriegsschauplatz zu werden. Die Waadtländer werden sich dem Einmarsch der Franzosen sicher nicht entgegenstellen, doch die Deutschschweizer werden vielleicht in ihren Bergen Widerstand leisten, und in diesem Land, dessen Frieden und Ruhe nichts gleichkam, wird schreckliches Unheil geschehen. Erfordern die Anschläge Roms und Englands von Ihnen nicht all Ihre Kraft? Die Schweiz ist zwei Jahre lang Frankreichs einzige Verbündete gewesen, das einzige Tor, durch das es versorgt wurde, als Europa sich gegen Frankreich verbündet hatte. Robespierre selber verschonte die Schweiz aus Dankbarkeit. Ach! nicht Sie, Barras, sind es, der die Schwachen unterdrückt und auf die Mächtigen Rücksicht nimmt, und daß ich bei Ihnen für uns Hoffnung habe, gründet sich auf unseren gänzlichen Mangel an Mitteln und Macht.

[...] Adieu, mein lieber Barras, ich bin recht traurig und Ihr gutes Herz wird das verstehen. Ich bange um meinen Vater, um meine Kinder, und Sie erinnern sich gewiß des Zustands, in dem ich mich vor dem 18. Fructidor befand, als ich für Sie und Benjamin Constant fürchtete. Ein einziger Gedanke beruhigt mich etwas, nämlich Ihre

Freundschaft zu mir. Mit ihr beruhige ich meinen Vater; ich sage ihm, daß Sie Menschen, die sich unter Ihren Schutz stellten, noch nie im Stich gelassen haben, und nächst der Vorsehung, die, so hoffe ich, jene behütet, die in ihrem ganzen Leben nie jemandem etwas zuleide getan haben, vertraue ich Ihnen, hochherziger Barras, meinen Vater, meine Kinder und meine Habe an — und dieses arme Land und mich selber.[36]

Fünf Tage später, am 27. Januar, fallen die französischen Truppen in die Schweiz ein. Bern ergibt sich am 5. Februar, und Ende April wird Genf zu Frankreich geschlagen. Die Befürchtung Madame de Staëls ist jedoch unbegründet, die Familie hat unter den Eindringlingen nicht zu leiden.
Im April 1798 erhält Monsieur de Staël dank Talleyrands Vorstellungen bei der schwedischen Regierung sein Botschafteramt zurück, verliert es im August infolge einer Meinungsänderung seines Souveräns jedoch wieder. Vom Regenten im November kurzfristig wieder eingesetzt, wird er im Dezember endgültig abberufen.
Da schickt er seiner Frau eine letzte Mitteilung, die einzige, die vom Briefwechsel mit ihr veröffentlicht ist; »[...] Dieses Unglück ist nicht das größte, das mir widerfahren ist, und es hätte diese ehrliche Bezeichnung nicht einmal verdient, wenn ich nicht seit langem auf das einzige Glück hätte verzichten müssen, das ein vernunftbegabtes Wesen und ein empfindsames Herz sich wünschen kann: das Glück, das eine zärtliche und vertraute Ehegemeinschaft zu schenken vermag [...].«[37]
Necker schickt ihm 18 000 Francs, damit er nach Schweden zurückkehren kann, doch geplagt von seinen Gläubigern und beherrscht von seiner anspruchsvollen Geliebten, verläßt Staël die Rue de Grenelle, wohin er und seine Frau umgezogen waren, nimmt eine bescheidene Wohnung an der Place de la Révolution[38] und verschwindet aus dem Leben seiner Frau.
Diese hatte das Jahr 1798 in der Schweiz verbracht, ausgenommen einen Sommer- und Herbst-Aufenthalt in Saint-Ouen und in Paris. Dort begegnet ihr, anläßlich des Verkaufs eines Hauses ihres Vaters an den Bankier Récamier, dessen Frau Juliette.
Die wenigen Briefe von 1798 berichten uns kaum nähere Einzelheiten über ihr Leben in diesem Jahr. Wie jene aus dem Jahr 1797 wurden die meisten von Necker vor dem Einmarsch der französischen Truppen verbrannt. »Nichts von dem, was sie veröffentlicht hat«, schreibt Bonstetten später, »gemahnte an den Geist, die Kraft und die Eloquenz jenes vertraulichen Briefwechsels mit ihrem Vater.«
Am 1. Januar 1799 nimmt sie für sechs Wochen Wohnung in Genf, wo sie oft mit ihrer Cousine Albertine Necker de Saussure zusammenkommt, auf deren Namen sie ihre Tochter getauft hatte. Constant kommt für einige

Zeit zu ihr und stellt sich, nachdem Genf Frankreich angegliedert ist, dort den Wahlen.

Im April kehrt Madame de Staël nach Paris zurück, was immer noch heimlich zu geschehen hat.

In der Zwischenzeit hatte Joseph Bonaparte ihr mitgeteilt, daß sein Bruder in Ägypten nach der Abhandlung über die *Passions* verlangte, und sie teilt sogleich diese Nachricht ihrem Vater mit.

Necker an seine Tochter

Coppet, 4. Mai 1799

Nun also stehst Du am Nil in Ruhm. Alexander der Mazedonier ließ von allen Ecken der Welt Philosophen und Sophisten kommen, um sie anzuhören; der korsische Alexander tritt, um Zeit zu sparen, in Verbindung nur mit dem Geist von Mme de Staël. *Er versteht seine Sache* [...].[39]

Im Juli aufs neue aus Paris ausgewiesen und nach Coppet zurückgekehrt, liest Madame de Staël das Tagebuch von Ramel, das sie veranlaßt, an Garat zu schreiben, um die Begnadigung der beiden anderen Opfer des Fructidor zu erwirken.

Sie kennt den Grafen Dominique-Joseph Garat (1749–1833) wahrscheinlich seit 1789, als er bei den Generalständen Abgeordneter des Baskenlandes war. Advokat in Bordeaux, lehrt er zuerst am Pariser Athenäum, dann an der École Normale. Im Oktober 1792 Justizminister, 1793 Innenminister, billigt er die September-Massaker. Damit beauftragt, dem König sein Urteil zu verkünden, versucht er, ihm die letzten Augenblicke zu erleichtern. Der Nachsicht und Schwäche beschuldigt, gelingt es ihm, sich mit Robespierres Hilfe zu rechtfertigen, doch läßt er diesen am 9. Thermidor im Stich.

Als dieser Brief geschrieben wurde, der einzige von Madame de Staël an ihn, der bis heute bekannt ist, saß er im Ältestenrat. Bald darauf – am 18. Brumaire – wird er plötzlich ein glühender Bewunderer Bonapartes, der ihn ins Institut de France berufen läßt und ihm den Grafentitel verleiht. Unter seinen zahlreichen Werken befinden sich *Mémoires sur la Révolution* und *Mémoires sur la vie de Suard*. Madame de Staël erachtet ihn als einen der besten Schriftsteller, als »den geistreichsten Mann Frankreichs« und sieht ihm seine wenig feste Gesinnung nach. Als er unter der Restauration aus der Akademie ausgestoßen und verfolgt wird, nimmt Madame de Staël ihn wiederholt in Schutz.

Coppet, den 23. Thermidor
[11. August 1799] Canton Léman

[...] Die Vergangenheit ist unwiederbringlich und kann nur betrauert werden, aber ist es möglich, den Gedanken zu ertragen, daß zwei Unglückliche, Lafond-Ladebat und Barbé-Marbois[40] noch in Guyana sind [...]? Kein Mensch verdient die unglaubliche Marter eines unbewohnbaren Landstrichs [...]. Welchen Grund gibt es für eine solche Ungerechtigkeit, für eine so große Unmenschlichkeit? Muß man zur Grausamkeit revolutionärer Maßnahmen die Willkür der Könige hinzufügen und, wo schon so viele Menschen so hart geschlagen sind, dem blinden Zufall noch zwei Opfer preisgeben, die ob ihrer Standhaftigkeit und Ergebung im Gegenteil besondere Anteilnahme verdienten? Es hängt von den Direktoren ab, Marbois und Ladebat zu erlauben, nach Oléron zurückzukommen; erwirken Sie von ihnen diese Gerechtigkeit. Denken Sie bei dieser glühenden Hitze nicht mit Schmerz daran, was diese Unglücklichen am Äquator und bei den Insekten aller Art ausstehen müssen? Verdienten wir je Mitleid, wenn dieses Bild uns nicht verfolgte? Am Schluß Ihres schönen Werkes[41] baten Sie darum, man möge Sie unter einen schönen Himmel versetzen, wo Sie denken und fühlen könnten. Schenken Sie diesen Unglücklichen also eine Luft, in der sie atmen können, eine Luft, die nicht den Tod mit sich bringt. Man sorgt sich um Billaud de Varenne[42], man will ihn zu uns zurückholen, und diese beiden Männer, denen man nur politische Meinungen vorwerfen kann, die man ihnen unterstellt, diese Männer finden keinen Verteidiger [...]. Man muß Franzose sein, man muß außerstande sein, seine Bindung an dieses Land zu verwerfen, um nach Entschuldigungen und Erklärungen für das Schweigen zu suchen, das die Räte über solche Abscheulichkeiten bewahren. Ich bitte Sie, mein lieber Garat, schenken Sie sich diese gute Tat. Lassen Sie diese beiden Unglücklichen zurückkehren. Im Laufe Ihres Lebens wird Ihnen die Erinnerung daran eine treue und liebe Gesellschafterin sein [...]. Jeder Beweis von Mut eines guten Menschen macht ihm die nächste Mühe leichter, weil er seine Kraft vergrößert. Zu Anfang der Revolution war das revolutionäre Geschehen stärker als die Menschen; doch heute, wenn sie es wollen, sind die Menschen stärker als das Geschehen [...].[43]

[...] Er[44] versetzt mich in die Lage, Ihnen heute eine große Neuigkeit zu berichten: Genf schießt Salut wegen der Ankunft Bonapartes in Fréjus und in Lyon, wo er am 12. mit Berthier[45] durchgekommen ist. Zudem heißt es, daß er mit tausend Mann seiner Armee an Land gegangen sei und daß er mit der Hohen Pforte Frieden geschlossen habe. Wie dem auch sei, es ist ein großes Ereignis, und dieser Mann ist überdies eine Armee wert. Um seines Glücks willen darf man diese Republik nicht bekämpfen; sein Schicksal ist unbesiegbar [...].[46]

Adélaide (Adèle-) Anne-Louise Piscatory, Comtesse und spätere Marquise de Pastoret (1765–1843), 1787 aus Marseille, ihrer Geburtsstadt, nach Paris gekommen, lernt Madame de Staël dort kennen und schließt mit ihr Freundschaft. Sie hatte den Sproß einer alten Familie geheiratet, einen scharfsinnigen Opportunisten, der ein ungewöhnlich bewegtes Leben führte.

Als seine Frau nach dem Fructidor mit ihrem kleinen Kind in Paris blieb, erbot sich Madame de Staël, sie bei sich aufzunehmen, doch diese lehnt das Angebot ab. Von 1802 an, nachdem ihr Mann aus dem Exil zurückgekehrt ist, unterhält sie in Fleury bei Meudon einen vornehmen Salon, in dem unter anderen der englische Nationalökonom Edgeworth und seine Tochter Maria verkehren.[47] Gleichermaßen ihres Geistes wie ihrer Schönheit und ihrer Wohltätigkeit wegen berühmt, gründet sie in Paris für die Kinder berufstätiger Mütter den ersten Kinderhort, der, von den Edgeworth' bewundert, für die Londoner Einrichtungen als Vorbild dienen wird.

Als überzeugte Royalisten werfen die Pastorets Madame de Staël ihre Mitschuld am 18. Fructidor vor; sie dagegen macht »den unerbittlichen Gatten« für die Gefühlskälte seiner Gattin ihr gegenüber verantwortlich. Adèle, eine Frau von Geist, hatte sich durch die Marter der Revolution hindurch die Freude am Träumen bewahrt und soll, wie Madame de Staël berichtet, gesagt haben, Paris sei der Ort auf der Welt, wo man das Glück am ehesten entbehren könne.

Madame de Staël schreibt ihr zwischen 1797 und 1803 siebzehn Briefe, doch ist uns von den Antworten ihrer Freundin keine erhalten.

An Madame de Pastoret [Coppet? Herbst 1799]

Seit einem Monat grolle ich Ihnen, Madame Adèle, ich wollte, daß diese Stimmung, bevor ich Ihnen schreibe, vorbeiginge, doch da sie nicht vorbeigeht, muß ich sie äußern. Warum sagen Sie mir, Sie würden mich lieben, wäre mein Leben nicht so bewegt und glanzvoll? Was ist daran bewegt? Einige Verleumdungen. Was hat es an Glanz? Daß ich zwei Drittel meines Lebens auf einem einsamen Schloß verbringe. Was könnten da erst meine Feinde sagen, wäre es ihnen gegeben, sich Ihrer milden Ausdrucksweise zu bedienen und mir Geist und Gutherzigkeit zuzugestehen? Ist das eine Vorliebe, wie sie mein Gefühl für Sie verdient? Ich habe immer nur einen Grund gefunden, Sie nicht zu lieben, und der war, daß Sie mich nicht liebten. Kein anderer ist mir in den Sinn gekommen oder kommt mir heute in den Sinn. Man meint, immer etwas von dem glauben zu müssen, was die Feinde sagen. Man hält sich für gerecht, wenn man Abstriche macht, doch wenn zufällig nichts Wahres daran war, wäre es dennoch eine Ungerechtigkeit. Zu einer bestimmten Zeit meines Lebens war ich sehr damit beschäftigt, Hilfe zu leisten, doch seit drei Jahren, was tue ich anderes, als mich, wenn ich angegriffen werde, zu verteidigen und drei Viertel meines Lebens alleine zu leben? Wenn das noch ein *bewegtes und glanzvolles Leben* genannt werden kann, weiß ich außer dem Grabe nichts, was einem still genug erscheinen mag, um mich dort in Ruhe zu wähnen. Ich antworte Ihnen so heftig, weil ich Sie äußerst hochschätze und weil es mir unerträglich ist zu sehen, wie sich in Ihrer reinen Seele die Vorurteile dieses oder jenes Menschen spiegeln und es mir schmerzlich ist, in derjenigen, die ich liebe, die Meinungen wiederzufinden, die ich nicht liebe. Nun gut, mein Ärger ist jetzt ausgesprochen, reden wir nicht mehr darüber [...]. Meine Arbeit macht Fortschritte, und ich kann wohl sagen, daß es eine Arbeit ist, wenn ich an all das denke, was ich studiert habe.[48] Vielleicht werden Sie mir, wenn Sie sie gelesen haben, ganz wohlgesinnt sein. Das wäre die Zeit wohl wert, die ich darauf verwendet habe. Ich wollte, Bücher verhülfen zu einem gewissen Glücksgefühl. Welcher Wetteifer entstünde bei einem solchen Ziel! Was haben Sie zu Don Carlos[49] gesagt? [...] Wieviel Schönheit gibt es in diesem Stück, Schönheit von der Art, die zu erreichen sich nicht lernen läßt, die man in sich haben oder auf die man verzichten muß [...]. Adieu, Madame Adèle, ich bin sicher, Sie werden meinen Groll richtig zu beurteilen wissen und ihn jeder anderen Freundschaftsbezeigung vorziehen.[50]

Opposition gegen Bonaparte: Beginn des Exils
(1800-1803)

Mit zunehmender Bewunderung für Bonaparte kehrt Madame de Staël nach Paris zurück, auch diesmal wieder ohne Genehmigung, und erreicht die Stadt am Vorabend des 18. Brumaire (9. November). Bei der allgemeinen Erregung bleibt ihre Ankunft unbemerkt.

In wenigen Wochen blüht ihr Salon wieder auf. Die neue Konstitution des Jahres VIII, geschaffen von Sieyès, der auch den Staatsstreich organisiert hatte, wird von Bonaparte ausgehöhlt.

Dank Madame de Staëls Einfluß auf Napoleons Bruder Joseph wird Constant am Weihnachtsabend ins Tribunat berufen, das zwar das Recht hat, Gesetze zu diskutieren, aber nicht, sie zu beantragen. In seiner Antrittsrede am 5. Januar 1800 beschuldigt er die Regierung, »uns die Gesetzesvorlagen im Fluge einzureichen, in der Hoffnung, daß wir sie nicht werden erfassen können«, und er verkündet, daß es ohne ein unabhängiges Tribunat »nur Knechtschaft und Schweigen« gäbe, »ein Schweigen, das ganz Europa hören würde«.

Bonaparte pariert schnell und heftig, und die Presse verschafft ihm Widerhall, indem sie ihre Angriffe vor allem gegen Madame de Staël richtet. »Es ist nicht Ihre Schuld, daß Sie häßlich sind, aber es ist Ihre Schuld, wenn Sie intrigant sind«, schreibt das *Journal des Hommes libres,* ein Blatt jakobinischer Richtung, »Sie kennen den Weg in die Schweiz. Nehmen Sie Ihren Benjamin mit, daß er seine Talente im Schweizer Senat erprobe«. Fouché[1] rät ihr, sich nach Saint-Ouen zurückzuziehen. Auch die royalistische Emigranten-Presse verschont sie nicht. Es ist der Beginn eines zwölfjährigen Krieges zwischen ihr und Napoleon. Aufgeschreckt wendet sie sich erneut an Roederer, dessen Zeitung Constant ebenfalls angegriffen hatte.

An Roederer [Saint-Ouen,] Den 19. Nivôse
[im Jahre VIII, 9. Januar 1800]

Ich beschwöre Sie, Roederer, erklären Sie mir doch, was seit drei Tagen vor sich geht! Dieses Toben, dieses Wüten gegen Benjamin! Dieses *Journal des Hommes libres*, das sich gegen mich nur richtet, weil ich die Freundin eines Mannes bin, der über eine Verfahrensfrage eine freie Rede gehalten hat! Sind wir zurückgekehrt zu all der Raserei, zu all der Intoleranz der schrecklichsten Zeiten der Revolution, bricht sie wieder aus, indem sie erklärte Freunde der Regierung in Verzweiflung stürzt? Ist eine schlichte Meinung ein Verbrechen nicht nur bei Benjamin, sondern auch bei mir, die ich mit seiner Rede sicher nichts zu tun habe und die ihn liebt, ohne ihn zu dirigieren? Ich bin mehr verwundert und bestürzt, als ich je gewesen bin. Ist es das, was Sie mir versprochen haben? Ich muß mich mit Ihnen aussprechen. Sie hatten meine Freundschaft, als Sie im Unglück waren; ich konnte nicht glauben, ich gestehe es, daß ich meinerseits verfolgt werden würde, als ich sah, daß jene meiner Freunde höhere Ämter bekleideten, die von mir immer nur Beweise stetiger und tiefer Zuneigung erhalten haben. *Ich rechnete mit Ihnen als Beschützer, und ich höre, daß Sie es sind, den Bonaparte als den angegeben hat, der ihm berichtet habe, was bei mir angeblich gesagt wird.* Diese Hetze ist wirklich närrisch! Wo werden Sie Menschen finden, die mehr als wir daran interessiert sind, daß die Jakobiner nicht an die Macht kommen? Welche Frau hat sich von Bonaparte *zu jeder Zeit* so begeistert gezeigt wie ich? Welchen Zweck verfolgen diese Hetzereien gegen einige freie Äußerungen, und wie viele allzu starke Drohungen zwei Tage vorher haben möglicherweise gewirkt, weil edle Herzen nun einmal so sind? Heißt regieren, seine Freunde seinen Feinden einzureihen, wenn offenbar ist, daß nichts ihren Absichten, ihren Anliegen und ihren Neigungen mehr widerspricht? Liegt all diese Intoleranz in Ihrem Wesen? Läßt sie sich mit Ihrer Bildung vereinbaren? Wachen Sie auf und hören Sie mich an. Bin ich nicht länger ein gutherziger, großzügiger Mensch? Bin ich nicht länger diejenige, die Sie zwei Jahre lang geliebt und in Schutz genommen hat? Ist Benjamin nicht derjenige, der, als erster der Freunde von Sieyès, Sie mit ihm zusammengebracht hat? Hat es sich in der Revolution eingebürgert, daß derjenige, der als erster ans Ziel kommt, versuchen muß, den zu verderben, der ihm als erster die Hand gereicht hat? Die Sitten der Freundschaft, der Gesellschaft, der Güte, gelten sie nicht mehr? Muß man einzig danach trachten, einander zu stürzen? Doch dann wird es an Mitteln und Wegen, dem anderen Abbruch zu tun, nicht fehlen: heute Sie, morgen ein anderer [. . .].[2]

Daraufhin versucht Madame de Staël, von der Gesellschaft geächtet, vergeblich, eine Unterredung mit dem Ersten Konsul zu erwirken, um ihn von ihrer Unschuld zu überzeugen. Seine Indignation wird nur noch größer, als er sich am 19. März, wahrscheinlich durch einen Verleumder Madame de Staëls unterrichtet, Joseph gegenüber äußert und sie tadelt, ihren Mann in der Not im Stich gelassen zu haben, während sie selber all jene Vorteile genoß, die Vermögen und Ansehen ihr boten.

Im April vollendet und veröffentlicht Madame de Staël ein neues Werk, *De la littérature considérée dans ses rapports avec les idées sociales*, dessen einer Teil Goethes *Werther* gewidmet ist.

Sie hatte von ihm schon als Kind gehört; Grimm sprach im Salon ihrer Mutter über ihn, und später hatte sie, wie jedermann, über *Werther* Tränen vergossen. Was Goethe betrifft, weiß er von ihr bereits seit 1789 dank dem Erfolg, den ihr Buch über Rousseau in Deutschland hatte. Dann, 1796, hatte Meister ihm ihren *Essai sur les fictions* geschickt, aus dem Auszüge, von Goethe selbst übersetzt, in der von Schiller herausgegebenen Zeitschrift *Die Horen* erschienen. Ebenso schätzte er sehr *De l'influence des Passions* und trug sich mit dem Gedanken, einige Passagen daraus zu veröffentlichen, doch sollte dieser Plan scheitern. Indes werden sie sich erst Ende 1803 begegnen.

Im persönlichen Umgang wollen sich ihre unterschiedlichen Naturen nicht besonders vertragen; sie schätzen einander deswegen nicht minder hoch, und jeder weiß das Genie des anderen anzuerkennen.[3] Goethe rühmt ihr Buch *De l'Allemagne*, das auch eine ausführliche Analyse der Werke des Meisters von Weimar und der ersten Übersetzung der wichtigsten Szenen aus dem *Faust* enthält.

Zwischen 1800 und 1811 richtet sie etwa zwanzig Billets und Briefe an ihn, und Goethe antwortet ihr mindestens dreimal.

An Goethe

[Paris, 29. April 1800]

M. de Humboldt[4] will es sich angelegen sein lassen, Monsieur, Ihnen meine Arbeit zu schicken; in dem Kapitel über die deutsche Literatur werden Sie eine Huldigung finden, die ich Ihnen jedesmal, wenn ich schreibe, erweisen möchte, denn unter Ihren zahlreichen Bewunderern gibt es, glaube ich, keinen, der Ihr Werk mit größerer Begeisterung aufnimmt als ich. Die Lektüre des Werther hat in meinem Leben Epoche gemacht wie ein persönliches Ereignis, und dieses Buch zusammen mit der Nouvelle Héloïse sind meiner Ansicht nach die beiden Meisterwerke der Literatur. Seit zwei Monaten lerne ich Deutsch, um Sie im Original zu lesen. Meine Huldigung, Monsieur, wird dann würdiger sein, Sie meiner aufrichtigen Gefühle zu versichern, mit denen ich die Ehre habe, Ihre alleruntertänigste Dienerin zu sein.

Necker Staël de Holstein.

Paris, den 9. Floréal im Jahre 8.[5]

Am 7. Mai kehrt Madame de Staël in die Schweiz zurück. Am Vorabend ihrer Ankunft hatte Necker in Genf eine zweistündige Unterredung mit Bonaparte, der auf dem Wege nach Italien war, um bei ihm für seine Tochter ein gutes Wort einzulegen. Dieser verspricht, daß sie ihren Wohnsitz in Paris nehmen dürfe, vorausgesetzt, sie führe sich dort gut auf. Er soll sich auch beifällig über *De la Littérature* geäußert haben.

Im Winter war Madame de Staël in Paris dem Philosophen Joseph-Marie de Gérando (1772–1842), der im Kaiserreich später Baron wurde, und seiner Frau begegnet, und sie hatte dem jungen Paar für einige Jahre ihr Haus in Saint-Ouen vermietet.

Madame de Staël nannte ihn den *Guten.* »Seine Güte«, sagt Sainte-Beuve, »war sozusagen seine Funktion; er wandte sie indessen etwas zu unterschiedslos in allgemeiner Menschenliebe an.« Necker war völlig einverstanden mit der Freundschaft seiner Tochter zu Gérando; sie würdigte dessen Kenntnis der nordischen Geisteswelt, schätzte ihn als Mann sehr hoch[6] und folgte bei *De l'Allemagne* seinem Rat, wenn es um philosophische und ästhetische Fragen ging. Zwischen 1800 und 1815 schreibt sie dem Paar ungefähr 36 Briefe, die inzwischen veröffentlicht wurden.

An Gérando

Coppet, 29. Floréal im Jahre IX [19. Mai 1800]

Ich habe im *Citoyen français*, mein lieber Gérando, einen sehr liebenswürdigen und höchst geistvollen Auszug aus dem Buch entdeckt, das ich gerade veröffentlichte.[7] Ich habe Sie dafür in Verdacht, überall hätte ich herausgefunden, daß Sie dahinterstecken [...].

Hier bin ich also, am Fuß dieser Berge, um die Sie mich beneiden; die ganze Reservearmee ist über sie hinweggezogen, und ich glaube wirklich an Erfolge, ebenso schnell wie ihr Marschtempo. Bonaparte ist zu meinem Vater freundlich gewesen, und in seinen Reden sogar zu mir. Jedem in diesem Lande ist etwas benommen zumute.

Mein Vater ist wohlauf, er will Ihr Werk[8] lesen, das er sich hat kommen lassen, und ahnt schon Ihr ganzes Wesen; mein älterer Sohn ist bereits ein rechter Mann, obgleich er knapp zehn Jahre zählt, und meine kleine Tochter ist sehr anmutig. Ich will versuchen, wieder Interessen, Beschäftigungen zu finden, doch ich fürchte, daß der Quell meines inneren Lebens versiegt ist.

Ist mein Landhaus immer noch hübsch?[9] Ich bin beruhigt, daß ich Sie dort weiß. Mein Vater will dieses Jahr nicht verkaufen; so genießen Sie es, solange Sie sich dort wohlfühlen [...].

Wissen Sie, ob Laharpe[10], Fontanes[11] oder andere mein Werk besprochen haben und was sie darüber sagten? Wollen Sie sich erkundigen, warum *Le Publiciste* keinen Auszug gebracht hat? ... Und was sagt Roederer? Ich kann es neben dem Lob meines Vaters hören. Kurz, berichten Sie mir ausführlich über alles, was Sie in Erfahrung bringen können. Einsame wie wir leben von Tatsachen, und mein Vater und ich, die wir nicht so ländlich sind wie Sie, wir sind begierig auf Anekdoten, selbst angesichts des Mont-Blanc [...].[12]

An Meister

Coppet, den 20. Mai [1800]

[...] Haben Sie der Neugier, den Helden zu sehen, widerstehen können? Er wird Italien von neuem erobern und ein zweites Mal den Frieden in Campo Formio unterzeichnen: heißt das nicht, Geschichte machen? Doch ich halte an mich, ich will unseren Gesprächen nicht vorgreifen; um Sie zu verlocken, möchte ich mysteriös und geheimnisvoll erscheinen [...].[13]

An Madame de Pastoret

[Coppet] Den 20. Prairial [9. Juni 1800]

Beachtete ich nur die äußeren Umstände, ich würde an meinem teuersten Wunsch verzweifeln: an der Hoffnung, eines Tages ganz mit Ihnen zu leben, und da Sie die Pariserin sind, die meinem Geist und meinem Herzen am meisten vonnöten ist, müßte ich am Ende nicht bekommen, wonach ich so sehr verlange? In der Zwischenzeit lassen Sie mich Ihnen schreiben, der unerbittliche Gemahl kann darin kein politisches Übel sehen. Ich habe mit dieser widerwärtigen Politik Schluß gemacht. Ich schreibe einen Roman[14] und sammle Stoff für eine Tragödie, kurz, ich schaffe mir eine literarische Karriere, die umgekehrt verläuft wie die üblichen. Ich habe mit allgemeinen Ideen begonnen, jetzt mache ich mich an Werke der Phantasie. Danach werden wir sehen, was aus mir wird. Der Aufenthalt des Ersten Konsuls in diesem Lande hat uns stark bewegt. Ich traf erst nach seiner Abreise hier ein, aber mein Vater hat ihn getroffen und war darüber sehr froh. Ich hoffe, daß dieses Gespräch ihn bestimmen wird, nach dem Frieden nach St. Ouen zu kommen, und obgleich er ihm bestimmt kein Wort über sein Geld gesagt hat,[15] muß er sich doch einmal darum bekümmern. Seine Gesundheit ist besser denn je, gottlob. Sie werden etwas Seltenes feststellen, Sie werden finden, daß seine Fähigkeiten noch gewachsen sind. Mein älterer Sohn hat mich um Nachricht von Amédée[16] gebeten. Ich nehme ihn diesen Winter zu ihm mit; unter Kindern gibt es keinen Fructidor, nicht wahr? Er ist recht gelehrt, mein Sohn, sogar pedantisch. Ich warne Amédée davor, aber das wird sich geben. Die Kinder sind voller Staunen über all das, was sie wissen, bis sie darüber erstaunen, was alles sie nicht wissen. Meine Tochter läßt sich mit kleinen Winken erziehen: das ist bei weitem bequemer [...]. Wenn man sich an die Kinder wendet, darf man ihnen nicht sagen, was alle großen Leute seit langem wissen, sondern muß ihnen Neues erzählen, das sie verstehen können. Ausdruck und Empfindung müssen das, was man für Kinder bestimmt, neu beleben, man macht ihnen mit dem, was uns langweilt, kein Vergnügen [...]. Ich habe über mein Werk zwanzig höchst schmeichelhafte Briefe aus der Schweiz und aus Genf erhalten. Beurteilt M. de Vaines[17] mein Buch immer noch nach dem Inhaltsverzeichnis? Wollen Sie, daß ich Ihnen sage, welchen Weg seine auf die Kapitelüberschriften gegründete Meinung gegangen ist? Er hat sie Talleyrand gesagt, der hat sie dem Ersten Konsul gesagt und der meinem Vater, mit viel Elogen übrigens (dies unter uns), und unter all diesen Richtern war nicht einer, der das Buch gelesen hat [...].[18]

Madame de Staël verbringt in Coppet einen ruhigen Sommer, unterbrochen von einigen Besuchen zusammen mit Constant in Genf und Lausanne.

Gérando an Madame de Staël

[Saint-Ouen?] 14. August [1800]

...Wenn ich Sie einen Roman schreiben sehe, muß ich an Jean-Jacques denken, der versuchte, bei der Konzeption einer imaginären

Welt der Erinnerung an die Welt, die er gesehen hatte, zu entsagen. Ich befürchte nur, daß Sie, wenn Sie sich Menschen erschaffen, die Ihnen mehr zusagen als die von heute, allzu oft zur Erde hinabsteigen und sich wieder Ihren Enttäuschungen und Leiden gegenüber sehen, wovon man Sie hätte abhalten müssen. Schaffen Sie eine Gesellschaft, in der Freunde treu, Feinde großmütig und alle Menschen aufrichtig sind, wo man in Sicherheit lebt, wo der Einklang der Herzen geistige Harmonie stiftet, wo die Philosophie ohne Skeptizismus auftritt, die Religion ohne Intoleranz, der Geist ohne Spottsucht und die Gelehrsamkeit ohne Pedanterie. Sie werden auch sich selber in dieser neuen Gesellschaft wiederfinden, aber sie werden sich geehrt, geliebt und von wahren Freunden umgeben sehen. Ich wünsche mir in ihr einen Platz nur unter jenen, die Ihnen am aufrichtigsten ergeben sind. Vertrauen Sie mir nicht den Schlüssel zu dieser Galerie an, denn ich könnte vielleicht etwas schwierig sein im Hinblick auf jene, die Ihnen dorthin folgen möchten [...].[19]

Der Ton der drei folgenden Briefe mit ihren Reminiszenzen an Narbonne verrät ein Gefühl der Melancholie und Enttäuschung. Demnach wären die Tage des Glücks mit Constant längst vergangen. Der schreibt zu dieser Zeit in sein Tagebuch: »Immer verfolgt von Vorwürfen, immer von Germaines Stimmung abhängig, nie bin ich selbst der Steuermann meines Lebens!«

An Gérando

[Coppet,] 17. August [1800]

Es wäre mir unerträglich, mein lieber Gérando, Sie diesen Winter in Paris nicht wiederzusehen. Wenn ich mein Denken auf diese Zukunft richten will, muß ich mir sagen dürfen, daß Ihre Freundschaft sich zu jener Mathieus gesellen wird, um meine Vorstellung zu beruhigen, und dürfte ich diese Hoffnung nicht hegen, ginge ich in diese neuerlichen sechs Monate mit weit größerer Furcht... Sie sagen mir, daß Sie mir lange Briefe schreiben, und Sie berichten mir nicht ein Tausendstel von jenen Details, um die ich Sie bitten wollte. Ich möchte Sie vor allem nach M. de Narbonne fragen. Wie steht er mit Talleyrand? Wie steht er mit seiner Freundin[20]? Wie, glauben Sie, steht er mit mir? Was hat er Ihnen über mein Werk gesagt? etc. Mein Herz beschäftigt sich immer noch mit seinen Gefühlen für mich [...].

Ich lerne Deutsch, wie Sie, in Stuttgart[21], und wie Sie schreibe ich einen Roman, aber aus der Vorstellung heraus [...].[22] Die Schweiz hat einen 18. Brumaire gehabt, mit den Formen eines 18. Fructidor; doch wenn man uns eine Bundesregierung gibt, wird das eine sehr gute Lösung sein [...].[23]

An Madame de Pastoret

[Coppet?] Den 10. September [1800]

Ich möchte nicht, daß Sie mich völlig vergessen. Ich denke oft an Sie, doch mit wehem Herzen. Mich dünkt, Sie liebten mich genug, um den Mut aufzubringen, mich mehr zu lieben. Mich dünkt, ich hätte ein so gutes Verhältnis zu Ihnen, daß Sie mir einige Fehler nachsehen müßten. Kurz, ich habe das Gefühl, daß, wären Sie in meiner Lage und ich in der Ihren, keine Macht der Welt mich gehindert hätte, Ihnen zu zeigen, daß ich Sie allen Frauen Frankreichs vorziehe, doch es ist nun einmal mein Los, mehr zu lieben, als man mich liebt. Bei allen Gefühlen, ausgenommen die Liebe, hat mein Herz mehr gegeben, als es empfing. Sei's drum, es muß sich auch bei Ihnen damit abfinden. Diese meine seelische Verfassung macht mich etwas hochmütig, doch sie schmerzt mich nicht [...]. Ich brauche noch Jahre, um mein Herz ganz zurückzudrängen. Ich schreibe weiter an meinem Roman; es ist eine Geschichte geworden vom Schicksal der Frauen, dargestellt in mancherlei Hinsicht. Ich glaube, er wird Sie interessieren. Ich habe die Arbeit daran einen Monat unterbrochen, um in der zweiten Auflage auf Fontanes zu antworten,[24] und ich habe mir alles verboten, was nach direkter Absicht aussehen könnte. Es ist jedoch ein Jammer, wenn man geradeso wie ein anderer die Begabung zum Spott besitzt und sich durch diese vermaledeite Würde der Frauen dazu verurteilt sieht, daß man sich dieses Talents nicht bedienen darf. Mir scheint, als wäre Frausein das, was den meisten Spott auf sich zieht und am wenigsten erlaubt, ihn abzuwehren. Man ist da wie die [...],[25] um Schläge einzustecken und nie welche zurückzugeben. Sei's. Es wird in meinem Roman davon nicht einmal die Rede sein, denn der Beruf der Schriftstellerin ist so selten, daß es sich nicht lohnt, darauf den Blick des Moralisten zu werfen. Neben dem Roman lerne ich immer noch Deutsch und unterrichte immer noch Latein, doch da diese Beschäftigungen die Phantasie etwas dämpfen könnten, mache ich Musik und finde in einer Melodie oft die Stimmung, die man beschreiben muß. Diese Welt der Empfindsamkeit und Phantasie ist bisweilen recht wohltuend. Mag sein, daß uns solch träumerische Impressionen auf ein anderes Leben vorbereiten. Es müßte schön sein zu sterben, wenn die Seele solchen Aufschwung nimmt, daß ihr nicht mehr Einhalt geboten werden kann [...].[26]

An Gérando

[Coppet,] 8. Oktober [1800]

[...] Ich bin ob des Eindrucks, den die Schlechtigkeit der Menschen auf Sie macht, nicht verwundert; bedenken Sie, was ich, die ich mich ihr so aussetzte, darunter gelitten habe. Sie fragen mich, ob Sie mich glücklicher wiedersehen werden; ich kann es Ihnen nicht versprechen, denn ich bin zu der Auffassung gekommen, daß Leiden der gewöhnliche Zustand des Menschen ist, und ich lebe mit einem Leid im Herzen wie andere mit einem physischen Gebrechen [...]. Ach! glauben Sie, daß sich das Herz von dem, was mir zugestoßen ist, je wieder erholen wird? Die drei Männer, die ich seit meinem neunzehnten oder zwanzigsten Lebensjahr am meisten liebte, waren N[arbonne], T[alleyrand] und M[athieu de Montmorency]. Der erste ist eine Gestalt voller Anmut, der zweite besitzt nicht einmal mehr Gestalt und der dritte ist in all seinem Charme verdorben, wiewohl seine bewundernswerten Eigenschaften ihm bleiben. Ich habe neue Freunde, die mir sehr teuer sind, doch die Vergangenheit scheint vor allem dazu angetan, Phantasie und Gefühl zu erschüttern. Die Gegenwart, die man noch bitterer beklagen sollte als die Vergangenheit, vermag die Spuren nicht zu verwischen. Ich überlasse diese fast metaphysische Betrachtung Ihnen, der Sie ein so genauer Beobachter seelischer Vorgänge sind und Augen haben, die besser nach innen als nach außen sehen [...]. Sie glauben an den Frieden, ich will mich mit Ihnen dieser Hoffnung hingeben, doch ich sehe hier politische Entwicklungen, die düsterer sind [...].[27]

Anfang Dezember ist Madame de Staël wieder in Paris und verbringt den Winter in Geselligkeit in ihrem Salon und gelegentlich in Mortefontaine bei Joseph Bonaparte, wo, wie sie sagte, »die Schafe mit den Wölfen weiden« und wo sie Passagen aus *Atala*, dem Buch des ihr noch unbekannten Chateaubriand, vorliest. Sie verkehrt auch häufig bei erst kürzlich aus Deutschland zurückgekehrten Emigranten wie Jordan und Gérando und lernt durch Brinkmann, den schwedischen Geschäftsträger, mehrere distinguierte Mitglieder der deutschen Kolonie kennen. In diesem Winter sieht sie bei Kriegsminister Berthier zum letzten Mal Bonaparte.

Die Beziehungen Madame de Staëls zu Joseph (1768–1844), dem älteren Bruder des Ersten Konsuls, reichen zurück ins vorangegangene Jahr, als er sie auf Bonapartes Ersuchen gefragt hatte, warum sie sich nicht der Regierung anschlösse; was immer sie wünsche, und sei es die Rückerstattung des Depositums ihres Vaters oder die Erlaubnis, sich in Paris aufzuhalten, der Erste Konsul würde es ihr gewähren. Darauf hatte sie geantwortet: »Mein Gott, es handelt sich nicht um das, was ich möchte, sondern um das, was ich denke.«

Philosoph auf seine Art, eine noble und elegante Erscheinung, wußte Joseph, wie seine Brüder Napoleon und Lucien, wenn ihm der Sinn danach stand, die Feder zu führen. Madame de Staël hatte *Moina* sehr gern gelesen. Im Laufe der folgenden Jahre, zumal bei ihrem Kampf gegen Bonaparte in den Jahren 1801 und 1802, bittet sie ihren »lieben Joseph« oft um Schutz und Rat, nicht ohne ihm ein wenig zu schmeicheln und gleichzeitig den berühmten Bruder mit Schonung zu behandeln. Ihr wohlgesinnt, legt er oft bei Bonaparte für sie ein gutes Wort ein.

Zu diesem Zeitpunkt war er wegen des Friedensvertrags von Amiens auf dem Kongreß von Lunéville.

Später König von Neapel und von Spanien, geht er nach Waterloo in die Vereinigten Staaten, wo er sich beinahe fünfundzwanzig Jahre aufhält. Ihre Korrespondenz, die veröffentlicht ist, zählt über vierzig zwischen 1800 und 1815 verfaßte Briefe, darunter mehrere Antworten von Joseph.

An Joseph Bonaparte

Paris, den 7. Nivôse [28. Dezember 1800]

Ich bin in Paris und habe weder Leid noch Freud, denn Sie sind nicht da. Ich hatte meine Abreise um sechs Wochen verschoben in der Hoffnung, zu Ihrer Rückkehr anzukommen; ich weiß jetzt nicht mehr, wann Sie Lunéville verlassen werden, und ich sehe keine Möglichkeit, dorthin zu kommen; auf der Reise nach Paris war ich Lunéville auf dreißig Meilen nahe; ich hatte nicht den Mut, diesen Schritt zu wagen, doch meine Gedanken und mein Herz waren bei Ihnen: ob Sie es wohl gefühlt haben? Spüren Sie manchmal, daß meine Gedanken bei Ihnen sind und daß ich die Dinge des Lebens nur noch im Zusammenhang mit Ihnen sehe? Als die abscheuliche Explosion vom 3.[28] erfolgte, war meine erste Reaktion, an die Gefahr zu denken, der

Sie möglicherweise ausgesetzt waren, und ich mache mir nie Gedanken über die Stellung Ihres Bruders, ohne Sie im Sinn zu haben. Dieses gräßliche Ereignis ist vielleicht eine der markantesten Schicksalsfügungen; alle Leute aus dem Volke gehen sich das Unheil in der Rue Saint-Nicaise ansehen, und diese Nation, die den Gefahren ihrer Regierung gegenüber vielleicht gleichgültig geblieben wäre, ist entrüstet über die Schurken, die das Leben so vieler namenloser Menschen gefährden, um einen großen Mann zu töten. Alle Welt ist der Meinung, daß Bonaparte nie eine so *allgemeine* Anteilnahme erweckt hat; was er zu Kellermann[29] sagte, der ihn zu einer Rache mit Waffengewalt aufforderte, war sehr schön. *»General«*, hat er ihm erwidert, *»ein General, der Angst hat, ist ein Feigling, ein Beamter, der sich fürchtet, wird zum Tyrannen…«.* Diese Antwort ist um so rühmlicher, als man ihn auf alle mögliche Weise reizt, das Maß zu überschreiten, was er, ohne daß irgendeine Gefahr bestünde, heute auch könnte: die Zukunft aber gehört der Mäßigung.

[…] Die Fonds sind höher denn je, die Geschäftsleute völlig zufrieden, und es hat seit dem 18. Brumaire nicht einen Augenblick gegeben, in dem die Regierung in der öffentlichen Meinung größeres Ansehen genoß […].

Adieu, mein lieber Joseph; wenn Sie wollen, daß ich Ihnen die Neuigkeiten aus Paris berichte, werde ich für vier Briefe mit einem Wort des Gedenkens zufrieden sein; zumindest besteht dieses Verhältnis zwischen Ihrer Freundschaft zu mir und der meinen für Sie, die viermal, vielleicht hundertmal größer ist […]. Ich werde Ihnen, sobald ich Sie wiedersehe, einen langen Vortrag halten, um Ihnen zu beweisen, daß man sich nur Menschen von schwärmerischem Geist und Gefühl anschließen soll. Das einzig Aufregende in der Liebe ist der Überschwang der Gefühle, und in der Liebe wie in der Freundschaft sind Sie dazu ausersehen, einem eine tiefe und bleibende Ergebenheit einzuflößen […].[30]

Constant, dazu gebracht, über die neue Rechtskonzeption Bonapartes zu reden, der die Terroristen der Rechten zu dem Zweck amnestiert hatte, sich mit den Royalisten zu versöhnen, erhebt seine Stimme gegen die Schaffung von Sondergerichten. Bonaparte verliert alles Vertrauen in ihn, prangert »die Sarkasmen und aberwitzigen Unterstellungen von zwölf oder fünfzehn nebulösen Metaphysikern« an, verbietet mehrere Zeitungen, verweist andere Jakobiner des Landes und warnt Madame de Staël davor, Constant noch länger aufzuhetzen.

Paris, den 11. Germinal [1. April 1801]

Obgleich Sie sich über meine Vorliebe für das Stadtleben mokiert haben, gestehe ich Ihnen, daß ich Mortfontaine zu jeder Stunde vermisse und daß ich bei diesem herrlichen Sonnenschein fortwährend denke, ich könnte mit Ihnen in Ihren schönen Gärten spazierengehen. Sie müssen mir schon gestatten, daß deren größter Zauber für mich Ihre Gegenwart ist. Wollen Sie Mme Julie[31] für die Freundlichkeit, die sie mir erwiesen hat, danken? Ich habe mich bei ihr fast augenblicklich wohl gefühlt; ich habe gespürt, daß sie mir gewogen war; seien Sie beide glücklich. Was mich betrifft, mir ist es nicht mehr beschieden. Der Erste Konsul hat meinen Brief an Le Brun[32] bereitwillig gelesen; er hat ihn sogar behalten, um ihn noch einmal in Ruhe zu lesen, wie er sagte. Sie wissen, daß von so vielen Anlässen, die ich habe, auf seine Gunst Wert zu legen, das Wichtigste für mich der Einfluß ist, den seine Meinung auf die Ihre ausüben könnte.

[...] Man glaubt allgemein an Verhandlungen mit England; die Fonds sind ob dieser Hoffnung um 4 Prozent gestiegen; aller Augen richten sich auf Sie als Unterhändler. Verbringen Sie also einige Tage in Paris; der Friede mit England muß Ihr Werk sein, unbedingt; so angenehm Ihr gegenwärtiges Leben auch ist, die Zeit wird kommen, da Sie sich nach dem Ruhm sehnen werden, wenn Sie ihn sich bei all Ihren Fähigkeiten jetzt entgehen lassen. Wenn Sie am 6. in Paris sind, kommen Sie mit Mme Julie zu mir zum Diner, M. de Cobenzl[33] soll da sein, und dieser M. de Narbonne, den geliebt zu haben Sie mich bezichtigen, und Berthier, der die schöne Italienerin[34] von ganzem Herzen liebt [...]. Am 5. ist Ostern; ich werde den ganzen Morgen in meiner Ketzerkirche verbringen, und ich werde Gott um Ihre Freundschaft bitten: Sie müssen mir sagen, ob Sie die Wirkung meiner Gebete gespürt haben [...].[35]

Seit einiger Zeit erhält Madame de Staël aus New York Briefe von einem alten Freund der Familie, dem Physiokraten Pierre-Samuel Du Pont de Nemours (1739–1817), Hugenotte von Geburt.
Zuerst Sekretär von Turgot (Neckers Vorgänger im Finanzministerium), hatte er die Grundlagen des Vertrags ausgearbeitet, der die Unabhängigkeit der Vereinigten Staaten von Amerika besiegeln sollte. Bei den Generalständen Abgeordneter von Nemours, schlägt er sich auf die Seite der Konstitutionellen und setzt am 10. August 1792 sein Leben aufs Spiel. Von der

verfassunggebenden Versammlung, deren Präsident er war, verurteilt, wird er ins Pariser Untersuchungsgefängnis La Force gesperrt. Unter dem Direktorium auf der Seite der Royalisten und Präsident des Ältestenrats, gehört er zu jenen vom 18. Fructidor Betroffenen, die Madame de Staël mit Chéniers Hilfe zu retten vermag. 1797 geht er mit seiner Familie nach Amerika, um dort für die französische Regierung Neuland zu erschließen mittels finanzieller Hilfe verschiedener privater Kommanditäre, zu denen Necker gehört, der ihm ein Darlehen von 50 000 Francs gibt. Mit seinen Söhnen gründet er die Pulverfabrik Eleutherian Mills in der Nähe Wilmingtons im Staat Delaware, die sein Sohn Irénée weiterführen wird.

Eine pittoreske Persönlichkeit, etwas überspannt, doch mit zahlreichen Fähigkeiten, gleichzeitig Ökonom, Politiker, Agronom, Geschäftsmann, Schriftsteller und Philosoph, hat dieser »unerschrockene und großmütige Alte [...] ob seines Herzens immer ein großes Anrecht auf Jugend gehabt«, wie Madame de Staël sagt. Im Gegensatz zu seiner Briefpartnerin glaubt er an Napoleons Genie und rät ihr, der Politik zu entsagen! Er kehrt 1802 der Geschäfte seiner Gesellschaft wegen nach Frankreich zurück, nur mit größter Mühe trägt er seine Schuld Madame de Staël gegenüber ab. Zwischen 1800 und 1810 wechseln sie an die sechzig Briefe, die 1968 veröffentlicht wurden.

An Du Pont de Nemours　　　　[Paris?] Den 30. Germinal im Jahre 9
　　　　　　　　　　　　　　　　[20. April 1801]

Ihr Sohn[36], mein lieber Dupont, wird Ihnen die Verhältnisse in diesem Lande weit besser als ich beschreiben. Da Sie mich ein wenig der Schwärmerei für die Republikaner verdächtigen, würden Sie meine Meinung suspekt finden. Trotzdem glaube ich fest daran, daß es 1801 zur Monarchie kommt, wie es 1791 zur Republik kam, und daß zwischen der Gegenrevolution und uns allein Bonaparte steht, wie zwischen der Republik und uns allein Ludwig XVI. stand. Die päpstliche Bulle ist eingetroffen; wir werden Bischöfe und Priester haben, eine alles beherrschende Religion. Wie kann sich die katholische Religion, so wie sie ist, Ihrer Ansicht nach mit der Freiheit je vertragen? Hätte man die Bischöfe gelassen, wäre das nicht weiter schlimm, aber sie zurückzuholen! [...]

Der Tod Pauls I.[37] hat uns alle erschüttert. Niemand glaubt, daß sein Nachfolger Frankreich gleichermaßen gewogen ist. Er ist jedoch pazifistischer Gesinnung und wird, nehme ich an, keinen Krieg beginnen, weder mit den Engländern noch mit Frankreich. Wie dem auch sei, die Koalition des Nordens ist zerbrochen. Wir bangen noch um

Ägypten. Die Hoffnung herrscht jedoch vor. Bernadotte macht sich übermorgen auf, um zu prüfen, ob man eine Landung[38] wagen kann. Wenn Ägypten verloren wäre, würde es mich nicht in Erstaunen setzen, ginge Bonaparte selber auf die Schiffe. Was ihn auszeichnet, ist sein Widerwille gegen Schwierigkeiten. Ihnen wird das gefallen, Ihnen, der Sie mit 60 Jahren nach Amerika gehen. Sie sollten aber zurückkehren. Sie haben Ihren Charakter bewiesen, nun sollten Sie der Freundschaft Genüge tun. Ihr Freund Talleyrand, der nicht mehr der meine ist, gilt als der reichste Privatmann Europas. Roederer bereichert sich nicht, und auch sein Ansehen wird nicht größer. Doch Bonaparte ist in seiner Wahl sehr beständig. Er hat richtig erkannt, daß eine Regierung, die nicht auf Institutionen gegründet ist, sich immerhin auf Menschen stützen muß, und die wechselt er nicht aus. Niemand jedoch betrachtet dies als stabil, weil Frankreich Bonaparte auf Lebenszeit verpflichtet ist und weil ihm diese Vorstellung nicht mißfällt. Er sieht die Gefahren recht deutlich, doch er möchte sich nicht entbehrlich machen. Nach ihm nicht die Sintflut, wie die Kinder sagen, sondern das Chaos.

Wie denken Sie über Louisiana? Man meinte hier, Amerika sähe es höchst ungern, daß die Franzosen sich dort festsetzen. Glauben Sie immer noch, daß die Regierung der Vereinigten Staaten sehr stark ist? Ich habe gedacht, Jefferson würde an dem System seiner Freunde, die ihn aufgestellt haben, nicht festhalten, wenn die Freunde die Verfassung ändern wollen. Ach! welche Angst hat ein freies Land vor einer Verfassungsänderung! Sie werden uns nächstens sagen, daß Freiheit unmöglich ist. Zumindest werden einige kleine Beispiele von ihr bleiben, die der Vernunft dann als Vorbild dienen [...].[39]

Am 25. Mai reist Madame de Staël zu ihrem jährlichen Besuch nach Coppet, wo sie die Arbeit an *Delphine* wiederaufnimmt, während Necker, von ihr dazu angehalten, seine *Dernières vues de politique et de finance* verfaßt. Beide Werke sind dazu bestimmt, die Gunst Bonapartes zu gewinnen ...
Im September 1798 hatte Brinkmann, Sekretär der Schwedischen Botschaft, Madame de Staël seinen Freund Wilhelm von Humboldt (1767–1835) vorgestellt, der seit November 1797 in Paris weilte.
Seit 1800 unterweist er Madame de Staël in der deutschen Sprache und bewundert ihren Geist und ihre Schriften. Er wird sie gut und scharfsinnig charakterisieren. Ihre Zuneigung zueinander und ihre geistige Verwandtschaft vertiefen sich bis zum Tode von Corinne immer mehr. Davon zeugt, vor allem nach ihrer neuerlichen Begegnung 1805 in Rom, eine ergiebige

Korrespondenz, von der uns 26 Briefe von ihm und einer von seiner Frau Caroline erhalten sind, die von 1799 bis 1811 datieren und in denen er seiner Briefpartnerin seine Sorgen und Gedanken anvertraut. Die Antworten darauf fehlen uns leider. Er schrieb ihr auf Französisch.

Humboldt an Madame de Staël

[Bordeaux, 7. Juni 1801]

[...] Nur Sie, Madame, schöpfen aus dem gesellschaftlichen Leben das, was allein der Einkehr bei sich selbst zuzukommen scheint. Ich habe oft bewundert, wie Ihnen mitten in der größten Gesellschaft Worte und Sätze entschlüpfen, die direkt aus der Tiefe der Seele kommen.
[...] Sie wissen, Madame, daß ich dem Studium der feinen Unterschiede, die es im Charakter verschiedener Nationen gibt, großen Wert beimesse, und ich glaube eines Tages aufzeigen zu können, daß man sich in der Moral wie in der Politik immer vergeblich abmühen wird, wenn man nicht dahin gelangt, den Charakter jeder Nation [...], jedes Völkerstamms in seinen individuellen Nuancen darzulegen. Man beschäftigt sich viel zu wenig mit dem Menschen und viel zu sehr mit seinen Werken und den Institutionen, die ihn dirigieren sollen, und vor allem versäumt man, ihn in der Gesamtheit seines Wesens zu studieren. Daran vor allem liegt es, will mir scheinen, daß die Philosophie in Frankreich so vage ist und die Dichtung meistens so kalt und wenig Teilnahme einflößend [...]. Aus diesem Grunde auch findet das System der Perfektibilität in Frankreich mehr Gegner als in irgendeinem anderen Land [...]. Es ist so leicht, die glücklichen Resultate zu sehen, die die Verschiedenheit im Geist und im Charakter der Individuen wie der Nationen zeitigt; man braucht nur die französische und die deutsche Literatur zu vergleichen, um sich davon zu überzeugen [...]. Es kann allein darum gehen, einfache und sichere Methoden zu finden, um sich die Kenntnis vieler Nationen zu verschaffen [...]. Ich glaube die Möglichkeit darin zu sehen, daß man zu ihren Quellen zurückgeht und die Grundlage für eine analytische Geschichte der Nationen und ihrer Idiome schafft, und besonders das ist es, womit ich mich seit einigen Jahren beschäftige [...].

Bordeaux, 18. Prairial im Jahre 9[40]

135

Tag für Tag lege ich auf unsere Beziehungen größeren Wert, einerseits wegen des Umgangs und des Studiums der Menschen und wegen der Vergleiche, die anzustellen sie mir Veranlassung geben, andererseits wegen der Entwicklung meiner eigenen Ideen und wegen der Ergebnisse, zu denen diese mich kommen lassen. Diese Ergebnisse sind leise Hoffnungen auf eine Wendung zum Besseren im Los der Menschen und vor allem ein lebhaftes und starkes Verlangen, dazu beizutragen.

[...] »Sie scheinen dazu auserwählt, die Priesterin auf Erden zu werden, den Menschen den erhabenen Weg zum Guten und Schönen zu weisen.« Dieses ermunternde Wort dürfte ich heute mit mehr Vertrauen an Sie richten, da Sie, fern von den Menschen, weniger von dieser Entmutigung erfaßt werden, die der Anblick ihrer Verderbtheit bewirkt, und da Sie mit einem der besten Menschen, die es gibt[41], zusammen sind, sehen Sie das Bild der Tugend in all ihrem Glanz, glauben Sie auch noch mehr an ihre Möglichkeit. Mich dünkt, daß allein dieses hohe Ziel den ungeheuren Schaffensdrang, den Sie besitzen, zu befriedigen vermag, und ich bin überzeugt, daß Ihre großherzige Aufopferung zum Segen der Menschen für Sie das Problem des Glücks, das Ihnen unlösbar erschien, zu lösen vermag. Wie schön wäre es, in allen Herzen zugleich die Liebe zur Tugend und zur Freiheit zu wecken und zu nähren, die Hoffnung auf Fortschritte des Menschengeschlechts mit jener auf Unsterblichkeit zu verbinden und so die Menschen allesamt zur Religion zurückzuführen und in ihnen die Gefühle für die Natur wiederzuerwecken!

Wenn ich Sie diesen Sommer in Coppet besuchen und einige Stunden mit Ihnen am Ufer Ihres schönen Sees verbringen darf, glaube ich, daß es mir gelingen sollte, Sie zu überzeugen, und daß Sie mir versprechen werden, die traurigen Erinnerungen, die Sie entmutigen, zu verscheuchen und Ihrem Leben ein neues Ziel zu setzen, ein Ziel, das Ihrer würdig ist. Ich habe unrecht, wenn ich von einem neuen Ziel spreche, denn auf dies edle Ziel sind Ihre Werke gerichtet, und ihr Erfolg beruht zum großen Teil auf den hochherzigen Regungen, die sie in allen Herzen erwecken...[42]

[...] Manches Mal habe ich gedacht, daß ich Sie glücklicher finden würde, wenn Sie durch die Dinge, die Sie umgeben, weniger abgelenkt wären, und ich verheimliche nicht, daß ich Sie oft lieber auf Ihren einsamen Spaziergängen in Coppet begleitet hätte als auf den Gesellschaften, an denen Sie in Paris teilnahmen [...]. Madame, wie haben Sie mein Leben verschönt, indem Sie so gütig waren, mich mit Ihrer Freundschaft zu ehren [...].

[...] Schiller hat mir von Ihnen, Madame, oft gesprochen, und wir haben viel über Ihr letztes Werk[43] geredet, das ihn durch die Macht der Ideen und die Schönheit des Ausdrucks besonders stark beeindruckt hat. Ich habe mich gefreut zu sehen, wie genau er gespürt hat, daß Sie den engen Bereich der meisten französischen Literaten gänzlich [...] verlassen, daß Sie Ihre Urteile nur auf unabhängige Grundprinzipien gründen und daß Sie den Wert eines Werkes nicht etwa in seiner Übereinstimmung mit einigen willkürlich aufgestellten Regeln erblicken, sondern vor allem in dem Vermögen, die Seele des Lesers zu erfüllen und ihn über sich hinauszuheben [...]. Er bedauert lebhaft, daß [...] die Verschiedenheit der Idiome ihn und Goethe an einem Gedankenaustausch hindern [...]. Bei unseren Lesungen habe ich oft Gelegenheit gehabt zu bewundern, wie richtig Sie die wahre Bedeutung unserer Schriftsteller erfassen; ich bin sicher, daß Ihnen nur wenig zu tun übrig bleibt, um uns ganz Genüge zu tun. Verlassen Sie uns nicht, Madame, fahren Sie fort, ich bitte Sie darum, unsere Sprache zu lernen; vielleicht ist mir das Glück hold, und ich darf Ihren Fleiß wie im vergangenen Winter wieder einmal unterstützen [...].

auf Burg Örner im Kreis Mansfeld, den 15. August 1801[44]

Du Pont de Nemours an Madame de Staël
New York, 30. Thermidor im Jahre 9
[18. August 1801]

[...] Da ich mir umsonst gewünscht habe, an der guten Regierung der Welt mitzuwirken, der ich, als ich dem Königsrat angehörte, immerhin manchen Dienst geleistet habe, und für die ich in der Republik nichts von Erfolg habe tun können; da ich nicht groß genug geworden bin, um zu gebieten, aber immerhin distinguiert genug, um keiner Willkür zu gehorchen, brauche ich Unabhängigkeit. Ich suche sie in meiner weiten Republik, die die ganze Erde umfaßt und sich mit allen Regierungen mischt, die weder Gesetze hat noch Beamte und sich nur nach Sitten und Gebräuchen richtet. Diese Republik hat, wie alle anderen, eine Art Aristokratie: der Adel liegt hier im Reichtum verbunden mit gutem Ruf, aber er ist für jedermann erreichbar. Ich bin ehrgeizig und mache mir nichts daraus, Plebejer zu bleiben. Ich strebe nach Reichtum, das ist mühsam und macht verdrossen (welch amerikanisches Credo), aber es ist notwendig. Ich muß mich dem widmen, und so tue ich's; und umso lieber, als es meinen Teilhabern gegenüber eine Pflicht ist. Ihr Herr Vater, der ein großer Lehrer ist, sagt, daß ich's nicht ohne Geschick tue: sein Lob ist mir eine große Ermutigung [...].[45]

An Meister   Coppet, den 23. Oktober 1801

[...] Was sagen Sie zu all diesen Friedensschlüssen und zu der Gleichgültigkeit in Paris neben der großen Begeisterung in London? Dabei war der Frieden Frankreich weit dienlicher als England. Kommen Sie etwa nicht zu dem Schluß, daß die Freiheit etwas zu tun hat mit dem Interesse, das die Völker an ihrem Schicksal nehmen? [...] Bonaparte, über den Gleichmut von Paris sehr wütend, hat seinen versammelten Höflingen gesagt: *»Was fehlt ihnen denn? Was fehlt ihnen denn?«* Und niemand hat sich erhoben oder, so er gerade stand, sich hingesetzt, um ihm zu sagen: »die Freiheit, Bürger Konsul, die Freiheit!«

[...] Ich behellige Sie nochmals mit dieser Abtei des Paradieses[46]. In welchem Buch finde ich eine Beschreibung von ihr, oder an wen kann ich mich wenden, um eine zu bekommen? Ist Ihnen vielleicht auch ein Buch bekannt, das mich darüber aufklärt, in welchen Fällen man jemanden vom Noviziat befreit? Sie wissen ja, daß es für einen Roman einiger Wahrheit bedarf; ich bitte Sie, liefern Sie sie mir.

[...] Tausend Grüße, und Pardon, wenn ich gar zu sehr geschrieben habe, wie man plaudert.[47]

Gegen Ende November ist Madame de Staël wieder in Paris. Diesen Winter bringt sie in ihrem Haus in der Rue de Grenelle, das sie »das Hospital der geschlagenen Parteien« nennt, von neuem die extremen Fraktionen zusammen, was einer Konspiration gegen die gemäßigte Richtung Bonapartes gleichkommt.

An Joseph Bonaparte

[Paris,] 7. Frimaire [8. Dezember 1801]

[...] Die öffentliche Meinung zum Frieden wird sich in Frankreich so laut bekunden, daß man nicht umhin können wird, ihr erhebliche Zugeständnisse zu machen, man wird über die Zukunft beruhigen und eine dauerhaftere und besser garantierte Freiheit gewähren müssen; noch ist es zu solcher Meinungsäußerung nicht gekommen. Le Brun hat Bonaparte neulich viel Gutes über mich gesagt. Er hat erwidert: *»Doch, ich glaube es wirklich, denn ich höre nicht mehr von ihr reden.«* Da sehen Sie, daß ich dank vieler Bemühungen erreicht habe, was ich wollte.[48]

An Joseph Bonaparte

[Paris,] den 17. Frimaire [18. Dezember 1801]

[...] Die Tribunen zeigen großes Interesse daran, alle diese politischen Gesetze gründlich zu diskutieren, ich gestehe, daß ich an ihrer Stelle viel weniger aufbringen würde; wenn eine Regierung politische Gesetze macht, muß man diese sorgfältig prüfen, weil vermutlich alle darauf hinzielen, ihre Macht zu vergrößern, aber bei einem Zivilgesetzbuch ist sie unparteiisch, und da sie unparteiisch ist, ist sie wahrscheinlich aufgeklärt. Portalis[49] hat großen Aufwand mit einer etwas deklamatorischen Eloquenz getrieben, wobei er sich nicht Gemeinplätze ersparte, von denen mehrere unseren Gesetzgebern neu schienen, jedoch nicht erörtert hat er die Einwände seines Widersachers, was Benjamin zu der geistreichen Bemerkung veranlaßte, daß Portalis zwar ein großer General sei, aber die feindliche Armee nie angreifen würde. Um Ihnen nun aber nicht weiter vom Tribunat zu reden, es ist sehr traurig zu sehen, daß für den Senat drei Generäle vorgeschlagen wurden und nicht ein Zivilist.
[...] Ich habe M. Jackson[50] getroffen, der mir sagte, man habe ihm aus Amiens berichtet, daß die ganze englische Delegation von Ihnen entzückt war: sie sind von Ihrem Anstand und Ihrer Höflichkeit äu-

ßerst angetan, und was die Engländer sagen, hat Gewicht, denn sie sind unabhängig geblieben. Man hat hier sehr wohl bemerkt, daß Lord Cornwallis[51] der einzige Botschafter war, der Legat mitgerechnet, der nicht zu Mme Grand[52] gehen wollte. Wissen Sie, wer Bedenken hatte, sie zu empfangen? Mme Fouché! Ihr Mann jedoch hat sie dadurch beruhigt, daß er ihr schwor, sie sei mit M. de Talleyrand verheiratet. In der einstigen guten Gesellschaft ist es ein großes Problem zu wissen, was besser ist, die Geliebte eines Priesters zu sein oder seine Frau, aber bei Fouché zögert man nicht lange. M. Jackson schien mir einen eher scharfen denn großen Geist zu besitzen. Fällt Ihnen nicht auf, daß es einem schwerer fällt, sich zu entscheiden, wenn man etwas von allen Seiten betrachtet?

Sobald Sie den allgemeinen Frieden unterzeichnet haben, soll M. Fox hier eintreffen, das hat mir gestern Le Brun gesagt. Er will die Archive Frankreichs konsultieren, um über die englische Revolution von 1688 zu schreiben; was ist das doch für eine schöne Revolution, die ihnen ihre heutige Verfassung gegeben hat, und Fox wird nicht im Stil jener Herren schreiben, die sie Barbaren schimpfen, weil sie Schismatiker sind. Es hat den Anschein, als wollten die Franzosen nicht, daß es im Laufe dieser zehn Jahre eine Dummheit gibt, die sie nicht gesagt haben. Thibaudeau[53], mit dem ich neulich diniert habe, sagte mir, daß man sich mit dem Verschwinden der Ideen der Revolution abfinden müsse, falls Bonaparte die Männer der Revolution weiterhin protegiert. Man kann dieses System nicht der Überspanntheit bezichtigen.

M. de Talleyrand geht nach Lyon,[54] in ganz anderer Weise begünstigt, als Sie es sind, um den Weltfrieden zu schließen; er nimmt Dirion mit sich, um das Englische zu übersetzen, Durand[55], um Phrasen zu drechseln, und drei oder vier junge Leute für die morgendlichen Rapporte, doch das heißt nicht, daß er es sich wie Sie entgehen lassen wird, sich eine Stellung zu schaffen. Ich finde, er gibt sich wie der Fürst des Geistes; er läßt sich darüber Rechnung ablegen, aber er nimmt sich nicht die Mühe, selber welchen zu haben. Die gesellschaftlichen Ereignisse scheinen in dieser Dekade glanzlos; am 1. ist ein großer Fremdenball gegeben worden, ich bin nicht dort gewesen, weil die weibliche Gesellschaft viel zu gemischt war. Daß Mme Tallien[56] dort war, soll Mme Murat[57] gehindert haben, ebenfalls hinzugehen. Die arme Mme Tallien hat anderen viel Gutes getan und sich selbst dadurch sehr geschadet: das Gegenteil hat in dieser Welt mehr Erfolg [...].[58]

An Joseph Bonaparte   Paris, im Jahre x der Republik.
Den 9. Nivôse [30. Dezember 1801]

[...] Der Erste Konsul [...] hat zu jemandem, der ihm von seiner Sorge wegen des Konkordats sprach, gesagt, daß er einen Klerus ernennen wolle, der, kämen die Bourbonen wieder, gehängt werden würde, und daß er einen Brief Ludwigs XVIII. an den Papst gesehen habe, in welchem er sich über das Konkordat bitter beklagte und schrieb, daß nicht die Revolution, sondern das Konkordat seinen Thron gestürzt habe. All das hindert die Philosophen nicht, diese Frage lebhaft zu diskutieren, allerdings sagte Portalis neulich vor dem versammelten Staatsrat: *»diese hochfahrende Ignoranz, die man Philosophie nennt«;* Roederer hat das etwas verärgert zur Kenntnis genommen. In der Tat, all das wird Gesprächsthema, doch der allgemeine Lauf der Dinge bleibt davon unberührt.

Soll ich Ihnen eine kleine Geschichte erzählen, die Paris sehr belustigt? Der Gesandte Amerikas ist taub und versteht darüber hinaus nur Englisch, was ihn hier nicht gerade zum gewandten Diplomaten macht. Auf der Audienz des Ersten Konsuls hat Bonaparte zu ihm gesagt: »M. Livingston kommt aus einer recht tugendhaften in eine ziemlich verderbte Welt.« Er hat nichts gehört. *»Die alte Welt ist ziemlich verderbt«,* wiederholte Bonaparte. Er verstand immer noch nicht. *»Erklären Sie ihm das«,* sagte der Konsul, sich zu M. de Talleyrand umwendend. M. de Talleyrand, der die Verderbtheit der alten Welt sehr wohl hätte erklären können, beauftragte einen anwesenden Amerikaner damit. Finden Sie diese Geschichte nicht hübsch?[59]

[...] Bei Cambacérès[60] hat man getanzt; die Frauen sehr gut, die Männer sehr schlecht; nur die Männer des *Ancien régime* machen sich noch etwas aus dem Tanzen; die Garde des Konsuls fühlt sich im Krieg besser als auf einem Ball. Paris ist dieses Jahr noch nicht in Stimmung, und alle jungen Frauen beklagen sich darüber; es gibt zu viele und zu verschiedene Gesellschaftskreise, die man durcheinander mischt, ohne daß sie sich kennen. Neulich habe ich bei Mme de Montesson[61] soupiert; nichts in der Welt ist würdevoller und ernster. Die Fürstinnen von Lothringen[62], von Kurland[63] etc., an der Seite von zwei oder drei von Fouchés Sekretären, die aussahen, als wären sie da, um der Gesellschaft Patriotismus zu garantieren; man ging einer neben dem anderen langsam auf und ab, wie die Dichter von den Schatten sagten, die sich am Ufer des Flusses ergingen, bevor sie die Ehren der Bestattung empfangen hatten. Es war von tödlicher Traurigkeit [...].[64]

Einige Tage vor dem eben zitierten Brief hatte Constant im Tribunat den neuerlich eingebrachten Code civil angegriffen. Es sei nicht möglich, sagte er, angesichts der Feindseligkeit der Obrigkeit weiterzumachen. Da packt Bonaparte die Wut, und am 24. Januar 1802 wird Constant zusammen mit neunzehn seiner Kollegen aus dem Tribunat entlassen.

Andererseits war dem Ersten Konsul zu Ohren gekommen, daß Madame de Staël ihn einen »Ideophoben« genannt hatte. Während er sein Bad nimmt, läßt er seine Brüder Joseph und Lucien zu sich kommen und wirft ihnen vor, eine solche Frau in Schutz genommen zu haben. Joseph versichert ihm, er habe nie gehört, daß ein solches Wort ausgesprochen wurde. »Das riecht auf eine Meile nach Madame de Staël«, unterbrach der Erste Konsul. »Das ist reizend. Ah! Sie will Krieg... Ideophobe! Das ist allerliebst... Warum nicht Hydrophobe? Man kann mit diesen Leuten nicht regieren«, und er hieb mit der Faust ins Badewasser, so daß Joseph von Kopf bis Fuß bespritzt wurde. »Sagen Sie dieser Frau«, schloß er, während ein Diener seinen naßgewordenen Gesprächspartner abtrocknete, »daß ich weder ein Ludwig XVI. [...] noch ein Barras bin. Raten Sie ihr, sich mir ja nicht in den Weg zu stellen [...], den zu gehen mir beliebt, andernfalls werde ich sie zerbrechen, zerschmettern werde ich sie.« Als man ihr davon Mitteilung machte, sagte sie: »Es liegt eine Art körperliches Vergnügen darin, einer ungerechten Gewalt Widerstand zu leisten.« »Nach dem, was behauptet wird, spricht sie weder von Politik noch von mir«, bemerkte Bonaparte bei einer anderen Gelegenheit, »aber ich weiß nicht, wie es kommt, daß man mich immer weniger mag, wenn man mit ihr zusammen war.« »Die Ankunft dieser Frau war wie die eines Unglücksvogels, immer der Vorbote für irgendeine Unannehmlichkeit«, schreibt er einige Monate später.

An Du Pont de Nemours

Paris, 5. Floréal im Jahre 10 [25. April 1802]

Nein, mein lieber Dupont, alle Ihre schönen Ideen werden keineswegs verwirklicht; wir haben ein direkteres Ziel, wir wollen mit einer vierten Dynastie beginnen, Karl den Großen imitieren, etc., und muß man nicht, um ihn besser zu imitieren, die Geister in die Zeit zurückführen, in der er gelebt hat? Ich wünschte, Sie wären auf dem großen

Fest von Nôtre-Dame gewesen; Sie hätten die seltsamsten Gegensätze gesehen, die einem je vor Augen gekommen sind. Fouché, Talleyrand, Cambacérès machten das Kreuzeszeichen mit echter Zerknirschung, und der Erzbischof von Aix[65] predigte zum Gedenken an die Weihe, etc. Wären Sie hier, mein lieber Dupont, wir hätten uns gar manches zu sagen, dort schaffen Sie sich ein Frankreich nach Ihrem Belieben. Würde Sie doch wenigstens Ihr Optimismus zurückbringen, es wäre dies ein Irrtum, dessen wir uns freuten wie der Wahrheit; doch Sie sehen uns viel edler, als wir sind, und Sie kommen nicht, um uns zu sehen. Ich gehe wie üblich für sechs Monate nach Coppet. Ich nehme M. de Staël mit. Er hat eine Lähmung im Gehirn, die ihn fast schwachsinnig macht. Ich habe geglaubt, mich seiner annehmen zu müssen, als sein Kopf nicht mehr mitmachte, und ich hoffe, seine Schulden bezahlen zu können, ohne meine Kinder an den Bettelstab zu bringen. Ich sehe nur Gläubiger, und seit zehn Tagen tue ich nichts anderes als rechnen. Eine schlechte Vorübung, um einen Roman abzuschließen, der in einigen Monaten veröffentlicht werden soll. Auch will ich ihn nur auf dem Gipfel der Alpen beenden; nur dort findet man seine Seele wieder. [...] Unsere arme Schweiz entzweit sich, man stachelt sie dazu auf, und bald wird man ihr sagen, sie sei nicht in der Lage, sich selbst zu regieren. Letztlich, mein lieber Dupont, gibt es auf dem Kontinent nurmehr einen Mann, aber dieser Mann wählt als Werkzeug Personen, die Sie lieben, und Sie würden einer der ersten und geehrtesten sein, die man für die sogenannten höchsten Ämter der Republik bestimmt. Ich wiederhole Ihnen also, kommen Sie zurück, Ihre Hartnäckigkeit hat sich genügend Ruhm verschafft; eine Rückkehr aus Schwäche für die Freundschaft wird sich in dem historischen Roman Ihres Lebens sehr gut ausnehmen.

Sie werden gehört haben, daß einer meiner Freunde[66] aus dem Tribunat ausgeschlossen wurde, und Sie werden vom Tribunat nicht mehr sprechen hören, denn seit diesem Eingriff wird dort geschwiegen, daß es eine Freude ist. Sie werden daraus schließen, daß wir das sind, was man hier die Partei der Opposition nennt, aber diese Opposition war, selbst in dem Augenblick, da sie über ihre ganze Kraft verfügte, so milde, daß die diesbezüglichen Klagen des Konsuls ein wenig an das erinnern, was mir Dubuc[67] in meiner Kindheit erzählte: *»Die Liebe beklagte sich eines Tages bei ihrer Mutter, daß ein gefaltetes Rosenblatt in ihrem Bett sie die ganze Nacht am Schlafen gehindert habe«* [...].[68]

Paris, den 1. Mai 1802

Ich nehme mit Ihnen, Monsieur, eine seit langem unterbrochene Korrespondenz wieder auf, um Sie über all das zu unterrichten, was M. de Staël betrifft, da ich weiß, daß Sie nicht aufgehört haben, an ihm Anteil zu nehmen. Vor nahezu drei Jahren hielt es M. de Staël ungeachtet der Dienste, die ich ihm erwiesen hatte, für tunlich, sich von mir zu trennen; mein Vater versuchte Unmögliches, ihn davon abzubringen, er beharrte darauf; wir hatten Gründe zur Annahme, daß er mich damals beim Direktorium in Ungnade gefallen glaubte und keine Lust verspürte, solch Schicksal zu teilen; es war für das Vermögen meines Vaters eine schlechte Zeit, er verlor, was er in Frankreich und in der Schweiz besaß, durch die Revolution in diesen beiden Ländern; ein Jahr später wurde M. de Staël vom König zurückberufen; ich suchte ihn auf, ich tat alles mir mögliche, um ihn zu bewegen, nach Schweden zu gehen, und mein Vater gab ihm auf das uns gegebene Versprechen, sich für diese Reise zu entschließen, zweimal achtzehntausend Livres. Er löste es nicht ein; er ging nach Holland, nahm seinen Abschied und kam nach Paris zurück, all das, ohne meinen Vater noch mich von seinen Plänen in Kenntnis zu setzen, nicht einmal durch einen einzigen Brief im Laufe eines Jahres. Bei seiner Rückkehr bot ich ihm immer wieder an, zu mir und meinen Kindern zu kommen; er lehnte es ständig ab. Da die Unordnung seiner Angelegenheiten immer noch wuchs, beantragte ich im vergangenen Jahr die Gütertrennung; diese wurde mir ohne weiteres bewilligt, doch mein Vater, so ruiniert er ist, hatte die Generosität, dreißigtausend Livres an M. de Staëls Gläubiger zu zahlen, ihm eine Pension von sechstausend Livres auszusetzen, zudem in meinem Namen, zu Lebzeiten M. de Staëls, auf zweihundertachtzigtausend Livres, die er durchgebracht hat, zu verzichten und sich, was er immer schon tat, der Erziehung meiner Kinder anzunehmen: ich betrachtete somit die traurige Geschichte meiner Verbindung mit M. de Staël für beendet, als ihn eine Krankheit befiel, eine Schwächung des Kopfes, die mir nicht mehr erlaubte, die Erinnerung an Vergangenes zu bewahren: ich habe die Aufsicht über ihn und seine Geschäfte übernommen, es ist das, was mir für den einen wie für den anderen am vernünftigsten erschien. Er ist im Augenblick nicht imstande, die Reise nach Schweden zu unternehmen, doch nach zwei Monaten Aufenthalt in einem Badeort, wohin ich ihn bringe, hoffe ich, wird er abreisen können, und ich bitte Sie dann, die Anteilnahme des Königs an seinem Schicksal zu gewinnen und seine Freunde zu versammeln, damit sie ihn empfangen und in ihren Schutz nehmen. Was seine Angelegenheiten betrifft, so schuldet er hier, soweit mir bekannt, hunderttausend Francs, ohne das, wovon ich nichts weiß; ich spreche nicht von dem, was für ihn in Schweden bezahlt wird, von den wertvollen Effekten, die er besitzt und die ich verkaufen lassen werde, von der Pension, die Sie ihm zahlen und die man, wenn er in Schweden ist, seinen Gläubigern überweisen könnte; diese verschiedenen Mittel können ihm auf die Dauer aus der Not helfen, doch wird ihm zum Leben nur die Pension Schwedens bleiben, und deshalb werden Sie, des bin ich sicher, eifrig bemüht sein, ihm das auszahlen zu lassen, was ihm durch meinen Vertrag und die spezielle Zusage des verstorbenen Königs zusteht. Wenn Sie die Güte haben, mir zu meinem Vater nach Coppet in die Schweiz zu schreiben, kann ich Ihre Antwort mit Ihren Ratschlägen und Hoffnungen für ihn erhalten, bevor M. de Staël nach Schweden abreist. M. de Staël hat viele Fehler gemacht, doch ist er arm dran; ich bin seines Unglücks wegen zu ihm zurückgekehrt; Sie werden das Bedürfnis haben, ihm hilfreich zu sein, daran zweifle ich nicht [...].[69]

Nach beinahe fünf Jahren wieder beisammen, machen sich Monsieur und Madame de Staël am 4. Mai auf den Weg nach Coppet, aber ihr Zusammensein sollte von kurzer Dauer sein, denn in Poligny, an der französischschweizerischen Grenze, stirbt Eric in der Nacht vom 8. zum 9. Mai am Schlaganfall.
Madame de Staël verleiht ihrem Kummer Ausdruck in einem Brief an Charles Pictet de Rochemont (1755–1824), den hervorragenden Genfer Agronomen und Diplomaten, der auch ein entfernter Verwandter ist.

An Pictet de Rochemont

[Coppet, Mai 1802]

[...] Ich habe wirklich mehr Schmerz empfunden, als es unter anderen Begleitumständen der Fall gewesen wäre. Es machte mir wahre Freude, ihm an Pflege zu entgelten, was ich ihm an Gefühlen nicht hatte geben können. Sechs Wochen hatte ich mit nichts anderem verbracht als damit, seine Angelegenheiten in Ordnung zu bringen, und ich wollte ihm als Ergebnis meiner Bemühungen seine Pension in

Schweden und die unsrige präsentieren, das heißt 10 000 Livres Rente, ohne jeden Abzug. Ich werde auch weiterhin keine Mühe und kein Opfer scheuen, damit seine Schulden bezahlt werden; doch macht mir diese Pflicht kein Vergnügen mehr. Mit einem Wort, dieser Todesfall hat mich tief erschüttert, und ich werde mich nie darüber trösten können, daß ich ihn nur kurze Zeit habe glücklich machen können, als er sich mir wieder anvertraute und zu mir kam, nachdem seine schlechten Freunde ihn verlassen hatten. Zu diesem Gefühl kam noch das Grausen, mit ihm allein zu sein, allein mit seinen traurigen Überresten. Nie hatte ich den Tod von so nahem erlebt, und ich habe während vierundzwanzig Stunden die schmerzlichsten und zugleich gespenstischsten Vorstellungen gehabt...

Adieu, adieu. Wie die Erde unter unseren Schritten bebt! Gäbe es kein anderes Leben, welch jämmerlicher Traum wäre dieses![70]

Inzwischen fand in Paris ein wichtiges Ereignis statt: Am 8. Mai wird Bonaparte für zehn Jahre zum Konsul ernannt. Zur gleichen Zeit entdeckt man das Komplott der Generäle, angeführt von Bernadotte und Moreau, die beide Madame de Staël nahestehen. Doch der Zorn Bonapartes, von dem Garat spricht, hat als Grund vor allem die Veröffentlichung der *Dernières vues de politique et de finances* von Necker, das von ihr inspirierte Werk. In der Tat kritisiert Necker darin die neue Verfassung, beklagt die Konzentration der Macht in den Händen der Armee und ist bestrebt, nachzuweisen, daß es dem Ersten Konsul niemals gelingen könne, wieder eine Monarchie unter einer neuen Dynastie zu errichten. Für all das glaubt der Staatschef Madame de Staël verantwortlich, »als könnte man die Feder eines Mannes führen, der so edel denkt«, entgegnet sie. Daraufhin wird ihr untersagt, Frankreich, mit Ausnahme von Genf, zu betreten.

Garat an Madame de Staël

[Paris] 11. Messidor [1. Juli 1802]

[...] »Niemals«, schrie er, »darf Neckers Tochter nach Paris zurückkehren.« Sein Zorn wollte sehr groß erscheinen. Er zeigte sich aber vor allem brutal und grob. Über seine Gründe hat er sich nicht geäußert. Er hat weder beim ersten Anfall vor Staatsräten und Ministern noch bei einem weiteren vor Truguet[71] darüber etwas verlauten lassen. Was hätte er auch sagen können? [...] Ich denke ganz wie Sie über Ihre Entschlossenheit, nach Paris zurückzukehren und dort den

Winter zu verbringen. Freilich hat man erklärt, und mit Nachdruck, daß Sie nicht zurückkommen dürften, aber es wäre doch zu seltsam, daß ein im Wutanfall geäußertes Wort ein Bannspruch sein sollte. In welchen Winkel Sie sich begeben, er wird von ergebenen Freunden umstellt sein; man wird Sie dort in Ruhe lassen und überwachen. Weiter wird man nicht gehen, wenn auch die Drohungen viel weiter gehen. Selbst heute verhaftet oder verjagt man eine Frau nicht so leicht wie einen Mann, vor allem dann nicht, wenn diese Frau *Sie* sind [. . .].[72]

Während sie diesen Sommer an *Delphine* arbeitet, denkt Madame de Staël oft an Deutschland. Der plötzliche Tod Gerlachs, des jungen deutschen Hauslehrers ihrer Kinder, hat sie fast noch mehr erschüttert als der ihres Gatten drei Wochen zuvor, und sie wandte sich an mehrere Freunde in Deutschland, um Ersatz für ihn zu finden. Jacobi erinnert sie in diesem Zusammenhang an Villers, den sie kennenlernen wollte, seitdem sie 1798 seine Artikel über deutsche Philosophie und Literatur im *Spectateur du Nord* gelesen hatte, einer Zeitschrift, die er in Hamburg für Emigranten herausgab und die sie für ihr Kapitel über Deutschland in *De la Littérature* herangezogen hatte.
Charles de Villers (1765–1815), in der Nähe von Metz geboren, hatte als Offizier begonnen. Er begrüßte die Revolution, doch von deren Verlauf enttäuscht, schreibt er Pamphlete gegen die neuen Ideen und muß das Land verlassen. Nach Göttingen exiliert, trifft er dort mit deutschen Schriftstellern und Gelehrten zusammen. Ein fanatischer Germanophile, gehört er zu denen, die Madame de Staël mit Kant vertraut machen, und ist der erste, der die kantische Philosophie in Frankreich einführt. Als Pionier der vergleichenden Literaturwissenschaft wird er auch eine *Erotique comparée* zwischen den französischen und deutschen Dichtern verfassen (1807). Wenn Madame de Staël sich entschließt, ihr Buch über Deutschland zu schreiben, so ist das teilweise ihm zu verdanken. Sie bewunderten sich gegenseitig, und sie schätzt ihn als einen der liebenswürdigsten und geistvollsten Männer, die Frankreich und Deutschland vereint haben hervorbringen können und der ebensogut »Frankreich in Deutschland wie Deutschland in Frankreich vertreten könnte.«
Er bleibt sein Leben lang in Deutschland wohnen, vornehmlich in Lübeck, und erwählt sich dort als Gefährtin einen Blaustrumpf, Frau von Rodde[73].
Madame de Staël und er wechseln zwischen 1802 und 1814 ca. 30 Briefe, die alle veröffentlicht sind. Villers gibt zu, daß er sich, um Madame de Staël zu antworten, manchmal in sein Zimmer einschließen mußte, so eifersüchtig war »sein Häschen« auf sie.

Villers an Madame de Staël

Auf dem Lande nahe Lübeck. 25. Juni 1802

[...] Ich lebe, Madame, mitten unter den Literaten Deutschlands, über die Sie so viele hervorragende, so wahre und so gut durchdachte Dinge gesagt haben, doch denen Sie Mangel an Geschmack vorwerfen. Erlauben Sie mir, Ihnen ganz leise zu sagen, daß die Gebildeten in Deutschland über das, was man in Frankreich Geschmack nennt, erhaben sind. Diese altersschwache Gottheit unserer Boudoirs mit ihrer Fistelstimme, ihren Reifröcken und ihrer Perücke à la Ludwig XIV. ist nicht dazu geschaffen, auf dem malerischen Parnaß Germaniens Platz zu nehmen. Ein Fußtritt der teutonischen Muse hat sie längst auf den Mist befördert. Diese hält eine Leier aus Eichenholz in der Hand, ihr blondes, mit Misteln bekränztes Haar ist zum Zopf geflochten, ihr Kleid ist ein schlichtes ätherisches Gewand. Wenn ihr irgendein Gott des Geschmacks auf ihrem Fluge und ihren Wegen folgt, so ist es doch keiner mit Seidenstrümpfen und Schnallenschuhen!

Wie glücklich würde ich mich schätzen, Madame, erlaubte mir ein reger Briefwechsel, Sie näher mit den Deutschen bekannt zu machen, die unglücklicherweise in einer Ihnen fremden Sprache denken und sich ausdrücken, die die wahren Griechen des modernen Europas sind, bei denen als einzigen die Wissenschaft lebendig geordnet ist, deren Hervorbringungen schließlich von jener Melancholie geprägt sind, die Sie ihnen mit soviel Recht zugeschrieben haben und die der Harlekinerie der meisten unserer Schöngeister tausendmal überlegen ist.

An Verehrung gewohnt, Madame, wird die meine für Sie von recht geringem Wert sein: ich bitte Sie jedoch inständig zu glauben, daß keine so echt und so ehrerbietig ist.[74]

An Villers

Coppet, Schweiz, den 1. August 1802

Was Ihr Werk[75], Monsieur, mir vor allem gezeigt hat, ist, daß man unmöglich einen größeren Geist und ein stärkeres und tieferes Gefühl für das, was moralisch und wahr ist, besitzen kann. Ich bin eine schlechte Metaphysikerin, und dennoch habe ich mich bei allen Männern unseres Landes, die sich in diese Wissenschaft für eingeweiht halten, für Kant eingesetzt. Ich finde, daß die Metaphysik Lockes sich mit der seinen sehr gut verträgt; Locke hat ganz richtig erkannt, woher die Vorstellungen uns kommen, Kant versucht zu ermitteln, welches Vermögen in uns sie aufnimmt. Es scheint mir unmöglich, nicht das Gefühl zu haben, daß in uns eine Macht existiert, die das, was die Empfindungen ihr übermitteln, modifiziert. Aber ist diese Macht nicht die Seele, ist sie nicht das Geheimnis, das zu entschleiern uns verwehrt ist, und können wir uns beim Denken zusehen, ohne jene Einheit zu zerstören, die die intellektuelle Existenz in Wahrheit ausmacht! Ich weiß es nicht, aber ich finde es widersinnig, die Anstrengungen eines geistigen Menschen, der sich zu erkennen versucht, gering zu achten, wollte er sich den Grenzen nähern, die der menschliche Geist nicht überschreitet. Ich bin hinsichtlich der Schlußfolgerungen, die Sie aus dem System ziehen, das alles von Empfindungen abhängig macht, ganz Ihrer Meinung: mag es auch als rein metaphysisch erscheinen, so hat es doch Folgen, die die Seele entwürdigen, anstatt sie zu erheben, und wie Sie so geistreich und so richtig gesagt haben, ist die auf Eigeninteresse gegründete Moral davon abgeleitet. Doch man muß in diesem 18. Jahrhundert, über das die Geknechteten heute soviel Schlechtes sagen, daß die Freunde der Freiheit es verteidigen müssen, die Philosophie von Diderot und Helvétius von jener Rousseaus, Montesquieus und auch von der Voltaires in seiner guten Zeit unterscheiden. Die einen wollten einen großen Feind, den Katholizismus, vernichten, die anderen uns das höchste Gut, die religiösen Ideen, rauben: sie vertrugen einander, um Krieg zu führen, doch in den Ansichten, die sie an Stelle des besiegten Aberglaubens setzen wollten, verfolgten sie sehr verschiedene Wege. Was Condillac angeht, ist er ein Mann, der, wie mir scheint, in dem Zweig der Metaphysik, den er behandelt hat, völlig richtig dachte; er schrieb all die Vorstellungen, die einem Menschen in den Kopf kommen können, sozusagen an die Tür, aber er hat sich überhaupt nicht mit dem Vermögen befaßt, das sie auf seine Art verändert. Ich glaube, man hätte eine der seinen entgegengesetzte, metaphysische Hypothese aufstellen können. Wenn er von einer Statue darlegt, sie gewinne Vorstellungen in dem Maß, als sie weitere Sinne erlangt, so hätte man auch erwägen können, was der nacheinander aller seiner Sinne beraubte Mensch ohne sie an Vorstellungen nicht nur behalten, sondern dazu erwerben könnte.

[...] Es stände schlimm um den Fortschritt des menschlichen Geistes, entsagten Sie dem Gedanken, uns mit den anderen Werken Kants bekannt zu machen, sie werden ohne Sie nie verstanden werden; Sie besitzen im höchsten Maße die klare Verständlichkeit, die ihm fehlt. Doch sollten Sie diese Absicht haben, kommen Sie nach Frankreich und befragen Sie einige Freunde über unsere französische Eitelkeit, die Sie in Deutschland ein wenig vergessen haben. Jeder, der Sie in Paris getroffen hat, ist in dieser Hinsicht meiner Meinung, und jeder, der Sie getroffen hat, sagt, daß Sie in der Konversation noch ausgezeichneter sind als in Ihren Schriften. Die Regungen, die Anteilnahme von Seele und Geist, die Sie in einem begrifflichen Werk zu erwecken verstanden haben, lassen mich das gern glauben. Sie, und Deutschland mit Ihnen, werfen mir vor, daß ich es gewagt habe, diesen Tadel wegen des Geschmacks auszusprechen, den man frivol zu finden übereingekommen ist; der willkürliche Geschmack, der modische Geschmack verdient all das, was Sie darüber sagen, doch der gute Geschmack ist griechisch, römisch, französisch und manchmal deutsch oder englisch, denn man findet ihn in all den Schönheiten dieser Literaturen; der gute Geschmack ist die Wahrheit, das Maß und das Erlesene; nur wenn die Deutschen blumenreich und affektiert sind, beweisen sie schlechten Geschmack. Keineswegs verurteile ich die erfreulichen Kühnheiten, Gott verhüte! sondern das Stürmen und Drängen, um den Ausdruck eines in Frankreich sehr bekannten Deutschen zu verwenden. Gleich Ihnen glaube ich, daß der menschliche Geist, der von einem Land ins andere zu reisen scheint, sich gegenwärtig in Deutschland befindet. Ich lerne fleißig Deutsch, denn ich bin sicher, daß ich nur dort neue Gedanken und tiefe Gefühle finden werde, doch was ich in diesem Lande vermisse, ist, daß die Ideen auf die Institutionen Einfluß nehmen können und das Nachdenken zu positiven Resultaten führt. Wie dem auch sei, es ist heute das Land, in dem es die meisten hervorragenden Männer gibt, Philosophen wie Schriftsteller [...].[76]

An Gérando   [Coppet,] 8. Brumaire im Jahre xi
                      [30. Oktober 1802]

[...] Man muß die große Frage der kantischen Philosophie an sich erörtern. Die Formen, die Kategorien, die Neologismen, etc. mag ich nicht, doch gibt es da einen Grundgedanken, der mich packt und der mit meinen innersten Empfindungen völlig übereinstimmt: es gibt in unserem moralischen Sein mehr als nur die Vorstellungen, die uns die Sinne vermitteln. Man sperre zwei Kinder von ihrer Geburt bis zum Alter von zehn Jahren ein, (wie das die Ägypter taten in dem Glauben, so die Ursprache zu entdecken) und die Anzahl ihrer Vorstellungen wäre sehr unterschiedlich, ebenso ihre Art und Weise zu fühlen. Das innere Vermögen, das die Vorstellungen, die wir von außen empfangen, modifiziert, hat keinerlei Beziehung zu den angeborenen Vorstellungen, und auch nicht zu all den Erklärungen, die über das Gedächtnis als Erinnerung von Sinneseindrücken und über die Urteilskraft als Vergleich von Sinneseindrücken gegeben werden. Dieses Vermögen ist, wenn wir unsterblich sind, das, was uns überleben wird. Man begreift die Identität seines Wesens nicht ohne das Gedächtnis, und das Gedächtnis scheint völlig von physischen Organen abhängig zu sein. Das Kantsche System wirft ein Licht mehr auf die Unsterblichkeit, und ich mag dieses Licht lieber als alles materielle Verstehen.

Das Bewußtsein entsteht keineswegs allein durch irgendeine Vorstellung, die unsere Sinne durchlaufen hat. Wenn alle Menschen es eine innere Stimme, ein anderes Selbst genannt haben, so, weil sie sehr wohl fühlten, daß seine Eindrücke nicht von der Art anderer Eindrücke waren. Ich finde alles, was de Villers hierzu sagt, schön, und wenn er die allein auf Empfindungen sich gründende Metaphysik mit der Moral vergleicht, deren Basis das Eigeninteresse ist, finde ich, daß diese Beziehung, die auf den ersten Blick abwegig scheint, enger wird, wenn man sie mit all den Gedanken erfüllt, die er voraussetzt. Nun, ich finde dieses System groß, fromm und voller Ehrfurcht vor dem Menschen und Gott.

Was ich an der Philosophie liebe, ist, daß sie alles durch die Vernunft untersucht; doch verpflichte ich mich nicht diesem oder jenem System als dem einzigen, das den Namen Philosophie verdient. Die Anti-Philosophen sind diejenigen, die uns sagen, daß wir eine Vernunft haben, um sie nicht zu gebrauchen, und Fähigkeiten, um sie nicht zu nutzen, und sie wollen den Despotismus selbst in unsere Zufluchtstätte, das Denken, eindringen lassen. Doch halte ich jene für intolerant, die meine Philosophie anzweifeln, weil ich von dem, was de Villers uns von der Philosophie Kants gelehrt hat, das mochte, das den edlen Hoffnungen auf ein künftiges Leben günstiger ist [...].[77]

[Lübeck? 3. November 1802]

Ich glaube, ich habe Ihnen bereits gesagt, daß in die Welt der Alten niemand so weit eingedrungen ist wie unsere germanischen Gebildeten. Die vollkommene Kenntnis ihres Geistes, ihres Gedankensystems, hat der Beurteilung ihres gesamten Schaffens neue Maßstäbe gesetzt und hat die Kritik demzufolge einen neuen Standpunkt einnehmen lassen, wovon der arme Laharpe und Konsorten nicht viel Ahnung haben. Wenn Sie erst so viel Deutsch können, wie Sie können sollten, wenn Sie, ich sage nicht die Übersetzung, sondern die Nachdichtung zweier Gedichte Homers von Voss[78] gelesen haben, versäumen Sie nicht, vier Tragödien von Äschylus zu lesen, zu studieren, die Graf Leopold von Stolberg[79] übersetzt hat und die soeben in Hamburg erschienen [...]. Danach lesen Sie den Sophokles des Grafen Christian von Stolberg[79] [...]. Nehmen Sie zu all dem noch die Lektüre des Euripides hinzu, der uns jetzt von Bothe[80] geschenkt wird, und das Theater Athens wird Ihnen in seinen echten Farben erstehen. [...] Sie möchten, daß ich nach Paris komme. Ich möchte, daß Sie nach Deutschland kommen. Doch in Paris brilliert man, wird man bewundert, hat man Altäre und einen Kult. In Deutschland meditiert man, lebt man zurückgezogen, versenkt man sich in den stillen Kult des Wahren [...].[81]

An Villers

Coppet, den 16. November [1802]

[...] Sie fragen mich, warum ich nicht nach Deutschland gehe: ich spreche kein Deutsch, und mich dünkt, daß ich es dort nicht so gut lernen könnte wie durch Bücher [...]. Es könnte mich reizen, Sie dort zu besuchen und mit Ihnen die hervorragenden Männer Deutschlands aufzusuchen. Italien, England, alles außer Frankreich könnte mich jetzt verlocken, und doch gehe ich nach Frankreich. Man hat, glaube ich, eine geheimnisvolle Liebe zu seinem Vaterland, anderswo irrt man umher [...]. Ich war erzürnt, als ich las, was [die Journalisten] über das schöne Werk meines Vaters[82] gesagt haben, aber das wahre Frankreich hat mit den Meinungen dieser Söldlinge der Macht weniger denn je zu schaffen [...]. Wozu nutzt schließlich das Schreiben, das Denken, das Fühlen, es sind Formen des Schmerzes, das ist alles [...]. Ich hege gleich Ihnen für den Geist der Deutschen große Bewunderung, doch die Kindheitserinnerungen, das Vaterland, die liebenswerten Franzosen, wie gering deren Zahl auch ist, können Sie all das aufgeben? [...] Adieu, Monsieur, wieder erschrecke ich über meinen langen Brief: meine Freunde würden Ihnen sagen, daß ich das Schreiben verabscheue, doch mir scheint, daß ich das Sich-Kennenlernen ersetzen möchte und daher so ungeordnet schreibe, wie man spricht, um mir einzureden, ich unterhielte mich mit Ihnen.[83]

Madame de Staël, bei Bonaparte immer noch in Ungnade, und Constant verbringen einen großen Teil des Winters in Coppet und Genf. Eine für beide kritische Zeit. Nach acht Jahren der Liaison lockert Constant von neuem seine Fesseln und denkt daran, ein weniger anspruchsvolles Wesen zu heiraten, aber wen? Was Madame de Staël betrifft, gerät sie in ihrer Schweizer Verbannung in tiefste Verzweiflung. Jedoch verschafft ihr der Erfolg von *Delphine* im Dezember etwas Auftrieb. Das Vorwort, »dem schweigenden und aufgeklärten Frankreich« gewidmet, ist eine versteckte Beleidigung Bonapartes und bewirkt bei ihm einen neuen Zornausbruch. »Ich hoffe«, sagt er, »ihre Freunde haben Madame de Staël davor gewarnt, nach Paris zu kommen; ich sähe mich sonst gezwungen, sie von der Gendarmerie über die Grenze bringen zu lassen.«

Die Veröffentlichung von *Delphine* bringt ihr auch einen Brief von Chateaubriand (1768–1848) ein. Sie war ihm drei Jahre vorher, kurz nach dem Erscheinen von *Atala,* bei seiner engen Freundin Madame de Beaumont begegnet.

Madame de Staël hatte, wie erinnerlich, noch bevor sie den Autor von *Atala* kennenlernte, Joseph und ihren Freunden in Mortefontaine Passagen aus diesem Buch vorgelesen und sein Genie begrüßt. Sie grollte ihm wegen seiner heftigen Kritik zur zweiten Auflage von *De la Littérature,* lobte aber im Vorwort zu *Delphine* sein Buch *Génie du Christianisme* deswegen nicht minder. Nach diesen ersten literarischen Gefechten festigte sich ihre Freundschaft, die auf dem gleichen Antagonismus gegen den Tyrannen gründete. Dennoch sollten sie zwischen 1804 und 1814 politische und religiöse Motive entzweien, bis Madame de Duras sie wieder versöhnte.

Zum Teil auch dank der Intervention Madame de Staëls konnte Chateaubriand 1801 aus seinem Exil in England und Amerika zurückkehren. Während man von ihm fünfzehn an Madame de Staël gerichtete Briefe, die zwischen 1801 und 1805 geschrieben wurden und nicht immer sehr freundlich waren, publiziert hat, gibt es nur zwei Briefe von ihr an ihn.

Paris, 8. Januar 1803. Rue Saint-Honoré n⁰ 85,
nahe der Rue Neuve-d-Luxembourg

Ich sollte Schweigen bewahren. Ich habe Ihnen einen langen Brief
über das Werk Ihres Herrn Vaters geschrieben; Sie beantworten mir
einen langen Brief, indem Sie vermeiden, von diesem Werk zu sprechen; ich schreibe Ihnen ein paar sehr herzliche Worte, als ich Ihren
Roman erhalte; Sie würdigen mich keiner Antwort. Ich weiß, daß
man in Coppet viel Schlechtes über mich sagt; indessen glaube ich,
von Ihnen und Ihrer Familie immer löblich gesprochen zu haben.
Man zieht über Sie her, man beleidigt Sie, weil Sie unglücklich sind;
ich finde Gelegenheit, an M. Necker zu erinnern, indem ich eine sehr
beredte Passage aus seinem *Cours de Morale religieuse* zitiere. In
demselben Artikel spreche ich von Ihren Fähigkeiten und den zahllo-
sen Hilfeleistungen, die Sie so vielen Unglücklichen erwiesen haben.
Sagen Sie mir, ob man sich besser rächen kann? Ich *attackiere* Sie jedoch, wie Sie mich attackieren; aber beurteilen Sie mich nach der Absicht und nicht nach meinen Ansichten, die nicht die Ihren sind.
Was soll ich Ihnen über *Delphine* sagen? Was Sie mir über *Génie du
Christianisme* sagten. Mit der Schere werde ich eine *Delphine* für
mich zurechtschneiden. Sie wollen alle meine Mysterien wegschnei-
den. Ich schneide den größten Teil Ihres dritten Bandes weg. Léonce
mag ich nicht. Im übrigen besitzt dieses Werk Geist im Überfluß.
Was mich vor allem entzückt, ist, daß das Unglück meisterhaft formuliert ist und dabei so eindringlich, daß ich um Sie zittere. Ich habe
kaum ergreifendere Seiten gelesen als jene, auf denen Sie den Vater
von Mme de Cerlèbe beschreiben; die Szene des Blinden ist be-
wundernswert.
Wissen Sie, daß Sie das leidenschaftlichste Wort des Romans einer
Frommen in den Mund gelegt haben? *Ich weiß nicht*, sagt Mathilde,
als sie von Léonce spricht, *ob Gott erlaubt, daß man sein Geschöpf so
sehr liebt*. Was Sie auch sagen mögen, nur religiöse Herzen kennen
die wahre Sprache der Leidenschaften.
Ich wage nicht, Sie zu fragen, ob wir Sie sehen werden. Wenn Sie
nicht herkommen, werden Sie nicht viel versäumen. Ich bereite mich
darauf vor, Paris im Frühjahr, sobald meine neuen Ausgaben erschienen sind, zu verlassen. Ich werde *Dies peregrinationis meae* wieder
beginnen. Wenn ich Frankreich ein zweites Mal verlasse, weiß ich
nicht, wann ich dorthin zurückkehre. Ich schwanke zwischen tau-

send Plänen; keine Wüste, an die ich nicht denke. Bald möchte ich mich nach *Louisiana* einschiffen und noch einmal die Wälder der Neuen Welt sehen; bald denke ich an Rußland. Ach! Könnte man doch all das, was man liebt, in einen vergessenen Winkel der Welt schaffen und in schöner Zurückgezogenheit eine kleine Kolonie von Freunden gründen! Das riecht nach Roman, zugegeben, aber die romanhaften Ideen sind so gut wie andere, da man in der Welt nur die Wahl zwischen Torheiten hat: weisen Torheiten, verrückten Torheiten, edlen Torheiten, niedrigen Torheiten, etc.

Adieu; sehen Sie zu, ob Sie mir endlich doch schreiben wollen und ob Sie in der Tiefe Ihres Herzens noch etwas von der alten Freundschaft für mich entdecken.[84]

An Joseph Bonaparte
Genf, den 27. März [1803]

[...] Ein Freund hat mir geschrieben, daß Sie mir raten, noch sechs Monate hier zu warten; fürs erste scheint das ein leicht zu befolgender Rat zu sein, doch erlauben Sie mir, Ihnen klarzumachen, wie grausam er für mich ist.

Seit fast einem Jahr vertröste ich die Gläubiger M. de Staëls brieflich von Monat zu Monat, ich muß sie persönlich sprechen, um mit ihnen zu irgendeinem Vergleich zu kommen, der mir die Möglichkeit gibt, sie zufriedenzustellen, ohne daß meine Kinder ruiniert werden. Ein Aufschub von weiteren sechs Monaten macht diese Angelegenheit unausstehlich, und auch dünkt mir, daß der Erste Konsul, der sich für die häuslichen Tugenden einsetzt, es nicht mißbilligen kann, wenn ich, ohne dazu verpflichtet zu sein, versuche, die Schulden M. de Staëls zu bezahlen. Die Erziehung meines älteren Sohnes leidet unter dieser einjährigen Abwesenheit schon genug, und ich selbst leide seelisch und physisch entsetzlich unter einem verlängerten Aufenthalt in einem Land, dessen Luft und Lebensweise mir keineswegs zusagen. Ich brachte meinem Vater das Opfer, jedes Jahr einige Monate bei ihm zu verbringen; doch in Frankreich geboren, an Frankreich gewöhnt, bin ich der allerbedauernswerteste Mensch in diesem Land, und ich kenne keins, Rußland mitgerechnet, das ich nicht vorzöge. Mein Vater schreibt mit gleicher Post an Konsul Le Brun einen Brief, den er dem Ersten Konsul zu zeigen bittet; er hat in diesem Brief meine Lage mit größter Eindringlichkeit und der ehrenwertesten

Anteilnahme dargelegt.[85] Ich weiß sogar, daß er bereit wäre, dieses Land zu verlassen und in Paris oder seiner Umgebung zu leben, um mein Los in Frankreich beständiger zu machen. Das wäre ein rührender Beweis von Zuneigung, denn es wäre ein großes Opfer; aber er ist ein so guter Vater, daß er vor dem Schicksal, das mir die Fortdauer meines Exils bereiten würde, schaudert. Lesen Sie gütigst seinen Brief an Le Brun, er wird Sie, denke ich, interessieren, und, um der Güte Maß voll zu machen, sprechen Sie mit dem Ersten Konsul darüber. [...]

Ohne Zweifel stimmen die philosophischen Ideen und die republikanischen Institutionen mit den Ansichten überein, die ich seit meiner Kindheit gehabt habe, und ich habe mich vielleicht etwas zu sehr gehenlassen, um diese Art zu fühlen zu bezeugen, doch mit der gleichen Aufrichtigkeit gebe ich Ihnen *mein Wort*, daß, läßt mich der Konsul nach Frankreich zurückkommen, ich mich auf Ehre gebunden fühle, nicht ein Wort zu sagen, nicht eine Zeile zu schreiben und nicht einen Schritt zu unternehmen, der ihm mißfallen könnte. Ich habe nicht die Kraft, meine Freunde und mein Vaterland aufzugeben und für literarischen Ruhm zu leben, den ich vielleicht erlangen könnte, wenn ich einen ganz anderen Entschluß faßte; meine Anhänglichkeit an meine Freunde beherrscht mich so sehr, daß ich Tag und Nacht weine, seit ich von ihnen getrennt bin. Da ich in solchem Maße Frau bin, muß ich es ganz und gar sein, und ich schwöre Ihnen, wenn der Konsul in meine Rückkehr einwilligt, wird er von mir in politischer Hinsicht nicht mehr reden hören als von der orientalischen Frau des Generals Menou[86]. Soviel über die Zukunft; lassen Sie mich jetzt ein Wort über die Vergangenheit sagen. Ist es mein Roman, der dieses Gewitter über mich heraufbeschworen hat? Ich weiß vom Hörensagen, daß der Kurfürst von Sachsen[87] ihn in Schutz nahm, daß der König von Etrurien[88] sich anschickte, ebenso zu handeln, daß Mme de Genlis[89], Geoffroy[90] und Fiévée[91] ihn verlästerten, doch was hat das alles mit dem Ersten Konsul gemein? Ich schätze, daß er mehr Freunde unter Personen hat, die wie ich denken, als unter meinen Gegnern. Schließlich sagt man, daß M. de Talleyrand sich in Mme de Vernon hat wiedererkennen wollen; der Erste Konsul kümmert sich um solche Lappalien sicher nicht. Nicht, daß M. de Talleyrand seit den ersten Tagen des Konsulats mir im Sinne des Ersten Konsuls nicht geschadet hätte; warum sonst sollte er kein Wohlwollen für eine Person haben, die das vielleicht verdient?

Man hat mir außerdem gesagt, der Erste Konsul sei davon überzeugt, daß ich nach England gehen wolle, um in Freiheit über all diese Dinge zu schreiben. Der Tag, da ich Frankreich verließe, wäre der unglücklichste meines Lebens. Zweifellos würde ich eher nach England gehen, als da zu bleiben, wo ich jetzt bin; doch ehe ich mich entschließe, mein Vaterland zu verlassen, muß der Erste Konsul vor den Augen Europas meine Kinder und mich durch seine Grenadiere festgenommen und die Familie M. Neckers behandelt haben, wie er die größten Feinde Frankreichs nicht behandelt hat. Doch ich weise diesen Gedanken weit von mir. Warum sollte der Erste Konsul mit solch unbegreiflicher Strenge gegen eine Frau vorgehen, die vielleicht über einige Geisteskraft verfügt, aber auch große Charakterschwächen hat, und die Sie, Joseph, mit so großer Zärtlichkeit liebt, daß Ihr Bruder sie nicht hassen dürfte. Ein Letztes, wenn mir die Rückkehr nach Paris nicht gestattet wird, verhelfen Sie mir in diesem Augenblick, da meine Angelegenheiten so drängen, wenigstens zu der Genehmigung, mich der Hauptstadt auf einige Meilen zu nähern, um von dort mit den Gläubigern M. de Staëls, die ich dann treffen kann, zu verhandeln, um die Erziehung meines Sohnes zu überwachen, Mathieu zu sehen, der zu mir so großherzig gewesen ist, und um meine Gesundheit wiederherzustellen, indem ich die linde Luft Frankreichs atme: muß ich Ihnen noch sagen, daß ich auf dem Lande, wohin ich ginge, sehr einsam leben würde? Es wäre wirklich töricht von mir, verhielte ich mich nicht meinem Ziel gemäß, und mein einziges Ziel ist es, in Paris mitten unter meinen Freunden zu leben; nur mehr diesen Wunsch hege ich. Sollte der Erste Konsul meine Lebensart hier wie zehn Meilen vor Paris denn nicht kennen, und will er nicht wahrhaben, daß er, wenn er sich Rechte auf meine Dankbarkeit erwirbt, einen Menschen verpflichtet, der an die Dankbarkeit glaubt und es daran nie hat fehlen lassen. Wenn Sie meinen, daß ich gut daran täte, dem Ersten Konsul direkt zu schreiben, würde ich mich getrauen, doch ich befürchte, daß mein Brief, wird er M. de Talleyrand gezeigt, diesem erneut Gelegenheit böte, den Ersten Konsul vor mir zu warnen [...].[92]

Während der kurzen Friedenszeit mit England 1802/1803 kamen sehr viele Engländer und Schotten nach Genf. Zwei von ihnen, Campbell und Robertson, werden in Kürze enge Freunde der Schloßherrin von Coppet, wie der folgende Brief an Hochet bezeugt.
Nach seiner Militärzeit, während der Revolution, in deren Verlauf er das

Gefängnis kennenlernt, und einer Dienstzeit als Sekretär eines Handelsrats beim Wohlfahrtsausschuß, zieht es Claude Hochet (1772–1857) zum Journalismus.

Im *Publiciste* übernimmt er die Theaterkritik, aber er bespricht auch *De la Littérature* und *Delphine,* und zwar mit viel Lobpreisungen.

Dieser stattliche und schöne junge Mann mit angenehmem Charakter wird Madame de Staëls und Constants Vertrauter und treuer Freund, der zwischen ihnen die Rolle eines »Agent de liaison« spielt und ihnen auch als Mittelsmann und Informant nützlich ist.

Freund des ganzen Kreises von Coppet und insbesondere von Prosper de Barante, hätte er, als er Madame de Staël während einer ihrer heimlichen Besuche in Paris 1806 bei sich empfängt, beinahe seine Stellung verloren. Zwischen 1800 und 1815 schreibt Madame de Staël ihm mehr als sechzig Briefe und Constant fast ebenso viele.

An Hochet

[Coppet oder Genf?] Den 10. Mai [1803]

[...] Frankreich ist für mein Glück notwendig; ohne diese betrübliche Abhängigkeit wäre ich eine andere, indes denken Sie daran, ob es möglich ist, für sein Glück weniger zu tun [...]. Es liegt im französischen Blut etwas, das der Zuneigung ihre Dauerhaftigkeit, den Vorzügen ihre Wirklichkeit nimmt. Ach! um wieviel näher ist mir *old England!* Kennen Sie die Rede Lord Ellenboroughs, der Colonel Despard verurteilt, und die Verteidigung Hauptmann MacNamaras[93], diese ungemein aufrichtige, sensible, würdige, gefaßte Art, die mitten im Staub französischer Phrasen wie der Schritt eines Mannes in der Wüste wirkt? Sie sagen, daß man in unserem Alter neue freundschaftliche Zuneigungen nicht mehr fassen kann. Nicht mehr in französisch, wohl aber in englisch. Sie[94] erweisen mir hier eine Zuneigung, die mich rührt und ohne die ich diese Tage des Exils und das beschränkte Genfer Altweibergeschwätz, das meinem Wesen und meinem Geist gar nicht liegt, niemals so gut überstanden hätte. Aber die Freunde der Kindheit, aber das Vaterland, aber die Sprache, ach! man muß in Frankreich leben, doch wenn dieses England geschlagen würde, wäre die Fackel des menschlichen Geistes erloschen und nirgendwo auf Erden vernähmen wir eine Stimme, die unserem Herzen antwortet. Wieso wage ich es nur, all das zu schreiben? Es ist dieses Papier, auf das ich schreibe, dieses mir von einem guten und interessanten Schotten geschenkte Papier, das mich zu solch indiskreter Offenheit verleitet [...]. Ich werde das Leben, so gut ich kann, bis zum Herbst weiterführen, ich bin nicht minder traurig, aber gelassener, seitdem die wieder schön gewordene Natur eine Art fortwährende Musik ist, die der Seele ihre ganze Harmonie zurückgibt. Mein Freund, das Refugium der heutigen Zeit ist in der Welt der Ideale; gäbe es keine Musik mehr, kein Grün, keinen Mond und keinen Frühling, wüßte man nicht, woher uns in unserem Innern diese Gefühle kommen, die jenen der Höflinge von Saint-Cloud so wenig ähneln, doch die Stimme der Vorsehung antwortet aus der Tiefe unseres Herzens, und der Stolz, die Liebe, die Unabhängigkeit, alles, was wir an Edlem besitzen, steht mit den unmittelbaren Werken des Himmels im Einklang [...]. Es gibt in Frankreich einen Nachahmungssinn, der alle Franzosen beherrscht, sie fürchten nicht etwa die Gefahr, aber sie haben Angst vor dem Alleinsein und können nur als Gruppe handeln oder reden. Dieser Wesenszug vereinigt sich mit dem Bedürfnis, Eindruck zu machen, und wenn M. de Montesquieu von Voltaire sagte: *er hat mehr als jeder den Geist, den jeder hat*, beschrieb er damit einen echten Franzosen; sie wollen einander hinter sich lassen, aber indem sie auf ein und derselben Bahn laufen. Die Engländer blicken überhaupt nicht um sich, und sie ähneln sich nicht in der Methode, sondern in der Moral:

pride in their port and defiance in their eyes I see the lords of human race pass'd by.[95]

Das ist, glaube ich, ebenfalls ein langer Brief; es ist angenehmer so, als nicht ganz so mitteilsam zu sein, doch denken Sie daran, daß oft auch kleine Briefe Freude machen. Adieu, ich bin Ihre Freundin fürs Leben, nicht wahr, Sie sind sich dessen jetzt sicher? Sammeln Sie alles, was mich betrifft, und berichten Sie mir darüber, auch die beiläufigsten Worte geben zu denken.[96]

Der Schotte Lord John Campbell (1777–1847), später siebenter Herzog von Argyll, war im April nach Genf gekommen, um sich über eine unglückliche Ehe zu trösten.
Ein Arzt, Dr. Robert Robertson, begleitet ihn. Sie werden Madame de Staël am 16. April bei den Necker de Saussures vorgestellt. »Sie muß an die Vierzig sein«, notiert John Campbell in seinem Tagebuch. »Ihre Augen sind dunkel und ausdrucksvoll, ihre Gesichtszüge derb und ihre ganze Erscheinung recht angenehm.«
Während ihres Aufenthalts in Coppet entwickelt sich zwischen den dreien eine enge Freundschaft. Indes scheint die Schloßherrin mehr Zuneigung

zu Robertson zu empfinden, dessen »Äußeres, sein Benehmen und seine Stimme sie leicht hätten betören können«, wie Campbells Sohn und Biograph später bemerken wird.

Im Juni bereist sie mit ihnen die östliche Schweiz, doch infolge der Kriegserklärung gegen England werden die beiden jungen Leute beinahe verhaftet. Als Frau verkleidet gelingt es Campbell, nach Deutschland zu entkommen.

Sie schreibt ihm in zwölf Monaten fünfzehn Briefe, doch seine Antwortbriefe sind augenscheinlich selten und reserviert. Der wortkarge Schotte fürchtet die Leidenschaftlichkeit seiner Gastgeberin und findet, daß ihr Charakter und ihre Ansichten von jenen seines Milieus zu verschieden sind.

An Campbell

Coppet, Mittwoch morgen [28. Juni 1803]

[...] Ich war hocherfreut, als ich Robertson am Sonntag wiedersah; ich gab mich in jenem Moment einer fast völligen Täuschung über die Zukunft hin; doch jetzt bedrückt sie mein Herz, diese Zukunft, die mich von Ihnen trennt, diese Zukunft, die mich Ihrer Gesellschaft beraubt, die mit meinen Ansichten und meinen Gefühlen derart harmoniert, daß es mir vorkommt, als liebte ich Sie schon seit langem und hätte Sie nur wiedererkannt. Adieu, my dear Lord; beklagen Sie mich, die ich in die Herzenseinsamkeit zurücksinke. Schreiben Sie mir, um mir zu sagen, daß Sie an mich denken. Ich will mutig sein, doch von allen Qualen des Lebens ist die der Trennung am schwersten zu ertragen, und deshalb ist es so töricht, seine Zuneigung von Ausländern gewinnen zu lassen; aber ich habe in meinem Herzen nicht mehr Voraussicht als die Wilden, und ich erwarte nichts und fürchte nichts vom Morgen. Noch einmal adieu; es ist mir, als käme ich zur Tür zurück, um Sie noch einmal zu umarmen. God bless you, und wenn Sie irgendwelche Kümmernisse haben, wenn Ihnen die Freundschaft einer Schwester nottut, kommen Sie, wo es auch sei, zu mir zurück, und immer erwartet Sie meine aufrichtigste und zärtlichste Zuneigung [...]. Nichts Erfreuliches erwartet mich, und mein Herz ist trist wie ein Tag in Ihren Breiten. Adieu; bewahren Sie Achtung und Liebe für einen Menschen, dessen äußere Art anders als die Ihre ist, aber dessen Herz Ihnen gleicht [...]. Bekämpfen Sie die Zeit und sehen Sie zu, daß immer eine Verbindung zwischen uns bestehen bleibt. Adieu; ich will nichts behaupten, aber gibt es fern Ihrer Familie eine Frau, deren Zuneigung Sie mit der meinen vertauschen könnten? Zum letzten Mal, adieu.[97]

An Meister

[Coppet,] den 29. Juni [1803]

Sie haben uns, Monsieur, Hoffnung gemacht, Sie um diese Zeit in Coppet zu sehen, und ich erinnere Sie daran, wie sehr wir uns das wünschen. Wenn Sie noch in Zürich sind, empfehle ich Ihnen zwei Engländer, mit denen ich gerade zwei Monate verbrachte, während derer wir uns täglich sahen und mit denen ich mich jeden Tag wohler fühlte. Der eine ist Lord John Campbell, der zweite Sohn des Herzogs von Argyll; der andere M. Robertson, ein höchst gebildeter Schotte. Die beiden haben in ihrer Art jenen Charme, der uns in Frankreich verlorengegangen ist und dem wiederzubegegnen so angenehm berührt. Aber sie sind schüchtern und sprechen schlecht Französisch [...]. Ich rede Ihnen da viel von England, und wahrhaftig, meine Achtung und mein Interesse an diesem edlen Land haben nicht abgenommen. Sollte den Engländern in Zürich irgendeine Gefahr drohen, vertraue ich darauf, daß Sie so gut sind, meine Freunde zu warnen, die ich Ihnen nochmals empfehle, indem ich Ihnen versichere, daß sie Ihrer würdig sind. Tausend Grüße.[98]

An Campbell

Coppet, 22. Juli [1803]

[...] Ich habe zu Robertson echte und tiefe Zuneigung gefaßt, und was er mir an Gefühl gezeigt hat, überzeugte mich, daß ein Mann fähig sein kann zu einer Empfindung, wie ich sie ersehne, wie ich sie wünsche, um jene schenken zu können, die ich in mir spüre. Glücklicherweise, wenn ich dieses Wort in einem Augenblick bitteren Schmerzes überhaupt aussprechen kann, glücklicherweise hat eine dunkle Ahnung, Robertson könnte unbeständig sein und seine Gefühle für mich selber überschätzen, mein Herz zurückgehalten, das bereit war, sich für immer an ihn zu binden, und das ich vor einer nicht wiedergutzumachenden Verpfändung bewahrt habe. Es bleibt genug zurück, um traurig und leidend zu sein, vielleicht bis zum Ende der Tage der Jugend, die das Leid so schnell verkürzt.

Sie sehen, mit welcher Offenheit ich zu Ihnen spreche, my dear Lord. Ich habe so große Hochachtung vor Ihrem Charakter, ich habe zutiefst gespürt, daß, so Sie mich geliebt hätten, auch ich Sie geliebt haben würde, und daß ich Ihnen ganz ohne Furcht das, was jede andere Frau verheimlichen würde, zeigen kann, und so darf ich damit rechnen, daß Mis de Lorne[99] nie einen einzigen meiner Briefe an Sie zu Gesicht bekommen noch von Ihnen je erfahren wird, daß es mich so schmerzlich berührt hat, von einem Mann getrennt zu sein, den die Umstände weit weg von mir führten [...].[100]

Die Reise nach Deutschland, Weimar und Berlin
(1803-1804)

Nach dem Weggang der zwei Schotten denkt Madame de Staël ernsthaft daran, ihnen nach Deutschland zu folgen. Doch Mathieu de Montmorency kommt und leistet ihr statt ihrer für den Rest des Sommers Gesellschaft.
Während dieser Zeit, als England sich weigert, gemäß den Bedingungen des Vertrags von Amiens Malta zu räumen, organisiert Bonaparte die »Große Armee« in Boulogne, wo er die »Landung« oder die Invasion der Britischen Inseln vorbereitet.
Am 16. September schickt Madame de Staël sich an, mit Montmorency und zwei ihrer Kinder in die Umgebung von Paris zu reisen. Bevor sie das väterliche Haus verläßt, richtet sie, der Familientradition zufolge, an den, den sie nie wiedersehen soll, folgende Botschaft voller Vorahnungen.

An Necker

[Coppet, 16. September 1803]

Ich kann mich nicht enthalten, mein Engel, während ich noch unter Deinem schützenden Dach lebe, Dir zu sagen, daß ich alle meine Kräfte zusammennehmen werde, um zu versuchen, mir ein Leben in diesem Lande einzurichten, von dem ich weiß, daß es für mich erträglich genug ist, um Dich dadurch glücklich zu machen. Diese Trennungen zerreißen mir das Herz, und sind diese großen Schmerzen nicht eine Warnung des Himmels, daß wir uns nicht trennen sollen? Du, der so gut auf dem Grund des Herzens liest, Du mußt wissen, daß mein Leben mehr denn je von dem Deinen abhängt. Um meines eigenen Lebens willen, das Du meinen Kindern erhalten willst, flehe ich Dich an, sei mit größter Umsicht auf Deine Gesundheit bedacht. Ich fühle, daß man sich vom Leben lossagen könnte, lebte man für sich allein, doch wenn eine ganze Familie auf Deinen Schultern ruht, schütze sie, mein Engel, und erbebe, so Du daran denkst, was Deine arme Tochter litte, wenn Sie um Dich bangen müßte. Du siehst mein Gemüt von Stürmen geschüttelt; ich weiß nicht, ob die Vorsehung mir Deinetwegen gewähren wird, einen Halt zu finden, der mich, wenn ich Dich verliere, daran hindert, mich zu töten. Ich weiß nicht, ob sie, tausendmal gnädiger, Dir ein so langes Leben gewähren wird, das mir erlaubt, meine Kinder zu Deinen Lebzeiten auf eigene Füße zu stellen und dann mit Dir zu entschlafen. Ich weiß, daß ich in diesem Augenblick, sollte ich Dich verlieren, in Krämpfen der Verzweiflung sterben würde. Achte also auf Dich, ich bitte Dich inständig, und nicht nur, um mir das Leben zu erhalten, sondern auch, um mir diesen Schmerzenstod zu ersparen, der alle meine Sinne erschaudern läßt. Antworte jetzt mit keinem Wort auf diesen Brief; komm wegen einiger Angelegenheiten während des Frühstücks zu mir; verlaß mein Zimmer, ohne mir oder meiner Tochter etwas zu sagen; laß Dir die Papiere vorlesen und schreib mir erst Montag. Ich brauche solche Rücksichtnahme ebenso wie Du; ich bin tiefer erschüttert und zerrissener als je zuvor in meinem Leben, ohne irgendeine bestimmte Vorahnung wegen dieser Reise zu haben; ich bin überzeugt, daß sie vernünftig ist und gut ausgehen wird, aber Dich ein Jahr länger gesehen zu haben heißt, Dich tausendmal mehr lieben. Verzeih, wenn ich in meinen Anfällen von Verrücktheit Unsinn geredet habe. Gott weiß, daß ich Dich liebe, daß ich Dich verehre und daß ich keinerlei Bedauern empfinde, weil Du nicht nach Frankreich gegangen bist. Ich werde vielleicht anderer Meinung sein, wenn ich erst dort bin, doch von hier gesehen scheint es mir Deiner nicht würdig. Sei also ganz sicher, daß Du gefühlt hast, was es an Himmlischstem gab, und getan, was am Weisesten ist. Gott wird mich Deinetwegen schützen. Adieu, wir werden uns wiedersehen, doch hiermit adieu.[1]

»Liebe Minette«, schrieb er ihr vier Tage später, »Du bist ganz entschieden die liebenswerteste und intelligenteste Person auf der ganzen Welt. Können wir mit alldem nichts tun, um Dich glücklich zu machen?«
Am 26. kommt sie in Maffliers, nordöstlich von Paris, nicht weit von Josephs Besitz Mortefontaine, an, wo sie ein Haus gemietet hat, und noch am gleichen Tage schreibt sie an den Ersten Konsul. Dieser Brief ist der erste der fünf veröffentlichten Briefe, die sie zwischen 1803 und 1810 an ihn richtet; die anderen sind vernichtet worden oder noch nicht publiziert. Was ihn betrifft, hat er es immer abgelehnt, ihr zu antworten.

An Bonaparte

Bürger Erster Konsul,

Da man mich letzten Winter davon unterrichtet hatte, daß Ihnen meine Rückkehr nach Paris nicht genehm war, habe ich mich ohne direkten Befehl Ihrerseits dazu verurteilt, achtzehn Monate im Exil zu leben. Einige wohlwollende Worte, die Sie seither über mich gesagt haben und die mir zu Ohren gekommen sind, haben mich davon überzeugt, daß Ihnen dieses Exil lang genug erschien und Sie willens sind, in Erwägung zu ziehen, daß Familienangelegenheiten meine Rückkehr nach Paris absolut notwendig machen. Ich werde mich indes in einem Landhaus 10 Meilen vor Paris aufhalten und mir nicht erlauben, nach dort zu kommen, ohne Ihre Absichten in bezug auf mich zu wissen. Kennte ich die Art des Vorurteils, das meine Feinde Ihnen einzuflößen versucht haben, wüßte ich, was ich sagen muß, um mich zu rechtfertigen, doch ich beschränke mich darauf, Ihnen zu versichern, daß ich während meines Aufenthalts in Frankreich nicht ein einziges Wort sagen oder schreiben werde, das Staatsangelegenheiten betrifft. Ich weiß nicht, ob ich, in Paris geboren, überall in Frankreich den rühmlichen Spuren des öffentlichen Amtes meines Vaters und den wohltätigen Stiftungen meiner Mutter begegnend, als Ausländerin betrachtet werden kann. Doch ich weiß, daß mein Aufenthalt in Frankreich allein von Ihrem Willen abhängt, und wenn ich Sie bitte, ihn zu bewilligen, würde ich meinen Charakter erniedrigen, erfüllte ich nicht treu die Bedingungen, die zwangsläufig an diese Gunst geknüpft sein müssen, auch wäre ich lediglich darauf angewiesen, darum zu bitten, zwei Monate in einem Landhaus zehn Meilen vor Paris verbringen zu dürfen, damit meine Kinder sich erholen können, die die ermüdende Reise etwas mitgenommen hat, und um mit M. de Staëls Gläubigern eine Vereinbarung zu treffen, die mir erlaubt, sein Andenken in Ehren zu halten, ohne meine Kinder zu ruinieren. Ich hoffe, daß Ihre Güte und, wenn ich mir erlauben darf, das zu sagen, Ihr Gerechtigkeitssinn es nicht nur bei diesen zwei Monaten belassen werden. Warum sollten Sie das Schicksal einer Frau verwirren, die in ihrem Leben nie jemandem etwas zuleide getan hat? Warum sollten Sie eine Mutter zwingen, anderswo als in ihrem Vaterland die notwendige Unterstützung für die Erziehung ihrer Kinder zu suchen? Warum schließlich sollten Ihre Blicke von der Höhe, auf der Sie stehen, auf mich fallen, wenn nicht aus einem Gefühl des Beschützens und Wohlwollens?

Genehmigen Sie, Bürger Konsul, die Versicherung meiner Hochachtung.[2]

An Joseph Bonaparte

Maffliers, Mittwoch, den 4. Oktober [1803]

Ich muß, wenn auch zu meinem Bedauern, mit Ihnen, mein lieber Joseph, noch einmal über meine traurigen Angelegenheiten reden. Vielleicht wird es das letzte Mal sein. Ich wollte Sie nie und nimmer mit
irgendeiner Bitte belästigen, doch es gehört zum großen Unglück der
Verfolgten, daß sie um die Luft, die sie atmen, bitten müssen, wie andere um hoch dotierte Ämter bitten. Mein Rechtsanwalt[3] hat mir für
einen Monat ein Haus zur Verfügung gestellt, das nahezu unbewohn-
bar, und schlimmer noch, für meine Kinder gesundheitsschädlich ist.
Ich muß unbedingt dort ausziehen, zudem kann ich einen Knaben von
dreizehn Jahren nicht fern aller Lehrer leben lassen, die für seine Erziehung notwendig sind. Ich muß daher wissen, wo ich den Winter
verbringen kann. Wenn ich nicht in Paris bleiben kann, muß ich um
einen Paß bitten, um meinen Sohn auf eine gute Universität in
Deutschland zu schicken, und ich kann mit einem Entschluß nicht
warten, bis die Wege unbefahrbar geworden sind. Es wäre mir bei
weitem lieber gewesen, meinen Sohn auf die Ecole polytechnique
vorzubereiten, als mich damit begnügen zu müssen, ihm eine Erziehung im Ausland zu geben. Aber kann ich die ungerechte Behandlung, die ich erfahre, noch länger ertragen? Erlauben Sie mir, Ihnen
ein Bild davon zu geben. Ich schreibe einen Roman, der sicherlich
nichts enthält, was die Regierung kränken kann. Zehn französische
Zeitungen werden beauftragt, ihn zu schmähen. Für Theaterstücke
gibt es eine Zensur. Zwei Stücke werden im Vaudeville gespielt. In
allen beiden werde ich, in einem auch mein Vater, persönlich beleidigt. Ein ehemaliger Minister, eine Frau, die Frau eines Botschafters,
werden zu ihren Lebzeiten auf der Bühne dargestellt. Mein Vater, in
seinem Alter und mit seinem Ansehen, schreibt an Lebrun und erklärt ihm, daß er kommen will, um seine Sache in Paris persönlich zu
verfechten. Man antwortet ihm, daß man seine Tochter seines Buches wegen verbanne.
Die Hälfte seines Vermögens ist in Händen des Staates, und weder
ihm noch mir gibt man die Freiheit, selber zu kommen, um das, was
man uns schuldet, zurückzufordern. Und all das wegen welchen Ver-

brechens! Weil ich, vielleicht unbedacht, meine Meinung über Freiheit und Philosophie geäußert habe. Es ist grausam, wegen eines solchen Vergehens M. Neckers ganze Familie aus Frankreich zu verbannen und sich durch kein Versprechen für die Zukunft davon abbringen zu lassen. Man sagt mir wiederholt über meinen Geist, über meinen Einfluß Komplimente, die ich leicht missen könnte. Beurteilte ich nach dem Grimm meiner Feinde meine Überlegenheit, müßte ich eine hohe Meinung von ihr haben. Doch Sie, der Sie mich kennen, wissen Sie nicht, wie ich bin? Sie, der, wenn Sie es wollten, so großen Einfluß auf mich hätten, wissen Sie nicht, daß ich eher beherrscht werde denn herrsche? Dieser Geist, wenn es ihn gibt, in Frankreich gezügelt und fügsam, wird er überall sonst nicht freier sein? Und Sie, der Sie das menschliche Herz so genau kennen, sind Sie nicht davon überzeugt, daß ich jetzt den aufrichtigsten Wunsch habe, die Gunst der Regierung, die allein mir die Ruhe und Frankreich zusichern kann, wiederzugewinnen? [...].[4]

Madame de Staël hatte ein Haus in Paris gemietet, heute Rue de Lille Nr. 121, wohin sie sich wie gewohnt heimlich begibt. Überzeugt, daß Maffliers innerhalb der Zehn-Meilen-Zone von Paris liegt, läßt Bonaparte Madame de Staël durch einen Freund wissen, falls sie am 7. Oktober nicht fort sei, werde sie von Gendarmen in die Schweiz zurückeskortiert. Entrüstet flüchtet sie sich für einige Tage zu Juliette Récamier nach Saint-Brice, was nicht weit entfernt liegt, und schreibt dem Ersten Konsul von neuem.

An Bonaparte

[Saint-Brice, 8. Oktober 1803]

Ich lebte friedlich in Maffliers und verließ mich auf die Zusicherung, dort bleiben zu können, die Sie mir gütigst hatten geben lassen, als man mir sagte, daß Gendarmen mich und meine zwei Kinder dort festnehmen sollten. Bürger Konsul, ich kann es nicht glauben; Ihre Tat würde mich auf eine grausame Weise auszeichnen: sie trüge mir eine Zeile in Ihrer Geschichte ein.
Sie würden meinem ehrwürdigen Vater einen Stoß versetzen, der, des bin ich sicher, trotz seines Alters herkommen und Sie fragen würde, welches Verbrechen ich begangen habe, welches Verbrechen seine Familie begangen hat, um eine solche unmenschliche Behandlung zu erfahren. Wenn Sie wollen, daß ich Frankreich verlasse, lassen Sie

mir einen Paß für Deutschland ausstellen und geben Sie mir eine Woche Zeit in Paris, um mir für meine Reise Geld zu beschaffen und mit meiner sechsjährigen Tochter, die die Fahrt überanstrengt hat, einen Arzt aufzusuchen. In keinem Lande der Welt würde eine solche Bitte abgeschlagen werden.

Bürger Konsul, nicht Ihr eigener Antrieb ist es, der Sie dazu führt, eine Frau und zwei Kinder zu verfolgen; es ist ausgeschlossen, daß ein Held nicht der Beschützer der Schwäche ist. Ich beschwöre Sie noch einmal, erweisen Sie mir alle Gnade; lassen Sie mich in Frieden im Hause meines Vaters in Saint-Ouen leben, es ist Paris nahe genug, daß mein Sohn von dort aus die Ecole polytechnique besuchen kann, und fern genug, daß ich dort kein offenes Haus halten kann. Ich werde es im Frühjahr wieder verlassen, wenn die Jahreszeit das Reisen für Kinder möglich macht.

Zum Abschluß, Bürger Konsul, überlegen Sie einen Augenblick, bevor Sie einem wehrlosen Menschen so großes Leid antun; durch einen einfachen Akt der Gerechtigkeit können Sie mir eine tiefere und nachhaltigere Dankbarkeit einflößen als andere Ihnen vielleicht entgegenbringen, die Sie mit Gunstbeweisen überschütten.

Hochachtungsvoll bin ich,

Bürger Konsul, Ihre alleruntertänigste Dienerin

Necker Staël de Holstein[5]

Daraufhin kehrt Madame de Staël nach Maffliers zurück in der Hoffnung, Napoleon umgestimmt zu haben und in Erwartung eines günstigen Ausgangs der Fürbitte Josephs bei seinem Bruder.

Joseph Bonaparte an Madame de Staël

Paris, 15. Vendémiaire im Jahre XII

[8. Oktober 1803]

Madame,

ich habe Ihre Briefe erhalten; ich bin heute morgen eigens in Saint-Cloud gewesen, ich habe alle Mühe aufgewandt, die Sie bei meiner Einstellung zu Ihnen mit Recht erwarten, doch glaube ich, keinen Erfolg gehabt zu haben; der Erste Konsul hat das Gespräch mit den Worten beendet: *»Ich werde heute abend den Hohen Richter[6] sehen.«* Genehmigen Sie, Madame, mein lebhaftes Bedauern, daß ich dem Vertrauen, das Sie mir bezeigen und das ich durch die Freundschaft, die ich Ihnen geweiht habe, verdiene, nicht besser entsprochen habe.

Joseph Bonaparte.[7]

Eine Woche später, am 15. Oktober, als sie, immer noch hoffend, Bonaparte werde sich eines Besseren besinnen, mit Freunden im Salon sitzt, bemerkt sie einen Gendarmen am Gatter. Zwei Tage vorher hatte der Erste Konsul eine Order unterzeichnet, die ihr ausdrücklich befiehlt, sich binnen vierundzwanzig Stunden auf 40 Meilen zu entfernen.

Auf dem Wege nach Paris, wo sie noch einige Angelegenheiten zu regeln hat, verweilt sie in Saint-Brice, um von Juliette Récamier Abschied zu nehmen, und trifft dort deren letzten Verehrer, den General Junot, der ihr verspricht, am folgenden Tage zu versuchen, den Ersten Konsul umzustimmen.

Indessen kann sich Madame de Staël in ihrem Haus in der Rue de Lille zu keinem Entschluß durchringen. »Ich weiß noch immer nicht, wohin ich meine Schritte lenken soll«, berichtet sie ihrem Vater, »ich weiß nur, daß ich zweimal täglich von meinem verkleideten Gendarmen besucht werde, der mich an den Ritter Blaubart erinnert, wie er ruft: ›Kommst du bald herunter?‹«.

Joseph Bonaparte an Madame de Staël

23. Vendémiaire [16. Oktober 1803]

Madame, ich war den ganzen heutigen Tag in Saint-Cloud, ohne etwas erreichen zu können; wir sind vor fünf Minuten bis zum Pont de la Révolution[8] gekommen in der Absicht, Ihnen wenigstens adieu zu sagen. Es erschien meiner Frau ungeziemend, so spät zu kommen, wenn man so wenig zu sagen hat; Sie hätten annehmen können, daß uns der Erfolg zu einer so unpassenden Zeit zu Ihnen führe, und es wäre mir zu schmerzlich gewesen, Sie enttäuschen zu müssen; wir begeben uns daher nach Hause, sind von unserer Reise sehr ermüdet. Morgen werde ich kommen, Ihnen adieu zu sagen.[9]

Entmutigt und von ihren Freunden gedrängt, entschließt sich Madame de Staël, nach Deutschland abzureisen, wo *Delphine* eine begeisterte Aufnahme gefunden hatte. Doch am 18. lädt Joseph sie ein, einige Tage in Mortefontaine zu verbringen, und sie nimmt die Einladung an. Am gleichen Tage schreibt Juliette ihr das folgende Billet – das einzige an ihre

Freundin, das uns bekannt ist und das sich unter den Papieren Jordans fand. Doch sollte es Madame de Staël nicht erreichen, sonst hätte es vielleicht ihren Entschluß und somit ihr Schicksal geändert.

Madame Récamier an Madame de Staël

[Saint-Brice, 16. Oktober 1803]

Im Augenblick, als ich das Billet erhielt, das mir Ihre Abreise anzeigt, hat man mir auch eins von Junot übergeben, der mir schreibt: »Ich habe heute morgen den Konsul gesehen; er hat mir gesagt, daß sie seinetwegen Frankreich nicht zu verlassen braucht; er möchte gern, daß sie sich in Dijon niederläßt, wenn ihr das recht ist; er hat mir sogar leise zu verstehen gegeben, wenn in Zukunft nichts Neues passiert ... Ich hoffe, daß ihre Klugheit und Ihre dringenden Bitten den Satz zu Ende führen werden.« Sie wissen das sicherlich alles. Was mich betrifft, kann ich mich über Ihre Abwesenheit nur ein wenig trösten, indem ich hoffe, Sie bald wiederzusehen. Ich bitte mir als Gnade aus, mich Ihre Pläne wissen zu lassen. [...] Adieu. Es ist sehr schwer, sich daran zu gewöhnen, Sie nicht mehr zu sehen, wenn man das Glück gehabt hat, einige Tage in Ihrer Nähe zu leben. Ich warte mit banger Ungeduld auf Nachricht von Ihnen.

Juliette R.

Sonntag abend.[10]

Madame de Staël hatte die schöne Juliette Récamier (1777–1849) 1797 in Paris kennengelernt anläßlich des Verkaufs eines Hauses von Necker an M. Récamier, einen seiner Bankiers.

Madame de Staël, die Juliette mit dem Ewig-Weiblichen, ewiger Jugend und Reinheit identifizierte, fühlte sich mit dem Ungestüm eines Liebhabers zu ihr hingezogen. Trotz des leidenschaftlichen Tons der Briefe Madame de Staëls, die sie »meine kleine Schwester und Beschützerin« und »mein Schwesterengel« nennt, blieb es eine innig vertraute Freundschaft.

Die anfangs zurückhaltende Zuneigung Juliettes zu ihrer älteren »Schwester« vertieft sich mit der Zeit und gewinnt eine Art heroische Ergebenheit, als sie das Angebot Napoleons ablehnt, Joséphines Hofdame zu werden, und die Verteidigung ihrer Freundin gegen den Unterdrücker übernimmt, womit sie dessen Zorn und ihre eigene Verbannung heraufbeschwört. Das hat 1806 auch den Bankrott ihres Gatten zur Folge, dem Napoleon eine Anleihe verweigert.

Was auch immer die Ursache war, Frivolität oder körperliche Mißbildung, Juliette verstand sich auf die durchtriebene Kunst, das Feuer der Männer zu schüren, um sie im letzten Moment zurückzustoßen. Zu ihren Opfern zählen Montmorency und sein Cousin Lucien, Junot, Lucien Bonaparte, Prosper de Barante, Ballanche, Murat, Constant und auch noch Auguste de Staël. Mit dem Prinzen August von Preußen, dem Neffen Friedrichs des Großen, den sie 1807 in Coppet kennenlernt, kommt es fast zur Hochzeit. 1846 noch lehnt sie den Heiratsantrag Chateaubriands ab, doch trösten sie sich in andächtiger Erinnerung an ihre gemeinsame Freundin.

Zwischen 1800 und 1817 erhält Juliette, mehr als jeder andere Briefpartner außer Monsieur de Staël, von Madame de Staël etwa 170 Briefe, die alle veröffentlicht sind.

Von Joseph mit Pässen und Empfehlungsbriefen versehen, treten Madame de Staël und ihr Gefolge, das aus ihren beiden Kindern (Albert war in Genf im Pensionat geblieben), Constant, dem Hauslehrer Bosse und drei oder vier Domestiken besteht, am 24. Oktober die Reise nach Deutschland an. In Bondy, zwei Meilen vor der Hauptstadt, machen sie in der Hoffnung auf einen letzten Gesinnungswechsel des Ersten Konsuls halt. In rastloser Erwartung fährt Madame de Staël rings um die Stadtmauer von Paris, hält in einer der Herbergen an und schreibt ihrem Vater bange Briefe. »Trage im Unglück Deinen Kopf hoch«, antwortet er ihr, »und gestatte keinem Mächtigen dieser Erde, Dir seinen Fuß auf den Nacken zu setzen.«

Doch aus Saint-Cloud kommt keinerlei Zeichen, und sie ist gezwungen, in Richtung Metz abzufahren, um dort Villers zu treffen, der seinerseits nach Paris unterwegs ist.

Zwei Tage nach ihrer Ankunft in dieser Stadt schreibt sie an Montmorency. Mathieu-Jean-Félicité de Montmorency-Laval, Vicomte de Laval, später Duc-Pair de Montmorency (1767–1826), Abkomme eines der berühmtesten Geschlechter, ist ihr ältester und treuester Freund. Er dient als Hauptmann in der Garde des Grafen von Artois und wird der jüngste Abgeordnete bei den Generalständen. In dieser Eigenschaft ist er einer der Initiatoren des Antrags, die Adelstitel abzuschaffen. Zu dieser Zeit befreundet er sich mit Madame de Staël, und diese verliebt sich in ihn. Während der Exekutionen in Paris verdankt auch er, ebenso wie seine Mutter, Madame de Laval, sein Leben Madame de Staël. Nach dem Tode seiner Verlobten 1791 wurde er sehr fromm.

Aus seiner Zuneigung zu Madame de Staël wird tiefe Verehrung, und nach dem Tode seiner Freundin wird er der gesetzliche Vormund ihrer Kinder. Oft suchte er sie vor einer neuen Liaison zu bewahren und sie vor sich selbst zu schützen. »Laßt uns drei um ihr so anfälliges Herz wie ihre so schmerzliche Lage unablässig besorgt sein«, schrieb er 1797 an Madame Necker de Saussure.

Ich habe von Ihnen, lieber Mathieu, zwei Briefe erhalten, die ich nur unter vielen Tränen lesen konnte. Ich bin recht schwach, und die Nächte, die ich nahezu schlaflos verbringe, nehmen mir die letzte Kraft. Ich hatte nicht geahnt, daß ich so leiden könnte, wie ich leide; hätte ich es geahnt, würde ich mich anders verhalten haben. Um mir den Rest zu geben, hat meine Tochter Keuchhusten, und ich weiß wirklich nicht, was werden soll. Ich hoffe, am nächsten Donnerstag abreisen zu können, doch sterbe ich vor Angst, das Klima des Nordens könnte dem armen Kinde nicht zuträglich sein. Was hat der Erste Konsul mir angetan! Ich glaube dennoch, dem menschlichen Herzen zu Ehren, wenn er von all dem eine genaue Vorstellung gehabt hätte, daß er davor zurückgeschreckt wäre. [...] Ich habe mir gestern die Kathedrale von Metz und die Synagoge der Juden angesehen. Diese Gräber in der Kathedrale, diese gellenden Schreie in der Synagoge, alles wirkte auf mich ein, und ich bekam eine schreckliche Angst vor dem Leben. Mir schien, als ob der Tod meinen Vater, meine Kinder und meine Freunde bedrohe, und Eindrücke dieser Art müssen wohl Geistesgestörtheit hervorrufen. Warum Ihnen, lieber Mathieu, einen so jämmerlichen Zustand schildern? Aber meine Seele sucht in der Ihren Zuflucht, und ich empfinde jenes Gefühl für Sie, das Sie in den Menschen erwecken, denen Sie vertrauen und die Sie für besser als sich selber halten. Benj[amin] ist ausnehmend gut zu mir. Sicher wären mir ohne ihn ganz ungewöhnliche Dinge zugestoßen. Ich bitte Sie, ihn des Guten wegen, das er mir tut, zu lieben, oder besser des Bösen wegen, vor dem er mich bewahrt. Ich habe hier Villers de Kant getroffen, der wirklich ein Mann von Geist ist und anziehend durch seine Begeisterung für das, was er für gut und wahr hält. Er hat eine beleibte Deutsche, Frau von Rodde, bei sich, deren Reize mir noch schleierhaft sind. Der Präfekt hat sich mir gegenüber tadellos verhalten, aber ich errege deshalb nicht minder schreckliche Angst in der Stadt. Man hat hier alles übertrieben, wenn übertreiben möglich ist, und ein armer Kriminal-Gerichtspräsident, Villers' Schwager, glaubt mich nicht aufsuchen zu können, ohne Gefahr zu laufen, seines Amtes enthoben zu werden. In Paris kennt man die Wahrheit besser, doch hier ist man wie eine in Ungnade gefallene Pestkranke. Ein Grund mehr, um hier nicht zu bleiben. Doch die Briefe, die alle Tage und schon nach zwei Tagen eintreffen, sind noch eine Verbindung, die ich, wenn ich fortgehe, zerreiße. Ich bin dazu jedoch entschlossen, wenn die Gesundheit meiner Tochter es mir erlaubt [...]. Später werde ich Ihnen schreiben, was ich mache. Ich ändere viermal täglich meine Meinung; dennoch glaube ich, daß ich nach Frankfurt gehen werde. Adieu, lieber Mathieu, werden Sie nicht müde, Ihre arme Freundin zu lieben. Was sagt man in Paris zu meiner Geschichte? [...].[11]

In Metz bleibt Madame de Staël zwölf Tage anstatt der vorgesehenen sechs, so sehr gefällt ihr das philosophische und galante Duell mit Villers, bei dem jeder seinen nationalen Standpunkt verteidigt. Danach, am 8. November, reist sie weiter und ist fünf Tage später in Frankfurt.

An Necker

[Frankfurt, 15 November 1803]

[...] Man behandelt mich hier gut, soviel ich sehe, doch ist es eine Stadt ohne jeden Glanz, und alles Materielle ist in Deutschland unerträglich: Betten, Kost, Öfen, alle Eindrücke sind unfreundlich, und wer bei den Deutschen nicht distinguiert ist, gehört, gemessen an unseren Gewohnheiten und Neigungen, nicht ganz zur menschlichen Rasse. Mich schaudert vor diesen vier Monaten, auf die ich mich eingelassen habe; ich glaube nicht, daß sie wirkliche Unannehmlichkeiten bringen, mir scheint, man ist mir gewogen, die Zeitungen haben nichts Unerfreuliches geschrieben, die Neugier, die ich errege, ist groß, selbst hier, aber ich dürfte mich wie in einem behaglichen Gefängnis fühlen, wenn mein Freund mich verlassen hat. Ach! es ist unmöglich, anderswo zu leben als in seinem Vaterland, und ist dieses Vaterland Paris, ist man Armide[12] gewohnt. [...] Es ist ein deutscher Wesenszug, nicht unvorsichtig zu sein. Nichts erinnert weniger an die Engländer, wiewohl beide über alles die gleiche Meinung haben, doch verschließen die Deutschen ihre Meinung in einem Schrank wie etwas, das man nicht einmal sonntags hervorholt.

Was mich am meisten interessiert hat, ist eine deutsche Bühne, wo ein Stück von Kotzebue[13] gegeben wurde, ein Stück gleichsam mit einer ganzen Philosophie hinsichtlich des Katholizismus, doch alles wird so gesagt und angehört, daß die Wirkung nicht schneller eintreten kann als die eines Wassertropfens, der den Stein nur mit Hilfe von Jahrhunderten höhlt.

[...] Ich versuche sparsam zu leben, wenn auch das Gasthausleben recht teuer ist; ich rechne mit tausend Talern im Monat, und ich hoffe, nicht darüber hinaus zu gehen, doch welch traurige Art, Dein Geld auszugeben! [...]

In Berlin muß man dem Hofe von dem Minister seiner eigenen Nation vorgestellt werden, und ich möchte nicht als Schwedin vorgestellt werden. Das ist eine Schwierigkeit, denn ich weiß nicht, ob Laforest[14], selbst mit Josephs Brief, mich als Französin vorstellen wird. Alles ist schwierig außerhalb Frankreichs, wenn man weder von der Aristokratie noch von der französischen Regierung gestützt wird [...]. Ich möchte Dich erst wiedersehen, nachdem ich diesen schrecklichen Feind meiner Ruhe, die Verbannung, besiegt habe; doch beschwöre ich Dich, überlege, ob Du mir beistehen kannst, darüber zu triumphieren [...]. Ich mache mir nicht mehr allzuviel aus diesen Diamanten; setze sie nicht aufs Spiel, lieber Freund. Wer weiß, ob ich nach Berlin gehen werde; ich habe große Lust, nach Frankreich zurückzukehren. Der Resident Frankreichs[15] hat mich nicht aufgesucht, auch nicht der Fürst von Gotha[16], dem ich oft begegnet bin. Da die Anziehungskraft des Geistes, ist die Neugier einmal befriedigt, hier gleich Null ist, gibt es keinerlei Ausgleich. Ach! finde mir eine Möglichkeit, mich wieder in Frankreich niederzulassen [...].[17]

An Villers

Den 14. November [1803], Frankfurt

Ich bin auf fremdem Boden mit einem Brief von Ihnen begrüßt worden, und als ich ihn erhielt, habe ich mich einen Augenblick in meinem Vaterland gewähnt. Geben Sie mir diese Illusion öfter. Ich habe einen Winter vor mir, den ich wie einen Feind besänftigen möchte, und jeder Tag, der vergeht, und jeder Augenblick der Erleichterung, den ich erlebe, ist eine wahre Wohltat der Zeit oder meiner Freunde. Ich hätte nicht gedacht, daß man, nachdem man Dreißig ist, jemals den Wunsch haben könnte, das Leben möchte sich beeilen, doch für einige Monate ist meine Zukunft so schrecklich trostlos, daß ich sie wie eine Wüste schnell hinter mich bringen möchte [...]. Soll ich Ihnen schon nach zwei Tagen die Eindrücke schildern, die ein Land, das ich noch nicht kenne, auf mich als Französin gemacht hat? In einer kleinen Stadt in einem Gasthof eingekehrt, empfing mich ein zauberhaftes Klavier in einer verräucherten Stube, wo über einem eisernen Ofen nasses Wollzeug zum Trocknen hing. So kommt mir hier alles vor: ein Konzert in einer verräucherten Stube. In der Seele schlummert zwar Poesie, doch in der äußeren Form gibt es keine Eleganz. Dieser Jean Paul, den ich lese, weil er von Ihnen kommt, schreibt einige großartige Zeilen, und dann folgen Einzelheiten über ihn selbst, die aller Ästhetik Hohn sprechen, und es ist unbegreiflich, wie das so edle und tiefe Empfinden dieser Menschen sie nicht die Grazie entdecken läßt, die doch nur die Harmonie aller Eigenschaften ist. Ich begreife jetzt, warum wir die Deutschen für affektiert hielten, wo sie sich mir hier ganz natürlich zu geben scheinen: Ein merkwürdiger Gegensatz besteht zwischen ihren erhabenen Gedanken und vulgären Formen. Man kommt fast in Versuchung zu glauben, das Gewöhnliche sei das ihnen Natürliche. Wir, Sie und ich, müssen unbedingt versuchen, eine Übereinkunft zwischen ihren Gedanken und unseren Formen zustande zu bringen. Wenn ich nur etwas edlen Eifer behalte, wieder etwas Interesse an der Vervollkommnung meiner selbst finde, werde ich in zwei oder drei Monaten mit einer Schrift über all das zurückkehren [...].[18]

An Lebrun

Frankfurt, 30. November [1803]

Die paar Worte von Ihrer Hand, Bürger Konsul, die mir den Erhalt meiner Erklärung bestätigten, haben mich tief gerührt. Wenn Sie wüßten, in welcher Lage sie mich erreicht haben, würden Sie sich freuen, mir in diesem Augenblick ein wenig Gutes getan zu haben. Meine Tochter hatte acht Tage Fieber, ich wohnte in einem Gasthof und ließ einen deutschen Arzt kommen und war nahe daran, vor Schmerz den Kopf zu verlieren. Ich sagte mir immer wieder, hätte der Erste Konsul mich in diesem Zustand gesehen, er wäre wie ich der Meinung gewesen, daß die Verbannung ein Schmerz ist, der fast dem Tode gleichkommt. Ich werde meinen Sohn nicht auf eine deutsche Universität schicken. Das fremde Land bringt Unglück. Ich will ihn bald in ein Pensionat nach Paris schicken, obwohl es bitter für eine Mutter ist, sich von ihrem Sohn zu trennen. Ach! welches Leid hat man mir zugefügt, mir, die niemandem je etwas zuleide getan hat. Ich gehe nach Jena und Weimar, damit mein Sohn dort sein Deutschstudium abschließen kann. Ich möchte nicht gezwungen werden, meine Reise nach Berlin fortzusetzen. Ich befürchte, daß in einer Stadt, wo es so viele Menschen gibt und so viele Affären, mein Name, der die Neugier erregt, wieder genannt wird, wie sehr ich auch bemüht bin, das zu verhindern. Wenn Sie mir mitteilen könnten, daß der Erste Konsul mich zurückkommen läßt, würde ich mit Freuden auf alles verzichten, was nicht Frankreich ist. Mein Vater leidet so schrecklich unter dem, was mir widerfahren ist, daß wir uns, könnten wir miteinander sprechen, gegenseitig weh tun würden, und solange meine Verbannung dauert, darf ich ihm durch den Anblick meines Leids keinen Kummer machen. Ich weiß also nicht, was aus mir wird, wenn der Erste Konsul dieser Situation nicht bald ein Ende macht [...]. Adieu, Bürger Konsul, meine Dankbarkeit haben Sie bereits. Vergrößern Sie sie, wenn möglich, durch mein Glück.[19]

Chateaubriand an Madame de Staël

Rom, den 9. November 1803

Welch trauriger Anlaß, Madame, soll unseren Briefwechsel erneuern. Sie[20] ist in Rom am 4. dieses Monats um 3 Uhr und 8 Minuten nachmittags in meinen Armen entschlafen. Ich schicke Ihnen die Abschrift des Berichtes, den ich mit gleicher Post an M. de la Luzerne[21] sende. Wenn darin auch viel von *Priestern* und von *Religion* die Rede ist, hoffe ich, daß Sie nicht so grausam sein werden, angesichts eines solchen Vorfalls zu scherzen; Sie müssen bedenken, daß ich hastig, in Aufregung und unter Tränen geschrieben habe und ich um alles in der Welt nicht möchte, daß man mir die Hoffnung nimmt, meine Freundin eines Tages wiederzusehen. Wieder einmal bin ich auf der Welt allein,[22] zum dritten Mal raubt mir der Tod Menschen, die mir teuer waren. Man muß also diesem Fingerzeig der Vorsehung folgen, auf so viele eitle Pläne verzichten und einer Welt entsagen, die mich so oft verlassen hat, damit ich mir sage, daß ich sie verlassen muß. Ich wollte den Frühling in Griechenland verbringen und habe seit drei Monaten nichts als Studien getrieben, die sich auf dieses Vorhaben bezogen. Doch ich höre auf zu reisen. Ich bin lange genug gereist; ich will nun ernsthaft an Ruhe denken und für immer in meine frühere Namenlosigkeit und Armut zurückkehren. Ich habe die Höhe des Lebens nunmehr überschritten; wenn mir die vierunddreißig Jahre, die ich gebraucht habe, diese Höhe zu erreichen, schon so kurz erscheinen, um wieviel schneller wird da erst der Abstieg sein! [...] Wenn Sie mir noch ein wenig gewogen sind, werden mir Ihre Briefe eine große Erleichterung sein. Ich bin wie ein Kind, das sich ängstigt, wenn es allein ist und zumindest einige freundliche Stimmen hören muß, um wieder Mut zu fassen. Adieu.

De Chateaubriand.

Bitte empfehlen Sie mich M. Necker.[23]

An Chateaubriand

Frankfurt, den 3. Dezember 1803

Ach! mein Gott, *my dear Francis,* welch ein Schmerz hat sich meiner bemächtigt, als ich Ihren Brief erhielt! Schon gestern erschütterte mich diese furchtbare Nachricht in den Zeitungen, und Ihr herzzerreißender Bericht wird sich in blutigen Lettern meinem Herzen für immer einprägen. Können Sie, können Sie mir wirklich von unterschiedlichen Meinungen über die Religion und über die Priester sprechen? Gibt es zwei Meinungen, wo es nur ein Gefühl gibt? Ich habe Ihren Bericht nur durch einen Schleier schmerzlichster Tränen lesen können. *My dear Francis,* erinnern Sie sich der Zeit, als Sie die größte Freundschaft für mich empfanden; vergessen Sie vor allen Dingen jene Zeit nicht, als mich mein ganzes Herz zu Ihnen hinzog, und sagen Sie sich, daß ich diese Gefühle, noch zärtlicher und tiefer denn je, im Grund meiner Seele für Sie hege. Ich liebte, ich bewunderte Madame de Beaumonts Charakter: ich kannte keinen, der großmütiger, dankbarer und von leidenschaftlicherer Empfindsamkeit war. Seit meinem ersten Erscheinen in der Gesellschaft war ich in ständiger Verbindung mit ihr und habe immer gefühlt, daß ich trotz aller Verschiedenartigkeit mit allen Fasern an ihr hing. Mein lieber Francis, räumen Sie mir einen Platz in Ihrem Leben ein. Ich bewundere Sie, ich liebe Sie und ich liebte jene, die Sie beklagen. Ich bin eine treue Freundin, ich werde Ihnen eine Schwester sein. Mehr denn je respektiere ich Ihre Meinungen: Mathieu, der die gleichen hat, war in den letzten Kümmernissen, die mich bedrückten, wie ein Engel zu mir. Geben Sie mir erneut Anlaß, sie zu schonen: sehen Sie zu, daß ich Ihnen auf irgendeine Weise dienlich oder gefällig sein kann. Hat man Ihnen geschrieben, daß ich vierzig Meilen von Paris verbannt wurde! Ich habe diese Zeit zu einer Deutschlandreise genutzt; doch im Frühling werde ich, so meine Verbannung ein Ende nimmt, wieder in Paris sein oder doch in der Nähe von Paris oder in Genf. Richten Sie es ein, daß wir uns dann irgendwie treffen. Spüren Sie nicht, daß mein Geist und meine Seele die Ihre verstehen, und fühlen Sie nicht, worin wir uns trotz aller Verschiedenheit ähneln? [...]

N[ecker] de Stäel[24]

An Joseph Bonaparte

[Frankfurt, Anfang Dezember 1803]

Hat Mathieu Sie aufgesucht, mein lieber Joseph, und hat er Ihnen gesagt, daß ich durch die Krankheit meiner Tochter hier drei Wochen aufgehalten wurde? Stellen Sie sich vor, Sie, der Sie Zenaïde gern haben, in welcher Situation ich mich in einem Gasthof mit Ärzten befand, die nicht Französisch sprachen, vor Schmerz und Sorge war ich am Ende halb verrückt. Ich dachte tatsächlich daran, daß selbst M. de Talleyrand in einem solchen Augenblick Mitleid mit mir gehabt hätte. Solch ein Exil ist keine so einfache Sache, und mit Recht fanden es die Alten ebenso qualvoll wie den Tod. Ich gehe jetzt nach Weimar, Deutschlands literarische Hauptstadt. Ich kann mich noch nicht entschließen, nach Berlin zu reisen; es ist so weit, und es ist so einfach, inmitten einer großen Ansammlung von Menschen und Ereignissen genannt und verleumdet zu werden. Ich werde jedoch dorthin gehen müssen, wenn ich binnen drei Wochen nichts von Ihnen höre, denn meinem Vater ist das, was ich zu erleiden hatte, so zu Herzen gegangen, daß ich seinen Kummer durch den Anblick des meinen nicht noch vergrößern darf. Der Erste Konsul verbringt, wie man mir schreibt, den Winter in Paris. Könnte er mich daher nicht dorthin zurückkehren lassen? Er würde dann jeden Tag erfahren, wie sehr ich durch Verzagtheit wie durch Entschlossenheit so geworden bin, wie man sich mich wünscht. Wissen Sie, daß eine deutsche Zeitung in Bamberg geschrieben hat, ich sei aus Paris verwiesen worden, weil ich Ihnen geschrieben hätte, ich wünschte Sie an der Spitze der Regierung, und Sie diesen Brief dem Ersten Konsul gezeigt hätten? Welch eine Dummheit! Doch Sie können sich keine Vorstellung machen, wie wichtig man in Deutschland alle französischen Namen und alle Anekdoten aus Frankreich nimmt. Es ist fraglich, ob wir in Europa beliebt sind. Wenn ich je das Glück habe, Sie wiederzusehen, werde ich Ihnen diesbezüglich recht seltsame Dinge erzählen können. Frankreich braucht Erfolg; sonst hätte es keine freiwilligen Freunde, und das ist ein weiterer Grund, der mir den Aufenthalt in der Fremde schwer macht. Meine Liebe und meine Gefühle werden hier verletzt; ich werde hier mehr zur Freundin Ihrer Regierung, als sie es glaubt, weil mein Charakter mich dazu treibt, das, was man angreift, zu verteidigen.

Ich darf Ihnen sagen, um Ihnen zu schmeicheln, Ihnen, dem man nicht schmeichelt, daß Ihr persönliches Ansehen unangetastet ist; überall bringt man Ihnen Achtung und Respekt entgegen. Was den Ersten Konsul betrifft, scheint mir, daß es hier wie anderswo über seine außerordentlichen Fähigkeiten nur eine Meinung gibt, doch er wird, wie Frankreich, mehr gefürchtet als geliebt. Was mich betrifft, würde man mich nicht vom Standpunkt der Literatur aus betrachten, was mir viele Vorteile verschafft, spürte ich noch mehr, wie übel es einem außerhalb Frankreichs ergeht, wenn man die Prinzipien der Revolution vertreten hat. Man muß ein echter Aristokrat von 89 sein, um sich mit der kontinentalen Feudal-Gesellschaft zu vertragen, und ich möchte hundert Mal lieber sterben, als anderswo denn in Frankreich oder England zu leben, wäre England nicht im Krieg mit uns [...].[25]

In Frankfurt trifft Madame de Staël die Frau Rat Goethe, die ihrem Sohn berichtet: »Mich hat sie bedrückt, als wenn ich einen Mühlstein am Halse hängen hätte; ich ging ihr aber überall aus dem Wege, schlug alle Einladungen aus, wo sie war, und atmete freier, da sie fort war. Was will die Frau von mir? Ich habe in meinem Leben kein Abc-Buch geschrieben...« Gegen den 5. Dezember reist sie nach Forbach und Fulda, wo sie sich fünf Tage später widerstrebend von Constant trennt. Nach zwei Tagen in Gotha, wo sie Grimm wiedersieht, kommt sie am 14. in Weimar an. Doch es bedarf zehn Tage, um Goethe zu bewegen, aus Jena zu kommen, wohin er sich zurückgezogen hatte, um die vorgesehenen Geselligkeiten zur Ankunft der Besucherin zu meiden.

An Necker

[Weimar,] Den 18. Dezember [1803]

[...] Man behandelt mich hier aufs beste. Der Herzog von Sachsen-Weimar[26] sagt, daß er 75 seine Tage zusammen mit Dir verbracht hat und vergilt mir reichlich all die Höflichkeiten, die Du ihm erwiesen hast. Am Tage nach meiner Ankunft und am darauffolgenden Tage habe ich bei Hofe diniert und soupiert, und der Herzog hat sich persönlich in meinen Gasthof begeben; er will in seinem Theater

Stücke von Schiller und Goethe für mich geben lassen; kurz, mehr Höflichkeit und Güte ist nicht möglich. Gleiches wird mir zuteil von der Gesellschaft und den großen Männern, Wieland, Schiller etc. Indes haben hier und in ganz Sachsen selbst die untersten Gesellschaftsklassen *Delphine* gelesen, so daß der Ehrgeiz sich mehr nicht wünschen kann. Man muß ins Ausland gehen, um zu erfahren, wie weit ein Ruf dringt. Chateaubriand zum Beispiel ist hier fast unbekannt. Nun, lieber Freund, all das macht, daß das Leid sich verzieht, aber es bringt noch keine Freude; Freude, das ist Liebe, Paris oder Macht; man muß eins dieser drei Dinge haben, um das Herz, den Geist und das Tun zu erfüllen, fehlt es, ist alles übrige metaphysisch im Genuß, aber real im Schmerz. Was sagst Du zu diesem getreuen Abbild meines intimen Ich?

[...] Goethe und Schiller haben den Kopf voll der seltsamsten Metaphysik, die Du Dir vorstellen kannst, und da sie einsam und bewundert leben, denken und dichten sie einsam, und was sie ersonnen haben, wird ohne Schwierigkeit aufgenommen. Das deutsche Publikum ist sehr fügsam, und insofern kannst Du meine Erfolge geringer achten; nun, ein sehr fügsames Publikum schadet der Begabung der Schriftsteller [...]. Ich bringe Auguste heute hier in Weimar in ein Pensionat, damit er vierzehn Tage lang nichts als Deutsch hört, und ich nehme mir eine kleine Wohnung und ziehe aus dem Gasthof aus, dessen Kost mir wegen Albertine Sorgen machte. In einigen Tagen gehe ich nach Jena, vier Meilen von hier, um Goethe und einige Professoren zu sehen [...]. Es stimmt, daß Joseph mir wiederholt gesagt hat, er[27] wolle mich diesen Winter nicht dort haben, weil er nicht da wäre. Er ist, meiner Ansicht nach, über das Ende unserer Diskussion sichtlich besänftigt; es ist seltsam zu sagen *besänftigt*, wo er mir jeden Morgen einen Gendarmen schickte, trotzdem glaube ich, daß es das richtige Wort ist. Er hat einmal zu seinem Bruder gesagt: »*Ich glaubte, sie würde sich in Paris verbergen*«, und auf dieses Wort berufe ich mich bei meiner Rückkehr im Frühling. Doch vermag ich diesen Mann nicht ganz zu durchschauen. Er sagte: »*Soll sie nach Italien gehen und mit Melzi politisieren*«, aber an Deutschland fand er kein Gefallen, äußerte sich jedoch darüber nicht [...]. In diesem Land gibt es weniger Leben als überall sonst. Der Idealismus, das Schisma, die Ästhetik erregen die Geister hier mehr als weltliche Dinge; doch die Frauen sind bemerkenswert kultiviert [...].[28]

Weimar, den 15. Dezember [1803]

Ich habe Ihnen heute morgen geschrieben, Monsieur, um Sie wissen zu lassen, daß es, nun ich nach Deutschland gekommen bin, mein größter Wunsch ist, Sie kennenzulernen und mich durch Ihr Wohlwollen geehrt zu sehen. Ich bleibe bis zum 1. des Jahres hier, wenn Sie einige Tage vor diesem Zeitpunkt herkommen, werde ich hier auf Sie warten. Sollte Ihre Gesundheit Ihnen das nicht erlauben, haben Sie die Güte, es mir zu schreiben, und ich werde kommen, um zwei Tage mit Ihnen in Jena zu verbringen. In kürzerer Zeit ist es mir nicht möglich, Ihnen meine Bewunderung auszudrücken und einige Ihrer Gedanken aufzunehmen, die den Rest meines Lebens in meinem Geist fortwirken sollen.

N. Staël de H.[29]

Goethe an Madame de Staël

[Jena, 16? Dezember 1803]

Das ist, Madame, doch einer der frappantesten Widersprüche: Sie sind in Weimar, und ich eile nicht herbei, Sie meiner tiefen Ergebenheit zu versichern. Ich will mich jedoch weder über die derzeit komplizierten Geschäfte, noch über physische Unpäßlichkeiten, die mich hier zurückhalten, beklagen; diese unglücklichen Umstände sind mir lieb, denn sie verschaffen mir ein Glück, das zu wünschen ich nie gewagt hätte. Sie kommen zu einem Eremiten, der sein Möglichstes tun wird, um alles beiseite zu schieben, was ihn hindern könnte, sich völlig der willkommenen Besucherin zu widmen. Sie werden diese trüben Tage erhellen, und die endlosen Abende werden wie Augenblicke verstreichen.

Seien Sie versichert, Madame, daß ich die ganze Vortrefflichkeit Ihrer Güte fühle und daß ich ungeduldig auf den Augenblick warte, da ich Ihnen sagen kann, wie sehr ich Ihnen verbunden bin.

Ich besorge Ihnen ein kleines Logis in meiner Nachbarschaft und bitte Frau von Schiller, meine Freundin, mir Ihre Pläne mitteilen zu wollen ... mir den Tag Ihrer Ankunft anzuzeigen.[30]

[Weimar, den 18. Dezember 1803]

Man gibt diese Woche *Die natürliche Tochter*[31]. Sie müssen mir erlauben zu bleiben, um das Stück zu sehen, doch wenn Sie mich Samstag bei sich haben wollen, werde ich kommen und mit Ihnen dinieren. Ich höre, daß Sie mich unterbringen wollen; ich brauche nur zwei Zimmer, eines für meine Tochter, die sechs Jahre ist, das andere für mich. Ich bin wohl der allen materiellen Dingen des Lebens am gleichgültigsten gegenüberstehende Mensch, und ich werde noch weniger als gewöhnlich daran denken, wenn ich bei Ihnen bin. Ich sage Ihnen das, damit Sie nicht etwa auf die Idee kommen, mich wie eine Dame aus Paris zu empfangen, sondern als die Frau, die über Werther und den Grafen Egmont die meisten Tränen vergossen hat [...]. Hier behauptet man, es sei unterwürfig von mir, Sie aufzusuchen, und von Ihnen wenig galant, nicht zu kommen, um mich hier zu sehen. Mit Vergnügen will ich diese Unterwürfigkeit bezeigen, da mein Geist und mein Herz Ihnen sehr ergeben sind; könnte ich Sie aber nicht in meinem Wagen mit zurückbringen, weiß ich schon jetzt, daß es mich sehr bekümmern würde. Da habe ich nun einen Brief geschrieben, als hätte ich Sie mein Leben lang gesehen, aber habe ich Sie nicht mein Leben lang gelesen? Und ist Ihr Werther nicht das Werk, das ich hundertmal wiedergelesen habe und das mit allen meinen Eindrücken innig verbunden ist? Adieu, Monsieur, adieu, bis Samstag; wenn ich in Ihren Bergen nicht umstürze, werde ich in einer Stunde bei Ihnen sein.

N. Staël de H.

Ich werde wegen meiner Tochter Ihren Arzt, M. Stark, aufsuchen und ihm danken, daß er Sie geheilt hat.[32]

Goethe an Madame de Staël

[Jena, 19. oder 20. Dezember 1803]

Nein, Madame, nicht Sie sollen bei diesem vielen Schnee die kurze, doch höchst unangenehme Reise machen. Diese Woche genügt mir, um die Angelegenheiten, die mich hier festhielten, zu erledigen. Sonnabend komme ich, um mich Ihnen ganz zu widmen, und ich hoffe, daß Sie das Diner bei mir mit Herrn und Frau von Schiller einnehmen wollen. Meine Ungeduld, Sie, Madame, zu sehen, wächst von Tag zu Tag, und Sie würden mit einem alten Freund sicherlich zufrieden sein, könnten Sie lesen, was in meiner Seele vorgeht. Adieu also bis Sonnabend, Sonntag. Vergessen Sie nicht, daß diese Tage Ihnen bestimmt waren und daß ich Montag die kurze Reise in Ihrem Wagen unternommen hätte; von all diesen kostbaren Augenblicken möchte ich so wenig wie möglich verlieren. Vielleicht ahnen Sie nicht, daß es ein leicht lästig werdender Freund ist, der bei Ihnen erscheinen wird [...].[33]

An Necker

[Weimar,] den 25. Dezember [1803]

Ich möchte Dir gern die drei berühmten Männer Weimars beschreiben. [...] Wieland ist siebzig, eine feine Erscheinung, und besitzt einen an Voltaire geschulten Geist; ein Suard, nur nicht so welterfahren, und er kennt sich in Menschen und Dingen weniger aus. Er verabscheut das deutsche System in der Literatur und scheut sich, es zu sagen, aus Angst, sich in seinem Alter Feinde zu schaffen.
Schiller hat eine ihm ganz eigene Vorstellung von der Literatur und kümmert sich um nichts anderes in der Welt. Er ist ein großer hagerer Mann, bleich und rothaarig, doch kann man bei ihm Physiognomie entdecken, was in Deutschland sehr selten ist. Er spricht sehr schlecht Französisch, doch seine Gedanken, und er hat welche, verschaffen sich immer Gehör. Sein Selbstgefühl besteht nicht, wie das der Franzosen, in Reizbarkeit oder Eitelkeit, sondern es steckt ganz in seinen Ansichten und streckt nicht grundlos den Kopf aus dem Fenster. Aus allem, was er sieht, aus allem, was er weiß, macht er Literatur, doch nie betrachtet er die Literatur von außen; er bleibt immer auf seine Bücher oder sich selbst konzentriert; das hat mehr Originalität denn Geschmack zur Folge. Er hat mir ein Kompliment gemacht, für das ich empfänglich war; er sagte mir, ich sei der einzige Mensch, der die Reflexion einer einsamen Seele mit der Grazie einer Frau von Welt verbinde. Er ist milde und gerecht in seinem Selbstgefühl; nichts kränkt ihn, und überhaupt besitzt er etwas mehr Verstand als jene Menschen mit Selbstgefühl, die sofortiges Lob hören möchten.
Goethe verleidet mir das Ideal Werther. Er ist ein untersetzter Mann ohne Physiognomie, der sich wie ein Mann von Welt benehmen möchte, ohne daß es ihm ganz gelingt, und der nichts Sensibles be-

sitzt, weder im Blick, noch in der Geisteshaltung, noch im Umgang; aber ansonsten ist er, hinsichtlich der literarischen und metaphysischen Gedanken, die ihn beschäftigen, ein sehr bedeutender Mann. Bestimmt werde ich aus dieser Reise Nutzen ziehen, doch möchte ich einmal überheblich sein und behaupten, daß nur ich, so wie ich es tue, aus ihr Nutzen ziehen kann, denn man muß diese Männer auf ihrem Terrain aufsuchen, und Du selbst würdest sie in jedem anderen Wirkungskreis recht sonderbar finden; doch ich habe bei ihnen vollen Erfolg, und indem ich ihnen zuhöre, kommen mir neue Ideen. Der Herzog ist ein Mann von französischer Geistesart, er hat eine noble und feine Gesittung und ist humorvoll, gütig und schlicht; wäre er König, er würde gewiß sehr gerühmt werden. Es ist eine sehr väterliche Regierung, die alle Freiheit den Untertanen gibt, außer Würde, Charakter und Interesse an politischen Dingen. Diese drei Männer, zumal die beiden letzteren, lesen nicht eine einzige Zeitung. Es ist dies, glaube ich, der Winkel der Welt, wo es die meisten abstrakten und die wenigsten realistischen Ideen gibt; das ist eine Zeitlang recht schön.[34]

Necker an seine Tochter

[Coppet, Dezember 1803]

[...] Meine arme Minette, all die Fragen nach meiner Gesundheit lassen mich fürchten, daß Du Deinen Plan nicht in aller Seelenruhe verfolgst. Halte Dich doch, ich bitte Dich, an die Ermutigung, die ich Dir gegeben habe, und wenn Dir das nicht genügt, höre auf die öffentliche Meinung, die Deine Reise gutheißt. Du erleidest viel Ungemach, meine liebe Freundin, aber es wird für Dich wie für jedermann eine bessere Zeit kommen. Ich denke viel darüber nach, und auch wenn mich meine Vorstellungskraft manchmal verläßt, habe ich doch ganz Teil an all dem, was mit Dir verknüpft ist [...].[35]

An Hochet

[Weimar,] den 26. [Dezember 1803]

[...] Schiller lebt in der Literatur wie ein Geometer in seinen Berechnungen, er hat sie nie von außen betrachtet, aber er besitzt in der Ernsthaftigkeit dieser Kunst allen erdenklichen Scharfsinn. Ich bin in seinem dramatischen System nicht seiner Meinung, doch glaube keiner, sie kennten nicht die Gründe für unser System; sie hängen dem ihren an mit einem ebenso feinen kritischen Sinn für Geschmack wie wir. So wie man in Frankreich Vorurteile schafft mit philosophischen Argumenten [...]. Berichten Sie Villers, daß er[36] mir gesagt hat, *er habe sich in Deutschland sein Lebtag nicht amüsiert.* Ich glaube, ich bin tatsächlich die erste gewesen, die ihnen von dieser Empfindung eine Vorstellung gegeben hat. Sie behandeln mich wie eine Göttin, und man sagt, daß sie nie zu jemandem so gewesen seien, wie sie zu mir sind. Deutschland ist ein Land, in dem jeder liest, so daß man sich sogar in der untersten Klasse bemüht, mich zu sehen, weil *Delphine* bis zu ihr gedrungen ist. Indes, mein lieber Hochet, Frankreich, Frankreich! Sagen Sie Mme Pastoret, daß ich in Paris fast immer glücklich gewesen bin und daß ich den Himmel um nichts anderes bitte, als mit meinen Freunden zu leben und zu sterben. Ich glaube, ich werde nach Berlin gehen; man muß an seinen Plänen festhalten, doch werde ich im Frühjahr nach Metz zurückkommen [...].[37]

In den sechziger Jahren hatte der Philosoph Friedrich Heinrich Jacobi (1483–1819) in Genf und Paris gelebt, wo er Necker kennen- und bewundern lernte. Nach Düsseldorf, seiner Geburtsstadt, zurückgekehrt, versammelte er in seinem Haus einen Kreis von Dichtern und Denkern. Madame de Staël schätzte seine liberale Gesinnung ebenso wie seine spiritualistische Philosophie. Von seinen eigenen Ideen ausgehend, versucht Jacobi, ihr die ganze deutsche Philosophie zu erklären. Mit Villers und Schlegel weckt er ihr Interesse an Kant und übt einen gewissen Einfluß auf *De l'Allemagne* aus, wo man lesen kann: »Er hat vor Kant die Metaphysik der Empfindungen und die auf Eigeninteresse gegründete Moral bekämpft, dann hat er Kant selber bekämpft, weil dieser dem religiösen Gefühl nur einen partiellen Platz in seinem metaphysischen System zubilligte.«
Man kennt zwei Briefe von ihr an ihn und vier Briefe von ihm an sie, geschrieben zwischen 1802 und 1804.

Jacobi an Madame de Staël

Eutin, den 28. November 1803

Ich schicke Ihnen, Madame, die Briefe, um die Sie mich gebeten haben und die Sie sicher nicht benötigen, da jene Personen, an die sie gerichtet sind, Sie ohnedies gut aufnehmen werden. Aber es gibt ein

Übel, dem weder Ihre Berühmtheit noch Ihr schöner Geist, und viel weniger noch meine Dienste abzuhelfen vermögen: nämlich, daß Sie sich nicht auf deutsch auszudrücken wissen und daß unsere Literaten sich nicht auf französisch ausdrücken können. Nie versteht man eine Sprache ganz, die man weder sprechen noch schreiben kann. Sie werden daher kaum verstanden werden, und noch weniger werden Sie verstehen. Goethe, der Französisch parliert, und Goethe, der Deutsch spricht, sind zwei verschiedene Männer. Was Herder[38] betrifft, bin ich nie in der Lage gewesen, ihn Französisch sprechen zu hören, doch nehme ich an, daß er darin noch weniger Übung hat als Goethe. In seiner Muttersprache ist er der charmanteste Gesprächspartner, den ich kenne: er wird vor Ihnen in einer anderen nicht stammeln wollen.

[...] Es ist seltsam, daß französische Schriftsteller, die ein Stück Deutsch in ihre Sprache übertragen wollen, jene Sprache, auf der der Transport über die Fluten des Unverständnisses vor sich gehen sollte, hinter sich lassen, so daß die arme Textstelle ertrunken, zerrissen, *tot* ankommt. Ich sehe, wie sie in ihrem Eifer selbst die Grammatik vergessen und kann mich darüber nicht genug wundern. Wenn ein Virtuose auf dem Pianoforte versucht, auf diesem Instrument ein für Rodes[39] Violine komponiertes *concerto* zu spielen, ohne es entsprechend zu verändern, wird jeder zugeben, daß es ganz sicher weder die Seele noch die Ohren ergötzt... Ein Pianoforte in eine Violine verwandeln zu wollen ist eine verrückte, extravagante, absurde Idee. Ich glaube auch, daß man, um gut zu übersetzen, in die Sprache, in die man übersetzt, mindestens ebenso verliebt sein muß wie in jene, aus der man übersetzt. Erinnern Sie sich, als wir uns in Paris gegenseitig herausforderten? Sie wollten eine Passage von Rousseau wählen, die ich ins Deutsche übersetzen sollte; ich dagegen sollte einen deutschen Text wählen, den Sie ins Französische übersetzen wollten. Der größere oder kleinere Erfolg sollte über die besseren oder geringeren Möglichkeiten der beiden Sprachen entscheiden. Dieser Wettstreit hat dann nicht stattgefunden; auch wären wir über die Wahl der Schiedsrichter in Verlegenheit gewesen. Sobald Sie gut Deutsch können, werden wir diesen Plan wieder aufgreifen.[40]

Weimar, den 4. Januar 1804

[...] Ich werde hier jeden Tag mit größerer Auszeichnung behandelt, ich möchte fast sagen, doch allein Ihnen, mit größerer Begeisterung. Wenn Ihre freundschaftliche Bosheit daran Freude findet, können Sie dem, der Ihre Freundin in Ihrer Gegenwart beleidigt hat, sagen, daß alle Mütter, Schwestern und Tanten des Königs, die hier sind, mich mit Aufmerksamkeiten und Höflichkeiten nur so überschütten [...]. Im Ernst, ich wäre nicht böse, wenn Sie meine Erfolge in Weimar so laut wie möglich ausposaunten. Es ist nicht gerade meine Art, mein Selbstgefühl herauszustellen, doch wenn es ringsum soviel Ungerechtigkeit gibt, muß man ihr mit gleichen Waffen begegnen [...]. Ich werde Sie noch längere Zeit mit meinen Berichten über Deutschland unterhalten. Es ist in Frankreich eine völlig unbekannte Größe und bietet doch eine wahre Goldgrube von Ideen, mit der ein Franzose recht geschickt etwas anfangen könnte. Einsam zu leben macht nicht liebenswürdig, aber im Denken stößt man weiter vor [...]. Es sind Männer, die sich noch keinen regelrechten Weg gebahnt haben, sondern die einen Berg erklimmen, auf den man eines Tages eine sehr schöne Straße bauen wird. In Jena, hier in der Nähe, leben sie wie Mönche der Philosophie, alle in ihren Klausen eingeschlossen, und studieren die antiken Schriftsteller Tag und Nacht. Der Gebildetste von uns ist hier ein Ignorant, und sie sind mit solchem Ernst bei der Metaphysik, daß es ihnen geht wie Archimedes, der nicht im Traum daran dachte, man könnte Syrakus einnehmen, während er ein Problem löste [...]. Voller Glauben an die Vervollkommnungsfähigkeit des Menschengeschlechts, kümmern sie sich nicht um die Gegenwart. Sie sagen, daß der Menschengeist in einer Spirallinie fortschreite, daß wir im Augenblick rückwärts gingen, doch daß das den Fortschritt nicht hindern werde, und mit dieser Idee völlig zufrieden, machen sie sich wieder ans Werk. Es sind so friedfertige und so abstrakt denkende Philosophen, daß sie, bis auf wenige Ausnahmen, fast mit jeder Regierung auskommen könnten [...].[41]

(Weimar, den 5. Januar 1804)

Sicher haben Sie, Madame, bei unserer letzten Begegnung gespürt, daß das absolute Ich Ihres Freundes[42] vom empirischen Ich ganz verdunkelt war. Seitdem habe ich einen Tag im Bett verbracht, zur Zeit fühle ich mich etwas besser; doch kenne ich den Verlauf meiner Indispositionen zu gut, um irgendwie störend darin einzugreifen zu wagen, besonders jetzt, da ich wenigstens einige Stunden am Tag meinen ganzen Verstand brauche. Entschuldigen Sie mich daher, Madame, wenn ich Sie bitte, mich vom Soupé, zu dem Sie uns gütigerweise geladen haben, zu dispensieren. Gerade abends tauge ich zu nichts, wie ich es gestern erlebt habe [...]. Verlängern Sie meinen Urlaub gnädigst noch um einige Tage, und ich hoffe, mich so weit erholen zu können, daß ich mich in so hochinteressanter Gesellschaft nicht wie ein stumpfsinniger Klotz fühle. Diese Jeremiade begleite ich mit tausend Wünschen für Ihre Zufriedenheit.

Goethe.

Den 5. Jan. 1804.[43]

Madame de Staël schiebt ihre Abreise also hinaus, um auf Goethes »Wiederherstellung« zu warten, und begnügt sich derweil, über ihn in ihren Briefen zu sprechen, von denen jene an ihre Cousine die interessantesten sind.

Über Albertine Necker de Saussure (1766–1843), Tochter des großen Genfer Naturforschers und Alpinisten Horace Bénédict de Saussure und Gattin ihres Vetters Jacques, des Sohnes von Germany, sagte Madame de Staël: »Meine Cousine besitzt all den Geist, den man mir zuschreibt, und alle Tugenden, die mir fehlen.« Sie hatten einander 1792 in Rolle kennengelernt. Von großer Intelligenz und umfangreichen Kenntnissen auf den verschiedensten Gebieten, war Albertine darüber hinaus mit einem scharfen psychologischen Beobachtungsvermögen begabt und schrieb einen klaren, ungezierten Stil, doch bildeten ihr Geist und ihr Temperament zu denen Madame de Staëls einen Gegensatz. Ihre Schönheit veranlaßte diese zu der Äußerung: »Ich würde mit Freuden halb so geistreich sein, wie man behauptet, wenn ich nur halb so schön wäre wie Sie.«

Als eine der ersten leistet sie einen großen Beitrag zum Unterricht an den sogenannten fortschrittlichen Schulen, übersetzt Schlegels Werk über die Dramaturgie und schreibt später, unter anderem, die erste Studie – eine der scharfsinnigsten Analysen – über ihre berühmte Cousine.

Dennoch wurde Albertine von Madame de Staël erst relativ spät geschätzt und kann erst nach dem Tode ihres Gatten und dem Neckers als deren Vertraute gelten. Madame de Staël schreibt ihr zwischen 1804 und 1816 über zwanzig Briefe, die alle veröffentlicht sind.

An Madame Necker de Saussure

Weimar, den 11. Januar 1804

[...] Die Gesellschaft bei Hofe, die sich durch die Besucher aller umliegenden Höfe vervielfacht, bietet jene Art von Interesse, das die vornehmen Herrschaften immer erwecken, wenn sie, die unsereinen niemals nötig haben können, uns schmeicheln, indem sie uns erwählen. Über diese allgemeine Regel stelle ich den Herzog, einen Mann von Geist, und die Herzogin, eine hoch verdienstvolle Frau, deren Verhalten mir gegenüber das einer Mutter oder einer älteren Schwester ist, die einen gleichzeitig in ihren Schutz nimmt und bewundert. Die Frauen bedenken mich mit jener Begeisterungsfähigkeit, die die deutschen Frauen kennzeichnet, und machen mir den Hof wie verliebte Männer. Was die Männer angeht, gibt es keine, nur Literaten; alle anderen sind Korporale, die in Gesellschaft niemals rauchen, doch ist das auch das einzige, was sie von jenen der Garnison im Palast unterscheidet. Aber die drei Schriftsteller, Goethe, Schiller und Wieland, beweisen in der Literatur und in der Philosophie einen schärferen, gründlicheren Geist als irgend jemand, den ich kenne; ihre Konversation besteht ganz aus Ideen. Es handelt sich, zumal in einer fremden Sprache, nicht darum, eine Konversation mit Redensarten zu führen, doch verlassen sie mich nie, ohne daß ich neue Gedanken niederschreibe [...]. Schiller und Goethe machen in der dramatischen Bühnenkunst jede Art Versuche: bald griechische Chöre, bald Ideen-Stücke. Ich finde unsere Kunst der ihrigen immer noch überlegen, aber ich möchte die Gründe für diese Überlegenheit wissen. Die Deutschen besitzen, so schwerfällig sie sind, mehr Jugend als die Franzosen, weil sie noch nicht blasiert sind und sich dem, der sie zu unterhalten sucht, redlich anvertrauen. Ihre komischen Opern sind alle Theatermaschinen-Effekte, die Albertine höchst belustigen, und es gibt darin eine gewisse romantische Phantasie, die sich vor Leuten, die nicht schwierig sind und das Lächerliche nicht merken, in aller Ruhe entfalten kann. Auch gibt es dort noch Originalität, nicht in den Individuen, doch im literarischen Schaffen.
[...] Obgleich mir dieser Aufenthalt gefällt [...], hätte ich mich hier

ohne B[enjamin], der zu mir wirklich freundlicher denn je war und noch ist, recht allein und isoliert gefühlt. Er hat hier großen Erfolg, und ich glaube, daß er mit Bedauern weggehen wird. Für mich ist das ein schmerzlicher Augenblick, ich schiebe ihn daher so lange wie möglich hinaus [...].[44]

Nach eher mühsamer und zögernder Fühlungnahme zwischen ihr und Goethe bei den ersten drei Begegnungen bessern sich ihre Beziehungen nach Mitte Januar und nehmen seitens Madame de Staël geradezu den Ton freundschaftlichen Geplänkels an. Sie diskutieren über Literatur, Philosophie, Ästhetik, Theater, und mit Hilfe von Henry Crabb Robinson, dem künftigen Verfechter deutscher Literatur in England, übersetzt sie mehrere von Goethes Balladen. Der Engländer setzt ihr auch die neue Transzendental-Philosophie Schellings auseinander. Zu ihren Zusammenkünften kommen bisweilen auch Schiller, Constant und der erst kürzlich eingetroffene Schweizer Historiker Müller.

»Goethe besitzt einen erstaunlichen Geist; sein Charakter und seine Meinungen stimmen mit den meinen nicht überein, aber ich bewundere seine Fähigkeiten zutiefst«, schreibt sie. Der Weise von Weimar beklagt allerdings den Hang seiner Zuhörerin, in Gesellschaft philosophieren und unlösbare Probleme debattieren zu wollen.

An Madame Necker de Saussure

Den 31. Januar [1804], Weimar

[...] Der wirklich unerhörte Erfolg, den ich in Deutschland habe, würde dem gierigsten Ehrgeiz Genüge tun; doch ist nicht mein Ehrgeiz schwer zu befriedigen, sondern ein gewisses Bedürfnis nach Abwechslung, Teilnahme und Zerstreuung, das nur in Paris gestillt werden kann. Außerdem kann es mir nur dort gefallen, wo ich leben und sterben muß, und was für jeden von kurzer Dauer ist, ist es noch mehr für mich. Ich habe ein beständiges Herz und einen unbeständigen Geist, wofür das Land, wo ich meine alten Freunde weiß und wo die Szenen unablässig wechseln, wie geschaffen ist. Schließlich und vor allem schmückt die Phantasie das, was unmöglich ist, mit Pfeilen aus, die das Herz durchbohren.

Das ist es, liebe Freundin, was ich empfinde und was ich vor Ihnen unumwunden ausspreche. Ich habe in Deutschland vielleicht etwas ziemlich Schlechtes, wenngleich recht Natürliches angenommen: die

Unbefangenheit, meine Wunderlichkeiten einzugestehen; denn jeder hier, der vier Zeilen schreibt, hat so viel davon, daß ich mich gut verständlich machen kann. Ich habe immer geglaubt, im Talent läge etwas, das das Zusammenleben zerstört. Sie jedoch, die Sie Talent besitzen, Sie haben sich dem nicht überlassen; aber Sie sind auch in einem Land aufgewachsen, das Bienenstöcken ähnelt, wo jeder seine Wabe genauso wie der andere baut. Hier gibt es mehr Exzentrizität, und insofern gefällt mir das Land besser. Es gefällt mir auch deswegen besser, weil man hier eine Million mal mehr spürt, was ich gelten kann. Indes würde ich mich, auch ohne die starken Bande, die mich nach Genf zurückrufen, hier nicht niederlassen, und wenn mein Leben an einen anderen Ort versetzt werden könnte, würde ich es nach England versetzen. Die wenigen Engländer, die ich hier zu Gesicht bekomme, haben mehr Ähnlichkeit mit meiner Art zu fühlen, und ich gewinne ihr Herz in Windeseile, was mich rührt [...].[45]

Sie sind mit Ihrer Besorgnis bezüglich meines Freundes[46] im Irrtum. Es ist unmöglich, besser aufgenommen zu werden als er, und der Herzog und die Herzogin tun gewiß tausendmal mehr für ihn als irgendeiner aus dem Kreise der Rive[47]; nun, Aristokratie hin, Aristokratie her, die Leute vom Stand sind mir lieber. Er wird zweimal täglich bei Hofe eingeladen; die Literaten legen tagtäglich großen Wert darauf; kurz, er ist hier am rechten Ort, weil man hier Meinungen hat, aber keinen Parteigeist, und weil die Liebe zur Literatur und zum Geistigen hier sehr verbreitet ist, selbst unter einfachen Leuten; sie mißachten nicht, was sie nicht besitzen [...].[48]

An Necker

Weimar, den 2. Februar [1804]

[...] Immer noch finden hier die philosophischen und literarischen Ideen mein Interesse. Es ist für mich eine völlig neue Welt des Denkens, und der Ernst, der allem, was mit Büchern zusammenhängt, beigelegt wird, erweckt in mir Illusionen über die Macht, die sie erdrückt. Ich beabsichtige, ein Buch über Deutschland zu schreiben, das, denke ich, von Interesse sein wird; es schwillt durch Aufzeichnungen jeden Tag mehr an, und gestern, als ich ein ganz ausgezeichnetes phantastisches Märchendrama[49] sah, habe ich einen neuen Plan zu einem Roman gemacht.[50] Ein seltsames Volk, diese Deutschen! Auf die friedlichste Weise der Welt haben sie eine vollkommen romantische Phantasie! Sie sind nicht so sensibel wie die Engländer, besitzen nicht die Grazie der Franzosen und sind nicht so gefühlvoll wie die Italiener, aber sie schaffen sich eine ideale Welt, in der sie völlig neue Konzeptionen haben; wie man dahingelangt, weiß ich nicht. Der bedeutendste Mann hier ist ohne jeden Zweifel Werther Goethe, aber er hat ein Selbstgefühl, das ebenso bizarr ist wie seine Phantasie. Er glaubt, auf übernatürliche Weise inspiriert zu sein. Er ist Spinozist und steht an der Spitze einer neuen Philosophie, deren Anschauung dies ist; er glaubt nämlich, daß die ideale und die reale Welt nur ein Gedanke ist, der Gott ist, und er meint, diesem Gedanken näher zu sein als irgendeiner sonst, so daß man im Gespräch nie weiß, ob man nicht, ohne es zu wollen, seine Ich-Frömmigkeit verletzt. Er fesselt mich jedoch durch seinen erstaunlichen kritischen Geist in den subtilsten Dingen und durch seine überraschende Imagination in einer Menge kleiner Werke, die Du nicht kennst, von denen ich Dir indes ein kleines mit der vorletzten Post, glaube ich, geschickt habe [...].[51]

Madame de Staël bewundert Friedrich Schiller (1759–1805) fast ebenso sehr wie Goethe, und als Mensch gefällt er ihr noch besser. Auch als Dramatiker hält sie ihn für bedeutender. Sensibler als Goethe, scheint er ihr eine größere Einbildungskraft und eine reinere, lauterere Seele zu haben, wo die Muse an Stelle des Bewußtseins waltet – eine Mischung aus Unschuld und Genie, Sanftmut und Kraft.[52]

Für Schiller »stellt sie die französische Geistesbildung rein und in einem höchst interessanten Lichte dar.« Mit ihrer Philosophie nicht übereinstimmend, findet er, daß »ihr schöner Verstand sich zu einem genialischen Vermögen erhebt. Sie will alles erklären, einsehen, ausmessen, sie statuiert nichts Dunkles, Unzugängliches [...], und wohin sie nicht mit ihrer Fakkel leuchten kann, da ist nichts für sie vorhanden. Darum hat sie eine horrible Scheu vor der Idealphilosophie, welche nach ihrer Meinung zur Mystik und zum Aberglauben führt.«

Bei Erscheinen von *Delphine* hatte er an seine Schwester geschrieben: »Madame de Staël ist für ihr Geschlecht ein Phänomen; wenige Männer kommen ihr an Geist und Eloquenz gleich, und trotzdem gibt es bei ihr keine Spur von Pedanterie oder Dunkelheit.«

Bei ihrer Begegnung im Dezember 1803 auf dem Empfang, den der Herzog von Weimar zu Ehren der Besucherin gibt, hält sie ihn wegen seiner höfischen Galauniform zuerst für einen General. Sofort beginnt sie mit ihm über das Theater zu diskutieren. Er spricht schlecht französisch, doch dient ihm seine Frau als Dolmetscher. Diese fühlt sich zu der Französin sofort hingezogen. »Ihr Genius repräsentiert keine Nation«, schreibt sie ihr,

»[...] ich darf Sie geradeso wie die Engländer und die Franzosen für eine Landsmännin halten.«

Madame de Staël schickt ihr an die zwanzig Billets, doch gibt es nur zwei an den Dichter selbst.

An Schiller

[Weimar, 5. Februar 1804]

Müller[53] reist morgen ab. Wenn Sie zum Diner zu mir kommen, gehen wir danach gemeinsam zum Hof. Sollten Sie absagen, so denken Sie immerhin daran, daß Sie mir den Besuch nach dem Diner versprochen haben. – Ich bin ganz entzückt über ein Werk von Ihnen, das ich noch nicht kannte: die Rückkehr der Griechen, und ich mache mich daran, es zu übersetzen.

Hochachtung, Bewunderung und Freundschaft.[54]

Von ihrem Vater seit zwei Posttagen ohne Nachricht, verschiebt Madame de Staël voller Besorgnis ihre Reise nach Berlin und schickt ihm einen bangen Brief:

An Necker

Weimar, den 20. Februar [1804]

[...] O mein Gott! Was habe ich da gemacht! Mein Freund, ich beschwöre Dich, sei nicht krank. Finde Kraft im Gedanken an meine Verzweiflung; wenn wir sterben müssen, laß uns zusammen sterben, in einigen Jahren, wenn mein Herz darauf vorbereitet sein wird, nie, nie ist es das weniger gewesen als jetzt [...].[55]

An Schiller

[Weimar, vor dem 24. Februar 1804]

Goethe hat zugesagt, am Freitag um sieben Uhr zum Souper zu mir zu kommen. Ob Sie dieses Essen ganz im vertrauten Kreise mit Ihrer Gegenwart ehren wollen? Sagen Sie nicht ab, der Sie in Ihrer Art ebenso schlicht sind wie berühmt durch Ihren Genius. Es werden nur

Goethe, Sie, Benjamin Constant und ich anwesend sein. Sie werden nicht in Hoftoilette kommen, nicht wahr? und Sie werden alle meine Ichs glücklich machen, das empirische, das absolute usw.[56]

An Goethe

[Weimar, 28. Februar 1804]

Schiller hat zugesagt, heute abend um halb sieben zu mir zum Souper zu kommen; Sie werden auch kommen, des bin ich sicher, denn Sie wollen mir keinen Kummer machen, den Sie mir bereiten würden, wenn Sie mich in meiner letzten stillen Hoffnung täuschten. Schweigen bedeutet *ja*.

Heute, Dienstag.[57]

An Hochet

Weimar, den 29. Februar [1804]

[...] Ich habe gestern die von Benjamin ein wenig interpretierte Lesung des *Wilhelm Tell* von Schiller gehört. Es gibt darin tatsächlich außerordentliche Schönheiten und eine derart drängende Freiheitsliebe, daß sie bei uns ungeheuerliches Aufsehen erregen würde, und doch ist es ein Mann, den Ideen nur als Dichter interessieren, der sich mit gleichem Eifer auf die Seite der katholischen Religion stellt, der als Schöpfer von Gut und Böse eher Schöpfer denn Denker ist. Es gibt in diesem Stück aber auch typisch deutsche Mängel, die wir ihm nicht nachsehen würden, ihre einzelnen Gedichte gefallen mir als Ganzes weit besser, aber ich bin überzeugt, daß man sowohl ihre Literatur als auch ihre Ästhetik oder Poetik studieren muß, um in der Literatur neue Ideen zu bekommen; die unsrigen sind verbraucht, doch muß man mit sicherem Geschmack an dieses Studium gehen; einen schwachen Kopf würde es zu Grunde richten. Ich will einen Versuch mit der großen Stadt Berlin machen und gleichzeitig meinen Freunden lange sehnsüchtige Blicke zuwerfen. Es gibt ein deutsches Wort (Heimweh), das das schmerzliche Verlangen ausdrückt, heimzukehren, die Krankheit der Schweizer; sie hat mich befallen. Unseren Gesellschaftsgeist findet man nirgends, wo dieser Geist doch erst die gewohnte Süße des Lebens schafft [...].[58]

Die regierende Herzogin Luise von Sachsen-Weimar-Eisenach (1757–1830), Tochter des Landgrafen Ludwig IX. von Hessen-Darmstadt und Gemahlin des Großherzogs Karl-August, war nach Madame de Staëls Ansicht »das wahre Muster einer von Natur zum höchsten Rang bestimmten Frau: anspruchslos, doch ohne Schwäche, flößt sie zugleich Zutrauen und Ehrfurcht ein, und der Heroismus der Ritterzeit hat in ihrer Seele Eingang gefunden, ohne ihr etwas von der Sanftmut ihres Geschlechts zu rauben.« *(De l'Allemagne.)* Am Tage nach der Schlacht von Jena bringt sie den Mut auf, Napoleon zu empfangen und von ihm die Freilassung ihres Gatten zu erwirken, wiewohl sie mit diesem nicht im besten Einvernehmen lebte.

Als sie Madame de Staël begegnet, erscheint sie dieser »einzig in ihrer Art«, völlig natürlich und unaffektiert, »ohne die geringste Spur von Pedanterie« und »bereit, mit jedem über alles, was man will, mit Interesse zu sprechen«.

Über zwanzig von ihren Briefen oder Billets an die Herzogin, geschrieben zwischen 1804 und 1816, sind veröffentlicht. Ihre Meinung über den Herzog war, wie wir wissen, ebenso günstig, wenn ihre brieflichen Beziehungen auch seltener und nicht so spontan waren.

Hier die Antwort auf Madame de Staëls Abschieds-Billet:

Luise von Sachsen-Weimar an Madame de Staël

[Weimar, 31. Januar 1804]

Ich bin nach dem Ärger, den das Possenspiel der Kinder mir gestern abend bereitet hat, wieder ganz versöhnt, hat er mir doch das liebenswürdige Billet eingebracht, das ich von Ihnen, Madame, soeben erhielt und für das ich Ihnen nicht genug danken kann. Obgleich ich sehr wohl spüre, daß ich bei weitem nicht so bin, wie Ihre Nachsichtigkeit mich in Ihren Augen erscheinen lassen möchte, bin ich nicht minder geschmeichelt und gerührt von der Freundschaft, die Sie, Madame, mir freundlicherweise bezeigen, und ich kann Ihnen nicht sagen, wie sehr ich es bin. Doch seien Sie, Madame, überzeugt, daß dieses Gefühl nie aus meinem Herzen schwinden wird und daß die Erinnerung an den Besuch, den Sie uns abstatten, in jeder Hinsicht gewiß eine von jenen sein wird, die mir am liebsten sind und derer ich am häufigsten gedenken werde.

L. Herzogin von S.-W.[59]

Nach zehnwöchigem Aufenthalt in Weimar, der »Gelehrten-Republik« – unbestreitbar einer der Höhepunkte ihres Lebens – tritt Madame de Staël am 1. März, mit Empfehlungsschreiben an den Hof versehen, die Reise nach Berlin an. Nach Schneestürmen trifft sie am 3. in Leipzig ein, wo sie unter anderem die Buchhändlermesse besucht und wo Constant, vor seiner Rückkehr in die Schweiz, ihr schwört, nie eine andere Frau zu heiraten. Sechs Tage später erreicht sie Berlin, wo sie im Hotel »Stadt Paris« absteigt.

Necker an seine Tochter

[Coppet,] Freitag, 24. Februar 1804

Er berichtet ihr von dem Komplott Pichegrus und Cadoudals gegen Bonaparte und von der gegen Moreau gerichteten Anklage, der der Mittäterschaft verdächtigt wird.

[...] Dein Brief, Dein lieber Brief hat mich tief gerührt. Nein, liebe Freundin, Du hast damit, daß Du Deine Reise unternommen hast, keinerlei Unrecht begangen, und weiß ich doch zu gut, daß es immer in meiner Hand liegt, Dein Fernsein zu verhindern, indem ich Dich mit ein paar gefühlvollen Worten, denen Du nicht widerstehen kannst, zu mir zurückrufe. Vergrößere also Deinen Kummer nicht durch ungerechtfertigte Selbstvorwürfe. Ich fühle mich in diesem Augenblick genauso wohl, wie ich mich seit langem fühle. Lediglich ist mein Schlaf oft gestört, doch keinerlei Abnahme der Kräfte. Fasse also Mut, meine liebe Kleine; ich denke immer an Dich, wenn ich mich schone, und auch, wenn ich bete und meine Seele zu Gott erhebe. Lassen wir die traurigen Gedanken und geben wir uns in Gottes Hand [...].[60]

An Necker

Berlin, den 12. März [1804]

Gestern habe ich hier, mein Engel, einen Brief von Dir vom 21. Februar erhalten, der mir noch wohler getan hat als zu jeder anderen Zeit. Ich sagte gestern zu Albertine, indem ich sie an mich drückte, daß sie meine einzige Freundin hier sei, und ich hatte Lust, sie auf einen kleinen Stuhl zu setzen und mit ihr zu reden, als würde sie mich verstehen; indes habe ich Grund, äußerst zufrieden zu sein. Ich bin also vorgestern der Königin und dem König[61] vorgestellt worden; ich will Dir dieses Ereignis beschreiben. Da es der Geburtstag der

Königin war, ertönten in dem Augenblick, als sie den Saal voller Gold und Diamanten behängter Männer und Frauen betrat, die Zimbeln, eine Musik, die meine Aufregung noch steigerte. Die Königin ist reizend; wenn ich sage, sie ist die hübscheste Frau, die ich je gesehen habe, so ist das keine Schmeichelei; ihr Schmuck ist prächtig und von bestem Geschmack; als sie auf mich zutrat, hat sie mich richtig geblendet; dann sagte sie mir neben anderen freundlichen Worten folgendes: »Ich hoffe, Madame, Sie merken, daß wir genügend guten Geschmack haben, um durch Ihre Anwesenheit in Berlin geschmeichelt zu sein. Sie werden hier schon lange bewundert, vor allem von mir.« Ich war wirklich so verwirrt, daß ich nicht wußte, was erwidern; doch nach einer Weile habe ich ihr gesagt, daß man es bereuen müsse, einen Roman geschrieben zu haben, ehe man sie kannte und daß meine Phantasie von einem Vorbild angeregt worden wäre, von dem ich bisher noch keine Vorstellung gehabt hätte. Die Prinzessinnen, die ihr folgten, sind alle auf mich zugekommen und jene, die ich kannte, haben mich umarmt und geküßt. Am Ende war ich von soviel Güte so bewegt, daß mich ein Gefühl der Rührung überkam, sowohl Deinetwegen als auch wegen meiner Freunde, die das nicht miterlebten, als auch wegen meines Vaterlands, das sich mir gegenüber so anders verhielt.

Danach bin ich dem König vorgestellt worden, der mir höchst freundliche Dinge gesagt hat und mir wünschte, ich möge mich in Berlin wohlfühlen. Der König ist ein schöner Mann und besitzt viel Güte und Schlichtheit; der Rest des Abends verging mit Reverenzen von allen erdenklichen Seiten [...]. Das ist meine Geschichte von vorgestern, lieber Freund; erzähle sie so oft Du kannst, und wenn Du sie Paris zu Gehör bringen kannst, natürlich um so besser [...]. Heute abend ist das letzte große Fest; es wird sicherlich sehr schön werden; die Königin und der ganze Hof tanzen auf der großen Bühne eine Quadrille. Ich habe gebeten, meinen Sohn mitbringen zu dürfen; es wird bis vier Uhr morgens dauern [...].

Die Nachricht von der Festnahme Pichegrus hat der Verschwörung Moreaus mehr Gewicht gegeben, als sie besaß. Berichte mir bitte alles, was man in Genf darüber weiß [...].

Ich habe eine Wohnung und einen Wagen gefunden für insgesamt 25 Livres monatlich, was viel billiger ist als in Paris. Ich schicke meinen Sohn auf die deutsche Schule und entlasse Bosse, der weiter nichts als ein verschwenderischer Dummkopf ist. Morgen wird es, befürchte ich, zwischen einem Franzosen von der Gesandtschaft und einem Offizier der königlichen Garde ein Duell geben. Die preußischen Offiziere mögen die Vertraulichkeit der Franzosen nicht. Die öffentliche Meinung ist hier keineswegs für die Franzosen, doch mit einem Frieden ohne Knechtschaft ist man allgemein zufrieden. Ich glaube nicht, daß Frankreich das Schutz- und Trutzbündnis zuwege bringt, um das es sich bemüht. Diese letzen Tumulte schmälern die Vorstellung von Stabilität noch immer. Man hält hier den König von England für besser; die Engländer sind der Meinung, sein Tod würde am Lauf der Dinge nichts ändern. Der Erste Konsul hat sich bei den Englischen Gesandten selbst während des Friedens immer nur nach dem Befinden des Prinzen von Wales[62] und nie nach dem des Königs erkundigt. Leb wohl, mein lieber Engel, bis morgen.[63]

An Necker

Berlin, den 15. März [1804]

[...] Ich schrieb Dir in meinem letzten Brief, daß ich Dir vom Maskenball erzählen werde; es war in der Tat das bemerkenswerteste Fest, das ich je erlebt habe. Im Theatersaal waren zweitausend Personen versammelt, und die Königin war mit 80 Personen ihres Hofes erschienen; Prinzen und Prinzessinnen haben eine Quadrille getanzt, die die Ankunft Alexanders des Großen in Babylon und seine Vermählung mit Statira, der Witwe des Darius, darstellte. Prinz Heinrich, Bruder des Königs, war Alexander, die Prinzessin von Oranien[64] war Statiras Schwester.

Nie habe ich so schöne und so elegante Toiletten, so herrliche Diamanten in solcher Fülle gesehen. Hier bereue ich es ein wenig, daß ich keine Diamanten mitgenommen habe, denn das wirkt sehr sparsam und gleichzeitig sehr glanzvoll [...]. Nichts kam der Großartigkeit der ersten [Quadrille] und der hinreißenden Schönheit der Königin gleich. Ich habe mich um drei Uhr morgens zurückgezogen, aber man hat noch bis sechs Uhr getanzt. Während des Soupers am Tisch der Königin ist, glaube ich, halb Berlin an mir vorbeigezogen, um mich zu sehen, und wenn Berühmtheit ein Vergnügen ist, so habe ich es jetzt reichlich genossen. Kotzebue[65], der mich aufsuchte, wollte in seinem *Freimüthigen* bringen, daß der Konsul mich verbannt habe, dafür aber nicht mehr Gründe angegeben hätte, als Paul hatte, um ihn nach Sibirien zu schicken. Die Berliner Zensur hat das gestrichen; ich bin darüber nicht böse.

[...] Die Ungeschicktheit des englischen Ministeriums bietet einen traurigen Anblick. Die öffentliche Meinung allein trägt die Nation. Der König wird mit Leib und Leben davonkommen, wie uns ein gestern aus London gekommener Reisender versichert, doch kann das so rasch nicht geschehen, und derweil schleifen die Zügel am Boden. Trotzdem braucht man um das Verteidigungssystem nicht zu fürchten, doch für alles, was das Ausland betrifft, Brasilien, Ägypten, usw. weiß und vermag das Ministerium nichts zu unternehmen.

Ich diniere heute beim französischen Gesandten[66] und soupiere heute abend beim russischen Gesandten. Das Leben hier ist ermüdend, am Karneval liegt mir nichts. Ich werde in meiner Wohnung mehr Ruhe haben [...].[67]

Der folgende Brief ist wahrscheinlich der letzte, den Necker vor seinem Tode am 9. April von seiner Tochter erhielt, wenn man bedenkt, daß die Post für den Weg von Berlin nach Coppet ungefähr zwei Wochen benötigte.

An Necker

Den 23. März [1804], Berlin

[...] Ich habe hier einen Mann getroffen, der in literarischen Dingen besser unterrichtet und klüger ist als fast alle Leute, die ich kenne; es ist Schlegel. Benjamin wird Dir erzählen, daß er in Deutschland großes Ansehen genießt, aber Benjamin weiß nicht, daß er Französisch wie ein Franzose und Englisch wie ein Engländer spricht und daß er alles auf der Welt gelesen hat, obgleich er erst sechsunddreißig Jahre zählt. Ich tue, was ich kann, um ihn zu bewegen, mit mir zu kommen; er könnte nicht Erzieher meiner Kinder werden, denn dazu ist er zu vornehm, aber er könnte Albert während der Monate, die er in Coppet verbringt, Stunden geben, und auch ich würde für das Buch, das ich plane, sehr viel von seiner Gegenwart profitieren [...]. Weißt Du, daß Garat sich erboten hat, Moreaus Verteidigung zu übernehmen, und der Erste Konsul ihn hat wissen lassen, daß derlei Ämter mit denen des Senators nicht zu vereinbaren seien, worauf er erwiderte, in diesem Fall wäre er bereit, das Amt des Senators zu opfern [...].[68]

Genf, 3. März [1804]

Seit der letzten Post war es mir nicht vergönnt, einen neuen Brief von Dir zu erhalten. Ich habe auch jenen vom 23. Februar nicht wiederlesen können, den Du schriebst, als ein Brief von mir Deine Besorgnis zerstreute. Jener Brief hat mich zu sehr bewegt; ich will ihn mir aber nun sofort wieder vornehmen.

Vielleicht bist Du zur Stunde Berlin ganz nahe, deshalb will ich jeden traurigen Gedanken von Dir und von mir abwenden. Mir scheint, daß Du Deine neue Lage dann mehr genießen kannst, und ich hoffe, daß alles gut gehen wird. Ach! wie sehr ich es wünsche!

Meine Gesundheit bessert sich zusehends; ich bin nicht die Spur mehr erkältet, und meine Nächte verlaufen fast wieder normal. Damit wäre wohl der Augenblick gekommen, Dich wegen Deiner übertriebenen Besorgnis ein wenig zu schelten, doch möchte ich dies nicht schriftlich tun. Sag dem lieben Auguste von mir tausend Zärtlichkeiten. Was Du von seinem Schwesterchen als Wahrsagerin erzählst, ist allerliebst.[69]

Necker an seine Tochter

[Genf?] 6. März [1804]

Liebe, liebste Freundin, wie groß ist meine Freude! Dein verlorengegangener Brief wird mir von einem netten Menschen gebracht, der ihn auf der Straße gefunden hat. Oh! welcher Verlust, wenn dieser köstliche Brief mich nicht erreicht hätte, und wieviele Tränen habe ich vergossen, als ich las, welch großen Kummer Du hattest. Mach mit mir, was immer Du willst. Ich habe den Rest meines Lebens nur für eins Sorge zu tragen. Ich werde allen Deinen Befehlen gehorchen. Ich bin, ich schwöre Dir, ebenso wohlauf, wie ich bei Deiner Abreise war. Meine Krankheit war nur ein Wundrosen-Fieber, das in seinem natürlichen Verlauf gestört war, doch nach drei Stunden kam die Wundrose zum Ausbruch, und mir ist wohler geworden. Ich schreibe Dir in Eile, weil ich möchte, daß dieser Brief gleichzeitig mit dem ankommt, der heute morgen an Dich abgegangen ist. Lebwohl, liebe Freundin meines zärtlichen und mitfühlenden Herzens.[70]

August-Wilhelm Schlegel (1767–1845), den Madame de Staël durch Goethe kennenlernte, wird bis zu ihrem Tode in ihren Diensten stehen, in der unklaren Stellung als Erzieher ihrer Kinder, als literarischer Berater und oft als verschmähter Liebhaber.

Mit 36 Jahren erfreute er sich bereits eines großen Rufes als Begründer – zusammen mit seinem Bruder Friedrich – der Zeitschrift *Athenäum* und als Wortführer der neuen romantischen Schule, überdies durch seine Vorlesungen über Literatur und seine großartige Übersetzung von sechzehn Dramen Shakespeares.

So linkisch wie hochmütig, so sensibel wie unbeholfen und äußerst empfindlich; klein, dicklich und häßlich, mit auseinanderstrebenden Brauen über einer großen Adlernase, ist er für Madame de Staël der »deutsche Lovelace.« Durch sein gewelltes Haar, seinen langen Backenbart und seine gewählte Art, sich zu kleiden, hatte er bei Frauen großen Erfolg. Nach einem höchst bewegten Liebesleben, und immer noch mit Sophie Bernhardi liiert, zögert er kaum, sich Madame de Staël anzuschließen. Da er keine Geldmittel besaß, wird er wohl durch die Bedingungen, die sie ihm bot, verlockt worden sein (gesellschaftliche Gleichstellung, wenige Unterrichtsstunden, ein Jahresgehalt von 12 000 Livres und späterhin eine Lebensrente).

Als großartiger Linguist mit logischem, klarem und durchdringendem Verstand inspiriert er sie zu den Passagen über Kunst und Ästhetik in *Corinne*, führt seine Herrin durch das Labyrinth der Romantik und ist bei *De l'Allemagne* ihr literarischer Kritiker par excellence.

Sie liebt ihn »wie einen Bruder«, läßt es sich aber nicht nehmen, ihren dienenden Ritter in der Öffentlichkeit oft schlecht zu behandeln.[71] Er selbst ist eifersüchtig auf alle, die sich Madame de Staël nähern. Sie führen eine umfangreiche Korrespondenz, deren größter Teil, die Briefe Schlegels, veröffentlicht ist. Von Madame de Staël gibt es nur etwa zehn Briefe aus dem Jahre 1813.

An Necker

[Berlin,] Den 27. März [1804]

Ich bin, mein Engel, im Besitz Deiner wundervollen Briefe, die ich alle auf einmal erhielt und die mir so gutgetan haben, wie es über die Entfernung hinweg möglich ist, denn ich weiß nicht, welch Gefühl der Unruhe sich in die schönsten Eindrücke schleicht, wenn man nur dieses Papier hat, mit dem man plaudern kann, und das einem alles gesagt hat, wenn man auswendig weiß, was darauf steht. Wie viel hätte ich Dir, nun ich mitten in der Gesellschaft bin, zu sagen, und wieviel Rat würde ich von Dir erhalten. Gestern, zum Beispiel, hat mir ein ganz unvorhergesehenes Ereignis richtig Kummer gemacht. Ich genoß in Seelenruhe meine Erfolge hier, als Brinkmann, der wirklich ausnehmend gut zu mir ist, ganz bleich mein Zimmer betritt und mir sagt: »Albertine hat auf dem Ball dem Kronprinzen eine Ohrfeige gegeben, und der König und die Königin, die davon erfuhren, sagen, das kommt von der Erziehung, die die Republikaner ihren Kindern geben.« Ich war darüber recht betrübt; der König und die Königin sind so gut, so schlicht, so herzlich, daß der Gedanke, ihnen mißfallen zu haben, meinem Herzen einen Stich gab. Ich habe Albertine kommen lassen, die zugab, daß sie jemandem eine Ohrfeige gegeben habe, aber nicht wußte, wem, und deren Kummer mich im ersten Augenblick (denn sie war nur allzu schnell getröstet) wirklich dauerte. Ich habe sofort einen Brief an den Erzieher des Kronprinzen geschrieben und meinen Sohn geschickt, ihn zu überbringen. Ich habe erklärt, daß meine Tochter nicht auf den Ball kommen würde, auf den sie am gleichen Abend gehen sollte, und daß sie in meinem Zimmer eingesperrt bliebe, bis die Königin es anders befehle. Mein Brief ist dem König und der Königin unterbreitet worden, die ihn gelesen haben und mir mit seltenem Wohlwollen ausrichten ließen, sie wären untröstlich, daß man mir von diesem kleinen Vorfall, der unter Kindern so natürlich sei, berichtet habe, und daß sie mich bäten, nicht mehr daran zu denken und meine Tochter auf den Ball kommen zu lassen. Ich war von ihrer Güte sehr gerührt, aber ich habe die kleine Dame trotzdem in Arrest gehalten; sie muß ihr ungestümes Temperament wirklich mäßigen. Aber bei dieser Gelegenheit habe ich gesehen, daß es in Berlin übelwollende Leute gibt, die versuchen, alles dem Republikanismus etc. zuzuschreiben. Dies hier ist nicht das reine Wohlwollen von Weimar; das ist auch in einer so großen Stadt und bei Zwischenträgereien mittelmäßiger Leute unmöglich zu erwarten. In Weimar gibt es nur hervorragende Menschen oder völlig unbedeutende, die den Geist bewundern, wie man einen Sänger bewundert, ohne Neid und Verdruß. Hier ist das nicht so, und die Mittelmäßigen erregen sich über ihn, wenngleich viel weniger als in Frankreich. Die Gelehrten sind die Gesellschaft, die mir am meisten zusagt; ich bin von Schlegel mehr und mehr entzückt, und ich habe beschlossen, ihn Dir mitzubringen [...]. Man muß allerdings zugeben, daß er nur in der Literatur zu Hause ist; das übrige ist ihm, glaube ich, fremd, da er ja, bei diesem unglaublichen Sinn für Sprachen und Bücher, nicht zu allem geeignet sein muß [...]. Aber Schlegel wird mir nicht bleiben; dafür besitzt er zu viele Fähigkeiten; er ist sechsunddreißig, klein und ziemlich häßlich, wenn er auch sehr ausdrucksvolle Augen hat; aber Benjamin und ich zusammen haben im Literarischen nicht mehr Verstand als er, und auch Benjamin verfügt nicht über soviel Wissen. Man glaubt nicht, wieviel die Deutschen wissen, wenn sie sich ins Zeug legen. Es scheint so, als verfügten sie in vierundzwanzig Stunden über achtundvierzig; ihr Geheimnis ist gewesen, nie in Gesellschaft zu leben; dieses Geheimnis ist mir kaum von Nutzen, und dabei hängt literarisches Genie davon ab [...].[72]

Während ihres Aufenthalts in Weimar hatte Madame de Staël sich kaum der Gesellschaft des damals kränklichen Dichters Christoph Martin Wieland (1733–1813) erfreuen können, sosehr sie sich das auch gewünscht hatte.
Er war als Erzieher des jungen Herzogs Karl-August und dessen Bruder nach Weimar gekommen und lebte ständig am Hofe. 1797 hatte sie sich bekanntlich geweigert, ihn in Zürich kennenzulernen, wohin der Kritiker Bodmer ihn auf Meisters Initiative eingeladen hatte.
Doch in Weimar gewann einer des anderen Herz; Wieland nennt sie die Erste Dame der französischen Literatur und bezeichnet ihre Besuche als »Theophanien.« Er sprach besser Französisch als die meisten Weimarer, dennoch klagte er über die Schnelligkeit, mit der Madame de Staël sprach. Wäre das nicht, fügte er hinzu, würde man ihr am liebsten den ganzen Tag lang zuhören.
Was sie betrifft, so kennen wir ihre Meinung über ihn bereits. Er erinnert sie an Suard, »nur weniger Lebensart und Menschenkenntnis«. Recht eitel, hielt er sich für einen unwiderstehlichen Verführer, war jedoch wenig gefährlich und wurde die »Jungfrau von Weimar« genannt.

An Wieland   Den 31. März [1804], Berlin

Ja, mein lieber Wieland, da bin ich jetzt in Berlin, mitten im Trubel der Gesellschaft, aber tief im Herzen sehne ich mich nach dem gemächlichen Leben von Weimar. Man nimmt mich hier bestens auf, aber man hat weder Zeit, sich zu sehen noch sich kennenzulernen [...]. Ich habe die Gelehrten getroffen; Fichte[73], Ancillon[74], Spalding[75] und Schlegel sind diejenigen, die mich, mit feinen Unterschieden, am meisten interessiert haben. Ich habe, wie es sich für eine Ausländerin, die interne Querelen nicht kennt, geziemt, Schlegel und Kotzebue in dasselbe Zimmer gesteckt, und zu Schlegel, für den ich ein Faible habe, sagte ich, daß er nicht Ihnen, sondern sich selber Unrecht täte, wenn er die in Europa bekannteste deutsche literarische Persönlichkeit angriffe. Ich trauere der Zeit nach, da Deutschlands Gelehrte und Literaten nur miteinander wetteiferten. Wie gesagt, man muß Franzose sein, um sich Beleidigungen an den Kopf zu werfen; man muß aus dem Lande stammen, wo alles schnell vergessen ist. Ich komme hier zu nicht mehr als mit Schlegel, der so freundlich war, die Stelle meines Lehrers anzunehmen, Deutsch zu lesen. Die Übersetzungen, die Studien, all das geht bei vier Einladungen pro Tag unter. Man versichert mir jedoch, daß der April ruhiger sein wird, und am liebsten möchte ich, daß wir den Juni gemeinsam unter dem schönen schattigen Laub Weimars verbringen [...]. Ich habe Goethe noch nicht geschrieben, und dabei nennen Sie ihn meinen Favoriten, ohne sich daran zu erinnern, daß Sie, da Sie mehr zu lieben fähig sind als er, auch ein empfindsameres Echo wecken.

Adieu, adieu; geben Sie mir Ihren poetischen Segen; er taugt mehr als der der Kapuziner oder Idealisten; adieu.[76]

Wieland an Madame de Staël

Zu Weimar, den 8. April 1804

[...] Darf ich Sie fragen, Madame, ob Fichte das Französische mühelos genug spricht, um sich mit Ihnen über Dinge der Spekulation unterhalten zu können? Ich kenne den Jüngeren der Gebrüder Schlegel nur sehr wenig, doch genügt es, daß Sie *ein Faible für ihn* haben, um ihn für sehr liebenswert zu halten, und in diesem Punkt würden alle hiesigen Damen, die ihn kennen, angefangen mit der Frau Herzogin-Mutter[77], mit Ihnen gegen mich Partei ergreifen, wäre ich impertinent genug, daran zu zweifeln. Im übrigen verhehle ich Ihnen nicht, daß es mir lieb gewesen wäre, wenn die Freundschaft, mit der Sie mich ehren, Sie nicht dazu geführt hätte, bei ihm zu meinen Gunsten zu sprechen. Alles, was Sie ihm je darüber sagen können, kommt zu spät; dem Übel, wenn davon überhaupt die Rede sein kann, ist nicht abzuhelfen. Außerdem verschafft ihm das eine Bedeutung, die er weder in meinen Augen, noch in den Augen der Öffentlichkeit hat. Eitel und dünkelhaft wie er ist, wird er sich einbilden, ich hätte um Ihre Unterstützung und Ihre Fürsprache bei ihm ersucht. Trotz all meiner Gutmütigkeit, und obgleich ich mir aus meinen literarischen Verdiensten nicht viel mache, habe ich doch Selbstgefühl wie jeder andere, und ich möchte nicht, daß Herr Schlegel sich einbildet, er habe mich so weit erniedrigt. Verzeihung, Madame, das heißt, einer Lappalie wie dieser zuviel Gewicht geben, und ich bitte mir als Gnade aus, daß unter uns darüber nie mehr ein Wort gesprochen wird.

[...] Einen Monat der schönsten Jahreszeit mit Mme de Staël auf dem Lande zu verbringen, wird mir eine große Entschädigung für all das sein, was ich durch den Umstand verloren habe, daß ich für Sie 30 oder 40 Jahre zu früh auf die Welt gekommen bin. Um mich Fortunas zu rühmen, genügt es, daß sie mich lange genug leben ließ, um in dem auf Erinnerungen angewiesenen Alter noch das Glück zu genießen, eine Dame anzusehen, anzuhören und von ihr ein wenig geliebt zu werden, eine Dame, die den sublimsten und bezauberndsten Geist mit dem Herzen einer Schäferin Geßners vereinigt und in meinen Augen ob der Verbindung so selten vereinter Vorzüge immer die erste ihres Geschlechts sein und bleiben wird. Dies ist, Madame, ein für allemal mein Bekenntnis, denn schon seit langem spreche ich nicht mehr gern von meinen Gefühlen zu denen, die in mir die meisten erwecken [...].[78]

Jacobi an Madame de Staël

Hamburg, den 12. April 1804

[...] Sie möchten, daß ich Ihnen von meinen Werken diejenigen nenne, die Sie lesen müssen, um sich mit den Wesenszügen meiner Philosophie vertraut zu machen. Beginnen Sie mit dem, das ich Ihnen schicke, und lesen Sie zuerst nur die Anmerkung über die Freiheit, S. 65–73. Die Aufgabe, die ich Ihnen stelle, ist nicht schwer. Ich will sie noch leichter machen. Übergehen Sie die drei ersten Absätze und beginnen Sie an der Stelle, wo Sie die Worte finden: *ich verstehe unter dem Worte Freyheit,* etc... Das übrige ist im Französischen so leicht zu *erklären* (wenn auch nicht zu *übersetzen*), so frei von Begriffen der neuen Metaphysik, daß Herr Spalding, mag er auch behaupten, kein Metaphysiker zu sein und sich im Französischen nicht ausdrücken zu können, Ihnen sehr wohl wird helfen können, alles zu verstehen. Wenn Sie dieses kleine Stück zum zweiten Male lesen, werden Sie gut daran tun, die ersten beiden Passagen hinzuzunehmen. Danach nehmen Sie sich die Aphorismen über die Freiheit, S. 81–96, vor. Diese zweite Aufgabe, die ich Ihnen stelle, ist nicht viel schwieriger als die erste. Sollten Sie sie indes im Augenblick und in Ihrer gegenwärtigen Lage für zu schwierig halten, stellen Sie sie zu-

rück und begnügen Sie sich damit, zu lesen und wohl zu durchden-
ken, was Sie über die Vernunft, ihr Prinzip und ihren Gegenstand,
S. 27—32, gesagt finden, und enden Sie an der Stelle, wo Sie die Worte
finden: »Wenn ich überall in mir nur ein leeres Bewusstseyn und Gedicht haben soll.« Wenn Sie dieses Stück noch einmal lesen, beginnen Sie auf Seite 24: »Unsere Wissenschaften blos als solche, etc.«
Ich wünsche sehnlichst, daß Sie meine Überlegung an dieser Stelle bis
ins letzte erfassen. Sie werden mich in allem verstehen, sobald Sie
meine Gedanken über die Vernunft und die Freiheit recht begriffen
haben, und Sie werden sich wundern, wie leicht es Ihnen fallen wird,
die Lehren Fichtes, Schellings und Kants zu beurteilen. Aber vertrauen
Sie das, was ich Ihnen schreibe, weder Fichte noch Herrn Schlegel
an: sagen Sie ihnen nicht, daß ich Ihnen ein Exemplar meiner Epistel
an den ersteren geschickt habe [...].[79]

An Madame Necker de Saussure

Berlin, den 1. April [1804]

Was für einen wunderschönen Brief habe ich von Ihnen, liebe Freundin, bekommen, und wie gut habe ich daran getan, einzig und allein
Ihnen dieses ganze Gefühl zu schenken, das nur eine Frau bei einer
anderen erwecken kann! Sie sind mit Ihrem Brief für mich ein neuer
Beweis für das, woran ich fest glaube: daß in der Prosa, in den individuellen Themen, der Ausdruck mehr die Seele als das Talent zeigt,
daß er unser ganzes Wesen widerspiegelt und nicht nur den Geist,
diese äußerlichste unserer Fähigkeiten. [...]
Wer mich in diesem ganzen Berlin interessiert hat? Der berühmte
Prinz Louis?[80] Nein. Ein Professor, ein deutscher Professor! Was sagen Sie dazu, liebe Freundin? Finden Sie nicht, daß ich in Deutschland schon etwas heruntergekommen bin, und werden Sie mich jetzt
nicht aufziehen, als wäre ich keine Pariserin mehr? Wenn Sie auf ein
Interesse aus Koketterie hinaus wollen, davon kann keine Rede sein,
und ein einziger Blick auf seine Gestalt wird Sie davon überzeugen,
falls Sie nicht glauben sollten, was doch wahr ist: daß Benjamin mich
dazu völlig unfähig gemacht hat. Aber wenn Sie in der Literatur
mehr Geist und Originalität wünschen, als alle Welt besitzt, und gerade so viel, wie wir besitzen, verbürge ich mich für ihn. Da ich annehme, daß ich ihn zu Ihnen mitbringe, will ich über ihn nichts mehr
sagen.

Ich muß Ihnen über den Eindruck berichten, den Berlin auf mich gemacht hat. Er ist weit weniger vollkommen als der Weimars; ich weiß nicht, ob mir Benjamins Gegenwart alles nebensächlich erscheinen ließ und ob ich hier das Wesentliche in Äußerlichkeiten sehen soll; eins jedoch ist sicher, obgleich ich hier viel mehr Leben, viel mehr von dem vorfinde, was äußerlich an Paris erinnern könnte, fühle ich, daß ich mich hier nicht gern niederlassen würde. Deutschlands Stärke ist die Universität und nicht ein Salon im französischen Stil. Die beiden Klassen der Gesellschaft — die der Gelehrten und die des Hofes — sind vollkommen voneinander geschieden, und daraus ergibt sich, daß die Gelehrten nicht zu plaudern verstehen und die Leute von Welt nicht zu denken. Frivolität ohne französische Grazie ist etwas ganz Unerträgliches, und da die Deutschen ihrer Natur nach nicht frivol sind, wirkt ihre Heiterkeit so trist, daß man fortwährend versucht ist, sie zu fragen: »Aber warum tun Sie denn so?« Man findet hier aber immer im letzten eine gewisse Gutmütigkeit und Bewunderung des Überlegenen, daß man sich nicht fast gewohnheitsmäßig in Acht nehmen muß, wie man das in Frankreich tut. Doch werden Sie gut und gern auch zweihundert Personen treffen, die Ihnen kein Wort zu sagen haben und die einander so ähneln, daß man mir einige zehnmal vorgestellt hat und ich sie dennoch nicht wiederzuerkennen vermag.

Immerhin gibt es unter den Gelehrten und den Ausländern, dem diplomatischen Corps, Persönlichkeiten, deren Bekanntschaft man wünscht; doch unter den Berlinern selbst ist der Mangel daran groß. Wie in Genf werden jeden Abend Gesellschaften gegeben mit einem ausgedehnten, sehr reichhaltigen Souper, zu dem die Männer soviel trinken, wie ihnen ihr Mahl erlaubt. Werden Sie mir glauben, daß dieser verführerische Prinz Louis, der bestimmt Geist hat und eine schöne preußische Figur, nach dem Essen immer mit schwerer Zunge spricht, so daß ich es geflissentlich vorziehe, ihm morgens ein Rendezvous zu gewähren; und das ist der deutsche Lovelace! Die Schlichtheit Weimars, die gute Bildung der Frauen, die große Liebe eines jeden zur Literatur machten diesen Aufenthalt weit mehr nach meinem Geschmack. Ich habe dort eingesehen, wie sehr eine Kleinstadt zu gefallen vermag; was Großstädte betrifft, mache ich hier die Erfahrung, daß mich ach! alles nach Paris zieht. Indes finde ich hier eine Aufnahme, wie ich sie eigentlich in meinem Vaterland finden sollte; trotzdem hat mich das alles noch niemandem nahe gebracht. Man umringt mich, ich habe einen Erfolg, der mir den Kopf verdrehen würde, könnte dies anders geschehen als durch Liebe; aber wenn in dieser Hinsicht nichts geschieht, nicht das geringste, ist das Leben trist. Ich habe heute abend zum Beispiel auf ein großes Souper verzichtet, um mich mit Ihnen Betrachtungen hinzugeben; denn ich kenne niemanden, mit dem ich im Zwiegespräch beisammensein möchte. Ich muß Ihnen auch von der Prinzessin[81], Ihrer Freundin erzählen, bei der ich sehr oft soupiere. Ihr Haus ist überaus geschmackvoll eingerichtet; man lebt in allem französisch, nur daß es keinen Franzosen gibt. Sie besitzt Anmut im Scherz und etwas Possierliches in der Art, wie sie erzählt, was mit der Haltung und dem Willen, Prinzessin zu sein, kontrastiert; indes kann ich nicht sagen, daß ich bei ihr bis jetzt einen sachlichen Ton oder Satz bemerkt hätte. Ihr guter Geschmack, was Romane betrifft, ist mir unerklärlich; denn mir scheint, sie müßte den *Komischen Roman* oder *Kleopatra*[82] mögen. Sie ist würdevoll oder spöttisch, geistreich in beidem, aber spröde, und obgleich sie sagt, ich gefiele ihr, fürchte ich, daß sich das noch ändern wird, weil ich nicht weiß, wie noch worin wir uns verstehen könnten. Ein weiterer Beweis für ihren guten Geschmack ist ihre Begeisterung für Ihre Briefe. Ich werde zusehen, ob ich Neues und mehr an ihr entdecke, selbstverständlich bleibt all dies unter uns. Reizend ist die Königin: sie hat eine unwiderstehliche Sanftmut und Grazie. Auch der König ist sehr gütig, und da ist eine Nichte der Herzogin von Weimar[83], seit kurzem mit Prinz Wilhelm, dem Bruder des Königs, vermählt, die mich lebhaft interessiert. Doch kann man die königliche Familie recht selten sehen; das Haus der Prinzessin Luise ist das umgänglichste Haus in Berlin. Außer der Gesellschaft gibt es das Theater, wohin ich mehr zum Studium als zum Vergnügen gehe, und manchmal ganz bemerkenswerte öffentliche Konzerte. Zum Beispiel gibt man am Karfreitag eine Kantate auf den Tod Jesu Christi, die mich tiefer bewegt hat als dergleichen je zuvor; ich werde sie Ihnen mitbringen, diese Kantate, denn Sie müssen Deutsch können, damit wir diesen Sommer miteinander sprechen und lesen.

[...] Ach! wie sehr verlasse ich mich auf Ihre Beteuerungen hinsichtlich der Gesundheit meines Vaters! Ich bin erschreckt durch das, was ich in Weimar durchgemacht habe, und wenn der Himmel mir nicht ein klein bißchen Glauben an die Zukunft gegeben hätte, was mir zum ersten Mal guttut, würde ich noch mehr Angst ausstehen, als ich schon habe. Denn ich glaube nicht, daß ich seinen Verlust verwinden könnte. Ich habe mein Herz in jenen drei Tagen gründlich geprüft und deutlich gespürt, daß mein ganzes Leben von ihm abhängt und daß es für mich keine Erinnerung ohne ihn gibt, keinen Gedanken, der nicht mit ihm in Verbindung stünde, so daß es mir vorkam, als würde mir nichts bleiben, weder in der Vergangenheit noch in der Gegenwart noch in der Zukunft, kurz, daß nichts von mir bliebe, es sei denn Verzweiflung. Das zu denken ist traurig, denn die Natur will nicht, daß man jemand, der so viele Jahre älter ist, so sehr liebt. Aber er vermag es, mich so unsäglich zu rühren, daß dieser Eindruck, auch wenn ich mich manchmal selber bemühe, ihn abzuschütteln, mit um so größerer Macht wiederkehrt.

... Liebe Freundin, ohne alberne Eitelkeit, mein Brief ist von Prinz Louis, der allein mit mir soupiert hat, unterbrochen worden; ich habe alles aufgeboten, jetzt bin ich müde und will schlafengehen. Ach! wie gern möchte ich zurückkommen![84]

An Necker   Berlin, den 7. April 1804

Lieber Freund, ich habe einen Brief von Dir, der mir mit mehr Nachdruck von Deiner Gesundheit spricht, als Du das bisher getan hattest, und ich habe mich wie neugeboren gefühlt. Lieber Freund, ich habe Kraft für alles und gegen alles, solange Du mir sagen kannst, daß Du Dich gesund fühlst; ich muß dieses *gegen alles* jedoch wieder zurücknehmen, aus Angst, das Schicksal könnte es hören; ausgenommen die Krankheit, die Gefahr derer, die ich liebe!

[...] Tatsächlich hat der Tod des Herzogs von Enghien[85] hier die größte Wirkung gehabt, die so etwas nur haben kann, aber politisch wird er nur Scham zur Folge haben, die ein Bündnis behindert und, so glaube ich, dazu zwingen würde, sich dagegen zu entscheiden, falls befohlen werden sollte, eine Wahl zu treffen [...]. Ich glaube noch immer, daß Frankreich den kontinentalen Krieg nur haben wird, wenn es ihn ausdrücklich und tatsächlich will. Was die Nachrichten aus England betrifft, gibt es nun für eine erfolgreiche Landung meiner Ansicht nach keine Chance mehr, einzig die öffentliche Meinung und die Freiheit haben dieses ohne Steuermann dahintreibende Schiff am Untergang gehindert; irgendwo wird die Sache der Menschenwürde noch verteidigt. Es sieht nicht so aus, als könnte M. Addington im Amt bleiben, die Debatte ist für einen Nachfolger.[86] MM. Grenville und Windham[87] stehen auf der Seite von Fox, und M. Pitt steht auf der Seite Sheridans; man möchte eine Koalition aller Oppositions-Parteien, aber das stößt noch auf Schwierigkeiten.

Was die Politik angeht, herrscht hier über alles großes Stillschweigen, und die Gesellschaft, die fast nur aus einem großen Verein besteht, äußert sich mit keinem ernstzunehmenden Wort; es ist hier daher leichter als anderswo, keine Dummheiten zu begehen. So werde ich meinen Weg wohl von Einladung zu Einladung weitergehen, ohne in etwas hineinzugeraten, aber auch ohne etwas erreichen zu können, weil hier alles negativ ist im Erfolg.

Wenn Du eine Woche als Kostprobe willst, hier hast Du sie: ich habe Donnerstag bei La Forest im Familienkreis diniert, er hatte es mir sehr freundschaftlich angeboten, und nach drei großen Diners mußte ich annehmen. Am Abend habe ich bei der Prinzessin Henri[88] soupiert; ich habe Whist gespielt und mich, wie man sagte, den ganzen Abend sehr gut behauptet. Freitag habe ich mit Schlegel diniert und eifrig Deutsch gelesen; anschließend habe ich mir ein italienisches Puppenspiel angesehen, das mir weniger Spaß gemacht hat als ich dachte, und bei der Prinzessin von Oranien soupiert; zwei Stunden saß man zu Tisch. Heute diniere ich bei einem Bruder des Herzogs von Braunschweig[89], und am Abend soupiere ich bei der Prinzessin Luise; morgen dinieren bei mir: Prinz Belmonte[90], der Gesandte Rußlands, Müller und Brinkmann; am Abend soupiere ich bei dem Gesandten von Bayern; Montag diniere ich bei dem Gesandten Rußlands und soupiere bei dem Gesandten Spaniens, etc. Das wird Dir einen Begriff davon geben, wie die Zeit dahineilt, schmerzlos, freudlos, ohne Denken, ohne Langeweile, zumindest ohne die des Alleinseins. Doch würde ich lieber den Rest meines Lebens mit der Extrapost reisen, als meine Zeit mit Ankleiden, Essen, Trinken und Kartenspielen zu verbringen, und Müller und Prinz Louis und der Herzog von Oels[91] sind zudem fast jeden Abend betrunken. Ach! armes Frankreich, armes Frankreich, wie bezaubernd wärest du, wenn du nicht so garstig wärest!

Laß Dich, lieber Engel, von ganzem Herzen umarmen.[92]

An Goethe

Berlin, 7. April 1804

Ich müßte Sie um Entschuldigung bitten, *my dear sir*, weil ich Ihnen noch nicht geschrieben habe, wüßte ich nicht, daß man Ihnen immer eine kleine heimliche Freude bereitet, wenn man Ihnen Veranlassung gibt, die Antwort hinauszuschieben. Sie sind meiner Freundschaft und meiner Bewunderung, die Sie gern sehen, sofern sie im Unbestimmten bleibt, so sicher, und möchten nicht, daß ich Ihnen, alle Gesetze der neuen Poetik außer Acht lassend, ganz direkt ohne Unbestimmtes, ohne geheimnisvolle Sprache sage, was ich fühle. Sie haben mir freundlicherweise gesagt, daß es Ihnen eine Freude gewesen wäre, Berlin zusammen mit mir zu besuchen. In Wirklichkeit kann sich das, was in meinen Empfindungen lebendig und jung ist, hier kaum erproben. Es ist ein Land, das die Phantasie nicht anregt. Die Gesellschaft ist hier preußisch ausgerichtet, und die Frauen hier müssen über die Tatsache, daß sie altern, ganz erstaunt sein, denn sie sagen und tun sechzig Jahre lang immer dasselbe; die Zeit sollte nicht fortschreiten, wenn die Gedanken, die Gefühle und die Umstände stecken bleiben. Lebte ich in Deutschland, würde ich mich sicher nicht in einer Großstadt niederlassen. Die Deutschen verstehen es nicht, aus einer Großstadt Vorteil zu ziehen; man sucht sich seine Gesellschaft hier nicht aus, man vergrößert sie; man weiß hier kaum mehr von politischen Nachrichten, dagegen tausendmal mehr von Klatsch und Tratsch; man hat hier nicht mehr Freiheit als in einer Kleinstadt, es gibt nur mehr Beobachter, und dem äußeren Leben, Trinken, Essen, Tanzen, Kartenspielen kommt hier tausendmal mehr Bedeutung zu als in Weimar. Bei alledem entdeckt man in der literarischen Welt, was für Deutschland charakteristisch ist, Gelehrsamkeit, Philosophie, Rechtschaffenheit, doch besteht nicht die geringste Ähnlichkeit zwischen dem, was wir in Frankreich Gesellschaft nennen, und dieser hier. Und mich wundert nicht, daß die Gelehrten in Deutschland mehr Zeit für ihr Studium haben als sonstwo, denn eine Verführung durch die Gesellschaft gibt es nicht. Nichtsdestoweniger hat es mich gefreut, ein neues Land zu sehen, wirklich großartig aufgenommen zu werden und, unter diesen vielen Leuten, Männern und Prinzen, Königinnen und Frauen zu begegnen, die in all dem, was sie für vornehm halten, einen liebenswerten und guten Geschmack beweisen. Es gibt hier wie in Weimar Menschen, die für Sie schwärmen, und kämen Sie hierher, ich bin sicher, daß Hof und Stadt ebenso in Aufregung gerieten wie bei der Ankunft eines Bonaparte; es will schon etwas heißen, wenn das Genie wie ein Potentat gefeiert wird.

Ich muß Ihnen auch noch für die interessanteste Gesellschaft danken, die ich in Berlin gefunden habe: Wilhelm Schlegel. Ich bin für alle meine Scherze über die Schlegels bestraft oder belohnt. Ich glaube nicht, daß es einen geistreicheren und scharfsinnigeren Literaturkritiker gibt als Wilhelm, der in der Literatur so weitreichende Kenntnisse besitzt, daß man selbst dann, wenn man nicht seiner Meinung ist, sich bei ihm die Argumente holen muß. Kurz, ich finde in seinem Wesen etwas, das zu seinem wenig schmeichelhaften Ruf nicht paßt, und um ihn unbeschwerter lieben zu können, möchte ich das, was in der Gemütsart der Familie allzu unfreundlich ist, seinem Bruder zuschreiben. Er wird gleich mir den Juni in Weimar verbringen. Ach! ich kündige Ihnen an, mein lieber Goethe, daß Sie sich zu Ihrem Leidwesen mit uns beiden werden unterhalten müssen. Diese drei Wochen, leider vielleicht die letzten, die ich in meinem Leben mit Ihnen verbringen werde, ich will sie einzig dafür verwenden, Ihnen zuzuhören, ich will Ihnen alles stehlen, was sich stehlen läßt — wonach Sie immer noch sehr reich bleiben werden — und nach Frankreich zurückkehren mit einer Beute, die nichts mit jener gemein hat, die unsere Generäle mitbringen. Adieu, Sie haben kein Bedürfnis nach Liebe, und ich liebe Sie, ein Beweis mehr für das, was ich immer beobachtet habe, nämlich daß man mühelos erhält, was man kaum ersehnt. Adieu, diktieren Sie ungeniert Ihre Antwort, ich besitze Handgeschriebenes von Ihnen, das mir nicht verlorengeht.

N. Staël de H.

P. S. Lassen Sie sich sagen, daß es in Berlin nicht einen Fürsten oder Mann von Welt gibt, der soviel Geist besitzt wie unser Herzog.[93]

Der letzte Brief Neckers, den seine Tochter erst nach seinem Tode erhält.

Necker an seine Tochter

[Coppet, Ende März, 1804]

Man brachte mir soeben Dein Porträt; ich habe es mir genau betrachtet, und ich werde es immer wieder betrachten. Madame Rilliet rief aus: »Vollendet, vollendet«, wegen der Ähnlichkeit, aber ich finde, daß man es ein wenig verdarb und dem lebendigen Ausdruck, den es hatte, irgendwie einen Anflug von Melancholie gab.
Ich glaube wirklich, arme Kleine, daß Du zuviel beschäftigt gewesen wärst, hätte man während des Karnevals über Dich verfügen können. Diese großen Lustbarkeiten sind im übrigen genauso eintönig wie die anderen. Nun, der Anfang ist so schön, daß ich ein Nachlassen be-

fürchte, wie das so oft im Leben ist. Doch kommt dieser Rückfall in die Traurigkeit, den Dein Postskriptum nach dem Ball vermuten läßt, zu früh. Wieviel Neues wird Dir auf Deiner Deutschlandreise in den Kopf gekommen sein! Ich bedaure sehr, daß ich so wenig gereist bin [...].

In Genf ist man über den Prozeß und die Verurteilung des Herzogs von Enghien außer sich. Noch weiß man nicht, ob das Todesurteil vollstreckt worden ist. Man muß in Europa über die Instruktionen, die die englische Regierung ihrem Gesandten in München[94] gegeben hat, sehr aufgebracht sein. Man fragt sich auch, wie all diese Schriftstücke der französischen Regierung in die Hände geraten sind und nimmt an, daß es in Deutschland heute so wie früher bestochene Postmeister gibt. Der Herzog von Enghien drängt im Augenblick alles andere in den Hintergrund [...].

Adieu, meine liebe Minette, sei doppelt vorsichtig mit großen Persönlichkeiten, die Deine Gesellschaft bilden werden. Es gibt keinen [...][95] mit ihnen, ohne ins Gerede zu kommen. Adieu.[96]

An Joseph Bonaparte

Berlin, 17. April 1804

[...] Es war mir ein Bedürfnis, Ihnen [...] zu sagen, und das nicht aus Eitelkeit, sondern nur damit Sie es wissen, daß die, die Sie so großmütig verteidigt haben, anderswo geachtet wird, und daß Ihre mutige Freundschaft dem Ansehen, das Sie genießen, keinen Abbruch tun wird.

Ihr Brief an La Forest ist mir bei meinem Aufenthalt in Berlin wirklich ein Rückhalt gewesen; ohne ihn hätte ich die Reise nicht gewagt. La Forest war wundervoll zu mir, einzig und allein Ihretwegen, und kein Tag vergeht, ohne daß ich Ihrer in stiller Verehrung gedenke. Wann wird mir gestattet sein, Ihnen zum Ausdruck zu bringen, wie sehr ich Sie liebe? Wann werden Sie mir berichten können, daß ich wieder in die Nähe von Mortefontaine kommen darf? Dort ist Paris für mich, ich wünsche mir kein anderes [...]. Ich will meinen Sohn nicht in Deutschland erziehen, er würde hier zu wenig Franzose werden; ich möchte ihn daher nach Paris schicken; aber es fällt mir schwer, mich von ihm zu trennen, und ich werde ihn zuvor nach Genf mitnehmen, damit er meinen Vater wiedersieht. Auf meiner Reise hat er Deutsch gelernt, was ihm für sein weiteres Leben recht dienlich sein wird, denn Sie müssen mir glauben, mein lieber Joseph, daß es in der deutschen Sprache ungeahnte Kostbarkeiten gibt. Ich habe die Absicht, einige davon zu übersetzen und dieses Land, so gut ich kann, zu beschreiben [...]. Meinen Sie, daß man mich kommenden Herbst fünfzehn Meilen vor Paris wohnen läßt? Mir scheint, der Erste Konsul müßte jetzt überzeugt sein, daß er republikanische Gesinnung nicht mehr zu fürchten braucht, und daß jene, die philosophisch reden oder glauben, seinen eigentlichen Interessen dienen; ich bin davon immer überzeugt gewesen, und ich hoffe, daß auch er es letztlich sein wird [...].[97]

10

Neckers Tod
(1804)

Necker beginnt am 8. April zu delirieren. Der Gedanke, er könnte vor der Rückkehr seiner Tochter sterben, erschreckt ihn zutiefst. Er bittet seine Ärzte flehentlich, sein Leben um sechs Tage zu verlängern, doch der Tod wartet nicht.

Bonstetten führt in einem Brief an Friederika Brun vom 10. April Neckers Worte vom Vorabend an: »Man soll sie nicht tadeln, daß sie nicht hier ist. Ich habe es so gewollt; man muß sie mit dem Herzen eines Vaters beurteilen.« Dann legte er die Hand auf sein Herz und sagte: »Hier wird sie beurteilt, hier wird sie nicht mißbilligt.«

Constant, der an seinem Sterbebett saß, reist nach Weimar ab, um seiner Freundin entgegenzukommen.

Am 18. April erhält sie in Berlin bei der Prinzessin Radziwill die Nachricht von der Krankheit ihres Vaters und ahnt sofort, was sie bedeutet. Den nächsten Tag reist sie mit ihren Kindern und Schlegel ab. In Weimar hat Constant nicht den Mut, ihr die Wahrheit zu sagen; diese Aufgabe übernimmt Fräulein von Geckhausen, die Gesellschafterin der Herzogin-Witwe.

An Madame Necker de Saussure

[Weimar, Ende April 1804]

Alles was ich Ihnen sagen kann, meine Freundin, ist, daß ich lebe und die Zerstörung allen Glücks, allen Lebens, aller Zukunft und aller Ruhe mir wider meinen Willen das physische Leben beläßt. Ich bin, und mein armer Freund auch, außerstande, eher als in vier Tagen abzureisen. Ich schreibe Ihnen, um Sie zu bitten, mir bis Bern entgegenzukommen; ich brauche Sie, um seine Gruft, die auch die meine sein wird, zu betreten. Adieu, ich kann nicht mehr, adieu! Sie haben ihn fünf Monate länger gesehen als ich, fünf Monate habe ich verloren! Ach! könnte ich an diesen Worten sterben! Adieu![1]

Es ist traurig, meine verehrte Freundin, daß die ersten Zeilen, die ich an Sie schreibe ein Wort des Abschieds sind. Aber Ihr Bild ist in meinem Herzen und wird ewig darinn wohnen.

Ich hatte gehofft, Sie bei meiner Zurückkunft von Leipzig noch hier zu finden — aber Sie wollen uns verlassen, und ich kann meine Abreise nicht aufschieben.

Leider hat uns die Sprache getrennt — die Gesinnung, ich darf es hoffen, würde uns immer fester vereinigt haben. Doch tröstet mich bei diesem Mißgeschick, daß, wenn auch ich mich Ihnen nicht mittheilen konnte, wie ich es wünschte, doch die Mittheilung Ihres Geistes bei mir nicht verloren war. Ich werde ihn ewig bewundern, aber noch mehr das schoene Herz und den Adel der Gesinnung, den hohen Warheitssinn und den Ernst der Empfindung der Ihnen eigen ist. Leben Sie wohl.

Möge der große Verlust, den Sie jetzt erlitten und den ich mit herzlichen Antheil mit Ihnen beklage, das letzte Leiden seyn, das Sie erfahren, und von jetzt an Freude und Glück Sie auf allen Wegen begleiten.

Schiller.[2]

An die Herzogin Luise von Sachsen-Weimar

(Weimar, 1. Mai 1804)

Madame, ich gehe, ich verlasse Weimar, wo mein Glück zu Ende ging. Ich bewahre Ihnen die herzlichste und ehrerbietigste Dankbarkeit. Wenn ich ins Leben zurückkehre, werde ich zu Ihnen kommen; aber jeder Tag wird leerer werden durch das Leid, an dem ich, ich weiß nicht in welcher Stunde, sterben soll. Beklagen Sie mich in Ihrem Palast, in jener würdevollen Einsamkeit, durch die Sie sich selbst zu geleiten wissen. Denken Sie manchmal an ein zerrissenes Herz, in dem die Erinnerung an Sie lebendig bleibt. Wenn Ihre Hoheit dem Herzog schreibt, möchte Sie ein Adieu von mir sagen, einen Dank auch an Prinzessin Caroline[3]. Ich habe bedauert, sie nicht gesehen zu haben, aber soll man die Jugend lehren, wie das Schicksal in einer unheilvollen Sekunde hereinbrechen kann?

Ich bezeige Ihrer Hoheit die herzlichste und tiefste Verehrung.

N. S. de H.

Den 1. Mai 1804.[4]

Am 1. Mai verlassen Madame de Staël und ihr Gefolge Weimar und nähern sich in kleinen Tagesreisen Coppet. Sie machen in Würzburg halt, wo Schlegel Schelling und dessen Frau, seine frühere Gattin Karoline, besucht. Während der Fahrt werden die beiden Begleiter in ihrem Bemühen, Madame de Staël zu zerstreuen, aufeinander eifersüchtig, und gegen Ende geraten alle miteinander in Streit.

In Coppet verbringt Madame de Staël, niedergedrückt von Schuldgefühlen, sechs Monate damit, die Papiere ihres Vaters zu ordnen, sie verfaßt ein Vorwort dazu und veröffentlicht *Du caractère de M. Necker et de sa vie privée.*

Auch Friedrich Schlegel (1772–1829), den sie zur gleichen Zeit wie seinen Bruder in Berlin kennengelernt hat, spielte eine bedeutende Rolle bei der Einführung Madame de Staëls in die neue deutsche Philosophie. Sie ist ihm ebenfalls zu Dank verpflichtet für seine Ideen über die Schönen Künste, die sie vor allem für *Corinne* verwendet, die er 1807 übersetzen wird. Später wird ihm das Verdienst zukommen, eines der drei der Vernichtung entgangenen Manuskripte von *De l'Allemagne* sichergestellt zu haben. Sie lädt ihn ein, den Oktober in Coppet zu verbringen, und steht ihr ganzes Leben gut mit ihm. In ihrem Werk bemerkt sie über ihn: »Einer der berühmten Männer Deutschlands, dessen Geist von höchster Originalität ist«, wiewohl sie ihm persönlich seine Voreingenommenheit in der Politik, Literatur und Religion vorwirft.

Dreizehn Briefe von ihr an ihn, geschrieben zwischen 1805 und 1812, sind uns bekannt.

Friedrich Schlegel an Madame de Staël

[Köln? Ende April 1804]

[...] Sie waren so freundlich, mir Ihre literarischen Pläne mitzuteilen, auf deren Ausführung ich mit größtem Interesse warte. Sie wollen den Franzosen die deutsche Literatur nahebringen, das heißt, Sie wollen in neuer Form versuchen, was Sie schon immer tun wollten, den Samen des Enthusiasmus säen, selbst auf dem kargsten und unfruchtbarsten Boden. Um eine so schwierige Aufgabe zu erfüllen, bedarf es Ihres ganzen Mutes, Ihrer ganzen Beredsamkeit und Ihrer ganzen Hingabe. Wie Naturen ohne Liebe und ohne Redlichkeit, die zutiefst ignorant sind und seit einiger Zeit närrisch geworden zu sein scheinen, für das Große und Schöne entflammen? Nichtsdestoweniger, selbst wenn Sie die einzige edle und privilegierte Seele bleiben sollten in dieser Masse von Maschinen-Menschen, die von Grund auf nichtig sind und einfallsreich nur, um immer mehr zu Sklaven zu werden, wird es für den, der in dieser unermeßlichen Wüste wohnen oder sie durchqueren muß, immer recht tröstlich sein, endlich einmal den geliebten Klang einer menschlichen Stimme zu hören [...].[5]

An Joseph Bonaparte

[Coppet, 13. Juni 1804]

Mein Prinz,
Erlauben Sie mir, nun man in Ihnen zum Heil der Franzosen einen Prinzen, einen Thronfolger, eine Kaiserliche Hoheit[6] sieht, daß ich auf die Zeit stolz bin, da Sie mir eine vertrautere Anrede gestatteten.
Man hat mir aus Berlin einen Brief nachgeschickt, aus dem ich ersehen habe, daß Sie mit meinem Los Mitleid haben; ich glaube, es ist das traurigste, das es auf dieser Erde gibt; ich habe meinen Beschützer und Freund verloren, den Menschen, den ich am meisten geliebt habe und der für mich das schönste Gefühl hegte; das väterliche Haus existiert für mich nicht mehr, und mein Vaterland ist mir verschlossen. Ich war nahe daran, meinem Leben ein Ende zu machen, und ich weiß noch nicht, ob ich das Dasein werde ertragen können. Wenn Sie mir nicht die Möglichkeit geben, meine Freunde wiederzusehen, glaube ich nicht, daß ich die Kraft habe, gegen mein Leid anzukämpfen. Mein Vater hat im Fieber oft den Namen des Ersten Konsuls genannt, und ich habe unter seinen Papieren den Entwurf eines Briefes an den gegenwärtigen Kaiser der Franzosen gefunden, worin er diesem auf Ehre bezeugt, daß ich an seinem letzten Werk nicht beteiligt gewesen bin und ihn bittet, um der Dienste willen, die er Frankreich erwiesen hat, seine Familie nicht des Landes zu verweisen. Ich hätte diesen Entwurf dem Kaiser schicken können, und ich würde ihn Ihnen anvertrauen, sähen Sie darin irgendeinen Vorteil; doch welches Interesse mag man inmitten von soviel Glück der Stimme der Toten entgegenbringen und jenen, die ihnen folgen möchten? Sie allein besitzen trotz allen Glanzes, der Sie umgibt, eine Güte, die dem Unglück erlaubt, sich Ihnen zu nähern. Erlösen Sie mich, wenn Sie können, aus dieser meiner Situation. Ich lebe hier in einer Gruft, die, wenn meine Verbannung kein Ende nimmt, wirklich bald die meine sein wird. Ich habe nicht länger die Kraft, fern von meinen Freunden zu leben. Ich habe auf dieser Welt kein Interesse und keinen Gedanken mehr außer dem Bedürfnis, wieder bei ihnen zu sein, und wenn der Kaiser sehen könnte, in welche Lage ich geraten bin, wüßte er, daß es ein bloßer Akt der Barmherzigkeit wäre, erlaubte er mir, mich

in irgendeinen vergessenen Winkel zu meinen Freunden zu schleppen.

Sollte es noch nicht möglich sein, meiner Qual ein Ende zu machen, wollte Ihnen Ihre neue Stellung noch nicht erlauben, eine Person heimkehren zu lassen, die den gegenwärtigen Stand der Dinge begrüßt, weil Sie durch ihn zu Frankreichs Stütze geworden sind, schikken Sie mir Briefe für den Kardinal Fesch[7] und Ihre Frau Mutter. Ich will den Winter in Rom verbringen; ich werde noch so lange umherirren, bis Sie uns, meinen Kindern und mir, unser Vaterland wiedergegeben haben [...].[8]

Joseph Bonaparte an Madame de Staël

[Camp de Boulogne, Juli 1804]

Madame,

Vor langem schon habe ich Ihren Brief vom 13. Juni erhalten und jenen, den Sie an meine Frau geschrieben haben und den sie mir mit der Bitte schickte, umgehend zu antworten: der Kaiser wurde hier täglich erwartet, und ich habe mit ihm über Sie, Madame, sprechen wollen, bevor ich Ihnen Briefe für Rom schicke, was ich heute bereitwillig tue, doch hatte ich gehofft, Besseres tun zu können. Ich will Ihnen nicht verhehlen, daß ich eine Sache, die ich sehnlichst wünsche, nicht habe erreichen können, trotzdem aber immer noch Hoffnung habe; was ich Ihnen versprechen kann, ist, sie nach wie vor zu wünschen und mich oft darum zu kümmern.

Wenn Sie in Rom das Kolosseum und andere Monumente besichtigen, deren Inschriften Sie vielleicht nicht zu entziffern vermögen, lesen Sie einfach, daß es in Frankreich einen Freund gibt, der sich um Ihre Rückkehr bemüht; gehen Sie dem Vergnügen nach, alte und moderne Wunderwerke anzusehen, und bereuen Sie nicht die Zeit, die Sie nicht für Bittschriften um Rückkehr verwenden; ich werde mich darum kümmern, ich verspreche es Ihnen, aber ich fordere von Ihnen den Mut zum Verzicht und Vertrauen in meine Freundschaft. Wenn ich keinen Erfolg habe, wird ihn niemand haben. Der Mut besteht ohne Zweifel darin, gelassen zu sein, wenn man alles, was man kann, getan hat, um das, was man möchte, zu erreichen. Ich habe an Frankreichs Gestaden gut moralisieren, werden Sie sagen, wenn Sie diesen Brief erhalten. Ich könnte in England sein, aber ergäbe sich das, würde ich dort nicht lange bleiben. Sie kennen mich gut genug, um mir zu glauben, daß sich bei mir nichts geändert hat, obwohl alles um mich her sich ändert; mag es eine Tugend, mag es ein Laster sein; Sie wissen, daß ich meinen Wert nicht nach alledem einschätze, was die Menschen geben können: ein gutes Herz, eine liebevolle Seele, das gibt nur Gott; Titel und Würden sind nur etwas für kleine Geister; ich bin sehr geschmeichelt, daß Sie diese Meinung von mir haben; schreiben Sie mir daher wie einem Freund; den gibt es sicherlich seltener als einen zu hohen Ämtern gekommenen Menschen. Meine Frau teilt meine Gefühle ganz und gar; sie mag Sie sehr, sie schätzt Sie, es freut mich sehr, daß sie diese Gefühle für Sie hegt [. . .].⁹

Sosehr sie ihren Vater beweint, über ihn schreibt und sich um ihre Gäste in Coppet kümmert (unter ihnen Albertine Necker de Saussure, Bonstetten, Sismondi, Montmorency, Müller sowie mehrere Italiener), denkt Madame de Staël auch an das Finanzielle, vor allem an die Geldanlagen ihres Vaters in Amerika. Sie wird in dieser Hinsicht außerordentliche Klugheit beweisen.
Mit Neckers Tod beginnt, in persönlicher wie in politischer Hinsicht, ein neuer Abschnitt im Leben von Madame de Staël, allgemein als Die Großen Tage von Coppet (1804–1810) bezeichnet.

An Hochet

[Coppet,] 17. September [1804]

[. . .] Ich bitte Sie, mit umso größerem Vertrauen zu kommen, als ich nicht glaube, daß B[onaparte] Animosität gegen mich hegt, er findet lediglich, daß ich unter den Ausländern zu angesehen bin, und, ohne mich zu etwas gezwungen zu haben, das mich herabsetzt, möchte er mich nicht erhobenen Hauptes sehen. Was ich jedoch nicht begreife, ist, daß er mich jetzt, da er mich so qualvoll frei weiß, nötigen will, die Geschichte niederzuschreiben. Ich möchte so gern in Frieden sterben, doch man kann nur dort in Frieden sterben, wo man geboren ist [. . .]. Ich bitte Sie, teilen Sie [Regnault]¹⁰ einige meiner Antworten mit — *daß ich mich gegen die Dynastie der Bourbonen ausspreche* — man weiß übrigens, daß sie mich verabscheuen, und ich werde nicht eine Zeile schreiben, die nicht im Sinne der Revolution ist — *daß ich mich für die gegenwärtige Dynastie ausspreche* — sie verweigert mir zwei Dinge: mein Vaterland und mein Vermögen, zumindest ist beides dahingestellt. Hätte sie mir das eine oder das andere gegeben, ich hätte in diesem Augenblick, da ich über das Privatleben meines Vaters

schreibe, die Gelegenheit ergriffen, ihr meine Dankbarkeit zu bezeugen; wenn sie mich für einigermaßen begabt hält, ist es sonderbar,
daß sie nichts unternehmen will, mich für sich zu gewinnen, sondern
im Gegenteil mich in eine Lage bringt, wo jeder andere sich nicht mit
Schweigen begnügt hätte. Schriebe ich heute *für*, erzielte ich keinerlei Wirkung, denn man würde mich von einem Ende Europas bis
zum anderen auslachen, würde ich sagen: *ich bedanke mich für die
Verbannung und den Ruin* — aber Ehre würde ich mir mit dem Aussprechen meines Dankes machen, wenn ich jemals Grund dazu habe.
Sie wissen ja, daß ich von Herzen und mit Überzeugung auf der Seite
Josephs stehe, sollte jedoch seinem Bruder etwas zustoßen, wie könnte
ich ihm von Nutzen sein, wenn ich nicht da bin! — und bestimmt
würde ich ihm von Nutzen sein, hätte ich die Zeit, zu wiederholen,
was ich denke und was ich auch zu verbreiten weiß; nämlich, daß
zum Regieren, da ja nun einer regieren muß, kein Mann so befähigt
ist, kein Mann mehr von dem besitzt, was seinen Bruder auszeichnet,
und keiner freier ist von dem, was seinem Bruder Abbruch tut
[...].[11]

An Joseph Bonaparte

Coppet, 7. Oktober 1804

Da Mathieu seit zwei Monaten auf dem Lande ist, hat mich Ihr Brief,
mein Prinz, den ich, wenn ich ihn liebenswert nenne, nur unzurei-
chend kennzeichne, erst vorgestern erreicht. Werde ich Ihnen sagen
dürfen, was ich gefühlt habe, als ich ihn las? Er hätte mir ankündigen
können, daß mir mein Vaterland für immer genommen wurde, daß
ich sterben müsse, und noch immer hätte ich die herzlichste Liebe
und die größte Hochachtung für den empfunden, der so zu sprechen
weiß. Sie selbst, mein Prinz, kennen gar nicht alle Nuancen dieses
Briefes und jener, die Sie mir für Rom geschickt haben: Adel und
Großmut sind Ihnen so zu eigen, daß Sie deren Wirkung kaum ahnen
können; aber, zum Beispiel, diese Worte an Kardinal Fesch:
*»Empfangen Sie sie so, wie sie wünschte, daß Sie mich empfingen,
wären unsere Rollen vertauscht«*, diese Worte beweisen einen ganzen
Charakter. Ich hatte hier bei mir Europas Musterexemplare, die Herzogin von Kurland[12] und Prinz Belmonte Pignatelli. Als ich diese
Worte las, habe ich nicht widerstehen können, sie ihnen vorzulesen,
und ich habe den Eindruck, den sie auf sie machten, genossen: es gibt

eine Harmonie der Lebensführung, der Tugenden und der liebenswerten Eigenschaften, die sicherlich genügt, das Glück festzuhalten, und Sie werden es festhalten; das Schicksal wird Ihnen helfen; Sie aber werden zustande bringen, daß man dieses Schicksal preist. Ich habe das Bedürfnis, öffentlich auszusprechen, was Sie mich empfinden lassen. Ich hatte schon von Ihnen zu sprechen begonnen in dem Textabschnitt, der das behandelt, was ich als das Tiefste und Wesentlichste im privaten Leben meines Vaters empfunden habe, aber ich fürchtete, daß es sich für mich nicht schickt, ohne Ihre Erlaubnis Ihren Namen zu drucken, zumal, solange ich beim Kaiser noch in Ungnade bin. Was immer geschieht, das nächste Jahr werde ich auf meiner Italienreise der Freude und dem Stolz nicht widerstehen können, von Ihnen zu sprechen, durch Ihre Anteilnahme an mir zu glänzen und mich schließlich dieser Berühmtheit meines Namens, der mir soviel Leid gebracht hat, bedienen, um überall zu Gehör zu bringen, was ich denke und fühle; es gibt einen Ton des Herzens, den Höflinge nie treffen werden. Es gibt eine Sprache der weiblichen Zuneigung, des freien Geistes, der verehrt, und diese Sprache ist überzeugender als alle anderen; ich empfinde eine so lebhafte und herzliche Dankbarkeit für Sie, daß es beinahe schmerzt, nichts tun zu können, um sie zu bezeugen.

Die Italienreise, die ich indes werde machen müssen, stößt, nachdem ich Ihrer Hoheit geschrieben habe, auf neue Hindernisse. Man spricht von Krieg mit den Russen, und eine Frau mit drei Kindern hat jeden Krieg zu fürchten. Kardinal Fesch, dank Ihnen meine Stütze, geht nach Paris; schließlich reist selbst der Papst[13] dorthin: »Rom ist nicht mehr Rom; es ist stets dort, wo Sie sind«[14], könnte man ihm sagen, und ich wünschte, der Kaiser verstünde es so. Schließlich geht hier das Gerücht, der Kaiser würde am Krönungstage alle Exilierten zurückrufen; er verliehe diesem Tage damit eine Feierlichkeit, die allen Prunk noch überträfe. Ich bleibe daher, dieser schwachen Hoffnung wegen, bis zum 15. November. Ach, das Herz ist so zerrissen, wenn es sich derart ins Unbekannte stürzt, fern von all den Freunden, die mir bleiben, von jenen, die meinen Vater kannten, die ihn mit mir beweinen, so daß man mir verzeihen muß, wenn ich vor der Abreise zittre! Das Herz der Frauen, mein Prinz, ist nur voll, wenn es liebt, und die Wunder der alten und neuen Welt wiegen eine ganz frische, ganz persönliche Erinnerung nicht auf, die mit Ihrer Haltung und Ihrer Zuneigung zusammenhängt [...].[15]

An Benjamin Constant

Lieber Freund, freuen Sie sich, wenn der Himmel will, daß ich vor Ihnen ins Grab sinke; nach dem Verlust meines Vaters ist es mir unmöglich geworden, den Ihren zu überstehen. — Ich werde diesem wunderbaren Mann, den Sie geliebt haben, nachfolgen und werde Sie dort mit einem Herzen erwarten, dem Gott vergeben wird, weil es viel geliebt hat. Schenken Sie Ihr Herz meinen Kindern. Ich bitte sie in diesem Brief, den Sie ihnen zeigen sollen, in Ihnen den zu lieben, den ihre Mutter so tief geliebt hat! *Ach! dieses Wort lieben, das unser Schicksal gewesen ist, was bedeutet es im anderen Leben? Der Schöpfer meines Vaters ist ein gütiges Wesen, mein Freund, beten Sie zu ihm, durch ihn teilen sich die Toten den Lebenden mit.* Sie wissen, daß ich gemäß einer Reihe von Anordnungen, die wir gemeinsam getroffen haben, erkläre, daß ein Haus in der Rue des Mathurins, dessen einer Teil von M. Fourcault unter dem Namen Ihrer Tante, Madame de Nassau, gekauft worden ist, Ihnen gehört (der Teil, der nicht M. Fourcault gehört). Ihr Leben lang stehen die Einkünfte daraus Ihnen zu, und Sie werden das Anwesen nach Ihnen meiner Tochter hinterlassen. Sollte Ihnen zweckmäßig erscheinen, es zu verkaufen, werden Sie das Kapital mit Einwilligung der Vormünder meiner Tochter fest anlegen, doch immer noch wird der Zins davon Ihnen zukommen, bis zu Ihrem Tode.

Adieu, lieber Benjamin, ich hoffe wenigstens, daß Sie, wenn ich sterbe, in meiner Nähe sein werden; leider habe ich meinem Vater nicht die Augen geschlossen. Werden Sie die meinen schließen?[16]

Necker Staël de Holstein.

Den 1. November 1804

Das Anwesen, das Sie meiner Tochter hinterlassen werden, ist nicht Teil des Erbes, das unter meine drei Kinder aufgeteilt wird.[17]

11

Corinne und Italien
(1805)

Nach Bonapartes Zusicherung, daß sie unbehelligt, wenngleich überwacht, nach Italien reisen könne, verläßt Madame de Staël am 3. Dezember in Begleitung Schlegels und ihrer drei Kinder Coppet mit der Absicht, über dieses Land einen Roman zu schreiben.

Am Vortag hatte Paris die Krönung des Kaisers gefeiert.

Sie hält sich fünf Tage in Lyon auf, um Jordan zu besuchen und Constant wiederzusehen, der ihr nach vier Tagen, die er bei seinem Vater verbracht hatte, nachgereist war. Von dort kehrt er nach Paris zurück.

Die Reisenden überqueren die verschneiten Alpen, verbringen eine Woche in Turin und drei weitere in Mailand, wo Sismondi sich ihnen anschließt, um sie bis Rom und Neapel zu begleiten.

In Mailand trifft Madame de Staël Caroline von Humboldt. Dank Bossi, Diplomat der Zisalpinischen Republik, begegnet sie auch Vincenzo Monti (1754–1828), damals der gefeiertste italienische Dichter. Sie ist beeindruckt von seinem »prächtigen, anmutig-stolzen, leidenschaftlichen Kopf« und entdeckt bei ihm so viel Gemeinsames, daß sie statt einer annähernd drei Wochen in Mailand bleibt, und jeden Tag lesen sie zusammen die *Göttliche Komödie* und andere italienische Klassiker.

Von bescheidener Herkunft, war Monti im Gefolge des Kardinals Borghese nach Rom gekommen. Haupt der neoklassischen Schule, besingt er in seinen ersten Dichtungen die päpstliche Autorität, und sein bestes episches Gedicht, »Bassvilliana«, attackiert die Auswüchse der Revolution. Seit Marengo ein enthusiastischer Bewunderer Bonapartes, wird er durch seine Ernennung zum Professor an der Universität von Pavia dessen offizieller Dichter sowie Historiograph des Königreichs Italien. Beim Sturz des Kaisers schließt er sich Österreich an, bleibt aber ein großer Patriot seines Landes.

Durch seine Vermittlung richtet Madame de Staël während der Krönungszeremonien in Mailand an Napoleon mehrere Appelle.

Die sechzig Briefe, die sie Monti während ihres Aufenthalts von sechs Monaten in Italien schickt, ergeben ein richtiges Reisetagebuch. Obgleich seine Antwortbriefe, auf italienisch, gerade so zahlreich und überschwenglich sind, bleiben ihre Beziehungen rein platonisch.

An Monti

Ich habe die so liebe Gewohnheit angenommen, *caro* Monti, meine
Tage mit Ihnen zu verbringen, daß ich gleich heute Abend beginnen
muß, Ihnen zu schreiben. Eine Gewohnheit in vierzehn Tagen? Ja,
das ist möglich. Ich habe Sie nur wiedererkannt, ich fühlte meine
eigene Natur in der Ihren: Sie sind ein Freund, der auf mich wartet;
Sie sind gewiß keine neue Bekanntschaft. Ich habe alle Anrechte der
Zeit auf Sie: haben wir nicht schon seit Jahren dieselben Gedanken?
Und enden die heftigsten Dispute nicht immer damit, daß wir uns
besser verstehen als tags zuvor? Ich habe heute zwanzigmal wiederholt *ahi vista, ahi conoscenza*[1]. Der Klang Ihrer Stimme tönt noch in
meinem Herzen nach, und für mich hat sich das Italienische durch all
die Eindrücke, die Sie mir vermittelt haben, veredelt. Als ich nach
Italien kam, glaubte ich unter all diesen weiten Mänteln Dolche zu
sehen: jetzt habe ich Vertrauen zu diesen Gesichtern, zu diesen Stimmen, die, weit davon entfernt, Ihnen ähnlich zu sein, doch ungefähr
aus dem gleichen Lande stammen wie Sie. Schicken Sie mir das Sonett
Quando Gesù[2]; ich will versuchen, es in französische Verse zu bringen. *Caro* Monti, für diesen Abend leben Sie wohl; ich werde diesen
Brief morgen in Piacenza beenden; achten Sie auf Ihre Gesundheit;
denken Sie an die tiefe Freundschaft, die uns für immer verbindet,
wenn Sie wollen und wenn Sie eine Zuneigung pflegen, die Ihr
Charme so mühelos geweckt hat und Ihre Fähigkeiten auf immer bewahren sollen. Huldigung dem ersten Dichter Italiens, herzliche Grüße
an *caro* Monti, Ihr Name ist nur *caro*, ich habe ihn Ihnen gegeben [...].[3]

An Monti   Parma, den 18. Januar [1805]

[...] Die Überschwemmung des Taro hat mich in dem Marktflecken
San Donnino in dem Augenblick festgehalten, als ein tollwütiger
Hund erst einige Kutscher gebissen hatte, die alle zu einem Priester
gebracht wurden, damit der sie segne, und dann einen armen *came-
riere* aus meiner Herberge, der sich ebenfalls mit diesem Heilmittel
begnügte [...]. Ich bin hier am Tage des *sant'Antonio* angekommen,
und auch alle Pferde kamen her, um sich segnen zu lassen: ach! Monti,
kann ein Volk sich von all dem je befreien? Moreau de Saint-

Méry[4] ist gleich nach meiner Ankunft zu mir gekommen, und ich bin mit ihm am Abend in der großen Oper gewesen: dort habe ich ein recht schönes Duett gehört, das mich an die frohen Tage erinnerte, als ich diese Musik mit Ihnen genoß, als Ihre Phantasie mein Herz ergriff und meinen Gefühlen ganz neue Nuancen gab. Heute morgen bin ich bei Bodoni[5] gewesen, wo wir über Sie gesprochen haben [...]. Er hat mir wieder dieses Wort gesagt, das fast Ihr Beiname geworden ist: *erster Dichter Italiens.* Dann hat er von Ihnen statt *procelloso*[6] *sulfureo* gesagt: mir scheint, man gibt Ihnen alle Attribute des Feuers. Das macht mich der Religion der alten Perser sehr geneigt. Bodoni ist lebhaft und besitzt soviel Bildung, als für seine Kunst vonnöten ist: wäre er jedoch ein wahrhaft aufgeklärter Geist, welch trauriges Leben hätte er in dieser Stadt, die mir völlig von dem Infanten geprägt zu sein scheint! Priester und Bettler bevölkern die Straßen; welch miserable Gesellschaftsordnung! Bodoni hat mir die Sonette von Minzoni gegeben, also machen Sie sich nicht die Mühe, mir dasjenige, was ich so gern habe, abzuschreiben: er hat mir hier den *Mattino* und den *Mezzogiorno* von Parini[7] gegeben, die ich morgen lesen will; Sie sind es, Ihr Talent, Ihr Charme, Ihre Freundschaft, die mich an der italienischen Literatur Gefallen finden lassen, und ich glaube, wenn ich mich über Sie zu beklagen hätte, würde ich nicht einen dieser Klänge mehr ertragen können, die nur dank Ihrer Stimme in meine Seele gedrungen sind [...].[8]

An Hochet

Bologna, den 23. Januar [1805]

[...] Mein Selbstgefühl sollte mit dieser Reise wohl zufrieden sein. Ich ahnte wahrhaftig nicht, daß ich auch nur ein Viertel des Rufes genieße, den ich in Italien habe, aber es ist ein Land, das literarische Auszeichnung um so lieber entgegennimmt, als es sich nicht rühmen kann, je eine andere zu erhalten, und diese geht in der Rhetorik unter wie in jedem Land, wo Worte erlaubt sind und nicht Taten. Die Natur ist hier auch im Winter von solcher Schönheit, daß sie die Menschen mehr als alle geistigen Genüsse betören muß. Wenn eine Stunde Arbeit genügt, um Frankreich zu regieren, so braucht man für Italien nicht mehr als 4 Minuten. Kein Volk kann leichter in Schrecken versetzt werden; sogar seine dichterische Phantasie öffnet der Angst die Pforten, und Macht wirkt auf sie wie ein furchterregendes

Gemälde. Die Wissenschaften werden mit bewundernswürdiger Gutgläubigkeit gepflegt, es gibt nichts Lächerliches, denn es gibt keine Gesellschaft. Gestern besuchte ich hier eine Frau, die Professor für Griechisch ist.[9] In ihrem ungeheizten Zimmer empfing sie alle Universitätsprofessoren, die ihre Überröcke anbehielten; ihr alter Lehrer, ein spanischer Mönch, führte uns mit einer kleinen Laterne hinein. Nun, das alles wurde nicht einmal belächelt, denn dieses Volk lacht zwar über das Groteske, aber nicht über Gegensätze in Rang, Manieren oder Betragen — Gegensätze, die ihm unbekannt sind. Ein weiblicher Arzt und ein weiblicher Rechtsanwalt waren anwesend und mit ihnen zusammen einige Frauen, die kaum lesen konnten — aber eine gesellschaftliche Erziehung wie bei uns gibt es nicht. Entweder beherrscht man hier achtundzwanzig Sprachen, oder man kann nicht einmal die eigene richtig schreiben [...]. In Mailand ist man weltläufiger, aber überall trifft man auf eine Mischung von Reichtum und Armut, von Liebe zu den schönen Künsten und schlechtem Geschmack bei Schmuck und Zierat, von Bildung und Ignoranz, von Größe und Kleinlichkeit — mit einem Wort, man kann hier nicht eigentlich von einer Nation sprechen, denn es fehlt der Zusammenhalt, die Wahrheit, die Kraft in ihrem Leben. Andererseits gibt es soviel lebhaften Mutterwitz, soviel Beharrlichkeit, daß es eine schöne Aufgabe sein kann, all diese geistigen Trümmer, die noch weniger Zusammenhang erkennen lassen als die anderen, aufs neue zu einem Ganzen zusammenzufügen. Diesen Ruhm wünsche ich Joseph [...].[10]

An Monti

Rom, den 5. Februar [1805]

[...] Ich bin in Rom erst seit vorgestern abend. Die Überschwemmung des Tiber hat mich vor den Toren Roms zwei Tage festgehalten: man versichert, er habe seit 70 Jahren nicht so gewütet. Ich habe vorerst nur die Peterskirche und einige Kardinäle gesehen, die so freundlich waren, mich bei meiner Ankunft zu besuchen und sich nun anschicken, eine Katholikin aus mir zu machen. Die Peterskirche hat in mir einen tiefen Eindruck der Traurigkeit und Bewunderung hinterlassen, und es scheint mir, dieses Gefühl wird oft wiederkehren. In Rom sind alle Eindrücke widersprüchlich, die schönsten Bauwerke sind zu Ehren abergläubischer Ideen errichtet, und die größten Denkmäler stehen neben dem größten Elend. Dieser Kontrast wird mich, scheint mir, immer schmerzlicher berühren. Man ermißt hier ständig die Höhe, von der der Mensch gestürzt ist: was er ist, was er wurde, erweckt eine eher beschämende als besänftigende Melancholie [...]. Kann ich mich, lieber Monti, auf dieses Ihr Vaterland verlassen? Meine kleine Tochter sagte neulich sehr hübsch: »Mama liebt in Italien nur zweierlei, das Meer und Monti.« Nehmen Sie die Peterskirche hinzu, und diese drei Wunder sind recht gut gewählt. Ich habe gestern mit einigem Vergnügen eine Aufführung des *Saul* von Alfieri[11] gesehen. Sie wissen, es ist dasjenige seiner Stücke, das mir am besten gefällt, und der *Saul* war passabel, aber was für ein Tragödien-Publikum! Damit eine Nation entsteht, bedarf es ziviler und politischer Institutionen, und wie sollte ein Theater ohne Nation bestehen? [...]. Die Marquise Lepri[12] sagte, als sie über *Saul* sprach: »Schade, daß es traurig ist.« Sie wollen eine Tragödie *tutta da ridere*. Oh, diese Römerinnen! [...][13]

An Montmorency

Rom, den 6. Februar [1805]

Da bin ich, lieber Freund, in dieser Stadt, die alles menschliche Denken so beschäftigt hat, aber ich kann mich des Eindrucks tiefer Melancholie nicht erwehren; die Altertümer sind so prachtvoll und die gegenwärtigen Verhältnisse so erbärmlich, daß man meinen möchte, die Spuren einer anderen Menschenrasse zu erblicken, die ihr Reich einer völlig verschiedenartigen Gattung überlassen hat. Die Italiener gefallen mir nicht im geringsten, und da ich mehr gewohnt bin, mit Menschen als mit Dingen zu leben, bin ich von dem Aufenthalt in Rom noch nicht begeistert. Allerdings werde ich es, wenn ich in der Peterskirche bin; nichts kommt diesem Eindruck gleich, lieber Freund; ich kenne nichts, das besser zur katholischen Religion bekehren könnte, wenn... Aber diese Wenns sind nicht für Sie [...]. Sie wissen, daß ich Sie liebe. Je mehr Ausländer ich sah, desto mehr liebte ich mein Vaterland. Lebwohl, lebwohl, mein liebes Vaterland, denn Sie nenne ich so. Bereits 4 Kardinäle sind zu mir gekommen, und einer möchte, daß ich katholisch werde. Wer wollte das fertigbringen, wo es Ihnen nicht gelungen ist?[14]

Rom, den 15. Februar [1805]

Ich muß Ihnen, lieber Monti, von meinem gestrigen Tag erzählen. Der Abbé Godard[15] ist gekommen, mich zu bitten, an einer Sitzung der Arkadie teilzunehmen und dort etwas zu lesen. Ich war höchst ratlos bei der Wahl dessen, was ich dort lesen sollte, als mir einfiel, daß ich unterwegs, die Seele von Ihrer Stimme noch ganz erfüllt, das Sonett *Quando Gesù* in Verse übersetzt hatte, und alles, was mir von Ihnen in dieser Übersetzung gegenwärtig war, hat mich dazu bewogen, es zu lesen. Ich bin somit heute in eine riesige Versammlung geraten, fast ganz Rom, von Neugier angezogen, war gekommen; als ich eintrat, habe ich daran gedacht, daß Sie hier waren, und diese Erinnerung genügte, die Arkadie zu preisen [...]. Abbé Godard hat mich zur Arkadierin proklamiert, Prinz Chigi[16] hat am Schluß einer Elegie auf den Tod des Kardinals Gerdil[17] hübsche Verse an mich gerichtet; ein anderer hat ein Sonett in Latein auf mich gemacht, und schließlich habe ich mich erheben müssen, um meine Übersetzung von Minzoni[18] vorzutragen. Zu Beginn habe ich sehr gezittert, mich aber aller Ihrer Akzentuierungen erinnert und dann so gut vorgetragen, daß man mich mit Beifall überschüttet hat. Sagen Sie mir, ob Sie ebenso wie ich das köstliche Vergnügen spüren, das ich empfand, Ihretwegen so applaudiert zu werden, denn die Übersetzung wie der Vortrag ist von Ihnen inspiriert. Danach ging eine Flut von Sonetten über uns nieder; zehn junge Leute, alle mit wachsender Begeisterung deklamierend, schleuderten Sonette auf uns, als wären es Bannstrahle des Vatikans; welche Lebhaftigkeit und Energie ist da in der Luft verpufft! Alborghetti[19] hat ein Stück aus meinem Werk über die Literatur recht gefällig in Verse gesetzt, und ich bin heimgegangen, um den Abend bei mir mit den Arkadiern zu verbringen, mit dem Kardinal Consalvi[20], M. von Humboldt und einem jungen M. de Souza[21], der sehr liebenswürdig ist [...]. Um Ihnen mit der Literatur aufzuhören, sagen Sie mir, ob Sie ein lateinisches Epitaph kennen, das Alfieri auf die Gräfin d'Albany[22] und sich gemacht hatte, in dem er sagt, daß er sie sechsundzwanzig Jahre lang mehr als irgend etwas anderes auf Erden geliebt habe, und dem er eine so tief empfundene Bemerkung über das Leid, wenn er vor ihr sterben sollte, hinzugefügt hat. Ich verehre Alfieri wegen dieses Epitaphs; wollen Sie es? Ich habe darüber viele Tränen vergossen: ich hoffe, *caro* Monti, daß Ihre Seele von ihm genauso beeindruckt gewesen wäre. Sie müssen ebenso groß sein durch Ihre Seele wie durch Ihren Geist, damit Sie Alfieri durch Ihre Sprache übertreffen und ihm in Ihren Gefühlen gleichkommen. Je mehr ich die Empfänglichkeit dieser Nation für den Enthusiasmus sehe, desto mehr wünsche ich ihren ganzen Enthusiasmus Ihnen, und bestimmt ist niemand so nahe daran, ihn zu erhalten [...].[23]

Während eines zweiwöchigen Aufenthalts in Neapel durchstreift Madame de Staël Stadt und Umgebung. Schlegel, Sismondi, Auguste und Albertine reisen mit ihr. Albert hat man in der Obhut des römischen Bankiers, Marquis Torlonia, eines Freundes von Madame de Staël, zurückgelassen. Am 13. März, zur Karwoche, sind sie wieder in Rom.

An Monti

Rom, den 30. März [1805]

[...] Ich gestehe Ihnen, ich spüre, daß ich nicht fähig wäre, mein Leben in Rom zu verbringen; man wird hier so sehr von dem Gedanken an den Tod ergriffen, er erscheint in so vielerlei Gestalt, in den Katakomben, auf der via appia, in der Pyramide des Cestius, in den unterirdischen Gewölben der Peterskirche, in der Totenkapelle, daß man sich selbst kaum sicher ist, am Leben zu sein, und alles Bemühen um gegenwärtige Existenz wird zunichte beim Anblick dieser Tausende von begrabenen Existenzen. Es ist dies eine andere Art und Weise, sich auf das Sterben vorzubereiten: man hat so viele Beispiele vor Augen! Aber wünschen, handeln, atmen ist inmitten all der Ruinen menschlicher Hoffnungen und Anstrengungen fast unmöglich [...]. Zudem gilt das große Interesse, das hier vorherrscht, Bildern und Statuen, aber ich habe keine so unersättliche Begier nach der menschlichen Gestalt, daß ich mein Leben damit zubringen könnte, sie zu betrachten. Ein Geheimnis der Seele aufzuzeigen, eine Möglichkeit, weniger zu leiden und mehr geliebt zu werden, bewegt mich tausendmal mehr als all diese schönen Füße und Hände, von denen man den ganzen Tag spricht; und ich finde hier in der Gesellschaft nicht jene Ursprünglichkeit, die alles, auch den Charme, ersetzt [...].[24]

Jean-Baptiste-Antoine Suard (1734–1817), einer der ältesten Gäste der Neckers, die er 1776 nach England begleitete und denen er damals seinen Freund Garrick vorstellte, war ein geistreicher Gesprächspartner und Literaturkritiker, der von jedermann geliebt und geschätzt wurde. Direktor der *Nouvelles politiques*, 1777 Gründer des *Journal de Paris* und später des *Publiciste*, unterhielt er mit seiner Frau, einer geborenen Panckoucke – auch sie Autorin und überdies sehr hübsch und anmutig – einen der meistbesuchten literarischen Salons. Constant hatte von 1785 bis 1787 bei ihnen gewohnt.

Am Vorabend des Fructidor von Festnahme und Deportation bedroht, suchte das Paar Zuflucht in Coppet, ging darauf mit Narbonne, Jordan und den Gérandos nach Tübingen und schließlich nach Ansbach.

Madame de Staël schätzt ihn als »einen der Männer von Welt, dessen überlegener Geist und feiner Geschmack mir immer dann am gegenwärtigsten sind, wenn ich das, was ich schreibe, zu korrigieren versuche.«

An Suard

[Rom, 9. April 1805]

Ich muß Sie wiedersehen, ich werde Ihnen von Italien erzählen. Mir scheint, die Reisen haben mir neue Ideen gegeben. Vielleicht ist es auch das Unglück, das das Denken so grausam rege macht. Ich habe die Natur hier tiefer erlebt als irgendwo sonst. Der Süden hat etwas Anregendes, er spricht wie ein Freund zu einem und macht heiter wie ein Fest. In Neapel habe ich das viel besser empfunden als hier. Wie Chateaubriand sagt, stimmt der Aufenthalt in Rom die Seele friedlich. Die Toten bewohnen es, und jeder Schritt, den man hier tut, zeigt beredt wie Bossuet die Nichtigkeit des Lebens. Ich will eine Art Roman schreiben, dem die Italienreise als Rahmen dienen soll, und ich glaube, daß viele Gedanken und Gefühle in ihm Eingang finden werden. Wenn man Frankreich verlassen hat, lebt man durch die Literatur wieder ein wenig auf. Ich habe einmal geschrieben, die Ausländer seien die zeitgenössische Nachwelt, und ich habe wirklich Grund, mit dieser Nachwelt zufrieden zu sein.[25]

Der Schweizer Historiker und Nationalökonom Léonard Simonde de Sismondi (1773–1842), kurz »Mondi« genannt, ein sonderbarer, aber begabter Mensch, zog die Aufmerksamkeit Madame de Staëls auf sich durch einen

Brief, den er ihr 1801 anläßlich des Erscheinens von *De la Littérature* schickte.

Als Sohn eines unvermögenden Schweizer Pastors mußte er sehr jung seinen Unterhalt als Bankangestellter in Lyon verdienen. Während des Terrors in Genf (1793–94) ging die Familie nach England und ließ sich später auf einem Bauerngut in Pescia, in der Toscana, nieder.

Calvinist italienischer Herkunft mit republikanischen Ideen, Autodidakt und eher häßlich, wenngleich nicht ohne Charme, war Sismondi die verkörperte Ehrenhaftigkeit und Ungeschicklichkeit. Seine in einem ersten Werk, *De la Richesse commerciale* (1802), sichtlich anti-bonapartistische Haltung gefiel Madame de Staël, die versprach, seine Karriere zu fördern. Sie und der Historiker Müller überredeten ihn, die Nationalökonomie aufzugeben und sich der Geschichte zuzuwenden, und mit ihrer Ermutigung und ihrem Beistand arbeitete er fünfzehn Jahre lang an seiner *Histoire des Républiques italiennes du Moyen Age* in sechzehn Bänden (1803–1818), auf die hin er einen Lehrstuhl für Ethik an der Universität Genf bekommt. In seinen *Nouveaux Principes d'Economie politique* (1819) sieht er das industrielle Zeitalter voraus und erweist sich als Vorläufer von Marx und Engels.

Seit 1802 stetiger Besucher in Coppet, erfüllt ihn nach dem Tode seiner Verlobten im darauffolgenden Jahr eine heimliche Liebe zu seiner Gönnerin, die während ihrer Italienreise ihren Höhepunkt erreicht. Er leistet für *Corinne*, was Schlegel für *De l'Allemagne* leisten wird. Allerdings kann sie sich nie in ihn verlieben.

Sismondi trennt sich in Rom von ihr, nachdem er sie von Mailand nach Neapel begleitet hatte.

Sismondi an Madame de Staël

Pescia, 20. April 1805

[...] Diese vier Monate meines Lebens, so verschieden von allem, was voranging, sind so schön gewesen, so glücklich, daß ich mir ein Leben, von Ihnen getrennt, nicht mehr vorstellen kann. Wenn Sie wüßten, wie sehr ich nicht nur Benjamin oder Schlegel beneide, die Sie nie verlassen, sondern auch den unglücklichen Blacons[26], weil Sie ihn beweint haben und den Wunsch hatten, ihn für sich zu gewinnen! Adieu. Ich will mich nicht länger gehenlassen; Sie werden all das für eine Liebeserklärung halten und daraus schließen, daß Sie darüber lachen müssen. Lachen Sie nicht, ich bitte Sie, über meine Anhänglichkeit: es ist das aufrichtigste Gefühl meines Lebens [...].[27]

Rom, den 30. April [1805]

[...] Ich werde Rom verlassen, aber werden Sie glauben, daß ich es mit tiefem Bedauern tue? Würden Sie mich in Verdacht haben, eine andere Stadt als Paris zu lieben? Es ist auch nicht so sehr eine Stadt, die ich liebte, vielmehr ein gewisses musikalisches, poetisches, malerisches, ätherisches Dasein, das mir eine neue Sphäre von Ideen und Eindrücken offenbarte. Diese Monumente, diese Erinnerungen, dieser herrliche Himmel, dieses öde Land rings um Rom, das nicht ausgedörrt ist, aber seinen alten Besitzern nachzutrauern scheint, all diese Kunstwerke, die die betrübte Seele wieder stärken, diese harmonischen Lieder, die des Nachts in allen Straßen erklingen, diese gesellschaftliche Freiheit, die der Würde der politischen Freiheit ermangelt, im Alltagsleben aber ihren Reiz hat, diese Italiener, alle sind sie geistreich, alle harmlos heiter, alle verliebt, sobald man es ihnen erlaubt, und alle beten sie die Frauen an, zu viel für ihre Würde, aber keineswegs zu viel für ein vergnügliches Leben der Frauen; all das ist so einzigartig, so jung, so schön, daß kein anderes Leben ohne äußeren Glanz und Aufregung mit diesem hier verglichen werden könnte. Diese Sprache hat eine Anmut, daß ich meinen Spaß habe an den Menschen aus dem Volk und an den Kindern, wegen der Ursprünglichkeit der einen und der Grazie der anderen. Was man als Adel bezeichnet, ist erbärmlich, aber die Künstler und Schriftsteller, das heißt die Dichter, besitzen eine Einbildungskraft, von der Sie sich in Frankreich keine Vorstellung machen können, in Frankreich, wo man alles nur mit Rücksicht auf andere tut, wo man nur scherzt, um sich lustig zu machen, wo man nur fühlt, um zu sprechen usw. Was es hier an Verderbtheit gibt, hängt zusammen mit einer sehr großen Charakterschwäche, einem sehr großen politischen Niedergang, aber es gibt keine Eitelkeit, nicht viel Bosheit und eine Begeisterungsfähigkeit, die die Menschen immer, wenigstens einen Augenblick lang, gut und liebenswert macht. Ich muß auch gestehen, daß es mir hier gefällt, weil man mich aufs Beste behandelt. Was werden MM. Geoffroy und Fiévée dazu sagen, daß ich Tag für Tag die Kardinäle bei mir sehe und der Kardinal Staatssekretär[28] dem Kustos der Arkadie ausrichtet, daß er ihr auf meine Empfehlung hin eine Stiftung machen will. Was werden die Aristokraten dazu sagen, daß mir die Königin von Neapel[29] ihre ganze Familie vorgestellt hat und mehrere Stunden mit mir allein in ihren Gemächern zubringt! [...] Nicht diese momentane Befriedigung des Selbstgefühls, diese Freude, die sich nicht wiederholen dürfte, ist es, die mich mit diesem Land verbindet, sondern ein Geheimnis, das man nicht am ersten Tag ergründet, ein Erlebnis des Südens, das denen, die nicht hier gewesen sind, völlig unbekannt ist, eine gewisse Freundschaft zwischen Natur und Mensch, von der man sich überall sonst keine Vorstellung machen kann – und ein edles und friedliches Bild des Todes in den Gräbern, diesen Spuren großer Männer [. . .].[30]

Von Dom Pedro de Souza e Holstein (1781–1851) – verwandt mit dem dänischen Herrscherhaus, künftiger Marquis und Herzog de Palmella –, diesem sensiblen und sehr charmanten jungen Mann, der auch ein wenig dichtete, fühlte sich Madame de Staël sofort angezogen. Wie sie, hatte auch er gerade seinen Vater, der in Rom Botschafter war, verloren, was sie einander noch näherbringt. Er, des Lebens schon mit zwanzig Jahren überdrüssig, nachdem er sich an allen bedeutenden Höfen Europas aufgehalten hatte, kann dem für ihn neuen Gefühl der Liebe zu einer geistvollen Frau nicht widerstehen. Obgleich ihre Beziehungen nicht über das Stadium des Flirts hinausgehen – sie macht sich über die Dauerhaftigkeit der Zuneigung ihres jungen Partners keine Illusion –, dient er ihr nichtsdestoweniger als erstes Modell für den Helden von *Corinne*, Lord Nelvil; das zweite wird Prosper de Barante sein. Sie sieht Dom Pedro im kommenden Winter in Genf wieder, dann 1810 in Chaumont und noch einmal 1813 in England.
Dom Pedros Karriere führt ihn als Vertreter seines Landes auf den Wiener Kongreß, dann nach London und bis in die höchsten Staatsämter Portugals, darunter das des Premierministers. Danach setzt er sich zur Ruhe und veröffentlicht drei Briefbände.
Am 11. Mai reist Madame de Staël nach Florenz.

An Dom Pedro de Souza

Florenz, den 14. Mai [1805]

Ich kann Ihnen nicht sagen, ich kann selbst mir nicht sagen, wie unglücklich ich darüber bin, daß ich Sie verlassen habe: ich nährte nie die Hoffnung, mein Leben mit Ihnen zu verbringen, aber ich leide, als hätte ich solchem Glück getraut.
In Ihrem Charakter und in Ihrem Benehmen liegt ein mir unerklärlicher Charme, der eine geheimnisvolle Wirkung auf mich hat; was man auch immer sagen, was man auch immer schreiben kann, nie ver-

mag man die köstliche Harmonie Ihres ganzen Wesens zu schildern, die mich in Ihrer Zuneigung so viel Entzücken hat finden lassen. Aber was mehr kann ich Ihnen sagen, als daß Sie über meine eigene Natur gesiegt haben?

Ich bin ganz Bewegung; Sie sind ganz Überlegung; was ich fühle, sage ich; Ihre Gefühle sind alle hinter einem Schleier verborgen. Und doch wurde ich durch dieses Geheimnis Ihrer Seele mehr angezogen als durch alles, was sich mir je offenbart hat. Die Zeit wird zeigen, ob dieses Gefühl ein Trugbild der Phantasie ist oder ein Instinkt des Herzens, der Sie mich hat erahnen lassen.

Wenn Sie der Mann sind, für den ich Sie halte, werden Sie mich eine Weile lieben; nicht immer; denn das Schicksal hat uns nicht zu Altersgenossen gemacht, aber nicht leichthin werden Sie meinen Platz in Ihrem Herzen hergeben, und Sie werden nur eine Wahl treffen, die meine Begeisterung für Sie rechtfertigt.[31] Dann, lieber Dom Pedro, werde ich Ihnen einen anderen Ring schenken, in den ich folgende Verse von Monti, die ich hier nicht ohne Rührung lesen kann, eingravieren lassen werde: »Nome che dolce nell'anima mi suona e sempre acerba, cosi piacque agli Dei sempre onorata, remembranza sarammi«[32] [...].

Ach! kommen Sie, kommen Sie[33], und Sie werden mit all der Zuneigung aufgenommen werden, die aus Begeisterung und Wertschätzung zu entstehen vermag. Ihr Geist und Ihre Gefühle sind bisweilen gefangen in Ihrem Innern. Ich werde der Ritter sein, der sie befreit; ich werde Sie lehren, sich kennenzulernen, sich zu zeigen, so, wie Sie sind, und wenn Sie noch liebenswerter werden, als Sie schon sind, werden Sie davongehen, und ich werde mir vorgaukeln, Sie würden eines Tages der Gatte meiner Tochter. Wissen Sie, daß diese Kleine mich gestern gefragt hat, ob *ich glaubte, sie hätte Sie erobert*, in eben diesen Worten. Sie hat Tag für Tag mit erstaunlicher Leichtigkeit zwölf Ottaverime des Ariost gelernt; ich versichere Sie, daß sie alle Vorzüge besitzen wird, die ich habe, aber nicht meine Fehler.

Lieber Dom Pedro, diese Idee, glauben Sie mir, ist nicht völlig verrückt. Sie werden eine distinguierte Frau brauchen; für Ihre natürliche Überlegenheit, verbunden mit Gleichmut, ist es unerläßlicher als für irgend jemanden sonst, mit einer geistvollen Frau verbunden zu sein. Leicht könnten Sie alle natürlichen Begabungen einschlafen lassen, wenn beständiger Umgang mit einem Menschen sie nicht wachhält. Was gibt es denn Besseres auf dieser Welt, als zu denken und zu fühlen? Sich durch Studium und Begeisterung so weit wie möglich emporzuschwingen? Vernunft und Moral mögen wichtig sein, doch sind sie nur Regeln für das Verhalten; die Kräfte des Herzens sind inniger, religiöser. *In der Brust des tugendhaften Menschen,* sagt ein alter Schriftsteller, *wohnt ein mir unbegreiflicher Gott, aber ein Gott.* Ach! ich habe ihn gespürt, diesen Gott, in den Ruinen Roms, die ich im Mondschein mit Ihnen durchwanderte, und auch, als ich von Ihnen Abschied nahm. Meine ganze Seele war erfüllt von Trauer, Zärtlichkeit und Bewunderung; angesichts der Trümmer von Jahrhunderten waren wir gleichaltrig, waren vereint in der Verehrung alles Schönen, und vom Himmel herab hat mir mein Vater ein Glück verziehen, das so mit Tränen vermischt, so von Wolken umhüllt war. Einiges, was Sie mir an diesem Tage sagten, habe ich aufgeschrieben; nie wird mir etwas Besseres einfallen, und ich freue mich, wenn ich an das geheime Einverständnis denke, das sich zwischen uns einstellen wird, wenn Sie *Corinne* lesen. Sie werden sich in diesem Buch genauso wiederfinden, wie Sie sind, und genauso, wie Sie sein werden, wenn Sie Ihren Geist und Ihre Seele auf der ihnen gemäßen Höhe halten.

Rom und Sie sind in meiner Erinnerung untrennbar. Nur dank Ihnen habe ich seine Herrlichkeiten verstanden; meine Phantasie hatte die Wüste noch nicht belebt, ich liebte Sie, und alles wurde für mich lebendig: die bildenden Künste, die Natur und selbst die Erinnerungen an Vergangenes, die mich schmerzten, doch derer froh zu werden ich gelernt habe. Zwei Monate meines Lebens sind Ihr Werk. Sollte es Sie nicht reizen, mir noch einige solche Monate zu schenken? [...]³⁴

Während sich Napoleon in Mailand inmitten großer Festlichkeiten die Krone der Lombardei aufsetzt, reist Madame de Staël von Florenz (wo sie die Bekanntschaft Madame d'Albanys machte) nach Bologna und weiter nach Venedig, wo sie während ihres fünftägigen Aufenthalts O'Donnell begegnet. Wieder in Mailand, trifft sie dort kurz mit Monti zusammen und sucht, um Genugtuung in ihrer Sache zu erhalten, bei Kaiserin Josephine vergeblich um Audienz nach.

Mitte Juni kehren die Reisenden über Turin, den Mont Cenis und Chambéry nach Coppet zurück. Am 8. Juli finden sich dort auch Constant, Hochet und Prosper de Barante ein, denen im August Chateaubriand sowie zahlreiche bedeutende ausländische Besucher folgen. Eine neue Glanzzeit beginnt am Genfer See, während die Schloßherrin an *Corinne ou l'Italie* arbeitet.

Hochet bleibt fünf Wochen, danach bringt er Auguste de Staël (1790 bis

1827), damals fünfzehn Jahre alt, in ein Internat nach Paris, damit er sich dort auf die Ecole polytechnique vorbereite – was seiner Mutter Grund zur Rückkehr in die Hauptstadt geben kann.

Trotz oder vielleicht gerade wegen ihrer Vorliebe für ihren älteren Sohn ist Madame de Staël in bezug auf ihn so anspruchsvoll und ehrgeizig, wie sie Albert gegenüber nachsichtig ist. Narbonne ähnelnd, wird Auguste ein treuer Sohn sein und seiner Mutter in mancher schwierigen Situation mutig beistehen, besonders, indem er 1816 die Schuldforderung Neckers eintreibt; doch im Ganzen verplempert er sein Leben, obwohl es ihm keineswegs an Intelligenz und Ausdauer fehlte. 1814 stößt er zum Regiment Bernadottes in Lüttich, und später heiratet er Adelaïde Vernet, die Enkelin Marc-Auguste Pictets.

Von allen ihren Kindern erbt allein Albertine etwas von den glänzenden Eigenschaften der Mutter und spielt in den politischen und literarischen Kreisen des Paris der zwanziger und dreißiger Jahre eine achtenswerte Rolle.

Es gibt ungefähr dreißig Briefe oder Billets von Madame de Staël an Auguste aus den Jahren 1805 und 1806, von denen 22 veröffentlicht sind, und annähernd 300 noch unveröffentlichte von Auguste an seine Mutter.

Auguste de Staël an seine Mutter

[Paris, Ende August 1805]

Liebe Mama, Dein letzter Brief betrübt mich sehr; der Gedanke eines langen Getrenntseins und vor allem der Gedanke, Dir so fern zu sein, daß jede Verständigung umständlich und schwierig wird, all das macht mir großen Kummer. Die Zeit, die ich hier verbracht habe, hat mich, wie mir scheint, schon etwas geschliffen, aber sie hat mich auch älter gemacht; ich bin nach außen hin recht vergnügt geworden, aber im Innersten über alles äußerst traurig. Ich habe das Bedürfnis, Dir viel zu schreiben, um mir mein Herz zu erleichtern, aber ich warte. Laß Dich tausendmal umarmen: was ist diese Welt doch für eine traurige Sache.

Lebwohl, liebe gute Mama.[35]

An Auguste de Staël

[Coppet,] den 4. September [1805]

Lieber Freund, ich muß Dir von unseren Angelegenheiten sprechen, da Du unglücklicherweise durch die Verfolgung Deiner Mutter die

erste Bekanntschaft mit dem Leben machen mußt.[36] Ich möchte, daß
Du Prinz Joseph aufsuchst und ihm sagst, daß, sollte man mir die Genehmigung, zwanzig Meilen vor der Hauptstadt zu leben, entziehen,
ich mich gezwungen sähe, Dich aus Frankreich zu holen und auf irgendeine große Universität im Ausland zu schicken, denn 40 Meilen
vor Paris, wo ich weder Dich noch meine Freunde sehen kann, würde
ich nur unnötigerweise ein trauriges Leben führen; ich möchte, daß
Du dasselbe Regnault sagst und von Dir aus hinzufügst, Du würdest
ihn bitten, dem Kaiser zu sagen, Du seiest in Paris, und frage außerdem nach, ob er, der Kaiser, einem Brief von Dir zugunsten Deiner
Mutter Gehör schenken würde. Sag ungefähr dasselbe Fouché: um
Fouché zu sehen, mußt Du Mad. Récamier bitten, Dich zu benachrichtigen, wann er bei ihr sein wird, und ebenfalls mußt Du M. Thu-
rot[37] bitten, jedoch ohne auf Einzelheiten einzugehen, Dir wegen
Angelegenheiten Deiner Mutter Ausgang zu geben. Sollte er es Dir
abschlagen, wird Mathieu Dir in dieser Sache helfen [...]. Die Frage
unseres Vermögens ist, fürchte ich, mit der meines Exils untrennbar
verbunden, daher ist es doppelt notwendig zu versuchen, aus dieser
Situation herauszukommen. Lies diesen Brief zweimal und vernachlässige diese wichtigen Aufträge nicht. Lebwohl, lieber Freund, dies
ist der ernsteste Brief und der für Deine Klugheit ehrenvollste Auftrag, den Du bisher erhalten hast. Lebwohl und denke daran, genau in
Deinem Alter hat mein Vater begonnen, sich dieses Vermögen zu
schaffen, ohne das wir nichts wären. Lebwohl, kleiner Tolpatsch.[38]

An Auguste de Staël

[Coppet,] 11. September [1805]

[...] Obgleich Du Eifer zeigst, bist Du manchmal auch etwas träge,
und ich fürchte, dieses Internat fördert das. Du hast mir über Deinen
Stundenplan nicht genau berichtet; ich weiß noch nichts von Deinem
Musiklehrer; schließlich möchte ich, daß Du mich für diese Trennung, diese grausame Trennung, entschädigst, indem Du mir alle
Einzelheiten mitteilst, die Dich betreffen [...]. Mich dünkt, Du solltest Geschichte lesen und mir jede Woche eine kurze Zusammenfas-
sung dessen schicken, was Du gelesen und dabei empfunden hast. Du
weißt zu wenig auf diesem Gebiet, um in die Welt hinaus zu gehen:
Du sagst mir auch nicht, ob Du, wie ich es wünsche, Gelegenheit

hast, Englisch zu sprechen, mit einem Wort, Du faßt Dich zu kurz hinsichtlich einer Menge Einzelheiten, über die ich informiert sein muß, sowohl um mich in meinen Entschlüssen danach zu richten, als auch um meine Besorgnis zu zerstreuen; ach! ich hätte nie den Mut gehabt, Dich nach Frankreich zu schicken, wenn ich hätte voraussehen können, daß ich Dir dorthin nicht würde folgen dürfen; dies war ein schwerer Schlag für mich [. . .].[39]

Als Prosper de Barante (1782–1866), Sohn des Präfekten vom Departement Léman, sich in Genf in Madame de Staël verliebt, zählt er dreiundzwanzig Jahre und kommt gerade mit Hochet und Constant zu einem Erholungsurlaub aus Paris. Er hatte bereits im vergangenen Jahr die Aufmerksamkeit der Baronin erregt. Sie kann seinem Charme, seiner Eleganz und Intelligenz nicht widerstehen und nimmt ihn als zweites Modell für Lord Nelvil in Corinne, worüber er sich später beschwert.

Zwischen ihnen beginnt ein grausames Spiel gegenseitiger Nachstellung und Tyrannei, das mehrere Jahre dauert. Später zeichnet sie folgendes Bild von ihm: »Charakter wie Geist wie Gestalt Pr[ospers] scheinen doppeldeutigen Mächten zu eigen. Diese manchmal so zarte, manchmal so kräftige Gestalt, dieser manchmal so poetische, manchmal so sachliche Geist werden sich auch im Charakter, in der Moral und in der Güte widerspiegeln.« Schließlich gibt sein Vater ihm zu bedenken, daß ihr Altersunterschied und ihre Vermögensverhältnisse wie auch das Verhalten Napoleons, von dem Prospers weitere Laufbahn abhängt, ihrem häuslichen Glück nicht günstig waren, und im November 1811 heiratet er eine Enkelin der Madame d'Houdetot. Als Autor, Politiker und Historiker der Herzöge von Burgund wartet auf ihn eine große Zukunft. Dank seinem vorzüglichen Werk De la littérature française pendant le dix-huitième siècle (1809) ernennt Napoleon ihn zum Präfekten der Vendée.

Zuverlässiger Besucher am Bett Madame de Staëls während ihrer letzten Krankheit, bleibt er der liberalen Tradition, die der Verstorbenen so teuer war, treu. Mit Jordan, Victor de Broglie und anderen trägt er zum Sturz der Bourbonen bei.

Keiner der Briefe Madame de Staëls ist erhalten – sie sind wahrscheinlich von ihrer Tochter vernichtet worden –, dagegen sind fast alle Briefe Prospers zutage gekommen, die zusammen mit jenen seines Vaters einen ganzen Band ergeben.

Prosper de Barante an Madame de Staël

[Genf, Ende August 1805]

Wie sehr ich Sie liebe, liebste Frau, weil Sie mir geschrieben haben. Als ich Sie verließ, hatte ich etwas Angst. Benjamin schien mir traurig und bekümmert, und ich zitterte, er könnte Ihnen irgendein Leid antun, was mich recht hart getroffen hätte, da ich die Ursache gewesen wäre. Ach! vertrauen Sie mir; Sie haben mir ein wenig Glück schenken wollen, ich werde stets achtsam mit ihm umgehen. Ich möchte darin mehr Verdienst sehen, doch wenn ich Sie glücklich machen will, hieße das in Wirklichkeit immer noch, an mich denken.

Hochet hat mir geschrieben, daß Sie sich jeden Tag mehr an mich anschließen, und diese Nachricht hat mich mehr gefreut als eine andere, die er mir ebenfalls mitteilt, mich geärgert hat [. . .].

Adieu, ich umarme Sie und liebe Sie; ich bin glücklich. Manchmal, wenn ich Sie in meinen Armen halte, bedaure ich, Ihnen nicht ganz gehören zu können, aber wenn ich nur auf mein Herz höre, sage ich mir, daß nichts meine Gefühle noch steigern kann und ich keines weiteren Anlasses bedarf, um mich für immer als der Ihre zu erklären.

Adieu, bis morgen.[40]

Prosper de Barante an Madame de Staël

[Genf, September 1805]

Es ist so gekommen wie abgemacht, liebste Frau; mein Vater findet es gut, daß ich noch einen Monat oder fünf Wochen hier verbringe und hat für die Zukunft keine endgültigen Wünsche. Er hat alles wohl erwogen und will keine andere Heirat denn die, die ich mir ersehne und die ich kaum erhoffe. Ich weiß nicht, was nach diesem Monat der Freundschaft, den wir jetzt verbringen, werden wird; ich werde mich bemühen, daß die Freude an der Gegenwart nicht von Gedanken an die Zukunft verdorben wird.

Adieu, liebste Frau, ich umarme und liebe Sie [. . .].[41]

Prosper de Barante an Madame de Staël

[...] Mit großer Freude denke ich daran, daß jetzt alles für vier Monate des Glücks geregelt ist. Warum nur haben Sie traurige Gedanken, während ich Tag für Tag eine längere Zukunft erhoffe? Warum bald mir, bald den Umständen mißtrauen? Werden Sie, sobald Sie hier sind, diese düstere Art zu denken nicht aufgeben?
Adieu, ich umarme Sie so zärtlich, wie ich Sie liebe.[42]

Humboldt an Madame de Staël

Rom, den 4. September [1805]

[...] Alles, was wir in dieser Welt kennen, bildet eine ununterbrochene Kette, und alles zeigt sein wahres Sein nur dann, wenn man das assoziiert, was ihm in entgegengesetzter Weise entspricht. Man würde die Kindheit nicht kennen, hätte man keinen Begriff vom Mannes- und Greisenalter. Ebenso ist es mit den Rassen, selbst mit den Nationen, wenn Sie wollen, mit den verschiedenen Portionen Leben, wenn der Ausdruck erlaubt ist, die in der Natur verteilt sind, angefangen bei der Kristallbildung, die man als erste Spur einer inneren, selbständigen und fast organischen Kraft ansehen kann, bis hin zum Denken des höchsten unter den Geschöpfen [...]. Könnte man von diesen Vorstellungen immer gleich stark durchdrungen sein und mit dem gegenwärtigen Augenblick immer zugleich den wahrnehmen, der ihm vorangeht, und den, der auf ihn folgt, würden sich die Unebenheiten im menschlichen Dasein nach und nach glätten und die melancholische Stimmung, die das Leben und das Nachdenken darüber fortwährend in der Seele verbreitet, weil sie eher aus dem Unbestimmten und Unermeßlichen als aus der Begrenztheit der Existenz erwächst, würde jene stille, sanfte Färbung bekommen, wie Sie sie in der Melancholie fanden, die dieses Land und der Süden überhaupt erweckt. Sie haben sicherlich recht, wenn Sie sagen, daß der Norden das Denken zu aktiv macht; ich würde allerdings eher sagen, er macht es zu unruhig, und keinesfalls würde ich hinzufügen, er biete dem Denken zu wenig Zerstreuung. Zerstreuungen sind dort häufiger, wo das moralische Handeln weniger gleichförmig ist, und dort helfen Ihnen die Eindrücke, welche die Natur auf Sie macht, noch mehr. Über diesen Unterschied des Lebens im Norden und im Süden erwarte ich von Ihrem Werk[43] die feinsten Beobachtungen [...]. Ich habe mehr als einmal bemerkt, daß Sie ein besonderes Talent haben, sich einzubilden, Sie hätten von anderen übernommen, was Sie selbst gesagt oder was Sie ihnen in den Mund gelegt haben [...]. Sie glauben nicht mehr an den Fortschritt des menschlichen Geistes, wenn England vernichtet werden könnte; Sie scheinen sagen zu wollen, daß Charaktere nur dort zu finden sind [...]. Ich glaube [...], daß in Frankreich die Wissenschaften und in Deutschland die Philosophie größere Fortschritte gemacht haben [...]. Bleibt den Engländern [...] vielleicht nur die reine Politik, und selbst diese eher als Praxis denn als Theorie [...]. Woher kommen nur unsere unterschiedlichen Meinungen über England? Der Unterschied besteht, glaube ich, darin, daß für Sie immer der Staatsmann und nicht der Privatmann an erster Stelle steht, daß Sie glauben, der Charakter der Menschen wäre fast vollständig abhängig von der Staatsform, unter der sie leben, und weil ich von diesem Prinzip keineswegs überzeugt bin [...]. Bei ihrer ganzen Art zu leben und in sich zu ruhen, kann ich nicht umhin, den Deutschen und noch mehr den Franzosen eine ungeheure Überlegenheit über sie zuzusprechen [...].[44]

Weil Schlegel sich von seiner Herrin, die ganz von Prosper und Dom Pedro in Anspruch genommen wurde, vernachlässigt fühlte, hat er ihr wohl eine Szene gemacht. Madame de Staël verstand es mit ihrem gewohnten Charme, ihn erneut zu bezaubern und dahin zu bringen, daß er die nachstehende Erklärung abgab.

A. W. Schlegel an Madame de Staël

(Coppet, 18. Oktober 1805)

Sie wollten, meine anbetungswürdige Freundin, ein schriftliches Versprechen von mir haben, und Sie haben gedacht, ich würde zögern, es Ihnen zu geben: hier ist es:
Hiermit erkläre ich, daß Sie jedes Recht auf mich haben und ich keines auf Sie. Verfügen Sie über meine Person und mein Leben, befehlen und verbieten Sie, ich werde Ihnen in allem gehorchen. Ich begehre kein anderes Glück als jenes, das Sie mir schenken wollen; ich will nichts besitzen und alles nur Ihrer Großmut verdanken. Ich bin gerne bereit, an meinen eigenen Ruhm nicht mehr zu denken und alle meine

Kenntnisse und Talente ausschließlich für Ihren persönlichen Gebrauch bereit zu halten. Ich bin stolz darauf, Ihr Eigentum zu sein. [...] Ich weiß nicht [...], ob man sich einem anderen menschlichen Wesen so vollständig unterwerfen darf. Aber Sie haben eine übernatürliche Macht über mich, gegen die anzukämpfen vergeblich wäre [...]. Nicht zufällig bin ich Ihnen begegnet und hat es Sie inmitten weltlicher Vergnügungen zu mir getrieben, und das in dem Augenblick, da Sie von dem grausamsten und unersetzlichsten Verlust bedroht waren. Was mich betrifft, habe ich einen Teil meines Lebens mit Suchen verloren; endlich habe ich gefunden, was unvergänglich ist und mich erst im Grab verlassen wird.

Mißbrauchen Sie Ihre Macht nicht: Sie könnten mich leicht unglücklich machen, ohne daß ich imstande wäre, mich dagegen zu wehren. Vor allem beschwöre ich Sie, weisen Sie Ihren Sklaven nie von sich.

A. W. Schlegel.[45]

Den 18. Okt[ober] 1805.

An Friedrich Schlegel

Coppet, 4. November 1805

Unser Leben hier ist recht langweilig, denn außer mit zwei oder drei Menschen besteht keine Möglichkeit, sich zu unterhalten. Ich fürchte, daß Ihr Bruder etwas melancholisch wird; er meint, es läge an mir, was indes eine Folge des Landlebens ist, denn er kann nicht daran zweifeln, daß ich ihn für immer liebe wie einen Bruder. Ich schreibe meinen Roman über Italien, und wenn ich Sie im nächsten Sommer sehe, werde ich ihn Ihnen zeigen. Danach will ich mir vornehmen, die deutsche Literatur bekannt zu machen, doch erfordert es viel Mühe, um in dieser schrecklichen Zeit und in diesem langweiligen Land Eifer zu bewahren. Ich las gerade den *Standhaften Prinzen* von Calderon, von Ihrem Bruder übersetzt, und ich war von der musikalischen Ursprünglichkeit dieses Stücks sehr beeindruckt. Wenn die Melancholie sich in südlichen Ländern äußert, ist sie von einer Phantasie geprägt, die tief beeindruckt. Wieviel gäbe es zu lernen und zu denken, um das Leben zu enträtseln, doch man würde es erst auf dem Sterbebett erfahren [...].[46]

12

»Das schreckliche Jahr 1806«
und die großen Tage von Coppet
(1806-1807)

Um in die Einsamkeit des Exils Abwechslung zu bringen, zieht Madame de Staël mit ihren Kindern, Constant, Schlegel, Prosper, Sismondi und Dom Pedro den Winter über nach Genf und stürzt sich dort in eine regelrechte »Theater-Raserei«, indem sie mit ihren Freunden *Mérope, Mahomet, Phädra* und ihr eigenes Stück *Agar dans le désert* aufführt.

Prosper de Barante an Madame de Staël

[Paris?] 15. April 1806

Sie mußten einen Augenblick denken, liebe Freundin, die Absichten meines Vaters hinsichtlich der Reise nach Auxerre wären verwirklicht. Gott bewahre mich davor, ihm förmlich ungehorsam zu sein; aber ich hätte alles getan, daß er seine Meinung ändert, hätte ihn gebeten, mich ihm gegenüber nicht schuldig werden zu lassen. Mein Brief war schon fertig, er sollte abgehen, als der Ihre eintraf. Ihre betörenden Worte haben bereits erreicht, was ich ersehnte; und Ihre mitreißende, bezwingende Art war wie gewöhnlich unwiderstehlich. Ich habe meinen Brief nicht abgeschickt. Mein Vater war zu einem solchen Entschluß gelangt, weil er gehört hatte, Sie hätten zu verschiedenen Leuten von meinen Versprechungen geredet als von über ihn davongetragenen Siegen und von Beweisen meiner vollständigen Eroberung. So dargestellt, hatten Ihre Worte ihn gekränkt. Er hat nicht erkannt, daß sich der Genfer Klatsch zwischen Sie und ihn gedrängt hatte.[1] Wolle Gott, daß Sie ihn völlig umgestimmt haben. Man macht auf ihn kaum mehr als einen Augenblickseindruck, und auch den nur mit großer Mühe. Ich will damit nicht sagen, daß sein Gefühl für mich etwa nicht dauerhaft und unvermindert sei. Der Brief, in dem er mich bat, nicht zu Ihnen zu kommen, war höchst rührend und hat mich nicht aufgebracht, sondern nur sehr unglücklich gemacht, weil ich sah, wie seine väterliche Liebe in seinem Verhalten mir gegenüber sich so vergaß und mich nötigte, ihm und mir so viel Kummer zu machen [...].

In einem Monat werden wir wieder beisammen sein, in einem Monat werde ich in Wirklichkeit, wenigstens für einige Augenblicke, wieder in jener Situation sein, die meine Phantasie sich so oft vorstellt, mit der ich jeden Abend einschlafe und jeden Morgen aufwache. Dann werden wir darauf bedacht sein, es für lange zu genießen. Ich will von dem Versprechen, das Sie meinem Vater gegeben haben, nichts wissen. Ich will in keinem Fall, daß Sie mir von Schadloshalten sprechen. Ich möchte, daß Sie mich jederzeit wegschicken können, wenn Sie mich für überflüssig halten. Es ist mir ganz unmöglich, die Qualen zu ertragen, die ich an dem Tage erleiden würde, da ich, Ihnen unwiderruflich verbunden, für Sie nicht mehr derselbe wäre. Festgelegte Beziehungen, die nicht einzig und allein poetisch und frei von jedem gewöhnlichen Interesse wären, könnten Sie meiner sehr schnell überdrüssig machen. Das ist ein Gedanke, den ich nicht verscheuchen kann. Lieber verspreche ich alles, als von Ihnen das geringste Versprechen zu erhalten. Das will besagen, daß ich Sie liebe, liebe Freundin; entweder täusche ich mich sehr, oder diese Liebe ist, wenn auch nicht egoistisch, so doch nicht minder stark. Nicht die Überlegung läßt mich das annehmen, nicht ein hohles System, sondern dieses Getrenntsein von Ihnen, die Sie alles in mir genährt haben, was etwas wert war: Geist, Phantasie, alles ist bei Ihnen zurückgeblieben. Und ich streife hier umher, untätig, zu nichts fähig, geistesabwesend, fühle mich alle Augenblicke dorthin gezogen, wo ich nicht bin. Es ist wie die lange schlaflose Nacht eines Kranken, der eine Lage sucht, in der er ruhen kann, und der sie nicht findet [...].[2]

Dank also der Fürsprache von Prospers Vater erhält Madame de Staël die Erlaubnis, nach Frankreich zurückzukehren, allerdings unter der Bedingung, sich Paris nicht weiter als bis auf vierzig Meilen zu nähern. Am 18. April tritt sie mit ihrem »Hof« die Reise nach Auxerre an, wo sie ganz in der Nähe von ihrem Freund, dem Bankier Biedermann, daß Schloß Vincelles gemietet hat. Sie bleibt dort bis Ende August, in schlechter physischer wie seelischer Verfassung, trotz häufiger Besuche von Dom Pedro, Mathieu und Adrien de Montmorency, Madame Récamier, Jordan, Hochet, Constant, Sabran und Prosper de Barante.

[Paris? Juli] 1806

[...] Ich will nicht behaupten, daß ich keine Fehler begangen habe, aber darüber, daß man ins Unglück geraten ist, spürt man keine Gewissensbisse; so hätte ich vielleicht das Risiko dafür auf mich nehmen sollen. Aber ich denke doch, daß ich Ihnen, wie Sie sagen, mein Leben geweiht habe: seit fünfzehn Monaten habe ich Sie über mein Schicksal gebieten lassen. Was jetzt geschieht, hat mich davon überzeugt, daß ich eine zweite Ausgabe Benjamins gewesen wäre, geliebt neben anderen. In Ihrer jähen Wandelbarkeit empfinden Sie in einem Augenblick ein Gefühl so stark, daß es überströmt und für Sie und andere das ganze Leben umfaßt. Sie haben Einbildung und Gefühl miteinander vermischt, das macht es lebhafter, verzehrender, aber durch diese Vermischung wird es weniger beständig und weniger wahrhaftig. Ich hätte mich ganz hingegeben, für Vergangenheit und Zukunft, und bald einsehen müssen, daß nicht einmal Ihre Zukunft mir in vollem Umfang gehören würde. Viele ganz gewöhnliche Leute, deren Empfindungen im Vergleich zu den Ihren lau sind, werden von ihnen weit tiefer beeinflußt. Deren Seele ist nicht so vielschichtig, sie wird leichter erobert, und sagen Sie nicht, es hätte an mir gelegen, daß es dahin kam. Wenn Sie damals einzig und allein mich geliebt hätten, dann könnten die anderen Gefühle jetzt nicht so stark hervortreten; es gäbe sie noch, denn Gefühle leben nicht wieder auf; sie hielten sich lediglich eine Weile verborgen. Durch diesen Anschein getäuscht, hätte ich mich ausgeliefert und bei der ersten Gelegenheit gemerkt, daß ich für mein ganzes Ich nur einen Teil des Ihren erhalten konnte.

Sie haben mir gesagt: *zum letzten Mal, was Sie von meinen Beziehungen halten.* Was für eine Ausdrucksweise! Was für eine Behördensprache! Wie werde ich Sie jetzt noch wiedersehen können? Glauben Sie, daß mir daran liegt zu kommen, um eine Gazetten-Beilage zu machen oder eine Abhandlung über die deutsche Literatur zu schreiben? Kann ich Ihnen etwas sagen, das nicht von all unseren Beziehungen geprägt ist?

Wie so oft, weiß ich nicht, was ich Ihnen sage. Warum mich beklagen, weil es Ihnen gelungen ist, meinetwegen nicht länger zu leiden? Sie wollten alles oder nichts; ich habe Ihnen nicht alles geben können, und ich kann Ihnen also auch keinen Vorwurf machen. Wenn man ihn dem Schicksal machen könnte, das im Grunde allerdings wohl immer gerecht ist, würde ich ihm vorwerfen, daß ich Ihnen begegnen mußte, daß es mich die Möglichkeit einer so großen Sympathie erkennen ließ und mich gelehrt hat, daß doch tatsächlich jeder meiner Gedanken geteilt wurde; alle wurden erraten, alle wurden erfühlt, und das gegenseitig. Jetzt weiß ich nicht mehr, was mit ihnen machen, und in einem Augenblick wie diesem sind sie eine Last. Nie habe ich mehr eines Menschen bedurft, der mich anhört, denn alle verschließen die Ohren und können oder wollen nicht mehr verstehen. Adieu, liebe Freundin, darf ich Sie noch so nennen, wie Sie mich nicht mehr nennen? Adieu, Sie haben viel in dieses Wort hineingelegt.[3]

Während ihres Aufenthalts in Auxerre hatte sich Madame de Staël mit Dom Pedro dem Übersetzen der *Lusiade* von Camoëns gewidmet. Nach seiner Abreise nach Paris und vor der Rückkehr des Portugiesen in sein Heimatland sehen sie sich im September zu einem letzten, drei Tage dauernden Abschied in Etampes.
Am 18. September fahren Madame de Staël und ihr Gefolge nach Rouen, wo ihr von Fouché gestattet wurde, den Winter zu verbringen.
Gegen Ende Juli oder Anfang August war es zwischen ihr und Prosper de Barante zum Bruch gekommen: er wechselte über zu Madame Récamier, der Madame de Staël ihn vorgestellt hatte, damit diese sich bei ihm zugunsten ihrer Herzensangelegenheit verwende ...

An Madame Récamier

Den 20. September [1806], Rouen

Da bin ich, liebe Juliette, nun in Rouen und ebenso traurig wie überall sonst im Exil; aber Paris ist weniger weit. Es gibt einen kleinen Eilwagen, der um sieben Uhr morgens abgeht und in zwölf Stunden hier ist; die Extrapost in acht oder neun. Wann werden Sie diese Verbindung nutzen? Wann werden Sie mir die Freude machen, die ich mehr denn irgend jemand sonst zu schätzen weiß? Sie sagen mir, daß Sie mir jetzt, da Sie Pr[osper] öfter sehen, öfter schreiben wollen. Ich fürchte, ich gestehe es Ihnen, daß Sie ihm gestatten, Sie zu lieben, was für mich eine entsetzliche Qual wäre, denn zwei meiner tiefsten Gefühle würden dadurch verletzt. Tun Sie es nicht, Juliette. Geächtet wie ich bin, vertraue ich Ihnen, und da ich Ihren Reizen weit unterlegen bin, verbietet Ihnen Ihre Großmut, sich ihm gegenüber die geringste Koketterie zu erlauben. Nicht, daß ich fest an seine Liebe zu mir glaubte; ich habe das entsetzliche Unglück, unablässig an ihr zweifeln zu müssen. Doch der Gedanke, dieses Unglück käme von Ihnen, wäre mir verhaßt: ich hätte nicht die Kraft, ihn zu ertragen (dies unter uns) [...]. Antworten Sie mir sofort auf diesen Brief, in dem ich Ihnen auf Gnade oder Ungnade meine ganze Seele preisgebe.[4]

An Dom Pedro de Souza

Den 26. September [1806] Rouen

[...] Der Kaiser ist fort und M. de Champagny[5] ist beauftragt, in seiner Abwesenheit mit Lord Lauderdale[6] zu verhandeln, was zu der Annahme berechtigt, daß man noch nicht alle Hoffnung auf einen Frieden aufgegeben hat. Prinz Murat[7] soll dem König von Preußen geschrieben und ihn mit *Mein Herr Bruder* angeredet haben, was der Kaiser nachdrücklich gerügt hat... Es gibt Leute, die sagen, daß Jérôme und die Prinzessin Württemberg Könige der Schweiz werden,[8] aber ich berichte Ihnen da [nur] Pariser Klatsch und lebe doch in Rouen. Geistig ist die Stadt ebenso stupide wie der Rest Frankreichs, Paris ausgenommen. Aber das Theater und die äußerlichen Erfordernisse des Lebens haben hier den Vorrang. Mir will scheinen, daß man in Frankreich nur einen *animalischen* Verstand besitzt, der lediglich dazu dient, Geld zu machen wie die Bienen das Wachs; jeder uneigennützige, jeder zweckfreie Geist hält das nicht aus. Schlegel hat mir wieder Sorgen gemacht, aber es geht ihm sichtlich besser. Hochet schreibt mir, Sie seien der nobelste Mann, den er kenne, und er habe geweint, als er Ihnen Lebewohl sagte. Prosper versichert, daß er nur nach Spanien reise, um Sie zu sehen. Da sehen Sie, daß die andern Sie ebenso beurteilen wie ich, doch Sie zu lieben, das behalte ich mir vor. Sie so zu lieben wie ich, wird jedenfalls niemand imstande sein. Benjamin vermißt Sie sehr; schließlich meine ich, daß Ihr Kreis hier ist; kommen Sie wieder zu uns! und die Ottaverime[9]! Denken Sie an mich, wenn Sie sie vornehmen, mein Vorwort ist fertig, es ist in meinem Herzen. Ach! wenn Sie wieder frei sein werden, wenn... aber muß das Leben nicht so sein, daß man sich trösten kann über das Sterben? Ich bitte Sie, schreiben Sie mir unbedingt aus Spanien; Ihre Reise in dieses Land wird mich beunruhigen. Lieber, lieber Dom Pedro, ach! wie fern sind wir uns schon![10]

Im November mietet Madame de Staël von ihrem Freund, dem Grafen de Castellane, das Schloß Acosta in Aubergenville, nahe Meulan. Hier beendet sie *Corinne*, während Constant in Paris an seinem *Adolphe* schreibt, für dessen Heldin er teilweise Madame de Staël als Modell nimmt.
Unterdessen läßt sich Napoleon, tief in Ostpreußen und Polen, über alle Schritte Madame de Staëls und den Inhalt ihrer Briefe unterrichten.

An Madame Récamier

[Rouen,] 17. November [1806]

Ach, meine liebe Juliette, welchen Schmerz hat mir die schreckliche Nachricht bereitet, die ich soeben bekam![11] Wie verfluche ich die Verbannung, die mir nicht erlaubt, jetzt bei Ihnen zu sein und Sie an mein Herz zu drücken.
Sie haben alles verloren, was dem Leben Erleichterung und Annehmlichkeit verschafft. Doch auch wenn es möglich gewesen wäre, mehr geliebt zu werden und interessanter zu sein als Sie es waren, wäre Ihnen das gleiche zugestoßen. Ich will M. Récamier, um den es mir leid tut und den ich achte, schreiben. Doch sagen Sie, soll die Hoffnung, Sie diesen Winter hier zu sehen, ein Wunschtraum bleiben? Wenn Sie drei Monate in einem kleinen Kreis verbringen wollten, würden Sie herzlichst umsorgt. Aber auch in Paris erwecken Sie in mir dieses Gefühl; kurz, ich werde mindestens nach Lyon oder bis an die Grenze der mir gestatteten *vierzig Meilen* kommen, um Sie zu sehen, zu umarmen und Ihnen zu sagen, daß ich für Sie mehr Zärtlichkeit empfunden habe als je für irgendeine andere Frau. Ich weiß Ihnen nichts zum Trost zu sagen, es sei denn, daß Sie mehr geliebt und geachtet werden als je zuvor und daß Ihre bewundernswerten Eigenschaften der Großmut und Mildtätigkeit wider Ihren Willen durch dieses Unglück bekannt werden, was ohne es nie geschehen wäre.
[...] Liebe Juliette, Sie sind es, die mich nach Paris zurückkommen lassen werden, denn Sie werden stets eine allmächtige Person sein, und wir werden uns alle Tage sehen und Sie, die Sie jünger sind als ich, werden mir die Augen schließen, und meine Kinder werden Ihre Freunde sein. Meine Tochter hat heute morgen über mich und Sie Tränen geweint.
Liebe Juliette, diesen Luxus, der Sie umgab, haben auch wir genossen; Ihr Vermögen war das unsrige, und ich fühle mich ruiniert, weil Sie nun nicht mehr reich sind. Glauben Sie mir, es bleibt einem noch

Glück, wenn man so geliebt wird [...]. Liebe Freundin, möge Ihr Herz in all Ihrem Kummer ruhig sein. Denn weder der Tod noch die Gleichgültigkeit Ihrer Freunde drohen Ihnen, und dies sind die ewigen Wunden. Leben Sie wohl, mein Engel, leben Sie wohl. Ich küsse ehrerbietig Ihr bezauberndes Gesicht.[12]

Karl Viktor von Bonstetten (1745–1832), kurz »Bon« genannt, ein alter Freund der Neckers, hat Germaine in Saint-Ouen kennengelernt, als sie noch ein kleines Mädchen war. Ein häufiger Besucher Coppets zur Zeit, als er zwischen 1787 und 1793 Amtmann in Nyon war, hatte er Madame de Staël Geld geliehen, damit sie Narbonne nach England folgen konnte. Seit dieser Zeit verbindet sie große Freundschaft.
Aus einer Berner Patrizierfamilie stammend, hatte er in Genf, Leyden und Cambridge studiert, wo er sich mit Thomas Gray befreundete. Auch Rousseau und Voltaire hatte er noch gekannt.

An Bonstetten

[Meulan, 1. April-Hälfte 1807]

[...] Mir bleiben noch vierzehn Tage, in denen ich nichts anderes tun kann, als *Corinne* drucken zu lassen, die am 1. Mai im Handel sein wird [...]. Ich habe auch das Werk von Mme Brun über Genf[13] gelesen; für das, was sie über mich sagt, liege ich ihr zu Füßen; sie ist in ihren Gefühlen und in ihrem Charakter ein so vollkommener Mensch; ihr Porträt von meinem Vater hat ein Band zwischen ihr und mir geknüpft, das nur der Tod zerreißen kann. Benjamin und Schlegel behaupten, daß eher sie selbst genannt zu werden verdiente, als viele andere, die sie berühmt macht; ich begreife ihre Eifersucht in dieser Beziehung [...]. Oft höre ich von Prosper aus Breslau, wo er recht unglücklich ist; wie weit sind wir zerstreut. Wenn ich Ihre ungemein scharfsinnige Analyse des Schmerzes lese, möchte ich gern Mittel und Wege finden, ihn mir zu ersparen, aber glauben Sie mir, mein lieber Bonstetten, Sie selbst sind es, den Sie beschrieben haben. Jeder von uns erkennt nur in sich selbst den Menschen, doch dieser sechste Sinn, an den ich wie Sie glaube, ist der Lebenssinn; und man vermag nichts über das eigene Selbst, weil das Selbst alles ist und man nichts außer diesem Selbst besitzt, um auf das Selbst einzuwirken. Wenn ich sage, daß man nichts vermag, spreche ich von Glück, denn die Taten sind das unmittelbare Werk des Willens, und deshalb gibt es eine Moral [...]. Was für bezaubernde Seiten über die Einheit in den Künsten, über das vorzeitige Alter, über die Heiterkeit, usw.; ich will das Fazit ziehen, indem ich zitiere; wie man es in Frankreich versteht, nicht hintereinanderweg zu lesen, das ist doch die beste Methode [...].[14]

Madame de Staël, die sich danach sehnte, Paris noch näher zu kommen, hatte Fouché durch Constant um die Erlaubnis gebeten, das Schloß Cernay nahe Montmorency zu kaufen und, ihre zwei Millionen betreffend, ein neues Gesuch eingereicht. Doch ohne in *Corinne* einige lobende Bemerkungen über Napoleon einzufügen, konnte sie auf eine Änderung seiner Haltung kaum hoffen. Da sie ein solches Ansinnen ablehnt, wird sie erneut aus dem 40-Meilen-Umkreis verbannt.

Zwischen dem 20. und 25. April wagt sie sich für ungefähr »fünfzehn Stunden« heimlich nach Paris, ohne zu ahnen, daß sie überwacht wird. Fouché, der es versäumt, dem Kaiser davon Mitteilung zu machen, verliert beinahe seinen Posten.

Am 25. April ist Madame de Staël wieder auf dem Weg in die Schweiz; Constant begleitet sie bis Mongeron. Zehn Tage später trifft sie in Coppet ein und ist durch die triumphale Aufnahme von *Corinne* ein wenig getröstet. Goethe schreibt ihr begeistert. Sie ist die Autorin des Tages. In wenigen Wochen ist Coppet von Gästen überlaufen, unter ihnen Juliette Récamier und Prinz August von Preußen.

Prosper de Barante an Madame de Staël

[Breslau?] 19. Mai 1807

Ich habe *Corinne* erhalten [...]. Ich habe darüber nicht geurteilt, ich habe mich erinnert. Nicht das Buch habe ich vor mir gehabt, sondern immer Ihre Person. Sie haben gut schreiben, *Corinne* wird für mich nie ein Buch sein; immer waren Sie es, die ich hörte; Sie haben als Mensch und im Stil die Eigenart, Phantasie und Wirklichkeit so zu mischen, daß es tief aufwühlt und einem das Herz zerreißt [...]. Dadurch habe ich Dinge von Ihnen erfahren, die ich nicht wußte [...]. Sie haben den Blick dafür gehabt, was es an Gutem in mir geben mochte, und Sie haben es gefördert [...]. Seien Sie gewiß, ich werde in meinem Leben nie etwas Gutes tun — Opfer, Ergebenheit, all das, was die Seele etwas höher hebt — ohne dabei an Sie zu denken. Die Erinnerung an Sie ist zwangsläufig gemischt mit all den edlen Regungen, die ich werde empfinden können. [...] Alles in allem, ich will von Oswald nichts wissen; man liebt ihn mehr, als jemand je geliebt worden ist, und ich finde, er sollte sich dieser Liebe würdiger erweisen; ich halte ihn für gefühlskalt und phantasielos [...]. Was soll ich zu dem Ende sagen, wo er in seiner Schuld erbärmlich ist, einer Schuld, die er ohne Bestürzung, ohne Erregung, ohne Zwang begeht [...].

Für das Publikum ist er vielleicht gut, was mich betrifft, ich will nichts mit ihm zu tun haben. Wenn schon ein Bild gemalt wurde, hätte ich mehr Redlichkeit gewünscht, und daß der Maler nicht ganz nahe an der Wahrheit vorbeigegangen wäre, wobei er gleichzeitig versuchte, den Eindruck zu erwecken, das sei die Wahrheit.[15]

Humboldt an Madame de Staël

Albano, den 3. Juni 1807

[...]. Mit besonderem Vergnügen habe ich in *Corinne* wiederholt den Aufenthalt Oswalds in Rom gelesen [...], weil mir [dieser Teil] unsere Gespräche, unsere Spaziergänge, jene so schönen und zauberhaften Monate vergegenwärtigte, die mir immer in Erinnerung bleiben werden [...]. Alle werden sehen, daß Ihre Freundschaft zu mir Ihr Urteil beeinflußt hat, und eben das macht mich unsäglich froh; ohnedies wissen stets nur Sie das Treffende zu finden, das, was über jeden zu sagen geziemt [...]. Man könnte ohne weiteres für Jahre Stoff zum Nachdenken und zur Unterhaltung darin finden [...]. Die Urteile über die Nationen und ihren Charakter umfassen zugleich alle Bindungen des individuell wie gesellschaftlich verstandenen Menschen, und ich kenne kein Werk, das so sehr wie *Corinne* zum Nachdenken über dieses Thema einlüde und soviel Interessantes und Unerwartetes aufdeckte. Größtenteils bin ich in dem, was Sie über den Gegensatz der Bewohner des Nordens und des Südens sagen, ganz Ihrer Meinung; nur manchmal glaube ich, daß Sie diesen letzteren im allgemeinen zuschreiben, was nur für Italien zutrifft und was Sie bei den Spaniern vergeblich suchen würden [...]. Die dichterische Seite von *Corinne* ist so wertvoll und birgt so viele Schönheiten, daß man den Roman schwerlich nur als Rahmen für eine Reisebeschreibung wird betrachten können [...]. Dieses Verhalten (das Opfer, das Corinne ihrer Halbschwester Lucile bringt) ähnelt dem Mignons in *Wilhelm Meister*, doch es geht vielleicht mehr zu Herzen, weil es mit echteren Farben dargestellt ist [...]. In den Kapiteln, wo Sie von Rom sprechen, von Italien, den Künsten und der Literatur, wünschte man sich, Sie hätten Ihre Ideen sich voll entwickeln lassen, und man sieht mit Bedauern, daß die Bedingtheiten des Romans den Faden so interessanter Schlußfolgerungen kurzerhand abschneiden [...]. Sie, die eine vortreffliche Analyse der Sitten und des Geistes der Italiener geben konnten [...] und ein völlig freies Werk der Phantasie, haben Ihrem eigenen Genie selbst Fesseln angelegt [...].[16]

Prosper de Barante an Madame de Staël
Breslau, 6. und 30. Juni und 13. Juli 1807

[...] Sie machen mir grausame Vorwürfe und Sie haben mich in diesen Oswald eingesperrt, in dessen Haut ich mich nicht verteidigen kann. Ach! wenn er eines Tages auch beschriebe, was er empfand, würde offenbar werden, wie sehr er gelitten hat [...]. Seine Jugend ist ihm vergällt worden, weil er Corinne begegnet ist; er hatte innere Kämpfe auszutragen, hatte Augenblicke tiefer Erregung und zeitweise hat er sie noch immer; aber er ist nicht so ungerecht, irgend jemand daran die Schuld zu geben; seine Reue genügt ihm [...]. Kurz, er wird aus seinen Gefühlen und seinem Kummer kein Buch machen [...].

[...] Ich sagte Ihnen vor einiger Zeit, welche Verheerungen es in meinem Leben angerichtet hat, daß ich Ihre Bekanntschaft machte und meine Vorahnungen in den Wind schlug. Auch das können Sie als Stoff für ein Buch verwenden. Sie sehen, daß *Corinne,* wenn sie als Racheakt gemeint war, die gewünschte Wirkung erzielt, und daß ich sie als solchen betrachte.

[...] Ach! sprechen Sie mir nicht von Beifall und Erfolg, Sie, die Sie davon gelebt haben, die Sie in jeder Weise darauf aus waren, Sie, die nicht davor zurückschreckten, aus den innigsten Erlebnissen des Herzens Bücher zu verfertigen, aus so persönlichen Dingen, daß Sie ein gewisses Anstandsgefühl hätte zurückhalten müssen, daraus ein Instrument des Erfolgs zu machen [...].[17]

An Gérando

Sie werden, mein lieber Gérando, vielleicht von dem Unfall gehört
haben, der Mme Récamier zugestoßen ist[18]; ich war darüber
so bestürzt, daß ich auf Ihren Brief, der gewiß eine der größten Freuden war, die ich *Corinne* verdanke, einige Tage nicht
antworten konnte. Glauben Sie mir, ich messe einem solchen Geiste
und einem Herzen wie dem Ihrigen höchsten Wert bei, und wenn
ich mich diesem Eindruck nicht ganz überlassen habe, so aus Vor-
sicht, was Sie sicher natürlich finden werden. Ich fühle mich geächtet
und, so sehr ich Sie liebe, fürchte ich, Ihrer Stellung zu schaden. Ich
weiß wohl, Sie würden sie für mich aufs Spiel setzen, und mein Herz
läßt Ihnen da Gerechtigkeit widerfahren, doch ich begnüge mich damit, Ihnen von Zeit zu Zeit mitzuteilen, daß ich Sie liebe [. . .]. Mir
scheint, daß ich geboren bin, um zu leiden, und ich mache mir daraus
eine ganze religiöse Weltanschauung. Ich werfe mir vor, leichtfertig
gewesen zu sein, als es mir gut ging, ich tadele mich hart, denn ich
glaube an die göttliche Gerechtigkeit, und wenn ich seit fast vier Jahren so viel geweint habe, muß ich es wohl verdient haben. Sie machen
mir den Vorwurf, Ihnen über meine religiösen Neigungen nicht geantwortet zu haben; ich glaube, ich werde Ihnen schreiben, wenn ich
mit mir ganz zufrieden bin; immerhin sorge ich für die Erziehung
meiner Kinder in dieser Hinsicht mit großer Gewissenhaftigkeit, so
daß ich hoffe, würdige Nachkommen meines Vaters zu hinterlassen[. . .].[19]

An die Herzogin Luise von Sachsen-Weimar

[. . .] Ich bleibe noch einen Monat; Prinz August von Preußen[20] ist
fürs erste noch hier. Er reist ab, nachdem er sechs Wochen bei mir gewesen ist. Wir haben in dieser Zeit Tragödien gespielt, Mme Récamier, Benjamin Constant, M. de Sabran und ich. Benjamin hat angefangen, aus Wallensteins Tod ein Stück für das französische Theater
zu machen, und hat bereits drei wundervolle Akte geschrieben. Wir
wollen dieses Stück auf der Bühne von Coppet aufführen, bevor die
Gesellschaft sich auflöst [. . .].
Wäre es sehr unbescheiden, Madame, Ihre Hoheit zu bitten, die Erb-

prinzessin[21] um ein Wort für Prinz Kurakin[22] in Wien zu ersuchen? Ich habe nicht die Ehre, Ihrer erlauchten Schwiegertochter persönlich bekannt zu sein, doch ihre Güte wird über mein Geschick bestimmen, nicht nur bei ihr, sondern beim ganzen Adel Europas. Einer meiner Freunde, ein Franzose[23] [...] sagte mir vorgestern, daß Ihr Verhalten vor dem aller Frauen und Männer in Deutschland am meisten gelobt wurde. In der Tat zeugt es von einer Tapferkeit, auf die beide Geschlechter Anspruch haben müssen.[24]

13

Der Aufenthalt in Wien und Moritz O'Donnell
(1808-1809)

Am 30. November reisen Madame de Staël und die Ihren nach Wien ab, wo Schlegel seine glänzenden Vorlesungen über dramatische Literatur halten sollte. Sie verbringt sechs Tage in München in Begleitung von Jacobi, der Schellings, des Physikers Hans Wilhelm Richter und anderer. Constant hatte sie bis Lausanne begleitet und war dann zu Frau von Hardenberg nach Besançon gefahren.

An Claude-Ignace de Barante
Mrs. Franck, Bankiers, Wien, den 14. J[anuar 1808]

[...] Man hat mir hier einen wunderbaren Empfang bereitet, und ich bin von den vielen Aufmerksamkeiten, die mir außerhalb meines Vaterlandes zuteil werden, ganz verwirrt. Nicht, daß das Land sich um das bekümmerte, was mir am Herzen liegt, doch man liebt hier, was man für gut hält, auch wenn es einem in mancher Hinsicht fremd bleibt. Ich lebe wieder in einer alten Monarchie und fühle mich ein wenig wie Ninette bei Hofe, die fürchtet, inmitten so vieler Hoheiten eine Dummheit zu machen; aber bei all den Festen bin ich oft in ziemlich traurige, tiefe Träumerei versunken. Der Lärm der Musik betäubt ein allzu herbes Schmerzgefühl. Es gibt hier mehr Prunk als Geschmack, und ich wünschte mir mehr nationale Eigenart. Die ausgefallene Art des deutschen Nordens gefällt mir mehr. Hier sind die Russen und die Polen in der Überzahl, und ihre Imitation des Französischen nimmt die lieben Deutschen, deren großer Vorzug eine wahrhaft rührende Biederkeit ist, für sie ein. Ich habe mit dem Erzherzog Karl[2] geplaudert. Ein Mann mit einem eigenen Gesicht inmitten der Gesichter des Hauses Österreich [...]. Erzherzog Ferdinand[3], der von Ulm, ist wirklich angenehm; er hat ein freundliches und entschlossenes Gesicht, und auch abgesehen von seinem Stand wäre er liebenswert. Er hat sich mir vorstellen lassen, ebenso Erzherzog Johann[4], der Seele und Begeisterungsfähigkeit besitzt. Ich weiß nicht, was alles diese Männer zu tun imstande wären, indes glaube ich, daß sie verstünden, nicht zu überleben; diesen Eindruck wenigstens haben sie auf mich gemacht. Ich war auf der Hochzeit der Erbherzogin des Hauses Este[5], eine Hochzeit ist immer wieder bewegend. Was ist sie bei so viel Vergangenheit und Zukunft? Ich verbringe meine Tage im Hause des Fürsten von Ligne[6]. Dieser Mann, der liebenswürdigste seiner Zeit, behandelt mich wie seine Tochter. Ach! Dieses Alter und diese Art von Güte rührt mich, ohne mich zu trösten. Man lebt hier wie auf einer französischen Insel im germanischen Meer, und wenn ich den Deutschen auch wünsche, uns nicht zu imitieren, begegne ich *uns* doch immer gern. Andréossi[7] ist vollendet zu mir; endlich finde ich dieses Wohlwollen, das ich so nötig habe, aber! ... Ach! ach! geben Sie mir Nachricht von Prosper. Ich habe ihm geschrieben; hat er meinen Brief erhalten? Ist er glücklich? Ich weiß so genau, daß ich immer nur dann glücklich sein kann, wenn ich niemandem etwas nachtrage [...].[8]

Madame de Staël hatte Sismondi eingeladen, auch nach Wien zu kommen. Er trifft Mitte April dort ein, bleibt bis zu ihrer Abreise bei ihr und begleitet sie zurück in die Schweiz.

An Sismondi

Wien den 1. Februar 1808

[...] Ich glaube nicht, daß die Gesellschaft Sie sehr interessiert: sie ist vornehm und gut, aber sie hat nichts Charakteristisches, ihr liegt nichts an Ideen: es ist ein friedliches und glückliches Land, das sich über nichts aufregt, auch nicht über den Geist, den man wie die freien Künste gut behandelt, doch als etwas diesem Landstrich Fremdes. Ich war auf einer Hochzeit, auf Festen, bei Hofe und in der Stadt, habe so viel gesehen, wie man an Menschen nur sehen kann, und ich schlafe hier in Erwartung des Frühlings ganz friedlich ein. Man kann nicht umhin, dieses Land zu respektieren, und das ist schon viel, doch liebt man hier die Realitäten des Lebens, oder was man verabredetermaßen so nennt, mehr als überall sonst. Lernen Sie deutsch für den Norden Deutschlands: für die hiesige Gesellschaft ist es überflüssig, das Französische herrscht hier vor und hat vor allem für den Geist der Nation zu sehr vorgeherrscht.

Ein Ding der Unmöglichkeit ist hier die Unterbringung: ich habe drei Wochen in dem scheußlichsten Gasthof zugebracht, weil ich zu keinem Preis eine Wohnung finden konnte. Die eigentliche Stadt ist nicht größer als Genf, und die ganze gute Gesellschaft strömt herein, weil man es haßt, außerhalb der Stadtmauern in der Vorstadt zu leben [...].[9]

Sismondi an Madame de Staël

Pescia, 25. Februar 1808

[...] Sie können sich vielleicht vorstellen [...], mit welch freudiger Begeisterung ich Ihren Brief vom 1. Februar aufgenommen habe, weil er all meiner Unschlüssigkeit ein Ende macht und mich zudem wieder diese Sprache der Freundschaft und des Vertrauens hören läßt, die mir so wohl tut. Schon die Erinnerung daran ist für mich eine solche Freude [...]. Wenn ich mich für die Salons und die große Welt schon immer wenig eignete, wieviel weniger muß ich erst jetzt, nach der Erziehung, die ich, seit ich Sie verlassen habe, in Pescia erhalten habe, für sie taugen! Man behauptet hier, daß ich mich während der letzten Monate etwas gemacht habe, daß man zufriedener mit mir sei und daß ich anfange zu sprechen und zu denken wie die anderen; soviel zumindest ist sicher, nach langem und mühsamem Versuch, mein Unvermögen, mich verständlich zu machen, zu überwinden, habe ich mich schließlich daran gewöhnt, meine Gefühle und meine Gedanken im Zaume zu halten [...].[10]

Madame de Staël hatte den Grafen Moritz O'Donnell von Tyrconnel (1780–1843) im Mai 1805 in Venedig kennengelernt: es war fast Liebe auf den ersten Blick. Österreicher irischer Abstammung, Hauptmann bei den Pionieren, war er damals auf Erholungsurlaub.

Dieser einigermaßen intelligente, freundliche junge Mann muß ziemlich großen Eindruck auf sie gemacht haben, da er ein Grund, wenn auch nicht der einzige, für ihre Reise nach Wien ist. Ihre Liaison wird ziemlich ernst. Die Gründe für den Bruch lassen sich leicht aus den Briefen Madame de Staëls an ihn und an den Fürsten von Ligne schließen; sie sind den Briefen an Narbonne und an Ribbing sehr ähnlich – abwechselnd drohend, bittend oder voller Vorwürfe. Der typische Fall eines Mißverständnisses, das durch die Einmischung dritter Personen kompliziert und durch den Klatsch der Gesellschaft noch größer wurde.

Er wird ihr als Modell für den »idealen Helden« in *De l'Allemagne* dienen, da er alle für einen Deutschen charakteristischen Eigenschaften aufweist; zumindest sagt sie ihm dies. In Wirklichkeit sind die Anregungen, die sie verarbeitete, weit komplexer. In seiner militärischen Laufbahn bringt er es bis zum Rang eines Generalleutnants. Sie werden sich nicht mehr wiedersehen, doch als O'Donnell 1811 Christine (»Titine«), die Enkelin des Fürsten von Ligne, heiratet, wird Madame de Staël, ohne sichtlichen Groll wegen der Vergangenheit, ihn beglückwünschen.

In sechzehn Monaten richtet sie annähernd 80 Briefe oder Billets an ihn. Die Antwortbriefe fehlen uns.

An O'Donnell

[Wien, Februar-März 1808]

Ich habe Sie gestern so kurz gesehen, daß ich Sie mir vor dem Diner ins Gedächtnis zurückrufen muß. Mein lieber Maurice, es ist Ihnen nicht erlaubt zu glauben, ich hätte hier für einen anderen Menschen als Sie auch nur die geringste Sympathie oder Zuneigung. Es kann mir in einer Gesellschaft, die meinem Geist mehr oder weniger entspricht, gefallen, doch meine Seele bleibt völlig unbeteiligt; Sie allein kennen ihr Geheimnis und haben Macht über sie. Treiben Sie keinen Mißbrauch damit, um mir weh zu tun; das ist Ihnen ein Leichtes. Sie wissen, die kleinste Veränderung in Ihrem Benehmen mir gegenüber hat auf mein Glück größten Einfluß. Leben Sie wohl, ich werde Agars[11] wegen erst zur Zeit des Diners zu Hause sein, doch wir soupieren und dinieren gemeinsam. Dies ist ein Tag nach meinem Herzen.[12]

An O'Donnell

[Wien, Mai 1808]

Ich bin zutiefst betrübt. Vielleicht liegt in meinen Äußerungen zuviel Ungestüm, jedoch Grundlegendes stimmt nicht, und weit davon entfernt, im gemeinsamen Leben jene wohltuende Sympathie, jenes dauerhafte Glück der Herzen zu stiften, scheint mir, daß wir uns jeden Tag mehr voneinander entfernen. Meine Zuneigung wird nicht geringer, doch meine Hoffnung schwindet, und ich komme mir bei Ihnen vor wie die Zaïde[13] der Madame de la Fayette. Wir verstehen uns nicht. Ach! nicht so sollten wir die letzten Tage verbringen, wenn wir eines Wiedersehens sicher sein wollen.

[...] Ich weiß, wenn einer mich verstünde, wenn ich meinem Vater in seiner Jugend begegnet wäre, ich würde die Spur seiner Schritte küssen, doch meine Seele erschöpft sich darin, die Schranken, die uns trennen, zu beseitigen, und es gelingt mir nicht. Ich glaube jedoch: ich empfand eine zärtliche Liebe, eine Achtung für Sie, die verdiente, daß Sie sich bemühten, nicht etwa gegen meine Natur anzukämpfen, sondern sich mit ihr in Einklang zu bringen. Alle meine Begeisterung hätte ihnen gegolten, und wenn Sie meine Flügel stutzen, hindern Sie mich daran, Ihre Vorzüge zu fühlen und zu preisen. Es gibt Menschen, die man durch gesellschaftlichen Umgang nie kennen lernt. Ich bin trotz meines Sinns für Geselligkeit ein einsames Wesen, und Sie tun mir so weh, daß Sie, könnten Sie es ermessen, sich deshalb Vorwürfe machen würden.[14]

An Benjamin Constant

Wien, 15. Mai 1808

[...] Ich komme mit der gleichen Zuneigung zu Ihnen zurück, einer Zuneigung, der keine Verehrung etwas anhaben konnte, einer Zuneigung, die Sie mit niemandem auf Erden vergleicht, mein Herz, mein Leben, alles gehört Ihnen, wenn Sie es wollen und auf welche Art Sie es wollen, denken Sie daran. Ich bin überzeugt, daß Ihnen Albertine und mich niemand ersetzen kann und daß Sie das Glück und den Ruhm auf dieser Erde fliehen, wenn Sie unsere Beziehungen so grausam erschüttern [...]. Dieses Jahr will ich Tag und Nacht arbeiten; vielleicht wird das meiner Seele gut tun; doch die wahre Wohltat meiner Seele liegt für mich darin, daß Sie zärtlich zu mir sind; ich wünsche mir nichts als das [...].[15]

An Goethe

Wien, den 21. Mai [1808]

Ich höre, daß Sie in Carlsbad sind. Werde ich mich darüber trösten können, daß ich Sie nicht sehe? Könnten Sie doch nach Dresden kommen, um vier Tage mit mir zu verbringen. In diesen vier Tagen werden Sie mir Stoff zum Denken und Schreiben für mehrere Jahre geben. Sie werden mir damit wahrhaft Gutes erweisen und vielleicht auch anderen, indem Sie durch mich einige Ihrer Gedanken ins Französische einfließen lassen [. . .]. Ich werde Ihnen von Wien berichten; ich werde Ihnen vor allem sagen, wie sehr ich Sie bewundere, und wenn Sie daran auch gewöhnt sind, vielleicht werde ich für ein allumfassendes Gefühl einen neuen Ausdruck finden.

Necker Staël de Holstein

Auch Schlegel empfiehlt sich Ihnen; sein Bruder erwartet uns in Dresden; Ihr literarischer Hof wird dort versammelt sein.[16]

Der Patriarch von Weimar hat Bedenken, sich in Dresden inmitten von Zerstreuungen und Vergnügungen mit ihr zu treffen und zieht es vor, seinen abgelegenen Zufluchtsort, wo er so »manche Stunde ihrem Andenken widmet«, nicht zu verlassen. Auch bittet er sie, ihn zu verstehen und zu entschuldigen, und fügt hinzu:

Goethe an Madame de Staël

Carlsbad, d. 26. May 1808

[. . .] Geben Sie auf das baldigste dem Publikum, und mir besonders, für mein gegenwärtiges Entbehren, Ihre Bemerkungen über uns ehrliche Deutsche. Wir verdienen durch den guten Willen einer einsichtigen, freundlichen Nachbarin, ja Halblandsmännin, aufgeregt, ermuntert zu werden, und uns auch einmal in einem günstigen Spiegel zu beschauen. Vergönnen Sie mir alsdann, was ich mir nach gelesener *Corinna* schon gern erlaubt hätte, meine lebhafte Theilnahme an Ihnen selbst und an Ihren Arbeiten schriftlich und umständlich vorzulegen.
Verzeihen Sie dass ich nicht französisch schreibe, es will mir nicht recht aus dem Munde, geschweige aus der Feder.
Ihrem Begleiter und sämmtlicher Umgebung die besten Grüsse.

Goethe[17]

Madame de Staël verläßt Wien am 22. Mai, ihre erste Station ist Budweis in Mähren.

An O'Donnell

Da hat sie nun begonnen, die schreckliche Trennung, lieber Freund, und ich habe schon die ganze Bitterkeit des Schmerzes und fast Reue gespürt, denn ich habe so manche Augenblicke versäumt, die ich mit Ihnen in trautem Zusammensein hätte verbringen können. Die Welt hat mich mit sich fortgerissen, und die Angst, nicht genug geliebt zu werden, hat Tage getrübt, die ich in mir hätte aufnehmen können. Lieber Maurice, dieser letzte Tag, so herzzerreißend er war, hat mich davon überzeugt, daß Sie Ihre arme Freundin lieben. Dieser letzte Tag ist gleichzeitig der grausamste und der kostbarste von allen, die ich in Ihrer Nähe verbracht habe. Ach! schenken Sie mir mein ganzes Leben lang das Glück, Sie zu lieben und zu achten als einen Menschen, dessen Charakter ich mit tiefem Glücksgefühl unbeirrter, strenger und vornehmer finde als den meinen. Meine ganze Seele gehört Ihnen. Ich habe den ganzen Tag mit Eugène Anordnungen für Coppet getroffen, weil ich Sie in meiner Zuversicht bereits dort sah, aber, um meiner zärtlichen Liebe willen, geben Sie acht auf Ihre Gesundheit! Mich hat des Tages zehnmal geschaudert, als ich an jene Tage dachte, da Sie leidend waren und ich Sie bekümmert hatte. In der Trennung liegt etwas ungeheuer Schmerzliches, für das es kein Wort gibt; sie scheint Ihnen Ihr Unrecht klarzumachen und läßt Sie nur die Tugenden und Reize derjenigen sehen, die Sie lieben.

Edler Freund meines Herzens, Stütze, die nicht wanken kann, ich vertraue mich Ihnen an mit der ganzen Kraft meiner Seele. Ich werde Sie also in vier Monaten weniger einen Tag wiedersehen, nicht wahr? Heute ist einer von diesen 120 Tagen vergangen, die mein Herz belasten wie ein scheußlicher Alptraum. Ach! ich habe das Getrappel Ihrer Pferde gehört und Ihr reizendes Gesicht vor Augen gehabt, ebenso traurig und bewegt, wie ich es den ganzen Tag gesehen hatte, die liebe rote Krawatte, die gelbe Weste, das Haar, halb aus der Stirn gekämmt, alles habe ich wieder vor mir gesehen. Ach Gott, und vier Monate lang wird kein Maurice in mein Zimmer treten – dieser mir so wohlbekannte Gang – mein Freund, mein Freund, warum auseinandergehen? Man darf nicht scheiden. Sie werden mich mit sich nehmen – alles ist möglich, nach Polen, ans Ende der Welt, aber Sie nicht zu sehen, das ist unmöglich!

Ich habe mich in der zweiten Post nicht wohl gefühlt, und man hat mich unterwegs ins Gras gelegt. Ich dachte an die beschützende Güte meines Freundes. Alle geräuschvolle Besorgnis, mit der man mich umgab, sie konnte dieses Wort, *liebes Kind*, das Ihre entzückende Stimme mir so oft gesagt hat, nicht aufwiegen! Ich fühle mich jetzt wohler; nicht *meine* Gesundheit ist anfällig, und deshalb bin ich niemandem so unentbehrlich wie Sie mir sind — Sie, mein Leben, Sie können nicht länger egoistisch sein; es ist Ihnen nicht länger erlaubt, sich in Gefahr zu begeben. Ach! ich bitte Sie, nie zu vergessen, daß ich ohne Sie nicht mehr leben kann.

Haben Sie den armen Albert gesehen[18]? Albertine hat heute morgen sehr liebevoll von Ihnen gesprochen. Auch Sismondi hat mein Herz gewonnen, indem er mir Ihren Geist pries. Schlegel ist bloß eifersüchtig und gibt zu, daß er nur aus diesem Grunde so frostig ist. Niemand macht Ihre Bekanntschaft, ohne Sie lieb zu gewinnen! Ich glaube, mein Gefühl täuscht mich nicht, meine Seele ist ein Schatzhaus des Himmels; ich werde Sie frommer machen, und Sie werden mich würdiger machen, es zu sein. Welch ein Wort haben Sie mir an diesem letzten Tag gesagt, als Sie erklärten, wieso der Mangel an Egoismus in Ihnen Zweifel an der Religion wecke! Sie sind geboren für das höchste Vorrecht: einen reinen und lebendigen Glauben, und wenn wir beide der Macht der Welt entrinnen, werden wir, das hoffe ich, gemeinsam mit einem erhabenen Ziel durchs Leben gehen. und ich, der Ihnen vorangehen muß, werde bei meinem Vater auf Sie warten und ihm sagen, daß ich zum ersten Mal nach seinem Verlust die Hoffnung faßte, einen Beschützer zu haben. Verzeihen Sie, lieber Maurice, wenn ich noch in Gedanken bin, die uns zu sehr bewegen, daß es gut wäre, sie Ihnen zu sagen, doch dieser Tag ist von Abschied noch ganz wund [. . .].[19]

Tiefe Zuneigung verbindet Madame de Staël mit dem Marschall Fürst Charles-Joseph de Ligne (1735–1814). Was sie bei »diesem bezaubernden Prinzen«, Grandseigneur des Ancien régime und Kosmopoliten par excellence anzieht, ist sein Geist und seine Lebenslust. »Er hat die Manieren eines N[arbonne] mit Herz«, sagt sie Juliette Récamier im Vertrauen; »wie schade, daß er alt ist. Aber ich habe für diese Generation eine Schwäche, gegen die ich nicht ankann.« Die beiden Männer sollten sich 1809 in Wien kennenlernen, wohin Napoleon Narbonne als Botschafter sandte, begleitet von Victor de Broglie, seinem Sekretär und Madame de Staëls künftigem Schwiegersohn . . .

Belgischer Abstammung, im Dienste Österreichs, hatte de Ligne sich im Siebenjährigen Krieg ausgezeichnet und alle Höfe Europas kennengelernt, einschließlich den von Petersburg, dazu alle Großen dieser Welt, darunter Voltaire und Rousseau. Sainte-Beuve bezeichnet ihn später als »eine der anmutigsten Erscheinungen unter den Glücklichen dieser Welt.«

In Wien verbrachte Madame de Staël »ihr Leben« bei dem Fürsten, der ihre Werke kannte und sie als Autorin bewunderte. Durch seine Vermittlung sollte sie bald Friedrich Gentz kennenlernen, den bekannten preußischen Publizisten, einen erbitterten Feind Napoleons, woraufhin der Kaiser sie noch mehr verfolgt und die 40 Bannmeilen in 50 umwandelt.

Ihre Korrespondenz mit de Ligne reicht von 1808 bis 1814 und umfaßt ihrerseits an die siebzehn veröffentlichte Briefe oder Billets und ungefähr dreißig seinerseits.

An den Fürsten de Ligne

Teplitz, den 28. Mai [1808]

[...] Ich habe Gentz getroffen, mit dem ich bis zur physischen Erschöpfung diskutiere, denn er ist an allem lebhaft interessiert und wirkte noch mehr als Denker, fühlte er sich nicht als Deutscher verpflichtet, das Französische so unglaublich schnell zu sprechen. Er hat gewiß viel Geist, verfügt über sachliches wie theoretisches Wissen und ist ein Mann, mit dem man sich über alles höchst vergnüglich unterhalten kann. Wenn Sie mich aber fragen, ob er ein Mann von großer Originalität ist, so hat er mir diesen Eindruck nicht gemacht, aber ich glaube, ich bin in ganz Deutschland niemandem begegnet, der die französische Politik so gut kannte [...]. Ich bin stolz darauf, Sie zu lieben, über Ihre herzliche Liebe aber wäre ich glücklich; Sie haben sie mir durch tausend Dienste bewiesen, aber das ist noch nicht genug; ich fürchte, Ihnen Kummer gemacht zu haben, und ich hoffe, daß es mir ein anderes Mal besser gelingt [...]. Ich bin in Ihrem Zimmer gewesen, und der Mann, der mir den Palast zeigte, wollte mir immer noch schönere zeigen; er versteht ganz und gar nichts von Wallfahrt. Denken Sie also, ich bitte Sie, wenn Sie in diesem Bett in der Mitte des Zimmers schreiben und den großen Kastanienbaum sehen, denken Sie, so wenig heilig Sie auch sind, daß mich ein Gefühl der Andacht dort hingeführt hat [...]. Ich möchte Sie hier erwarten. Ich spüre zu meinem Leidwesen, daß Sie auf mein Glück einen starken Einfluß haben.[20]

[Teplitz, den 1. Juli 1808]

Meine liebe Gönnerin, vor seinem Kammerdiener ist man kein Held. Man sah mich schreiben, doch las man mich nicht, man verstand mich kaum. Ein einziger Satz von Ihnen, Ihr Name, bringen mir Glück.

Hätten Sie nur einen Feldzug mitgemacht und ein kurzes Vorwort zu meinen fünfzehn oder sechzehn Bänden über den Krieg geschrieben, man hätte Armeen meinem Befehl unterstellt [...]. »Doch ohne Freude ist die Ehre nur eine Krankheit.« Vier Zeilen von Ihnen jeden Morgen, aus Ihrem Haus in das meine, als Antwort auf meine vier Seiten, waren mir mehr wert als der Ruhm, zu dem Sie mir verholfen haben. Ich mag die langen und weitschweifigen Briefe nicht. Selbst von mittelmäßiger Gemüts- und Geistesart gilt man mehr auf zweihundert Schritt Entfernung, als wenn man zweihundert Meilen entfernt ist von den Frauen, die man liebt, »und von so vielen geistreichen Herren, die noch nicht das letzte Wort gesprochen haben.« [...] Möchten Sie doch Ihrem Genfer See gleichen, den Sie nicht genug lieben, und ihn dem bewegten Meer vorziehen. Wenn es zufällig einen kleinen Sturm gibt, sieht man wenigstens die Ufer; doch Sie, Sie gehen nicht gern an Land. Sie sollten nie einen Schritt ohne meine Vernunft tun, die ein Leuchtfeuer wäre, wenn Sie mit vollen Segeln dahinfahren. Sagen Sie doch: »Rom ist nicht mehr in Rom, Rom ist wo ich bin«.[21]

[...] Leben Sie wohl, liebe, vortreffliche Frau, denn Sie erlauben mir, von Ihrer unnachahmlichen Güte zu sprechen, die meine Bewunderung noch mehr erregt als alles Anziehende und Hochgemute, das Sie besitzen.

Teplitz, den 1. Juli 1808[22]

Sie ist Ende des Monats in Dresden und bleibt bis zum 6. Juni. Dort trifft sie Adam Müller, den exzentrischen »Bauernpropheten«, und den Historiker und Kunstkritiker Böttinger. Auf jeder Poststation schreibt sie an O'Donnell und von Dresden gleich dreimal. Am 9. Juni in Weimar angelangt, findet sie dort über dreißig Briefe vor, darunter zwölf von Constant. Obgleich sie Wieland wiedersieht, ist dieser zweite und letzte Aufenthalt in Weimar mit den erhebenden Tagen von 1803 und 1804 in nichts zu vergleichen.

Weimar, den 13. Juni [1808]

[...] Ich habe die so noble Herzogin von Weimar recht leidend angetroffen, und ich fürchte sehr, daß ihr bewundernswerter Mut ihre Gesundheit gefährlich angegriffen hat.[23] Wir sind gestern zusammen in einer Herrnhuter-Gemeinde in Dintendorf gewesen, acht Meilen von hier. Diese Herrnhuter haben mich sogleich sehr freundlich empfangen, der Name meines Vaters und der meine waren ihnen bekannt. Sie führten mich in ihre Häuser und ihre öffentlichen Gebäude, ihr blumengeschmückter Friedhof mit der Inschrift: *Sie ist heimgegangen*, hat mich sehr ergriffen. Eine Gräfin Kamke, die früher sehr schön gewesen ist und die die Liebe sehr unglücklich gemacht hat, führte uns überall umher. Wir haben an ihrem Gottesdienst teilgenommen. Statt einer Glocke haben sie ein Instrument, das man auf deutsch *Posaune* nennt und worauf sie in einer so herzergreifenden Weise blasen, daß man beim Zuhören glaubt, durch die Allbarmherzigkeit zum Jüngsten Gericht gerufen zu werden. Die einförmige Kleidung, die Stille, die Lage dieses von Weiden und Pappeln umgebenen Weilers, die Ruhe, die Blumen, alles gemahnte an die ersten Tage der Wiederauferstehung in einer anderen Welt. Wir haben uns fast das Genick gebrochen, als wir in die hiesige Welt zurückkehrten, die Wege waren scheußlich, und wenn Sismondi mich nicht am Umfallen gehindert hätte, mich, die Herzogin, den Wagen, und ich glaube auch die sechs Pferde, hätte Ihre Freundin von dieser Erde leicht verschwinden können.

[...] Ich muß Ihnen erzählen, daß mich, als ich Dresden verließ, der Mann am Schlagbaum angehalten und mir gesagt hat, er hätte sich seit vielen Jahren nichts so gewünscht, wie Madame de Staël zu sehen. Ich habe noch andere Erfolge dieser Art beim niederen Volk gehabt, von denen ich Ihnen vielleicht schon berichtet habe, doch von denen ich Ihnen noch einmal schreibe, damit Sie die Freundin von Maurice achten.

Mathieu berichtete mir heute eine merkwürdige Neuigkeit aus der Gesellschaft: seine Schwägerin, Madame de Chevreuse, Schwiegertochter der Herzogin de Luynes, war Palastdame. Man hat ihr befohlen, als Palastdame bei der Königin von Spanien[24] in Fontainebleau zu dienen; sie antwortete, sie sei krank, und da sie das in der Tat ziemlich oft ist, hat sie diese Gelegenheit benutzt, um ihre Entlassung zu erbitten. Dies wurde damit beantwortet, daß man sie 60 Meilen von

Paris in die langweiligste Gegend der Welt verbannte. Sie ist 25, sehr hübsch und ihr Haus war das angenehmste von Paris. Der Kaiser hat bei diesem Anlaß gesagt, daß man die Franzosen *mit eiserner Hand und einem Samthandschuh* anpacken müsse. Mir scheint, daß er bei Frauen den Handschuh abstreift [...].[25]

An O'Donnell

18. Juni, Weimar [1808]

Seit dem 1. Juni habe ich nichts von Ihnen gehört. Die Herzensbeklemmung, die ich deswegen habe, ist unbeschreiblich, und meine Gesundheit, um die ich mich nicht viel kümmere, hat sich derart verschlechtert, daß ich mit Fieber und ständigem Husten die Reise antrete. Ich möchte gar nichts mehr fühlen, denn habe ich schließlich für so große Zuneigung dieses unbegreifliche Verhalten verdient, und wenn Sie nicht ein Mann von edlem und festem Charakter sind, wie steht es dann mit meinem Urteilsvermögen? Ich bin demnach unfähig, einen Menschen ganz zu kennen, und ich habe mein Herz dem geschenkt, der es brechen sollte! Sie haben mir Ihr Ehrenwort gegeben, mir zweimal die Woche zu schreiben, *Ihr Ehrenwort*, nach Coppet zu kommen, und ich glaubte, daß ein Wort, ein Versprechen von Ihnen das Heiligste auf Erden wäre. Der Boden schwankt unter meinen Füßen, denn in den fünf Monaten, die wir gemeinsam verbrachten, habe ich bei Ihnen nicht eine einzige Regung wahrgenommen, nicht ein einziges Wort gehört, das auf ein leichtfertiges Herz schließen ließ. Die beiden Briefe, die ich von Ihnen habe, sind positiv und mußten mein Vertrauen stärken. Was ist also geschehen? Hat man Ihnen Schlechtes über mich gesagt? Haben Sie die Verleumdung geglaubt? Ach! ich glaubte, Sie wüßten sich von mir so sehr geliebt, daß Sie mein Verteidiger vor Ihnen selbst wären. Sollte Ihr Vater gegen mich sein? Zeigen Sie ihm diesen Brief von mir, doch wenn Sie ihm erzählt haben, welch tiefe Zuneigung ich zu Ihnen habe, kann er Ihnen nicht gesagt haben, Sie sollten mich durch das Ausbleiben von Briefen so sehr leiden lassen, wie man nur durch bittersten Schmerz leiden kann; und sollte er es Ihnen gesagt haben, hätte Ihre Ehre Ihnen verboten, ihm zu gehorchen — Ihre Ehre und Ihre Güte, ich will gar nicht von Gefühl sprechen. Ich komme mir in diesem Augenblick so unglücklich vor, daß selbst ein Fremder mich bedauern würde. Der Herzog und die Herzogin lassen für mich bei der

Post nachfragen, so sehr dauert sie mein Zustand. Um die Wahrheit zu sagen, ich habe auch keine Briefe von Albert, aber bei ihm weiß ich, warum er nicht schreibt: seine Briefe liegen in Frankfurt [...]. Leben Sie wohl, Maurice, wie nur können Sie jene, die Sie Ihre arme Corinne nannten, so behandeln und für sie ein Leid bereithalten, das herzzerreißender ist als jedes, das die Phantasie erdacht hatte! Wünschen Sie ihr also gleich das Ende. Ich strenge mich ungeheuer an, über das, was ich erleide, hinwegzukommen, und ich habe, um schlafen zu können, Opium genommen [...]. Ist es zu fassen, daß zwei Freunde, die auseinandergehen, wie wir auseinandergegangen sind, sich in vierzehn Tagen fremd werden? Man muß der Erde entrinnen, wenn ein solches Verhalten möglich ist, die französischen Romane würden es nicht wagen, derartiges zu ersinnen — und Sie, Maurice, Sie betrachtete ich als ein Muster von Aufrichtigkeit, zuverlässig in Ihren Verpflichtungen und Ihren Gefühlen, — nein, es ist unmöglich — aber unmöglich ist auch, daß vierzehn Tage ohne Brief vergehen — wenn Sie krank wären! Ach, mein Gott! Sie werden aus diesem Brief ersehen, daß ich ohne Sie nicht leben kann. Adieu.
Albertine wollte Ihnen schreiben, um sich bei Ihnen über den Kummer, den Sie mir machen, zu beschweren. Im Namen Gottes, schreiben Sie mir rechtzeitig nach Coppet.[26]

Sie verläßt Weimar am 20. Juni, kommt durch Gotha, trifft am 25. in Frankfurt Bettina Brentano, fährt über Heidelberg weiter und ist nach einer triumphalen Deutschlandreise am 30. in Basel.

An O'Donnell

Basel, den 30. Juni [1808]

Hier bin ich nun in derselben Stadt und in demselben Zimmer, wo vor neunzehn Jahren alle Abgeordneten Frankreichs meinen Vater aufsuchten. Ich war damals bei ihm, ich war achtzehn Jahre alt und glaubte an das Glück. Der Rhein, der mit erstaunlicher Eile unter den Fenstern dieses Hauses vorbeifließt, ließ in meinem Herzen keine melancholische Stimmung aufkommen, der Lauf der Zeit hatte mir bis zu jenem Tage nur immer neues Glück gebracht. Lavater besuchte uns, er prophezeite meinem Vater, meiner Mutter und mir Wunder. Vier Jahre später war ich auf der Rückreise von

England wieder hier, und Ihr alter General Würmser[27] kam mich in diesem Gasthof[28] besuchen. Heute lebe ich hier, das Herz von Ihnen ganz erfüllt, in der Furcht vor einem entsetzlichen Schmerz — keine Briefe in Coppet — und in der Hoffnung auf ein unaussprechliches Glück, Sie bei mir aufzunehmen, Sie mit meiner Sorge und meiner nimmermüden Liebe zu umgeben, es Ihnen interessant zu machen und Sie zum wenigsten mit abwechslungsreicher Gesellschaft und Beschäftigung zu unterhalten. Kurz, ich schwebe zwischen einer öden Zukunft, einer Zukunft, die nur noch qualvolle Anstrengung sein wird, und jener Vielzahl von Freuden, die sich aus einer einzigen ergeben werden, Sie wiederzusehen! Ihr *Wort* sollte mich beruhigen, aber ich hatte auch Ihr Wort, daß Sie mir schreiben würden, lassen wir das also. Gott allein weiß, was in der Tiefe Ihres Herzens meinetwegen vorgeht, mein Schicksal wird in Coppet entschieden werden.

[...] Ich habe in Heidelberg einen jungen Grafen von Arnim[29] kennengelernt, der wirklich Geist hat und außerordentlich schön ist. Er hat mir das Heidelberger Schloß und das Große Faß von Heidelberg gezeigt. Er behauptet, ein deutsches Fräulein sei in Ohnmacht gefallen, als sie dieses Faß sah, das ihr, wie sie sagte, die Wunderwerke der Schöpfung offenbarte. In den literarischen Gefilden Deutschlands gibt es eine gewisse Empfindsamkeit, die zu beobachten recht merkwürdig ist. Dieser Herr von Arnim hat mir alle seine Werke geschenkt, ebenso in Freiburg Jacobi[30], der Dichter, so daß die Achse meines Wagens sich biegt unter all diesen Geschenken, die ich seit einem Monat erhalten habe. In Österreich wäre meine Kutsche in hundert Jahren nicht solche Gefahr gelaufen. Dennoch ist die Geisteskultur der Länder, die ich jetzt durchreist habe, eine wirklich wunderbare Sache. In jedem Postwagen habe ich jemand getroffen, der zu mir sprach wie in anderen Ländern nur ein Literat [...].[31]

An O'Donnell

Coppet, Schweiz, den 7. Juli [1808]

Ich habe hier einen Brief von Ihnen vorgefunden, den man mir aus Weimar nachgeschickt hat, und was für einen Brief! Sie glauben an Krieg[32], Sie wollen an ihm teilnehmen, und Sie schieben damit unsere Zusammenkunft auf grausamste Weise hinaus! Ich will nicht untersuchen, was Ihre Pflicht ist, doch wie ist es möglich, daß Sie mir mit diesem Gleichmut schreiben und von etwas anderem sprechen, während Sie mir so entsetzliches Leid bereiten? Maurice, haben Sie denn vergessen, wer ich bin, und bilden Sie sich ein, daß ich hier leben könnte, wenn ich Ihr Leben in Gefahr weiß? Wenn Krieg ausbricht, wenn mir dieses furchtbare Unglück bestimmt ist, werde ich nach Wien gehen; der Vorwand, Albert persönlich abzuholen, erlaubt es mir; und bestimmt werde ich Ihr Los *ganz* teilen. Lieber Freund, Sie kennen die Größe und die Tiefe meiner Liebe zu Ihnen recht wenig, wenn Sie sich einbilden, daß ich hier bliebe und angesichts all der Gefahren einfach auf Nachrichten von Ihnen warten würde. Nein, ich könnte das nicht. Wenn Sie schlecht zu mir wären und glücklich durch eine andere, fände ich vielleicht etwas Halt im Stolz, aber Maurice in Gefahr, Maurice, den ich nicht husten hören konnte, ohne zu erbleichen, Strapazen und Verwundungen gleichermaßen ausgesetzt! Ach! wenn Sie können, ersparen Sie mir diese Qual, doch wenn es sein muß, lassen Sie zu, daß ich mich diesem Schicksal mit unterwerfe, oder vielmehr, ich bitte Sie nicht um Erlaubnis, ich werde nach Wien gehen, ich würde morgen abreisen, wenn ich wie Sie an Krieg glaubte, vielleicht werden Sie sich weniger der Gefahr aussetzen, wenn Sie fühlen, daß ich da bin und mich zu Tode ängstige.

[...] Ich werde Ihnen Dienstag hundertfünfundzwanzig Louisdor aus Frankreich über einen Bankier schicken, der mit Genf in Verbindung steht und nicht mit mir. Ich bitte Sie auf den Knien, sie Ihnen leihen zu dürfen. Hier meine Gründe: wenn es Krieg gibt [...] werden Sie notwendigerweise mehr Geld brauchen, für die Pferde, für Ihre Leute, für all die Pflege, die Ihre Gesundheit verlangt. Könnten Sie nicht in einem Lande sein, wo Papiergeld keinen Kurs hat, und einen Teil dieser Summe in Gold nehmen? Wenn es keinen Krieg gibt, kommen Sie zu mir, und wir werden die Dinge besprechen, oder Sie gehen nach Italien, und ich komme, Sie dort zu treffen. Lieber Maurice, ich wäre sehr gekränkt, wenn Sie Bedenken hätten, mir diesen kleinen Dienst zu erlauben. Sie würden ihn von Julie annehmen, und Sie sind wenig scharfsinnig, wenn Sie nicht sehen, daß ich Sie zärtlicher liebe als irgend jemand sonst.

[...] Wenn ich nicht fürchtete, Sie zu verstimmen, würde ich Ihnen eine viermal höhere Anweisung schicken. Denken Sie also nur daran, daß ich unter den derzeitigen Umständen 120 Tausend Livres Rente habe und keinen Sou Schulden [...]. Was sollte ich damit tun, wenn alles, was ich habe, nicht auch dem gehört, den ich liebe! Ach! ich würde das Zartgefühl gering achten, das, Geld über alles stellend, das Herz annähme und nicht auch das Vermögen. Lieber Freund, wenn Sie mir eines Tages etwas leihen wollen, werde ich es annehmen, wie ich es Ihnen jetzt schicke. [...] Noch einmal, leben Sie wohl; es ist mir, als käme ich noch einmal zur Tür, um Sie zurückzuhalten. Ach! ach! Sie wiedersehen, Sie wiedersehen, das ist ein so großes Glück, daß es mir übernatürlich vorkommt.[33]

An den Fürsten de Ligne

Coppet, den 8. Juli [1808], Schweiz

[...] Vor sieben Monaten lebte ich [in Coppet] ohne Sie zu kennen, und ich versicherte Elzéar[34], Sie seien nicht eben der Liebenswürdigste. Heute möchte ich jemand finden, mit dem ich mich Ihretwegen streiten kann, doch auf alles, was ich sage, antwortet man mir: das wissen wir; er hat diese Reputation in ganz Europa, und ich bin deshalb gezwungen, wie man von Voltaire sagte, zu versuchen, mehr als ein anderer der Meinung zu sein, die jeder hat. Aber was mich von der anderen denn doch noch unterscheidet, ist, daß ich Sie heiß und innig liebe, was Sie nicht nötig haben, denn Sie haben das Leben leichter oder geschickter genommen als ich und haben es verstanden, Freud und Leid auseinanderzuhalten. Ich, ich verstehe mich nicht auf diese Kunst, und jeder, den ich liebe, tut mir weh. Ich habe hier meinen Sohn vorgefunden, der wirklich liebenswert genug ist, daß ich mir erlauben dürfte, ihn Ihnen vorzustellen; sowie Mathieu, der etwas zu ernst für Sie ist, und Benjamin, der mehr Geist besitzt als ich, was mich hoffen läßt, daß Sie mit ihm fürliebnehmen würden [...]. Man tötet in Spanien auf ganz abscheuliche Weise. In Segovia und mehreren anderen Städten hat man die Leute vor vierzehn Tagen über die Klinge springen lassen; die Post aus Lissabon konnte nicht durchkommen; sicher ist nur die Straße von Madrid nach Bayonne. Ich habe einen Mann getroffen, der Spanien nur unter Lebensgefahr von Eskorte zu Eskorte hinter sich bringen konnte. Die Priester widersetzten sich am meisten. Da man viele Truppen schickt, wird alles sich unterwerfen müssen, doch Paris ist ganz gegen diesen Feldzug, der unnützerweise soviel Blut kostet [...].

Schreiben Sie mir zuvor, ob Sie glauben, daß Sie mich im Dezember noch lieben werden? Ob Rosalie[35] Ihnen diesen Winter vielleicht nicht genehmer ist als ich? Wann Sie nach Wien kommen werden? Und ob ich Ihnen selbst dann noch gefiele, wenn ich um fünf Uhr dinierte und den ganzen Morgen arbeitete, denn man muß schließlich für die Nachwelt sorgen, wenn sie bis heute auch nichts von mir verlangt hat. Apropos Nachwelt, ich werde unseren Band in Genf drukken lassen. Ich werde ihn Ihnen bringen oder im November schikken [...]. Was die Höflichkeit betrifft, hier eine ganz abscheuliche: der Brief der Herzogin von Bourbon, Mutter des Herzogs von Enghien, an den Kaiser, worin sie ihm sagt, sie erachte es als unbestreitbar, daß die Vorsehung ihn leite, und der Brief schließt mit: Ihre ganz ergebene Dienerin und Untertanin. Lieber Fürst, welch Unheil das anrichtet! Es heißt, sie sei verrückt, doch mir wäre es lieber, die Verrückten kompromittierten sich, statt so klug zu handeln. Ich habe schon ein Heft für meine Schrift über Deutschland binden lassen und habe zehn Zeilen geschrieben, die ich mit einiger Besorgnis wiederlese, denn ich weiß nicht recht, ob ich meine Begabung wiederfinden werde; es bedarf dazu einer bestimmten Gemütsverfassung, die von zuviel Leid oder zuviel Zerstreuung gestört wird. Wie ungeheuer rätselhaft ist doch die Seele, und so viele Leute gehen ganz geradeaus, ohne sich um sie zu kümmern, und sehen in ihrem Leben nur Tage, Monate und Jahre. Sonderbar in diesem Deutschland ist die Mischung von Gewöhnlichem und Poetischem. Ich habe in Freiburg Jacobi, einen Dichter, besucht, der mir zu Anfang alle seine Krankheiten so ausführlich schilderte, daß es seinen Arzt ermüdet und angewidert hätte, und der mir dann eigene Gedichte schenkte, die wirklich sehr anmutig sind. Die meisten Menschen verstehen es nicht, das Reale und das Ideale miteinander zu verbinden; sie müßten sich selbst als Fiktion betrachten [...].[36]

An O'Donnell

Coppet, den 12. Juli [1808]

Lieber Freund, lieber Maurice, was für einen Brief erhalte ich da von Ihnen aus Brühl, wie habe ich beim Lesen geweint! Ja, ich habe Grund, Sie ebensosehr zu bewundern, wie ich Sie liebe. Wie schlicht, wie edel sind doch Ihre Worte! Ich glaubte, Sie zu lieben, als ich Sie verließ; nun! meine Seele ist tausendmal fügsamer als in Wien. Ich sehe Sie ganz klar, ich sehe Sie genau so, wie ich Sie mir vorstellte. Sie wissen, wie oft ich von Ihrer Sprache beeindruckt war wie von etwas

Erhabenem. Ihre Briefe sprechen diese Sprache, und Ihre Art zu schreiben ist rein und himmlisch wie Ihr Blick [...]. Lieber Maurice, es ist Mitternacht, die Stunde, da Sie bei mir waren. Jenes Haus, in dem ich auf Sie wartete, ich werde es dieses Jahr nicht verschönern. Ich werde von Tag zu Tag leben, vom Montag zum Freitag, das sind die Posttage, bis November, und dann werde ich kommen. Bis zur ersten Poststation werden Albert und Sie mir entgegenfahren, und wenn ich Sie beide sehe, werde ich so glücklich sein, daß ich wie Thekla sagen kann: »Ich habe genossen das irdische Glück, ich habe gelebt und geliebet«[37].

Ich möchte diese Traurigkeit von mir abstreifen, Ihnen Neues sagen, Sie unterhalten, denn ich möchte Ihnen gefallen. Sie müssen einen Weg zum Glück finden und diese Niedergeschlagenheit, für die Sie allzu empfänglich sind, abschütteln. Die Nachrichten aus Spanien sprechen immer noch von Widerstand. Barcelona wird von den Aufständischen belagert, und unaufhörlich ziehen Truppen nach Spanien. Der Prinz von Asturien[38] ist dort besonders beliebt. Es ist immer noch M. de Talleyrands Aufgabe, ihn und die beiden anderen Infanten zu bewachen [...].

M. von Bonstetten, von dem ich Ihnen, glaube ich, erzählt habe, ist gegenwärtig bei mir. Er kommt gerade aus Italien und Neapel; was er berichtet, versetzt einen in Schrecken: er kehrte von Neapel in einer Reisegesellschaft von fünfzig Personen nach Rom zurück, und auf einem Spaziergang in einer herrlichen italienischen Nacht bemerkte er auf einem Zaun etwas, das ihn befremdete. Es waren neun Köpfe und Arme, vor kurzem abgeschnitten, die man so zur Schau stellte, um den Neapolitanern, die nicht aufhören zu revoltieren, Angst und Schrecken einzujagen. Die Umstände in Kalabrien sind schaudererregend; der Süden ist von der Zivilisation des 18. Jahrhunderts nicht erreicht worden; sie denken nicht, sie hassen. Die Deutschen des Nordens machen aus allem Theorien. Apropos Theorien, wissen Sie, daß man in England die Grundbestandteile von Kohle und Schwefel entdeckt hat? Sie, die Chemiker, sagen, das sei eine schöne Entdeckung [...]. Ich kann mir denken, welchen Eindruck der *Faust* auf Sie gemacht hat, es ist aber auch ein besonderes Werk; es ist, wenn Sie so wollen, die Literatur des Alptraums, zeugt es doch von einer ganz außerordentlichen Kenntnis des Bösen, der Ironie und grimmiger Persiflage. Ich habe in Leipzig einen deutschen Buchhändler getroffen, der unglaublich schwerfällig und einfältig war; der arme Mann hätte keiner Fliege etwas zuleide tun können. Nun denn, dieser Mann war von Mephistopheles entzückt. Er rieb sich die Hände vor Freude darüber, daß sein Landsmann den Teufel so gut dargestellt hat; er hoffte wohl, daß dabei auch ein wenig Bosheit für seinen Privatgebrauch abfallen würde.

[...] Benjamin will seinen *Valstein* drucken lassen; ich werde ihn Ihnen mitbringen. Ich habe mich mit ihm *ausgesprochen*, und ich glaube, daß unser Sommer ruhig sein wird, wenn auch, zwangsläufig, traurig [...]. Coppet war heute abend von großer Schönheit. Ich habe den Mond betrachtet, der sich wie eine Feuersäule im See spiegelte. Ach, daß Sie nicht da waren, Sie, für mich das Leben der ganzen Natur! Leben Sie wohl, Maurice, Erwählter meines Herzens, leben Sie wohl, schreiben Sie mir und machen Sie mir keinen Kummer mehr. Leben Sie wohl.[39]

An O'Donnell

Coppet, den 1. August [1808]

[...] Ich las gerade Herrn von Humboldts[40] Reiseerinnerungen, die mich sehr interessiert haben, obgleich er M. de Chateaubriand zu sehr nachahmt und Wissenschaft und Poesie auf eine Weise vermengt, die beiden schadet, doch der Stoff ist ganz großartig, und die Natur Amerikas ist so imposant. Sie verhält sich zu der unseren wie die Helden der Antike zu den Menschen von heute — sie braucht große Menschen, und ich zweifle nicht daran, daß sie von der Zivilisation unseres alten Europas erbt [...].[41]

An O'Donnell

[Coppet,] den 6. August [1808, morgens]

Ihr Brief vom 21. hat mir das Herz zerrissen. Ich ahnte nicht, daß das aufrichtigste Gefühl so belohnt wird. Ich weiß nicht, was man Ihnen in Wien gesagt hat, doch mir scheint, Sie könnten, Sie sollten mich wenigstens nach der Wahrheit fragen. Dieses Wort, *ich weiß alles*, ist, ich darf wohl sagen, unerhört gegenüber einem Menschen, der Ihnen nichts auf dieser Welt verheimlicht hat. Sie haben bei allen Ihren seltenen Tugenden einen großen Fehler, nämlich daß Sie *der Verleumdung glauben*. Was immer man mir über Sie sagte, würde ich nicht glauben, wenn ein Wort aus Ihrem Munde es Lügen strafte. Das verdiente ich auch von Ihnen, denn ich habe Sie mit tiefer Aufrichtigkeit geliebt und ohne daß irgendwelche selbstgefällige Berechnung in dieser Neigung eine Rolle spielte.

Sie klagen mich an, weil ich es gewagt habe, Ihnen behilflich sein zu wollen. Ich habe Sie keineswegs der Diskretion meines Bankiers ausgeliefert; ich habe ihm gesagt, Sie wollten es freundlicherweise übernehmen, Alberts Pension zu bezahlen, und Sie hätten mir Geld für meine Reise geliehen. Im übrigen kennt er Sie nicht und kümmert sich nicht viel um Namen. Ich konnte mir, so meine ich, mitten im Krieg, in außergewöhnlichen Umständen, etwas erlauben, was ich in einer anderen Zeit nicht gewagt hätte. Sie fragen mich, ob ich *unbegrenzte Rechte* auf Sie habe. Ich habe sie sicherlich durch keinerlei Bindung, die Ihre Ungerechtigkeit mir gegenüber für immer unmöglich macht, aber Sie können nicht hindern, daß ich Sie liebe, daß ich nach Wien komme, daß ich zweihundertfünfzig, fünfhundert, tausend Meilen zurücklege, um Sie eine Viertelstunde zu sehen und mich zu rechtfertigen. Wenn ich mich gerechtfertigt habe, werden Sie bei mir bleiben oder nicht, wie Sie wollen, doch wenigstens wird mir Ihre Achtung bleiben, und vielleicht werden Sie bedauern, das aufrichtigste Gefühl, das Sie in Ihrem Leben erweckten, zerstört zu haben. Ich zerbreche mir den Kopf darüber, was Ihnen bloß gesagt worden ist. Mein Leben war, glaube ich, recht offenkundig; ich verbrachte es ganz mit Ihnen. Man muß mir also Bemerkungen zugeschrieben haben, die ich nicht gemacht habe, denn ich habe keinen Schritt getan, ohne Sie davon in Kenntnis zu setzen, und Äußerungen, großer Gott, hat man mir von Ihnen denn keine zugetragen! Hat man mir nicht sogleich nach meiner Abreise geschrieben, daß Sie, ich war nicht geneigt, es Ihnen wiederzusagen, zum Beispiel gesagt haben sollen, ich *überschütte Sie mit Briefen.* Was für ein Ausdruck, wenn Sie ihn gebraucht haben! Ich war nicht einmal geneigt, der Sache nachzugehen. Ach! Maurice, als man mir weitergesagt hat, niemand könnte mit Ihnen liiert bleiben, weil Sie das Verhältnis Ihren Freunden gegenüber für ungebührlich hielten und auch so bezeichneten, habe ich es nicht geglaubt — und darunter habe ich jetzt zu leiden. Maurice, ich verlange von Ihnen nicht länger jene Liebe, die Sie mir geschworen haben, ich bitte Sie, mein Herz nicht zu richten, bevor Sie mich angehört haben. Wenn sich eine Möglichkeit zu reisen bietet, werde ich abreisen, und Sie werden mich anhören; nicht, daß es mit einem Mann, der mich so grausam verkannt hat, irgendeine Zukunft geben könnte, aber ich will mich an Ihnen nicht anders rächen als mit der

Gewißheit, die ich Ihnen *geben werde,* daß Sie von allen getäuscht worden sind, außer von einer Unglücklichen, die Sie liebt und die Sie in Verzweiflung stürzen.

Im Namen Gottes, antworten Sie mir![42]

An O'Donnell

Coppet, den 6. August, um Mitternacht [1808]

Ich habe Ihnen heute morgen im Fieber geschrieben. Ich weiß nicht mehr, was in meinem Brief steht. Ich habe den ganzen Tag geweint und kann kaum sehen, trotzdem will ich versuchen, mich mit Ihnen ein letztes Mal auszusprechen. Ich bitte Sie, meinen Worten Gehör zu schenken, nicht meinetwegen, denn ich kann nicht länger glücklich sein, sondern Ihretwegen, da Sie eines Tages in einer innigen Liebe das Glück finden werden, wenn Sie einige Fehler, die jenen, die Sie lieben, schrecklich weh tun, ausmerzen. Inwiefern verdiente ich den Brief, den ich heute morgen erhalten habe? Der vornehmste Adel Frankreichs hat sich während der Emigration nicht gescheut, meine Hilfe anzunehmen. Ich könnte Ihnen derer zehn nennen, die mir diese Ehre gemacht haben, und eben dann, wenn Sie in der Lage, in der Ihr Land sich befindet, den Ihnen untergebenen Soldaten und Offizieren nützlich sein könnten, erlauben Sie der Freundschaft nicht, sich mit Ihrer freigebigen Art zu verbünden und gemeinsam der Sache zu dienen, die uns beiden am Herzen liegt. In Wirklichkeit ist dies ein Stolz, der ganz unter Ihrer Würde ist; wenn Sie Stolz haben wollen, müßten Sie ihn darein setzen, weder anzuhören noch zu glauben, was Verleumder sagen über eine Frau, die so sehr an ihren Beschützer glaubte, daß sie sich scheute, Ihnen den Autor einer Schmähschrift gegen sie zu benennen. Ich irrte mich sehr, wenn ich Sie als meinen Beistand betrachtete. Sie sind mein Ankläger, und dazu mein Ankläger nach meiner Abreise, da ich mich nicht verteidigen kann. Die Abwesenden gleichen ein wenig den Toten, es ist nicht großmütig, sie zu verurteilen, und was haben Sie, ich bitte Sie, davon, daß Sie sich Schlechtes über mich sagen lassen? [...] Was ist das für eine Freundschaft, die einen nicht verteidigt?

Auf sein Urteil allein gestützt stellt ein großer Mann
Der verführten Welt die eigene Wertung entgegen.[43]

[...] Ich weiß nicht, ob die Deutschen französische Liebenswürdigkeit falsch ausgelegt haben, aber ich will des Todes sein, wenn ich Ihnen, seit ich Sie in Wien kennengelernt habe, nicht treu gewesen bin wie selten jemand auf dieser Welt [...]. Ich werde leiden, aber stolz, und ohne Ihnen im geringsten weh zu tun; ich habe gelebt und werde sterben, ohne jemandem absichtlich Kummer bereitet zu haben. [...] Maurice, Sie treiben Ihr Spiel mit dem seltenen Glück, leidenschaftlich geliebt zu werden, aber glauben Sie mir, Sie werden es bereuen. Das Leben ist nicht so schön, die Welt nicht so gut und das Schicksal nicht so gnädig, daß ein treuer Freund so zu verachten ist. Ich erröte, es Ihnen zu sagen, aber ich muß es dennoch beteuern, trotz aller Unüberlegtheiten ist mein Leben das einer reinen Seele, und ich verdiente, von Ihnen geliebt zu werden. Begabung, wenn ich das wiederholen darf, kommt aus der Seele, und wenn ich Ihr Herz mit *Delphine* rührte, so, weil das meine des Ihrigen würdig war [...].[44]

Einige Tage lang reist Madame de Staël mit Montmorency, Sismondi, Sabran und Madame Vigée-Lebrun durch die Innerschweiz. In Interlaken wohnen sie am 17. August dem Hirtenfest bei. Dort lernt sie Zacharias Werner kennen.

An den Fürsten de Ligne

Den 13. September [1808], Coppet

[...] Ist es wahr, daß Andréossi aus Paris einen Brief von M. de Champagny bekommen hat, der ihm zu verstehen gibt, er solle nicht zu mir kommen, weil ich Gentz besucht habe? Sie wissen, daß ich Gentz in Teplitz gesehen habe, das heißt an einem Ort, wo man alle Welt trifft, und da ich über Deutschland schreibe, habe ich seine berühmten Schriftsteller alle sehen müssen. Der Kronprinz von Bayern[45] kam soeben eigens nach Coppet, um hier zwei Tage zu verbringen. Es wäre merkwürdig, wenn Andréossi in seiner Bewegungsfreiheit eingeschränkter wäre als er. Wie dem auch sei, ich könnte sehr gut in Wien leben, auch ohne den Botschafter Frankreichs, doch da er mir gegenüber sehr nobel gewesen ist, bitte ich Sie, mit ihm zu sprechen und mir mitzuteilen, was an dieser Geschichte wahr ist. Doch das ist noch nicht alles: stellen Sie sich vor, Maurice O'Donnell behauptet, ich hätte gesagt, daß er mich heiraten wollte und ich hätte ihn abgewiesen, wodurch er in den Verdacht geraten sei, er habe mein Vermögen haben wollen. Außerdem behauptet er, ich hätte einmal, als er krank war, zu Ihnen, jawohl, zu Ihnen, mein Fürst, gesagt, er sei es vor Eifersucht. Sie wissen, mein Fürst, ob ich ihm in Wien dazu Anlaß gegeben habe und ob ich, als Sie mich in Tränen gesehen haben, weil er sich mit mir gezankt hatte, zu Ihnen gesagt habe, es sei aus Eifersucht geschehen. Schließlich wissen Sie, ob von Maurice zwischen Ihnen und mir je anders als auf die schmeichelhafteste Weise die Rede war. Wer nur hat nach meiner Abreise so gegen mich gehetzt? Ich habe den Adel in Verdacht, doch wie dem auch sei, es ist mir ungemein schmerzlich zu sehen, daß sich Maurice mir entfremdet, und ich könnte es nicht ertragen, in Wien zu sein, wo er mir so viel Liebe bewiesen hat, wenn ich bei ihm nur bittere Gereiztheit fände [...]. Behielte man einen einzigen Freund, wenn man auf das Hin- und Hergerede der Gesellschaft hörte? Er behauptet, ich sei eine doppelzüngige und ganz raffinierte Person. Lieber Fürst, Sie, der Sie mich kennen, ich frage Sie, bin ich das? Ich habe Maurice in gutem Glauben geliebt, und ich liebe ihn noch, daher wende ich mich an Sie, damit Sie mit ihm sprechen. Ich konnte spüren, daß ich ihm mit dieser feierlichen Art nicht gefiel, aber ich glaube nicht, daß jemand in seinem Leben echtere und tiefere Zuneigung für ihn empfunden hat als ich. Ich liebte und schätzte ihn so sehr, daß ich mein Leben dafür gegeben hätte, ihn allen Gefahren zu entreißen. Ist es sein Vater, der ihn derart aufgebracht hat? Ist es wirklich die Gesellschaft? Aber welche Gesellschaft, und könnte ich in sie zurückkehren? Zum Schluß, lieber Fürst, erbitte ich Ihren Rat und Beistand [...].[46]

An den Fürsten de Ligne

[Coppet,] Den 26. September [1808]

[...] Ich stecke in der deutschen Metaphysik; seien Sie dennoch sicher, daß meine Schrift Sie ergötzen wird, denn sie geht alle Themen durch, die Sie interessieren: Gesellschaft, Nation, Literatur, Kunst, Philosophie, Moral, Religion und Enthusiasmus. Dieses Werk ist mein Testament; nach seinem Erscheinen werde ich, denke ich, nach Amerika gehen. Ich bin voll unüberwindbarer Traurigkeit und habe Lust zu sterben, was wohl die Form einer langen Reise annehmen wird [...]. Napoelon hat zu Talma[47] gesagt, er gäbe ihm in Erfurt ein *Parterre* von Königen, was, wie man sagt, daher kommt, daß es so viele Könige *par terre* gibt. Elzéar fügt hinzu, dieses *Parterre* sei eine *platebande*[48]. Sie sehen, daß ich für Sie der Historiograph der Wortspiele bin [...]. Seien Sie so gut und lassen Sie Albert einen Sonntag zu sich kommen. Man schreibt mir, ein Fausthieb habe ihm eine Zahnlücke geschlagen, und das beunruhigt mich, denn ich weiß von Ihnen, daß es wohltut, wenn man recht schön ist.[49]

Fürst de Ligne an Madame de Staël

[Wien? Ende 1808]

Großer Mensch, vortreffliche Frau, des Herzens und des Geistes Pracht, guten Tag! [...] »Nun gut denn, nicht Wien: aber Böhmen im Mai, zur Könung der Kaiserin[50], und Teplitz gehört uns ganz allein.« Ich spüre sehr wohl, daß Europa Ihnen zu wenig ist; aber auch Amerika. Man müßte die Welt für Sie vergrößern, und weil Sie die Erde zu klein finden, verlangt es Sie nach dem Himmel. Sie glauben, alle Wege führten dorthin wie nach Rom, doch über Rom muß man [...].
[...] Besiegen Sie, die alles besiegt hat, sich selbst. Löschen Sie den Vulkan der Leidenschaft, den ich Ihnen zum Vorwurf mache. Lassen Sie in dem apathischsten und friedlichsten Land des Erdkreises keinen entstehen. Heben Sie die Welt nicht aus den Angeln. Lassen Sie Amerika so, wie es ist. Es äfft England ja nur nach; und da Sie Englisch sprechen wollen, kann ich Ihnen sagen, daß Sie in sechs Monaten in London sein werden. Wir haben hier etliche Langweiler dieser ... Nation. Von Teplitz bringe ich Sie im Triumph zurück nach Wien. Unsere Papiere werden mehr wert sein; wir werden nicht länger vor dieser Mauer aus Papieren stehen, die schwerer zu durchbrechen ist als die chinesische, denn unsere Geschäfte gehen von Tag zu Tag besser. Die 36 000 Gulden, die ich für mein recht bescheidenes Leben brauche, werden vielleicht 30 000 Francs machen. Dreitausend davon werde ich für die Reise nach Coppet verwenden. Nachdem ich meine Göttin in ihrem Tempel angebetet habe, wird sie mir feinste Sautés, warme Pasteten und Schnittchen aus Ambrosia anbieten. Ich werde aus den Wolken des Weihrauchs treten, der auf ihrem Altar ewig brennen möge, und mit Frohlocken die Düfte einatmen, die aus ihrer Küche in die Lüfte steigen [...].[51]

Jean-Baptiste Nompère de Champagny, Herzog von Cadore (1756–1834), an den Madame de Staël sich nun in seiner Eigenschaft als Außenminister wendet, war vor der Revolution, nach seiner Dienstzeit bei der Marine, Abgeordneter des Adels bei den Generalständen und lebte danach zurückgezogen bis 1800. Nach dem 18. Brumaire wurde er zum Staatsrat ernannt.

An Champagny

Coppet, 24. Oktober 1808

Aus Wien, Graf, hörte ich, Sie hätten General Andréossi geschrieben, er dürfte weder zu mir kommen, noch mich bei sich empfangen, und der Grund dieses Befehls wäre, daß ich Gentz besucht habe. [...] Da ich seit einem Jahr an einem Werk über die deutsche Literatur arbeite, habe ich mich ohne Ausnahme mit allen hervorragenden deutschen Schriftstellern unterhalten. Ich ahnte wirklich nicht, ich gestehe es, man könnte mir jetzt irgendeine politische Intention unterstellen. Es wäre rein töricht, wenn man sich in einer Zeit darum kümmern wollte, wo das von dem Genius S. M. des Kaisers gedeutete Schicksal voll und ganz das Los von allem und jedem bestimmt. Obgleich meine Verbannung mir ein Leid bereitet hat und immer noch bereitet, das zu beschreiben auch der größten Begabung nicht gelingen dürfte, schicke ich mich darein, und ohne im geringsten irgendwelchen verdächtigen Umgang zu suchen, beschäftige ich mich ausschließlich mit Dingen, die mit den Belangen dieser Welt nicht das mindeste zu tun haben. Der Kaiser hatte mir gütigst versichert, er würde mir, außer in Paris, überall seinen Schutz gewähren. In welches Land aber kann ich jetzt gehen, wenn ich nicht die Unterstützung des französischen Botschafters habe? Ich hatte vor, diesen Winter bei meinem jüngeren Sohn in Wien zu verbringen, doch wenn Sie jenen Befehl an General Andréossi nicht widerrufen, wäre es mir nicht nur verwehrt, dorthin zu gehen, sondern ich müßte auch meinen Sohn zurückholen, der seine Studien dort ohne mich nicht fortsetzen könnte. Ich bitte Sie, Graf, S. M. den Kaiser daran zu erinnern, daß er meinem älteren Sohn in Chambéry gütigst versprochen hat, mir in Europa seinen Schutz zu gewähren. Wenn er ihn mir versagt, bliebe mir, als Mutter, kein anderer Ausweg, als mit meinen beiden Söhnen nach Amerika zu flüchten [...]. Ich würde, wenn es sein muß, diesen Entschluß fassen, auch wenn er schwerfällt. Ich weiß, wie wenig meine Familie und ich in der riesigen Menge jener, um die S. M. sich kümmert, bedeuten, aber die oberste Gewalt braucht nur ganz wenig Zeit, um Gerechtigkeit walten zu lassen, und meine Kinder und ich werden Ihnen aus tiefstem und ehrerbietigstem Herzen dankbar sein [...].[52]

Fürst de Ligne an Madame de Staël

[Wien? Anfang 1809]

Wären mir Ihre schönen Augen nicht in Erinnerung, läse ich in Ihnen nicht sofort mein Urteil, würde ich Ihnen sagen, daß Sie für eine andere Kolumbiade geschaffen sind als für jene, die Sie zu unternehmen in Begriff stehen. Sie werden Nordamerika in Mode bringen wie den Norden Deutschlands. Wann nur werde ich alles lesen können, was Sie darüber schreiben? [...]

O, liebe Madame Vespucci, verleiden Sie mir mit Ihren Entdeckungen nicht dieses kleine Europa, das stolz darauf ist, Sie hervorgebracht zu haben. Wenn Ihre Dankbarkeit für eine beständige Verehrung und Freundschaft Sie dazu bestimmt, eine beredte und einfühlsame Einleitung für einen mittelmäßigen Amerikaner zu schreiben, werden Sie ihn in den Himmel erheben wie mich. Ihre Urteilskraft läßt nur nach, wenn Sie jemand protegieren.

Wiewohl alle Ihre Federn aus Gold sind, bediene ich mich jener, die Sie mir geschenkt haben, nur, um meinen literarischen Nachlaß zu schreiben, dessen Erfolg ihr zu verdanken sein wird. Ich werde mich so an meinen Zeitgenossen rächen, die mich, wie billig, nur noch in Ihnen lesen wollen, und ihre Amtsnachfolger werden genötigt sein, das durchzusehen, was »meine höchst fruchtbaren Federn / Monatlich mühelos an Bänden haben zu schreiben vermocht«.[53] Manche Vergleiche – die nur ein Mensch anstellen kann, der erst um vier Uhr aufsteht, Schauspieler auf mehreren Bühnen ist und hinterher Zuschauer in den vordersten Logen – werden vielleicht ein wenig pikant sein.

Gibt es denn nicht mehr genug passable Europäer, um Ihnen die Wilden oder allzu Zivilisierten, die die Polizei über das Meer ziehen läßt, zu verleiden? Sie behandeln die Weißen schlecht, um den Schwarzen, die Sie nicht wie Neger behandeln werden, Gutes zu tun. Ich bin um so betrübter wegen Ihrer Übersee-Manie, böse Frau, als ich vielleicht einer Ihrer Wallfahrer zu den blühenden Ufern Ihres Genfer Sees gewesen wäre.

Gern hätte ich gewußt, was aus meinem lieben Albert wird und gesehen, wie sich sein älterer Bruder auf den Weg zur Berühmtheit macht [. . .].[54]

Zum Herbst wird mit den Theateraufführungen in Coppet wieder begonnen. Außer den Stammgästen sieht man dort den deutschen Dramatiker Zacharias Werner, Frau von Krüdener, Madame Vigée-Lebrun, Oehlenschläger, Voght und den jungen amerikanischen Kunsthistoriker Drew Middleton, der leidenschaftlich in Juliette Récamier verliebt ist. Unter dem Einfluß der beiden ersteren beginnt Madame de Staël sich der Mystik zuzuwenden und Bücher darüber zu lesen, ohne jedoch ihre Arbeit an De l'Allemagne zu vernachlässigen.

Als der Winter naht und die Gäste nach und nach abreisen, zieht in Coppet wieder Langeweile ein. Im Januar fährt Constant nach Frankreich zu Charlotte von Hardenberg, die er am 8. Juni 1808 heimlich geheiratet hatte.

Wiewohl sie in Paris in denselben Kreisen verkehrten, lernten sich Madame de Staël und Julie (Juliana) Freifrau von Krüdener (1764–1824) erst 1801 in Genf kennen.

Nach einem äußerst bewegten Leben als Gattin eines russischen Diplomaten verspürte sie nach dessen Tod im Jahre 1802 das Bedürfnis, Buße zu tun und wurde Mystikerin, nicht jedoch ohne vorher ihre Sünden in einem autobiographischen Roman, Valérie, gebeichtet zu haben, der Delphine fast verdrängte und in dessen Hauptgestalt einige die jüngere Schwester Corinnes sahen. Sie ging zu den Böhmischen Brüdern, verbringt nun ihr Leben mit Gebet und guten Werken und zieht pilgernd durch Europa. Sie fühlt sich berufen, einen neuen Glauben zu predigen, und veranlaßt Zar Alexander I. zur Gründung der Heiligen Allianz. Madame de Staël sieht in ihr »die Vorläuferin einer religiösen Epoche, die für das Menschengeschlecht im Anzug ist.«

Madame de Staël lädt sie im September 1808 nach Coppet ein. Die Seelenretterin findet die Dame von Coppet in erbärmlicher innerer Verfassung und will sie zu einem beschaulicheren Leben bekehren.

Jahre danach werden sich in Paris Constant und Madame Récamier ebenso wie Victor de Broglie auf der Suche nach geistigem Beistand und Inspiration an sie wenden. Der Briefwechsel umfaßt mehrere Briefe; drei von Madame de Staël, geschrieben zwischen 1803 und 1809, wurden publiziert.

An Frau von Krüdener

[Coppet,] Den 5. Februar [1809], Donnerstag

Das Leben, das Sie, Madame, dort bei sich zu Hause führen, ist köstlich und tief bewegend, und ich wünschte mir genügend Kraft, es Ihnen gleich zu tun. Aber meine Seele braucht Zerstreuung oder vielmehr, sie ist betrübt, wenn ich nicht durch irgend etwas abgelenkt werde, was mir völlige Zurückgezogenheit unmöglich macht. Ich habe nicht die Herzensfülle in mir, die Sie auszeichnet, ich sehe bei allem das Pro und Contra, und nur mein Trachten und Sehnen ist ungebrochen und rein. Ich habe festgestellt, daß Sie im täglichen Leben vertrauensvoller sind als ich und die schlechten Seiten der Menschen und Dinge Sie weniger treffen, wohingegen ich fast nicht mehr gewohnt bin zu hoffen, und dieser schmerzliche Zustand beeinflußt selbst die erhabensten Gedanken. Beten Sie für mich, denn Ihre Gebete werden sicher erhört und Sie versagen sie niemandem.

[...] Sie haben auf Ihrem Wege eine leuchtende Spur hinterlassen, und alle frommen Menschen sprechen mir voller Liebe von Ihnen. Welche Pläne haben Sie für die Zukunft, und wie weit sind Sie mit dem anderen, von noch höheren Idealen erfüllten Roman[55], an dem Sie arbeiteten? Ich bin sicher, daß er das Gepräge Ihres derzeitigen Bewußtseins haben wird und daß Ihr Talent mit ihm harmonieren wird. Haben Sie den *Wallstein* von Benjamin Constant gelesen? Die Einleitung dazu wird Sie sicher interessieren, und die enge Verbindung von fremdländischem Feuer und französischem Ebenmaß dürfte Ihnen zusagen. Ich würde Ihnen das Buch schicken, wenn ich wüßte, wo Sie gerade sind, denn unter vielen anderen engelhaften Eigenschaften haben Sie auch die, sich unsichtbar zu machen, und ich weiß nicht, wo ich Sie erhaschen kann. Treten Sie also heraus ins Licht, und denken Sie an die Freude und das Gute, das Sie allen, die Ihnen begegnen, bereiten werden [...].

Sie wurden also geliebt, als Ihr Herz nach etwas verlangte, das über dies Gefühl hinausging. Sogar ich fand, wenn ich liebte, nur meine eigene Neigung uneingeschränkt [...].[56]

Bönigheim, bei Ludwigsburg, den 16. März 1809

[...] Sie sagen, Madame, es wäre Ihnen unmöglich, in der Einsamkeit zu leben. Sie haben mich nicht verstanden, wenn Sie glauben, daß es das war, was ich Ihnen riet. Ich selbst würde, wenn ich glaubte, daran gut zu tun, in größter Geselligkeit leben, fühlte ich mich gleich in meinen Neigungen dadurch beeinträchtigt; doch nichts zwingt mich dazu, nicht meinem Hang zur Ruhe nachzugeben, in dem auch viel Trägheit steckt. Ich liebe die Einsamkeit, aber ich rate sie niemandem. Sie sagen, daß Sie noch nicht glauben können und viel Grund sehen, zu zweifeln. Wie sollten Sie auch, bevor Sie in Ihrem Innern nicht haben, was Sie reichlich für alles Aufzugebende entschädigt, die nötige Kraft finden, nicht nach all dem zu suchen, was Sie zu zerstreuen vermag? Alles, was Ihnen die sagen, die den Frieden gefunden haben, muß Ihnen wie ein Roman vorkommen, denn nur die Erfahrung kann überzeugen, und Sie müssen immer denken: »Einige Menschen sagen mir dieses oder jenes, aber sie geben mir nur Früchte ihrer Erfahrungen, und sie können sich irren.« Es ist töricht zu glauben, man könnte jemanden mit Vernunftsgründen überzeugen, doch selbst bei höchst ehrenwerten Leuten habe ich manchmal diesen Sektengeist gefunden, diese Neigung, den menschlichen Geist an Methoden und Formen zu ketten, die all jene abstoßen und entrüsten, deren Seele mehrschichtiger ist.

Gott selbst, der all das ist, was es an Bestem, an Liebevollstem, an Köstlichstem gibt, achtet die Freiheit des Menschen, wenn man so sagen kann. Er zwingt ihn zu nichts; er lädt ihn ein zu glauben, und somit, sich Ihm zu überantworten [...]. Sie haben völlig recht, wenn Sie sagen, daß man beten muß, denn man muß sogar das Bedürfnis zu glauben erbitten. Wie hätten wir ohne das Bedürfnis den Wunsch, und wie könnten wir ohne den Wunsch das erlangen, woran uns so wenig gelegen ist, es zu erlangen?

Glauben Sie, Madame, daß mir nichts lieber ist, als zu tun, worum Sie mich bitten, und inbrünstig zu beten, damit Sie so glücklich sind wie ich es mir sehnlichst wünsche [...].[57]

Während der Monate Februar und März nimmt Madame de Staël Wohnung in Genf. Nach einem dreimonatigen gespannten Verhältnis zwischen ihr und Madame Récamier wegen Prosper de Barante schreibt Juliette ihr wieder und erbietet sich, ihr die Briefe des jungen Mannes zu zeigen.

An Madame Récamier

Ich möchte mich Ihnen, meine liebe Juliette, Ihres Briefes wegen am liebsten zu Füßen werfen. Ich habe unrecht, und wenn ich recht hätte, ist mir von allen Gefühlen keines so teuer wie das, welches Sie mir zu bezeigen die Güte haben. Ich will Prospers Briefe nicht sehen, ich will nur Ihre Zuneigung wiedererlangen. So ich lebe, werde ich im November vierzig Meilen vor Paris sein. Nichts, das in meiner Macht liegt, kann mich daran hindern. Und ich will den Winter dort verbringen, um die Augenblicke zu genießen, die Sie so lieb sind, mir zu widmen. Dort werden wir beschließen, was aus mir werden soll; entzögen Sie mir jedoch das Gefühl, das seit drei Jahren mein ganzer Trost gewesen ist, weiß ich, daß das Leben für mich den letzten Reiz, den die Verbannung mir noch gelassen hat, verloren hätte. Schreiben Sie mir einen Brief, der mich ermutigt. Sie werden so sehr geliebt, was Sie auch verdienen, daß man sich kaum getraut, auf all das zu hoffen, was Ihr Herz an liebevollem Mitleid besitzt, und ich fühle mich von Ihnen vergessen, weil ich meine, daß ich das verdiente. Doch die süße Überraschung Ihres entzückenden Briefes hat mich in eine Rührung versetzt, die ich Ihnen nicht beschreiben kann.

Ich werde Ihnen durch Auguste schreiben, der nach Paris fährt, denn ich wollte nicht eine Stunde vorübergehen lassen, um Ihnen zu Füßen zu fallen, Ihre hübschen Füße zu küssen und Sie zu bitten, meiner Empfänglichkeit für Leid zu verzeihen. Sehen Sie mir auch nach, daß ich es als unmöglich erachte, Sie anzublicken, ohne Sie zu lieben. Diese tiefe Überzeugung kommt mehr noch aus meinem Herzen als von der Bewunderung der Leute.[58]

Als Madame de Staël den folgenden Appell an Talleyrand schreibt, weiß sie offenbar nicht, daß er sich am selben Tage den größten Zorn des Kaisers zugezogen hatte wegen seiner geheimen Zusammenkünfte mit Fouché, die den Sturz Napoleons zum Ziel hatten. Als dieser hörte, daß Talleyrand und Fouché sich versöhnt hätten, wurde er böse. Talleyrand tritt als Außenminister zurück und verschreibt sich ganz der Sache Europas.

Genf, 28. Februar 1809

Sie werden erstaunt sein, eine Schrift zu lesen, an die Sie sich nicht mehr erinnern können. Bei der Distanz zwischen uns kommt es mir vor, als schriebe ich Ihnen aus einer anderen Welt, und mein Leben hat sich so geändert, daß mir diese Vorstellung leichtfällt. Ich habe meinen Sohn angewiesen, Sie aufzusuchen und Sie geradeheraus zu bitten, sich der Liquidation der zwei Millionen anzunehmen, die mehr als die Hälfte unseres Vermögens und der Erbschaft meiner Kinder darstellen. Es ist für mich ein schrecklicher Gedanke, meiner Familie Schaden zuzufügen, und daß sie dafür zahlen müßte, sollte ich morgen nicht mehr leben, denn dieses anvertraute Gut, das sie zurückfordern, ist doch so unverletzlich, daß einzig des Kaisers Voreingenommenheit gegen mich es sein kann, die verhindert, Anordnungen über diese Schuld zu treffen; dabei glaube ich, daß meine Verbannung in den Augen Europas, wenn es für mich ein Europa gibt, weniger grausam erschiene, zeigte man sich gerecht hinsichtlich meines Vermögens. Ich habe Ihnen, der Sie alles verstehen, zu dieser Angelegenheit genug gesagt. Sie schrieben mir vor vierzehn Jahren aus Amerika: »*Wenn ich noch ein Jahr hierbleibe, sterbe ich.*« Das gleiche könnte ich vom Leben im Ausland sagen; es wird mich umbringen. Doch die Zeit, da man Mitleid hatte, ist vorbei; an seine Stelle ist die Notwendigkeit getreten. Sehen Sie indes zu, ob Sie meinen Kindern helfen können; ich glaube, wenn Sie können, werden Sie es tun. Ich sehe mich nicht in der Lage, dem Kaiser seine Vorurteile gegen mich zu nehmen. Wenn er nicht glaubt, daß sieben Jahre Verbannung einem wie ein Jahrhundert vorkommen, wenn er nicht glaubt, daß ich eine andere geworden bin oder mindestens die Hälfte meines Lebens erloschen ist und daß mir die Ruhe und das Vaterland wie elysische Gefilde erscheinen müssen, habe ich in meiner Lage keine Möglichkeit, es ihm zu beweisen. Daher habe ich mich entschlossen, wenn meine Kinder mein Unglück teilen müssen, das erste im Frühling nach Amerika zu schicken und ihm mit den beiden anderen im kommenden Jahr zu folgen. Meine Söhne brauchen ein Vaterland, und Sie sehen ja, ob es in Europa eines gibt für jemand, der nicht den Beistand des Kaisers hat.

Adieu, werde ich also vor dem Tal Josaphat nicht mehr mit Ihnen plaudern? Es gibt Augenblicke, da ich meinem tiefen Widerwillen gegen das Leben zum Trotz noch immer ziemlich liebenswürdig bin; dann denke ich daran, daß ich diese Sprache von Ihnen gelernt habe; doch mit wem sie sprechen? Adieu. Sind Sie glücklich? Gehen Sie mit einem so überlegenen Geist nicht manchmal allem auf den Grund, das heißt, bis zum Leid? Ich, ich möchte mich zerstreuen, aber ich habe die Kraft und wohl auch die Gelegenheit dazu verloren. Was mich vor allem schmerzt, ist, daß ich meinen Kindern schade. Wenn Sie mich davon entlasten können, werde ich diesen Augenblick an unser letztes Gespräch anschließen, und die ganze Zeit dazwischen wäre überbrückt.

Noch einmal adieu, ich kann bei Ihnen nur so schließen.

N. de Staël.[59]

Madame de Staël war dem großen Tragöden François-Joseph Talma (1763 bis 1826) wahrscheinlich um das Jahr 1801 im Salon seiner ersten Frau Julie, mit der Constant eine Zeitlang eng befreundet war, begegnet.

Sohn eines einstigen Dieners, der Zahnarzt geworden war, begann Talma seine Studien in Paris, folgte dann seinem Vater nach London und entschied sich dort ebenfalls für den Beruf des Zahnarztes. 1786 nahm er bei seiner Rückkehr nach Paris Schauspielunterricht und gab bereits 1787 sein Debüt. Zwei Jahre darauf erringt er in der Comédie Française in Chéniers *Charles IX.* einen großen Erfolg. Schon bald verläßt er dieses Haus und gründet gemeinsam mit anderen Schauspielern das Théâtre Français in der Rue Richelieu, wo er sich im tragischen Fach auszeichnet, besonders in Stücken von Corneille und Racine. Napoleon, der ihn seit Jahren bewunderte, erwies ihm all seine Gunst und ließ ihn 1808 in Erfurt während seiner historischen Begegnung mit Alexander I. vor dem spielen, was Talma »als ein Parterre von Königen« bezeichnete. Sicherlich aus Furcht, den Kaiser zu verstimmen, schlug Talma Madame de Staëls Einladung, in Genf zu spielen, trotz seiner Achtung und Sympathie für sie aus.

Sie dagegen hält mit ihrer Begeisterung für Talmas Interpretationskunst und seine Bemühung um eine historisch getreue Darstellung nicht zurück. Während ihrer heimlichen Besuche in Paris 1806 konnte sie ihn in *Manlius Capitolinus* von Lafosse bewundern. Sie hatte früher mit ihm Verse von Racine rezitiert und hegte insgeheim den ehrgeizigen Wunsch, an seiner Seite in Coppet die Hermione zu spielen. In *De l'Allemagne* gibt sie eine scharfsinnige Rezension des Schauspielers und lobt sein Spiel in hohen Tönen. Es sind uns zehn Briefe von Madame de Staël an Talma, datiert zwischen 1807 und 1811, und vier von ihm an sie erhalten.

An Talma

[Genf?] März 1809

Der Direktor des Genfer Schauspielhauses kam heute morgen zu mir, Monsieur, um mir zu sagen, daß er Ihnen geschrieben habe, sein Theater und alle, die ihm angehören, lägen Ihnen zu Füßen, und er bitte Sie, nach Genf zu kommen, um dort zu spielen. Er glaubt, daß meine Bitte einigen Einfluß auf Sie haben wird. Ich habe Ihre Kunst, um Sie mehr bewundern zu können, so eingehend studiert, daß ich mir vielleicht das Recht nehmen darf, Sie demütig um eine Freude zu bitten, die mir seit langem genommen ist. Es gibt hier viele Ausländer, und die Leute dieses Landes verdienen es wirklich, bei Ihrer Stimme zu weinen und zu erschauern. Sie könnten diesen Plan verbinden mit einer Reise in die Schweiz zur Hundertjahrfeier, die am 17. August stattfindet, und in die Gletscherwelt, die Sie überwältigen wird; auch der Mont-Blanc ist ein Phänomen, und Sie werden sehr gut zueinander passen. Ich biete Ihnen als Bleibe das Schloß Coppet an. Es ist eine Stunde von Genf entfernt, meine Pferde würden Sie dorthin bringen, wenn Sie spielen, und Sie könnten in Ruhepausen auch ausprobieren, ob mein Theater und ich Ihrer würdig sind; kurz, alle Aufmerksamkeiten, die man jemand zu schenken vermag, den man hochschätzt und dessen Talent man bewundert, werden Sie bei mir finden, und wenn Mme Talma[60] mit Ihnen käme, wäre es mir ein um so größeres Vergnügen, Sie zu empfangen und Ihnen gemeinsam zu lauschen.

Sie werden einer Frau verzeihen, die oft gesagt hat, daß, Sie nicht zu hören, für sie eine der größten Bitterkeiten der Verbannung ist. Sie werden ihr auch die Unbescheidenheit und die Zudringlichkeit verzeihen. Sie werden noch mehr tun, so Sie können. Nicht wahr, nicht wahr, Sie kommen doch? [...]

Talma an Madame de Staël

Paris, den 5. April 1809

Madame,

Ihre freundliche Einladung, Ihr reizender Brief verstärken nur den Wunsch, den ich habe, mich in das so schöne Land zu begeben, wo ich den Vorzug genießen dürfte, Ihnen zu begegnen und Sie näher kennenzulernen. Es wäre mir wahrhaftig eine große Freude, mich mit Ihnen über eine Kunst zu unterhalten, die ich über alles liebe und in der Sie, wie man mir gesagt hat, jenen Geist und jene Seele entfalten, durch die Ihre Werke sich auszeichnen. Ihr Brief hat meine frühere Leidenschaft wieder entflammt. Ich spüre, daß Sie mich so gut verstehen, Madame, daß ich darauf brenne, Ihnen alle meine Reflexionen und Ideen mitzuteilen und neue aus Ihrer Unterhaltung zu schöpfen; und ohne Zweifel würde die so lebhafte Phantasie, mit der die Natur Sie begabt hat, die meine neu beleben, die, etwas erkaltet, jetzt fast nur der Berechnung alle Effekte dieser bezaubernden Kunst überlassen hat. Doch wenn ich diesen Sommer nicht in Paris bliebe, was ich leider, wie ich glaube, zu tun gezwungen bin, würden unabweisbare Gründe mich wahrscheinlich nötigen, meine Schritte in eine völlig entgegengesetzte Richtung zu lenken.

[...] Ich wollte mir die Freiheit nehmen, Ihnen ein wenig von mir zu erzählen. Weil ich in England aufwuchs, hat man geglaubt und gesagt, ich hätte versucht, das Wesen der Engländer mit dem unsrigen zu verschmelzen. Ich war damals zu jung, um ins Theater zu gehen und viel Aufmerksamkeit einer Kunst zu schenken, zu der ich mich in jener Zeit nicht berufen fühlte. So etwas wie Instinkt oder Eingebung hat mich bewogen, in meine Deklamation einen natürlichen, wiewohl gehobenen Ton zu legen; und die Zeit und die Erfahrung haben mir gezeigt, daß die großen Wirkungen der Bühne, jene tiefe Ergriffenheit, die der Zuschauer mitnimmt und nicht vergißt, nur hervorgerufen werden konnte durch eine Sprache, die schlicht und echt ist wie die Natur; die auf andere Weise erreichten Wirkungen können bis zu einem gewissen Grade befriedigen, aber sie greifen nicht ans Herz und bleiben den Menschen nicht in Erinnerung. [...] Ich habe noch die Hoffnung, Ihnen dieses Jahr die Hochachtung und die aufrichtigste Bewunderung, die ich für Sie hege, bezeigen zu können.[62]

Constant, der sich nicht traut, in Begleitung von Charlotte nach Coppet zurückzukehren, steigt im Gasthof von Sécheron, in der Nähe von Genf, ab, wo seine Frau ein Billet an Madame de Staël schreibt. Diese kommt dorthin, macht eine Szene, gewinnt Constant für eine Weile zurück und erhält von beiden das Versprechen, ihre Heirat geheimzuhalten.
Als Madame de Staël und Montmorency im Juni einige Wochen in Lyon verbringen, um dort Talma spielen zu sehen und Juliette Récamier und Jordan zu treffen, befiehlt sie Constant, zu ihr zu kommen. Charlotte, nicht eingeladen, kommt nach und dringt am 8. Juni in das Hotelzimmer

ihres Gatten ein. Dieser weist sie entrüstet hinaus, woraufhin sie Gift nimmt. Es gelingt, sie zu retten, und Madame de Staël erlaubt Constant, seine Frau nach Paris zu begleiten, von wo er wieder nach Lyon kommt, um mit seiner Freundin nach Coppet zurückzukehren.

Der folgende Brief ist noch vor Charlottes Abreise nach Paris geschrieben.

An Benjamin Constant

Lyon, den 15. Juni [1809]

Ich danke Ihnen, daß Sie aus Roanne geschrieben haben; ich habe einige Stunden darüber geschlafen. Das war mir neu. Ohne Erwachen könnte das Schlafen sehr schön sein. Ich danke Ihnen dafür, daß Sie das Datum vom 26. wiederholt erwähnt haben — ich glaube daran, und ich wünschte aus tiefstem Herzen, daß diese drei Monate zu einem sanften Ende meines elenden Lebens führen! Ich leide genug, um das zu hoffen [. . .]. Ich bin jetzt ein Mensch zuviel auf Erden, und vor allem mir selbst bin ich zuviel. Mme Récamier kommt erst am Sonntag. Von Mathieu habe ich keine Nachricht. Die Stunden sind so lang, daß sie sich wie Tage hinziehen, und alles ist tot in mir: Freunde, Kinder, Gedanken, Sonne, alles ist Ausdruck des Leids.

Wenn ich Sie wiedersehe, werde ich glauben, das Leben wiederzuerlangen! Mir ist, als leide ich seit zwei Tagen an der Brust, um so strenger halte ich mich an meine wärmende Diät. Haben nicht Sie mir erzählt, die Krankheit habe Mme Talma in sechs Monaten dahingerafft? Gerade so lange leide ich. Ach! Benjamin, wieviel Zuneigung haben Sie in einen Dolch gegen mich verkehrt. Es war also der 8. Juni![63] Lassen wir das für eine Weile. Sie haben gebetet; beten Sie für mich. Nie hat ein armer, vom Leben verstümmelter Mensch dessen so bedurft. — Abuffar[64] war wundervoll, aber wem in der Welt seine Eindrücke mitteilen? Meine ganze Seele lastet auf mir. Ihnen schafft ganz allein schon Paris Zerstreuung. Ich, ich werde mich verzehren, bis ich sterbe. Ich komme mir vor wie Hugolin[65] in der intellektuellen Welt. Eine Wand ist auf einmal zwischen dem Universum und mir.

Adieu, dies ist mehr, als ich Ihnen sagen wollte, denn es gibt nicht mehr zu sagen als am 26., und beten Sie zu Gott, daß er mich zu sich ruft.[66]

Fürchten Sie nicht, daß ich wie Mme Mylord[67] bin und Ihnen im ergreifendsten Augenblick diese Krone aufs Haupt setze; aber da ich Sie nur mit Ihnen selber vergleichen kann, muß ich Ihnen sagen, Talma, daß Sie gestern die Vollkommenheit, ja alles, was sich vorstellen läßt, übertroffen haben. Es gibt in diesem Stück, so mangelhaft es ist, Trümmer einer Tragödie, die größer ist als die unsrige, und Ihr Talent schien mir in der Rolle des *Hamlet* das Genie *Shakespeares* selbst, nur ohne seine Unebenheiten, ohne seine familiären Gesten, und plötzlich wurde daraus das Edelste, was es auf Erden gibt. Diese Unergründlichkeit der Natur, diese Fragen nach unser aller Geschick angesichts dieser Menge, die einmal sterben wird und Ihnen wie dem Spruch des Schicksals selbst zu lauschen schien; diese Geistererscheinung, schrecklicher in Ihrem Blick als in der schrecklichsten Gestalt; diese tiefe Melancholie, diese Stimme, diese Blicke, die Gefühle enthüllen, ein alles menschliche Maß übersteigender Charakter, das ist wunderbar, dreimal wunderbar, und meine Freundschaft für Sie hat durchaus keinen Einfluß auf diese Ergriffenheit, die tiefste, die ich, seit ich lebe, den Künsten verdanke. Ich mag Sie im Zimmer, in den Rollen, in denen Sie noch Sie selbst sind: doch in dieser Rolle des *Hamlet* erfüllen Sie mich mit so großer Begeisterung, daß dies nicht mehr Sie waren, daß dies nicht mehr ich war; es war eine Poesie aus Blicken, Klängen, Gebärden, zu der sich noch kein Schriftsteller emporgeschwungen hat. Adieu, verzeihen Sie mir, wenn ich Ihnen schreibe, wo ich Sie doch heute um ein Uhr und abends um acht erwarte: wenn der gesellschaftliche Anstand nicht allem Einhalt geböte, weiß ich nicht, ob ich mich gestern nicht erdreistet hätte, Ihnen diese Krone, die solchem Talent mehr gebührt als jedem anderen, selber zu überreichen; denn nicht ein Schauspieler sind Sie: ein Mensch, der die Menschennatur in uns emporhebt, indem er uns eine Vorstellung davon gibt. Adieu, bis ein Uhr. Antworten Sie mir nicht, aber lieben Sie mich wegen meiner Bewunderung.[68]

[Lyon,] 8. Juli 1809

Sie sind gestern abgereist, mein lieber Orest, und Sie haben gesehen, wie tief mich diese Trennung geschmerzt hat. Dieses Gefühl wird mich lange nicht verlassen, denn die Bewunderung, die Sie einflößen, kann nicht verblassen. Sie sind in Ihrem Metier einzigartig, und keiner vor Ihnen hat diesen Grad der Vollkommenheit erreicht, wo Kunst sich mit Inspiration, Reflexion mit Unbewußtem und Genie sich mit Vernunft verbindet. Sie haben mir dadurch Kummer gemacht, daß Sie mich meine Verbannung bitterer spüren lassen und ebenso die Macht des Kaisers, der nicht nur über dieses kleine Europa, sondern auch über das Reich der Phantasie gebietet. Kaum waren Sie fort, erschien Senator Roederer, der aus Spanien kam und auf dem Wege nach Straßburg war, bei mir. Wir haben drei Stunden geplaudert, und im Zusammenhang mit vielen Dingen ist oft auch Ihr Name gefallen. Er war Sonntag in *Hamlet*, und Sie haben ihn sehr begeistert. Wir haben über den Wert des Stückes als solches disputiert, wobei er mir sehr orthodox vorkam; er behauptet, der Kaiser sei es auch. Ich habe ihm meine Meinung über Ihr Spiel auseinandergesetzt, über diese erstaunliche Verbindung von französischem Ebenmaß und fremdländischer Dynamik, er meinte, es gäbe klassische französische Stücke, in denen Sie sich noch nicht hervorgetan hätten, doch als ich ihn fragte, an welche er denke, hat er mir keine nennen können. Aber Sie müssen in Paris unbedingt *Tankred* und *Orosmane*[69] hinreißend spielen; Sie können es, wenn Sie wollen. Man muß diese beiden Rollen in ihrer Natürlichkeit anpacken, alle beide sind dazu geeignet, und da man in ihrer Darstellungsweise an eine gewisse Etikette gewöhnt ist, wird innere Wahrhaftigkeit neue Rollen daraus machen. Aber ich sollte mir nicht herausnehmen, Ihnen zu sagen, was Sie tausendmal besser wissen als ich. Immerhin aber habe ich an Ihrem Ruf persönliches Interesse. Sie sollten schreiben. Sie müßten geradeso Meister des Gedankens wie des Gefühls sein [. . .].[70]

An diesem Tage kehrt Madame de Staël samt Gefolge in die Schweiz zurück. Coppet wird für lange Jahre seine letzte Glanzzeit erleben, mit Festen, Vorführungen, Diskussionen und mit Gästen, zu denen Juliette Récamier, Voght, Werner, Sismondi und Balk zählen. Nebenbei schreitet die Arbeit an *De l'Allemagne* fort.

An Madame Récamier

Liebe Freundin [. . .]. Seit Ihrer Abreise bin ich wieder unglaublich niedergeschlagen. Der Umgang mit Ihnen ließ mich hoffen. Ich glaubte an eine Zukunft, weil Ihre bezaubernden Blicke mir eine verhießen, doch ich versinke wieder in diese Vergangenheit, die der lebendige Tod ist.

[. . .] Sie haben mich bei diesem Ihrem letzten Aufenthalt erkennen lassen, wieviel wirklich Schönes es in der zärtlichen Zuneigung zu einer Frau gibt. Es ist das Bündnis zwischen zwei schwachen Geschöpfen, die gemeinsam ihre Unterdrücker betrachten. Lebten wir zusammen in Paris, könnten wir auf ein eigenes Leben verzichten, indem wir das der anderen vorbeiziehen sehen.

[. . .] Erzählen Sie mir tausend Dinge von sich, wenn Sie wollen, daß ich mich nicht schäme über mein vieles Reden von dem, was mich bewegt [. . .]. Ich werde die kommende Woche recht verzagt sein. Haben Sie nicht auch die Erfahrung gemacht, daß schon eine kurze Zeit genügt, die Phantasie zu besänftigen? Doch ist der Tag da, erschauert die ganze Seele.

Adieu, mein Engel, verlieren Sie nichts von dem köstlichen Gefühl, das Sie mir in Ihrer Güte geschenkt haben.[71]

An Madame Récamier

Coppet, [20.–25. Oktober 1809]

[. . .] Ich mag sehr, was Sie über die Schamhaftigkeit in der Freundschaft sagen. Nur Taten machen froh. Man ist mit seinen Worten unzufrieden, und heftiges Gefühl tut weh.

Da haben wir nun den Frieden.[72] Ich warte ungeduldig auf Ihre Berichte aus Paris. Aber glauben Sie mir, wenn ich Ihnen versichere, daß ich in ihnen vor allem auf Nuancen Ihrer Freundschaftsbekundungen mir gegenüber achten werde. Ihr Liebreiz, verbunden mit der Treue Ihres Charakters, bringen es mit sich, daß ich Sie gleichzeitig mit Besorgnis und Vertrauen liebe. Meine rege Phantasie fürchtet, Sie zu verlieren, während mein Herz Ihnen vertraut. Adieu, liebe Freundin, beklagen Sie mich, ich werde Ihnen den Tag der Trennung[73] mitteilen. Ach! wären Sie doch hier, ich könnte sie vielleicht ertragen. Ich müßte mehrere Stunden am Tag mit Ihnen spre-

chen und Ihnen zuhören. Ist man einander so fern, scheint man gezwungen, Tatsachen zu schreiben, doch ist man zusammen, scheint
jede Herzensregung eine Tatsache, die ebenfalls ausgesprochen zu
werden verdient.

[...] Ich denke, daraus neue Ideen[74] zu schöpfen, aber wozu
nützen die Ideen, wenn im Kopf eine Verwirrung herrscht, die
einen in nichts Ordnung bringen läßt? Lieber Engel, bitten Sie
in Ihren Gebeten Gott, meiner Seele Friede zu geben, auf welche Weise auch immer. Noch einmal adieu, ich habe tausend Fragen
an Sie. Antworten Sie auf alles, wonach ich Sie nicht frage, Sie, die
sich in der Tiefe meines Herzens auskennen wie ich selber. Wie hat
mir diese Reise, die ich ganz allein unternahm, das Herz schwer gemacht. Wie verfluche ich das Schicksal, das mich von dem liebrei-
chen Leben trennte, das ich gehabt hätte ohne den Abschied von Ihnen [...].[75]

An die Herzogin Luise von Sachsen-Weimar

Coppet, den 26. November 1809

Madame,

[...] Dürfte ich Sie um eine Gefälligkeit bitten, die mir zu erweisen
Ihnen ein Vergnügen sein wird? Die Zeitungen berichten, der König
von Schweden[76] komme in die Schweiz. M. de Staël ist sein Botschafter gewesen; dürfte ich Sie bitten, sogleich an die Frau Markgrä-
fin von Baden[77] zu schreiben, um sie zu bitten, so gütig zu sein,
Ihren Schwedischen Majestäten Coppet anzubieten. Das Haus ist
groß genug, um sie zu beherbergen, und ich glaube nicht, daß sie irgendwo mehr Ehrerbietung und Ergebenheit finden. Ich besitze
eine Meile von Coppet entfernt ein weiteres Schloß und Landgut[78];
so würde mich dieses Angebot, zumal ich die Absicht habe, dieses
Land zu verlassen, nicht im geringsten in Verlegenheit bringen. Ich
bin sicher, daß auch mein Vater das getan hätte, und es würde mich
mit Stolz erfüllen, wollte der König, der allein König zu sein verdient,
auf den Spuren dieses zuhöchst tugendhaften Mannes wandeln.

Ich betraue Eure Hoheit mit diesem Wunsch, der ebenso lebhaft wie
erfüllbar ist, und bitte Sie, ihn zu erfüllen. Mein Sohn hat dem König
in Schaffhausen seine Huldigung dargebracht. Ich wage, auf ein Wort
von Eurer Hoheit zu hoffen; ich werde darauf warten, bevor ich
meine Reise nach Lyon, wohin Geschäfte mich rufen, antrete.

Ich arbeite immer noch an meinem Buch[79], das, so denke ich, im

Frühjahr erscheinen wird. Ich hoffe, daß Sie darin das Gefühl entdek-
ken werden, das Eure Hoheit und Seine Durchlaucht der Herzog mir
einflößen. Hat man Ihnen berichtet, Madame, daß man hier ein Stück
von Werner[80] aufgeführt hat und daß die Hofdame[81] Ihrer Majestät
der Königin[82], Eurer Schwester, darin die Frauenrolle gespielt hat?
Das Stück ist eigenartig; es wirkt sehr stark, allerdings vermeinte ich,
von meinem Platz aus einige Bemerkungen Seiner Durchlaucht des
Herzogs zu hören, etwa in der Art jener, die er mir gegenüber
machte, als ich in Dintendorff[83] weich werden wollte. Werner ist ein
Mann von überlegenem Geist und mit viel Seele, und ich bin sicher,
daß Eure Hoheit ihm jeden Tag mehr zugetan sein werden. Ich bitte
Sie, mir Ihr Wohlwollen zu bewahren. Immer, wenn schreckliche
Mutlosigkeit mich befällt, muß ich daran denken, daß Sie so gütig
waren, mich zu lieben, und meine Seele richtet sich wieder auf.[84]

Der König von Schweden kommt nicht nach Coppet, und im Dezember
zieht Madame de Staël in ein Genfer Hotel, wo sie Besuch von Prosper
de Barante erhält und für Februar die Ankunft Constants erwartet.

An Madame Récamier
                            [Genf, Anfang Februar 1810]

Liebe Juliette, diesen Brief gebe ich Prosper mit. Er wird Ihnen mehr
als ich von mir erzählen. Ich verdanke ihm alles. In dem Augenblick,
da tiefste Niedergeschlagenheit mich aller Hoffnung beraubte, hat mir
seine Gegenwart unbeschreiblich wohl getan, doch nun er weggeht,
wankt der Boden unter meinen Füßen. Liebe Freundin, welche
Macht hat doch die Liebe über das Herz! Und wenn Gefühl
mit Phantasie verbunden ist, wie soll man sich dessen, was man empfindet, erwehren? Ich habe mich trotzdem dagegen gewehrt, und mein
Schicksal ist noch nicht besiegelt. Doch hängt es davon ab, was Sie in
Prospers Herz lesen werden.
Liebe Juliette, bringen Sie ihn dazu, daß er mich liebt und nicht Sie.
Ich weiß, wie schwer letzteres ist, doch in dieser Welt, die Ihnen gehört, werden Sie mein Leben schonen. Ich hoffe, durch Benjamin
weniger zu leiden, jetzt, da ich Prospers wegen leiden könnte. Aber,
liebe Freundin, erklären Sie mir doch diese Fähigkeit des Herzens,
Leiden, die einander ausschließen müßten, miteinander zu verbin-

den. Finden Sie nicht, daß alles, was man über das menschliche Herz sagte und schrieb, nur an der Oberfläche richtig ist? Jeder will ihm eine Einheit zusprechen, die es nicht hat. Ich weiß nicht, was es ist, das uns erregt, das den Sturm entfesselt. Diejenigen, die sich nicht preisgeben, scheinen konsequenter; doch wenn sie offen sprächen, was käme heraus? Ich sage all das einzig und allein zu Ihnen, meine Herzensfreundin.

Ach! wäre ich jünger, würde ich nicht zögern, mein Leben vor Gott diesem Mann zu weihen, der in meinen Augen alle anderen überragt. Doch was für Opfer muß man hinnehmen! Sprechen Sie mit ihm, und sprechen Sie mit mir. Nicht Mathieu verlassen, nicht Juliette verlassen und das Leben mit Prosper verbringen. All das kommt mir vor wie ein Traum vom Glück, den mir mein trauriges Los verwehrt. Doch es ist eine Hilfe, die mir Gott gesandt hat, indem er ihn zu mir führte, und vielleicht werden Sie, die Sie für mich auch ein Engel sind, es fertigbringen, seine Seele und die meine zu stärken. Er wird Ihnen alles sagen, liebe Freundin. Schildern Sie mir den Eindruck, den er von mir hat, so wie er Ihnen erscheint.

Ich schäme mich, Ihnen so viel von mir zu sprechen, wenn Sie mir nichts von sich erzählen. Wie kann ich mir ein so großes Glück erträumen, wenn ein Engel wie Sie nicht einmal mehr träumen will? Ich bitte Sie, nur Mathieu und Sie sollen von dem Eindruck wissen, den Prosper auf mich gemacht hat. Wenn Hochet etwas ahnte, wäre alles aus. Kein Mensch ist ganz frei von Unbeständigkeit, und das Grausame an der Bosheit ist, daß sie ein Gefühl welken läßt, auch wenn sie es nicht mit der Wurzel ausreißt. Sie, die Sie gut sind, zuverlässig und ernsthaft, als besäßen Sie nicht allen Charme, denken Sie daran, daß ich kein, auch nicht ein vielleicht vorübergehendes Gefühl haben kann, ohne es Ihnen anzuvertrauen und Ihnen meine Seele ans Herz zu legen.

Adieu, meine jüngere Schwester, meine schöne Juliette. Ich drücke Sie an mein Herz und liebe Sie mehr, als Freundschaft lieben kann. Ich liebe Sie so, als wären wir Blutsverwandte. Adieu, adieu.[85]

14

Die Krise von »De l'Allemagne« (1810-1812)

Der Augenblick ist gekommen, daß Madame de Staël ihren alten Plan, nach Amerika zu gehen, ausführt. Versehen mit Pässen für die Durchreise durch Frankreich bis zum Hafen der Einschiffung, verläßt sie Anfang Mai Genf mit der Absicht, zuvor noch einige Monate auf dem von Le Ray gemieteten Schloß Chaumont zu verbringen, um dort mit ihren Freunden zusammenzutreffen und den Druck von *De l'Allemagne* zu überwachen. In dieser historischen und zauberhaften Gegend versammelt sie zum letztenmal ihren ganzen Hofstaat und verlebt mit Arbeit und Vergnügungen einen glücklichen Sommer.

Nach der Abreise fast aller ihrer Freunde und vom Schloßherrn genötigt, auszuziehen, richtet sich Madame de Staël in dem in der Nähe gelegenen Schloß Fossé ein, das zum Besitz des Grafen von Salaberry gehört, und liest dort die letzten Korrekturbogen.

Am 25. September kehrt Juliette nach Paris zurück und nimmt einen Satz Korrekturbogen des dritten Bandes und einen kompletten Satz der gelesenen Korrekturbogen aller drei Bände mit. Tags darauf, während eines Besuches bei Montmorency auf dessen Gütern in der Umgebung, bricht die Katastrophe über sie herein. Auf Anordnung Savarys, des neuen Polizeiministers, erscheint der Präfekt Corbigny in Fossé mit dem Befehl an Madame de Staël, ihm alle ihre Manuskripte und Korrekturbogen von *De l'Allemagne* auszuhändigen und die Gegend binnen 48 Stunden zu verlassen, sich entweder in einem der ihr benannten vier Häfen einzuschiffen oder in die Schweiz zurückzukehren. Sie händigt ihm einen unvollständigen Satz Korrekturabzüge und ein lückenhaftes Manuskript aus und schickt ihre Söhne nach Paris, um alle Kräfte zu mobilisieren und ihre Sache vor dem Kaiser zu verfechten. Sie gibt ihnen zwei Briefe mit, einen an Savary, einen anderen an Napoleon, da ein früherer Brief an ihn nicht einmal indirekt beantwortet worden war.

(Blois, den 28. September 1810)

Sire,

Man teilt mir mit, daß mein Buch über Deutschland beschlagnahmt worden ist. Wenn Euer Majestät es gelesen haben, beuge ich mich, wenn Sie es nicht gelesen habe, bitte ich Sie, selber mein Richter zu sein. Ich bin mir bewußt, daß es darin kein Wort gibt, das Euer Majestät mißfallen könnte, und ich darf wohl sagen, daß man in Frankreich seit einem Jahrhundert kein literarisches Werk veröffentlicht hat, das so ungefährlich und moralisch ist wie dieses. In dem Augenblick, da ich mein Buch freiwillig der Zensur vorlege, da ich im ersten und zweiten Band alle Änderungen, die Monsieur Portalis mir nahelegte, vorgenommen habe [...][1] und ihm auch beim dritten Band Folge leisten wollte. Was konnte ich mehr tun, [...] um die in Euer Majestät eigenem Dekret niedergelegten Vorschriften zu erfüllen?

Alle Buchhändler in Deutschland hatten mich gebeten, dieses Werk so zu drucken, wie ich es verfaßt habe. Es versteht sich wohl von selbst, daß ich nicht glaubte oder nicht wollte, daß darin ein Satz stehenbliebe, den die Obrigkeit mißbilligt. Ich war, Sire, daher nicht darauf gefaßt, daß dieses Buch beschlagnahmt werden würde, noch, daß mir die vierzig Meilen vorenthalten werden würden, die mir amtlich genehmigt waren — mein Paß enthält nur das Verbot, nach Paris zu gehen; ich könnte, wenn ich mich zu dem Hafen begebe, wo ich mich einschiffen muß, durch Fontainebleau kommen. Ich erlaube mir, Euer Majestät von ganzem Herzen zu bitten, mich eine halbe Stunde anzuhören. Ich glaube, Euer Majestät versichern zu können, daß Sie in dieser Unterhaltung Dinge hören werden, die Sie nur durch mich erfahren können.

Sire, der heilige Ludwig sprach über den Geringsten seiner Untertanen selber Recht; weisen Sie dieses alte und edle Beispiel nicht von sich. Ich werde mich mit meiner Verbannung, so schmerzlich sie für meine Familie und mich auch ist, abfinden, wenn Euer Majestät sie erst aussprechen, nachdem Sie mich angehört haben.

Ich verbleibe mit Hochachtung, Sire, Euer Majestät untertänigste Dienerin

Necker de Staël Holstein

Blois, den 28. September 1810[2]

Auf Anraten von Regnault de St. Angely wird dieser Brief dem Kaiser nicht überbracht.

General René Savary, Herzog von Rovigo (1774–1835), war Fouché am 3. Juni auf den Posten des Polizeiministers gefolgt. 1804 war er als Oberst der Kerntruppe der Gendarmerie der wahre Verantwortliche für die Hinrichtung des Herzogs von Enghien. Nach Friedland erhält er den Titel eines Herzogs. Napoleon während der Hundert Tage treu ergeben, will er dessen Verbannung teilen; an Bord der »Bellérophon« verhaftet, gelingt ihm die Flucht.

Er, der ebenso brutal und skrupellos, wie Fouché gewandt und verschlagen war, hat künftig den Auftrag, Madame de Staël zu überwachen. 1813 bezeichnet er sie als »das Bindeglied der Aboer Gespräche« zwischen Alexander und Bernadotte, und noch während der Hundert Tage fordert er sie brieflich auf, sich Napoleon anzuschließen.

An Savary

[Fossé, 28. September 1810]

Exzellenz,

Ich habe M. de Corbigny[3] zwei Exemplare von dem ersten und zweiten Band meines Werkes ausgehändigt. Der dritte, der noch nicht gedruckt war, ist beim Buchhändler[4] beschlagnahmt worden. Was das Manuskript betrifft, werde ich schreiben, man soll es mir schicken, damit ich es M. de Corbigny übergeben kann. Doch um es ihm aushändigen zu können, ist es unumgänglich, daß ich mit der Abreise bis Donnerstag morgen (4. Oktober), dem Tag des Eintreffens der Post aus Paris, warte. Ich habe die Ehre, diesem Akt des Gehorsams einige Bemerkungen hinzuzufügen, die mir der Aufmerksamkeit Eurer Exzellenz wert zu sein scheinen.

Erstens habe ich mein Buch freiwillig der Zensur vorgelegt, da man mir im Ausland von allen Seiten vorschlug, es zu drucken; ich wollte daher nicht eine Zeile stehenlassen, die der Regierung mißfallen könnte. M. de Portalis hat mich um Änderungen im ersten Band gebeten, und ich habe sie vorgenommen. M. de Portalis hat für den ersten und zweiten Band die Druckerlaubnis gegeben; der Buchhändler hat erst nach dieser Erlaubnis gedruckt; muß dieser Mann ruiniert werden, und er wird es sein, weil er sich auf die Erlaubnis, die ihm der Directeur de la Librairie gab, verlassen hat? Und ich, welches Unrecht kann ich begangen haben, wenn ich nach Frankreich komme, um von den Ministern des Kaisers zensiert zu werden und mich auf den

Buchstaben genau an das halte, was das Dekret über das Drucken von Büchern[5] vorschreibt? [...]

Ich will Ihnen, Exzellenz, gar nicht davon reden, daß sechs Jahre Arbeit, Studien und Recherchen, die ich für notwendig erachtete, in einer Minute vergeblich wurden; ich bin an Leiden gewöhnt; aber ich frage Sie, wie es möglich ist, daß ein Buch über die deutsche Literatur nicht veröffentlicht werden darf? Sollten Änderungen notwendig sein, so nenne man sie mir. Wenn es mir möglich ist, ohne mein Buch dadurch zu entstellen, werde ich welche vornehmen; doch ist eine solche Arbeit auf Reisen überhaupt möglich? [...]

Ich habe dem Kaiser geschrieben und ihn gebeten, mir eine kurze Audienz in Fontainebleau zu gewähren; mein Sohn überbringt den Brief, und noch kann ich die Hoffnung nicht aufgeben, auch angehört zu werden. Ich bin fünf Monate hier geblieben, um den Druck meines Buches zu verfolgen, und vor vier Tagen erst habe ich begonnen, meine Vorbereitungen für die Einschiffung zu treffen. Wohl nur Rekruten können in achtundvierzig Stunden zur Armee stoßen;[6] die Mutter einer Familie braucht etwas länger, um sich auf eine traurige und lange Reise vorzubereiten. [...][7]

Auguste de Staël an seine Mutter
Paris, Montagabend [1. Oktober 1810]

[...] Madame Récamier hat Dir einen neun Seiten langen Brief darüber geschrieben, was wir den ersten Tag unternommen haben [...]. Ich will Dir lediglich unsere Lage schildern [...]. Ich habe Regnault Sonntag früh aufgesucht [...]. Ich habe ihm Deinen Brief übergeben, er hat Deinen Brief an den Kaiser sehen wollen, ich habe ihn ihm gezeigt; ich dachte, er würde über Deine Bitte erstaunt sein, aber nein, er hat sie ganz natürlich gefunden; das war ein gutes Zeichen, doch gleich darauf hat er die Form Deines Briefes bemängelt, nicht den Schluß, der ausgezeichnet ist, aber den Anfang, der, wie er meint, den Kaiser sicher verstimmen würde, was zur Folge hätte, daß er sich Deiner Bitte verschließt. Er hat diese seine Meinung sehr nachdrücklich vertreten und mit viel Geist und Logik dargelegt, aber ich merkte nun, daß er keine Neigung hatte, den Brief zu überbringen. Überdies wollte er zuvor mit dem Herzog von Rovigo sprechen und das Terrain sondieren, danach hat er mich noch einmal zu sich gebeten [...]. Der Kaiser soll derart schlechter Laune sein, daß das auf seine ganze

Umgebung ausstrahlt [...]. Regnault wollte den Brief, wenigstens so wie er ist, daher nicht mehr überbringen [...]. Ich bin daraufhin bei der Königin von Holland[8] gewesen, die äußerst gütig und freundlich war. Sie hat mir versprochen, sich ganz für Dich einzusetzen und Deinen Brief, wenn Du wolltest, zu überreichen, doch gleichzeitig hat sie mir so wenig Hoffnung wie möglich gemacht [...]. Man darf jetzt nicht zögern, diesen Weg zu beschreiten, und sobald ich Deinen abgeänderten Brief habe, werde ich nach Fontainebleau gehen, wenn Du das für ratsam hältst, oder aber ich werde Deinen Brief der Königin durch ihre Vorleserin überbringen lassen [...]. Es wäre ratsam, Du schriebest gleichzeitig an die Königin [...].

Jetzt zu Deinem Buch. Es ist Esménard[9], der sich damit befassen wird. Ich habe ihm gesagt, Du könntest Dich zu Streichungen entschließen, solange Dein Werk dadurch nicht entstellt wird, doch Du würdest es eher verbrennen, als einwilligen, daß auch nur eine Zeile hinzugefügt wird. Ich glaube, er ist Dir gewogen [...]. Ganz bestimmt hat der Kaiser Dein Werk gelesen; der Minister redet ihm nur nach dem Munde [...]. Nun zu Deinem Brief. Du darfst nicht schreiben, daß Dir Buchhändler in Deutschland angeboten hätten, Dein Werk zu drucken. Das könnte ich dem Minister sagen, doch den Kaiser würde es verstimmen. Du solltest das Wort Obrigkeit, das ihm mißfallen wird, weglassen. Du mußt Dich darauf beschränken zu sagen, daß das Gefühl, das Dir das Werk diktiert hat, für Dich die Garantie sei, daß es dem Kaiser nicht mißfalle [...].[10]

Auguste schickt Albert mit seinem instruierenden Brief nach Blois. Der junge Mann reitet die ganze Nacht und erreicht den Bestimmungsort bei Tagesanbruch.

An Napoleon

[Fossé, den 2. Oktober 1810]

Sire, ich erlaube mir, Euer Majestät mein Werk über Deutschland zu überreichen. Wenn Sie die Güte haben, es zu lesen, werden Sie darin vielleicht den Beweis für einen Geist finden, der einiger Überlegung fähig ist und den die Zeit gereift hat.

Sire, seit zehn Jahren habe ich Euer Majestät nicht gesehen, und seit acht Jahren bin ich verbannt. Acht Jahre des Unglücks ändern einen jeden, und das Schicksal lehrt alle, die leiden, sich ins Unabänderliche zu schicken.

Bevor ich mich einschiffe, bitte ich Euer Majestät, mir die Gunst zu erweisen, mit Ihnen sprechen zu dürfen. Ich werde mir in diesem Brief nur eins erlauben: Euer Majestät die Gründe darzulegen, die mich zwingen, den Kontinent zu verlassen, wenn ich von Ihnen nicht die Erlaubnis erhalte, auf dem Lande in der Nähe von Paris zu leben, damit meine Kinder dort bleiben können.

Die von Euer Majestät Ungnade betroffenen Personen sind in Europa so schlecht angesehen, daß ich nicht einen Schritt tun kann, ohne die Folgen davon zu spüren; die einen fürchten sich zu kompromittieren, wenn sie mit mir Umgang pflegen, die anderen, die diese Furcht überwinden, halten sich deshalb gleich für Helden; die einfachsten gesellschaftlichen Beziehungen werden zu Gefälligkeiten, die ein stolzer Mensch nicht ertragen kann. Zwar gibt es unter meinen Freunden einige, die an meinem Schicksal mit bewundernswerter Großmut teilnehmen, doch ich habe erlebt, wie innigste Gefühle an der Notwendigkeit zerbrachen, mit mir in der Einsamkeit zu leben. Ich habe die letzten acht Jahre immer entweder in der Furcht verbracht, daß man sich scheue, mir Opfer zu bringen, oder das Leid erfahren, daß man sie mir wirklich brachte.

Es ist vielleicht lächerlich, dem Herrscher der Welt umständlich meine Erfahrungen zu beschreiben, doch Ihr überragendes Genie, Sire, hat Ihnen die Welt untertan gemacht, und was das menschliche Herz betrifft, so verstehen Euer Majestät all seine Regungen. Meine Söhne haben keine Zukunft; meine Tochter ist dreizehn Jahre alt; in wenigen Jahren wird man sie versorgen müssen. Es wäre egoistisch, sie zu zwingen, ihr Leben an den öden Orten zu verbringen, wo ich zu leben verurteilt bin. Ich müßte mich also auch von ihr trennen! Dieses Leben ist unerträglich, und ich weiß mir keinen Rat.

Welche Stadt auf dem Kontinent kann ich wählen, wo Euer Majestät Ungnade für die Versorgung meiner Kinder wie für meine eigene Ruhe kein unüberwindliches Hindernis darstellt? Euer Majestät ahnen vielleicht nicht, welchen Schrecken die Exilierten den meisten Behörden in allen Ländern einjagen; ich könnte Ihnen diesbezügliche Dinge erzählen, die sicherlich über das, was Sie verfügt hatten, hinausgehen.

Man hat Euer Majestät gesagt, ich sehnte mich nach Paris des Museums und Talmas wegen. Das ist ein gefälliger Scherz über die Verbannung, das heißt über das Unglück, das Cicero und Bolingbroke als das allerunerträglichste bezeichnet haben. Und wenn ich die Meister-werke der Kunst liebte, die Frankreich den Eroberungszügen Eurer Majestät verdankt; wenn ich die schönen Tragödien, Bilder des Hel-dentums, liebte, würden Sie mich, Sire, deswegen tadeln? Bedingt das Glück des Einzelnen nicht die Art seiner Veranlagung? Und wenn der Himmel mir Begabung geschenkt hat, ist der Genuß an den Kün-sten und am Geist für die Phantasie nicht unumgänglich? So viele Leute bitten Euer Majestät um reale Vergünstigungen jeder Art; warum sollte ich erröten, wenn ich Sie um Freundschaft, Poesie, Mu-sik und Bilder bitte, dieses ganze ideale Leben, das ich genießen kann, ohne es an Gehorsam, den ich dem Monarchen Frankreichs schulde, fehlen zu lassen? [. . .][11]

Königin Hortense de Beauharnais (1783–1837), zugleich Napoleons Stief-tochter und Schwägerin, Ex-Königin von Holland, war mit Juliette Réca-mier befreundet und kannte Madame de Staël seit 1800. Sie sehen sich 1815 wieder, als sich Hortense im Exil einige Zeit in der Nähe von Genf aufhält. Der folgende Brief Madame de Staëls an die Königin ist der ein-zige, von dem wir wissen.

An Königin Hortense

[Fossé, 2. Oktober 1810]
Madame,
Sie sind für mich ein Engel an Güte gewesen. Ich möchte meinen bei-den Söhnen meine Tochter hinzugesellen, damit alle drei Ihnen für Ihre Anteilnahme an einem Menschen danken, der in den letzten acht Jahren alle Qualen ausgestanden hat, die jemand nur erdulden kann.
Ich will Euer Majestät nicht wiederholen, was ich an den Kaiser ge-schrieben habe, aber ich darf Ihnen sagen, daß ich mein Buch, gälte meine Liebe nicht Frankreich, in Deutschland hätte drucken lassen und nicht bis auf vierzig Meilen vor Paris gekommen wäre, um mich einerseits der Zensur zu unterwerfen und andererseits der Ge-fahr auszusetzen, einen derartigen Befehl zu erhalten, wie ich ihn so-eben erhielt, nämlich mich binnen 48 Stunden zu einem Hafen zu begeben.
Sollte man sich darüber gewundert haben, daß ich es nicht gewagt habe, den Kaiser in meinem Werk zu erwähnen, so muß ich sagen, daß in der Ungnade, in der ich mich befinde und um mein Vermögen

und mein Vaterland gebracht, eine Eloge nur eine Supplik und folglich ein Mangel an Respekt wäre.

Bevor ich mich einschiffe, bitte ich den Kaiser um eine halbe Stunde Audienz; ich bin sicher, daß ich ihm über meine gegenwärtige Lage und über meine künftigen Entschlüsse tausend Dinge werde sagen können, die ihm unbekannt sind, und ich darf annehmen, daß er sich, wüßte er die Wahrheit, mir gegenüber ganz anders verhalten würde. Ich bilde mir ein, daß ich den Kaiser eine halbe Stunde zu interessieren vermag. Welcher Nachteil kann aus einer solchen Gunst schon entstehen? Ich werde, wenn es sein muß, von dort weggehen, um mich einzuschiffen, traurig, aber gefaßt, da ich wenigstens nicht glauben müßte, daß allein meine Feinde vom Kaiser gehört werden.

Madame, ich habe mir einen Teil dieses Sommers damit vertrieben, Romanzen zu singen, die Euer Majestät komponiert haben, und oft lautete in diesen Familienkonzerten unser Refrain: »Tu was Du mußt, komme was will«.[12]

Ich bin überzeugt, Madame, daß Ihre Gesänge aus einer Seele kommen, die, wie ich wohl glauben darf, der meinen ähnlich ist. Bevor ich diesen so geliebten französischen Boden für lange verlasse, seien Sie so gütig, Ihre sanfte Stimme meiner Fürsprache zu leihen.[13]

Madame de Staël schickt den armen Albert mit diesen zwei Briefen zurück nach Paris.

Nachdem der Kaiser sich Hortenses Bitten angehört hat, verlangt er noch einmal ein Exemplar des Buches zu sehen, überfliegt hie und da eine Seite, wird noch aufgebrachter und wirft die Bände, wie ein Augenzeuge berichtet, schließlich in den Kamin. Dann gibt er Savary letzte Instruktionen.

Savary an Madame de Staël

Paris, 3. Oktober 1810

[...] Sie dürfen nicht glauben, daß mein Befehl deshalb an Sie erging, weil Sie es in Ihrem letzten Buch unterließen, den Kaiser zu erwähnen. Das wäre ein Irrtum von Ihnen. Er hätte in dem Buch keinen würdigen Platz finden können. Ihre Verbannung ist die natürliche Folge der Haltung, die Sie seit mehreren Jahren eingenommen haben. Es schien mir, daß die Luft dieses Landes Ihnen absolut nicht paßt — und es ist noch nicht so weit mit uns gekommen, daß wir Vorbilder suchen müßten in den Völkern, die Sie bewundern.

Ihr letztes Werk ist nicht französisch. Ich bin es gewesen, der den Druck unterband. Ich bedauere den Verlust, den Ihr Verleger dadurch erleiden wird, aber ich kann die Veröffentlichung nicht zulassen.

Sie sind sich bewußt, Madame, daß wir Ihnen nur deshalb gestatteten, Coppet zu verlassen, weil Sie den Wunsch äußerten, nach Amerika zu gehen. Wenn mein Vorgänger Ihnen erlaubte, im Department Loir-et-Cher Wohnsitz zu nehmen, so durfte das für Sie kein Anlaß sein, diesen Akt der Duldung als einen Widerruf der gegen Sie ergriffenen Maßnahmen aufzufassen. Sie zwingen mich nunmehr, auf deren genaue Durchführung bedacht zu sein, und Sie haben sich das einzig und allein selbst zuzuschreiben.

[...] Ich bedaure, Madame, daß Sie mich gezwungen haben, meinen Briefwechsel mit Ihnen mit einer strengen Verordnung zu beginnen; ich hätte es vorgezogen, Sie lediglich meiner größten Hochachtung zu versichern.

Ich habe die Ehre, Madame, mich als Ihr untertäniger und gehorsamer Diener zu empfehlen.

Herzog von Rovigo.[14]

Da die vorgeschrittene Jahreszeit keine ruhige und sichere Atlantik-Überquerung garantiert, muß Madame de Staël ein weiteres Mal den Weg in die Schweiz einschlagen. Sie verläßt Fossé am 6. Oktober mit der Absicht, in Saumur von Prosper »herzzerreißenden Abschied« zu nehmen. Doch auf Corbignys Rat verzichtet sie darauf, um de Barante nicht zu schaden und bittet Constant, sie in Briare zu treffen. Dieser kommt mit Charlotte. »Ich habe den Beweis, den vollkommensten Beweis dafür erhalten, daß er mich immer noch liebt«, berichtete sie Juliette, [...] »er ist mit seiner Frau Gemahlin unglücklich und sie mit ihm...«.
Doch in der Zwischenzeit, bereits seit Mai, hatte sie einen neuen Verehrer gefunden. Er sollte ihre vorletzte Liebe sein.
Der reiche livländische Diplomat Baron Piotr Fedorowitsch Balk-Polev (1777–1849), ein Bewunderer von Madame Récamier, wurde 1804 bevollmächtigter Gesandter in Brasilien. Madame de Staël begegnete ihm das erste Mal im Jahre 1807 in Coppet, korrespondierte dann mit ihm und lud ihn nach Chaumont ein.
Bezaubert von seiner Intelligenz, Bildung und Phantasie, überträgt sie, die Constant verloren hat und Prosper nicht länger an sich zu binden vermag, ihre ganze Liebe auf diesen Mann, den seine Frau soeben verlassen hatte. Er verspricht, in Paris für Madame de Staël einzutreten und am 25. Oktober zu ihr nach Coppet zu kommen, aber er hält sein Wort nicht, aus

Furcht, durch sie kompromittiert zu werden. Madame de Staël beklagt sich bei Juliette und bei ihm selbst bitter darüber. Und tatsächlich weist ihn die Polizei bald darauf aus Paris aus. 1812 sieht er sie in Wien wieder und ist ihr bei ihrer Abreise nach Rußland behilflich.

An Balk

[Orléans?, 7.–10. Oktober 1810]

Da bin ich nun allein hier, denke immerfort an Sie und beschäftige mich, ich kann es bezeugen, mehr mit Ihnen als mit meiner Lage. Ich bilde mir ein, Sie werden froh sein, daß ich auf den Besuch in S[aumur][15] so leichthin verzichtet habe. Ich hätte in meiner gegenwärtigen seelischen Verfassung nicht gewußt, wie ein Gefühl ausdrücken, das ganz der Vergangenheit angehört, und hätte ich es vermocht, dann wäre ich verpflichtet gewesen, ihm mein Leben zu weihen, denn mein Grundsatz ist, niemandem jemals auch nur das geringste Leid anzutun, und ich hoffe, mit Gottes Hilfe, zu sterben, ohne irgendeinem Menschen Kummer gemacht zu haben. Mein Herz gehört ganz Ihnen, und das ist ein feierlicher Augenblick. Ihr großzügiges Angebot vom 25. hat mich sehr bewegt, es konnte meine Zuneigung zu Ihnen nicht vergrößern, doch hat es in mir die Hoffnung bestärkt, mein Leben in den Schutz Ihrer Liebe zu stellen. So sind fünf Monate vergangen, in denen ich dank Ihrer Zuneigung nur für Sie gelebt habe. Als ich Sie besser kennenlernte, glaubte ich, in eine Schatzkammer zu treten, die von außen bisweilen rätselhaft anmutete, doch die geheimnisvolle Reichtümer barg. Echte Güte, tiefes Gefühl ist es, was Sie zu verbergen suchen, weil Sie weit eher bemüht sind, Ihre guten Eigenschaften denn Ihre Fehler zu bemänteln. Ich liebe Sie aufrichig und träume davon, Ihnen mein Leben zu widmen, wenn Sie mir nicht die Qual Ihres Fernseins auferlegen. Das Schicksal der Menschen ist so unerklärlich, so ungewiß, daß nicht einmal das Zusammensein eine Garantie ist. Die geringste Blässe in Ihrem Gesicht ließ mein Herz erschrecken. Ich habe gesehen, wie Sie in meiner Nähe Ihr Leben aufs Spiel setzten. Tausend Gefahren umgeben das Dasein des Geliebten, daß es mir immer wie ein Wunder vorkommt; was also, wenn man ihn nicht mehr sieht noch hört? Vor einer Stunde, als ich in diese Stadt kam, sah ich all die Leute, die hier wohnen, und sagte mir: »Ein einziger Mensch, dieser Menge unbekannt, trägt in seinem Herzen das Geheimnis meines Glücks. Erblickte ich ihn, hätte all mein Leid ein Ende; wenn ihm aber irgend etwas zugestoßen sein sollte, wenn meine Gedanken, die ihn suchen, ihn nicht mehr fänden!« Ach, lieber Freund, wenn die Pflicht es nicht gebietet, sollte man nie mehr auseinandergehen! Was kommt nach der Pflicht, wenn nicht das Gefühl, und wenn Sie Paris ausnehmen, von wo man mich mit Gewalt fernhält, in welchem Land der Erde würde mich ein Wort von Ihnen nicht glücklich machen? Wenn Sie wollen, daß ich glücklich bin, verlassen Sie mich nicht mehr; fern von Ihnen habe ich keine Ruhe. In Ihrer leiblichen wie seelischen Existenz liegt ein Charme, der beängstigend ist. Ich weiß nicht, warum Sie mir der Erde sozusagen geliehen scheinen. Etwas Wolkenhaftes und Ätherisches umgibt Sie, und ich habe beim kleinsten Augenblick, der uns trennt, Angst um Sie. Sie werden das Einbildung nennen. Ach, mein Freund, ich bin immer noch beeindruckt von jener Episode bei Klopstock, in der er das Erstaunen der Bewohner eines Planeten beschreibt, auf dem der Tod unbekannt war.[16] Unser Herz muß verhärtet sein, wenn wir den, dem unsere Liebe gilt, aus den Augen verlieren, ihn überleben, ohne seinen Atem existieren können, und ich glaube, die Liebe in ihrer ganzen Macht zu spüren, wenn ich unter einem Tag der Trennung leide wie unter dem Schmerz, der uns lehrt, was sterben heißt [...]. Wären Sie hier, ich schwöre es Ihnen, litte ich nicht; Sie zu sehen, wirkt auf mich wie die berauschenden Düfte des Orients, und wenn Sie da sind, kann nichts Eigenes mich anfechten. Ich habe nach Ihrem rührenden Rat ständig zu Ihrem und meinem Gott gebetet, mir beizustehen; ich habe Fénelon gelesen. Nun denn, bis jetzt bin ich noch nicht völlig niedergeschlagen; nur Sie können mich mehr als all mein Unglück zur Verzweiflung treiben, aber Sie werden das nicht tun; Ihre Religion und Ihr Zartgefühl verbieten es Ihnen [...]. Ich lebe etwas gezwungen, versuche zu lesen, versuche zu denken, aber denke natürlich nur an Sie und sehne mich danach, Sie wiederzusehen. God bless you.[17]

An Balk

[Dôle (?), 20.–24. Oktober 1810]

Obgleich ich Sie nicht mehr erwarte, kann ich es nicht lassen, während der ganzen Zeit, die ich Ihnen angegeben habe, unterwegs zu bleiben, und jeder Wagen, der vorbeikommt, läßt mich erbeben. Es muß Sie viel Überwindung kosten, jetzt nicht zu kommen, und was wird werden, wenn dieser heilige Augenblick versäumt ist? Ich weiß es nicht. Ich will nicht sagen, daß ich mich mit Ihnen entzweien werde, wenn Sie Ihr Versprechen vom 25. nicht halten; nur die Eigenliebe bringt Zwist. Das Herz leidet so lange, bis die Zeit es kühlt, aber ich habe mir ein Ideal aus Ihnen gemacht, und ich halte an ihm fest wie an einem Kult. Wenn ich darauf verzichten muß, wird mein Herz lange Zeit sehr verzagt sein. Aber es geht nicht mehr um mich, es geht um Sie. Ich liebe Sie und, ich kann es Ihnen sagen, mit einem so echten Gefühl, wie Sie es nirgendwo finden werden. Wenn meine Freunde sich nicht von mir lösen können, so, weil ich Ihnen den überzeugenden Beweis von etwas auf dieser Welt sehr Seltenem gebe: der Kraft zu lieben. Ich weiß nicht, ob Sie der Zuneigung, die Sie in mir geweckt haben, bedürfen. Wenn nicht, bleibt mir nichts mehr zu sagen, wenn Sie aber in der völligen Ergebenheit einer Seele, die würdig ist, Sie zu erhören, etwas Wohltuendes finden, warum wollen Sie mich dann unglücklich machen? Könnte ich Ihnen Glück schenken, solange Sie nicht fürchten, mir Schmerz zu bereiten? Können sich Scheingründe zwischen zwei Menschen unserer Art stellen? Sie haben gesehen, daß ich einzig und allein um Sie besorgt war, als mir allerart Unheil drohte. Sie haben gesehen, wie ich all das vergaß, als Sie mir versprachen, mit mir zu kommen. Sind Sie nicht davon überzeugt, daß das Liebe ist? Was wäre das Gefühl, brächte man ihm nie das geringste Opfer, vergrößerte man jedes Hindernis, anstatt es zu verkleinern, und wäre ein Mann wie Sie nicht ein Beschützer? Lassen wir das eitle Gerede. Es gibt kein Gefühl ohne das Bedürfnis, den anderen zu sehen, ihm zu helfen, ihn zu trösten. Es gibt keine Seelengröße ohne das treue Einhalten von Versprechen. Aber, werden Sie mir sagen, ich sollte die Erfüllung dieses Versprechens nicht begehren. Das kann ich so nicht ehrlich empfinden, denn nicht nur werde ich furchtbar leiden, wenn Sie Ihr Versprechen nicht einlösen, sondern Sie werden auch in meiner Meinung nicht mehr so hoch stehen. Dieser Charme, den nichts Ihnen nehmen kann, wird Ihnen bleiben, aber würde es Ihnen genügen, zu gefallen? Und vermißten Sie nicht jene Achtung, die ich Ihnen als meinen Führer in diesem und im anderen Leben so gern erweisen wollte? Glauben Sie mir, der Himmel gibt Ihnen Gelegenheit zu einer edlen und guten Tat, denn mein Unglück ist ungerecht, und derjenige, der die Macht bekam, mir zu helfen, würde damit ein löbliches Werk tun. Sie werden Gewissensbisse und vielleicht Reue empfinden, wenn Sie mich auf der Planke ertränken, die ich zu meiner Rettung gewählt habe [. . .]. Sie sagen, Sie haben eine schwache Brust,

Sie finden es rücksichtslos, der Gesundheit, die nur ein Wort ist, zu spotten. Was aber gäbe es im Leben, wenn man immer dieses Wort vorschützte? Ihre Freundin könnte im Gefängnis sein, und es ist zu nasses Wetter, um hinzugehen. Ihr Freund könnte des Landes verwiesen werden, und es ist zu kalt, um ihn zu besuchen. Wer wollte mit einem Menschen befreundet sein, den die Regungen seines Gefühls zu nichts veranlassen? Sie sagen, ich sei verbittert. Lesen Sie meine Briefe noch einmal, wenn ich, was ich hoffe, mein Leben lange vor Ihnen beendet habe; lesen Sie, und mein Herz ist mein Zeuge, Sie werden in ihnen kein Wort finden, das nicht von tiefer Zuneigung diktiert ist, und wenn die Religion Sie erst vervollkommnet hat, wenn Sie durch sie gelernt haben, anderen zu helfen, werden Sie sich sagen, daß es eines schon mehr als menschlichen Gefühls bedurfte, die Leiden zu ertragen, zu denen Sie mich verurteilt haben. Sie sagen mir, ich könne Schein und Wirklichkeit nicht auseinanderhalten. Fürwahr, wenn ich nicht glaubte, daß Sie ganz anders sind, als Sie sich momentan geben, würde ich Sie da lieben? Man möchte meinen, Sie seien wie die Götter in der Fabel, die sechs Tage lang Engel der Schönheit und des Geistes waren, um am siebenten Tag eine höchst unerfreuliche Metamorphose durchzumachen [...]. Ich weiß nicht, ob ich das Glück habe, die Person zu sein, die zu Ihnen paßt; ich glaube es manchmal; sollten Sie mir aber dadurch das Herz brechen, daß Sie eine andere lieben, sollten Sie alle Ihre Schwüre vergessen, alles, was uns verbindet, zerstören, würde ich Ihnen wiederholen: »Wählen Sie diejenige, der Sie sich verschrieben haben, aber lieben Sie nicht halb«, indem Sie der einen großen Sache tausend Sächelchen vorziehen. Das Gefühl ist eine irdische Religion, aber geradeso wie die wahre Religion taugt sie nichts, wenn sie nicht alles ist. Ich werde vielleicht nicht immer in der schmerzlichen Lage sein, Opfer verlangen zu müssen; vielleicht werde ich einmal Ihnen Opfer bringen dürfen. Ich werde Ihnen dann zeigen, was Liebe ist, und wenn ich Ihnen nicht in allem zuvorkomme, Ihnen nicht nach Amerika folge, wenn Ihr Glück daran hängt, dürfen Sie sicher sein, daß ich Sie nicht liebe. Ich habe dieses Gefühl stets als den Verzicht auf jeden persönlichen Vorteil verstanden [...].[18]

Kaum ist Madame de Staël wieder in Coppet, als der Präfekt Barante Weisung erhält, die letzten Korrekturabzüge von *De l'Allemagne* zu konfiszieren. Diese befänden sich nicht mehr in der Schweiz, antwortet sie ihm, und im übrigen wolle und könne sie sie nicht herausgeben; sie versichere ihm aber, daß auf dem Kontinent keine neue Ausgabe davon erscheinen werde. Barante unterrichtet Paris von ihrer Antwort und verliert, wie schon Corbigny, kurz darauf seinen Posten.

Chateaubriand an Madame de Staël

La Vallée-aux-Loups, den 18. Oktober 1810

[...] Ich schreibe Ihnen aus tiefster Zurückgezogenheit. Ich besitze ein kleines Haus drei Meilen von Paris entfernt, doch ich fürchte sehr, es verkaufen zu müssen. Denn schon ein kleines Haus ist zu viel für mich. Wenn ich wie Sie ein schönes Schloß am Genfer See hätte, würde ich es nie verlassen. Nie würde die Öffentlichkeit auch nur eine Zeile von mir zu lesen bekommen. Ich wäre ebenso eifrig bemüht, in Vergessenheit zu geraten, wie ich unsinnigerweise bemüht war, bekannt zu werden. Und Sie, gnädige Frau, Sie sind über das, was mein Glück wäre, vielleicht unglücklich? So ist das menschliche Herz nun einmal [...].[19]

An Camille Jordan

Den 1. November [1810], Coppet

Ich habe viel gelitten, mein lieber Camille, und Sie werden mir das gern glauben. Ich wollte nicht über Lyon kommen, weil man im Augenblick alle meine Schritte überwacht und ich die Aufmerksamkeit nicht auf Sie lenken wollte; doch nun ich wieder in Vergessenheit geraten bin, da das Ziel erreicht ist und das Buch verbrannt, wenn Sie mich also diesen Winter besuchen wollten, wäre das für mich einer der schönsten Augenblicke und der letzte, denn, Sie werden es mir wohl glauben, entweder werde ich sterben oder von hier fortgehen. Warum auch nicht! Mein Buch wurde von Portalis, der wahrlich nicht nachsichtig ist, zensiert — und man beschlagnahmt es! Nach dieser Beschlagnahme sind alle Zensoren der Polizei zusammenberufen worden, Esménard, Lacretelle[20], Fiévée, usw.; alle sind der Meinung, daß der Veröffentlichung nichts im Wege stehe — und man stampft das Buch ein! Die gesamte Auflage von zehntausend Exemplaren hat als Pappe 500 Francs erbracht, und man hat Nicolle 500 Francs als Entschädigung gegeben, während ich ihm gerade fühnzehntausend geschickt habe. Der Herzog von Rovigo hat meinem Sohn erklärt: »*Wie! Haben wir fünfzehn Jahre lang Krieg geführt, damit eine so berühmte Frau wie Ihre Frau Mutter ein Buch über Deutschland schreibt und mit keinem Wort von uns spricht!*« Ich habe darauf erwidert, den Kaiser zu loben, solange er mir mein Vermögen vorenthalte und mich aus meinem Vaterland verbanne, wäre mir wie ein Bittgesuch vorgekommen und nicht wie ein Lob, und ich hätte geglaubt, es an Respekt fehlen zu lassen, wenn ich mir das erlaubte. Er, der Herzog, hat dann noch gesagt, »*daß der Staat meine Talente benötigte; daß ich mich für ihn oder gegen ihn entscheiden müßte wie zu Zeiten der Liga, daß ich Unrecht täte, die Preußen zu loben, daß man eher aus sauren Trauben Muskateller machen könnte als Menschen aus Preußen, etc.*«. Die vorgeschrittene Jahreszeit hat mir nicht gestattet, nach Amerika zu gehen; aber, lieber Camille, wer vermöchte es, unter solchen Umständen zu leben? Ich habe Ihren Brief verbrannt, und ich werde mein Buch nicht auf dem Kontinent erscheinen lassen. Also können Sie mich diesen Winter unbedenklich besuchen kommen; und würden Sie an meiner Stelle nicht tun, was ich tun werde? Finden Sie, daß meine Kinder und ich dazu geschaffen sind, in Coppet zu versauern, ohne etwas aus unserem Geist und unserer Seele zu machen? [. .]. Sagen Sie mir, welch teuflische Bosheit in Lyon verbreitet hat, ich hätte mein Buch dem Kaiser widmen wollen? Wirklich, wenn alles von einem einzigen lobenden Satz abhing, ist es allerhand, diejenige, die den Mut hat, diesen Satz zu verweigern, so hinzustellen, als habe sie ihn schreiben wollen [...].[21]

Nach einigen Wochen in Coppet mietet Madame de Staël eine Wohnung in Genf. Wieder spielt sie Theater und gibt Konzerte, um ihren Trübsinn zu vertreiben, doch viele Leute meiden sie.
Während des Sommers in Chaumont hatte Prosper den jungen und schönen Dichter Adalbert von Chamisso (1781–1838) mitgebracht, der beabsichtigte, im Gymnasium von Napoléon-Vendée zu unterrichten. Während der Schreckenszeit mit seiner Familie aus der Champagne vertrieben, war Chamisso als Page in den Dienst der Königin Luise von Preußen getreten. Nachdem er als Kadett in der Armee gedient hat, studiert er Naturwissenschaften und insbesondere Botanik, unternimmt eine Weltreise und widmet sich schließlich der Literatur. Seinem *Peter Schlemihl* (1814), in Chaumont begonnen, ist nachhaltiger Erfolg beschieden. Im Jahre 1818 wird er Direktor des Botanischen Gartens in Berlin.

Madame de Staël gefiel ihm; er machte ihr Avancen, die Schlegels und sogar Prospers Eifersucht erregten. Er fand, »sie vereine in ihrer Person den
Ernst der Deutschen, das Feuer der Südländer und die Manieren der Franzosen«. Ohne ihn zu entmutigen und obgleich es sie sehr störte, daß er
Pfeife rauchte, lädt sie ihn im folgenden Frühjahr nach Coppet ein, hat
dann aber nur Augen für Rocca. Chamisso, der sich vernachlässigt fühlt,
schreibt ihr ein vorwurfsvolles Gedicht und reist enttäuscht ab. Sie bewahrt
ihm jedoch ein herzliches Andenken und scheint mit ihm in Verbindung
geblieben zu sein. Nur der hier folgende Brief ist erhalten.

An Chamisso

Genf, 19. Oktober [19. Dezember 1810]

Ich bin sicher, mein lieber Freund, da Sie mich kennen, ahnen Sie,
was ich Prosper geschrieben habe. Ich habe ihm mitgeteilt, daß mein
ganzes Ich ihm zu Gebote stehe, und ich warte nun auf seine Antwort.
Ich bin nicht Ihrer Meinung, daß er seine Karriere aufgeben wird.
Sein Vater ist sehr ehrgeizig, und wenn ich noch daran gezweifelt
hätte, so wäre es mir auf furchtbare Weise durch sein Benehmen in
dieser Situation aufgegangen. Es gibt kaum ein Familienleben, das mir
unangenehmer erschienen wäre als das M. de B[arantes]; so liebenswürdig, umgänglich und zartfühlend Prosper ist, so argwöhnisch und
despotisch ist der Vater, und je höher man ihn seiner hohen moralischen Qualitäten wegen schätzt, desto mehr macht man sich Vorwürfe,
ihn unausstehlich zu finden. Ich bin daher der Meinung, daß Prosper
sehr schlecht daran täte, sich nicht mit mir zu verbinden und sich in irgendeine Abhängigkeit von seinem Vater zu begeben. Sie werden es
vielleicht sonderbar finden, daß eine so temperamentvolle Person
wie ich so gelassen über das Los ihres Lebens spricht, aber ich
habe häufiger als sonst jemand die Erfahrung gemacht, wie wenig
Macht ich über mein Schicksal habe. Ich liebe Prosper zärtlich genug, um es als Glück zu betrachten, nur für ihn zu leben, aber wenn
er mein Gefühl nicht erwidern kann, verfüge ich über genug Resigna-
tion oder Stolz, ganz wie Sie wollen, die mich diesen Kummer
werden ertragen lassen. Ich kenne solchen Kummer zur Genüge, und
meine Augen haben schon viele Tränen vergossen. Doch nie, ausgenommen in meiner Verbindung mit M. de Staël, habe ich einem Menschen Unrecht getan, und mein Verhalten, besonders Prosper gegenüber, ist, so glaube ich wenigstens, untadelig. Die Welt setzt mir hart
zu. Das ist mehr, als ein armer Sperling ertragen kann. Die Macht,

welche die Ostsee mit der Seine verbindet, kann mein Herz nicht ändern, aber sie soll über mein Schicksal bestimmen, und wenn man vermutlich schon die Hälfte des Lebens durchlaufen hat, ist der Reiz des Daseins dahin. Damit habe ich Ihnen sehr viel über mich geschrieben. Vielleicht hat Prosper Ihnen nicht gesagt, was ich ihm geschrieben habe, aber da ich über mein Geheimnis verfügen kann, habe ich keine Angst, es Ihnen anzuvertrauen. Nur mein Herz, nicht mein Selbstgefühl, fürchtet seine Antwort. Wenn ihm dieses Los am Ende nicht glücklich erscheint, so wäre es das auch für mich nicht gewesen [...]. Sollten meine Bande zu Prosper zerreißen, gedenke ich, im Frühjahr hier wegzugehen, doch was aus mir werden wird, weiß ich wirklich nicht [...]. Glauben Sie nicht, die Religion führe aus dem Leben hinaus; sie ist sein Geheimnis — ist Selbstentäußerung [...].[22]

An Madame Récamier

Coppet [Ende Januar 1811]

[...] Die neue Zuneigung, die mich angeblich so sehr beschäftigt, gehört einem jungen Mann von dreiundzwanzig Jahren, schön wie der lichte Tag, der wegen fünf Schußwunden, die er im Krieg erhielt oder, besser gesagt, freiwillig suchte, an Krücken ging. Ich dachte, sein Leben sei in Gefahr, und ich pflegte ihn. Er verliebte sich leidenschaftlich in mich. Aber er hat keinerlei Bildung, und diese Beziehung ist ohne jede Zukunft. Sein sehr nobler Charakter macht ihn zuverlässig, und Sie wissen, daß die Liebe, die man jemandem einflößt, ein vorübergehender Trost und eine Zerstreuung ist, aber keiner meiner Pläne kann von dieser Beziehung verändert werden, die nur wie eine Volksweise in mein Leben klingt.

Bitte sprechen Sie nicht über das, was ich Ihnen da berichte, aber wie könnte ich einen Gedanken haben, ohne ihn Ihnen anzuvertrauen? Ich vertraue Ihnen selbst vorübergehende Verstimmung an. Ich brauchte Ablenkung, um den dunklen Grund meines Herzens zu ertragen.

Benjamin spielt in Lausanne auf affektierte Weise den Ehemann. Er hat sich seit Briare sehr verändert. Unseretwegen betrübt mich das. Doch die gewöhnlichen Frauen stechen distinguierte Frauen immer aus. In der Phantasie schwebt jede Person, über die man spricht, in Gefahr.

Liebe Juliette, beim Schreiben habe ich geglaubt, eine Weile mit Ihnen zu plaudern. Aber die Illusion ist dahin, denn ich höre Ihre sanfte Stimme nicht. Adieu, adieu.[23]

An Goethe

[Coppet? 15. März 1811]

[...] Sie sind für mich das Urbild geistiger Kraft, und niemand in Europa besitzt größeres Denkvermögen als Sie. Solche Hoheit bedeutet sehr viel, auch wenn sie auf Erden keine Herrschaft verleiht. Glauben Sie, eine Macht wie diese könnte je zunichte werden? Sie, der Sie anderen ein Beweis für die Unsterblichkeit der Seele sind, wenden Sie sie auch auf sich selbst an. Ihre Farbenlehre ist großartig[24]; sie stimmt überein mit dem ganzen philosophischen System, zu dem Kant den ersten Schritt tat. Ich mag die Vorstellung, daß alles in uns sei, weil wir im Schoße Dessen sind, der sich unser Vater nennen ließ. Da sehen Sie mich nun recht ernst, und dabei spiele ich Komödie; ich habe Freude daran, ich suche alle Freuden von Geist und Seele, aber ich glaube nicht an die Notwendigkeit, sich etwas zu versagen außer dem Bösen. In meiner sanften Art, mit mir selbst umzugehen, möchte ich Ihnen diesen Sommer wieder näher sein und Sie in Carlsbad besuchen. Ich hoffte auch, dem Hof par excellence meine Aufwartung machen zu können, aber ich bin in allem von einem anderen Hof abhängig. Ich danke Ihnen, daß Sie das Stück von Schlegel[25] aufführen ließen. Ich glaube, daß dies für die Schönen Künste ein Fortschritt ist und einen Menschen erfreut, den ich jeden Tag mehr schätze [...]. Meine Gedanken sind immer in Weimar, und ich bitte Sie, einige davon am Ufer Ihres Flusses aufzulesen. Adieu.[26]

An Madame Récamier

[Coppet?] Den 1. Mai [1811]

Endlich habe ich einen Brief von Ihnen, und ich küsse ihn tausendmal, denn ich habe unter Ihrem Schweigen mehr gelitten, als ich sagen kann. Alles Interesse an meinem Leben schien außerhalb meiner Familie geschwunden. Wie können Sie sagen, ich hätte die Worte, die mich auf Ihren Besuch hoffen ließen, nicht bemerkt! Aber ich fürchte so sehr, entweder Sie nicht zu sehen oder Sie zu kompromittieren, daß ich mich darüber unbeschreiblich aufrege. Nun, Auguste wird

Ihnen von allen meinen Plänen berichten, die von dem Paß abhängen, den ich bekomme oder nicht bekomme. Entschieden ist lediglich Alberts Reise, in Begleitung seines Bruders, nach Schweden. Ob ich in den Norden gehe oder in den Süden, hängt ganz davon ab, ob ich für Italien einen Paß bekomme. Ach! wie schlecht kennt M. de Chateaubriand das Herz, wenn er meint, ich sei glücklich.[27] Er sagt, wenn er nur Geld hätte, würde er nicht mehr schreiben. Vom gleichen Gesichtspunkt aus betrachtet er das Glück. Das ist ein gewöhnlicher Zug bei einem sonst so hervorragenden Mann. Was mich betrifft, so werde ich meine Haltung nicht ändern. Ich leide, doch ein Gefühl für Würde gibt mir immer wieder Kraft. Der neue Präfekt[28] ist zehnmal gekommen, um mich zu ersuchen, doch zur Geburt des Königs von Rom zu schreiben, und ich habe ihm stets erwidert, daß ich mich in den Augen des Kaisers lächerlich machen würde, wenn ich ihm auf diese Weise entgegenkomme, während er mich beharrlich zurückweist. Und meine Lage würde sich dadurch auch nicht ändern. Auguste wird Ihnen berichten, was ich dem Herzog von Rovigo wegen meiner Pässe geschrieben habe. Er wird Ihnen alles von mir erzählen, doch wie sehr ich Sie liebe, das weiß nur ich. Sie werden mir schreiben, nicht wahr, was Prosper Ihnen sagt; er ist immer noch in meinem Herzen. Ach! nie kann man von dem, den man wirklich geliebt hat, loskommen. Ich setze mich Ihnen, der Frau, die ich allen anderen auf dieser Welt vorziehe, zu Füßen und umarme Sie von ganzem Herzen.[29]

Am selben Tage geben Madame de Staël und Rocca in Anwesenheit Miss Randalls und eines protestantischen Pfarrers unter dem Siegel der Verschwiegenheit ihre Absicht kund, »sobald die Umstände es erlauben«, zu heiraten. Drei Wochen später, als Madame de Staël mit ihrem Sohn Albert in Aix-les-Bains zur Kur weilt, fordert Capelle sie auf, nach Coppet zurückzukehren und sich von dort nicht weiter als zwei Meilen zu entfernen, es sei denn zu einem Besuch in Genf. Außerdem erhält Schlegel, unter dem Vorwand, bei der Rebellin anti-französische Gefühle zu wecken, den Befehl, Coppet sofort zu verlassen. Nach Bern verbannt, nimmt er das einzige vollständige Manuskript von De l'Allemagne mit, um es seinem Bruder in Wien zu übergeben, weil die Verfasserin sich von einigen ihrer eigenen Leute bespitzelt fühlt.
Anfang August bereist Montmorency in geheimer kirchlicher Mission während einiger Tage zusammen mit Madame de Staël die Kantone Freiburg und Wallis.

Ende August verbringt dann Madame Récamier trotz aller Warnungen vierundzwanzig Stunden in Coppet, bis sie von ihrem Neffen, einem Genfer
Beamten, der über die Unbesonnenheit seiner Tante entsetzt ist, von dort
weggeholt wird. Eine Woche später wird Montmorency seinerseits auf 40
Meilen von Paris verbannt.
Aber als Madame de Staël hört, Jordan und Gérando hätten Coppet gemie-
den, greift sie zur Feder, um ersterem eine Strafpredigt zu halten.

An Jordan

Coppet, den 3. Oktober [1811]

Ich werde zwei Briefe von Ihnen nicht einfach hinnehmen, und ich
will versuchen, den zu vergessen, der mich in meinem Leben bisher am
schwersten getroffen hat. Ich hatte Ihnen nicht vorgeworfen, daß Sie
mich nicht besuchen kamen: als Sie ablehnten, ahnte ich nicht, daß
die Verfolgung, die ich erleide, einem neuen Höhepunkt zustrebte.
Hätte ich das vorausgesehen, hätte ich mich gegen Mathieus Großmut bestimmt gesträubt, wie ich mich, allerdings umsonst, gegen die
Juliettes gesträubt habe. Ich finde es lächerlich, Baron von Voght
nachzueifern, das heißt, eine Freundin gewisser Ämter wegen im
Stich zu lassen; doch wenn es sich um Verbannung handelt, kann
man mir keinen größeren Kummer bereiten, als ihr Trotz bieten zu
wollen, denn ich vergehe buchstäblich vor Leid, wenn ich an das Unglück meiner Freunde denke. Meine einst so kräftige Gesundheit ist
zerrüttet, und es könnte gut möglich sein, daß ich noch vor der
Überfahrt sterbe. Das ist mir gleichgültig. Lieber noch diese Situation
als das, was man mir vorschlägt, um aus ihr herauszukommen. Doch
will ich Ihnen mit dem ganzen Stolz meines Herzens sagen: ich glaube,
daß mir, in bezug auf *innere Würde*, durch die Umstände einer der
höchsten Plätze gebührt, und ich wundere mich, daß Sie Gérando
sein so unfaßliches Verhalten nachsehen, all Ihre Blitze gegen eine
unglückliche Frau schleudern, die allem Trotz bietet, ihre Kinder
und ihr Talent unter Gefährdung ihres Glücks, ihrer Sicherheit und
ihres Lebens verteidigt und die einen Augenblick gerührt ist, daß ein
junger ritterlicher Mann alles der Freude opfert, sie zu sehen.[30] Ich
schätze auf dieser Welt vor allem Ergebenheit, edle Gesinnung und
Großmut. Ich wünschte, man könnte dem noch gänzlichen Mangel an
Phantasielosigkeit hinzufügen; aber jene Schwächen, die in meinen
Augen am meisten schänden, sind Berechnung oder Kleinmut! Man

316

kann immer noch alle Tugenden verwirklichen, auch wenn man allzuviel Sinn für das Angenehme und Wertvolle hat; aber wozu ist man noch imstande, wenn man sich um Gunst bemüht, auf Kosten der Freundschaft, auf Kosten des Trostes, den man den Unglücklichen spenden könnte? *Was bedeuten den Armen Almosen, wenn man die Barmherzigkeit darüber vergißt?* [...] Ich will Ihnen nicht davon sprechen, daß ich leide; Sie werden das verstehen; doch außer dem Augenblick, da ein Mann wie Sie mich an der hohen Meinung, die ich von ihm hatte, zweifeln ließ, hat Gott mir die Gnade erwiesen zu glauben, daß ich meinem Jahrhundert ein nobles Beispiel gäbe [...].[31]

An Meister

[Coppet,] Den 5. Oktober [1811]

[...] Sie wissen, daß Schlegel nach hier zurückgekommen ist; der Polizeiminister hat seine Reise mit mir nach Amerika bewilligt, und ich bin zu dieser Reise entschlossen, *wenn* ich meine Passage auf der Fregatte *La Constitution* bekomme, *wenn* es zwischen Amerika und England nicht zum Krieg kommt, und *wenn* diese Fregatte in einem Monat ausläuft. Also gibt es noch viele Ungewißheiten. Sagen Sie mir inzwischen, was Sie tun, denn ich verzichte nicht darauf, mich mit Ihnen zu befassen. Koreff[32] und Mme de Custine[33] sind hier. Ich habe auch einen Baron von Ramdohr[34] kennengelernt, Autor von *Urania*, der als Gesandter Preußens nach Neapel geht; doch mir scheint, an keinem Ort der Welt tut sich etwas, und gemäß dem Ausspruch im Buch der Makkabäer: *verstummt die Erde vor Alexander.* Nur der Komet hat es gewagt, sich wie gewöhnlich zu zeigen, und ich wünschte mir einen Platz auf seinem glänzenden Schweif.[35]
[...] Man versichert, der Papst werde nein sagen.[36] Welch eine Macht ist doch die Religion, die die Schwachen stark macht, während alle, die stark waren, keine Kraft mehr haben!
Man hat mir abermals angeboten, das Verbrannte umzuschreiben, einiges wegzulassen, vor allem etwas hinzuzufügen, den Titel zu ändern und das Buch erscheinen zu lassen, aber mein Talent hat mich verlassen, ich habe keinen Gedanken, keine Inspiration mehr, und ich bin passiv geworden, was gar nicht meine Art war. Das große Ereignis meines jetzigen Lebens ist die Sonne. Wenn das Wetter schön ist, habe ich die Hoffnung, daß der liebe Gott mich noch nicht verlassen hat.

Adieu, ich hoffe auch, Sie wiederzusehen. Eine Freundschaft, die bis in die Kindheit zurückreicht, ist wie die Sonne und macht uns wieder jung [...].[37]

An Madame Récamier

[Coppet,] den 31. Oktober 1811

[...] In Ihnen ist ein Zauber wirksam, dessen Ende ich nicht absehen kann, selbst wenn das denkbar wäre [...]. Mit Ihnen in irgendeiner Stadt zu leben, erscheint mir das höchste Glück [...]. Ich bin in eine Verzweiflung gestürzt, die mich verzehrt. Muß ich denn nicht versuchen, da herauszukommen? Ich glaube nicht, daß ich mich von dem, was ich durchmache, je erhole: nichts interessiert mich mehr, nichts mehr macht mir Freude. Das Leben kommt mir vor wie ein Ball, bei dem die Geige zu spielen aufgehört hat, und alles, außer dem, was man mir genommen hat, erscheint mir farblos. Ich bin überzeugt, blickten Sie in meine Seele, ich würde Ihnen leid tun. Ich habe das Gefühl, daß es jedem, den ich bei mir zurückhalte, anderswo besser ginge. Meine Umgebung dauert mich bei der Eintönigkeit dieser Tage, zumal seit der schlechten Jahreszeit. Auguste ist gewiß voll Zartgefühl. Aber im Grunde seines Herzens brennt er darauf, von hier wegzugehen. Jeder Windstoß macht mir Angst, wenn ich ans Meer denke. Vor dem, was man mir sonst rät, habe ich ebenfalls Angst. Kurz, ich bin innerlich so zerrissen, wie Sie es sich hoffentlich nie werden vorstellen können. Ich spreche davon zu niemandem, weil es schon mehr als genug ist, sie an der Last meines Schicksals tragen zu lassen und ich ihnen nicht noch die meines Leidens aufbürden möchte. Aber Ihnen sage ich es, damit Sie gerecht über mich urteilen. Es fehlte zu meinem grausamen Los nur noch, daß Sie, der meinetwegen verfolgte Engel, an meinem Gefühl zweifeln [...]. Über mir waltet ein Verhängnis. Kein Zufall schlägt zu meinen Gunsten aus. Was immer ich befürchte, es trifft ein. Mein Leben kann so nicht weitergehen. Nicht aus Hoffnung oder bestimmter Pläne wegen, auch nicht aus Ehrgeiz oder sonst einem Antrieb möchte ich von hier fortgehen, sondern allein aus hoffnungsloser Verzweiflung. Ich fühle, daß ich allem Glück meiner Kinder und meiner Freunde im Wege stehe und möchte dieses Hindernis, als handele es sich dabei nicht um mich, beseitigen [...]. Äußerlich lasse ich mir nichts anmerken; ein gewisser Stolz rät mir, nicht zu offen zu zeigen, was ich empfinde. Die Tränen der anderen trocknen so schnell, und wenn man sie um etwas bittet, was sie nicht mehr geben können, kommt man sich vor wie ein lästiger Gläubiger. Doch ließe ich mich gehen, böte ich einen höchst kläglichen Anblick. Ich nehme immer wieder Zuflucht zum Gebet, doch mir scheint, ich habe Gott ermüdet und der Himmel ist mir verschlossen. Weit davon entfernt, meine heftigen Gefühle nach außen zu kehren, richte ich sie gegen mich selbst. Ich sage mir, daß ich wahrscheinlich sehr sündig sein muß, denn Gott ist gerecht und läßt jeden nur so viel büßen, wie er verdient [...]. Wenn ich mich so niedergeschlagen, so zerschmettert fühle, gräme ich mich noch mehr darüber, daß Sie sich Ihr Leben wegen einer Person verpfuscht haben, die, ich hoffe es, nie etwas tun wird, das Ihrer unwürdig wäre, doch die vielleicht nicht mehr die nötige Kraft haben wird, Ihrem Opfer Ehre zu machen. Nun ich Ihnen Einblick in mein Herz gegeben habe, seien Sie, ich flehe Sie an, nie böse mit mir. Ich habe nur noch Kraft, Sie und Mathieu zu lieben. Verlöre ich die, die in meiner Nähe sind, würde ich sicherlich spüren, daß ich Auguste, Albertine, Schlegel u. a. ebenfalls liebe, doch meine Einbildung will es so, daß mein ganzes Herz Ihnen beiden gehört. Adieu, ich schäme mich, Ihnen so viel von mir gesprochen zu haben, doch da Sie an allem, was ich erleide, zutiefst Anteil nehmen, habe ich mir erlaubt, mit Ihnen darüber zu reden. Adieu.[38]

An Madame Récamier

Coppet [Ende November 1811]

[...] Ich habe einen Brief von Prosper erhalten, der sehr reizend ist, ja beinahe gefühlvoll. Seine Schwester hat mir die Hochzeit beschrieben, auf der sie ein Schleppkleid und einen Schleier mit einer Blumenkrone trug. Er war dort, er, der einmal mein Lebensgefährte sein wollte! Man sagt, er sei ernst gewesen. Ob er wohl an mich gedacht hat? Ach! ich hatte kein Anrecht mehr auf den weißen Kranz. Aber Sie, die ihn noch tragen können, Sie, die glücklich sein könnten, wieviel hätte ich Ihnen zu sagen, wenn Sie auf mich hören wollten und das Land, das Sie gefangenhält, endgültig verließen [...].[39]

[...] Auguste liebt Sie heiß und innig. Als seine Fahrt nach Châlons beschlossen wurde, war er gleich ganz anderer Stimmung. Er zeigte sich so glücklich darüber, daß er mit mir reisen sollte; jetzt fürchtet er sich von ganzem Herzen davor. Am Ende wäre es zu unser aller Glück besser, wenn es diesen Faktor der Liebe nicht zwischen uns gäbe. Doch ohne daß wir uns darüber ausgesprochen hätten, glaube ich nicht, daß er seine Familie und den Weg, den sein Großvater ihm vorzeichnete, verlassen wird, und ich bin ganz sicher, daß Sie das, wenn er es wollte, nicht dulden würden. Liebe Juliette, da das Schicksal uns alle trennt, sagen Sie ihm selbst, was er zu tun hat, denn er spricht fortwährend nur von der Macht, die Ihre Gegenwart auf ihn ausübt. Ach! Sie haben noch alle Ihre Reize; Sie sind noch allmächtig. Ich dagegen fange an zu sterben. Das kann sehr gut noch 25 Jahre dauern, doch das Werk ist begonnen und wird in gleicher Weise fortgesetzt. Warum auch seine Zeit überschreiten wollen? Die meine ist zu Ende. Aber glauben Sie mir wenigstens, daß mein Herz nie ein anderes Gefühl als zärtliche Liebe zu Ihnen kannte. Doch wir sind eine wie die andere unglücklich. Was mich angeht, werde ich keinen Tag Ruhe haben, solange mein Exil nicht zu Ende ist und wir wieder zusammen sind. Denn geteiltes Leid ist halbes Leid [...].

Mein Gott, wenn Sie an dem tiefen Gefühl, das mich so machtvoll zu Ihnen hinzieht und mit Ihnen verbindet, zweifelten, würden Sie mir das Herz brechen. Ich liebe Sie wie eine Busenfreundin, wie eine kleine Wahlschwester, und überall, wo ich mit Ihnen in Sicherheit leben könnte, würde ich mich glücklich fühlen. Die Mißgeschicke dieses Jahres und das ständig drohende Gefängnis haben mir ein brennendes Verlangen nach Sicherheit gegeben, das ich früher nicht kannte. Aller Mut verläßt mich bei dem Gedanken, ich könnte festgenommen werden. Ich weiß nicht, wie ich mich selbst ertragen soll, nur zu sterben weiß ich. Glauben Sie mir, ich war von meinem Charakter eher geneigt, keine endgültige Entscheidung zu treffen, und wenn ich mich diesmal dazu entschließe, bin ich zu bedauern. Aber was soll in meiner gegenwärtigen Lage aus Albertine werden? Nun, urteilen Sie über mich; ich stelle es Ihnen anheim und drücke Sie an mein Herz.[40]

An Hochet

Coppet, den 16. Dezember [1811]

[...] Haben Sie eine Ahnung davon gehabt, wie sehr ich in den letzten vier Monaten gelitten habe? Man kann im Lande des Schmerzes immer noch Entdeckungen machen. Dieser neue Präfekt[41] lauert meinen Freunden unterwegs auf, um sie davon abzuhalten, mich zu besuchen, und gibt mir immer wieder zu verstehen, daß alles ein Ende hätte, wollte ich mein Werk ändern und das hinzufügen oder streichen, was die heutige Zeit verlangt. Ich weiß nicht, welches künstliche Gefängnis sie um mich herum zu errichten verstanden. Sie haben mir vor mir selber Angst eingejagt. Sie haben für mich aus dem Leben einen achten Kreis von Dantes Hölle gemacht. Meine Freunde, meine Kinder, mein Geist, all das, was die Quelle meines Glücks sein sollte, ist derart vergiftet, daß ich mich meines Herzens und meines Denkens entledigen und nur noch atmen möchte wie die Pflanzen, wie die Tiere, wie alle Wesen, die nichts mit gesellschaftlichen Bindungen und ständigem Überlegen zu tun haben [...].[42]

Madame de Staël geht den Winter über wieder nach Genf. Geistig wie körperlich in schlechter Verfassung, leidet sie zudem unter ihrer fünften Schwangerschaft, von der sie sich nie ganz erholen wird.

An Hochet

Genf, den 29. Januar 1812

[...] Ich gewöhne mich langsam daran, nicht zu leben; das ist ein Zustand wie jeder andere. Ich schreibe anläßlich des unglaublichen Selbstmords[43] in Berlin Betrachtungen über den Selbstmord.[44] Ich weiß aus Erfahrung, daß man diese Frage mitten im Unglück am besten erfaßt. Ich weiß nicht, wo ich sie drucken lassen soll; vielleicht passieren sie die Zensur. Für den Besitzer ist es immer noch gut, daß seine Häuser und Möbel nicht über sich selbst bestimmen. Adieu [...].[45]

Coppet, den 3. April [1812]

[. . .] Meine Gesundheit ist in einem jämmerlichen Zustand, und würden Sie mich so abgemagert, aufgeschwollen und bleich sehen, Sie würden es nicht für möglich halten, daß man einer so kräftigen Person wie mir derart hat zusetzen können, doch die Macht der Mächte hat mich zugrunde gerichtet. Würde ich gesund, hätte ich den Plan zu einem Buch im Kopf, das mich reizt: ein historisches Gedicht über Richard Löwenherz[46], als Vorspiel der Enthusiasmus für die Kreuzzüge. Vier Helden: Friedrich Barbarossa, Philipp-August, Richard und Saladin als Personen der Handlung, die mit der Aussicht auf die Freiheit in England durch die Magna Charta endet. Doch dafür müßte man im Vollbesitz seiner Kräfte sein. Die *Martyrs*[47], die meiner Meinung nach ein mißglücktes Werk sind, haben mich auf die Idee gebracht, etwas dieser Art zu machen, was sehr schön wäre. Doch dazu müßte man das Morgenland usw. sehen, denn alle Beschreibungen von Stätten, die man nicht gesehen hat, ähneln rhetorischen Floskeln über Gefühle, die man nicht erlebt hat [. . .].[48]

Am 7. April kam Madame de Staël in Coppet, von der Öffentlichkeit fast unbemerkt, mit einem Sohn Louis Alphonse nieder. Sie war 46 Jahre alt. Die Eltern übergaben das Kind einem Landpfarrer und sahen es erst 1814 wieder.

Während ihres Aufenthalts im August 1808 in Interlaken hatte der Prinz von Bayern, künftiger König Ludwig I., Zacharias Werner Madame de Staël vorgestellt. Sehr beeindruckt von seiner Sensibilität, lud sie ihn trotz seines abstoßenden Äußeren nach Coppet ein, wo er annähernd drei Wochen verbrachte.

Zacharias Werner (1768–1823), Begründer des romantischen Dramas in Deutschland, war wie Frau von Krüdener in einer evangelisch-pietistischen Atmosphäre aufgewachsen. Nach einer stürmischen Jugend, drei Ehen und Erfolgen am Berliner Theater *(Die Söhne des Thals, Luther)* führte er, getrieben von religiöser wie sexueller Besessenheit, ein unstetes Leben und versuchte, Kunst, Religion und Liebe miteinander in Einklang zu bringen. Exaltiert, mystisch, sinnenfreudig und unausgeglichen, findet er schließlich in Rom im katholischen Glauben Frieden und erhält in Aschaffenburg die Priesterweihe. Er kam 1809 noch einmal für zwei Monate nach Coppet und führte dort zum erstenmal seinen *Vierundzwanzigsten Februar* auf, Prototyp des deutschen Schicksalsdramas. Seinem Werk ist in *De l'Allemagne* ein ganzes Kapitel gewidmet. Auch er war von Madame de Staël sehr eingenommen, nennt sie abwechselnd Unsere liebe Frau von Coppet, Heilige Aspasia und »Frau mit dem Riesenherzen« und beschreibt sie mit folgenden Worten: »Ihr Körper, ohne nymphenhaft schlank zu sein, ist wollüstig schön... Man vergißt alles zu Rügende über ihren herrlichen Augen, in denen eine große göttliche Seele nicht nur strahlt, sondern feuerflammt.«[49]

Werner an Madame de Staël

Rom, den 8. April 1812

O meine süße und große Freundin, meine Schwester, meine Wohltäterin, ich finde nicht den Namen, um Ihnen zu sagen, was alles Sie mir bedeuten! Sie sind krank? Sie! Sie haben, wie ich höre, einen Anfall von Wassersucht! Welch schreckliche Krankheit! Und Sie sterben vielleicht daran? Nein, das ist nicht möglich. Noch nicht! Sie können nicht sterben, bevor ich nicht vor Ihnen auf die Knie gesunken bin, aufgelöst in Tränen. Mein Herz, das Sie anbetet, nicht, wie Sie sind, denn Sie sind wie ich ein Kind des Staubs, sondern als das Bild, das, obgleich trübe, dennoch das getreueste von Gottes Großherzigkeit und Güte ist! Sie ohne mich sterben? Das ist Betrug! Sie haben mir versprochen in dem Brief, der mir bis zu meinem Tode ein kostbarer Schatz sein wird, Sie haben mir versprochen, *in meinem Beisein zu sterben!* Man muß Wort halten! Und ich, ich werde die Füße der Heiligen Jungfrau küssen [...], daß Sie Sie nicht ohne mich sterben läßt und, was millionenmal wichtiger ist, daß Sie Sie nicht sterben läßt ohne Sie, daß Sie Sie nicht ewiglich sterben läßt!!!
[...] O großer Gott der Barmherzigkeit, Retter, Jungfrau, Schutzengel von mir und ihr, alle Heiligen, habt Mitleid mit der armen Kleinen [...]. Ohne Euch und Eure Kirche, die Ihr eins seid, ist die Natur ein Chaos, die Philosophie ein Wahn, die Poesie ein Windhauch und die Geschichte ein schlecht erfundenes Rätsel; sagt ihr, daß Ihr es seid, daß Eure Kirche es ist, die, indem sie das Wort predigt, auch die Lösung aller Rätsel der Natur, der Poesie, der Philosophie und der Geschichte gibt, sagt ihr, daß der wahre Philosoph, der wahre Dichter und der wahre Physiker immer dazu berufen ist, christlich katholisch zu sein, auch wenn er, Herr, bereits vor Deiner Inkarnation gelebt hat, und daß es zwischen Platon und Sophokles und zwischen dem heiligen Augustinus und Dante nur den einen Unterschied gibt, daß die einen Dich geahnt, die anderen Dich gesehen haben, un-

seren Gott und Erlöser! [...] Schlage ihr, O Heiliger Geist, das große Buch der Natur auf, und sie wird tiefe und rechte Scham empfinden, nicht eher erkannt zu haben, daß das Sakrament des Abendmahls für die Seele eine *notwendige* Nahrung ist, und daß sie und ihre ganze Zeit, mit der sie sich unnützerweise beschäftigt hat, von dem, was ein Sakrament ist, keine Ahnung haben, andernfalls sie sich aufgemacht hätte, Deinen Altar zu suchen [...]. Sag ihr, die die Tugend und die Liebe gepredigt hat, daß es nur eine Tugend, nur eine Liebe gibt und daß es die göttliche Flamme der *Barmherzigkeit* ist, so verschieden von der Liebe wie ein Sonnenstrahl von dem matten Schein einer Laterne. Sag ihr, daß nur in der Vereinigung Deiner Glieder, in der Kirche, diese göttliche Flamme brennt und daß nur innerhalb der Kirche das Heil ist. Und sollte sie es wagen, O Gott des Heils, sollte sie es wagen, Dir von dem Gefasel unserer Zeit, von einer unsichtbaren Kirche zu sprechen, befrage ihr Gewissen, ob die Glieder dieser unsichtbaren Kirche, die sie nach und nach in Coppet versammelt hat, ihre ewige Seele vor die Pforten des Paradieses geführt haben, oder aber mich schaudert!!! Ach, meine Freundin! Verzeihen Sie mir meine harten Worte; sie sind nur die Folge zärtlichster Freundschaft [...]. Ich beschwöre Sie [...], werden Sie katholisch, *unverzüglich, augenblicklich!* Sie, die Sie so viele Male und oft so heroisch, doch leider vergeblich, der öffentlichen Meinung gespottet haben, spotten Sie dieser lächerlichen Welt mit echtem Heldenmut! [...].[50]

Zwei Wochen nach ihrer Niederkunft kehrt die Mutter, der es gesundheitlich sehr schlecht geht, mit einem neuen Plan im Kopf nach Genf zurück.

An Hochet

Den 5. Mai [1812], Genf

Ich könnte versucht sein, Ihnen aus dem Tale Josaphat zu schreiben, doch möchte ich, daß Sie von Zeit zu Zeit eine Zeile von mir erreicht. Neun Jahre leide ich jetzt schon, und seit zwei Jahren lebe ich nicht mehr. Das ist ein recht eigenartiger Zustand, und ich bin versucht, ein Buch mit dem Titel *Über die Verbannung* zu schreiben, das, glaube ich, eine Fülle ziemlich neuer Bemerkungen über das menschliche Herz enthielte — ich würde mich selbst als Episode darin darstellen.[51] Von meinem Sommer weiß ich nichts, nur, daß ich dieses Land verlassen werde; ich habe es so ausgeschöpft, daß ich ihm weder eine neue Idee noch einen neuen Eindruck mehr abpressen kann. Danken Sie jeden Tag Gott, daß Sie dort leben, wo es Abwechslung gibt. Diese Monotonie über Jahre hinweg, während das Alter naht, ist eine wahre Qual; mir ist, als stünde ich Wache an meinem eigenen Grab. [...] Es gibt eine Krankheit des Exils [...], man kann von ihr nicht genesen. Lassen Sie sich in Paris ein Gedicht mit dem Titel *The lady of the lake*[52] geben. Das entspringt aus wirklichem Leben. Sie möchten vielleicht gern dort bleiben, doch ich ziehe diese Reise allen anderen vor. Adieu, mein Freund, gedenken Sie der Zeit, da Sie mich brauchten.[53]

15

Die große Reise, Rußland, Schweden, England
(1812-1814)

Am 9. Mai traf Napoleon, auf dem Marsch nach Rußland, in Dresden ein. Am 23. Mai um zwei Uhr nachmittags, von ihrer Niederkunft kaum wiederhergestellt, besteigt Madame de Staël zusammen mit Albertine einen offenen Wagen, beide gekleidet wie zu einer Spazierfahrt. Ihr Weg führt sie über Rußland und Schweden nach London... Auguste begleitet sie bis kurz vor Bern, wo Schlegel sie erwartet.

Als Capelle und seine Spitzel zehn Tage später die Flucht bemerken, sind die Staëls bereits in Sicherheit. Sie kommen durch Zürich, St. Gallen, Tirol und Salzburg, wo Rocca und Albert sie einholen, und sind am 6. Juni in Wien. Während des sechzehntägigen Aufenthalts in dieser Stadt trifft Madame de Staël Ligne, Gentz, Balk, Humboldt und Titine O'Donnell. Da sie sich beobachtet weiß, vermeidet sie es, sich in Gesellschaft von Rocca zu zeigen und wohnt nicht in demselben Hotel.

Sie hatte John Rocca (1788–1818), wie man sich erinnert, Ende 1810 bei dessen Tante in Genf kennengelernt, war jedoch von diesem bleichen und schüchternen Husaren-Leutnant, der mit einer schweren Beinverwundung aus Spanien zurückgekehrt war, anfangs wenig beeindruckt. Doch der junge Mann von 22 Jahren fühlte sich zu der Vierzigjährigen hingezogen und erklärte allen außer ihr selbst: »Ich werde sie so sehr lieben, daß sie mich schließlich heiratet.«

Mit ihm scheint die ewig unerfüllte Sehnsucht Madame de Staëls nach Liebe in der Ehe gestillt, wenn diese auch nicht die ungestüme Leidenschaft mit einschloß, von der sie immer geträumt hatte. Er begnügte sich damit, im Schatten seiner Frau zu leben, oft in der unklaren Stellung eines »Monsieur l'Amant«, wie Byron ihn später nennen wird.

Wie sie alle in ihrer Umgebung, Freunde und Geliebte, zu geistiger Arbeit anspornt, bringt Madame de Staël ihn dahin, daß er sein Tagebuch über den Spanischen und Flandrischen Krieg schreibt, das ins Englische und Deutsche übersetzt und von Wellington gerühmt wird. Seine Aufopferung für sie dürfte ein Muster von ehelicher Liebe sein. Von ihrer Korrespondenz mit ihm kennen wir 86 Briefe oder Billets, die sich auf die Jahre 1812–1814 beziehen; danach scheint sich das Ehepaar nicht mehr getrennt zu haben.

An Rocca

[Wien, Juni 1812]

Ihr Brief ist reizend und ich verstehe Sie vollkommen, aber ich kann nicht glauben, daß Sie, wenn wir nicht mehr getrennt sein werden, dann noch an jene betrüblichen Vermögensvergleiche denken, die Sie mit übertriebenem Stolz anstellten. Ein Wort in Ihrem Brief hat mir Kummer gemacht: »wenn das Gefühl *in mir nachließe*«, sagen Sie. Ich wäre die erste, die Ihnen riete, wiederzukommen, wenn Sie in der L[iebe] das erfahren, was Sie seit einigen Tagen betroffen macht. Aber ich hoffe, wenn wir unser Leben gemeinsam verbringen, werden Sie nicht mehr an die Empfindlichkeit der Gesellschaft denken, die echtes Zartgefühl unweigerlich tötet. Lieber Freund, als ich auf der Straße beleidigt wurde, habe ich unsere Gefühle nicht bereut. Denken Sie daran, daß Sie sich mir inmitten von tausend Widrigkeiten und Gefahren verbunden haben, daß Ihr Gefühl für mich voller Großmut war und daß Sie diese Reise nur als größte Aufopferung betrachten können. Das Einzige, worum ich bitte, ist, Ihre jetzige Einsamkeit nicht gegen mich zu kehren. Sie glauben mich mehr zu lieben, und Sie könnten mich am Ende weniger lieben. Sie haben mir nicht Ihr Tagebuch geschickt, und jetzt ist es zu spät. Ich bitte Sie, es mir heute abend zu bringen oder es mir durch Jean zu schicken. Lieber Freund, wenn Sie mich wirklich lieben, wird nichts uns trennen können.
Bis zehn![1]

An Rocca

[Wien, Juni 1812]

Wie gut sind Sie gestern zu mir gewesen, lieber Freund! Ich hoffe fest, daß unser Leben schön sein wird, mein Glück wie mein Selbstgefühl sind in Ihrer Hand. Fürst von Ligne, auf den ich gewartet hatte, ist eben gegangen; er ist von Ihrem Tagebuch entzückt. Er hat nur erst bis Madrid gelesen. Er hat mich im Vorwort wiedererkannt. Bis heute abend um zehn, lieber Freund! Meine Seele beginnt erst dann zu leben![2]

[Coppet,] Donnerstag 11. Juni [1812]

Ich habe heute morgen einen Brief von Mme Récamier aus Dijon bekommen. Ich will Dir abschreiben, was sie über Dich sagt, Du wirst Dich freuen zu sehen, wie gern man Dich hat [...]. »Wenn Sie dazu Gelegenheit haben, sagen Sie ihr, daß ich erst seit wenigen Stunden weiß, wie sehr ich sie liebe. Sagen Sie ihr, ich machte mir große Vorwürfe, daß ich manchmal ungerecht zu ihr gewesen bin und ihr weh getan habe; sagen Sie ihr, wenn ich sie verliere, verliere ich alles, was mein Herz und meine Phantasie ansprechen konnte. Sagen Sie ihr vor allem, daß, wenn unvorhergesehene Hindernisse sie zurückhalten sollten, mich nichts in der Welt daran hindern kann, bei ihr zu sein. Das wäre kein Opfer, das Opfer ist, ihr fern zu sein.«

Es tut mir fast leid, Dir all das zu sagen, denn es wird Dich zu sehr bewegen, und davor sollst Du Dich vor allem in Acht nehmen; man darf nur vorwärts schauen [...]. Adieu, lieber Engel, adieu, wir leben in einer Zeit, da man seine Seele wie etwas Schädliches abwürgen muß, und ich mache mich ganz hart. Aber ich hoffe, Du siehst trotz alledem, daß man unmöglich mehr lieben kann, als ich Dich liebe [...].[3]

Am 22. Juni fährt Madame de Staël mit Gefolge weiter nach Brünn, von wo sie einen Brief an Metternich richtet.

Sie kannte den Grafen und späteren Fürsten Klemens Wenzel Lothar Nepomuk Metternich-Winneburg (1773–1859) seit 1804 von Berlin her, wo er sein zweites diplomatisches Amt innehatte. Sie sahen sich dort oft, und sie versuchte vergebens, ihn zu betören. Er blieb ihrer Koketterie gegenüber kühl, denn geradeso wie Napoleon »waren Amazonen ihm lästig«. Als sich 1810 wegen der Eheverhandlungen von Napoleon und Marie-Louise in Paris aufhielt, hatte Madame de Staël ihn vergebens gebeten, beim Kaiser für sie einzutreten, damit sie nach Paris zurückkehren könne.

Aus dem etwas amtlichen und zurückhaltenden Ton ihrer Briefe könnte man schließen, sie habe sein einstiges Verhalten ihr gegenüber nicht vergessen. Trotzdem bequemt er sich dazu, Rocca den erbetenen Paß auszustellen, den er ihm durch Schlegel zukommen läßt. Später zeichnet der Held des Wiener Kongresses und der Begründer des europäischen Staatensystems in seinen Memoiren von Madame de Staël ein wenig schmeichelhaftes Bild. Fünf Briefe oder Billets von ihr an den Minister, aus den Jahren 1812 und 1813, sind veröffentlicht worden.

Den 30. Juni [1812], Brünn in Mähren

Ich hatte nicht vermutet, Graf, auf meiner Durchreise durch Österreich Ihre Hilfe in Anspruch nehmen zu müssen. Ich glaube, die Reise so gut durchdacht zu haben, daß ich niemanden belästigen müßte. Ich habe Wien, wo ich mit herzlichem Wohlwollen empfangen worden bin, verlassen, um die Aufmerksamkeit nicht länger auf mich zu ziehen. Bis hierher begleitete mich schon seit Coppet als Sekretär M. Rocca, ein mir verwandter Schweizer. Da er in Anbetracht der Tatsache, daß er in Frankreich eine Familie zurückließ, die hohe Ämter bekleidet, lieber nicht angeben wollte, er reise gerade jetzt nach Rußland, beantragte er in Wien nur einen Paß nach Galizien. Der wurde ihm verweigert unter dem Vorwand, man stelle keine Pässe mehr für diese Provinz aus. Statt dessen gab man ihm einen für Preußisch-Schlesien mit der Erklärung, dies sei der kürzeste Weg nach Schweden. Da ich auf die Abreise drängte und in meinem Paß ein Sekretär mit aufgeführt war, hat M. Rocca sich befugt geglaubt, mir in dieser Eigenschaft auch weiterhin zu folgen. In Brünn angekommen, verboten ihm die Behörden, weiter mit mir zu reisen, befahlen ihm, den Weg über Preußen zu nehmen und untersagten mir, der Witwe des schwedischen Botschafters, die ich einen schwedischen Paß habe, nach Wien zurückzukehren oder aber meinen Sohn, auch ein Schwede, oder auch nur einen meiner Leute dorthin zu schicken, um meinen Freunden die Lage zu schildern und sie um ihren Beistand zu bitten. Es scheint, Graf, daß sich die Wiener Polizeibeamten in Ihrer Abwesenheit mir gegenüber und folglich auch dem gegenüber, den ich brauche, um auf einer so langen Reise beschützt zu sein, jede Art von Verfolgung erlaubten. M. Rocca hat gedient und den Dienst nur quittiert wegen seiner zahlreichen Verwundungen und versehen mit den besten Zeugnissen. Er besaß einen ordnungsgemäßen Paß der Schweizer Regierung für Schweden, und es ist weder im Sinne seiner Geschäfte noch im Sinne seiner Freundschaft zu mir, wenn er auf einer anderen Route als der meinen nach Schweden reist, sei es über die Türkei, sei es über Rußland. Mein Sohn ist noch sehr jung, und er, meine Tochter und ich bedürfen auf unserer Reise eines solchen Beschützers. Ich darf Sie daher bitten, den Paß M. Roccas in meinem Namen an den Gouverneur von Leopold[4] zu senden, damit er nach Brody oder in die Bukowina gehen kann. Ich bitte Sie auch, Einspruch dagegen zu erheben, daß man mir, wie es hier geschehen ist, untersagt hat, unterwegs eine Ruhepause einzulegen. Sobald ich meine Pässe habe, werde ich bestimmt abreisen; doch bei meinem augenblicklichen Gesundheitszustand kann ich mich nicht beeilen, ohne Gefahr zu laufen, mich dadurch umzubringen, was mir, seitdem ich in Brünn bin, gar nicht so unlieb wäre [. . .].[5]

Darauf geht die Reise nach Olmütz, Teschen und Landshut, wo sie einige Stunden bei den Lubomirskis weilt, und weiter nach Lemberg und Brody in Galizien. Als sie am 14. Juli die russische Grenze überschreitet, kann sie endlich aufatmen, denn die österreichische Polizei hatte sie aus Furcht, Napoleons Mißfallen zu erregen, zur Eile angetrieben. Sie machte ihr offenkundig Sorgen, denn zwischen dem 21. Juni und 10. Juli gibt es über den Verlauf ihrer Reise nicht weniger als 24 Polizeirapporte.

Als sie vom Vormarsch der Großen Armee erfährt, muß sie, um Petersburg zu erreichen, einen Umweg über Kiew, Orel, Tula, Moskau und Nowgorod machen. Überall wird sie von Männern und Frauen als »das Gewissen des geschmähten Europas« begrüßt. In Kiew wird sie vom Gouverneur General Miloradowitsch und in Moskau vom Gouverneur Graf Rostoptschin empfangen. In Petersburg sieht sie am Tage nach ihrer Ankunft den Zaren Alexander und seine Familie, der zwei Tage später nach Åbo abreist. Dann werden in den Palästen und Botschaften fast ununterbrochen Feste und Empfänge gegeben, auf denen sie nahezu den gesamten russischen Adel trifft. Dieser Aufenthalt in Rußland hat in ihr einen tiefen Eindruck hinterlassen, und ein Drittel ihres Buches *Dix ans d'exil* handelt von ihm. Von der rachsüchtigen und antifranzösischen Haltung der Alliierten jedoch beunruhigt, beginnt sie, die Sache Frankreichs von der Napoleons zu trennen. Als der Großen Armee im August die Niederlage droht, zieht Alexander die Verbannte zweimal zu Rate, und es wird ihm klar, welchen Einfluß sie auf Bernadotte ausüben könnte. Er erstrebte die Teilnahme Schwedens am Krieg und in Frankreich die Einführung einer liberalen Monarchie unter Bernadotte. So trägt Madame de Staël dazu bei, Schweden in die sechste Koalition zu drängen und spielt damit bei Napoleons Niederlage eine entscheidende Rolle. Danach organisiert sie, um Bernadottes Anwartschaft auf den Thron zu unterstützen, eine richtige Verschwörung.

Am 8. September, am Vorabend von Borodino und eine Woche vor dem Brand Moskaus, verläßt sie nach fast zweimonatigem Aufenthalt Rußland und geht nach Finnland. Um den 16. schifft sie sich in Åbo ein und erreicht nach einem Schiffbruch vor einer der Taland-Inseln am 24. September Stockholm.

Bernadotte begrüßt sie »wie eine alte Freundin«, verleiht Albert das Offizierspatent und verspricht, sich Auguste als Adjutanten zu nehmen, während er Schlegel zu seinem Sekretär macht. Madame de Staël schreibt, wahrscheinlich auf Bernadottes Ersuchen, an Kutusows Frau, die sie in St. Petersburg mit dem Generalfeldmarschall der russischen Armee, einen Tag vor dessen Aufbruch zur Front, kennengelernt hatte. Die fünf Briefe, die sie an sie richtet, sind also in Wirklichkeit für deren Gatten bestimmt.

Die Fürstin Golenischtschew-Kutusow, geb. Katharina Iljitschewna Bibikow (1754–1842) war berühmt wegen ihrer Schönheit und vielleicht noch mehr wegen ihres Geistes. Wegen ihrer Originalität bekannt, kleidet und putzt sie sich im Alter mit Vorliebe wie ein junges Mädchen heraus; dem jungen Turgenjew scheint sie einem »alten Affen« ähnlich.

An die Fürstin Kutusow

Stockholm, den 29. September [1812]

Wie hat mich der Brief ergriffen, den Sie mir zu schreiben die Güte hatten! Was für eine Schlacht[6]! Wieviel seelische Kraft fordert eine solche Tat! Soviel Blut, aber für eine so gute Sache! Wie bewegt müssen Sie gewesen sein! Welches Glück Sie haben! In dem Mann, dem Ihre tiefsten Gefühle gelten, den zu sehen, auf den die Welt blickt, und von dem geliebt zu werden, dem weltweite Bewunderung zuteil wird, das ist das schönste Schicksal, das eine Frau haben kann; es ist aber auch mit Sorgen verbunden. Bitte, bitte, schreiben Sie mir! Ich gäbe mein Blut für einige Zeilen von Ihnen, in denen steht, was ich ersehne. Der schwedische Kronprinz hat den Plan der Schlacht von Borodino vor sich und spricht immer wieder ganz begeistert darüber. Erzählen Sie das, Fürstin, Ihrem berühmten Gatten.

Meine eigenen Heldentaten beschränken sich auf eine höchst beschwerliche Seereise; und da ich von dem Sieg des Fürsten Kutusow erfuhr, hätte ich es sehr traurig gefunden, wenn ich ertrunken wäre. Stockholm ist nicht unterhaltsam, wenn man aus Petersburg kommt. Ich habe meinen Kindern ein großes Opfer damit gebracht, daß ich diese Stadt verließ, die auf Europa und Asien so großen Einfluß ausübt und die Annehmlichkeiten beider Teile der Welt in sich vereinigt. Ich vermisse Ihren glanzvollen und vornehmen Hof, ich vermisse ... Doch mein Sohn ist Adjutant des Kronprinzen, und die die längere Zukunft vor sich haben, müssen an erster Stelle stehen. Ich hoffe, Sie wiederzusehen, Madame, wenn Ihr Name sich mit dem Lord Wellingtons[7] verbindet, um Europa zu befreien. Inzwischen seien Sie, die Sie Ihren Gatten so gut vertreten, bei ihm die Dolmetscherin meiner größten Hochachtung und seien Sie versichert, daß ich für Ihre

Güte zutiefst dankbar bin und daß mir das Porträt, das Sie mir geschenkt haben, ebenso teuer ist wie jenes, das Sie bekommen haben [...].[8]

Mit den Neckers einst eng befreundet, war Etienne Dumont (1759 bis
1829), ehemaliger Genfer Pfarrer und Publizist und seit 1791 in England
ansässig, Mirabeaus Freund und Mitarbeiter gewesen, dann Schüler und
Übersetzer von Bentham. Ihre Freundschaft begann 1793 in Juniper Hall
und währte ihr ganzes Leben. Im Jahre 1812 ist er Erzieher der Kinder
des Marquis von Lansdowne, bei dem sie sich im darauffolgenden Jahr
wiedersehen.

An Dumont

Stockholm, den 13. Oktober 1812

[...] Ich habe dieses Rußland und dieses Moskau, das jetzt in Schutt
und Asche liegt, in dem Augenblick gesehen, als das französische
Heer, diese neue *goldene Horde*, von allen Seiten über das Reich, das
Asien und Europa trennt, herfiel, und ich habe überall ein uner-
schrockenes, stolzes Volk getroffen, das viel mehr Gemeinsinn besitzt
als das übrige kontinentale Europa, Spanien ausgenommen. Ich glaube
daher, daß man trotz der Härte des Krieges auf Widerstand stoßen
wird und daß man von diesem Halb-Asien das erwarten kann, *wozu*
das alte Europa nicht mehr fähig ist. Ich möchte sogar sagen, daß ich
zu Rußlands Zaren, mit dem ich mich mehrere Male unterhalten habe,
Vertrauen habe. Ich halte ihn in der Politik für völlig gutgläubig, und
das Wort *er ist getäuscht worden,* das man so oft auf Fürsten
anwendet, scheint mir seinen Charakter genau zu kennzeichnen.
Dennoch ist er wahrhaftig ein Mann von Geist, und kein Herrscher in Kontinental-Europa kann mit ihm verglichen werden.
Ich glaube daher, daß er standhaft sein wird, und wenn er standhaft
bleibt, ist damit alles gesagt, denn Napoleons Friedensschlüsse sind für
die Nationen verheerender als seine Kriege. Sie erhalten in ihren Verträgen das Gegenteil von dem, was Franz I. bot, sie geben ihre
Ehre dahin, um den Rest zu behalten, und ist die Ehre erst verloren,
geht man nach und nach aller Vorteile verlustig, die man ihr vorzog.
Ich muß Ihnen auch vom schwedischen Kronprinzen oder von General Bernadotte berichten. Ich kannte ihn schon persönlich, und ich

kenne seine Seelengröße. Er hat sich der Sache Europas eifriger angenommen als sonst einer, und keiner ist dem Meister, der in ihm einen
Diener zu sehen glaubte, mehr verhaßt. Ich hoffe, daß niemand in
England an ihm zweifelt, ja, ich kann Ihnen bezeugen, daß die gegenwärtige Krise von ihm unterstützt wird und daß er nach Lord Wellington der Mann ist, dem Europa am meisten verdankt. Wenn ich
den Namen Wellington ausspreche, sehne ich mich nach Ihrem
wunderbaren England. Mir ist, als sähe ich es wie einen Ritter die
Sache der Menschheit verteidigen. Nie hat die Geschichte das Beispiel eines solchen Kampfes geboten, und diese Bundeslade hat die
Menschenrechte gerettet.[9]

Thomas Jefferson (1746–1826), damals im Ruhestand, war 1784 als erster
Botschafter der Vereinigten Staaten von Amerika nach Frankreich gekommen, wo er Necker wie dessen Tochter und ihren Gatten kennenlernte.

An Jefferson

Stockholm, den 10. November 1812

Ich bin dem Joch, das auf halb Europa lastet, endlich entronnen, my
dear Sir, und kann den Brief, den Sie mir über M. le Ray de Chaumont geschickt haben und den ich mir als Ehre anrechne, freimütig
beantworten. Auch ermuntert mich das gegenwärtige Geschehen, Ihnen zu sagen, wie ich darüber denke, und ich hoffe, daß Sie wohlwollend aufnehmen werden, was meine Aufrichtigkeit mich sagen läßt.
Ich behaupte nicht, die Umstände zu kennen, die zu der Klage Amerikas gegen England Veranlassung gegeben haben; ich darf Ihnen die
Frage unter einem umfassenderen Gesichtspunkt darlegen. Sie haben
die ersten Tage der Revolution in Frankreich miterlebt, und ich erinnere mich, daß Sie den überspannten Leuten bei meinem Vater sagten,
ihre demagogischen Prinzipien würden in Frankreich zum Despotismus führen. Was Sie voraussagten, ist eingetroffen: Europa und die
Menschheit haben sich dem Willen eines einzigen Mannes gebeugt,
der seine Welt-Monarchie errichten will. Schon sind Deutschland,
Italien, Holland, Dänemark usw. französische Provinzen. Was dem
Kaiser Napoleon persönlich verhaßt ist, sind die freien Regierungen.
Er bedient sich Amerikas jetzt gegen England, doch wissen Sie sicherlich, daß er, als er hoffte, England dazu zu bringen, einen heimtücki-

schen Frieden anzunehmen, den Vorschlag unterbreitet hat (den England mit größter Verachtung zurückwies), ihm zu helfen, aus den Vereinigten Staaten die Apanage eines englischen Prinzen zu machen. Sollte, was die Menschheit in Trauer versetzen würde, England unterworfen werden und seine Flotte in die Hände des Beherrschers der Erde fallen, würde er sie gegen Sie führen, denn Ihre Prinzipien sind den seinen völlig entgegengesetzt, und er möchte selbst aus der Geschichte jene Zeiten ausmerzen, als die Menschen nicht dem Despotismus eines Einzigen unterworfen waren. Ihre alten Freunde, M. de la Fayette und M. de Lally[10], würden geradeso sprechen wie ich, könnten sie offen reden. Sie werden sagen, Amerika habe mit dem europäischen Kontinent nichts zu schaffen? Aber hat es mit der Menschheit auch nichts zu schaffen? Kann Ihnen die Sache der freien Nationen gleichgültig sein, Ihnen, der republikanischsten von allen? Kann Ihnen das Anliegen der Denker gleichgültig sein, Ihnen, my dear Sir, der Sie unter ihnen den ersten Platz einnehmen? Lebten Sie drei Monate in Frankreich, würde Ihnen Ihr edles Blut in den Adern kochen, und Sie könnten es nicht aushalten, den Plänen Napoleons zu nützen, auch wenn Sie glaubten, Ihrem Vaterland damit zu dienen. England ist seit zehn Jahren das einzige Bollwerk gegen diesen Despotismus ohnegleichen, der alle Mittel, die Barbarei und Zivilisation ihm in die Hand geben, dazu benutzt, die Menschheit herabzuwürdigen. Wenn eine Nation von zwölf Millionen Menschen gezwungen ist, zu kämpfen gegen hundert Millionen, unterjocht von einem einzigen, ist es dann verwunderlich, daß ihr bei ihrem notwendigen Widerstand mitunter auch unrechtmäßige Mittel unterlaufen? Alle Ihre alten Freunde in Europa, alle, die wie Sie dachten, als Sie die Unabhängigkeit Amerikas unterstützten, erwarten von Ihnen die Beendigung eines Krieges, der für sie ein Bürgerkrieg ist, da die freien Völker alle derselben Familie angehören. Ja, das größte Unglück, das den Amerikanern im gegenwärtigen Krieg widerfahren kann, wäre, ihren Feinden echten Schaden zuzufügen, denn dann wären die Engländer nicht mehr imstande, Ihnen als Bollwerk gegen den Despotismus des Kaisers von Frankreich oder vielmehr von Europa zu dienen. Hat er England erst die Freiheit genommen, wird er die Ihre bedrohen. Der Kaiser, so geschickt er in der Kunst des Verschleierns ist, macht keinen Hehl aus seiner Entschlossenheit, jede Nation, die selbständig sein möchte, zu vernichten. Man darf daher nicht den Willen dieses Mannes ignorieren, dem als System noch mehr Bedeutung zukommt denn als Charakter, und dieses System setzt sich aus allen antiphilosophischen Ideen zusammen, die die Welt je unterdrückt haben. [...] God bless you and deliver Europe. Farewell.

Necker de Staël Holstein[11]

Jefferson an Madame de Staël
Vereinigte Staaten von Amerika, 28. Mai 1813

Mit großer Freude erhielt ich, gnädige Frau und liebe Freundin, Ihren Brief vom 10. November aus Stockholm, und ich bin hocherfreut, Gelegenheit zu haben, Ihnen meine Verehrung und Hochachtung auszusprechen. Er ruft mir einen glücklichen Abschnitt meines Lebens ins Gedächtnis zurück, den ich in ihrer Vaterstadt verbracht habe, damals Sitz der liebenswürdigsten und feinsten Gesellschaft der Welt, zu der solch distinguierte Mitglieder wie Sie und Ihr ehrwürdiger Vater gehörten. Doch zum Schauplatz welcher Szenen wurde sie, und mit welcher Verwüstung hat sie die Welt überzogen! [...]
Bonaparte wird sterben und seine Tyrannei mit ihm. Doch eine Nation stirbt nie. Die englische Regierung und ihre Piraten-Prinzipien und Praktiken sind nicht von Dauer. Europa leidet und windet sich unter der Stachelpeitsche Bonapartes; wir werden von der Englands getroffen. Der eine Kontinent ist in der Gewalt Englands und der andere in der Bonapartes, jeder muß versuchen, den Feind zu überwinden, der ihn quält. Wir müssen das Feuer löschen, das in unserem eigenen Haus ausgebrochen ist und es unseren Freunden jenseits des Wassers überlassen, in ihrem Haus zu löschen. Erst als England von uns 1000 Schiffe erobert und mehr als 6000 unserer Bürger in seinen Dienst gepreßt hatte, erst als es durch seinen Prinzregenten bekanntgab, daß es seine, *uns betreffenden* Befehle zum Angriff nicht widerrufen werde, solange Bonaparte die seinen, *alle Nationen betreffenden*, nicht widerrufen hätte, erst als Englands Minister mit dem unsrigen in formellen Verhandlungen erklärt hatte, daß kein Vorschlag zum Schutz unserer Seeleute vor gewaltsamer Anwerbung unter fremde Flaggen möglich oder annehmbar wäre, erst als die Tür zur Gerechtigkeit und jeder gütlichen Vereinbarung zugeschlagen war und Verhandlungen ebenso hoffnungslos wie unehrenhaft geworden waren, erst da entschieden wir, daß der Krieg, den es seit Jahren gegen uns führt, nun auch von unserer Seite aufgenommen werden könnte [...]. England ist grundsätzlich der

Feind aller seefahrenden Nationen, so wie Bonaparte der aller Nationen des Kontinents ist: und ich halte es für geradeso vermessen, den Ozean erobern zu wollen, um das Landrecht einzuführen, wie den Kontinent erobern zu wollen, um das Seerecht wieder einzuführen. Nein, liebe gnädige Frau, Englands Ziel ist *die permanente Beherrschung des Ozeans* und *die Vormachtstellung im Welthandel*. Um sich das zu sichern, muß es eine größere Flotte unterhalten, als seine eigenen Mittel erlauben. Folglich müssen anderen Nationen gewaltsam Mittel genommen werden, um das eigene Defizit auszugleichen. Dies ist durch seine Schritt für Schritt vorangetriebene Usurpation der Weltmeere zur Genüge erwiesen.

[...] Unsere sofortige und ernsthafte Annahme der Vermittlung des trefflichen Alexander, der der beste Freund der Alliierten und Bonapartes erbittertster Feind ist, beweist doch wohl zur Genüge, daß wir nicht für die Seite seiner Feinde Partei nehmen. Ich bete inständig, seine Vermittlung möge zu einem gerechten Frieden führen. Es wird sich zeigen, daß die unvergängliche Persönlichkeit, die zuerst durch Krieg dem Siegeszug des Vernichters der Menschheit Einhalt geboten hat, der Freund des Friedens, der Gerechtigkeit und des menschlichen Glücks ist und der Schutzherr der friedliebenden und beleidigten Völker. Er ist zu ehrlich und unparteiisch, um Friedensbedingungen gutzuheißen, die die Freiheit auf den Weltmeeren beeinträchtigen [...].[12]

Ein Teil – und nicht der unwichtigste – der Verhandlungen zwischen Schweden und Rußland wird nicht von den Botschaftern geführt, sondern von den Mittelspersonen Madame de Staël und Galiffe.
Jacques-Augustin Galiffe (1766–1853), Genfer Bankier und entfernter Vetter von Madame de Staël, hatte ihr in Rußland als Dolmetscher, Führer und Sekretär gedient. In der Schreckenszeit in Genf im Jahre 1794 um sein Vermögen gebracht, stand er seit 1805 in Diensten des Barons Rall, Bankier des russischen Hofes.
Auch er haßte Napoleon (sein Bruder war übrigens höherer Offizier in der englischen Armee). Über Madame de Staël sagte er: »Sie ist wahrscheinlich die bedeutendste Frau Europas.« Er kehrt 1815 nach Genf zurück und publizierte geschichtliche und genealogische Studien. Zwischen 1812 und 1813 schrieb sie ihm 26 Briefe oder Billets, die veröffentlicht sind.

Stockholm, 20. November 1812

[...] Wissen Sie, was jetzt nottut? Man muß sehen, daß die Polen an der Frage das Interesse verlieren, weil nur sie es ehrlich meinen, und nur ehrliche Leute sind zu fürchten. *Zar Alexander* müßte sich zu ihrem König erklären, damit sie wieder ein Polen werden [...]. Eine Nation ist immer achtenswert, und Europa wird am Nationalgeist wieder gesunden. Der *schwedische Prinz* wird sich dieser großen Sache würdig erweisen; er hat sie schon sehr gefördert. Bei erster Gelegenheit, wenn die Umstände es erlauben, wird es ihm an Genius und Willen nicht fehlen [...].[13]

Ribbing an Madame de Staël   [Adlershwile bei Kopenhagen,]
Den 11. Dezember [1812]

Ich habe Ihnen nach den verschiedensten Gegenden unseres Kontinents geschrieben, aber ich hörte, man müsse Sie in Amerika suchen. Am wenigsten habe ich Sie in Schweden vermutet. Weiß Gott, ob eines meiner Geschreibsel Sie erreicht hat. Jetzt, da das Postgeheimnis an so vielen Orten bedenkenlos verletzt wird, ist das Schicksal der Briefe fast geradeso ungewiß wie das der Menschen. Ich habe noch eine andere Befürchtung. Hätten Sie nämlich meinen letzten Brief erhalten, hätten Sie ihn völlig lächerlich oder unangebracht finden können. Zuerst bedauerte ich Sie sehr, daß Sie nach Schweden gekommen sind; ich fürchtete für Sie den Haß des alten Hofes und die Intrigen der korrupten Höflinge der letzten Gustave. Die Gefühle, die diese für Sie hegten, waren mir wohlbekannt, mir und den Meinen, die mehr als einen Waffengang mit ihnen hatten. Doch jetzt ist alles anders; Sie haben dort jeden für sich eingenommen, und Ihre Erfolge dringen bis hierher, so unwiderstehlich ist Ihr Charme. Nicht, daß ich daran zweifelte. Ich bat Sie auch, wenn Sie es wollten, ein Wort für mich einzulegen, da Sie mehr als eine Gelegenheit dazu finden werden. Ich bat Sie freilich nicht, große Mühen auf sich zu nehmen, ich bat Sie nicht, für mich all das zu tun, was Sie für die Jaucourts, die Du Caylas, die Montbretons[14] und für viele andere taten, denen Sie das Leben gerettet und die größten Dienste erwiesen haben, ohne von ihnen manchmal mehr zu wissen, als daß sie sich in Not befanden. Trotzdem bat ich Sie um viel. Ich berief mich auf alte Erinnerungen, auf eine Freundschaft, die man mit der Zeit, wegen der Entfernung, was weiß ich, aus tausend anderen Gründen zumindest vielleicht aus den Augen verloren hatte. All das ist fast ebenso mittelalterlich wie das Land, in dem Sie zur Zeit leben und wo es Ihnen womöglich angebracht erscheinen könnte, mich nie gekannt zu haben. Wenn dem so ist, werde ich mich darüber nicht im geringsten beklagen. Aber es würde mir immer schwerfallen zu glauben, daß Sie auch nur in einer Beziehung eine gewöhnliche Frau sein sollten. Es ist mein Schicksal, Sie immer zu lieben.

Wie ich mich zu entsinnen glaube, war auch mein letzter Brief ein Jammern und Klagen. Sollte dem so sein, verleugne ich ihn. Ich bin keineswegs melancholisch, und ich verabscheue das Mitleid, jenes, versteht sich, das man einem anderen einflößt. Die alten Skandinavier starben lachend. Denken Sie nur an die Edda, das Sterbelied Ragnars usw. Das ist historisch, so wie Madame de Genlis schreibt, selbst dann, wenn sie dichtet. Nun, wenn ich auch nicht so stark bin wie Odins alte Recken, so bin ich deswegen nicht trauriger und werde enden wie sie. Man wird von mir sagen: er hat gut daran getan zu sterben, denn er verstand nicht mehr zu leben. Das ist alles. Wir deutschen Barone, wir wollen uns durch Charakter auszeichnen, wie Sie wissen, als Ersatz für Grazie, auf die man wohl verzichten muß, wenn man nicht im Faubourg St. Germain oder in der Chaussee d'Antin zur Welt gekommen ist. Doch was soll all das Geschwätz, werden Sie sagen. Nicht eben viel, ich wollte Ihnen noch ein letztes Mal von mir sprechen, einen dummen Brief nach dem anderen abschicken.

Adieu, leben Sie glücklich in dem Land, das Sie gewählt haben, und seien Sie versichert, daß Sie in diesem wenigstens einen echten und treuen Freund haben.[15]

An den Fürsten de Ligne

Stockholm, den 5. Mai [1813]

[...] Ich bin einsamer und verwirrter als je. Wenn die große Glocke Österreichs nicht läutet, wird all das so schnell nicht zu Ende sein. Die drei Mächte, Rußland, Preußen und Österreich, sind — könnte man sagen — wie das Problem vom Wolf, von der Ziege und vom Kohlkopf, die nie zusammen übergesetzt werden dürfen, weil der Wolf die Ziege frißt und die Ziege den Kohlkopf, usw.; kurzum, was die Befreiung Europas erhoffen lassen kann, ist, daß die Völker eingreifen, denn was die Regierungen betrifft, wird Napoelon sie immer hereinlegen, so viele auch kommen werden. [...] Seit dem Christentum handelte es sich, glaube ich, nie so sehr um das Schicksal des Menschengeschlechts, denn Napoleon ist nicht ein Mensch, sondern ein System. Sie haben hier den liebenswürdigsten Sendboten, den man sich nur denken kann: es ist der Graf Neipperg[16]. Ich verbringe meine Zeit mit ihm und finde, er hat französischen Esprit und deutsche Redlichkeit, was beides mir in gleicher Weise notwendig ist. Wollen Sie in meinem Auftrag Herrn de Narbonne, der wenigstens die Hälfte davon hat, fragen, ob er mich aufknüpfen lassen würde, wenn ich durch Wien käme. Im übrigen ist es eine rein akademische Frage, denn ich werde dorthin erst wieder reisen, wenn Europa frei sein wird. Da Sie, mein Fürst, nicht orthodox sind, bin ich sicher, daß Ihnen die Konversation des Herrn de Narbonne viel Vergnügen macht, und ich finde, er hat zuviel Glück, daß er die Ihre genießen darf. So bald es möglich sein wird, werde ich sie suchen. Vergessen Sie mich bis dahin nicht [...].[17]

Inzwischen hat Auguste de Staël Juliette Récamier verlassen und kommt um den 10. Mai in Schweden an.
Acht Tage vorher, am 2. Mai, hatte Napoleon die Preußen bei Lützen geschlagen und am 20.–21. Mai abermals bei Bautzen und Würschen. Am 18. landete Bernadotte bei Stralsund an der Nordküste Deutschlands; in seinem Gefolge befanden sich Schlegel und Albert de Staël, sein Ordonnanzoffizier beim Hauptquartier.
Constant lebte mit seiner Frau seinerseits in Deutschland, wo er viel arbeitete und in allen Städten, die über ein Kasino verfügten, spielte. Mit Bedauern denkt er an Madame de Staël und Coppet zurück und zankt sich mit Charlotte. Als er im September 1814 die Pläne Madame de Staëls erfährt, schlägt er sich ebenfalls zur schwedischen Sache.

An Benjamin Constant

[Stockholm] Den 20. Mai 1813

Seit zwei Monaten habe ich keinerlei Nachrichten von Ihnen, seit zwei Jahren habe ich Sie nicht gesehen. Erinnern Sie sich daran, wie Sie vorgaben, wir würden voneinander nicht getrennt werden? Ich kann Ihnen wohl sagen, eine schöne Karriere haben Sie sich entgehen lassen, vom übrigen ganz zu schweigen: und ich, was soll in der Vereinsamung meines Geistes aus mir werden? Mit wem kann ich reden, und wie werde ich mir selbst forthelfen? Mein ältester Sohn ist bei mir; er ist zum Botschaftssekretär in den Vereinigten Staaten ernannt worden. Ich begleite ihn zu den Doxat[18], wo er vier Monate mit mir auf dem Land zubringen wird. Albert ist bei seinem Gönner, ebenso Wilhelm[19]. Er wird zu mir zurückkommen, doch inzwischen bewirkt seine Abwesenheit, daß ich mich noch einsamer fühle. Meine Tochter ist reizend; sie wird Ihnen aus Göthenborg schreiben. Es wird ihr letztes Adieu sein, ebenso wie das meine, aber ich hoffe noch, daß Sie das Bedürfnis fühlen werden, uns wiederzusehen und, was Gott Ihnen gegeben hat, nicht verlustig gehen zu lassen.

[...] Stets habe ich Briefe von Ihnen bei mir; nie öffne ich meinen Sekretär, ohne sie in die Hand zu nehmen; ich betrachte die Anschrift. Alles, was ich bei diesen Zeilen gelitten habe, läßt mich erschauern, und dennoch möchte ich abermals welche erhalten. Mein Vater, Sie und Mathieu, Ihr werdet in einem Teil meines Herzens bleiben, das für immer verschlossen ist [...]; ich bin darin gestorben und ich lebe darin, und wenn ich durch die Fluten umkäme, meine Stimme würde diese drei Namen rufen, von denen ein einziger mir verhängnisvoll wurde. Ist es denn möglich, daß Sie alles so zerbrochen haben? Ist es möglich, daß eine Verzweiflung wie die meine Sie nicht zurückgehalten hat? Nein, Sie sind schuldig, und nur Ihr wunderbarer Geist erweckt noch Illusion bei mir. Adieu, adieu! Ach, könnten Sie doch begreifen, was ich leide! [...] Es ist schrecklich, nichts von Ihnen zu wissen! Adieu.[20]

An Bernadotte

Den 25. Mai 1813, Stockholm

Monseigneur!

[...] Das gesamte Land ist Ihnen auf Lebenszeit verpflichtet.[21] Sie sind hier, Sie ganz allein, die drei Prinzipien der Regierungen, die Montesquieu anführt: die Ehre, die Tugend und die Furcht [...]. Hier wie überall, Monseigneur, erwartet man, daß Sie über das Schicksal Europas entscheiden, und mir scheint, an dem Punkt, an den die Dinge gelangt sind, verknüpft sich das Selbstgefühl der Schweden alle Tage stärker mit Ihrem Ruhm. Welches Einzelziel übrigens könnte Erfolg haben, würde das große Ziel verfehlt! Freilich ist es nicht an mir, zu Ihnen zu sprechen, Monseigneur, da der

G[ra]f Neipperg zu Ihnen fährt. Er liebt Sie fast ebenso sehr wie Deutschland. Ich danke Ihnen, Monseigneur, daß Sie meinen ältesten Sohn protegiert haben. Er träumt nur noch von der Hoffnung, als Kurier von England zu Ihnen geschickt zu werden. Man schmeichelt mir, der Jüngere führe sich so auf, daß er Ihnen seinen Diensteifer zeigt. Was wäre aus uns allen hier ohne Sie geworden, Monseigneur! Daher gibt es aber auch in unserem Herzen nicht ein einziges Gefühl, das nicht Ihnen gehört. Ich gehe nach England, meine Stimme mit all denen zu vereinen, die Ihren schönen Charakter preisen. Bewahren Sie sich für dieses Land, das tatsächlich Sie nicht überleben könnte. Zum mindesten würde es im Unglück zu Grunde gehen [...]. Sie flößen selbst den kaltherzigsten Leuten lebhafte Äußerungen ein. Was also soll ich sagen! Ich bete für Sie zu Gott, und mein Herz schlägt für Ihren Erfolg, wie es einst für die Liebe schlug.

Hochachtung und Ergebenheit ohne Grenzen,
demütigst

Necker de Staël Holstein.

Der Zar hat meinen ältesten Sohn zum Edelmann der Kammer zu ernennen und ihm den Schlüssel des Kammerherrn zu versprechen geruht.[22]

Als Bernadotte und Schlegel fort sind, langweilt Madame de Staël sich in Stockholm. Übrigens bekommt ihr auch das Klima nicht, und sie schifft sich, nachdem sie die Söhne untergebracht hat, mit ihrer Tochter und Rocca in Göteborg ein; Mitte Juni erreicht sie London. Hof und Gesellschaft bereiten ihr einen triumphalen Empfang.

An A. W. Schlegel

London, den 2. Juli [1813]

[...] Ihre Broschüre[23] hat den größten Erfolg gehabt, und ich schmeichele mir, hier für Sie eine Pension zu bekommen: das ist nur der erste Schritt. Vielleicht erhalten Sie später eine Stellung, doch wichtig wäre es, daß Sie unabhängig würden, denn ich glaube nicht, daß das Land Ihnen auf die Dauer gefällt, und ich wünsche ja auch, daß wir zuammen nach Griechenland reisen. Man hat mich wie eine Fürstin aufgenommen, aber es gibt eine solche Menge, eine solche Vielzahl von Frauen, eine so große Eintönigkeit der Gesellschaft, daß es mich mehr betäubt als amüsiert. Engländer, die nicht gereist sind, geben wenig her, und gerade die sind Altersgenossen von Albertine. Kurzum, ich bin traurig und mutlos, und ich brauche Sie mehr als jemals. Erstaunlich ist, daß jedermann Ihnen sagen wird, ich sei zum Entzücken aufgenommen worden, und daß es auf mich doch nur den Eindruck eines Ozeans von Gesichtern macht, in dem alles sich gleichsieht. Nichtsdestoweniger wird Verdienst hier aufs trefflichste anerkannt, und man wird Sie wunderbar empfangen. Wenn Sie es möchten, werde ich Schritte für Ihre Pension unternehmen. Ich hatte die Absicht, damit zu warten, bis mein Buch[24] erschienen ist; ich habe es für 1 500 Louis verkauft [...]. Ich kann Ihre Unterhaltung nicht entbehren; mir scheint, ich habe keine Ideen mehr, seit wir getrennt sind. Meine Kinder werden Ihnen schreiben. Vergessen Sie nicht, daß wir Ihre Familie sind. Adieu.[25]

An Bernadotte

London, den 2. Juli 1813

Monseigneur,

Ich bin hier in einem Augenblick großen Triumphes für Sie angekommen. In der Diskussion über den schwedischen Vertrag[26] hat das Ministerium einen unerhörten Sieg errungen, und die Mitglieder der Opposition haben mir zugegeben, daß die Minister, denen sie mangelndes Talent vorwerfen, noch nie mehr Talent bewiesen haben. Aber es wird mir klar, daß in diesem Land die Opposition keinen Einfluß auf die öffentliche Meinung hat. Wenn die Ereignisse mit ihren Erklärungen im Einklang stünden, würden sie Rückhalt finden. Doch solange nicht die Tatsachen sprechen, hört das englische Volk nicht auf Worte. Ein englischer Journalist, der früher in Paris den Argus machte, Goldsmith[27], hat gesagt, ich sei nach London gekommen, um *durch meine Bewunderung für Sie das Ministerium hinters Licht zu führen*. Doch diese Dummheit hat, Monseigneur, nur zu der Annahme geführt, daß der Journalist vielleicht noch zu Napoleon hielte. Der Prinzregent[28] sagte mir, *er habe die höchste Meinung von Eurer Königlichen Hoheit und setze sein volles Vertrauen in Sie*. So ist gegenwärtig die allgemeine Meinung. Möge Gott geben, daß die Umstände es Ihnen erlauben, all diese Erwartungen zu rechtfertigen. Lucien[29] hat mir geschrieben; ich kann noch nicht zu ihm fahren [...]. Das England der guten Gesellschaft ist seit meiner Ankunft zu mir gekommen, aber ich denke mit Bedauern an Schweden zurück wie an eine Heimat, denn meine Heimat ist Ihr Feuerblick. Lord Castlereagh[30] hat mir über Sie alles gesagt, was ich selber denke. Ihre Gegner sagen nur: man muß abwarten; keiner wagt Ihren Charakter anzugreifen. Was Norwegen betrifft, so attackiert die Opposition mich in Gesprächen über dieses Thema täglich, und ich antworte, daß Dänemark eine Provinz Frankreichs sei, nur noch serviler als alle anderen [. . .]. Ich habe M. Canning gesehen, der sich über Eure Königliche Hoheit hervorragend äußert; der Marquis of Wellesley ist noch immer krank. Sobald ich ihn gesehen habe, werde ich Ihnen, Monseigneur, schreiben. Wenn es einen Wechsel im Ministerium gäbe, würde man sich dieser Opposition und nicht der anderen zuwenden. Die Emigranten von Ludwig 18. *(sic)* waren sehr höflich zu mir, doch ich habe ihre Gesellschaft nicht gesucht.[31] Ich sah Mad. Moreau[32] und erhielt von dem General einen Brief. Wie es scheint, denkt er daran, hierher zu kommen. Er beauftragt mich, Ihnen, Monseigneur, für die freundlichen Worte zu danken, die Sie ihm zukommen zu lassen geruht haben. Wenn Sie mir Befehle zu erteilen haben, so denken Sie daran, daß ich ein armes, kleines, Ihnen gehörendes Ding bin, und daß Sie mich glücklich machen, wenn Sie mich verwenden, wäre es auch nur für das geringste aller Ihrer Vergnügen. Ich weiß, daß Sie mit Albert unzufrieden waren; ich tadele ihn. Doch geruhen Sie, ihn zu verwenden. Er muß handeln können, um sich von seinen Fehlern zu befreien. Er hat Fähigkeiten, aber zuviel Unabhängigkeitssinn. Geruhen Sie, Monseigneur, zu ihm gleichzeitig gütig und streng zu sein. Mit dem Ältesten werden Sie zufrieden sein [. . .].[33]

An Rocca

Cobham[34], Mittwoch [den 7. Juli 1813]

Ich kann nicht dulden, lieber Freund, daß mein Caliban sich über mich beklagt. Ich liebe Sie mehr als je. Mein ganzes Glück beruht auf Ihnen, und ich schauderte, als Sie mir von den jungen Fräulein erzählten. Verlassen Sie nicht ihretwegen den alten Vogel. Wo werden Sie so viel Dank und Zärtlichkeit finden, wie in meinem armen, sturmgepeitschten Herzen, das ein Asyl nur in Ihrer Treue gefunden hat? [. .] In jedem Augenblick des Tages spreche ich zu Ihnen, und der Wind und die Blumen und die Sonne und die Wolken wissen, ob der

Gedanke an Sie mir ständig gegenwärtig ist. Lieber Gefährte meines restlichen Lebens, lassen Sie nicht den alten Vogel im Stich [. . .]. Ich wiederhole meine Weisung: man muß englisch *schreiben;* das werde ich bei meiner Rückkehr nach London tun. Sie kennen noch weniger als ich die englischen Wendungen, und ohne diese Kenntnis setzt man die Worte kunterbunt und wird nicht verstanden [. . .].[35]

Die Königin von Schweden, Hedwig Elisabeth Charlotta (1759–1818), Tochter des Großherzogs Friedrich-August von Oldenburg und seiner Gemahlin Frederika Wilhelmina, Prinzessin von Hessen-Kassel, hatte Madame de Staël am Hof von Stockholm empfangen. Kusine und seit ihrem fünfzehnten Lebensjahr Gattin des Herzogs Karl von Södermanland, hatte sie durch ihren Frohsinn und ihre Freundlichkeit den Hof und den Adel für sich gewonnen. Später ertrug sie standhaft die ihr durch die Ehe auferlegten Leiden. Literarisch begabt, schrieb sie auf französisch ein Tagebuch von siebentausend Seiten für die Gräfin Sophie Piper, die Schwester Axels von Fersen. Bei der Verschwörung gegen ihren Schwager Gustav III. hielt sie sich abseits, was immer man hat behaupten mögen. Ihre Beziehungen zu Bernadotte waren außerordentlich herzlich. Madame de Staël schrieb ihr zwischen 1813 und 1816 elf Briefe, die veröffentlicht sind.

An die Königin von Schweden

London, den 8. Juli 1813

Madame,

Seit vierzehn Tagen schon bin ich hier, und ich habe immer noch nicht Eurer Majestät für die mir erwiesene Güte gedankt. Dabei ist es gar nicht so, daß ich ständig beschäftigt gewesen wäre, aber man macht sich keine Vorstellung davon, was das Leben in London ist, sofern man hier einen Augenblick lang die Neugier erregt. Ohne Übertreibung kann ich sagen, daß ich in vier Tagen dreihundert Besuche, zwanzig Einladungen erhalten habe und zu so ermüdenden Stunden, daß ich nach zwölf durchwachten Nächten von der bloßen Gesellschaft krank war. Die außerordentliche Güte, die man mir erzeigt hat, rührt mich bis zum Seelengrund, doch nicht so verstehe ich den Reiz des Lebens, und England ist auf dem Land sehr viel liebenswerter als in der Stadt. Der Ruhm des Kronprinzen hat mir hier wie in Schweden zum Beistand gedient; der Prince of Wales[36] und die Minister haben zu mir mit der größten Begeisterung von ihm gesprochen, und sogar die, die den schwedischen Vertrag angegriffen haben, sagen, er sei für die Schweden viel zu vorteilhaft, was unserem Prinzen nur zur Ehre gereichen kann. Ich habe noch nicht gewagt, die Princess of Wales[37] aufzusuchen, obwohl sie die Güte hatte, mir sagen zu lassen, daß sie es wünsche; doch der Prinzregent hat mich so gut behandelt, daß ich nicht wage, sein Mißfallen zu erregen, und die Prinzessin besuchen hieße, ihm zu mißfallen. Übrigens steht fest, daß sie interessanter durch ihr Unglück als durch sich selbst ist. Man ist sich einig darin, sie zwar geistreich, aber nicht vernünftig zu finden. Ich habe auf dem Ball des Prinzregenten mit ihrer Tochter[38] gesprochen; sie ist natürlich, stark, frisch und was man ein braves Mädchen nennen könnte, obwohl ihr künftiges Los sie beschäftigt und ihr zusagt. Ihre Heirat mit dem jungen Fürsten von Oranien[39] scheint mir noch nicht beschlossen zu sein. Es gibt Leute, die behaupten, sie dächte an den Herzog von Devonshire[40], aber ich glaube nicht daran. Ich bin der Königin[41] vorgestellt worden [...]. Ich bewundere England mehr als jemals: seine Prosperität, seine Freiheit, der Gemeingeist, der es beseelt; die häuslichen Sitten, die es aufrechterhalten, sind über jede Begeisterung erhaben, doch die Kunst, in Gesellschaft zu leben, ist hier wenig bekannt [...]. Sehr anziehend hier ist die Vorliebe, die man für Rang in jeder Hinsicht hegt. Dieser liebenswürdigen Gewogenheit für irgendein Talent habe ich den unerhörten Empfang zu verdanken, den man mir bereitet hat [...].[42]

An Bernadotte

London [Juli–August 1813]

[...] Mehrere Male sah ich den Marquis of Wellesley, und bei einem Gespräch hat er mir unter vier Augen gesagt: »Ich verstehe die Motive des Prinzen von Schweden, Norwegen zu befreien, und ich glaube, daß es für England nützlich war, es ihm zu geben; doch von dieser Seite aus hat man es falsch angefangen. Im Augenblick des Rückzugs aus Rußland hätte man Dänemark glaubwürdig auffordern müssen, sich mit uns zu vereinigen. Dänemark hätte sich geweigert, und wir hätten infolgedessen Norwegen an Schweden vergeben. Doch so, wie der Minister es angefangen hat, haftet dem Vertrag ein Ruch von Unrecht an, der vielleicht verhindern wird, daß er je seine Ausführung erlebt.« Ich bitte Eure Königliche Hoheit, *zu nieman-*

dem von diesem Gespräch etwas zu sagen. Im übrigen liebt der Prinz-regent den Marquis of Wellesley nicht. Er selbst, der Prinz, hat mir gesagt, daß der edle Marquis bei einem Gespräch, das sie miteinander hatten, höchst arrogant gewesen sei. Lord Wellesley ist sehr geistreich, aber seine indische Art zu leben, das heißt in einem Serail von Frauen, und dazu noch Schulden zu machen, schadet ihm in der öffentlichen Meinung. Was er wünscht, wäre, daß sein Bruder, der General Wellington, diesen Winter für vierzehn Tage nach London käme; er glaubt, das würde ihn selbst ins Ministerium bringen. Ich zweifle daran, denn der Prinzregent scheint mir über alle Parteien der Opposition verärgert und ganz ausgesprochen über die Katholiken, zu deren Gunsten Lord Wellesley sich ausgesprochen hat. M. Canning, der mit dem Marquis von Wellesley liiert war, beginnt sich langsam von ihm auf eine Weise zu lösen, die glauben läßt, daß er im kommenden Winter ins Ministerium eintreten wird. Doch da er nur als dritter Mann, das heißt nach Lord Liverpool[43] und Lord Castlereagh, eintreten wird, würde sich der allgemeine Geist des Ministeriums nicht ändern. Der Krieg ist trotz der Steuern, die er mit sich bringt, in England sehr volkstümlich, und die Meinung ist für das gegenwärtige Kabinett recht günstig, obwohl man bei der Opposition mehr Talente erkennt. Wäre die Meinung für das Kabinett nicht günstig, könnte es sich nicht halten, so gut es auch mit dem Regenten stünde. So ist die Art dieser Regierung, die ich, je mehr ich sie aus der Nähe sehe, desto mehr bewundere [...].[44]

An Benjamin Constant

den 3. August 1813. Doxaville [London]

[...] In dem Haus, in dem ich wohne[45], wird das Talent sehr geschätzt; das Geld, das man hier ausgibt, ist ein Drittel mehr als sonst überall, aber das ist auch alles. Ich habe Ihnen berichtet, daß ich mein Kleid[46] für fünfzehnhundert Pfund verkauft habe; das ist ziemlich gut für eines, das nicht nach dem Schnitt des Landes ist [...]. Sie haben mein Glück vernichtet, aber Ihre Macht leugne ich nicht [...]. Wer kann wissen, was Sie eigentlich wollen? Zum mindesten ist alles, was Sie sich als Vorwand ausgedacht haben, falsch, das wissen Sie jetzt. Gott segne Sie. Meiner Tochter geht es gut; ich zweifle daran, daß sie sich hier verheiraten kann, es gibt so viel Frauen und so viel Geld [...] Ach! Werde ich Sie nie wiedersehen?[47]

Durch Vermittlung Schlegels kommt es zu einer Versöhnung zwischen Constant und Madame de Staël.

Im Juli hat sie von Schlegel eine unheilvolle Nachricht erhalten: Alberts Tod bei Doberan in der Nähe von Hamburg; er war in einem Duell mit einem Kosakenoffizier des Regiments von Tettenborn nach einer Spielaffäre getötet worden. Der folgende, dreißig Seiten lange Brief teilt ihr neue Einzelheiten mit.

Schlegel an Madame de Staël

Demmin, den 3. August [18]13

[...] Es gibt ein Verhängnis oder vielmehr eine Vorsehung in den menschlichen Angelegenheiten: seine Stunde war von der verderblichen Leidenschaft gezeichnet, die Ihre Strenge seit langem vergeblich zu korrigieren versucht hatte. Ferner hatte er ein unbegrenztes Zutrauen in seine Stärke und seine Geschicklichkeit. Wenn er nur im allergeringsten gegen seinen Gegner auf der Hut gewesen wäre, hätte er nicht auf diese Weise getroffen werden können. Er hat sich sozusagen ohne Verteidigung töten lassen.

Bei dem einzigen Aufenthalt, bei dem ich in Doberan weilte, habe ich den Chirurgen nicht auffinden können, um ihn über die Worte zu befragen, die Albert noch gesagt hat; ich habe einen Mann meiner Bekanntschaft damit beauftragt. Doch ich zweifele daran, daß der Chirurg darüber irgend etwas weiß. Es ist ein alter Mann, der äußerst erschrocken darüber war, sich notgedrungen dort zu befinden, und während der zwei Minuten, die Albert noch gelebt hat, haben die fruchtlosen Bemühungen, die er machte, um das Blut zu stillen, ihm jede Aufmerksamkeit für etwas anderes verwehrt [...]. Nach dem Bericht der anderen Augenzeugen hat Albert in einer letzten Anstrengung mit verlöschender Stimme nach Ihnen gerufen; es war sein Sterbegebet.

Man kann sagen, daß er aufrecht gestorben ist; die Erde diente erst dem erkalteten Leichnam zum Ruhebett. Die Standhaftigkeit gegenüber Gefahr und Schmerz, die ihn kennzeichnete, hat sich auch in seinen letzten Augenblicken nicht verleugnet. Wie es scheint, machte er noch, als er schon getroffen war, einen Versuch, einen Schlag zu führen, ehe der Säbel seiner Hand entfiel.

Vor einiger Zeit hat er zu mir gesagt, er glaube nicht, daß ihm lange zu leben bestimmt sei. Ich meine, ich hätte ihm darauf geantwortet, aber sicher bin ich dessen nicht: »Wenn es so ist, wie kommt es dann, daß Sie sich nicht zu ernsten Gedanken hingezogen fühlen?« Wieviel Glücksgaben verschwendet! Eine Mutter wie Sie! Eine Schwester wie Albertine! Einen Bruder wie Auguste! Alle Erleichterungen der Geburt und des Vermögens! Den Kronprinzen als Führer und Lenker bei seiner ruhmvollen Karriere, und der edelste Krieg in Aussicht! Wäre er vorm Feind gefallen, würde sein Name im Gefolge des Ihrigen zweifellos in die Unsterblichkeit eingehen. Ganz gewiß war er von schöner Freigiebigkeit mit seinem Leben. Hier eine Einzelheit, die ich nicht von ihm erfahren habe. Es ging darum, in Hamburg die feindlichen Werke auf der anderen Elbeseite auszukundschaften. Albert bestieg ganz allein ein Boot und gelangte bis unter die Batterien. Die Franzosen waren zunächst verblüfft über diese Kühnheit, dann schossen sie nach ihm, ohne ihn zu treffen, und er schaute ihnen zu, ohne sich anscheinend gestört zu fühlen, während er zu seinen Leuten zurückruderte.

Der Herzog von Mecklenburg[48], ein Biedermann und ungeniert, dessen Beispiel aber trotz seines Alters eher dazu angetan ist, den Leichtsinn der jungen Leute anzuspornen, statt ihn zu zügeln, hat mir seine Trauer um Albert bezeugt, dessen fröhliche Kameradschaftlichkeit er sehr vermisse. Er hat zu mir auch von der Ergebenheit seiner Garden für ihn gesprochen, der nämlichen, die sich in Hamburg gleichzeitig hervorgetan haben. Der Erbprinz und die Erbprinzessin[49] haben mir ernsteren Kummer über das unheilvolle Ereignis und echtes Mitgefühl mit Ihrem Schmerz bewiesen. Ebenso viele andere Leute. Sein Begräbnis fand mit Feierlichkeit und wirklich ausgesuchten Ehrungen statt.

[...] Liebe Freundin, ich zweifele nicht an Ihrer Freundschaft. Doch Sie selbst haben oft dem Dichter zugestimmt, der die Freundschaft nur als schwache Hilfe bei anderen Verlusten schildert. Ich habe Wunden im Herzen, die nicht heilen. Auch Sie haben mir welche beigebracht. Meine Jugend ist dahin, mein Leben ist verfehlt, und nun, wo das Alter herabsinkt, stehe ich ganz allein. Die Liebe hat mich betrogen, die Poesie hat mich im Stich gelassen, die äußeren Gegenstände verlieren in meinen Augen ihren Glanz; man dürfte nur noch daran denken, den inneren Blick auf die Kontemplation der ewigen Dinge zu richten. O menschliche Eitelkeiten! Ich weiß wohl, ich habe eine gute Ausrede, nämlich die Sache der Freiheit. Aber man sollte sie philosophisch in sich selbst erstritten haben, ehe man sie von den Tyrannen zurückverlangt.

Für Ihre Zukunft, falls es uns gewährt ist, einige Zeit zusammen zu verbringen, fürchte ich plötzliche Rückfälle in Ihre Einbildungen. Im Augenblick denken Sie mit Bedauern an mich; ich scheine Ihnen zu fehlen; wenn ich jedoch dasein werde, werden Sie mich von neuem mürrisch, unerträglich finden und werden mir zusetzen wie in der Vergangenheit, indem Sie meine Qualen als Fehler behandeln [. . .].[50]

Madame de Staël hatte den General Jean-Victor Moreau (1763–1813) 1803 oder sogar schon früher im Salon von Madame Récamier kennengelernt, in dem sie ebenso wie Bernadotte zur Zeit des Komplotts der Generäle verkehrte.
Nachdem er in Italien Freund und Waffenbruder Bonapartes gewesen war und ihm auch im 18. Brumaire sekundiert hatte, wurde er sein anerkannter Rivale, wobei seine Frau ihn in seinem Ehrgeiz anstachelte und die Royalisten ihn unterstützten. In das Komplott von Pichegru und Cadoudal verwickelt, wurde er verhaftet, im Temple eingekerkert und zu zwei Jahren Haft verurteilt. Die Gefängnisstrafe wurde in ewige Verbannung umgewandelt, er ging daraufhin nach Spanien und nach Amerika, wo er seit 1805 lebte. Beim Tod Kutusows und auf Anregung von Bernadotte hin wurde er von Alexander berufen, die Alliierten beim Feldzug von 1813 zu beraten. Am 18. August war er in Prag, und weniger als vierzehn Tage später starb er an den in der Schlacht von Dresden erhaltenen Wunden. In einem noch nicht veröffentlichten Brief, den er aus Amerika an Bernadotte schrieb, gesteht er, daß er ohne die Vermittlung von Madame de Staël gezögert hätte, mit ihm wieder Verbindung aufzunehmen.

An Moreau

[Richmond[51], Anfang September 1813]

General!
Nichts konnte für mich schmeichelhafter sein als ein Brief von Ihnen. Ich hege so große Bewunderung für Ihren Charakter und für Ihre Talente, daß ich mich mit Ihrem Namen und Ihrem Wohlwollen für mich wie mit dem Reinsten und Erlauchtesten, was wir in Frankreich besitzen, schmücke [. . .]. Sie allein können Europa von dem Joch erlösen, das auf ihm lastet. Die militärischen Talente Napoleons können allein durch die Ihrigen bekämpft werden. Sie sind das einzige gute Prinzip, das man dem bösen entgegensetzen kann. Haben Sie keine Bedenken, hierher in ein Land zu kommen, das man Feindesland nennen könnte. Dieses Land ist im Krieg mit dem Korsen, nicht aber mit

Frankreich. Genau das Gleiche gilt auch für das übrige Europa [...].
Von hier aus können Sie nach Schweden fahren, nach Rußland, nach
Lissabon, nach Sizilien, nach Cadix.

Sie sind den Ereignissen nahe, Sie können sie durch Ihre Gegenwart entscheiden. *Ruhe ist nicht mehr gestattet*, wenn es sich nicht
nur um das Schicksal dieser Generation, sondern um eine lange Zukunft handelt, denn wenn die Politik Bonapartes siegt, wird man alle
großherzigen Gefühle auf dieser Erde wie Hirngespinste behandeln,
und man wird sich davon überzeugen, daß seine unerbittliche Berechnung und seine Frechheit zusammen mit seiner Geschicklichkeit
das ganze Geheimnis bilden, die Welt zu täuschen und zu unterwerfen.

[...] Ich werde dem Prinzen von Schweden schreiben, womit Sie
mich im Hinblick auf ihn beauftragen. Sie würden froh sein, wenn
Sie ihm die Ehre erwiesen, zu ihm zu kommen, jedoch hierher sich zu
begeben, beschwöre ich Sie. Sie werden dann sehen, wie Sie Ihrem
Vaterlande nützen können. Ich bin überzeugt, General, daß einzig Sie
zur französischen öffentlichen Meinung zu sprechen vermögen, und
ohne diese sind alle Bemühungen vergeblich, denn Frankreich allein
wird immer die Herrin Europas sein [...].[52]

An Bernadotte

den 11. September 1813, Richmond bei London

Monseigneur!

Eure Königliche Hoheit werden, des bin ich sicher, den furchtbaren,
leidvollen Zustand verstehen, der es mir nicht gestattet hat, früher zu
schreiben. Das bitterste Gefühl, das ich in diesem Augenblick verspüre,
ist die Vorstellung, daß mein armes Kind nun bei Ihnen wäre, sich
für Sie schlüge und das täte, was ich tun würde, so ängstlich ich auch
bin, wenn es sich darum handelte, Sie zu retten. Ach! welch ein
Augenblick, welche Unruhe! Wie kann ich einen Brief, der von Ihrer
Armee kommt, öffnen ohne eine Erregtheit, die meine Kräfte über-
steigt! Ihre Proklamation, Monseigneur, hat hier die größte Wirkung
hervorgebracht. Alle Zeitungen haben sie kommentiert und bewundert. Man war vor allem überrascht davon, Monseigneur, wie Sie an
1792 erinnern. Es ist tatsächlich eine sehr glückliche Idee. Denn Sie
waren es ja, Monseigneur, der sich auf beiden Seiten des Rheins für
dieselbe Sache geschlagen haben. Man war erstaunt, daß Moreau
nichts von sich selbst und von Frankreich gesagt hat. Mackintosh,

einer meiner geistreichen Freunde, sagte, seine Proklamation sähe so aus, als sei sie Moreauski unterzeichnet. Er mußte doch, meine ich, zu seinen ehemaligen Kameraden sprechen, doch wer versteht wie Sie, Monseigneur, zu sprechen! Ihre Tagesberichte sind Meisterwerke; hier bilden Sie die Stärke des englischen Kabinetts, und Sie werden zu Beginn der nächsten Sitzungsperiode sehen, wie die Oppositionspartei im Hinblick auf die auswärtigen Angelegenheiten den Rückzug antreten wird, wenn der liebe Gott zuläßt, daß das Ringen andauert, denn es genügt sogar, lange Zeit geschlagen zu werden, um am Ende zu triumphieren. Der General Du Mouriez schreibt mir unaufhörlich, daß Sie ein bewundernswerter Mann seien, aber vor allem muß man die Schlacht vermeiden. Glauben Sie mir, Monseigneur, alle Augen sind auf Sie gerichtet, und in Ihrer Natur gibt es etwas so Brillantes, das alles Übrige verschwinden läßt. Mein Sohn hat in diesem Herbst keinen Schiffsplatz nach Amerika bekommen, und der Winter macht mir Angst für eine so lange Seereise. Werden Sie mir verzeihen, Monseigneur, wenn ich nicht die Kraft für eine solche Trennung habe, bis meine Gesundheit in ein paar Monaten wiederhergestellt ist? Er, Auguste, würde sehr gern die drei Monate des Wartens bei Eurer Königlichen Hoheit verbringen. Wäre es möglich, Monseigneur, und würde er zu etwas nützlich sein, wenn er Ihre Heeresberichte kopierte? Denn ich will absolut nicht, daß er die militärische Laufbahn einschlägt. Der Herzog von York, bei dem ich diese Woche drei Tage verbracht habe, sprach voll Begeisterung zu mir von Eurer Königlichen Hoheit. Ihr Stern ist im Steigen; Gott möge ihn schützen! [. . .].[53]

An A. W. Schlegel

London, den 8. Oktober [1813]

[. . .] Wir erwarten die Antwort auf das Gesuch, das ich Ihretwegen für meinen Sohn gemacht habe. Ich werde Ihnen ganz ehrlich eingestehen, daß ich wünschte, es würde abgelehnt, und daß er ganz einfach im Frühjahr nach Amerika geht. Er hat mir solche Szenen gemacht, um in Ihr Hauptquartier gehen zu können, daß ich nachgeben mußte. Er langweilt sich hier, ebenso Albertine; und ich amüsiere mich kaum trotz aller Höflichkeiten, die man mir erweist, doch ich schreibe diesen Eindruck Ihrer Abwesenheit zu, denn es gibt hier so mancherlei, worüber wir zusammen sprechen könnten. Doch der

Geist meiner Kinder gibt überhaupt nichts her; sie sind erloschen. Merkwürdige Wirkung meiner Flamme. Der arme Albert hatte den Schwung verkehrt aufgefaßt, aber Schwung hatte er. Immer komme ich darauf zurück, daß ich *Sie* brauche, daß Sie einzigartig sind, und daß ich ohne Sie nicht leben kann [. . .].[54]

An Bernadotte

London, den 11. Oktober 1813

Monseigneur!

Ich kann mir nicht versagen, Eurer Königlichen Hoheit die wunderbare Wirkung Ihres Briefes an den Kais. Napoléon und Ihrer Proklamation an die Sachsen[55] mitzuteilen. Es gibt keinen Engländer, zu welcher Partei er auch gehöre, der von Ihnen spricht, ohne Sie *den großen Mann der guten Sache* zu nennen, und wie Cäsar schreiben Sie mit der Seele, die Sie zum Kampf befeuert. Doch denken Sie daran, daß die Befreiung Europas von *Ihnen* abhängt; denken Sie daran, daß Napoléon sich für den Herrn der Welt hielte, falls Sie verwundet würden, und setzen Sie geistigen Mut ein, um sich nicht dem Mut des Blutes auszusetzen. Auf den Knien wage ich, Sie das zu bitten. Im Dienst des Generals Moreau gab es Überreste der französischen Emigranten, das heißt vier alte Bischöfe und zwanzig Sankt-Ludwigs-Ritter. Keiner der Prinzen war dabei, was seltsam erschien [. . .]. Die Art, wie Sie sich an die Franzosen wenden, Monseigneur, ist die allergeschickteste und allernobelste. Man billigt sie auch hier und sagt, falls General Wellington in Frankreich eindringe, müsse er Ihre Proklamation imitieren. Aber er ist ja kein Franzose, und Sie allein, Monseigneur, vermögen im Augenblick zu Frankreich zu sprechen. Ich warte darauf, was Sie ihm sagen werden, wenn Sie am Rheinufer stehen. Oh, welche Laufbahn die Ihrige ist! Führen Sie sie weiter, bis Sie Frankreich die Freiheit gegeben und den richtigen Weg gewiesen haben! [. . .] Unter den englischen Ministern sagt Lord Castlereagh zuweilen, es sei zu wünschen, daß die Bourbonen den Thron Frankreichs wieder besteigen, doch in der Meinung des Landes herrscht wenig Interesse für sie [. . .].[56]

[London, Ende Oktober 1813]

[...] Ich sage Ihnen nichts, Madame, über die unerhörten Ereignisse, die vorgefallen sind.[57] Unser Prinz hat den Impuls zu der großen Bewegung gegeben, und die Vereinigung mit Norwegen wird, wie ich hoffe, der Lohn seiner weisen und vorausschauenden Politik sein [...]. Ich werde nach Paris gehen; so lange schon bin ich verbannt. Ich sah den König von Frankreich und die Herzogin von Angoulême.[58] Sie haben mich mit großer Güte empfangen, und ich hoffe, mich dessen durch meine Anhänglichkeit an sie würdig zu zeigen; doch auf Schweden habe ich noch nicht verzichtet. Es ist das Vaterland meines Sohnes, es ist das Land, in dem Eure Majestät mich mit so viel Güte aufzunehmen geruht haben. Doch wenn ich der Königin in Paris nützlich oder auch nur angenehm sein kann, flehe ich Sie an, mir Ihre Befehle zu geben, damit ich sie mit der größten Sorgfalt ausführe, glücklich in dem Gedanken, daß ich ihr Wohlwollen einen Augenblick lang auf mich ziehe. Ich weiß nicht, ob ich auf meiner Reise dem Prinzen begegnen werde; ich wäre untröstlich, wenn ich ihn verfehlte, doch wir stehen noch in einem solchen Wirrwarr und in einer solchen Überstürzung in allem und überall, daß Europa einem durchgegangenen Gaul gleicht. Tatsächlich hatte der Reiter, der es bestiegen hatte, eine harte Hand. Man erwartet hier den König von Preußen, den Kaiser von Rußland und beinahe auch den Kaiser von Österreich. Ich glaube, ich werde sie unterwegs kreuzen, doch ich denke auch, daß sie mich entbehren können [...].[59]

Die Freundschaft, die Madame de Staël dem dritten Marquis of Lansdowne, Henry Petty-Fitzmaurice (1780–1863), widmete, war vielleicht eine der dauerhaftesten unter ihren englischen Beziehungen.
Abgeordneter im Unterhaus schon mit 22 Jahren, drei Jahre später Schatzkanzler, 1809 zum Marquis erhoben, dann Oppositionsführer im House of Lords, versuchte er die Whig-Partei zu reorganisieren. Liberal und von religiöser Toleranz durchdrungen, trat er für den Freihandel, die Unabhängigkeit der Republiken von Südamerika, für ein besseres Schicksal Irlands und die Abschaffung der Sklaverei ein, wobei er mit Wilberforce und Madame de Staël zusammenarbeitete. Innenminister im Jahre 1827, dann erster Lord des Schatzamtes und des Foreign Office, wird er der unbestrittene Führer der Whigs während mehr als 50 Jahren und erhält den Zunamen Nestor des House of Lords. 1816 sieht Madame de

Staël ihn in Coppet wieder und wechselt häufig Briefe mit ihm. Seine Beziehungen zu ihren Kindern werden sich auch nach dem Tod der Mutter fortsetzen. Letztere hat gerade drei Wochen bei ihm verbracht und schickt ihm folgenden, noch unveröffentlichten »lettre de château«.

An Lansdowne

London, den 8. November [1813]

Mylord,

Ich bin so traurig, Bowood verlassen zu haben, daß ich Ihnen gar nicht auszudrücken weiß, wie sehr es mir dort gefallen hat. Ich war über die Nebel und die schlechten Straßen verärgert, und es ist mir zugestoßen, was ich voraussah, nämlich nun hier zu sein, weil es mir dort zu wohl war. Die Nachrichten sind, wie Sie sehen, glänzend, und was wirklich entscheidend gewesen ist, war der Augenblick, in dem der Kronprinz sich mitten ins sächsische Bataillon gestellt und ihm gesagt hat, es müsse sich unverzüglich gegen den Feind wenden. M. James[60], der in dieser Krise bei ihm war, sagt, daß es eine Szene aus einer Tragödie war. Es scheint jedoch nicht, als habe er den allgemeinen Plan entworfen; man schreibt ihn den Österreichern zu. Die Einstimmigkeit im Parlament hat eine schöne Wirkung getan, und die Rede von Lord Granville[61] ist die am besten gelungene. Der Marquis of Wellesley hat mich gestern morgen besucht, und er denkt, morgen nach Ramsgate abzureisen. Er glaubt, daß bis zum Wiederzusammentritt nichts Interessantes vorfallen wird. Wobei er freilich zugibt, daß Lady Lansdowne ja nicht denken darf, ich verzichtete auf meine Klagen über seinen Aufenthalt in Bowood. Sie ist wirklich das Ideal einer englischen Frau, und Ihr Gefühl hat so gewählt, wie es auch das ruhigste und reiflichst überlegte Urteil getan hätte. Meine Tocher fühlt sich zu ihr hingezogen, wie sie es sonst noch nie empfunden hat, und ich hege ein schmerzliches Gefühl, nicht mehr jung genug zu sein, um ihr lebhaft zu gefallen [...]. Es heißt, es gäbe einen abgefangenen Brief von Berthier[62], worin er sagt, der Frieden sei vonnöten, um dann einen Revanchekrieg vorzubereiten. Der Kronprinz hatte vor der großen Schlacht an Ney[63] geschrieben, er solle sich daran erinnern, wie sie zusammen bei St. Quentin für die Freiheit und Unabhängigkeit Frankreichs gekämpft hätten, und sich jetzt anschließen, um Bonaparte zum Frieden zu zwingen. Es war ebenso sehr, um Bon[aparte] über Ney zu beunruhigen, wie auch in der Hoffnung, Erfolg damit zu haben, daß er so schrieb (das unter uns).

Ich möchte von Paris aus an Lansdowne, den Premierminister, Nachrichten schicken, die ihn interessieren würden. Die Welt wäre dann nach meinem Geschmack besser eingerichtet. Was den Marquis Lansdowne, Premierminister, betrifft, so muß das Wirklichkeit werden, denn Sie haben alle Eigenschaften zu einem Staatsmann in einem freien Land. Gott segne Sie alle beide, wie Sie bereits gesegnet sind, und sagen Sie Dumont, er solle für Sie beten [. . .].[64]

An A. W. Schlegel   London, den 9. November [1813]

[. . .] Ihr Briefchen an meinen Sohn beweist nur zu sehr, daß Sie das Wohlwollen des Kronprinzen für uns keineswegs genährt haben. Dabei hatten Sie es mir doch versprochen, und mußte die Dankbarkeit, die doch in Ihrem Charakter liegt, Sie nicht daran erinnern, daß sich Ihre gloriose Verbindung zu ihm über mich gebildet hat? Muß denn im Wohlergehen ein Herz wie das Ihre sich wandeln, und spüren Sie nicht, daß Ihr Vergessen mir in der Seele wehtut? Keine Post trifft ein, die mich nicht schlaflose Nächte kostet. In den Augen der anderen bin ich gedemütigt, wenn man mich fragt: »Nun, haben Sie Nachrichten von Herrn Schlegel?« In meiner Einsamkeit bin ich zerfleischt durch den Verlust meines Vertrauens in Ihre Freundschaft, die mein größter Schatz in dieser Welt war. Auch mein Sohn und meine Tochter fühlen sich durch Ihre Gleichgültigkeit für uns alle bedrückt. Wir sprechen zusammen von gar nichts anderem. Seit dem Verlust meines armen Sohnes habe ich keinen bittereren Kummer empfunden. Beide Unglücke vermischen sich: ich sage mir, wenn er noch da wäre, würde ich nicht von Ihnen und nicht vom Prinzen vergessen; ich bekäme Briefe vom Kontinent; die Sache, für die ich mein Leben gäbe, würde nicht gewonnen, ohne daß ein Freund mich dazu beglückwünschte. Ach, wenn Sie mich nötig hätten, wie ich Sie nötig habe, ließe ich Sie dann so im Stich? Habe ich Sie in Stockholm im Stich gelassen, und mein Wohlergehen, wenn es mir je einmal wohlergehen sollte, wäre es nicht auch das Ihre?
Ich habe das Buch veröffentlicht, in dem alles mich an Sie erinnert. Die Auflage war in drei Tagen ausverkauft, aber was liegt mir daran? Mit wem soll ich darüber reden? Sie taten gut daran, häßlich mit mir zu sein, in der letzten Zeit, in der wir zusammen waren; niemals hätte ich Sie sonst verlassen können. So viel habe ich verloren, als ich Sie verlor! Wenn ich Sie jemals wiederfände, täte ich so viel, um Sie fest-

zuhalten! Obwohl man sehr gut zu mir ist, bin ich vom *spleen* verdüstert, und Ihr Schweigen ist dafür der Grund [...]. Bin ich denn nicht, was immer Sie auch sagen mögen, der Mensch, der sich am meisten auf der ganzen Welt Ihrer annimmt? Ist mein Haus nicht Ihr Haus? Meine Familie Ihre Kinder? Ach, wie weh tun Sie mir mit Ihrem Schweigen! Doch ich würde Ihnen verzeihen, wenn Sie zu mir kämen [...].[65]

A. W. Schlegel an Madame de Staël

Kiel, den 13. Dezember 1813

[...] Wenn man durch Meere und vielleicht Armeen voneinander getrennt ist, darf man seinen Freunden nicht wegen einer einfachen Briefverzögerung grollen, da sie durch tausend Zwischenfälle verursacht sein kann. Man soll sich auch ganz allgemein nicht gehen lassen, wenn man nicht den klaren Beweis einer Treulosigkeit in den Händen hat; selbst dann sollte man sich aber in acht nehmen, denn Monate verstreichen, ehe man den angestellten Schaden reparieren kann. Woher wissen Sie denn, ob ich nicht krank war oder im Sterben lag, und ob man mir nicht Ihren Brief als letzte Wegzehrung für die andere Welt verabfolgte? [...]

Liebe Freundin, ich meine, daß Nachsicht eines der wesentlichen Kennzeichen der Freundschaft ist. Sie ist dazu geschaffen, über das Leben friedliche Sanftmut zu breiten: ihres ganzen Privilegiums ginge sie verlustig, wenn sie ungestüm wäre. Wie Sie wissen, habe ich Saumseligkeit und Lässigkeit im Charakter; ich nämlich weiß es sehr wohl, denn es war der Grund, warum ich weniger weit gekommen bin, als ich mit meinen Mitteln hätte kommen können. Ich habe nicht das Talent, in einem Augenblick eine Unmenge Briefe zu schreiben. Ich brauche Ruhe dazu; es erfordert einen Entschluß, es ist eine Arbeit. An einem der ersten Tage, an denen ich Sie in Berlin sah, sagte ich, als ich bemerkte, wie Sie eine Menge Briefchen erhielten und beantworteten, das brächte mich um. Ich bin jetzt auch in ein Alter eingetreten, in dem man nur schwer seine Fehler ablegt, so sehr man auch den Willen dazu haben mag. Man muß mich so nehmen, wie ich bin, sonst bringt man mich völlig in Verwirrung. Den ganzen Sommer über habe ich nicht ein einziges Mal an Friedrich geschrieben. Er beklagt sich mit Recht auch darüber, aber in einem sanfteren Ton [...].[66]

Byron (1788–1824) wurde am 21. Juni bei Lady Davy Madame de Staël vorgestellt; kurz danach sah sie ihn bei einem ihr zu Ehren bei den Jerseys gegebenen Diner wieder. Sie begegneten sich mehrmals in der Gesellschaft, und sie findet, er sei »der verführerischste Mann von England«, dann schwächt sie jedoch ihr Urteil ab.[67] Dagegen verbesserte sich Byrons Meinung über sie, namentlich nach der Veröffentlichung von *De l'Allemagne* und nach ihrem Tod. Einerseits bewundert er Napoleon, andererseits mißfällt sie ihm körperlich wegen ihres Mangels an Weiblichkeit, an Takt und wegen ihrer Zungenfertigkeit: »Ihre Werke bilden mein Entzücken, ebenso wie ihre Person – während einer halben Stunde.« Er zieht es vor, mit Albertine zu flirten.

Als 1816 bei seinem Aufenthalt in Cologny, gegenüber von Coppet auf dem anderen Ufer des Genfer Sees, die Genfer Gesellschaft ihm den Rükken kehrt, wird Madame de Staël ihn bei sich empfangen und versuchen, ihn mit seiner Frau auszusöhnen. Madame de Staël schreibt ihm zwischen 1813 und 1816 etwa zehn Briefe oder Billets, von denen einige veröffentlicht sind.

An Byron

Argyle Street, no 31 [30. November 1813]

Ich vermöchte Ihnen, my Lord, nicht auszudrücken, bis zu welchem Punkt ich mich geehrt fühle, in einer Anmerkung zu Ihrem Gedicht erwähnt zu werden, und zu welchem Gedicht![68] Mir scheint, daß ich mich zum ersten Mal sicher wähne, einen Namen für die Zukunft zu haben, und daß Sie für mich über das Reich der Renommés verfügt haben, das Ihnen von Tag zu Tag mehr gehorsam ist. Ich möchte mit Ihnen von diesem Gedicht sprechen, das alle Welt bewundert, doch ich werde Ihnen gestehen, daß ich, wenn ich es lobe, zu verdächtig bin, und ich verhehle nicht, daß ein Lob von Ihnen mich ein Gefühl des Stolzes und des Dankes empfinden läßt, das mich unfähig machen würde, Sie zu beurteilen: doch zum Glück sind Sie über jedes Urteil erhaben.

Machen Sie mir manchmal das Vergnügen, Sie zu sehen: es gibt ein französisches Sprichwort, welches sagt, daß ein Glück selten alleine kommt.

De Staël[69]

Sehr verehrte gnädige Frau,
ich werde mich nicht entschuldigen, daß ich Ihren sehr freundlichen
Brief in meiner eigenen Sprache beantworte, mit der Sie so vertraut
sind. Ich müßte mich scheuen, Ihnen in der Ihren zu erwidern, selbst
wenn ich als Franzose in Frankreich geboren und aufgewachsen
wäre. Meine französischen Kenntnisse reichen nicht eben weit, doch
sie genügen, daß ich die Schönheit und Originalität von Gedanken
erfasse, die keinem einzelnen Land oder Landstrich gehören, sondern
die Herzen aller treffen müssen, die diese Erde bewohnen. Als ich auf
Ihr jüngst erschienenes Werk hinwies in einer Anmerkung, die Sie
freundlicherweise mit Befriedigung aufnahmen, war ich nur zu
glücklich, daß ich mich Ihrer Autorität bedienen konnte, um eine wirkliche oder auch nur eingebildete Bestätigung meiner Meinung über ein
bestimmtes Thema zu finden. Mein Lob war nur das schwache Echo
machtvollerer Stimmen — für Sie muß jeder Versuch, Sie zu preisen,
bloße Wiederholung sein. Von dem Werk selbst kann ich nur sagen,
daß wenige Tage seit seinem Erscheinen vergangen sind, an denen ich nicht sorgsam viele Seiten darin las, und daß ich es um
meiner selbst willen bedauern würde, könnte ich den Zeitpunkt fest-
legen, an dem ich nicht mehr mit Freuden darauf zurückkomme. Die
Geschichte, die Sie mit Ihrer Aufmerksamkeit beehrt haben, wurde
übereilt niedergeschrieben und, wie ich fürchte, unklugerweise veröffentlicht; überdies hat sie den Nachteil, daß sie in einem jener
Augenblicke verfaßt wurde, da uns die Wirklichkeit zwingt, bei der
Phantasie Zuflucht zu suchen. Ich bin ihr mehr verpflichtet, als ich
es dem parteiischen Leser gegenüber je sein kann, da sie meine
Gedanken von selbstsüchtiger und düsterer Betrachtung losriß und
sie zu einem Teil der Welt zurückrief, dem ich einige der hellsten
und dunkelsten, aber immer die *lebendigsten* Erinnerungen meines Lebens verdanke ... Ich verbringe meine Tage so ungeregelt,
daß Sie meine Versäumnisse gegen die Besuchs-Etikette nicht als
Mangel an Hochachtung vor Ihrem Talent oder Geringschätzung Ihrer Gesellschaft mißdeuten dürfen: da Ihnen die ganze Welt zu Füßen
liegt, können Sie die Abwesenheit eines einsiedlerischen und
manchmal mürrischen Individuums weder bemerken noch bedauern.
Meine Freunde — mindestens meine Bekannten —, die zumeist auch
Ihre Freunde und alle Ihre Bewunderer sind — könnten Ihnen erzählen, daß diese Nachlässigkeit bei mir Gewohnheit ist. Ich sage nicht,

sie sei entschuldbar — und ganz gewiß ist sie es nicht im gegenwärtigen Augenblick. Aber Ihre Gutherzigkeit wird meine Saumseligkeit vergeben und vielleicht auch einige meiner Fehler; zu ihnen gehört jedoch keinesfalls ein Mangel an *echtem* Respekt und ehrlicher Bewunderung

Ihres aufrichtig ergebenen Dieners

Byron[70]

An Benjamin Constant

[London] den 30. November [1813]

[...] Machen Sie denn nichts aus Ihrem Ich, aus diesem so überlegenen »Ich«, das Sie mir entzogen haben? Die einzige Handlung in Ihrem ganzen Leben war gegen mich gerichtet. Sicher, Sie wiederzusehen wäre, wiedergeboren werden, doch wo und wie? Nichts wäre mir lieber als nächstes Frühjahr nach Berlin zu gehen, doch wird nicht alles durch Ihre Situation schwierig? Wir müssen uns jedoch wiedersehen, ehe wir sterben. Ich und mein Buch, wir haben hier großen Erfolg, doch mein Herz ist immer bedrückt. Niemals werde ich aufatmen, alles ist verdorben, alles verloren für mich und für Sie, durch Sie! Gott möge es Ihnen verzeihen! Ich glaube nicht, daß dieses Land für meine Tochter das richtige ist. Der arme Albert; haben Sie ihn nicht beweint? Ich möchte nicht sterben, ohne Sie wiedergesehen zu haben, ohne noch einmal gesprochen zu haben, wie ich damals sprach. Doch dann möchte ich sterben, denn Sie haben mich im Grunde meiner Seele zerstört und noch immer zerstören Sie mich. Adieu, adieu! Ich bin noch immer das, was ich war, und Sie können sich abermals sagen, daß ich Tränen nur über das Los meines armen Kindes und über Ihre Briefe vergossen habe. Der Rest ist nur Dunst, doch das wahre Leben ist Leid [...].[71]

An A. W. Schlegel

[London,] den 12. Dezember 1813

Sie hatten mir versprochen, mir mit jeder Post zu schreiben, und nun bekomme ich solche von überallher ohne ein Wort von Ihnen. Das ist noch nicht alles: Sie schicken Ihre Antwort an die *Leipziger Gazette* und keineswegs an mich. Das Glück verdreht Ihnen den Kopf, mein lieber Schlegel, und Sie vergessen die Freunde, die am meisten an Ihnen hängen. Nichtsdestoweniger habe ich mit lebhaftem Interesse gelesen, was Sie geschrieben haben [. . .].[72]

Sie alle sind in einer heiklen Situation, und was Sie getan haben, war leichter als das, was Ihnen zu tun bleibt. Sie wollen in Holland souveräne Fürsten einsetzen, die Schweiz angreifen, Frankreich angreifen. Zweifellos, so lange der *Mann* lebt, ist noch nichts getan, aber es ist schwierig, vierundzwanzig Millionen Männer zu Boden zu strecken, um Einen von ihnen zu treffen.

Meine Stellung hier wird täglich besser, doch mein Herz ist darum nur umso trauriger. Aber wozu dient es schließlich, Ihnen all das zu sagen? interessiert es Sie überhaupt? Mein Buch hat mich hier sehr in Ansehen gebracht, und ich schreibe jetzt eines, das eine Schilderung Frankreichs und Englands sein wird.[73]

Was macht Benjamin? Ist er von Eurem Prinzen angestellt worden? Und, um Gottes willen, sagen Sie mir, ob der Prinz mir gewogen ist? Er müßte es wegen des Eifers sein, mit dem ich mich zu seinen Bewunderern gesellt und seine Neider bekämpft habe [. . .].[74]

An Bernadotte

Den 12. Dezember 1813, London

Monseigneur!

Ich schrieb M. de Camp[75] und M. Schlegel verschiedene Einzelheiten, die Eure Königliche Hoheit interessieren könnten. Ich will Ihnen ein paar weitere vermelden, aber ich brauchte dazu eine Ermutigung durch Eure Königliche Hoheit; sie fehlt mir schmerzlich seit geraumer Zeit. Vorgestern hat der Prinzregent mich zu einem Abendempfang zu sich eingeladen. Er war sehr angeregt und hat eine Stunde lang in der Ecke des Salons mit mir geplaudert. Mehr zu reden als zuzuhören, das ist die Art, wie er sich zu unterhalten pflegt, im übrigen aber höchst angenehm. *Schauen Sie*, hat er zu mir gesagt, *Ihr Prinz hat sehr Unrecht gehabt, vor sechs Monaten Hamburg nicht zu befreien, als Tettenborn*[76] *dort war. Damals war es leicht, doch eine Regung des Ärgers hat ihn davon abgebracht. Er traf die Russen nicht, auf die er gerechnet hatte, und aus Trotz hat er Hamburg nicht befreit. Jetzt wird er gewiß damit zu Rande kommen, aber es bringt ihm für die Gesamtoperationen einen Zeitverlust ein, und dann sind auch die Dänen da, und das verzögert das Eindringen Ihres Prinzen in Holland: Dort muß er aber in unserem und seinem eigenen Interesse stehen, denn schließlich muß sein Name in Frankreich seine Wirkung tun, Frankreich möchte er doch näher-kommen.* Ich erspare Ihnen, Monseigneur, was ich ihm über die Bedeutung geantwortet habe, die Sie auf die Interessen Schwedens und die der Alliierten legten, usw. *A propos,* sagte er zu mir, *wann wird denn endlich der alte König von Schweden sterben; zu wünschen wäre, daß es bald sein wird. Im übrigen,* hat er noch hinzugesetzt, wobei er sich immer selbst Antwort gab, *nächsten Sommer werde ich den Kronprinzen sehen, denn ich habe vor, zwei Monate in Hannover zu verbringen.* Tags darauf hat Lord Liverpool (der Premierminister) bei mir diniert, und er hat mir gesagt, er habe auf der ganzen Welt nichts so Beredtes gesehen, wie den Plan zu einer Adresse an die Franzosen, den Sie ihnen zugeschickt hätten. Die Sprache der Minister ist keineswegs abgekühlt. Von dem Fürsten würde ich dasselbe nicht sagen, doch es sind Schattierungen, die nur mit geistiger Subtilität zu erfassen sind. Die Russen und die Bourbonen sind sich sehr einig, und sie verbreiten unter der Hand, daß Eure Königliche Hoheit an die Stelle Napoleons zu treten gedenke. Wir alle sagen, daß nichts daran sei, sondern daß Sie sich im Innern Frankreichs nicht einzumischen gedenken [...].[77]

An Rocca

Broker-Hall[78], Mittwoch um 5 Uhr, 22. Dezember 1813

[...] Wollen Sie mir jedes literarische oder politische Gespräch untersagen? Wollen Sie mich der unschuldigsten Vergnügungen des Lebens und des Gebrauchs meiner Fähigkeiten berauben? Wenn ein Mann eine Frau liebt, sucht er sie glücklich zu machen. Lord Holland[79] ist von morgens bis abends damit beschäftigt, im Salon seiner Frau Gesellschaft zu versammeln. Jeder sucht, sich Vergnügen zu bereiten, und Sie, Sie verunglimpfen mich ohne Feinfühligkeit und ohne Mitleid. Ich habe Ihnen Beweise meiner Anhänglichkeit gegeben, die noch kein Mann erhalten hat. Ich ziehe Sie allem auf der Welt vor, und ich bin bereit, alles für Sie zu tun, wenn meine Tochter verheiratet sein wird. Doch diese Anhänglichkeit stammt aus meinem eigenen Herzen, denn Sie nehmen keinerlei Rücksicht auf mich. Sie wissen nicht, was Sie mit Füßen treten. Sie sind zu jung und zu eingebildet, um jemandes Wert zu ermessen. Das Leben wird Sie lehren, daß man ein aus Gefühl schwaches Wesen nicht mißhandeln darf. So wenig

Möglichkeiten ich übrigens auch habe, ich schmachte danach, geliebt zu werden, und ich zeige Ihnen dieses Bedürfnis allzu sehr, als daß Sie meine Schwachheit nicht mißbrauchten. Ich hielt Sie für edelmütiger als andere, aber ich habe mich getäuscht. Glauben Sie wirklich ehrlich, ich könnte die geringste Neigung, die allergeringste, für einen Mann[80] hegen, dem gegenüber ich nicht einmal das bin, was ich dank seiner guten Dienste und seiner seltenen Kenntnisse sein sollte. Sie wissen doch, daß ich aristokratische Vorstellungen habe, und daß nur Schönheit, Wert, Jugend oder Rang diese Art Vorstellungen gefangennehmen können [. . .].[81]

An Benjamin Constant

[London,] den 8. Januar 1814

Nein, ganz gewiß, ich vergesse Sie nicht; ich möchte es können, denn ich trage auf dem Grund meiner Seele einen Schmerz, den die Zerstreuung wohl einige Zeit ersticken kann, der sich jedoch, sobald ich allein bin, sofort wieder regt. Es ist der Schmerz über das unwiederbringlich verlorene Glück! Hätten Sie den Charakter des Freundes, der mir treu ergeben ist[82], wäre ich gar zu glücklich gewesen; ich habe es nicht verdient! Sie wiederzusehen, wäre eine Wiedergeburt für meinen Geist und für die Fähigkeit zur Hoffnung, die mit allem übrigen in mir erloschen ist. Ich werde auf den Kontinent gehen, wenn Sie nicht hierher kommen. Mir scheint, man kann es jetzt, doch wer weiß, was aus der Welt werden wird! Die Freiheit läuft auf der einen Seite so viel Gefahr wie auf der anderen, doch vor allem ist notwendig, daß der, der außerhalb der menschlichen Natur ist, nicht mehr regiert. Ich habe ein Memorandum, das mir von Schlegel geschickt wurde, dem Minister hier gegeben; es war geschrieben, wie alles, was mir von Ihnen kommt.[83] Ich glaube nicht, daß dieser Stil, diese Festigkeit, diese Klarheit der Sprache sich irgendwo sonst noch finden. Sie waren für den höchsten Rang geboren, wenn Sie nur Treue gegen sich selbst und gegen die anderen gekannt hätten. [. . .] Wenn ich Sie wiedergesehen habe, reise ich nach Griechenland. Das Gedicht »Richard« ist mein letztes Andenken. Ach! Benjamin, Sie haben mein Leben verschlungen. Seit zehn Jahren ist nicht ein einziger Tag vergangen, an dem mein Herz nicht durch Sie gelitten hat, und dabei habe ich Sie so sehr geliebt! Es ist grausam, lassen wir das, doch nie werde ich Ihnen verzeihen können, denn nie werde ich aufhören zu leiden. Der arme M. de Narbonne[84], er war nur leichtsinnig, aber er hat sich auch in den Untergang gestürzt [...].[85]

An Benjamin Constant

[London], 10. Januar 1814

[...] Meine Gesundheit ist sehr schlecht, und wenn jemand sterben sollte, würde eher ich es sein. Sie haben mich gelehrt, an nichts Dauerhaftes in der Welt mehr zu glauben, und alles ist Traum, seit ich nicht mehr irgend etwas weder bei mir noch bei Ihnen begreife. Denn kann es denn sein, daß ein solcher Mann eine solche Zuneigung verachtet hat und daß eine solche Frau es nicht verstand, Gegenliebe zu erwecken, als sie aus dem Tiefsten ihres Seins liebte; doch lassen wir das. Sie gelten, sagt mir Mackintosh, in Edinburgh für das außergewöhnlichste Wesen auf der Welt, und in der Tat glaube ich, daß Sie es in jedem Sinne sind. Alles, was Albertine Ihnen sagt, ist wahr. Sie sehen, sie hat Geist und Anmut; dazu ist sie schön, aber sie ist lässig, und ich weiß nicht, ob sie bei den anderen wird Gefühle erregen können [...]. Man muß sich zu helfen versuchen in dieser Welt, ehe man sie verläßt. Haben Sie denn keine Vorstellung von der Wahrscheinlichkeit einer Gegenrevolution, und meinen Sie, daß der Lauf der Dinge in dieser Hinsicht uns aussparen wird? Die Leute dieser Partei sind hier ziemlich höflich zu mir, aber ich weiß Bescheid und ich kenne sie, und wenn es keine Bedingungen gibt, werden wir Lord Russell und Lord Sidney[86] sein. Ich bin erstaunt, daß Sie nicht beim Kronprinzen geblieben sind; ihn möchte ich als Wilhelm III. Für einen solchen Augenblick scheinen Sie mir höchst isoliert in Hannover. Nun ja, versuchen Sie zu wissen, was Sie tun wollen; dann werde ich es einrichten, Sie irgendwo zu sehen. Mein Plan war, diesen Sommer nach Schottland zu gehen, nächsten Winter mein »Politisches Leben meines Vaters« in Druck zu geben und im Frühling 1815 nach Berlin zu reisen und von da in den Süden über die Schweiz, wenn es kein Frankreich gibt. Aber ... aber ... aber. Kurzum, was machen Sie; versuchen Sie doch, es zu wissen.[87]

[London,] den 23. Januar 1814

Ich habe Ihre Blätter[88] erhalten und bin ganz Bewunderung [...].
Der Buchhändler, der die ersten Kapitel überflogen hat, sagt,
daß er ohne den Verfassernamen hundert Louis geben würde, mit
dem Namen aber fünf Mal mehr [...]. Ist Ihr Empfinden immer noch
dasselbe wie vor drei Monaten? Sehen Sie denn nicht die Gefahr, die
Frankreich läuft? Spüren Sie nicht den Wind der Gegenrevolution,
der in Holland, in der Schweiz weht und der in Frankreich bald alles
über den Haufen werfen wird? Ich bin wie Gustav Wasa, ich griff
Christiern[89] an, aber man hat mir meine Mutter auf die Wälle gebracht. Ist es der Augenblick, schlecht von den Franzosen zu sprechen, wenn die Flammen Moskaus Paris bedrohen? Wägen Sie all das
gut und treffen Sie die Entscheidung, doch ohne zu schmeicheln! Sagen Sie sich, daß Ihr Talent unvergleichlich ist; legen Sie ihm seinen
Lauf fest, doch seien Sie über seine Stärke nicht unsicher!
Der Herzog de Berry[90] kam mich besuchen, und ich stehe mich mit
den Bourbonen ganz gut. Wenn sie zurückkommen, wird man sich
unterwerfen müssen, denn alles ist besser als neue Wirren. Aber in
nichts haben sie sich für mich geändert, und vor allem die nicht, die
um sie herum sind; während die absolute Macht Napoleons ganz
Europa gegen sich hatte, wird die ihre von Europa gestützt werden.
Ich möchte mit Ihnen plaudern; worüber möchte ich nicht mit Ihnen
plaudern? Es ist jedoch auch notwendig, denn unser Geist wird immer
in Sympathie füreinander bleiben.
[...] Es ist nicht mehr die Zeit, [die Geister] gegen die Franzosen aufzuwiegeln; man haßt sie nur allzu sehr. Was den Mann betrifft, welches freie Herz würde wünschen, daß er von den Kosaken gestürzt
wird? Die Athener sagten von Hippias: »Wir verweigern ihn euch,
wenn ihr ihn von uns fordert.« Er muß einen demütigenden Frieden
unterschreiben, und Frankreich muß eine parlamentarische Versammlung verlangen; doch können wir, solange die Fremden dort
sind, ihnen beistehen? Die Opposition hier ist meiner Meinung, und
Sie wissen ja, wie sehr ich Napoleon hasse [...]. Man darf von den
Franzosen nichts Übles sagen, solange die Russen in Langres sind.
Möge Gott mich lieber aus Frankreich verbannen, als mich mit Hilfe
der Fremden zurückkehren lassen! [...] Sie haben mir viel Böses angetan, und je länger ich hier lebe, desto besser sehe ich, daß Ihr Charakter nicht moralisch ist. Doch ich schätze das Talent in Ihnen und das

Gefühl, das mein Herz so viele Jahre lang ausgefüllt hat. Daher werde ich für Sie immer eine Freundin bleiben, daran dürfen Sie nie zweifeln.

Welche Krise in diesem Augenblick! Die Freiheit ist das Einzige, was im Blute aller Epochen, in allen Ländern und allen Literaturen liegt, die Freiheit und, was man nicht von ihr trennen kann, die Liebe zum Vaterland. Doch welche Verknüpfung, die uns vor der Niederlage eines solchen Mannes erbeben macht! Hat Frankreich nicht zwei Arme: einen, um den Feind zu verjagen, und den anderen, um die Tyrannei zu stürzen? Warum sollte der Senat nicht den Prinzen von Schweden als Friedensvermittler berufen? Der Wilhelm III. Frankreichs müßte er sein. Warum suchen Sie ihn nicht auf? Warum treibt er nicht allein mit seinen Schweden eine Spitze nach Paris vor? Das wäre doch möglich. Ich kenne ihn aus der Nähe und ich halte ihn für den Besten und Edelsten der Menschen, die regieren können [...].[91]

An Byron

[London, Ende Januar/Anfang Februar 1814]

Ich muß mit Ihnen über Ihr letztes Gedicht[92] sprechen, obgleich alle, die es bewundern, Ihnen vermutlich mehr schmeicheln als ich. Ich beurteile nur die Bilder, die Gedanken und die Gefühle, aber darüber hinaus gibt es den bezaubernden Stil, den ich zwar empfinde, aber nicht beurteilen kann. Wenn Sie auch Unrecht haben, das Menschengeschlecht nicht zu lieben, so tut es doch, scheint mir, alles ihm Mögliche, sich mit Ihnen durch seinen Beifall zu versöhnen, und das Schicksal hat den Mann, den es zum ersten Dichter seines Jahrhunderts und der restlichen *(sic)* gemacht hat, nicht mißhandelt. Begegnen Sie denen, die Sie bewundern, mit ein wenig mehr Wohlwollen, und seien Sie mir dankbar, daß ich Ihrem Genie alles, was mir an Ihnen mißfallen mußte, verzeihe. Ich möchte mit Ihnen sprechen; wann werden Sie mich dazu würdig finden?

N. de Staël Holstein

Argyle Street, No. 31[93].

An Byron

Ich verzichte auf Ihre Besuche, vorausgesetzt, daß Sie meine Diners annehmen, denn wozu schließlich diente es, gleichzeitig mit Ihnen zu leben, wenn man Sie nicht sähe? Kommen Sie am Sonntag mit Ihren Freunden zum Abendessen zu mir, ich sage nicht mit Ihren Bewunderern, denn allerseits habe ich nur solche getroffen.
Auf Sonntag,

De Staël.

Dienstag.
Ich nehme das Schweigen für ein Ja.[94]

Der Fürst Dimitri Pawlowitsch Tatichtschew (1769–1845) war damals an der russischen Botschaft in London Erster Rat; er bringt es später zum Mitglied des Staatsrats und wird Erster Groß-Kämmerer von Nikolaus I.

An Tatichtschew

[London,] den 15. März 1814

[...] Ich bekenne mich zu einer hohen Achtung vor Ihrem Volk und zu einem noch überschwenglicheren Gefühl für Ihren Kaiser[95]. Ich habe es Mme de Lieven[96] bewiesen, indem ich ihr *zuschickte*, was ich über den Brand von Moskau und den Widerstand der Russen[97] geschrieben habe, und wenn es *veröffentlicht* sein wird, dann wird es, denke ich, niemanden geben, der nicht sagte, daß der russische Wert und Patriotismus je mehr gelobt worden sind als von mir. Doch das kommt daher, daß ich eben Ihre Gefühle würdige und sie selbst empfinde.
Ich wünsche keineswegs, daß die Alliierten nach Paris gehen: die Eroberung Frankreichs tut mir weh, und ich leide unter den Schicksalsschlägen des Landes, in dem ich geboren wurde, und dessen Premierminister sieben Jahre lang mein Vater gewesen ist. Wenn die Franzosen unter der Regierung Pauls I. in Rußland einmarschiert wären, hätten Sie gewiß sogar damals nicht den Sieg der Fremden gewünscht. So ist auch meine Gesinnung, und die Österreicher und die Preußen und sogar die Engländer, die ich bewundere, alle verstehen diese Gefühle bei mir, die sie alle an meiner Stelle ebenfalls empfinden wür-

den. Es liegt mir ganz ferne, die Mächte tadeln zu wollen, die sich für so viel Unrecht zu rächen haben; doch trotz meines Hasses auf den Anführer der Franzosen kann ich nicht wünschen, daß man ihn durch einen Einfall in Frankreich belangt. Die Haltung Ihres Kaisers ist edel und natürlich, aber *ihm* eher als irgendeinem anderen werde ich voll Vertrauen sagen, was ich Ihnen schreibe; denn ich bin sicher, daß er die Franzosen hochschätzt, und daß sogar ihr Interesse nicht das Mitgefühl mit ihrem Unglück ersticken kann. Wenn ich mich loben wollte, würde ich Ihnen sagen, daß ich Paris nicht wiedersehen kann (von dem fernzusein ich seit zehn Jahren bedauere), solange Bonaparte nicht gestürzt ist. Ich würde Ihnen sagen, daß, während alle Mächte Europas Bonaparte nachgaben, meine Schwachheit allein ihm zehn Jahre lang widerstanden hat [. . .].[98]

An Benjamin Constant

London, den 22. März [1814][99]

[. . .] Sie sagen mir, ich sei in *meinen Wünschen selbstlos;* ja, gewiß. Sie dagegen, Ihre Beziehungen, haben aus Ihnen einen Kammerherrn gemacht. Glauben Sie denn, Bonaparte könnte sich nicht in einer Fürstenversammlung sehen lassen! Er hat immerhin einen Adel aus vierzig Schlachten. Ich hasse diesen Mann, aber ich bin den Ereignissen gram, die mich seinen Erfolg zu wünschen zwingen. Wollen Sie denn, daß man Frankreich unter den Füßen zerstampft? Ein Mensch, wer er auch sei, findet sein Ende, aber wird das Schicksal Polens sein Ende finden? Wenn die Franzosen die Bourbonen bedingungsweise zurückriefen, wäre das ja sehr schön, aber glauben Sie denn nicht, daß man aus den fünfundzwanzig Jahren ein langes Verbrechen und aus der Legitimität der Fürsten einen Glaubensartikel machen wird? Ich habe Ihr Memorandum gelesen; Gott verhüte, daß ich es vorzeige! Ich werde nichts gegen Frankreich tun; in seinem Unglück werde ich weder den Ruf, den ich ihm schulde, noch den Namen meines Vaters, den es geliebt hat, gegen dies Land wenden. Die niedergebrannten Dörfer liegen an der Straße, auf der die Frauen sich auf die Knie warfen, um ihn vorbeifahren zu sehen. Sie sind kein Franzose, Benjamin, Sie haben nicht an diesen Stätten alle Ihre Kindheitserinnerungen; daher kommt der Unterschied zwischen Ihnen und mir. Doch können Sie wirklich wünschen, die Kosaken in der Rue Racine zu sehen? Der Tyrann ist in diesem Augenblick noch vom militärischen Ruhm der Franzosen gedeckt; doch was wären die Franzosen, wenn ihnen nichts mehr bliebe als die Erinnerung an ihre legislativen Akte und ihre staatsbürgerlichen Taten? Kurzum, wenn Sie 1792 die Invasion der Fremden fürchteten, als man Tag um Tag mordete, als Frankreich Europa noch nicht zum Feinde hatte, wie ist es dann heute erst? Ich fühle im Inneren, daß ich recht habe, weil meine Empfindung unfreiwillig und meinen persönlichen Interessen entgegen ist [...].[100]

Am 31. März drangen die Alliierten in Paris ein, während Bernadotte in Nancy haltmachte; er spürte, daß er seine Chance verpaßt hatte und kehrte nach Schweden zurück. Kurz danach überredete Talleyrand Alexander und den Senat, Napoleon abzusetzen und das Königtum in der Person Ludwigs XVIII. zu restaurieren.

An Benjamin Constant

London, den 24. April [1814]

Ich bin durchaus der Meinung, daß man sich den Bourbonen anschließen muß, und ich hoffe, daß sie den Abzug der fremden Truppen wünschen werden, was mir für die Freiheit wesentlicher zu sein scheint als alle Senate der Welt. Ich werde aufs alleraufrichtigste mit einer weißen Kokarde zurückkommen, und weit mehr an die Unabhängigkeit als an die Freiheit denken, deren die Franzosen kaum würdig sind. Im übrigen ist die Politik für mich zu Ende, und ich werde nach Griechenland reisen, um mein Gedicht über die Kreuzzüge Richards zu schreiben. Ich habe Ihnen, Ihre Angelegenheit betreffend, geschrieben, daß mein Freund genau so weit wie Sie von Ausfälligkeit entfernt ist; er denkt nicht mehr an eine Eifersucht, für die es keinerlei Grund gäbe. Hinsichtlich Madame de Constant wäre ich, wenn es ihr recht ist, entzückt, sie bei mir zu empfangen, und ich beschuldige sie keineswegs dessen, was mir Ihnen selbst anzulasten einst gar zu qualvoll war. Ihr Geist und Ihr Talent werden immer Gegenstand meiner Bewunderung sein, und mit Ihnen zu plaudern, wenn Sie sich noch mit mir unterhalten mögen, wird stets das höchste meiner Vergnügen sein.[101]

Bekanntlich hatte Madame de Staël im Sommer 1812 in Petersburg die Bekanntschaft des Zaren Alexander I. (1777–1825) gemacht, beeindruckt von seinem »einfachen und ruhigen Wesen«, »seinem feinen, gerechten und weisen Geist, seiner Liebe zur Menschheit, seinem Wunsch, die wirkliche Empfindung der anderen kennenzulernen, und von seiner ebenso tapferen wie menschlichen Haltung im Kriege« *(Considérations)*. Später enttäuscht er sie, weil er sich nicht für ein konstitutionelles Frankreich einsetzt. Zwischen 1814 und 1817 schreibt sie ihm acht Briefe, er antwortet ihr fünfmal. Diese Dokumente sind veröffentlicht.

An Alexander I.

London, den 25. April 1814

Sire,

Die englische Verfassung wurde zu allen Zeiten von allen Publizisten, Montesquieu, M. Necker, usw. als der höchste Punkt der Vollkommenheit angesehen, zu dem die menschliche Gesellschaft gelangen kann. Eure Majestät haben für Frankreich die Grundlagen dazu gegeben, und in dem Augenblick, in dem die fremde Invasion alles befürchten ließ, haben Ihre siegreichen Waffen einen legitimen König und eine freie Regierung gebracht, ein Ereignis ohnegleichen in der Geschichte, das Ihnen allein zu verdanken ist. Wenn Frankreich sich eines Tages der begrenzten Monarchie würdig erweist, so muß Ihr Name, Sire, das Feldgeschrei aller großherzigen Seelen sein. Glauben Sie nur sich selbst, Sire, so werden Sie vollenden und erhalten, was Sie begonnen haben. Sie sind mehr noch durch die Natur als durch Ihren Rang der erste Mann Ihres Reiches. In diesem Land, in dem Eure Majestät Macht nur durch die öffentliche Meinung ausübt, in diesem Land, wo alles frei ist, werden Sie, Sire, empfangen werden wie ein Triumphator in Rom. Ich sah Sie, Sire, ebenso groß im Ungemach, wie Sie es jetzt auf dem Gipfel menschlichen Gelingens sind, und ich hörte in Petersburg Worte von Eurer Majestät, die in meinem ersten Werk[102] der Nachwelt zu überliefern ich mir die Erlaubnis erbitte.

Ich bin mit Ehrfurcht, Sire, vor Eurer Majestät, die sehr untertänige und sehr gehorsame Dienerin

Necker de Staël-Holstein

Ich wage Eure Majestät zu bitten, meinen Sohn gütig aufzunehmen.[103]

London, den 29. April 1814

[...] Ihnen brauche ich ja wohl nicht mitzuteilen, was ich empfunden habe, diese Mischung aus Fröhlichkeit und Leid, aus Staunen und Niedergeschlagenheit, aus Empörung über die fremden Truppen und Freude darüber, von Bonap[arte] befreit zu sein, und dann auch den Wandel in der Haltung zu der ehemaligen Herrscherfamilie und das Gewicht der guten Gesellschaft, das ein Zögern nicht gestattet; kurzum, Sie wissen alles, was ich empfinde [...]. Ja, liebe Freundin, ich fahre nach Paris; der General Sacken[104] scheint nichts dagegen zu haben, obwohl ich zu den Russen ein sehr kühles Verhältnis habe (das unter uns). Meine Freunde rufen mich nach Paris; ich fahre hin. Wer hätte mir gesagt, daß ich so von meiner Abreise nach Paris sprechen würde? Wer hätte mir gesagt, daß das, was ich fünfzehn Jahre lang ersehnt habe, mir in dieser Form zustieße! Kurzum, das nur unter uns, ich bin vom König und von der Herzogin d'Angoulême sehr gut empfangen worden. Ich glaube, mit den Emigranten in einer aus Nachsicht milden Beziehung zu stehen, das heißt aus Nachsicht von ihnen mir gegenüber. Aber in Paris, glaube ich, hält man die gegenwärtige Verfassung für den Sieg der Ansichten meines Vaters. Doch was für eine Verfassung! Was für Leute, um sie ins Werk zu setzen! Armes Frankreich, ihm gilt alles Mitleid [...].[105]

16

Rückkehr nach Frankreich, die Hundert Tage, die Restauration (1814-1815)

Am 12. Mai kehrt Madame de Staël nach einer Abwesenheit von zwölf Jahren zurück in ihr geliebtes Paris. In der verwahrlosten ehemaligen Wohnung der Récamiers, die sie in Clichy mietet, findet man alle Persönlichkeiten des Tages: Zar Alexander, Wellington, Schwarzenberg, Canning, Gentz, Talleyrand, Fouché, La Fayette usw. Ihre ersten Eindrücke teilt sie Lord Harrowby mit, den sie seit einem knappen Jahr kennt.
Ryder Dudley, erster Graf of Harrowby und Vicomte Sandom (1762 bis 1847), ist damals Präsident des Geheimen Rates.

An Harrowby

Den 19. Mai [1814], Paris [Clichy]

[...] Ich sah Frankreich, und ich sagte wie Bossuet: da ist es, so wie die Tyrannei es uns gemacht hat; viel materielle Interessen, aber wenig wirkliche Meinung. Große Unzufriedenheit über die Anwesenheit der ausländischen Tyrannen ist das einzige Gefühl, das alle Parteien verbindet, doch die Royalisten machen sich daraus mehr einen Ehrenpunkt, als daß sie tatsächlich darunter leiden, während die Militärs vor Zorn beben. Die allgemeine Sehnsucht gilt der Freiheit, doch gibt es eine Partei, der diese Bezeichnung das Synonym für alles ist, was es an Schaurigstem gibt. Der König ist sehr gemäßigt, versöhnlicher Menschen als Prinzipien gegenüber, doch die drei Kommissare, die er für die Verfassung ernannt hat, sind in einem solchen Grade Anhänger des Gottesgnadentums, daß sie Frankreich als das Eigentum des Königs ansehen. Überhaupt möchte man in aller Stille das ›ancien régime‹ wiederherstellen, und da die Elemente dazu nicht mehr vorhanden sind, würde man sie durch mehr absolute Macht ersetzen, als es je gegeben hat, denn die Tyrannei hat dem Despotismus den Platz eingeräumt. Bis auf weiteres werden die ehemaligen Amtsträger Bonapartes viel zu Rate gezogen, da sie sich ja auf eine starke Regierung verstehen. Ein solcher Nebel liegt über den Parteien, daß man kaum etwas voraussehen kann, obwohl man ständig weiterhin Angst hat. Die Ernnenung der Generalobersten unter den Prinzen hat der Armee mißfallen. Ich sehe nicht, wie man sie wird zufriedenstellen können, doch da sie keinerlei Meinung hat, kann man sie in die verschiedenen Stellungen der Gesellschaft abschieben und aufsplittern und so den Eroberungsgeist ersticken. Doch noch einmal sei es gesagt, solange die fremden Truppen in Frankreich bleiben, wird es keine konsolidierte Regierung geben. Die gute Gesellschaft wird »Es lebe der König!« rufen; aber einen König von Frankreich kann es nicht geben, solange es keine Nation gibt. In der Oper ist man auf den Einfall gekommen, *Rule Britannia* zu rufen, und so wahr es ist, hat es doch starkes Mißfallen erregt. Fouché wird gehört, und der Abbé de Montesquieu[1] hat zu ihm gesagt, er gäbe, um wiederverwendet zu werden, gern seinen kleinen Finger dafür, wenn er nicht für den Tod des Königs gestimmt hätte, denn Talleyrand (mit dem ich mich ausgesöhnt habe) steht in der öffentlichen Meinung höher in Gunst als bei Hof, obwohl man Rücksicht auf ihn nimmt. Die Verfassung ist eine bittere Medizin, von der man so wenig wie möglich schlucken wird. Kurzum, wir brauchen den lieben Gott, um diesen Knoten zu entwirren: doch solange die fremden Truppen hier bleiben werden, kann man überhaupt nichts über irgend etwas wissen, und wenn man entdecken sollte, daß der König die Truppen wünscht, wäre er dafür verhaßter als für den absolutesten Despotismus, denn in der Folge einer Militärregierung gibt es nur die militärische Ehre, die weiter existiert; alles Zivile ist verächtlich geworden [. . .].[2]

An Bernadotte

Paris, den 4. Juni 1814, morgens

[. . .] Gewiß gibt es hier viel Unzufriedene, viele Elemente eines Bürgerkriegs. In Rennes werden die beiden Kokarden getragen. In der Vendée sind die Käufer von Nationaleigentum angegriffen worden. Doch die Gemüter sind so ermüdet, daß man trotz solcher Befürchtungen auf Ruhe hoffen kann. Im Hinblick auf Sie, Monseigneur, gibt es zwei unterschiedliche Meinungen: die Hälfte von Frankreich sagt, daß Sie ein französisches Herz haben und daß es Ihnen darum schwergefallen wäre, in Frankreich vorzurücken, die andere Hälfte ist verzweifelt darüber, daß Sie im Augenblick des Einzugs nicht bei den Alliierten waren. M. de Talleyrand konnte über alles verfügen, doch sein Kredit hat schon merkwürdig abgenommen. Der Erfolg bei Ihrer Affäre mit Norwegen, Monseigneur, wird in ihrer Wirkung hier von großer Bedeutung sein. Wir tun alles, was wir vermögen, um die Erinnerung an Sie lebendig zu erhalten. Meine Widmung an Eure Hoheit[3] habe ich wieder drucken lassen. Eigentlich sind Sie immer in meinem Herzen gegenwärtig, aber denken Sie daran, daß Ihre Proklamationen in Schweden hier gehört werden und geben Sie uns Gelegenheit, über Sie zu schreiben. Wir werden versuchen, trotz der *Zensur* Artikel in den Zeitungen erscheinen zu lassen, wie man sie Ihnen schuldig ist. Die Italien-Armee ist in Marseille einmarschiert und hat sich geweigert, »Es lebe der König!« zu rufen, aber das Volk hat sich entrüstet und sie dazu, sagt man, gezwungen. Der Friede ist nicht gelungen, obwohl er geschickt ausgehandelt wurde. Selbst die Royalisten beklagen sich über ihn. Die meisten Broschüren, die seit acht Tagen erscheinen, sind im Sinn einer freien Verfassung geschrieben. Die, die wir heute morgen in Gestalt einer königlichen Session bekommen, ist klug gemacht, damit es keinerlei Schranken gibt. Die Verantwortlichkeit der Minister erstreckt sich nicht auf Willküräkte, darum ist sie illusorisch. Die Pressefreiheit ist nur ein Wort, das die Tatsachen dementieren werden. Das Exilrecht bleibt ungewiß, und schon hat General Grouchy[4] es verspüren müssen. Kurzum, es ist leicht zu erkennen, daß man ohne böse Absicht das ›ancien régime‹ wiederherstellen will. Das Beispiel Spaniens und Piémonts fallen in diesem Sinn ins Gewicht. Der einzige Mann von großer Bedeutung, der die Söhne ihrer Taten unterstützt, ist der Kaiser von Rußland. Möge Eure Königliche Hoheit ihm vertrauen und uns, die wir ihm so ergeben sind [...].[5]

Bernadotte an Madame de Staël

[Stockholm? 12. Juli 1814]

Ich erhalte im Augenblick Ihren Brief, während eine Menge Leute um mich sind und ich eine Masse Geschäfte zu erledigen habe. Ich habe kaum die Zeit, Ihnen für alles, was Sie mir sagen, zu danken. Ich schätze, seien Sie davon überzeugt, das Motiv, das Sie beseelt, und niemand ist fähiger als ich, den Reiz der Freundschaft und Dankbarkeit zu erkennen. Die Vorstellungen, die ich mir über den Gegenstand, von dem Sie mir schreiben, gebildet habe, sind unwiderruflich. Gerechtigkeit und Vernunft sind ihre Grundlagen, und alles in allem *befleißige ich mich, mehr weise als brillant* zu sein. Empfangen Sie meine herzlichen Grüße und glauben Sie mir, daß ich ganz der Ihre bin.

C.[6]

Madame de Staël reist nach Coppet, dessen Bewohner ihr einen begeisterten Empfang bereiten. Jetzt sind ihre Hauptsorgen die hinfällige Gesundheit Roccas und die Heiratspläne für ihre Tochter. Aus diesem Anlaß richtet sie an Ludwig XVIII. folgenden Brief, den einzigen an den Monarchen, den man von ihr hat.

An Ludwig XVIII.

Coppet, [den] 28. Juli 1814

Sire,

Ich sah in den Zeitungen, daß Eure Majestät jetzt die Schulden regelt, unter die mich einzubegreifen Sie mir zu versprechen geruhten. Ich wage, mich Ihrer höchsten Güte in Erinnerung zu bringen, und warte auf meinem Ruhesitz voll Vertrauen, daß Sie mich auf die Liste derer, die Sie gegenwärtig auszuzahlen beschlossen haben, zu setzen das Wohlwollen haben werden. Meine Kinder und ich werden in diesem Akt der Gerechtigkeit eine Wohltat sehen, und tiefe und lebhafte Gefühle werden für immer unsere Herzen mit Ergebenheit und Dankbarkeit erfüllen.

Ich bin mit Ehrfurcht vor Eurer Majestät, Sire, die sehr demütige und sehr gehorsame Dienerin und Untertanin.

N. de Staël Holstein[7].

An Benjamin Constant

[Coppet] den 18. August [1814]

Als Sie sahen, daß ich zu Ihnen zurückkäme, haben Ihre Briefe den Ton gewechselt, und die, die Sie mir von Paris nach London schrieben, haben mich tief verletzt. Als ich dann zurückkam, fand ich Sie ganz in Übereinstimmung mit Ihren Briefen: nicht ein Blick, nicht eine Modulation verriet in Ihnen eine Erinnerung, und ich habe Sie manchmal bewundert, wie Sie gleichzeitig so geistreich und so wenig inspiriert sein konnten. Das tat mir weh, aber es war besser so, denn fünfzehn Jahre eines so tiefen Gefühls sind eine grausame Wunde, aus der Blut rinnen zu lassen gar zu leicht wäre. Aber lassen wir das [...]. Ich wünsche nur, bezahlt zu werden und wäre sehr dankbar dafür, Albertines wegen wünsche ich es; sie ist so angenehm, sie gewinnt derartig, daß es nichts gibt, was sie nicht verdiente. Ich sagte es Ihnen ja, und wen ich mir wünschen würde, wäre Victor de Broglie[8]. Versuchen Sie doch, in seiner Gegenwart von ihr zu sprechen; man kann sie ganz gewiß loben, ohne irgend etwas zu übertreiben. Ihr Gesicht ist noch schöner geworden, und alle Engländer hier sind davon begeistert [...]. Teilen Sie mir mit, wann ich Ihrer Meinung nach zurückkommen kann, wann die Beratung der Pairs zu Ende ist; ich weiß nicht, warum sie lang dauern sollte. In meinen Angelegenheiten bin ich aber immer voll Unruhe und möchte dort sein, um sie zu überwachen [...].[9]

Madame de Staël verbringt den Sommer damit, Besuche namentlich aus England zu empfangen und an ihrem Gedicht *Richard Coeur de Lion* (Richard Löwenherz) und an ihren *Considérations* zu arbeiten. Als sie hört, daß ein Komplott besteht, Napoleon zu ermorden, beeilt sie sich, Joseph davon zu benachrichtigen, der neuerdings ihr Nachbar im Schloß Prangins in Versoix ist, und erbietet sich, selbst nach der Insel Elba zu fahren.

An Bernadotte

Coppet, den 20. August [1814]

[...] Vor ein paar Tagen sah ich Joseph. Das Besitztum, das er gekauft hat, liegt zwei Meilen von Coppet entfernt. Wir haben viel von Ihnen gesprochen, Monseigneur. Er schien mir Eurer Königlichen Hoheit wohlgesinnt, aber merkwürdig aufgebracht gegen seinen Bruder. Er gehört zu seiner Partei, aber nur aus Berechnung, denn der Neigung nach ist er gekränkt darüber, was er gegen ihn gesagt und getan hat, obgleich er ihn auf einen Thron setzte [...]. Das Menschengeschlecht ist in diesem Augenblick von der Freiheit recht weit entfernt. Die mißlungene Revolution in Frankreich hat die Aufklärung überall zurückgedrängt. Es gibt Leute, die in Zweifel ziehen, daß Kaiser Alexander zum Kongreß käme. Aber ich glaube es. Er

hat treffliche Gefühle, doch alles, was um ihn herum ist, sticht von ihm ab. Pozzo di Borgo[10], sein Gesandter in Paris, ist der der Freiheit und *Ihnen* am feindseligsten gesinnte Mann, den es in Europa gibt. Es ist erstaunlich, daß der Kaiser, der doch liberale Ideen hat, in Paris einen Menschen als Gesandten läßt, der sich über seine, des Kaisers Meinungen lustig macht, als seien sie Albernheiten. *Zitieren* Sie mich auf keinen Fall, Monseigneur, ich beschwöre Sie. Mein Vermögen und mein Aufenthalt und vielleicht das Schicksal meiner Tochter sind in Frankreich. Verbrennen Sie meine Briefe, nachdem Sie sie gelesen haben [...].
Sehr untertänig.[11]

Madame de Staël verläßt Coppet gegen Mitte September und kommt am 21. in Paris an, wo sie in ihrer Wohnung Rue de Grenelle absteigt.

An die Königin von Schweden

Paris, den 22. September 1814

[...] Man könnte meinen, daß alles ruhiger geworden sei, und doch gibt es für Leute, die sich in Stürmen auskennen, Augenblicke des Schreckens. Es ist unmöglich, nicht zu wünschen, daß die Dinge so, wie sie sind, bleiben, denn niemand wird verfolgt. Man zahlt so viel, wie man kann, und der König benimmt sich tatsächlich als aufgeklärter Mann, doch die Situation ist noch nicht gesichert, und alle Leute schwimmen gegen den Strom [...]. Allgemein nimmt man an, daß auf dem Kongreß Napoleon nach Guadeloupe verbracht werden wird. Graf Neipperg, den ich in Genf gesehen habe, glaubt es auch; er begleitete die Kaiserin Marie-Louise und hatte den genauesten Befehl, sie, soweit er vermöchte, von den Personen aus der Familie Bonaparte fern zu halten. Da sie auf der Hinfahrt allein war, machte sie bei Joseph halt; auf der Rückfahrt hat der Graf Neipperg sie davon abgebracht; im übrigen ist sie sehr vergnügt, wie man mir versichert hat, und ich glaube, sie hat wenig Gedanken im Kopf. Ich sehe häufig Lord Wellington, der viel Einfachheit und Bescheidenheit besitzt. Er bewundert das militärische Genie Napoleons und namentlich seinen letzten Feldzug in Frankreich. Für mich ist dieser Feldzug der, den ich am meisten bewundere, weil er uns von ihm befreit hat [...].[12]

Wien, 21. Oktober 1814

Sie sind ärgerlich, daß ich nicht in Paris bin; ich glaube es. Es wäre auch gar zu traurig, gäbe man sich alle Mühe, die zum Leben nötig ist, wenn niemand darüber betrübt wäre, uns nicht zu sehen. Ich bilde mir ein, daß meine schlimme kleine Schrift noch Mittel und Wege finden wird, durch die glänzenden Zusammenkünfte in Clichy, von denen alle Welt mir spricht, hindurch ans Licht zu dringen. [...] Es ist ein großes Glück, Genfer zu sein; man hat alle Zeit, die anderen über ihre eigenen Angelegenheiten aufzuklären. Ich möchte sehr, daß diese tugendhaften Missionare sich ein wenig daranmachten, Ihrem romantischen Herrscher zu beweisen, daß die Erfolge Bonapartes nicht das einzig Hassenswerte an ihm waren, sondern seine scheußlichen Prinzipien, und daß sie auf immer von Europa abgewehrt werden müssen. Tun Sie das; ich liebe Genf sehr, und in einem Monat habe ich das Glück, in Clichy zu sein.

Man schickt mir aus Paris Schriften, die ich gar nicht sehr mag; die Leidenschaften sind noch recht aufgewühlt. Es wäre nötig, das Vergessen zu predigen. Erinnern Sie die Leute um Sie herum daran, was ein deutscher Autor sagt: das Vergessen ist derart notwendig, daß man, selbst wenn man seine erstaunliche Schwierigkeit ermißt, es immer noch erhoffen muß.

Adieu; ich weiß nicht, was wir hier machen werden, doch ich verspreche Ihnen eine edle Sprache. Drücken Sie in meinem Namen Ihrer schönen Tochter die Hand. Ich weiß nicht, wie ich diesen Brief an Sie abschließen soll: ich glaube, ich werde Ihnen einfach nur sagen, daß ich Sie liebe [...].[13]

An Bernadotte

[Paris,] den 16. November 1814

[...] Ich würde wagen, Ihnen zwei Arten vorzuschlagen, wie Sie sich hier im Gedächtnis erhalten könnten. Zunächst sollten Sie, scheint mir, M. de Chateaubriand[14] akzeptieren, weil er von allen Menschen dieses neuen ›ancien régime‹ derjenige ist, den Sie am leichtesten für sich einnehmen können, ein Dichter, dem alle Intrigen fremd sind und der vom Gemüt her durchaus zu nehmen ist. Sie müßten hier auch einen Mann von gleichem Range wie M. de Chateaubriand haben, der sich bei diesem Hofe aristokratisch in Respekt zu setzen vermöchte. Er will einen Geschäftsträger des Königs von Neapel weder sehen noch empfangen, aber im Grunde möchte er sich Eurer Königlichen Hoheit nähern. Dazu muß man einen Mann herschicken, der im Rang der anderen Gesandten der alten Mächte stünde. Dieser wichtigen Bemerkung, die zudem voraussetzt, daß man passende Artikel in die Zeitungen bringt, erlaube ich mir hinzuzufügen, daß es nötig ist, in Schweden unter den Augen von Paris zu regieren. Ein gutes Pressegesetz, eine bessere Organisierung des Reichstags, kurzum alle Änderungen, alle Verbesserungen, die diesem Land zeigen können, was ein liberal und im wirklichen Geist der englischen Freiheit regiertes Land ist. Das ist es, was diesem Land als Modell und Führer dienen kann.[15]

An die Königin von Schweden

Paris, den 16. November 1814

[...] Paris, Madame, [...] gleicht nicht dem Paris, von dem Eure Majestät sich leicht nach Ihrer eigenen Gesellschaft ein Bild machen würde. Es ist ein ganz vermischtes, ganz buntscheckiges Paris. Man erkennt hier weder den Stand eines Menschen noch seine Meinung. Man spricht nur von den unbedeutendsten Dingen. Durch das Schreckensregime Bonapartes hat man sich angewöhnt zu schweigen, und heute bewirkt eine gewisse Konvenienz, was früher die Wirkung der Furcht war. Es gibt hier eine Menge Engländer, und man setzt seine Ehre darein, sie nicht zu lieben. Alle Anspielungen im Theater richten sich gegen sie, und nichts ähnelt weniger der früheren Anglomanie als die gegenwärtige öffentliche Meinung. In dieser Hinsicht gibt die Armee den Ton an. Selbst Lord Wellington wird nicht mit dem Wohlwollen gesehen, das er, unabhängig von der Bewunderung verdient. Man sieht bei ihm den Hof und die Marschälle, doch die Offiziere zweiten Grades legen Wert darauf, nicht hinzugehen. Übrigens gibt es in all dem, was ich Eurer Majestät erzähle, Schattierungen je nach der Gesellschaft, denn die einflußreichen Meinungen sind ganz und gar ruhig, *und alles schläft, das Heer wie die Winde und Neptun* [...].[16]

Im Januar und Februar 1815 gibt Madame de Staël große Empfänge, auf denen Wellington, La Fayette und Richelieu erscheinen; gegen Ende des Monats darf sie hoffen, von der Regierung zu erhalten, was ihr geschuldet wird und Albertine anständig auszustatten. Es macht ihr Vergnügen, die Verlobung Louise von Preußen mitzuteilen, der Fürstin Radziwill (1770–1836), die sie einst in Berlin empfangen hat.

Gattin des polnischen Fürsten Radziwill, Gouverneurstellvertreter des Herzogtums Posen, war sie die Tochter des Prinzen Ferdinand von Preußen, des jüngeren Bruders Friedrichs des Großen. In ihrem Salon begegnete Madame de Staël Schleiermacher, Spalding, Kotzebue, Tieck, Ancillon, Fichte usw.

An Louise von Preußen

Paris, den 20. Februar [1815]

Madame,

Sie haben die Güte, Fürstin, sich für mich zu interessieren, und diese Hoffnung macht mich stolz. Ich verheirate meine Tochter mit dem Herzog de Broglie, dem Enkel des Marschalls, einem sehr geistvollen, sehr gebildeten jungen Mann, der in der Pairs-Kammer bereits rühmend erwähnt wurde. Es ist eine große Gunst des Schicksals, zum mindesten liebt sie ihn, und das ist schon ein Vorschuß auf das Glück. Bald werden Sie die gleichen Gemütserregungen haben wie ich, Fürstin, und Sie werden dann wissen, wie sie alle Gedanken absorbieren. Es ist eine so große Verantwortung vor Gott und vor sich selbst; im übrigen hat meine Tochter die Wahl getroffen. Ich bitte um ein gütiges Wort darüber von Eurer königlichen Hoheit und um Nachricht über Ihre Reisepläne. Ich würde Sie in Frankreich erwarten, ich werde Sie in London aufsuchen: ich muß Sie vor meinem Tode wiedersehen. Genehmigen Sie, Fürstin, die Huldigung meiner tiefsten Ehrfurcht.

N. de Staël H.[17]

Am 6. März gelangt die Nachricht von der Landung Napoleons nach Paris: ohne Hindernis marschiert er auf die Hauptstadt zu. Am 10. um zehn Uhr früh reisen Madame de Staël und ihre Familie, mit Ausnahme von Auguste, nach der Schweiz ab. Zehn Tage später zieht Napoleon in die Tuilerien ein.

Nicht weniger überrascht als sie über die Rückkehr des »Ausbrechers« von der Insel Elba, wechselt Fouché abermals die Partei und sucht, wie Napoleon, Unterstützung bei den Liberalen, bei Constant und Madame de Staël.

Joseph Fouché, Herzog von Otranto (1759–1820), seit dem Directoire mit Unterbrechungen Polizeiminister, hatte sich gegenüber Madame de Staël immer ziemlich versöhnlich gezeigt; er hielt sie für »die außerordentlichste Frau des Jahrhunderts«. Von ihrer Korrespondenz ist offenbar nur der folgende Brief veröffentlicht.

Fouché an Madame de Staël

Paris, 24. März 1815

Madame, ich hatte die Absicht, Ihnen einen langen Brief zu schreiben. Es hätte mir viel Vergnügen gemacht, zu [sic] Ihnen zu plaudern und Ihnen alles zu sagen, welches Interesse der Kaiser für Ihre Angelegenheiten, für die heikle Lage von Mlle de Staël gezeigt hat. Ich komme soeben aus dem Ministerrat; man läßt mir nur die Zeit, Ihnen meine Ehrerbietung zu bezeigen und Ihnen zu sagen, daß ich an dem Tag, an dem ich den Abschluß der Heirat Ihrer Tochter beschleunigen könnte, sehr froh wäre. Ich verstehe, wie groß die Ungeduld dessen sein muß, der das Glück haben wird, ihre Hand zu erhalten. Glauben Sie mir, Madame, daß ich Sie durchaus nicht vergessen werde. Nicht allein Ihr Geist läßt mich Ihnen verbunden sein, sondern vor allem Ihr ausgezeichnetes Herz.

Der Herzog d'Otrante[18].

Am 19. März veröffentlicht Constant im *Journal des Débats* einen heftigen Artikel gegen Napoleon. Am Tag danach sucht er zusammen mit La Fayette Zuflucht in der Botschaft der Vereinigten Staaten, erhält einen Paß und reist nach Nantes ab, macht jedoch in Angers halt, wo Barante Präfekt ist. Am 27. kommt er nach Paris zurück, sieht Fouché am 28. und Joseph am 29., der ihm verlockende Vorschläge macht. Am 31. übergibt Constant ihm einen Artikel zugunsten Napoleons, der anonym am 4. April veröffentlicht wird. Am 19. wird er zum Staatsrat ernannt und beauftragt, an der Redaktion des *Acte additionnel aux constitutions de l'Empire* mitzuarbeiten; Montlosier wird diesem Verfassungszusatz darum den Spitznamen »la Benjamine« geben. Madame de Staël schreibt an Joseph nicht ohne Diplomatie bei diesem Anlaß: »Es ist alles, was Frankreich heute braucht, nur das, was es braucht, nicht mehr, als es braucht. Die Rückkehr Ihres Bruders ist ein Wunder und übertrifft alles Vorstellbare [...]. Ich empfehle Ihnen meinen Sohn.«

Paris, 5. April 1815

Madame, ich empfing Ihren Brief vom 30. März; ich werde sehr glücklich sein, dazu beizutragen, daß Ihnen die Gerechtigkeit, die Sie fordern, widerfährt. Die Dispositionen für Sie sind sehr gut, und ich zweifele nicht am Erfolg. Im Augenblick ist man sehr mit den großen Fragen der inneren Konsolidierung befaßt, mit denen die Interessen und Beziehungen Frankreichs mit dem Ausland verknüpft sind. Frankreich ist heute mit dem Kaiser einig. Er will mehr Freiheit geben, als Sie werden haben wollen; seine Gefühle, seine Ansichten stehen im Einklang mit seinen Worten und den Wünschen besonnener Leute, und die besonnenen Leute scheinen mir heute ganz Frankreich zu sein. Niemals, selbst 89 nicht, gab es gleiche Einigkeit der Meinung und des Strebens nach einer festen und vernünftigen Ordnung [...]. Ihre Gefühle, Ihre Ansichten können sich heute frei manifestieren; sie sind die der ganzen Nation, und ich täusche mich sehr, wenn der Kaiser nicht in dieser neuen Phase seines Lebens noch größer wird, als er es gewesen ist, größer als irgendein anderer Fürst, dessen Tugenden und Mäßigung die Historiker gerühmt haben. Wenn man ihn angreift, wird man wieder Herkules finden, aber Herkules auf dem Boden eines Antäus. Wenn man ihn in Frieden läßt, wird er das Glück Frankreichs schaffen und mächtig zu dem Glück von ganz Europa beitragen. Sie können keineswegs dem, was groß und edel ist, fremd gegenüberstehen; ich werde darum von den Büchern beglückt sein, die Sie abermals erarbeiten werden, um die Lehren ewiger Wahrheit, die Ihnen zur Ehre gereichen, zu veröffentlichen. Sie werden gewiß froh sein zu erfahren, daß ich den Kaiser, als er die Zensur abschaffte, sagen hörte: »Auch das letzte Werk von Madame de Staël haben die Zensoren mich verbieten lassen;[19] ich habe es auf der Insel Elba gelesen; es gibt darin keinen Gedanken, weswegen man es verbieten müßte. Ich will keine Zensoren mehr; man soll sagen, was man denkt, und man mag denken, was man will« [...].[20]

An Talleyrand

Coppet, den 25. April 1815

Ich war über Ihre Handschrift in meinem Zufluchtsort sehr gerührt. Sie fragen mich, was ich denke? Erahnen Sie's! Wären Sie in Paris gewesen, hätten Sie wirkungsvoll gesagt, was ich vergeblich wiederholte: Ihr Kongreß hat uns geschadet. Sie haben Ihre Instruktionen mit viel Geist erfüllt, doch diese Instruktionen haben unseren Untergang vollendet. Es gab nur eine wichtige Sache, nämlich die Insel Elba; alles übrige waren die Albernheiten von einst, aber wir waren so glücklich; sie waren so gut, so gerecht, ein solches Jahr kann man niemals vergessen, und wenn es irgendeine Hoffnung gibt, so die, daß es im Herzen aller ehrlichen Leute Frankreichs haften bliebe. Wie schwierig ist im Augenblick Ihre Lage! Die Nation liebt den König, aber sie haßt die Fremden. Wie kann man ihn als Vermittler herausstellen, wenn er sie offenbar ruft? Wirken Sie in dieser Richtung, denn da liegt die Schwierigkeit. Lucien ist eine Meile von hier; er war bis vor den Toren von Paris, doch da er nicht die Garantien, die er wollte, erhielt, wartet er an der Grenze, welches die Stellung eines französischen Prinzen in der neuen Verfassung sein wird. In der Schweiz hat man ihn nicht aufgenommen. Joseph hat mir sagen lassen, sein Bruder sei hervorragend zufrieden mit mir, weil ich während seines Unglücks nichts gegen ihn geschrieben hätte, und er lüde mich ein, nach Paris zu kommen. Er schreibt mir: *in der Verfassung, die vorgeschlagen wird, wird es mehr Freiheit geben, als Sie werden haben wollen;* ich warte auf dieses Übermaß als auf etwas sehr Nötiges. Mein Benjamin ist in Paris geblieben und hat zweimal den Mann getroffen, der, was Sie auch sagen mögen, umso mehr zu fürchten ist, als er unvorstellbare Fähigkeiten hat. Ich werde indes Benjamin Ihre Angebote zukommen lassen, die ich an seiner Stelle von ganzem Herzen annehmen würde; aber ich rühre mich nicht von hier. Einmal werde ich meine Reise durch Europa wieder antreten, doch vorher muß ich wissen, was ich mit meiner Tochter mache. Ist es nicht ein merkwürdiges Pech, daß *er* genau vier Tage vor der endgültigen Abwicklung meiner Angelegenheit eingetroffen ist! M. de Broglie hat wenig Vermögen, und mein eigenes ist durch all das derart ruiniert, daß ich nicht weiß, ob ich die Heirat nicht rückgängig machen soll. Das wird sich bei der Rückkehr meines Sohnes entscheiden, der alles, was mir in Frankreich geblieben ist, sammelt.

Man darf sich nicht verhehlen, daß es in der Armee einen schrecklichen Kampftrieb gibt und daß die Departements im Norden ihn teilen. Ich weiß nicht, ob eine Kontinentalblockade Frankreichs nicht besser wäre als ein Angriff. Na ja, Sie müssen das alles mit Ihrem früheren und jetzigen Taktgefühl entscheiden, denn man darf nicht in die Illusionen der Emigranten verfallen. Mut jedoch durch das Gefühl, wo Gerechtigkeit und Gottes Wille liegen. Alle Kunstgriffe, alle Stärke des Bösen sind in ihm, aber in der Festigkeit des Gewissens liegt eine übernatürliche Geschicklichkeit. Ihr überlegener Geist ist jetzt am Platz; durch Sie entscheidet sich im Augenblick alles für die Zeit und die Nachwelt [. . .].[21]

An Benjamin Constant

[Coppet,] den 30. April [1815]

Die Verfassung hat mich sehr befriedigt[22]; ich habe jedoch einige Einwände zu machen. Was werden die Staatsräte sein? Sind sie verantwortlich oder unabsetzbar? Was bedeutet ihr Vorkommen in der Verfassung? Was werden die Pairs sein? Mit der Nennung dieses Wortes ist noch nicht alles gesagt. Eine Militärkammer wäre keine Garantie für die Freiheit. Wird die Verwaltung der Provinzen nicht Männern anvertraut werden, die vom Volk gewählt sind? Wie dem auch sei, man soll loben, was lobenswert ist, und ich verstehe, daß Sie zufrieden sind, daran mitgearbeitet zu haben. Doch was Sie mir über die Befriedigung sagen, die Sie empfinden, scheint mir nicht allein aus Ihrem Gewissen zu kommen. Es ist etwas Großes, große Prinzipien zu verkünden. Die Prinzipien lenken manchmal die Menschen mehr, als die Menschen Herr über sie sind. Was Sie selbst betrifft, so wissen Sie besser als irgend jemand, was man sagen kann: persönlich bin ich geneigt, alles zu verstehen, außer was sich auf einen Mangel an Gefühl bezieht, und daran waren Sie nicht gebunden. Ich habe mir erlaubt, Ihnen zu sagen, daß Ihr Verhalten meiner Angelegenheit gegenüber viel weniger verzeihlich ist. Sie haben mir *versprochen*, mir anläßlich der Heirat meiner Tochter 40.000 Francs von den 80 zurückzuzahlen. Ich verspreche diese 40.000 Francs M. d'Argenson[23], der in seinem letzten Brief an Victor daran erinnert, da Victor sich mit dieser Summe niederlassen sollte. Was kann ich anderes tun, als zu sagen, daß Sie sich jetzt Ihrer Verpflichtung entziehen? [. . .].[24]

An Bernadotte

[Coppet,] 4. Mai 1815

Monseigneur,
Lucien erhielt gestern Post vom Prinzen Joseph, um ihn zur Rückkehr nach Paris zu verpflichten, und er hat eingewilligt,

weil er mit der Verfassung zufrieden ist, doch in Paris, scheint es, schreit die Jakobinerpartei gegen die erbliche Kammer und will nicht darauf eingehen. Folglich spricht der Kaiser davon, die ehemalige gesetzgebende Körperschaft einzuberufen, was alles wieder auf die alte despotische kaiserliche Verfassung zurückwürfe. Es gibt gewiß nach allem, was ich von den Prinzen erfahre, einen großen Eifer, die Fremden zurückzuschlagen, doch wie mir scheint, ist der Kaiser im Innern nicht so stark, wie er es war. Ihr Name ist im *Journal de Paris* genannt worden, als wünsche der Kaiser von Rußland Sie an der Spitze der französischen Angelegenheiten; andere denken an den Herzog von Orléans[25], wieder andere an eine Republik. Kurzum, es ist eher aus Erinnerung an die Vergangenheit, als auf Grund des gegenwärtig Vorhandenen, daß man die Vorstellung hegt, die jetzigen Dinge seien stabil. Andererseits zieht Murat sich zurück und hat in Italien entschieden niemanden für sich gefunden. Ich gäbe alles in der Welt dafür, Monseigneur, zu wissen, welchen Entschluß Eure Königliche Hoheit zu fassen gedenkt, denn wenn Sie sich den Niederlanden näherten, würde ich ganz gewiß aufbrechen, Sie zu sehen. Ludwig XVIII. hat eher Bedauern als eine Partei hinterlassen; doch sein Name hätte mit einem anderen Generalstatthalter noch Einfluß. In Südfrankreich gibt es nicht die Spur von einem Aufstand mehr, aber in diesen Gegenden wären die Fremden noch am liebsten gesehen [...].[26]

An Benjamin Constant

[Coppet,] den 15. Mai [1815]

Ich wüßte auf Ihren Brief nichts zu erwidern; er überschreitet alles, wessen ich das menschliche Herz für fähig hielt. Die Gesetze dieses Landes betreffen Sie genau so gut wie mich; Rat holen werde ich mir hier. Doch wenn ich auch verlöre, hätte ich das bittere Vergnügen, Tatsachen zu sammeln, die tiefes Mitleid für jemanden erwecken werden, der so unglücklich war, fünfzehn Jahre mit Ihnen verbunden gewesen zu sein! Sie wagen es, sich der Großmut, die ich für Sie hatte, als ich Sie liebte, zu bedienen, als wäre sie ein Recht! [...] Sie schulden mir 80 tausend Francs; zahlen Sie mir die Hälfte und betrachten Sie sich im Übrigen als aus meinen Diensten entlassen [...].[27]

1803 hatte man Madame de Staël während ihrer Reise durch Deutschland die berühmte Bank empfohlen, die in Frankfurt um die Mitte des 18. Jahrhunderts von den Brüdern Bethmann gegründet worden war und die damals Simon Moritz Bethmann (1768–1826) leitete.

An Bethmann

[Coppet,] 22. Mai [1815]

[...] Lucien hat sich endgültig mit seinem Bruder ausgesöhnt, wenn er auch den Frieden und die Freiheit wünscht, was schwierig oder, man kann sagen, unmöglich zu erreichen ist. Was Frankreich betrifft, werde ich nur Ihnen sagen, aber nötigenfalls ohne daß Sie mich zitieren: der Süden ist aktiv royalistisch, Paris ist passiv royalistisch, die Provinzen Franche-Comté, Burgund, Lothringen und die Champagne haben die aggressive Absicht, zur Verteidigung des Landes gegen das Ausland zu handeln. Zu diesem Zweck trifft man sehr aktive Vorbereitungen, doch die Mittel, über die die Ausländer verfügen, sind enorm. Mir scheint, die Wechselfälle, denen Murat unterworfen ist, geben ihnen eine solide Basis für ihre Annahmen ab. Was immer auch geschieht, es wird ein wahres Unglück sein, und all das wegen eines einzelnen Mannes, und welchen Mannes! Wie groß war das Glück doch vor drei Monaten; jetzt herrscht Verzweiflung. Welche Helena für einen trojanischen Krieg! Wie Zauberei sieht es aus. Wenn im September nicht alles zu Ende ist, werde ich nach Griechenland und Jerusalem fahren. Dieser Welt des Jammers muß man sich entreißen. Das ist wahrhaftig ein guter Vorwand für eine Pilgerfahrt, und das Heilige Land ist mir lieber als ein besetztes Frankreich. Hätten Sie nicht die Güte, diesen Brief auf sicherem Weg nach Gent[28] schicken zu lassen, falls diese Stadt, wie ich annehme, ruhig wie zuvor ist? [...].[29]

An Harrowby

Coppet, Schweiz, den 9. Juni 1815

Ich möchte nicht, Mylord, daß diese große Krise sich ereignete, ohne daß ich versuchte, meine Gefühle in Harmonie mit den Ihren zu bringen. Ich würde an mir selbst zweifeln, wenn ich von Ihnen getadelt würde. Ich brauche Ihnen wohl nicht zu sagen, hoffe ich, daß weder die Versprechungen noch die Drohungen, die man mir gemacht hat, damit ich nach Paris käme, mich beeinflussen konnten. Ich habe keineswegs an die Wandlung eines Mannes geglaubt, der seine verschiedenen Manöver nach dem Wind richtet, jedoch immer dasselbe Ziel anstrebt. Ich bin hierher gekommen, und obwohl die für Albertine in die Wege geleitete Hochzeit nur stattfinden könnte, wenn ich nach Paris zurückkehrte, bleibe ich und werde bleiben. Soweit über den Mann. Nun aber zu Frankreich! Gestatten Sie, daß ich nicht Ihren vollen Erfolg wünsche. Was werden Sie tun, wenn Sie noch einmal nach Paris gelangen? Was wird aus uns werden, wenn Sie Frankreich aufteilen? Gott behüte uns vor einem Sieg Bonapartes! Doch wenn Sie zu Herren Frankreichs werden, welche Demütigung für diese Nation, die so viele Fehler gemacht hat, daß sie Lorbeeren nötig hätte, um sie zu verbergen. Ich wünsche die Rückkehr des Königs mit ganzer Seele; nicht nur das Glück, sondern auch die Freiheit ziehen unter seiner Herrschaft ein. Freilich, was vermögen Sie für ihn, wenn er nicht von Frankreich zurückgerufen wird? Er hat das Unglück, mit den Fremden zusammenzusein und das nationale Selbstgefühl zu verletzen. Das ist ein Knoten, den die Vorsehung allein lösen kann [...].

Ich will nicht von Vergangenem sprechen, nicht von den Fehlern Ihres Kongresses, der Bonaparte so gut bedient hat; aber zerstückeln Sie in der Zukunft nicht Frankreich, erniedrigen Sie es nicht! Die einzige Tugend dieser Nation ist der Stolz. Obwohl sie im Innern furchtbarer Niedertracht fähig ist, erträgt sie keine Demütigung, die ihr von außen zugefügt wird [...]. Die schreckliche Alternative, mein Land zu verraten oder einem Tyrannen beizustehen, verdammt mich zur unbedingtesten Untätigkeit. Ich bin hier allein mit meinen Kindern. Ich beende meine *Considérations sur la Révolution de France* und lasse eine große weiße Stelle für das, was geschehen wird. Ich spreche oft von Ihrem schönen England und den paar Leuten, die dort meine Seele gefangen genommen haben. Doch gestatten Sie, daß ich Ihnen sage: ich liebe und achte niemanden so wie Sie. Das ist ein bißchen zu direkt für einen Engländer, doch so drückte sich unser armer Geist früher einmal aus. Ach, gibt es denn kein Frankreich mehr! [...].[30]

Coppet, den 12. Juni [1815]

Sie sagen mir, ich sei beleidigend und, um mir ein Beispiel der Mäßigung zu geben, zitieren Sie mir die lateinische Stelle *spretaeque injuria formae*[31], die Sie für eine Frau als am heftigsten kränkend ansehen. Aber Sie täuschen sich: eine Frau, die einem Mann ihre ganze Jugend gegeben hat, einem Mann, der ihr Herz zerriß – wie ein Folterknecht langsam zu Tode martern könnte – diese Frau ist der Eigenliebe nicht mehr zugänglich. Hätten Sie eine ebenso dumme wie häßliche Magd behandelt, wie Sie mich behandelt haben, eine, die Sie ebenso geliebt hätte, wie ich Sie geliebt habe, auch dann wären Sie noch, was Sie sind: der hartherzigste und rücksichtsloseste Mann, der heute auf Erden lebt. Sie sagen mir, seit sechstausend Jahren hätten sich die Frauen über Männer beklagt, von denen sie nicht geliebt wurden, doch seit sechstausend Jahren haben die Männer auch das Geld geliebt, und ich glaube nicht, daß Sie sich seit zwei Monaten ihm gegenüber gleichgültig gezeigt haben. Wenn Sie meinen, ich schuldete Ihnen etwas, um das Vergnügen Ihrer Unterhaltung zu bezahlen, hat Ihnen aber mein Vater dafür 34 tausend Francs geschuldet? Sie sagen, mein Schmerz hätte Sie früher stärker beeindruckt; wollen Sie damit sagen, daß er Sie daran gehindert habe, sich zu verheiraten, obwohl Sie mir die Ehe versprochen hatten, und einer anderen Frau ohne mein Wissen das Vermögen zuzubringen, das Sie von meinem Vater und mir erhalten hatten? Sie künden mir an, daß *Sie schlecht von mir sprechen werden.* Es tut mir leid, Ihnen sagen zu müssen, daß ich zehn Briefe besitze, in denen Sie mich beschwören, festzustellen, daß ich keinerlei Beziehung mehr zu Ihnen hätte. Wenn Sie andere anzugreifen nicht besser verstehen, als sich selbst zu rechtfertigen, dann sind Sie nicht zu fürchten. Und wären Sie es auch, denken Sie, Sie könnten mir eine neue Wunde zufügen? Es gibt in meiner Seele nicht eine Stelle, die nicht von Ihrem beharrlichen Haß verwüstet ist. Ich hatte mich in die Vergangenheit geflüchtet; Sie mußten meiner Tochter und mir sagen, daß Sie niemals eine Frau drei Monate geliebt hätten; elender Ausspruch eines Wüstlings, den Sie Albertines Unschuld hätten ersparen müssen. Kurzum, nachdem Sie mir sogar den Gedanken an jene Tage meiner Jugend geraubt haben, in denen ich, was Sie auch sagen mögen, eines Herzens im Tausch gegen meines würdig war, wollte ich noch eine Verbindung mit Ihnen durch den Dienst aufrechterhalten, den Sie meiner Tochter erwiesen hätten. Das Unglück hat sie mit 18 Jahren ereilt. Man könnte meinen, daß jeder, der Sie gekannt hat, leiden muß, und daß es in Ihnen eine übernatürliche verderbliche Macht gibt. Sie, der Sie Häuser kaufen, bezahlen sie durch Spielgewinne, haben Sie mir gesagt? Der Sie alle Abende in den Salon der Fremden gehen, Sie vermögen es nicht, der Tochter einer Frau, die Ihnen 80 tausend Francs gab, die sie Ihnen auch heute geben würde, hätte sie sie, ein Opfer zu bringen. Alles, was ich vermag, werde ich meinem armen Kind geben, und der Himmel sei mein Zeuge, daß ich neulich unter der Bedrohung durch merkwürdige Gefahren mich damit tröstete, daß mein Tod ihre Mitgift vergrößere. Doch ich habe *versprochen,* was Sie mir *versprochen* hatten, und kann mein Wort nicht halten [. . .].[32]

Diesen Brief erhält Constant am Vorabend von Waterloo. Nach der Niederlage Napoleons am 18. Juni schickt ihn die provisorische Regierung mit einer Abordnung zu den Verhandlungen über den Waffenstillstand. Kurz darauf redigiert er ein Memorandum, um sein Verhalten während der Hundert Tage zu rechtfertigen, erreicht, von der Liste der Verbannten gestrichen zu werden, und reist dennoch nach England ab.
Madame de Staël ihrerseits will unter fremder Besatzung nicht nach Paris zurückkehren; übrigens gestattet auch die Gesundheit Roccas keine Reise.

An Benjamin Constant

[Coppet,] den 11. August [1815]

Ihre Rechtfertigung ist vollkommen und ich fühlte mich bei der Lektüre erschüttert. Es gibt keine Möglichkeit, Sie legal anzugreifen. Nur Ihre Freunde können betrübt sein über die außerordentliche Wendigkeit Ihres Charakters. Sie haben für Ihre Feinde ausgezeichnete Erwiderungen. Was mich betrifft, so hegen Sie, käme ich nach Paris, einen Zweifel, daß ich Sie wie vormals sehen würde? Wenn ich Ihnen Ihr Verhalten mir gegenüber verzeihen konnte, könnten dann gesellschaftliche Rücksichten Macht über mich haben? Doch wenn ich vermeiden kann, Frankreich in dem Zustand zu sehen, in dem es ist, so wünsche ich es glühend. Wenn ich wagen könnte, mir zu schmeicheln, daß die Deutschen, nachdem ich sie in ihrem Ungemach so sehr gelobt habe, auf mich in ihrem Triumph hören würden, ginge ich, nicht um zu schweigen, sondern um zu reden, denn ich weiß nichts, was in meiner Seele das ersticken könnte, was darin ist [. . .]. Ihre

Briefe sind für mich von sehr großem Interesse. Jetzt sind wir einig; profitieren wir von diesem Augenblick, um uns zu schreiben. Geben Sie meinem Sohn gute Ratschläge für meine Angelegenheit. Denken sie nicht mehr an die, von der zwischen uns die Rede gewesen ist.[33]

An Benjamin Constant

[Coppet,] den 1. September [1815]

[...] Für immer können Sie auf meine Tochter und mich zählen, nicht als die, die wir sein wollten, sondern als die Sie uns zu sein gestatten, als Freundinnen, und Sie werden schließlich finden, daß es noch das Beste ist, was Sie haben [...]. Eine schöne Karriere ist die Ihre, wenn Sie Frankreich die Freiheit lehren können [...].[34]

17

Albertines Heirat, das Jahr Byrons, der Tod
(1815-1817)

Madame de Staël hat mit Albertine, Rocca und Schlegel Coppet verlassen und hält sich auf dem Weg nach Italien, wo sie in Rom den Dispens des Papstes erhalten und ihre Tochter in Pisa mit dem katholischen Herzog de Broglie vermählen will, etwa zwei Wochen in Lausanne auf.

An Alexander I.

Lausanne, den 9. September 1815

Sire,

ich habe über Eure Majestät mit dem Mann gesprochen, der Ihnen am meisten ergeben ist, weil er es ist, der Sie am besten kennt. Ich wagte, mit M. de la Harpe[1] von dem Kultus zu sprechen, den ich Ihren hervorragenden Eigenschaften gewidmet habe: von weitem, ohne persönliches Interesse, *aus der geschichtlichen Distanz*, wie Eure Majestät so gut formuliert haben, betrachte ich Sie. Wenn mitten in all dem Unheil, das die politische Reformation mit sich gebracht hat, noch Freiheit bleibt, dann wird man sie Eurer Majestät *allein* zu verdanken haben. Sie hat mir Orakelworte zu schreiben geruht: *Frankreich kann sich nur durch die englische Verfassung retten*. Doch es darf nicht sein, daß Eure Majestät diesen Wunsch ausgedrückt und Ihre Meinung geäußert haben, ohne daß der Erfolg sie krönt. Als Eure Majestät 1814 zum ersten Mal in Paris einzog, hatten Sie alles so eingerichtet, daß man einer weisen Freiheit so gut wie versichert sein konnte, und die zehn Monate der Restauration, so wie Sie sie modifiziert hatten, Sire, haben die größten Hoffnungen erweckt: doch ist es gegenwärtig das Gleiche?
Sind die beiden Kammern nicht zum großen Teil aus Männern zusammengesetzt, die die heimliche oder sogar offene Absicht haben, das ›ancien régime‹ zurückzubringen? Wird die Deputiertenkammer

namentlich, die die Rechte des Volkes schirmen sollte, nicht deren geschickter Gegner sein? Die Art, wie die Wahlen vorgenommen wurden, hat fast nirgends eine wirkliche Entscheidung des Volkes ermöglicht, und die Freiheit ist verloren, wenn die Männer, die die Aufgabe haben, sie zu verteidigen, sich anschicken, sie insgeheim zu unterhöhlen. Wer wird nach der Abreise Eurer Majestät Ihr Werk stützen? Das Ministerium? Aber ein Ministerium ist gar nichts, wenn es nicht durch die Majorität der Abgeordneten getragen wird. Von dieser Majorität hängt alles ab, und Eure Majestät werden für die Freiheit Frankreichs nichts getan haben, wenn Sie sie nicht in die Hände von Männern legen, die sie aufrichtig wünschen.

Solange Sie in Paris sind, Sire, erlauben die Größe Ihres Namens und der erstaunliche Respekt, den ein Monarch einflößt, der der Aufklärung wohlwollend gegenübersteht, obwohl er Inhaber grenzenloser Macht ist, durchaus nicht dem Geist der Knechtschaft, sich ganz zu zeigen; doch nach Ihrer Abreise würde ihr Ruhm, Sire, geschmälert, wenn das, was Sie *wollten*, umgestoßen würde [. . .].[2]

Madame de Staël hatte Madame d'Albany 1805 durch Vermittlung von Sismondi in Florenz kennengelernt, wo letztere einen kosmopolitischen Salon unterhielt. Geborene Louise-Marie-Karoline, Fürstin von Stolberg (1753–1824), hatte sie 1772 den Prätendenten Karl-Eduard Stuart geheiratet, der dann den Namen eines Grafen d'Albany annahm. Wegen seiner Brutalitäten trennte sie sich 1780 von ihm und lebte mit dem Dichter Alfieri zusammen; schon vor dessen Tod im Jahre 1803 wurde sie die Geliebte des Malers Fabre aus Montpellier. Madame de Staël war gerührt über die Treue, die Alfieri ihr fast fünfundzwanzig Jahre lang hielt, und argwöhnte fast nichts, wenn Madame d'Albany schmerzlich von den letzten Augenblicken des Dichters sprach. »Madame d'Albany hat nicht viel Geist, aber Gemüt, und ihre Augen füllen sich stets mit Tränen, wenn sie ihn erwähnt«, schrieb sie am 16. Mai 1805 an Dom Pedro. Die Ex-Königin hatte ihrerseits keine sehr hohe Meinung von Madame de Staël oder zum mindesten von ihren Schriften.

An Madame d'Albany

Pisa, den 20. Dezember 1815

[. . .] Frankreich, Frankreich! In welchem Zustand befindet es sich! Und welch seltsame Idee, ihm eine Regierung zu geben, die sehr zahlreiche Feinde hat, womit man diesem armen König, den man ihm auferlegte, jedwedes Mittel aus der Hand nimmt, sich beliebt zu machen! Denn die Steuern und die fremen Truppen werden den Bourbonen angerechnet, die doch selbst darüber in vieler Hinsicht betrübt sind. Als ich in Paris die Nachricht von der schrecklichen Landung Bonapartes bekam, habe ich gesagt: »Wenn er siegt, ist es aus mit jeglicher Freiheit in Frankreich; wird er geschlagen, ist es aus mit jeder Unabhängigkeit.« Hatte ich nicht recht? Und wem soll man diese Landung zur Last legen, wenn nicht denen, die ihn auf die Insel Elba gebracht haben? Unaufhörlich haben wir uns den ganzen Winter über darüber beschwert. War es denn möglich, daß eine Armee auf einen General schießen würde, der sie zwanzig Jahre lang zum Sieg geführt hatte? Wieso konnte man sie dieser Situation aussetzen? Und warum muß man Frankreich so streng für Fehler bestrafen, die zu begehen man es veranlaßt hat? Das Ressentiment hätte ich eher 1814 als 1815 begriffen; doch damals hatte man noch Angst vor dem gefällten Koloß, und nach Waterloo war es damit vorbei. Das ist alles, was ich denke [. . .].[3]

Wellington an Madame de Staël

Zu Paris, den 24. Dezember 1815

[. . .] Über die öffentlichen Angelegenheiten dieses Landes hier sage ich Ihnen nichts. Als eine der Unseren und als Gemäßigte werden Sie, wie ich hoffe, wohl alle Anordnungen gebilligt haben, die hier getroffen worden sind, um die künftigen Beziehungen Frankreichs mit dem übrigen Europa festzulegen. Da ich damit beauftragt bin, rechne ich damit, diese Anordnungen in dem Geist auszuführen, der sie diktiert hat, damit Europa endlich für ein paar Jahre Frieden genießt. Inzwischen werden Sie die Angelegenheit zu Ende bringen, die ich als die Ihrem Herzen nächstliegende kenne: Sie werden Ihr Fräulein Tochter verheiraten, und ich bitte Sie, ihr meinerseits alles Glück zu wünschen, das sie verdient.
[. . .] Die Herzogin de Duras lächelt nicht mehr für mich; kurzum, ich bin verlassen und habe nur noch die Erinnerung an die glücklichen Stunden, die ich vergangenes Jahr bei Ihnen und überall mit Ihnen verbrachte. Adieu, Madame. Halten Sie mich immer für Ihren sehr getreuen und aufrichtigen

Wellington[4].

An Jefferson

Pisa, den 6. Januar 1816

[...] Ich weiß nicht, ob die Zeitungen Ihnen vermeldet haben, daß ich gegen einen sehr edlen Gegner, den Herzog von Wellington, die Sache Ihres Amerika verteidigt habe. Wenn es Ihnen gelingt, im Süden die Sklaverei abzuschaffen, wird es auf der Welt wenigstens eine Regierung geben, die so vollkommen ist, wie menschliche Vernunft sie auszudenken vermag. Ich bin in Italien, wo ich Ihren Brief aus dem vergangenen Juli erhalten habe. Ich bin aus Frankreich *in dem Augenblick geflohen*, in dem Bonaparte dort gelandet ist: nichts hätte mich dazu gebracht, mit ihm zu paktieren! Ich konnte mich noch nicht entschließen, nach Frankreich zurückzukehren, solange die Fremden dort die Herren sind [...]. Mein Sohn hat immer noch den Plan, Sie aufzusuchen; es ist eine Pilgerfahrt zur Vernunft und zur Freiheit, die er unternehmen will, und Ihnen gelten seine ersten Wünsche. Er ist der würdige Enkel von M. Necker; ihn halten meine Tochter, er und ich für unseren Heiligen auf Erden. Ich werde meine Tochter, die 18 Jahre alt ist, mit dem Herzog de Broglie verheiraten. Er ist ein *Pair de France* von einst und von jetzt, Enkel des Marschalls und außerdem ein Freund von M. de La Fayette, und das sagt alles über seine politischen Ansichten. Unsere Familie ist noch eine kleine Insel, wo Franklin, Washington und Jefferson wie in ihrem Vaterland verehrt werden.

Geruhen Sie, alle Ehrerbietung meines Herzens entgegenzunehmen, und meine Einsicht soll, wenn Sie es mir glauben, für meine Anhänglichkeit an Sie bürgen [...].

Seien Sie doch so gütig, mir Nachricht über den Süden von Amerika zu geben; ich wünsche sehr seine Unabhängigkeit.[5]

An Benjamin Constant

Pisa, den 14. Januar 1816

[...] Ich muß, wenn ich noch lebe, meinen Sohn mit einer schönen, liebenswerten und reichen Engländerin verheiraten. Sie werden aus Coppet nach mir einen schönen Wohnsitz machen, wo der Name meines Vaters der Leitstern sein wird. Je näher ich meinem eigenen Ableben komme, desto mehr fühle ich, wie seine Hand sich mir entgegenstreckt. Wenn, wie ich hoffe, M. de Rocca gesund wird, werde ich sagen können, daß ich jetzt glücklicher bin als ich es jemals war [...]. Ich bin über die Heirat Albertines sehr bewegt, aber ich bin auch sehr froh darüber. Victor hat ein Gefühl der Rechtschaffenheit in der Seele, wovon sein Geist ihn nie abweichen lassen wird. Geben Sie mir Nachricht von sich, stoßen Sie zu uns, wenn Sie es können, und glauben Sie an die ehrlichen Leute; wenn Sie sie suchen, werden Sie sie stets finden.[6]

Lansdowne an Madame de Staël

London, den 25. März 1816

[...] Ich gratuliere Ihnen von ganzem Herzen zur Hochzeit Ihres Fräulein Tochter, die uns so anziehende Erinnerungen hinterlassen hat, und umso mehr, als alle englischen Reisenden einstimmig die offensichtlichen Qualitäten rühmen, die den Herzog de Broglie auszeichnen. Ich hoffe, eines Tages das Glück zu haben, seine Bekanntschaft zu machen und bei ihm die beste aller Empfehlungen zu finden.

Der Hof hier ist damit beschäftigt, unsere künftige Königin[7] einzuführen, deren Heirat in einigen Tagen stattfindet. Man verleiht ihr den Titel einer Herzogin of Kendal, was als Wahl ziemlich merkwürdig ist, denn er ist, wie wir sagen »the worse for wear[8]«, weil er der der Mätresse Georgs I. gewesen ist.

Wir haben hier einen meiner französischen Bekannten, den kennenzulernen ich in Ihrer Gesellschaft das Vergnügen hatte. Es ist Camille Jordan, der mir durchaus ein Mann mit gesundem Verstand und ein Mann mit Herz zu sein scheint. Wir sprechen oft mit Mackintosh von Ihnen; es geht ihm in diesem Winter ziemlich gut, und ungeachtet der Politik arbeitet er wirklich an seiner Geschichte.[9]

Adieu, Madame, denken Sie manchmal an uns und an die aufrichtige Anhänglichkeit, mit der wir Ihnen ergeben sind.

Lansdowne[10].

An Harrowby

Pisa, den 25. Januar 1816

Es ist einige Jahrhunderte her, seit ich Ihnen geschrieben habe, Mylord, wenn man nach den Ereignissen urteilt, aber nicht nach der

Lebhaftigkeit der Erinnerung, die ich hege. Gestatten Sie mir, Ihnen zu sagen, daß nach tausend geldlichen Schwierigkeiten, die aus den Kontributionen resultierten, die wir Ihnen bezahlen, und tausend anderen theologischen Ihres intimen Freundes, des Papstes, alles endlich geebnet ist und daß in drei Wochen M. de Broglie und mein Sohn hier sein werden, um die Hochzeit zu feiern. Es ist ein englischer Priester, *the archdeacon Meath*, der die eigentliche Einsegnung vollziehen wird, und ich könnte Ihnen nicht sagen, wie sehr ich gerührt darüber bin, meine Tochter auf englisch zu verheiraten, denn obwohl Ihr Vertrag mit uns alle meine Gefühle verwundet, liebe ich immer noch leidenschaftlich Ihre Religion, Ihre Verfassung und Sie selbst, d. h. die Männer, deren echter Vertreter Sie sind. Da ich Vertreter erwähne: was ist das doch für eine Kammer, der den Spitznamen Volksvertreter zu geben uns gefallen hat! Frankreich wird heute von den Emigranten repräsentiert und von Fremden regiert. Wenn das gut geht, muß man zugeben, daß die Diplomaten mehr als geschickt sind, sie sind Zauberkünstler. Um nichts von alledem zu sehen, um nicht *dagegen* zu streiten, bin ich nach Italien gekommen. Außerdem brauchte ich den Dispens des Papstes und schließlich, der schmerzlichste Grund: die Gesundheit von M. de Rocca hat es nur allzu nötig. Ihre öffentlichen Blätter haben es während dieser Zeit für opportun gehalten, mich mit der Princess of Wales zusammen reisen zu lassen, der ich immer aus dem Weg gegangen bin, derart, daß mir ihr Gesicht nicht einmal bekannt ist. Ich weiß nur, daß sie Tag für Tag auf dem Schiffsdeck tanzt, was mir in ihrer Lage recht vergnügt vorkommt.[11]

Harrowby an Madame de Staël

Zu London, den 13. Juli 1816

[...] Ihr Brief, so liebenswürdig er auch ist, gibt doch hie und da unserer Politik kleine Klapse. Hätte ich das Glück, ein paar Tage in Coppet zu verbringen, wäre da Stoff zu mancherlei Diskussionen vorhanden. Man macht uns verantwortlich nicht nur für alles Arge, was in Europa geschieht, sondern auch noch für alles Gute, was nicht geschieht. Schauen Sie ehrlich ein wenig zurück, und Sie sehen dieses ganze Europa gegen uns entfesselt und sich selbst zerstörend, um England als letztes Opfer dem Tyrannen darzubringen. Hätte man ein Recht, uns Vorwürfe zu machen, wenn wir, nachdem wir so viele

Jahre vom Kontinent durch den Kontinent selbst isoliert waren, nur an unsere eignen Interessen gedacht hätten und alle Fragen nur unter diesem einen Gesichtspunkt sähen? Doch wir sind weit entfernt davon, in diesem Sinn gehandelt zu haben, denn es gibt nicht ein einziges Land, auf dessen Angelegenheiten wir Einfluß ausüben konnten, wo er nicht zugunsten von allem, was liberal ist, verwendet worden ist, von allem, was die Prosperität und die Stärke des betreffenden Landes vermehrt hätte, sei es sogar zu unserem eigenen Nachteil. Das große Ziel war, die Tyrannei zu vernichten, die auf der Welt lastete; und wenn sich dieser Zweck nur erreichen ließ, indem man sich Gesichtspunkten von Mächten anpaßte, ohne die wir nur defensiv hätten handeln können, darf man uns wohl nicht tadeln, das Dringendste zunächst verfolgt zu haben. Und dürfen wir dieses Einvernehmen gefährden, indem wir den Don Quichotte spielen, obwohl wir spüren, daß die Ruhe Europas noch immer auf der völligen Eintracht der alliierten großen Mächte beruht? Nach einem fünfundzwanzigjährigen wütenden Krieg fühlen wir Erschöpfung und Friedenssehnsucht, die zweifellos natürlich sind, aber auch weiterhin Mühe bereiten. Wir brauchen den Frieden. Alle anderen brauchen ihn ebenso [...].[12]

An Wellington

Pisa, den 21. Februar [1816]

[...] Denken Sie daran, Sie, der Sie es mit der Nachwelt zu tun haben, daß die *protestantische Religion* und die konstitutionelle Freiheit in der Welt siegen werden, und dulden Sie nicht, daß man Ihnen vorwerfen könnte, Sie hätten das, was den Ruhm Englands ausmacht, und was die menschliche Vernunft erfordert, aufgegeben [...].[13]

An Benjamin Constant

Florenz, den 30. Mai 1816

[...] Ich hatte immer die Absicht, nach Griechenland zu reisen, um vor meinem Tode ein letztes Werk zu schreiben, das alles darstellen wird, was ich in mir an neuen Vorstellungen habe. Doch meine Gesundheit wird schwächer und mehr noch mein Interesse für ein Leben, das nur noch sehr kurz sein wird. Dabei hänge ich sehr an ihm, weil es glücklich ist, und ich bedauere sehr all die Zeit, die das Unglück mir geraubt hat. Doch wer schließlich vermag Dem, der uns dieses wunderbare Geschenk gemacht hat, Rechenschaft von allen seinen Tagen zu geben?

[...] Italien ist ein angenehmer Aufenthalt, seit die Engländer es bereisen; man genießt hier gleichzeitig ihre Gesellschaft und die Sonne, eine seltene Kombination. Doch wir müssen abreisen, denn man ist hier noch unsicherer als sonstwo; aber man bedauert den Verlust dieses Daseins ohne Verantwortung, ohne Hoffnung und ohne Furcht, die uns zum Tode führt, um schließlich dahin zu gelangen wie jeder von uns, aufrecht erhalten allein von den Gefühlen des Herzens. Ich lasse meine Tochter diesen Brief weiterschreiben. Geben Sie uns Antwort.[14]

Madame de Staël und ihr Gefolge verlassen am 3. Juni Florenz und gelangen um den 20. nach Coppet. Der Sommer 1816, »der Sommer Byrons«, wird in die Annalen als der des großen Abschiednehmens eingehen. Außer den Vertrauten sieht man in Coppet Lansdowne, Henry Brougham, Pellegrino Rossi, Dumont, dazu auch Fürsten und Herzöge. Die Engländer sind in der Mehrzahl, geführt von Byron, der seit Juni zusammen mit Doktor Pollidori die Villa Diodati, gegenüber von Coppet am anderen Seeufer, bewohnt. Madame de Staël versucht, nicht ohne Ungeschicklichkeit, das Ehepaar Byron miteinander auszusöhnen. Der Dichter erkennt an, daß seine Gastgeberin »Coppet zu einem so angenehmen Ort auf der Welt gemacht hat, wie die Gesellschaft und das Talent es zu machen erlauben«.

An Madame d'Albany   Coppet, den 15. August 1816

[...] Wir haben hier sehr viel Engländer, aber Lord Byron, den außer mir fast niemand sieht, ist doch der, der die Welt am meisten beschäftigt. Wäre Lady Burghersh[15] hier, so sprächen wir viel über alles, was er mir gesagt hat, aber ich bin nicht sicher, daß Sie dieses britische Gerede mögen. Madame Lamb[16], die mit unserer Herzogin[17] zusammentreffen wird, wird Ihnen sehr gefallen. Sie hat Anmut und Geist; sie ist eine ausgesuchte Persönlichkeit. Haben Sie keinerlei Nachricht von Blacas[18]? Fährt er nach Paris? Die neue Sitzung der ›chambre ardente‹ der Deputierten in Paris wird die Geister in Erregung bringen. Zur Zeit scheinen sie ziemlich ruhig, wenn auch wenig zufrieden [...].[19]

Diodati, 24. August 1816

Sehr verehrte gnädige Frau,

Es war meine Absicht, Ihnen einigermaßen ausführlich zu schreiben, aber mein Thema umfaßt für Worte zu viele Gedanken. Die Nachricht, die Sie erwähnten, überfiel mich unerwartet, da ich meinen Briefpartnern in England verboten habe, von irgendeinem Mitglied dieser Familie, meine Tochter ausgenommen, zu sprechen oder darauf anzuspielen. Wenn ich sage, ich sei nichts als *betrübt*, von Lady B.s Krankheit zu erfahren, ist das nichtssagend, aber sie selbst hat mich des Rechtes beraubt, mehr auszusprechen. An der Trennung mag *ich* schuld sein, aber *sie* hat sie gewollt. Ich versuchte alles, um sie zu verhindern – und würde noch viel mehr tun, um sie zu beenden. Ein Wort wäre genug, aber es liegt nicht bei mir, es zu sagen. Sie fragten mich, ob ich glaubte, Lady B. sei mir zugetan gewesen? Ich kann darauf nur antworten, daß ich sie liebe. Ich bin außerstande, dem auch nur ein Wort hinzuzufügen, und wenn ich zehntausend sagen müßte, würden sie nur zu demselben Schluß kommen und ebenso nutzlos wie aufrichtig sein.

Ich kann nicht schließen, ohne Ihnen noch einmal für Ihre Freundlichkeit mir gegenüber bei dieser – wie bei anderen Gelegenheiten – zu danken und Sie zu bitten, mich stets zu betrachten

als Ihren herzlich ergebenen Diener

Byron[20].

Am 10. Oktober schlossen Madame de Staël und Rocca ein merkwürdiges Heiratsabkommen, wonach man sie als Mann und Frau erklärte, was jedoch »aus moralischen Gründen« einige Zeit geheim bleiben müsse.

Testament von Madame de Staël

Coppet, den 12. Oktober 1816

Ich empfehle meine Seele Gott, der mich in dieser Welt mit Gütern so reich gesegnet hat und mir die Fülle schenkte durch die Hand meines Vaters, welchem ich schulde, was ich bin und was ich habe, und der mir alle meine Fehler erspart hätte, wenn ich nie von seinen Prinzipien abgewichen wäre. Nur einen Ratschlag habe ich meinen Kindern zu geben, nämlich in allem sich das Verhalten, die Tugenden und die Talente meines Vaters im Geist gegenwärtig zu halten und zu versuchen, je nach ihrem Charakter und ihren Kräften ihn nachzuahmen. Ich habe auf dieser Welt niemanden gekannt, der meinem Vater gleichkam, und meine Ehrerbietung und meine Zärtlichkeit für ihn haben sich jeden Tag tiefer in meine Seele eingegraben. Das Leben lehrt vielerlei, doch für jeden, der nachdenkt, bringt es uns Gottes Willen immer näher; nicht etwa, weil die Fähigkeiten nachlassen, sondern im Gegenteil, weil sie zunehmen.

Ich habe mich heimlich mit Monsieur Albert Jean de Rocca vermählt, wie es der diesem Testament beigefügte Einsegnungsschein bestätigt. Der Unterschied im Alter und politische und private Umstände haben mich wünschen lassen, die Heirat geheim zu halten; doch da daraus ein Sohn geboren worden ist, Louis Alphonse de Rocca, soll er durch dieses Schreiben in den Besitz aller seiner Rechte als mein legitimer Sohn eintreten [. . .].[21]

Madame de Staël und die Ihren verlassen Coppet am 16. Oktober mit dem Ziel Paris, wo sie »tot vor Ermüdung« und »vom Opium erschöpft« eintrifft und Rue Royale Nr. 6 Wohnung nimmt. In ihrem Salon treffen sich alle »Doktrinäre«, die berufen sind, die Bourbonen zu stürzen und in Frankreich eine liberale Regierung zu errichten, sowie hervorragende Ausländer.

Wellington an Madame de Staël

Zu Cambray, den 27. November 1816

Meine Anwesenheit in diesem Land beruht auf Verträgen; ihr besonderer Zweck und die Art, wie ich mich zu verhalten habe, sind festgelegt in Erklärungen und Instruktionen, die der Öffentlichkeit bekanntgemacht wurden, und die Leute, die durch die Straßen gehen, mögen lesen, und die lesen, mögen begreifen, daß Frankreich alles andere als »dem englischen Einfluß unterworfen« ist. Doch Sie alle, die Sie bei ziemlich lebhafter Phantasie ein kurzes Gedächtnis haben, Sie vergessen ganz, was Frankreich in die Lage gebracht hat, in der es sich befindet; Sie vergessen, wo es vor einem Jahr stand, und die noch weit schlimmere Lage, in der es sich folglich hätte befinden können; und da während der ganzen Zeit der Revolutionskriege die Engländer Ihre Feinde, oder besser, Sie die Feinde der Engländer waren und die

Erfahrung nun gezeigt hat, daß nach Ihnen selbst sie die am meisten zu fürchtenden Feinde waren, treibt nationaler Haß Sie an, zu rufen: England verdanken wir dieses Unglück, dem englischen Einfluß sind wir unterworfen. Doch ich gebe Ihnen mein Wort, daß dem nicht so ist. Die Konferenz der Minister ist mit den geldlichen Angelegenheiten befaßt, und ich meinerseits mische mich nur in meine eignen Angelegenheiten, die in den Deklarationen und Gegen-Deklarationen der Souveräne und in meinen Instruktionen bezeichnet sind; und alle sind öffentlich. Ich weiß wohl, daß jemand mit so lebhafter Phantasie wie Sie es nicht liebt, an Dokumente erinnert zu werden, damit er die reine Wahrheit sieht; jedoch sie liegt eben nur dort. Sie liegt weder in den Parlamentsdebatten noch in denen Ihrer Zusammenkünfte, noch auch in Ihren Lieblingszeitungen, noch in der Edinburgh-Review oder den Briefen von Sir James Mackintosh, noch in den Konversationen Ihrer Salons. Ich will noch einen Schritt weiter gehen und Ihnen sagen, daß ich zwar im Krieg Frankreich immer so viel Schaden zufügte und zufügen werde, wie ich nur kann, aber mich nie in Friedenszeiten zum ausführenden Organ eines Systems hergeben würde, wie es Ihrer Meinung nach existiert.

[...] Gestatten Sie, Ihnen ganz offen zu sagen, daß Sie verteufelt schwatzhaft sind, daß man mir sogar hier Aussprüche von Ihnen hinterbringt, die Ihnen sehr schaden könnten und die Ihnen beim König schaden würden [...] und ich bitte Sie, sich nur den Freunden gegenüber, denen Sie Vertrauen schenken können, auszulassen [...].[22]

An Wellington

Paris, 1. Dezember 1816, rue Royale no. 6

Ich kann nicht gestatten, my Lord, Sie auch nur einen Tag lang in einem ungünstigen Eindruck von mir zu lassen, wenn ich ihn beheben kann. Ihre Güte ist mein größter Ehrentitel in den Augen meiner Zeitgenossen, und wenn ich von der Nachwelt zu sprechen wagte, dann würde ich wünschen, daß man sagen wird, Sie hätten geruht, sich mit mir zu unterhalten [...]. Ich hatte recht, als ich zu schreiben wagte, Ihre Anwesenheit würde Paris gut tun. Es ist, ich wiederhole es, ein Unglück, von Fremden abzuhängen; doch das Genie ist kosmopolitisch, und ich glaube fest daran, daß Sie, obwohl Engländer und der Erste der Engländer, großmütiger gegen Frankreich wären als der diplomatische Sendbote[23], der nicht weiß, daß die List und der

Zorn sich gegenseitig vernichten [...]. Wenn es einen Menschen gibt, dessen große Seele Mitleid mit der Not und Erniedrigung haben könnte, in die ein einstmals so schönes Volk versunken ist, wenn es diesen Menschen gibt, dann sind Sie allein es, my Lord. Sie erinnern an die Fehler Frankreichs; gewiß, doch [wie] ein Fluß, dessen Fluten täglich wechseln. Schon zieht die bonapartistische Generation sich zurück, die der Jakobiner ist zu Ende; aber Frankreich bleibt, und Frankreich möchte dem Beispiel Englands folgen. Wenn zu Zeiten Karls des Zweiten die Regimenter Ludwigs 14. im Hyde Park kampiert hätten, hätte es dann einen Engländer, Parteigänger Cromwells oder der Puritaner oder der Stuarts gegeben, der nicht verzweifelt gewesen wäre? Frankreich fühlt, was Sie fühlen würden, my Lord, wenn es möglich wäre, daß ein Land, zu dem Sie gehören, besiegt werden könnte. Ich bin Französin, Tochter des Mannes, der Frankreich über alles geliebt hat, und das Schicksal Polens läßt mich für mein Land schaudern. Hätte ich die Ehre, Engländerin zu sein, würde ich, scheint mir, nicht die Vernichtung einer Nation wünschen, die seit fünfhundert Jahren den Ruhm verdient hat, sich mit England zu schlagen, und die auf dem Feld von Waterloo zum mindesten Ihnen gezeigt hat, my Lord, daß sie zu sterben weiß [...].[24]

An Alexander I.

Paris, 14. Dezember 1816

Sire,

[...] Solange die Fremden das französische Territorium besetzt halten, kann nichts von dem, was sich im Innern ereignet, Stabilität erlangen; bei allem gibt es nur Scheinlösungen; der Despotismus, der von den einen vorgeschlagen wird, ist kraftlos, und die Freiheit, die von anderen gefordert wird, ist ohne Garantie. Wenn Sie wollen, Sire, daß es ein Frankreich gibt und daß die politische Reform von Ihnen konsolidiert werde, dann beeilen Sie sich, dieses Land wieder sich selbst zu übergeben; erst dann wird sich hier die Gesinnung erweisen. Aber, wird man sagen, wird es denn sicher sein, daß die Bourbonen ohne die Unterstützung der Fremden auf dem Thron bleiben werden? Merkwürdige Frage! Kann und soll Europa unter Waffen bleiben, um sie zu stützen? Der König hat sich beliebt gemacht, seit er das konstitutionelle System wieder aufnahm; seine Nachfolger haben es ihm nur gleichzutun, und sie werden ebenso sicher sein zu regieren. Man ist der Revolutionen müde, doch man will lieber untergehen, als die seit siebenundzwanzig Jahren gewollten Institutionen verlieren und nur den Haß konservieren, der sich an die Missetaten heftet, die doch nur begangen wurden, um sie zu erlangen [...] Als ein durch Ihre Situation und mehr noch durch den Edelmut Ihres Charakters Unabhängiger retten Sie, Sire, Frankreich und durch Frankreich die Freiheit Europas und die Sache der Aufklärung: möge Eure Majestät sich an die Begeisterung erinnern, die Sie 1814 hervorgerufen haben! Es gibt keinen Napoleon mehr auf der Insel Elba, und er allein konnte das Gute zerstören, was Sie vollbracht hatten. Alles, was Sie jetzt beschließen werden, Sire, wird dauerhaft sein.

[...] Die Freiheit der Kulte, die Eure Majestät auf eine so feierliche Art durch die Heilige Allianz bestätigt haben, läuft in Frankreich die höchste Gefahr. In Nîmes sind die Protestanten in einem Zustand dauernder Unterdrückung, und *die nicht abgesetzten Autoritäten* zwingen die Leute aus dem protestantischen Volk mit Versprechungen und Drohungen, die Religion zu wechseln. Acht Häuser der Jesuiten, unter dem Namen *Väter des Glaubens,* sind bereits in Frankreich gegründet worden, und allein durch die Priester erreicht man etwas bei Hof, und von den Priestern werden die für die Freiheit verderblichsten Mittel vorbereitet.

Sire, erfüllen Sie Ihr ruhmvolles Geschick. Möge Rußland durch die Verwaltung, mögen die Franzosen durch die Unabhängigkeit und die Freiheit von Ihnen ihr Glück empfangen, und die Nachwelt wird Ihnen Titel beilegen, die noch nicht auf ein und demselben Haupt vereinigt waren. Sie werden gleichzeitig der Verteidiger der Religion und der Philosophie sein und werden die Ordnung durch das Schwert und die Freiheit durch den Gedanken wiederhergestellt haben [...].[25]

Alexander I. an Madame de Staël

Sankt-Petersburg, den 24. Februar 1817

Mit ganz besonderem Interesse, Madame, habe ich Ihre Ausführungen über den derzeitigen Zustand Frankreichs und über das Vorgehen seiner Regierung gelesen, die das Thema Ihres letzten Briefes sind. Ich war vor allem sehr befriedigt darüber, daß Sie mit wohlwollendem Scharfsinn die Maßnahmen billigen, die einen so heilsamen Einfluß auf die nationale Vertretung ausgeübt haben und die der

Verwaltung dieses Landes den beruhigenden Charakter einer energischen Unparteilichkeit geben.

Doch wenn ich auch, Madame, Ihrer Art zu sehen volle Gerechtigkeit widerfahren lasse, so kann ich doch nicht Ihrer Meinung über den Anteil beipflichten, den Sie meinem Einfluß auf die für die Ruhe und das Glück Ihres Vaterlandes so günstigen Kombinationen beilegen. Der Preis, den ich der in Frankreich aufgerichteten Ordnung beimesse, wird durch meinen Glauben an die Verträge und durch die innerste Überzeugung, die ich hege, bestimmt, daß es nur ein unerschütterliches Beharren ist, wodurch das Ergebnis so vieler Anstrengungen konsolidiert werden kann. Doch wenn nichts dieses Gefühl zu entmutigen vermag, so hat auch nichts die Gewalt, es gewisse Grenzen überschreiten zu lassen. Niemals werde ich darüber hinausgehen. Übrigens ist der Gedanke mir lieb, daß, wenn auch noch nicht alles in Frankreich das Niveau Ihrer Wünsche erreicht hat, wenn es noch Hindernisse für die Freiheit der Restauration gibt, diese Hindernisse doch in einer bestimmten und nicht mehr fernen Zeit beiseite geräumt sein werden: die Absichten werden dann reiner werden, und die Wohltaten einer stabilen und auf Bewahrung ausgehenden Ordnung der Dinge werden machtvoll dazu beitragen.

Ihr aufgeklärter Geist, Ihre Liebe zum Guten, die keinerlei Voreingenommenheit beeinträchtigt, werden Sie meine Hoffnungen teilen lassen; sie sind ein Vorbote des Erfolgs, wenn man seine Pflichten erfüllt hat.

Nehmen Sie, Madame, die Versicherung meiner Hochachtung entgegen.[26]

Am 21. Februar hat Madame de Staël während eines von Decazes, dem Premierminister Ludwigs XVIII., gegebenen Empfangs eine Hirnblutung und sinkt bewußtlos in die Arme von Victor de Broglie. Am 1. März schenkt Albertine einer Tochter das Leben. All das hindert nicht, daß die Empfänge in der Rue Royale fortdauern, wobei die junge Herzogin de Broglie die Rolle der Gastgeberin spielt, während Madame de Staël nach dem Diner vom Bett aus der Konversation präsidiert. Im Mai bringt man sie in ein Haus der Rue Neuve-des-Mathurins, wo man sie in den Garten fahren kann. Die Korrespondenz versiegt keineswegs, ihre Tochter oder Miß Randall dienen als Sekretärinnen.

[Paris, 26. Mai 1817]

Mir ist, my dear friend, infolge meiner Krankheit etwas wirklich Furchtbares zugestoßen: wegen der grausamen Krämpfe, die mich befallen, kann ich fast keinen Gebrauch mehr von meinen Füßen und Händen machen. Ich liege darum seit neunzig Tagen wie eine Schildkröte auf dem Rücken, jedoch mit viel mehr Gemütserregung und Leiden der Vorstellungskraft als dieses Tier. Ich rechnete damit, am 1. Mai nach der Schweiz fahren zu können; die Ärzte haben es mir für den 1. Juni versprochen. Ich möchte mir vormachen, daß es am 1. Juli sein kann und verbinge mein Leben damit, mir etwas einzureden oder zu verzweifeln. Es ist wirklich eine Strafe des Himmels, wenn jemand, der der aktivste Mensch von der Welt ist, sich sozusagen versteinert findet. Doch ich bin es gar nicht, weder im Geist noch im Herzen [...]. Wenn ich, wie eine trübe Vorahnung es mir im Grund meines Herzens sagt, gezwungen bin, mich von Paris nicht fortzurühren, dann werden Sie, wenn Sie nach England zurückkehren, mich hier finden, doch so verzweifelt werden Sie mich antreffen, daß ich zu nichts gut sein würde, als Sie zu betrüben. So ist mein seltsam grausamer Sommer, der alle meine Pläne in der Welt über den Haufen geworfen hat. Möchte der liebe Gott mich doch aus diesem Abgrund befreien, wo nur seine Hand mir noch Hilfe zu bringen vermag [...]. Meine Tochter, die Gott sei Dank glücklich von einem so dicken Mädchen, wie ich es einmal war, genesen ist, bringt sich Ihnen in Erinnerung [...].[27]

Am 13. Juli stellt sich Brand ein, und in der folgenden Nacht stirbt Madame de Staël, nachdem sie eine zusätzliche Dosis Opium verlangt hat. Ihre getreue Gefährtin Fanny Randall hält ihr die Hand. Die Totenwache übernehmen Victor de Broglie und Benjamin Constant, den man vom Krankenlager ferngehalten hatte. Am 28. Juli findet in Coppet die Beisetzung statt.

Anmerkungen

Kapitel 1

1 Sieben Briefe von Germaine Necker an ihre Mutter, sowie vier Briefe jener an ihre Tochter wurden veröffentlicht.
2 Comte Othenin d'Haussonville, *Le Salon de Madame Necker*, II, S. 37.
3 *Ibid.*, II, S. 39.
4 *Ibid.*, II, S. 38.
5 Zwischen 1785 und 1798 wird sie ihm an die 400 Briefe oder Billetts schreiben, die fast alle veröffentlicht sind.
6 Necker.
7 »Lettres de Madame de Staël à son mari«, herausgegeben von Comtesse Le Marois, geb. d'Haussonville. *Revue des Deux Mondes*, 15. Juni 1932, S. 776.

Kapitel 2

1 Comte Othenin d'Haussonville, *op. cit.*, II, S. 77.
2 *Ibid.*, II, S. 55.
3 Wir kennen etwa fünfzehn.
4 Louis Necker de Germany, Neckers älterer Bruder. Germany ist der Name eines Gutes, das er in Rolle besaß.
5 Louis-Auguste, Baron de Breteuil, seinerzeit Staatssekretär des Königshauses.
6 *Ibid.*, II, S. 77.
7 *Revue des Deux Mondes*, 15. Juni 1932, S. 800.
8 Sie wird sich desselben Ausdrucks in einem Brief an Narbonne bedienen.
9 Soll dies eine Anspielung auf den Beginn ihrer Liaison mit Narbonne sein? *Revue des Deux Mondes*, 1. Juli 1932, S. 98.

Kapitel 3

1 *Revue des Deux Mondes*, 1. Juli 1932, S. 106.
2 *Ibid.*, S. 107.
3 Zwischen 1786 und 1791 schickt sie ihm zehn Briefe, darunter vier Bulletins.

4 Breteuil (Finanzen), La Vanguyon (Auswärtiges), Broglie (Krieg), Foullon (Marine).

5 A. Geffroy, *Gustave III et la Cour de France*, II, S. 88.

6 Er erhielt seine Vornamen höchstwahrscheinlich von Narbonnes Pate Louis-Auguste de France, Herzog von Berry.

7 Genfer, enger Freund Madame Neckers.

8 Enger Freund von Madame de Staël, siehe S. 37.

9 Comte Othenin d'Haussonville, *op. cit.*, II, S. 250.

10 Minister des Äußeren, Madame de Beaumonts Vater.

11 Generalkontrolleur der Finanzen.

12 Siehe S. 112.

13 *Seize lettres inédites de Madame de Staël*, herausgegeben von Charles de Pomairols, S. 12.

14 Siehe S. 172. Die Briefe der Madame de Staël an Montmorency sollen noch erhalten sein.

15 Talleyrand ist damals Bischof von Autun (Siehe S. 53).

16 Frau eines Freundes und Mitarbeiters von Necker im Ministerium.

17 An den König von Schweden.

18 *Correspondance générale*, herausgegeben von B. W. Jasinski, Paris, 1961, I, Zweiter Teil, S. 403.

19 Le Chapelier, mit Barnave Redakteur des Textes des Ballhaus-Eids, im August 89 Präsident der verfassunggebenden Versammlung.

20 Briois de Baumetz, ein weiterer Präsident der verfassunggebenden Versammlung.

21 Montmorin.

22 Choiseul-Gouffier, Botschafter in Konstantinopel.

23 Anspielung auf seine Entsendung als Gesandter nach Den Haag.

24 Pomairols, *op. cit.*, S. 14.

25 *Sur l'Administration de Monsieur Necker, par lui-même.*

26 *Revue des Deux Mondes*, 1. März 1939, S. 59.

27 Ein Gedanke, der in der Abhandlung *Passions* (III, 272) wiederaufgenommen und entwickelt wird.

28 Die Drohung, ins Wasser zu gehen, wiederholt sich in den Briefen an Narbonne (9. 5. 94) und Ribbing (26. 2. 96).

29 Dieser Gedanke wird in den *Considérations*, 2. Teil, S. 267, wiederaufgenommen.

30 Und insbesondere gegen sie.

31 Sie hatte ihm am 11. September geschrieben.

32 Die Dauer des Botschafteramtes von de Staël um sechs auf zwölf Jahre zu verlängern.

33 An dem sie mitgearbeitet haben soll.

34 »Une Correspondance inédite de Madame de Staël, Lettres à Nils von Rosenstein«, herausgegeben von Lucien Maury. *Revue bleue*, 3. Juni 1905, S. 674.

35 Seine Tante. Siehe S. 74.

36 Friedrich Karl Josef von Erthal, letzter Kurfürst von Mainz, 1794 von den Franzosen vertrieben.

37 Pomairols, *op. cit.*, S. 29.

Kapitel 4

1 Wie man weiß, ist keine der Antworten Narbonnes erhalten, da die meisten Briefe an Madame de Staël mit vertraulichem oder persönlichem Charakter von der Familie vernichtet wurden.

2 J. Christopher Herold, *Germaine Necker de Staël*, S. 235.

3 So nennt sie in diesen Briefen Montmorency.

4 Der Tag der Kriegserklärung an Österreich; ebenso der Zeitpunkt, von dem an das Leben Narbonnes in Gefahr war. In ihrem späteren Leben macht Madame de Staël, ebenso wie Corinne, von Opium ständigen Gebrauch.

5 Procureur Général des Pariser Magistrats, der sie vom Rathaus zu ihrem Haus zurückgeleitet, sie mit Pässen ausgestattet und Jaucourt und Lally-Tollendal befreit hatte.

6 Freund von Narbonne und Madame de Staël, in *Delphine* eins der Modelle von Monsieur de Lebensei.

7 *Lettres à Narbonne*, herausgegeben von Georges Solovieff, S. 79.

8 Sie macht sich hier, wie später auch, um ein Jahr jünger.

9 *Ibid.*, S. 91.

10 Diese Qual, diese durch das Warten auf Post verursachte Aufregung kehrt in ihren Briefen an Narbonne, Ribbing, O'Donnell und andere immer wieder und wird auch charakteristisch für Corinne.

11 *Ibid.*, S. 92.

12 *Ibid.*, S. 98.

13 Ein Brief, mit dem Narbonne sich rechtfertigt, Beträge aus den Geheimfonds genommen zu haben.

14 Juniper Hall.

15 Bruder von Gustav III. und seit 1792 Regent.

16 Sie hatten sich am 5. Februar getrennt, und Albert wird erst am 20. November geboren.

17 Narbonnes Frau, damals mit den königlichen Prinzessinnen in Rom.

18 Das Gesetz über die Scheidung war gerade erlassen.

19 *Ibid.*, S. 104.

20 »Oft habe ich festgestellt, daß man Menschen, von denen man geliebt wird, durch seine Fehler beherrscht.« *(Delphine, Œuvres complètes, v, 5).*

21 *Ibid.*, S. 114.

22 Albert (siehe S. 315).

23 *Ibid.*, S. 149.

24 Die Hingabe, das Opfer, das Geschenk des Lebens für das geliebte Wesen ist bei Madame de Staël ein wichtiges Thema, sowohl in ihrem Leben als auch in ihrem Werk. Ibid., S. 174.

25 Man lese nur, was sie über Talleyrand sagt, Seite 140.

26 Ausstellungskatalog *Madame de Staël et l' Europe*, herausgegeben von Simone Balayé, Paris, Bibliothèque nationale, 1966, S. 29.

27 Wahrscheinlich den einzigen, den sie ihm geschrieben hat.

28 Achille Biovès, »Madame de Staël, Narbonne et leurs amis à Juniper Hall, 1792–1793«, *La Nouvelle Revue*, Juli-August 1911.

29 Georges Solovieff, *op. cit.*, Einführung, S. 33.

30 Dieser Brief ist, wie auch das folgende Billet, in Englisch abgefaßt.

31 Von Narbonne bestellter Englischlehrer.

32 Madame d'Arblay, *Diary and letters*, ed. A. Dobson, v, S. 172 (Original englisch).

33 *Ibid.*

34 Staatsmann, enger Freund Gibbons.

35 Er war in Holland eingefallen, wurde jedoch bald darauf in Neerwinden geschlagen.

36 Pierre Kohler, »Madame de Staël et Gibbon«, *Bibliothèque universelle*, April 1912, S. 87.

37 Der glänzende Redner und Staatsmann. Sie wird ihn jedoch drei Tage später aufsuchen.

38 Der berühmte Bühnendichter, Fox' Freund und Mitarbeiter, damals Staatssekretär des Äußeren und der Finanzen.

39 Einer der wichtigsten Stellvertreter von Fox, Parlamentsmitglied.

40 Charles Stanhope, Pitts Vetter und Schwager, der französischen Revolution günstig gesinnt, dessen ältere Tochter die berühmte Lady Hester Lucy Stanhope sein wird.

41 John Moore, schottischer Arzt und Literat.

42 Der Schotte James Maitland, auch er ein Gegner Pitts.

43 John Henry, älterer Halbbruder von Henry Petty Lansdowne (siehe S. 353/354)

44 William Petty, Graf Shelburne, dann Marquis of Lansdowne, Vater der Vorgenannten, mehrere Male Minister; zu jener Zeit hatte er sich aus der Politik bereits zurückgezogen.

45 William Lock, auch er mutmaßlich ein Sohn Ludwigs xv.; seine Frau Frederica Augusta hatte Friedrich den Großen zum Paten.

46 Frederick, Lord North, Staatsmann, gest. 1792, Freund von Gibbon.

47 Geborene Forbes, Gattin von John Charles, ihrem Vetter.

48 Elizabeth Robinson Montagu, Präsidentin des Clubs der Blaustrümpfe, bekannte Literatin und Briefschreiberin. Sie hatte mit Madame Necker korrespondiert.

49 Der Tod seiner Frau am 3. April.

50 Nämlich mit Narbonne.

51 Narbonne.

52 *Bibliothèque universelle*, op. cit., S. 100.

53 Françoise de Chalus de Narbonne-Lara, Ehrendame von Madame Adélaïde.

54 Georges Solovieff, *op. cit.*, S. 238.

Kapitel 5

1 *Bibliothèque universelle*, op. cit., S. 104.

2 Madame de Staëls künftiger Geliebter (siehe S. 69).

3 Der den Schuß auf Gustav iii. abgab.

4 Georges Solovieff, *op. cit.*, S. 271.

5 Haus Traxsel nahe Nyon.

6 *Ibid.*, S. 291.

7 »Lettres de M. de Talleyrand à Madame de Staël«, herausgegeben von Duc de Broglie. *Revue d'Histoire diplomatique*, 1890, S. 84.

8 Georges Solovieff, *op. cit.*, S. 309.

9 *Ibid.*, S. 316.

10 *Ibid.*, S. 321.

11 Chevalier de Jaucourt.

12 *Ibid.*, S. 341.

Kapitel 6

1 Siehe S. 61.

2 Dieses Ereignis wird Verdi zu seiner Oper *Ein Maskenball*, Libretto von V. Hugo, inspirieren.

3 *De l'Allemagne*, neue Ausgabe, herausgegeben von Comtesse Jean de Pange und S. Balayé, I, S. 93.

4 *Lettres à Ribbing*, herausgegeben von Simone Balayé, S. 46.

5 Comte Othenin d'Haussonville, *op. cit.*, II, S. 257.

6 Anspielung auf Ribbing.

7 Georges Solovieff, *op. cit.*, S. 368.

8 William Henry, erster Herzog von Gloucester, jüngerer Bruder von George III.

9 William Augustus Fawkener, clerk beim Privy Council in Pitts Kabinett.

10 *Revue d'histoire diplomatique*, *op. cit.*, S. 94.

11 Georges Solovieff, *op. cit.*, S. 388.

12 *Ibid.*, S. 395.

13 *Ibid.*, S. 405.

14 *Ibid.*

15 Angeheiratete Nichte von Aimée de Coigny, sie war seine Geliebte gewesen.

16 Die berühmte Schauspielerin Louise Contat, auch eine Geliebte Narbonnes.

17 *Ibid.*, S. 423.

18 Simone Balayé, *op. cit.*, S. 81.

19 Georges Solovieff, *op. cit.*, S. 442.

20 Sie schreibt ihm 1812 noch einmal und droht ihm wegen einer nicht zurückgezahlten Schuld mit einem Prozeß. (Unveröffentlicht.)

21 Einer der drei Teilnehmer an dem Komplott gegen Gustav III.

22 Wer als erster auf den König schießen soll.

23 Wie erinnerlich, hatte Ribbing in der Schweiz den Namen Bink angenommen. Paul Usteri und Eugène Ritter, *Lettres inédites de Madame de Staël à Henri Meister*, S. 111.

24 *Revue d'histoire diplomatique*, *op. cit.*, S. 210.

25 Montmorency und Jaucourt.

26 Comte Othenin d'Haussonville, *op. cit.*, II, S. 259.

27 Simone Balayé, *op. cit.*, S. 123.

28 Charles d'Alsace de Chimay, Feldmarschall; er wurde guillotiniert.

29 Birons Frau, Herzogin von Lauzun; sie ereilte das gleiche Schicksal.

30 Charles de Noailles, der spätere Herzog von Mouchy.

31 So bezeichnete Madame de Staël die Frau des letzteren, eine geborene Nathalie de Noailles.

32 Comte Othenin d'Haussonville, *op. cit.*, II, S. 274. Die anderen hier erwähnten Leute sind Fauche-Borel (»ein Schweizer Kaufmann«), die Gräfin de Simiane (»die junge Freundin«), die Princesse de Poix (»unsere Freundin«), Juste de Noailles (»der Sohn«) und die Marschallin de Beauvau (»die Großmutter«).

33 Simone Ballayé, *op. cit.*, S. 128.

34 Eine Ortschaft zwischen den Seen von Neuchâtel und Biel.

35 *Ibid.*, S. 174.

36 Karl Wilhelm Ferdinand, Neffe Friedrichs des Großen, 1792 Oberbefehlshaber der verbündeten Truppen, von Dumouriez bei Valmy geschlagen.

37 In der Nähe von Lausanne.

38 *Ibid.*, S. 177.

39 *Ibid.*, S. 201.

40 Voltaire, *Brutus*, V. Akt, 7. Szene.

41 Unter ihnen der Geheimagent Wickham und der Minister Fitzgerald.

42 Über Sir Rivers ist uns nichts bekannt.

43 Eugène Uginet, als Haushofmeister und später als Verwalter beinahe fünfundzwanzig Jahre in Madame de Staëls Diensten.

44 Simone Balayé, *op. cit.*, S. 239.

45 Brief vom 24. Februar 1795. *Revue des Deux Mondes*, 15. März 1939, S. 374.

46 *Ibid.*

47 In Gléresse, am Bieler See.

48 *Ibid.*, S. 267.

Kapitel 7

1 Ein Jahr zuvor war seine Frau gestorben.

2 P. Kohler, *Madame de Staël et la Suisse*, S. 181.

3 Siehe ihren Brief vom »Quintidi 15 Prairial« (3. Juni 1795) in *Les Nouvelles politiques nationales et étrangères*.

4 1794.

5 Simone Balayé, *op. cit.*, S. 326.

6 Siehe S. 102 seinen Brief vom 5. März 1796.

7 Passy-sur-Yonne, wo Pange wohnt.

8 Comtesse Jean de Pange, *Madame de Staël et François de Pange*, S. 128.

9 In Wirklichkeit ist sie neunundzwanzig.

10 *Ibid.*, S. 201.

11 Comtesse de Valence, Madame de Genlis' Tochter, deren Gatte der Geliebte von Madame de Montesson, der Tante der letzteren gewesen sein soll. Madame de Valence war Ribbing von Madame de Staël vorgestellt worden. Diese wird sich bald darauf mit Adrien de Mun liieren, siehe S. 106.

12 Simone Balayé, *op. cit.*, S. 346.

13 Comtesse Jean de Pange, *op. cit.*, S. 211.

14 Das Glück der Frau in der Ehe ist auch das Thema von *Delphine* und *Corinne*.

15 Er lebte immer noch in dürftigen Verhältnissen in der Schweiz.

16 Sie war 28 Jahre, als sie Ribbing kennenlernte.

17 Er hatte 1789 Wilhelmine von Cramm, Hofdame der Herzogin von Braunschweig, geheiratet, von der er 1795 geschieden wurde.

18 Simone Balayé, *op. cit.*, S. 350.

19 *Revue des Deux Mondes*, 1. April 1939, S. 667.

20 Haussonville, *Madame de Staël et Monsieur Necker*, S. 51.

21 Berühmte Tragödin, mit der Madame de Staël als Kind Stunden in Deklamation genommen hatte.

22 Ehemaliger Generalvikar und Talleyrands Freund; später Mitglied des Tribunats.

23 Marquis de Mun, »Lettres inédites de Mme de Staël au Marquis de Mun«. *Revue de Paris*, 1. Dezember 1923, S. 521.

24 Benjamin Constant.

25 Madame Helvétius, geb. Ligniville.

26 *Ibid.*, S. 522.

27 *Œuvres du comte P. L. Roederer*, herausgegeben von Baron A. M. Roederer, VIII, S. 654.

28 Entweder *Des Réactions politiques*, dessen Vorwort das Datum 30. März anzeigt, oder *Des Effets de la Terreur* (Mai 1797).

29 *De la force du gouvernement actuel et de la nécessité de s'y rallier* (1796–1797).

30 Usteri und Ritter, *op. cit.*, S. 146.

31 Eine Beschreibung Constants von Madame de Staël, siehe S. 86/87; 93.

32 Dieses Dokument könnte ebenso in Leipzig (3.–6. März 1804) geschrieben sein (siehe S. 196).

33 Charles Du Bos, *Grandeur et misère de Benjamin Constant*, S. 233.

34 *Vie de Madame de La Fayette par Madame de Lasteyrie*, S. 389.

35 Haussonville, *op. cit.*, S. 95.

36 *Lettres de femmes du* XIXᵉ *siècle*, herausgegeben von Comtesse Jean de Pange, S. 33.

37 Comtesse Jean de Pange, *Monsieur de Staël*, S. 231.

38 Heute Place de la Concorde.

39 P. Gautier, *Madame de Staël et Napoléon*, S. 13.

40 Ersterer war Präsident, der andere Mitglied des Ältestenrates gewesen.

41 *Mémoires sur la Révolution, ou Exposé de ma conduite dans les affaires et dans les fonctions publiques* (1795), S. 217–218.

42 Konventsmitglied, am Sturz Robespierres beteiligt. Auch er war nach Guayana deportiert worden, lehnte seine Begnadigung nach dem 18. Brumaire jedoch ab und starb auf Haiti.

43 Haussonville, *op. cit.*, S. 90.

44 Necker.

45 General, dann Kriegsminister und künftiger Fürst von Wagram, von Neuchâtel und Marschall von Frankreich.

46 Usteri und Ritter, *op. cit.*, S. 163.

47 Diese wird Adèle zum Vorbild für die Heldin ihres Romans *Madame de Fleury* nehmen.

48 *De la Littérature*, das im April 1800 erscheint. Doch in diesem Jahr 1799 hatte sie auch *Des circonstances actuelles qui peuvent terminer la Révolution et des principes qui doivent fonder la République en France* geschrieben; veröffentlicht erst 1906.

49 Das Trauerspiel von Schiller, das gerade von Lezay-Marnésia, einem Freund Madame de Staëls, übersetzt worden war.

50 F. J. Crowley, »Madame de Staël and the Pastorets«. *French Studies*, Januar 1960, S. 202.

Kapitel 8

1 Der bekannte Polizeiminister, der sich zu Madame de Staël konziliant verhält.

2 Roederer, *op. cit.*, VIII, S. 659.

3 Siehe ihre Darstellung Goethes, S. 192.

4 Siehe S. 134.

5 *Goethe-Jahrbuch*, V, 1884, S. 112 (Das Billet wurde versehentlich 1799 datiert).

6 Wichtigste Werke von Gérando: *De la génération de la connaissance humaine, Histoire comparée des systèmes de philosophie.*

7 *De la Littérature.*

8 *Des signes et de l'art de penser.*

9 Saint-Ouen.

10 Der Dichter und Kritiker.

11 Louis, Marquis de Fontanes, bekannter Literat und Freund Chateaubriands.

12 *Lettres inédites et souvenirs biographiques de Madame Récamier et de Madame de Staël*, herausgegeben von Baron de Gérando, S. 32.

13 Usteri und Ritter, *op. cit.*, S. 166.

14 *Delphine.*

15 Anspielung auf die zwei Millionen, die Necker der Regierung 1789 vorgeschossen hatte und von denen in diesen Briefen noch oft die Rede sein wird.

16 Der Sohn von Madame de Pastoret.

17 Jean de Vaines, Freund und Protégé von Turgot und Neckers Mitarbeiter, als dieser noch Minister war.

18 *French Studies, op. cit.*, S. 203.

19 Gérando, *op. cit.*, S. 38.

20 Madame de Laval.

21 Bei Gerlach, dem jungen Pfarrer aus Stuttgart, Hauslehrer ihrer Kinder.

22 *Delphine.*

23 Gérando, *op. cit.*, S. 40.

24 Im Dezember schreibt Chateaubriand einen Brief an Fontanes, der das Werk kritisiert, unterzeichnet mit »Der Autor vom Geist des Christentums«.

25 Unleserliches Wort.

26 *French Studies, op. cit.*, S. 205.

27 Gérando, *op. cit.*, S. 43.

28 Das Attentat auf Bonaparte.

29 General François-Christophe Kellermann, Sieger von Valmy, künftiger Marschall und Herzog von Valmy.

30 P. Gautier, »Lettres au Roi Joseph«, *Revue des Deux Mondes*, 15. Dezember 1936, S. 769.

31 Julie Clary, Josephs Frau und Schwester Désirées, der Ex-Freundin Bonapartes.

32 Charles-François Le Brun, Dritter Konsul, dem das Finanzwesen oblag. Ihn hatte sie um Vermittlung bei Napoleon ersucht.

33 Botschafter Österreichs und Unterhändler beim Friedensvertrag von Lunéville, der am 9. Februar unterzeichnet wurde.

34 Die berühmte Marquise Visconti, deren Verhältnis mit Berthier allbekannt ist.

35 *Revue des Deux Mondes*, 15. Dezember 1936, S. 774.

36 Eleuthère-Irénée, du Ponts jüngerer Sohn.

37 Sie hatte ihn kennengelernt, als er als Comte du Nord 1781 nach Paris und zu den Neckers kam.

38 In England.

39 *De Staël — Du Pont letters* ... herausgegeben von James F. Marshall Madison University Wisconsin Press, 1968, S. 78.

40 Albert Leitzmann, »Wilhelm von Humboldt und Frau von Staël«. *Deutsche Rundschau*, November 1916, S. 278.

41 Mathieu de Montmorency.

42 Gérando, *op. cit.*, S. 49.

43 *De la littérature.*

44 *Deutsche Rundschau, op. cit.*, S. 431.

45 *Cahiers de politique étrangère du Journal des nations américaines*, September 1950, S. 506.

46 Es handelt sich um das Kloster Säckingen, im Süden Badens auf einer Rheininsel gelegen, das sie für eine Episode in *Delphine* verwendet.

47 Usteri und Ritter, *op. cit.*, S. 173.

48 *Revue des Deux Mondes*, 1. Januar 1937, S. 54.

49 Mit der Vorbereitung des Code civil beauftragt; später Chef der Druckerverwaltung und der Zensurbehörde.

50 Englands Bevollmächtigter.

51 Englischer General, einer der Unterhändler des Friedens von Amiens (25. März 1802).

52 Madame Grant, eine Frau von großer Schönheit, aber wenig Esprit, die Talleyrand vor kurzem geheiratet hatte.

53 Ehemals Konventsmitglied. Auch er nimmt aktiv an der Abfassung des Code civil teil.

54 Wohin Bonaparte die zisalpine beratende Versammlung einberuft.

55 Durant de Mareuil, Chef des Verwaltungsbezirks Nord, Mitarbeiter Talleyrands, später unter dem Kaiserreich Baron und Botschafter in Neapel.

56 Die berühmte Thérésa Cabarrus, Barras' frühere Geliebte.

57 Annonciade-Caroline, Bonapartes jüngste Schwester, Gemahlin des Generals und künftigen Königs von Neapel.

58 *Revue des Deux Mondes*, 1. Januar 1937, S. 55.

59 Madame de Staël wird von dieser Szene in *Dix années d'exil* (Kapitel VIII) berichten.

60 Früher Mitglied des Konvents, jetzt Zweiter Konsul und einer der Verfasser des Code civil.

61 Tante von Pulchérie de Valence und heimliche Gemahlin des Herzogs von Orléans.

62 Julie-Constance, Comtesse de Brionne née Rohan-Rochefort, Witwe von Charles-Louis, G^d écuyer de France(?).

63 Anne-Charlotte-Dorothée de Médem, Herzogin von Kurland, Mutter der künftigen Herzogin von Dino.

64 *Revue des Deux Mondes*, 1. Januar 1937, S. 60.

65 Boisgelin de Cucé.

66 Benjamin Constant.

67 Jean-Baptiste du Buc, Schöngeist des 18. Jahrhunderts, von ihm ist in den *Mélanges* der Madame Necker oft die Rede.

68 James F. Marshall, *op. cit.*, S. 127.

69 *Revue bleue*, 17. Juni 1905, S. 737.

70 Haussonville, *op. cit.*, S. 208.

71 Ehemaliger Seemann, der Marine beigeordneter Staatsrat.

72 *Ibid.*, S. 234.

73 In einem Brief an Jacobi vergleicht Madame de Staël die gleichförmige Bewunderung der Mad. de Rodde für Villers mit einem der alten »eindimensionalen« Bilder.

74 *Briefe* ..., herausgegeben von M. Isler, S. 267.

75 La Philosophie de Kant (1801).

76 Isler, *op. cit.*, S. 268.

77 Gérando, *op. cit.*, S. 52.

78 Hans Heinrich Voss, der Dichter und Übersetzer.

79 Die beiden Brüder, die mit dem jungen Goethe und Klinger die *Sturm-und-Drang*-Bewegung einleiten.

80 Friedrich Heinrich Bothe, Dichter, Philologe und Übersetzer.

81 Comtesse Jean de Pange, »Le Premier voyage de Madame de Staël en Allemagne«. *Bibliothèque universelle et Revue de Genève*, Oktober 1927, S. 408.

82 *Dernières vues de politique et de finances, offertes à la Nation française.*

83 Isler, *op. cit.*, S. 275.

84 P. Gautier, *Qua familiaritate Chateaubriand exsilio regressus cum Madame de Staël*, S. 70.

85 Die Antwort Le Bruns an Necker vom 5. April 1803 schließt mit folgenden Worten: »Ich kann Ihnen keinerlei Hoffnungen machen.«

86 Befehlshaber der Ägyptischen Armee. Nach der Ermordung Klébers heiratete Menou die Tochter des Besitzers einer Badeanstalt in Rosetta und trat zum Islam über.

87 Friedrich August III. oder I., zuerst Kurfürst, dann König von Sachsen.

88 Louis I., Sohn des Herzogs von Parma, den Bonaparte 1801 zum König gemacht hatte, wobei er die Toskana in Etrurien umtaufte.

89 Die Erzieherin der Kinder des Herzogs von Orléans und eine Freundin Madame Neckers.

90 Der Kritiker.

91 Der in Bonapartes Sold stehende Publizist. In einem grimmigen Artikel des *Mercure de France* vom 1. Januar schreibt er, daß Delphine über die Liebe spricht »wie eine Bacchantin rittlings auf dem Erhabenen«.

92 *Revue des Deux Mondes*, 1. Januar 1937, S. 64.

93 Anspielung auf den Prozeß des Irländers Despard, der 1800 wegen Hochverrats hingerichtet wurde. Edward Law, Baron Ellenborough, war seinerzeit Englands oberster Richter.

94 Anspielung auf Campbell und Robertson.

95 Oliver Goldsmith, *The Traveller*, Vers 327.

96 Jean Mistler, *Benjamin Constant et Madame de Staël, Lettres à un ami*, S. 50.

97 *Intimate Society Letters of the Eighteenth Century*, II, S. 582.

98 Usteri und Ritter, *op. cit.*, S. 179.

99 Marquis de Lorne, Lord Johns Bruder.

100 *Intimate Society Letters, op. cit.*, II, S. 595.

Kapitel 9

1 Haussonville, *op. cit.*, S. 248.

2 *Ibid.*, S. 244.

3 Fourcault de Pavant.

4 Entwurf des Briefes, dessen Original nicht wiedergefunden werden konnte. *Ibid*, S. 295.

5 Madame Charles Lenormand, *Coppet et Weimar: Madame de Staël et la Grande-Duchesse Louise*, S. 28.

6 Cambacérès.

7 Gautier, *op. cit.*, S. 133.

8 Heute Pont de la Concorde.

9 *Ibid.*, S. 138.

10 Sainte-Beuve, »Camille Jordan et Madame de Staël«, *Nouveaux Lundis*, XII, S. 297.

11 *Ibid.*, XII, S. 300.

12 Die Gärten von Armide.

13 »Die Kreuzfahrer«.

14 Laforest, französischer Bevollmächtigter in Berlin.

15 Ein gewisser Hirsinger.

16 Herzog Ernst Ludwig II., regierender Fürst von Sachsen-Gotha und Altenburg. Ihm blieben nur mehr sechs Monate zu leben.

17 Haussonville, *Mme. de Staël et l'Allemagne*, S. 5.

18 Isler, *op. cit.*, S. 292.

19 Haussonville, *op. cit.*, S. 16.

20 Pauline de Beaumont, Tochter von Montmorin, die zu Chateaubriand nach Rom gekommen war, wo er als Botschafter wirkte. Sie hatte ihn mit Madame de Staël im Jahre zuvor ausgesöhnt.

21 Comte Guillaume de La Luzerne, Schwager von Pauline, deren ältere Schwester er geheiratet hatte.

22 Doch seine Frau lebte noch.

23 P. Gautier, *op. cit.*, S. 74.

24 Chateaubriand, *Mémoires d'Outre-tombe*, Dufour, Mulat et Boulanger, éd., 1860, II, S. 118.

25 Haussonville, *op. cit.*, S. 19.

26 Siehe S. 184; 195.

27 Bonaparte.

28 *Ibid.*, S. 61.

29 *Goethe-Jahrbuch*, 1887, VIII, S. 5.

30 *Goethe-Jahrbuch*, 1884, V, S. 113 (Original französisch).

31 Schauspiel von Goethe.

32 *Goethe-Jahrbuch*, 1884, V, S. 113.

33 *Ibid.*, S. 114 (Original französisch).

34 Haussonville, *op. cit.*, S. 84.

35 *Ibid.*, S. 123.

36 Goethe.

37 Mistler, *op. cit.*, S. 61.

38 Von dem sie sagen wird: »Der Gelehrte, der im Gespräch am meisten Geist zeigt.« Er starb am 18. Dezember.

39 Jacques-Pierre-Joseph Rode, französischer Geiger und Komponist.

40 *Bibliothèque universelle*, Oktober 1927, S. 412.

41 Mistler, *op. cit.*, S. 62.

42 Constant.

43 *Jahrbuch der Goethe-Gesellschaft*, 1922, Band 9, S. 231 (Original französisch).

44 Madame de Staël, *Dix années d'exil*, herausgegeben von P. Gautier, Anhang, S. 387.

45 Wahrscheinlich eine Anspielung auf Crabb Robinson.

46 Constant.

47 In Genf.

48 *Ibid.*, S. 391.

49 *Das Donauweibchen* von Hensler, Musik von Kauer.

50 *Corinne*, der 1807 erschien.

51 Sie hatte *Der Gott und die Bajadere* in Versen übersetzt. Haussonville, *op. cit.*, S. 103.

52 Zu ihrer Meinung über ihn siehe auch S. 194.

53 Der Schweizer Geschichtsschreiber Johannes von Müller, dessen Gelehrsamkeit sie bewunderte und den sie vergeblich drängt, Neckers Biographie zu schreiben.

54 S. Douryline, »Madame de Staël et ses relations russes«, *Literaturnoyé Nasledstvo*, 1939, XXXIII–XXXIV, S. 223.

55 Haussonville, *op. cit.*, S. 110.

56 L. Urlichs, *Briefe an Schiller*, S. 548.

57 *Goethe-Jahrbuch*, V, 1884, S. 119.

58 Mistler, *op. cit.*, S. 74.

59 Haussonville, *op. cit.*, S. 121 (Original französisch).

60 *Ibid.*, S. 138.

61 Luise und Friedrich Wilhelm III. von Preußen.

62 Künftiger König Georg IV., der infolge der Geisteskrankheit seines Vaters Georg III. diesem auf den Thron folgen wird.

63 *Ibid.*, S. 155.

64 Frederika Wilhelmina, Schwester des Königs und Gemahlin des künftigen Königs Wilhelm i. der Niederlande.

65 Der berühmte Literat und Dramatiker, der lange Zeit in Diensten Katharinas von Rußland und Pauls i. stand. Er gab zusammen mit Garlieb Merkel die Zeitschrift »Der Freimüthige« heraus.

66 Laforest.

67 *Ibid.*, S. 161.

68 *Ibid.*, S. 188.

69 *Ibid.*, S. 234.

70 *Ibid.*, S. 140.

71 Siehe auch S. 211/212, was sie über ihn zu Goethe sagt.

72 *Ibid.*, S. 196.

73 Der Verfechter eines »transzendentalen Idealismus«. Madame de Staël hatte ihn gebeten, ihr seine Philosophie in 15 Minuten zu erklären. Für sie ist er »einer der größten denkenden Köpfe Deutschlands«.

74 Pfarrer der reformierten französischen Kirche in Berlin, später Erzieher des Kronprinzen und Staatssekretär für Äußeres. »Ancillon brachte soeben ein Werk über die neue Philosophie Deutschlands heraus, das die Luzidität französischen Geistes mit der Tiefe des deutschen Geistes vereinigt« *(De l'Allemagne).*

75 Berühmter protestantischer Prediger und Literat schottischer Herkunft.

76 *Ibid.*, S. 179.

77 Anna Amalie, Herzogin-Witwe.

78 Comtesse Jean de Pange, *Madame de Staël et la découverte de l'Allemagne*, S. 50 (Original französisch).

79 *Bibliothèque universelle*, November 1927, S. 565.

80 Prinz Louis Ferdinand von Preußen, Neffe Friedrichs ii. Als heftiger Gegner Napoleons, »schwacher Kopf, aber voller Mut und Begabung«, findet er 1806 in der Schlacht von Saalfeld den Tod.

81 Luise von Preußen, S. 379.

82 Ersterer von Scarron, der andere von La Calprenède.

83 Die Königin-Mutter, Prinzessin von Hessen-Darmstadt, war eine Schwester der Herzogin Luise von Sachsen-Weimar. Prinz Wilhelm hatte Amalie Maria Anna von Hessen-Homburg geheiratet, um die es hier geht.

84 Gautier, *op. cit.*, S. 393.

85 Unschuldiges Opfer der royalistischen Verschwörer gegen Napoleon. Wurde auf dessen Befehl am 21. März in Vincennes erschossen.

86 Der Nachsicht gegenüber Frankreich beschuldigt, wird der Minister Addington durch Pitt ersetzt.

87 Vor kurzem Kriegsminister geworden, wird er 1806 außerdem das Amt des Kolonialministers übernehmen.

88 Luise von Preußen, Gemahlin des Prinzen Heinrich von Radziwill, S. 379.

89 Friedrich August von Braunschweig-Wolfenbüttel-Oels, Schriftsteller und Mitglied der Berliner Akademie.

90 Im Exil lebender Neapolitaner. Gegner des bourbonischen Absolutismus.

91 General, der eine Prinzessin von Württemberg-Oels geehelicht hatte.

92 Haussonville, *op. cit.*, S. 213.

93 Gemeint ist selbstverständlich Herzog Karl August von Weimar. *Goethe-Jahrbuch*, VIII, 1887, S. 5.

94 Drake, einer der wichtigsten Beamten, wollte den Herzog nach Frankreich bringen.

95 Unleserliches Wort, vielleicht *Umgang?*

96 Haussonville, *op. cit.*, S. 235.

97 *Revue des Deux Mondes*, 1. Januar 1937, S. 68.

Kapitel 10

1 P. Gautier, »Lettres d'Allemagne«, *Revue de Paris*, 1. Mai 1904, S. 64.

2 Archives de Broglie. Hier zum ersten Mal veröffentlicht mit freundlicher Genehmigung der Comtesse Jean de Pange, geborene Broglie (Original deutsch).

3 Der Herzogin Tochter, künftige Gemahlin des Erbgroßherzogs von Mecklenburg-Schwerin und künftige Mutter der Herzogin von Orléans.

4 Lenormand, *op. cit.*, S. 58.

5 Comtesse Jean de Pange, *op. cit.*, S. 59.

6 Bonaparte ernannte ihn zu seinem eventuellen Nachfolger. Er selbst wurde durch Senatsbeschluß vom 18. Mai zum Kaiser auf Lebenszeit ernannt.

7 Halbbruder von Letizia Bonaparte, der Mutter Bonapartes. Madame de Staël besucht ihn 1805 in Rom des öfteren.

8 Haussonville, *op. cit.*, S. 295.

9 *Ibid.*, S. 298.

10 Comte Regnault de Saint-Jean d'Angély, damals Präsident der Sektion des Inneren, in der Hochet Sekretär ist. Er erweist Madame de Staël zahlreiche Dienste.

11 Mistler, *op. cit.*, S. 91.

12 Anne-Louise-Charlotte-Dorothée de Médem, Herzogin von Kurland, Mutter der künftigen Herzogin von Dino.

13 Pius VII. wird Bonaparte am 2. Dezember in Paris zum Kaiser krönen.

14 Parodie des berühmten Verses von *Bérénice* (Racine).

15 *Revue des Deux Mondes*, 1. Januar 1937, S. 69.

16 Zur Verwirklichung dieses Wunsches siehe S. 404. – Die kursiv gedruckten Passagen in diesem Entwurf sind in der amtlichen Urkunde, deren Wortlaut etwas verändert ist, nicht enthalten.

17 *Lettres de Madame de Staël à Benjamin Constant*, herausgegeben von Baronin von Nolde, S. 31.

Kapitel 11

1 »Ach, welche Schau, welche Einsicht!« Dieser Vers scheint nicht von Monti zu stammen.

2 Von Onofrio Minzoni, auf den Tod Christi (veröffentlicht in den *Œuvres complètes* von Madame de Staël).

3 *Lettere inedite del Foscolo,* ..., herausgegeben von A. und G. Monti, S. 250.

4 General-Gouverneur von Parma, Piacenza und Guastella.

5 Berühmter Typograph.

6 Ungestüm.

7 Lyrischer Dichter, gestorben 1799.

8 *Ibid.,* S. 252.

9 Es handelt sich um Clotilde Tambroni, deren »Lehrer« wahrscheinlich der Gelehrte A. Ponte ist.

10 Man trug sich damals mit dem Gedanken, die Krone Italiens Joseph zu geben; er wird im Februar 1806 König von Neapel. Mistler, *op. cit.,* S. 94.

11 Erster Tragödiendichter Italiens, gestorben 1803.

12 Gerolama Sampieri Lepri, eine Freundin Montis.

13 A. und G. Monti, *op. cit.,* S. 257.

14 R. L. Hawkins, *Madame de Staël and the United States,* S. 29.

15 Ordensgeistlicher der kirchlichen Seminare, damals Kustos der Arkadie (Accademia dell'Arcadia). Sie läßt ihm später eine Pension aussetzen.

16 Monti hatte dessen Vater, Sigismondo, das von Goethes *Werther* inspirierte Gedicht *Pensieri d'amore* dediziert.

17 Er war drei Jahre zuvor verschieden.

18 Siehe Kapitel 11 Fußnote 2.

19 Der Dichter Graf Giuseppe Alborghetti, mit dem sie Rom und die Villa Adriana besichtigen wird.

20 Staatssekretär Pius' VII.

21 Siehe S. 234.

22 Siehe S. 391.

23 A. und G. Monti, *op. cit.,* S. 263.

24 *Ibid.,* S. 274.

25 Comtesse Jean de Pange, *Auguste-Guillaume Schlegel et Madame de Staël,* S. 143.

26 Marquis de Blacons, Deputierter des Adels in den Generalständen, Freund von Constant. Er war 1801 aus der Emigration zurückgekehrt und beging wegen Schulden Selbstmord. Madame de Staël hatte seine Begleitung auf der Italienreise abgelehnt.

27 G. C. L. Sismondi, *Epistolario* ..., herausgegeben von C. Pellegrini, 1, S. 65.

28 Consalvi.

29 Maria Karoline, die darauf drängt, Madame de Staël zu empfangen. Dieser Besuch erbost Napoleon.

30 Mistler, *op. cit.,* S. 97.

31 Er wird 1810 eine Nachfahrin Vasco da Gamas, Dona Eugenia Teles da Gama, heiraten.

32 »Name, der in meiner Seele zärtlich erklingt, Erinnerung, die – so gefiel es den Göttern – mir immer schmerzlich und hold sein wird.« (Verse eines der Marquise Anna Malaspina zugeeigneten Gedichte, *Opere del Cav. Vincenzo Monti,* Italia, 1826, IV, S. 158.)

33 Nach Coppet.

34 M. A. Vaz de Carvalho, *Vida do Duque de Palmella* ..., 1, S. 477.

35 J. de Pange, *op. cit.*, S. 146.
36 Am 31. August hatte Fouché ihr einen Paß verweigert.
37 Direktor des Internats.
38 *Ibid.*, S. 147.
39 *Ibid.*, S. 148.
40 *Lettres de Claude-Ignace de Barrante à son fils Prosper sur Madame de Staël* . . . , herausgegeben von Baronne de Barante, S. 117.
41 *Ibid.*, S. 113.
42 *Ibid.*
43 Corinne, die 1807 erscheint.
44 *Deutsche Rundschau*, Februar 1917, S. 262 (Original französisch).
45 J. de Pange, *op. cit.*, S. 153 (Original französisch).
46 J. Körner, *Die Brüder Schlegel*, S. 69.

Kapitel 12

1 Zu einem ähnlichen Mißverständnis wird es zwei Jahre später zwischen Madame de Staël und O'Donnell kommen (s. S. 274/275).
2 Baronne de Barante, *op. cit.*, S. 123.
3 *Ibid.*, S. 158.
4 *Lettres de Madame de Staël à Madame Récamier*, herausgegeben von E. Beau de Loménie, S. 101.
5 Außenminister.
6 James Maitland, Mitglied des geheimen Rates. Diese Verhandlung scheitert.
7 Er hatte im März den Titel eines Großherzogs von Berg und Kleve erhalten und übernahm soeben wieder sein Kommando in der Großen Armee.
8 Jérôme Bonaparte heiratet 1807 Katharina, die Tochter des Königs Friedrich von Württemberg, und wird König von Westfalen.
9 Anspielung auf die *Lusiade* von Camoens.
10 Vaz de Carvalho, *op. cit.*, 1, S. 496.
11 Der Bankrott Monsieur Récamiers.
12 Beau de Loménie, *op. cit.*, S. 102.
13 In *Episoden aus Reisen*, 1.
14 *Briefe von Karl Viktor von Bonstetten an Friederika Brun*, herausgegeben von Matthisson, I, S. 257.
15 Baronne de Barante, *op. cit.*, S. 240.
16 *Deutsche Rundschau*, März 1917, S. 431 (Original französisch).
17 Baronne de Barante, *op. cit.*, S. 246, 254 und 259.
18 Sie war, bevor sie Coppet erreichte, mit ihrem Wagen umgestürzt.
19 Gérando, *op. cit.*, S. 71.
20 Bruder des Prinzen Louis Ferdinand, Neffe Friedrichs des Großen; seine Liebe zu Madame Récamier ist allgemein bekannt. Er wird ihr das Bild »Corinne auf Kap Miseno« hinterlassen, das er bei Gérard bestellt hatte.
21 Anna Pavlovna, Schwester von Alexander 1.
22 Außerordentlicher Gesandter Rußlands.

23 Prosper. Er war von einer Inspektionsreise durch Polen und Deutschland zurückgekehrt.

24 Anspielung auf ihr Verhalten Napoleon gegenüber (s. S. 195), Lenormand, *op. cit., S. 92.*

Kapitel 13

1 Komische Oper von Favart.

2 Dritter Sohn Leopolds II., Herzog von Teschen.

3 Zweiter Sohn Leopolds II., Herzog von Toskana.

4 Fünfter Sohn Leopolds II.

5 Es handelt sich um die dritte Ehe Franz' II., Vater von Marie-Louise, mit Maria-Ludovica von Este, Prinzessin von Modena.

6 Siehe S. 263.

7 Antoine-François, Graf von Andréossy, Botschafter Frankreichs in Wien.

8 Baronne de Barante, *op. cit., S. 76.*

9 Carlo Pellegrini, *Madame de Staël. Il gruppo cosmopolita di Coppet,* S. 159.

10 Sismondi, *op. cit.,* I, S. 225.

11 *Agar dans le désert,* Komödie in einem Akt von Madame de Staël.

12 *Lettres de Madame de Staël conservées en Bohême,* herausgegeben von Maria Ullrichova, S. 18.

13 Heldin in dem berühmten Roman des 17. Jahrhunderts, *La Princesse de Clève.*

14 J. Mistler, *Madame de Staël et Maurice O'Donnell,* S. 95.

15 *Ibid.,* S. 105.

16 *Goethe-Jahrbuch,* 1887, VIII, S. 7.

17 Mitgeteilt von R. Kiel in der *Allgem. Oesterr. Lit.-Zeitg.,* 1. Mai 1886, No. 4, S. 2–3.

18 Sie hatte ihn in die Wiener Militärakademie geschickt.

19 J. Mistler, *op. cit.,* S. 138.

20 Maria Ullrichova, *op. cit.,* S. 26.

21 Siehe S. 222.

22 *Ibid.,* S. 34.

23 Anspielung auf ihre Unterredung mit Napoleon, siehe S. 195.

24 Marie-Louise-Theresia von Parma, Gattin Karls IV., damals im Exil.

25 J. Mistler, *op. cit.,* S. 169.

26 *Ibid.,* S. 172.

27 Dagobert Sigismund Graf von Würmser, 1793 mit der Belagerung von Mainz beauftragt.

28 »Zum wilden Mann«.

29 Achim von Arnim.

30 Johann Georg, Bruder von Friedrich Heinrich, siehe S. 185.

31 *Ibid.,* S. 184.

32 Zwischen Frankreich und dem Spanien der Habsburger war eben Krieg ausgebrochen.

33 *Ibid.,* S. 191.

34 De Sabran.

35 Gräfin Rosalie Rzewuska, geb. Lubomirska.
36 Maria Ullrichova, *op. cit.*, S. 30.
37 Schiller, *Wallenstein*, »Piccolomini«, III, 7.
38 Sohn Karls IV., er wird als Ferdinand VII. künftiger König von Spanien.
39 J. Mistler, *op. cit.*, S. 198.
40 *Voyage aux regions équinoxales du Nouveau Continent*, von dem Naturforscher und Weltreisenden Alexander von Humboldt, Bruder Wilhelms.
41 *Ibid.*, S. 211.
42 *Ibid.*, S. 218.
43 Voltaire, *Tankred*, IV. Akt, 5. Szene.
44 *Ibid.*, S. 220.
45 Karl Ludwig August, künftiger König Ludwig I. von Bayern.
46 Maria Ullrichova, *op. cit.*, S. 44.
47 Siehe S. 287.
48 Unübersetzbares Wortspiel. *Parterre:* kritisches Theaterpublikum, aber auch Blumenbeet; *par terre:* am Boden (liegend); *plate-bande:* länglichschmales Beet (Anm. d. Übers.).
49 *Ibid.*, S. 48.
50 Maria-Ludovica von Este.
51 *Ibid.*, S. 56.
52 Auszugsweise veröffentlicht im *Catalogue de la collection d'autographes de M. Bovet*, 1884, 4. Serie, S. 286; englisch publiziert in Elisabeth Nolde, *Madame de Staël and Benjamin Constant*, S. 110.
53 Anspielung auf zwei Verse von Boileau (Satire II).
54 Prince de Ligne, *Œuvres choisies*, herausgegeben von G. Charlier, S. 63.
55 *Othilde*, mystischer Roman, der 1880 unter dem Titel *Histoire du Solitaire* erschien.
56 Francis Ley, *Bernardin de Saint-Pierre, Madame de Staël, Chateaubriand, Benjamin Constant et Madame de Krüdener*, S. 150.
57 Comte d'Haussonville, »Madame de Krüdener et Madame de Staël«. *Le Figaro*, Literatur-Beilage vom 16. September 1911.
58 Beau de Loménie, *op. cit.*, S. 44.
59 *Revue rétrospective*, 1834, 3. Folge, S. 474.
60 Charlotte Vanhove, Schauspielerin des Théâtre Français, die er 1802 in zweiter Ehe geheiratet hatte.
61 Talma, *Correspondance avec Madame de Staël*, herausgegeben von Guy de la Batut, S. 19. Der Brief wurde fälschlicherweise 1807 datiert.
62 *Ibid.*, S. 20.
63 Anspielung auf Constants Heirat im vorangegangenen Jahr.
64 Tragödie von Ducis.
65 Anspielung auf die Klagen Ugolins in Dantes *Divina commedia*.
66 Dorette Berthoud, *La Seconde Madame de Constant*, S. 193.
67 Lyoner Schauspielerin, die Talma eine vom Publikum ihm während der Hamlet-Aufführung zugeworfene Krone aufs Haupt setzte.
68 P.-F. Tissot, *Souvenirs historiques sur la vie et la mort de Talma*, S. 41.
69 Zwei Tragödien von Voltaire.
70 *Ibid.*, S. 42.
71 Beau de Loménie, *op. cit.*, S. 149.

72 Der Friede von Wien, unterzeichnet am 14. nach Österreichs Niederlage bei Wagram.

73 Von Constant.

74 Es handelt sich um die Uraufführung des Schauspiels von Z. Werner, *Der vierundzwanzigste Februar.*

75 *Ibid.*, S. 152.

76 Gustav-Adolf IV., der im März entthront wurde. Nach seiner Abdankung begibt er sich nach Basel.

77 Schwester der Herzogin Luise und Tante der Königin von Schweden.

78 Bossey, im gleichen Jahre für Auguste gekauft, aber bald wieder verkauft.

79 *De l'Allemagne.*

80 *Der vierundzwanzigste Februar.*

81 Ein Fräulein von Jenner aus Bern.

82 Die Königinwitwe von Preußen, Mutter Friedrich-Wilhelms III.

83 Siehe S. 266.

84 Lenormand, *op. cit.*, S. 157.

85 Beau de Loménie, *op. cit.*, S. 167.

Kapitel 14

1 Vier Worte gestrichen.

2 Es handelt sich bei diesem Brief nur um einen Entwurf. Comtesse Le Marois, *»Un projet de lettre de Madame de Staël à Napoléon«*, *Occident et Cahiers staëliens*, Nr. 10, 1938, S. 116.

3 Präfekt von Loir-et-Cher. Ohne leichtgläubig zu sein, hat er an der Authentizität der ihm von ihr ausgehändigten Dokumente nie gezweifelt. Doch bald danach wird er seines Amtes enthoben, erkrankt und stirbt.

4 Es handelt sich um Nicolle.

5 Am 5. Februar 1810 hatte Napoleon eine Buchzensur unter der Leitung von Portalis eingeführt.

6 Dieser Satz erscheint auch im Vorwort zu *De l'Allemagne*.

7 Léonce Pingaud, *»Madame de Staël et le duc de Rovigo«*, *Revue de Paris*, 1. Dezember 1903, S. 516.

8 Hortense de Beauharnais. Siehe S. 303.

9 Der Dichter Esménard, Mitglied der französischen Akademie, war einer der Zensoren und Abteilungsleiter des Polizeiministers und Savarys Wortführer. Er war hingerissen von Madame Récamier.

10 Le Marois, *op. cit.*, S. 117.

11 Lenormand, *op. cit.*, S. 165.

12 Anspielung auf die kürzlich erfolgte Abdankung ihres Gatten, Louis Bonaparte, der lieber auf den Thron verzichtete, als seine holländischen Untertanen auf Befehl des Kaisers durch die Aushebung von Soldaten und neue Steuern zu ruinieren.

13 Le Marois, *op. cit.*, S. 119.

14 Madame de Staël, *De l'Allemagne*, Vorwort, S. 6.

15 Anspielung auf die geplante Begegnung mit Prosper.

16 Ein Passus aus *Der Messias*, den sie auch in *De l'Allemagne* anführt.

17 S. Balayé, »Un Amour inconnu de Madame de Staël«, *Cahiers staëliens*. Neue Folge Nr. 2, Januar 1964, S. 15.

18 *Ibid.*, S. 26.

19 P. Gautier, *op. cit.*, S. 261.

20 Der Historiker und Publizist Charles de Lacretelle. Er hatte die Bemerkung gemacht, Madame de Staël erreiche mit ihrem ungeheuren Redeschwall, was eine schöne Frau mit einem kleinen Lächeln erreichen würde.

21 Sainte-Beuve, »Camille Jordan et Madame de Staël«, *Nouveaux Lundis*, XII, S. 314.

22 Ludwig Geiger, *Aus Chamissos Frühzeit*, S. 264.

23 Beau de Loménie, *op. cit.*, S. 188.

24 *Die Farbenlehre* (1810).

25 *Der standhafte Prinz* von Calderon, von Schlegel übersetzt, siehe S. 243.

26 Postskriptum Madame de Staëls zu einem Brief von Schlegel. *Goethe-Jahrbuch*, 1884, V, S. 120.

27 Siehe seinen Brief S. 310.

28 Capelle.

29 Beau de Loménie, *op. cit.*, S. 192.

30 Rocca?

31 Sainte-Beuve, *op. cit.*, S. 318.

32 Deutscher Arzt und Schriftsteller.

33 Delphine de Sabran, Comtesse de Custine, Schwester von Elzear, deren Vorname Madame de Staëls Roman als Titel diente.

34 Botschafter erst in Rom, dann in Neapel, Autor von *Venus Urania, Über die Natur der Liebe*, schrieb über juristische Fragen und die Schönen Künste.

35 Es handelt sich um den Großen Kometen von 1811.

36 In Savona gefangengehalten, wurde Pius VII. von Sendboten des Kaisers bedrängt.

37 Usteri und Ritter, *op. cit.*, S. 220.

38 Beau de Loménie, *op. cit.*, S. 205. Ihre Gesundheit dürfte auch dadurch angegriffen gewesen sein, daß sie seit zwei Monaten mit Alphonse Rocca schwanger ging.

39 *Ibid.*, S. 209.

40 *Ibid.*, S. 214.

41 Capelle.

42 J. Mistler, *op. cit.*, S. 200.

43 Es handelt sich um den Selbstmord von Kleist.

44 Die 1813 erscheinen.

45 *Ibid.*, S. 202.

46 Dieses Gedicht bleibt unvollendet.

47 Werk von Chateaubriand.

48 Usteri und Ritter, *op. cit.*, S. 224.

49 Heinrich Düntzer, *Zwei Bekehrte, Zacharias Werner und Sophie von Schardt*, S. 148.

50 Fernand Baldensperger, »Lettres inédites de Zacharias Werner à Madame de Staël«. *Revue de littérature comparée*, Januar–März 1923, S. 128 (Original französisch).

51 *Dix années d'exil* wird posthum erst 1820 erscheinen.
52 Von Walter Scott (1810), inspiriert von der wilden und bezaubernden Gegend des Loch Katrine.
53 Mistler, *op. cit.*, S. 211.

Kapitel 15

1 Edouard Chapuisat, »Lettres de Madame de Staël à John Rocca«, *Bibliothèque universelle et Revue de Genève*, September 1929, S. 265.
2 *Ibid.*, S. 265.
3 *Revue des Deux Mondes*, 15. Juni 1959, S. 682.
4 Lemberg.
5 Marcel Girard, »Madame de Staël et Metternich«, *Revue de littérature comparée*, Juli–September 1954, S. 332.
6 Die Schlacht von Borodino am 7. September.
7 Siehe S. 396, 399, 400.
8 P. Gautier, *Dix années d'exil, op. cit.*, S. 409.
9 Auszug; unveröffentlichte Dissertation von Victor de Pange, »Madame de Staël and her English Correspondents« (Oxford, 1955), S. 392. (Bodleian Library und Société d'Etudes staëliennes.) Mit freundlicher Genehmigung des Autors hier zum ersten Mal veröffentlicht.
10 Trophime-Gérard, Marquis de Lally-Tollendal, Staatsmann, Philanthrop und Schriftsteller. Als Geliebter Madame d'Hénins ist er auch ein älterer Freund von Madame de Staël.
11 *Revue de Littérature comparée*, 1922, S. 626.
12 *Ibid.*, S. 628 (Original englisch).
13 J.-B.-G. Galiffe, *D'un Siècle à l'autre*, II, S. 325.
14 Comte Achille du Cayla, Gatte von Zoé Talon, der künftigen Mätresse Ludwigs XVIII. Jacques Norvins, künftiger Autor des *Mémorial de Sainte-Hélène*. Madame de Staël hatte dem ersteren am 18. Fructidor das Leben gerettet.
15 S. Balayé, *op. cit.*, S. 398.
16 Der künftige morganatische Gatte Marie-Louises; auch er drängt Bernadotte, sich gegen Napoleon zu wenden.
17 Maria Ullrichova, *op. cit.*, S. 75.
18 Doxat and Divett, Schweizer Bankiers in London; verschlüsselter Ausdruck, um England zu bezeichnen.
19 Schlegel.
20 Nolde, *op. cit.*, S. 39; und *Collection d'autographes littéraires* . . . , Verkaufskatalog vom 29. Mai 1968, Hôtel Drouot.
21 Derselbe Ausdruck in dem Brief vom 30. Germinal IX (20. IV. 1801) an Du Pont de Nemours, wo er sich auf Bonaparte bezieht.
22 T. Höjer, »Madame de Staëls brev till kronprins Carl Johan, 1812 bis 1816«, *Historisk Tidskrift*, 1960, Heft 2, S. 160.
23 *Sur le système continental*, an welcher Broschüre Madame de Staël mitgearbeitet haben soll.
24 *De l'Allemagne*, das im Oktober bei John Murray erscheinen wird.
25 Usteri und Ritter, *op. cit.*, S. 261.

26 Durch den Vertrag von Kiel (1814) werden die Verbündeten Norwegen, das damals eine dänische Provinz war, an Schweden geben.

27 Lewis Goldsmith hatte mit der Protektion Talleyrands *The Argus, or London reviewed in Paris* gegründet. Zunächst Parteigänger der Revolution, veröffentlichte er Streitschriften gegen Napoleon.

28 Der künftige Georg IV.

29 Lucien Bonaparte, damals in Thorngrove in halber Gefangenschaft.

30 Staatssekretär im Auswärtigen Amt und Leader der Tories.

31 Anspielung auf die Einladung, die Blacas ihr gemacht hatte, ihre Feder der Sache der Bourbonen zu leihen.

32 Geborene Hulot.

33 *Historisk Tidskrift*, 1960, Heft 2, S. 161. In seinem unveröffentlichten Brief drückt Albert seiner Mutter seinen »heftigen Schmerz« aus, die ihre Vorwürfe ihm bereitet hätten. »Es war im Augenblick eines Treffens, und ich schwöre dir, daß ich die ganze Zeit, in der ich die Kugeln pfeifen hörte, nur an den Kummer dachte zu sterben, während du mir zürntest.«

34 Bei Lord (John Bligh) und Lady Darnley, nahe von Gravesend (Kent), »der schönsten Wohnstätte der Welt«.

35 *Revue de Genève*, Okt. 1929, S. 425.

36 Siehe oben Anm. 28.

37 Prinzessin Karoline-Amelie von Braunschweig-Wolfenbüttel, von der der Prince of Wales seit 1796 getrennt lebte.

38 Prinzessin Charlotte, die 1816 Leopold von Sachsen-Coburg heiratete, den künftigen König der Belgier, und die 1817 mit 21 Jahren starb.

39 Dem künftigen Wilhelm II. der Niederlande; er wird 1815 Anna Pawlowna, die Schwester Alexanders I., heiraten.

40 William George Spencer Cavendish, sechster Herzog of Devonshire, »lord-lieutenant« von Derbyshire. Er ist ein Freund der Literatur, wird später zum Geheimen Rat, dann zum Oberkammerherrn ernannt und bleibt Junggeselle.

41 Sophie-Charlotte von Mecklenburg-Strelitz, Gemahlin Georgs III.; sie schenkte ihm zwölf Kinder.

42 *Mercure de France, ibid.*, S. 91, 1. September 1953.

43 Tory-Minister für Krieg und Kolonien.

44 *Historisk Tidskrift*, 1960, Heft 2, S. 163.

45 Verschlüsselter Ausdruck, um England zu bezeichnen.

46 Gleichfalls für *De l'Allemagne*.

47 Nolde, *op. cit.*, S. 42.

48 Friedrich Franz, Herzog von Mecklenburg-Schwerin, damals im Alter von 57 Jahren.

49 Bernadotte und Désirée Clary.

50 J. de Pange, *Schlegel et Madame de Staël, op. cit.*, S. 436.

51 Zwischen Mitte August und Ende September mietet Madame de Staël Gothic House an der Straße von Petersham.

52 *Figaro littéraire*, 14.–20. Oktober 1965.

53 *Historisk Tidskrift*, 1960, Heft 2, S. 164.

54 Usteri und Ritter, *op. cit.*, S. 266.

55 Während der Schlacht von Leipzig (16.–18. Oktober) kommandierte

Bernadotte den linken Flügel der Alliierten, zu dem inmitten des Kampfes die Sachsen stießen.

56 *Historisk Tidskrift*, 1960, Heft 2, S. 165.

57 Am 18. Okt. hatte Napoleon die katastrophale Niederlage bei Leipzig erlitten.

58 Ludwig XVIII. und seine Nichte, die damals in Hartwell, nicht weit von London, im Exil lebten.

59 *Mercure de France, ibid.*, 1. September 1953, S. 92.

60 Vielleicht Charles James, englischer Major.

61 Leveson-Gower, erster Earl Granville, Mitglied des Parlaments und Diplomat.

62 Damals immer noch Generalstabs-Chef der Grande Armée und noch in der Gunst Napoleons.

63 Er hatte die Alliierten bei Weißenfels zurückgeschlagen, wurde jedoch (am 5. September) bei Dennewitz besiegt. 1814 schloß er sich Ludwig XVIII. an.

64 Auszug aus einem unveröffentlichten Brief (siehe S. 425, Anm. 9).

65 Usteri und Ritter, *op. cit.*, S. 267.

66 J. de Pange, *op. cit.*, S. 471.

67 Siehe den Brief vom 30. Juli 1816 in Haussonville, *Femmes d'autrefois*, S. 211.

68 *Die Braut von Abydos.*

69 *The Works of Lord Byron.* I. *Letters and Journals*, II. R. E. Prothero, II, S. 354.

70 Unveröffentlicht, Original englisch.

71 Nolde, *op. cit.*, S. 43.

72 Siehe oben Anmerkung 23.

73 *Considérations sur la Révolution française,* die 1818 erscheinen werden.

74 Usteri und Ritter, *op. cit.*, S. 273.

75 Louis-Marie Camps, Oberstleutnant, Adjutant und Sekretär Bernadottes.

76 Friedrich-Karl Baron Tettenborn, General der russischen Truppen in Hamburg im Frühjahr 1813.

77 *Historisk Tidskrift*, 1960, Heft 2, S. 166.

78 Aus Rücksicht auf den äußeren Schein wohnte er unter einer anderen Adresse.

79 Neffe von Fox, damals in der Opposition. Seine schöne und geistreiche Frau empfängt in ihrem Salon die bedeutendsten Männer ihrer Zeit.

80 Es handelt sich um Sir James Mackintosh, den schottischen Publizisten und Philosophen, auf den Rocca eifersüchtig ist. Sir James ist in der Tat Madame de Staëls bester englischer Freund in diesem Augenblick; fast täglich besucht er sie. Er war ihr behilflich bei den Verhandlungen mit dem Verleger Murray und hat in der *Edinburgh Review* eine Besprechung von *De l'Allemagne* geschrieben. Auf der Universität von Edinburgh war er ein Gefährte von Constant gewesen.

81 *Revue de Genève,* November 1929, S. 585.

82 Rocca.

83 Wahrscheinlich handelt es sich um die *Souvenirs sur l'histoire moderne de Suède*, ins Schwedische übersetzt und veröffentlicht, jedoch auf französisch nie erschienen.

84 Gestorben bei Torgau im November 1813 infolge einer Kriegsverletzung.
85 Nolde, *op. cit.*, S. 47 und *Katalog Drouot, op. cit.*, vom 28. Mai 1968.
86 Die beiden Staatsmänner, die 1683 gegen Karl II. konspirierten und hingerichtet wurden.
87 *Ibid.*, S. 52.
88 Es handelt sich um die berühmte Broschüre *De l'Esprit de Conquête et d'Usurpation*, sein glänzendstes und prophetischstes Werk, ein Meisterwerk militärischer Propaganda; es wurde während der beiden Weltkriege neu aufgelegt und übersetzt. Bernadotte benutzte die Schrift für seine Proklamation an die Franzosen.
89 Anspielung auf eine Episode aus den Kämpfen zwischen Christian II., König von Dänemark, und Gustav Wasa, König von Schweden, im 16. Jahrhundert.
90 Der zweite Sohn des künftigen Königs Karl X.
91 *Ibid.*, S. 57 und *Katalog Drouot, op. cit.*, 29. Mai 1968.
92 *The Corsair*, Ende Januar erschienen.
93 Doris Gunnell, »Madame de Staël et l'Angleterre. Une Année d'exil«, *Revue d'histoire littéraire de la France*, Oktober-Dezember 1913, S. 881.
94 *The Works of Lord Byron, op. cit.*, II., S. 384.
95 Alexander I.
96 Frau des russischen Botschafters.
97 Siehe *Dix années d'exil*, 2. Teil, Kap. XIV, und *Considérations*, 4. Teil, Kap. XIX.
98 *Dix années d'exil, op. cit.*, S. 415.
99 Am 20. errang Napoleon seinen letzten Sieg bei Arcis-sur-Aube.
100 Nolde, *op. cit.*, S. 64 und *Katalog Drouot; op. cit.*, 29. Mai 1968.
101 *Ibid.*, S. 69.
102 *Dix années d'exil*, 2. Teil, Kap. XVII.
103 »Lettres de l'Empereur Alexandre I. et Madame de Staël«, veröffentlicht von General Schilder, *Revue de Paris*, 1. Januar 1897, S. 5.
104 General Osten-Sacksen, nach dem Krim-Krieg in den Grafenstand erhoben.
105 P. Kohler, *op. cit.*, S. 628.

Kapitel 16

1 Mitglied des provisorischen Staatsrats, künftiger Innenminister. Madame de Staël hatte 1792 ihn mit sich zusammen aus Paris entkommen lassen wollen.
2 Doris Gunnell, »Une liasse de lettres inédites de Madame de Staël«, *Mercure de France*, 1. Oktober 1911, S. 482.
3 *L'Essai sur le Suicide*, der zum ersten Mal im April 1813 erschienen war.
4 Von Ludwig XVIII. seines Oberstenranges beraubt, protestierte er heftig in einem Brief an den König und wurde verbannt.
5 *Historisk Tidskrift*, 1960, Heft 2, S. 168.
6 C. = Initiale von Charles-Jean. Der einzige Brief Bernadottes an Madame de Staël, der bekannt geworden ist. P. Gautier, *op. cit.*, S. 349.

7 Mistler, *op. cit.*, S. 165.

8 Künftiger Schwiegersohn von Madame de Staël und unter Louis-Philippe Minister.

9 Nolde, *op. cit.*, S. 74.

10 Geheimer Rat Alexanders und glühender Verfechter von Napoleons Sturz.

11 *Historisk Tidskrift*, 1960, Heft 2, S. 171.

12 *Mercure de France, ibid.*, 1. September 1953, S. 96.

13 *Revue d'histoire diplomatique, ibid.*, 1890, S. 221.

14 Als Botschafter.

15 *Historisk Tidskrift*, 1960, Heft 2, S. 173.

16 *Iphigénie*, 1. Akt, Szene 1, Vers 9. *Mercure de France, ibid.*, 1. September 1953, S. 97.

17 M. Ullrichova, *op. cit.*, S. 105.

18 P. Gautier, *op. cit.*, S. 372.

19 Falsche Behauptung; in ihrem Rapport über *De l'Allemagne* hatten die Zensoren vermieden, sich zu kompromittieren, und es war Napoleon selbst, der das Verbot des Buches aussprechen ließ.

20 *Ibid.*, S. 372.

21 J. Mistler, *Madame de Staël et O'Donnell, op. cit.*, S. 329. Dieser Brief wurde von österreichischen Agenten abgefangen.

22 »La Benjamine«.

23 Zweiter Gatte der Prinzessin de Broglie, Albertines künftiger Schwiegermutter, damals liberaler Abgeordneter.

24 Nolde, *op. cit.*, S. 89. Bei Erhalt dieses Briefes notiert Constant in seinem Tagebuch: »Welche Harpie! So billig wird sie bei mir nicht fahren, wie sie glaubt.«

25 Der künftige Louis-Philippe, König der Franzosen.

26 Mistler, *Madame de Staël et O'Donnell, op. cit.*, S. 331. Auch dieser Brief wurde von österreichischen Agenten abgefangen.

27 Nolde, *op. cit.*, S. 93. Am 19. notiert Constant in seinem Tagebuch: »Das ist also Krieg zwischen uns? Meinetwegen, ich werde ihn aus ganzem Herzen führen.«

28 In Gent befand sich der Zar wegen der Brüsseler Heirat seiner Schwester, der Großherzogin Anna-Pawlowna, mit dem Fürsten von Oranien.

29 *Literaturnoye Nasledstvo, ibid.*, 1939, Band 33–34, S. 292, aus dem Russischen zurückübersetzt von G. Solovieff.

30 *Mercure de France, ibid.*, 1. Oktober 1911, S. 486.

31 Nach Vergil Junos Zorn auf Paris wegen seiner beleidigenden Verachtung ihrer Schönheit.

32 Nolde, *op. cit.*, S. 100.

33 *Ibid.*, S. 106.

34 *Ibid.*, S. 109.

Kapitel 17

1 Ehemaliger Erzieher des Zaren. Er wird Madame de Staël von Pidou (1754–1821), dem Landammann und Regierungschef des Waadtlandes,

vorgestellt. Als Verfechter der Unabhängigkeit des Waadt von der Berner Oberherrschaft hatte er 1797 die französischen Truppen ins Land gerufen und Madame de Staël vorgeworfen, daß sie sich dem widersetzt habe.

2 *Revue de Paris*, Januar–Februar 1897, S. 10.

3 *Lettres inédites de J. C. L. Sismondi* ..., herausgegeben von M. Saint-René Taillandier, S. 350.

4 Victor de Pange, *op. cit.*, S. 49.

5 *Revue de Littérature comparée*, ibid., 1922, S. 636.

6 Constant ist damals in London, wo er *Adolphe* revidiert. Nolde, *op. cit.*, S. 117

7 Prinzessin Charlotte, Tochter des Prinzregenten.

8 »unpassend«.

9 *History of England from the earliest time to the final establishment of the Reformation*, 1830 veröffentlicht.

10 Auszug aus einem unveröffentlichten Brief (siehe S. 425, Anm. 9).

11 *Mercure de France*, ibid., 1. Oktober 1911, S. 488.

12 Auszug aus einem unveröffentlichten Brief.

13 Victor de Pange, *op. cit.*, S. 53.

14 Constant ist immer noch in England. Nolde, *op. cit.*, S. 121.

15 Nichte Wellingtons.

16 Caroline Lamb, Schriftstellerin, Gattin von William, dem späteren Lord Melbourne; sie wurde wegen ihrer Leidenschaft zu Byron berühmt (1812).

17 Madame de Duras.

18 Premierminister Ludwigs XVIII. Siehe Kap. 15 Anmerkung 31.

19 Taillandier, *op. cit.*, S. 355.

20 *Les Dernières années de Lord Byron* ... *par l'auteur de Robert Emmet*, S. 95 (Original englisch).

21 Kohler, *op. cit.*, S. 672.

22 Victor de Pange, *op. cit.*, S. 74.

23 Vielleicht Canning?

24 *Ibid.*, S. 87.

25 *Revue de Paris*, ibid., 1. Januar 1897, S. 20.

26 *Ibid.*, S. 22.

27 *Extracts from the Journals of Mary Berry*, III, S. 126.

Personenregister

Die *kursiv* gesetzten Namen bezeichnen die Briefpartner Madame de Staëls, *kursiv* gesetzte Zahlen verweisen auf Briefe Madame de Staëls an diese Partner oder umgekehrt.

DIE FRAU IN DER GESELLSCHAFT
TEXTE UND LEBENSGESCHICHTEN
Herausgegeben von Gisela Brinker-Gabler

Ruth Ellen Boetcher Joeres
Die Anfänge der deutschen Frauenbewegung:
Louise Otto-Peters
Band 3729

Eine stumme Generation berichtet
Frauen der 30er und 40er Jahre
Herausgegeben von Gisela Dischner. Bd. 3727

Germaine Goetzinger
Für die Selbstverwirklichung der Frau: Louise Aston
Band 3743

Fanny Lewald
Meine Lebensgeschichte
Herausgegeben von Gisela Brinker-Gabler. Bd. 2047

Toni Sender
Autobiographie einer deutschen Rebellin
Herausgegeben von Gisela Brinker-Gabler. Bd. 2044

Diana Orendi-Hinze
Rahel Sanzara
Eine Biographie. Band 2258

Mathilde Franziska Anneke
in Selbstzeugnissen und Dokumenten
Herausgegeben von Maria Wagner. Bd. 2051

Kämpferin für den Frieden
Bertha von Suttner
Lebenserinnerungen, Reden und Schriften
Eine Auswahl, herausgegeben und eingeleitet
von Gisela Brinker-Gabler. Bd. 2053

Gerda Szepansky
Frauen leisten Widerstand: 1933–1945
Band 3741

FISCHER TASCHENBUCH VERLAG

fi 16/2 a

Biographien – Erinnerungen

Geschichte/Zeitgeschichte

Rudolf Augstein
**Preußens Friedrich
und die Deutschen**
Band 5088

Günter Barudio
Gustav Adolf – der Große
Eine politische Biographie
Band 4358

Hans Peter Bleuel
**Ferdinand Lassalle
oder Der Kampf wider
die verdammte
Bedürfnislosigkeit**
Band 5107

Margarete Buber-Neumann
Milena, Kafkas Freundin
Band 5638

Anne Frank
**Das Tagebuch
der Anne Frank**
Band 77

Sebastian Haffner
Anmerkungen zu Hitler
Band 3489

F. W. Hemmings
Emile Zola
Chronist und Ankläger
seiner Zeit. Band 5099

Ruth Herzog
Shalom Naomi?
Brief an ein Kind
Band 5102

Frederik Hetmann
Rosa L.
Die Geschichte der
Rosa Luxemburg und
ihrer Zeit. Mit
dokumentarischen
Fotos. Band 2132

Heinrich Eduard Jacob
**Felix Mendelssohn
und seine Zeit**
Band 5023

Arthur Koestler
**Ein spanisches
Testament**
Aufzeichnungen aus
dem Bürgerkrieg
Band 2252

Primo Levi
Atempause
Eine Nachkriegsodyssee
Band 2105

Fischer Taschenbuch Verlag

fi 85/4a

Biographien – Erinnerungen
Geschichte/Zeitgeschichte

Primo Levi
Ist das ein Mensch?
Erinnerungen
an Auschwitz
Band 2226

Golo Mann
Wallenstein
Band 3492

Robert K. Massie
Peter der Große
Sein Leben und seine Zeit
Band 5632

Klaus Mehnert
Ein Deutscher in der Welt
Erinnerungen 1906–1981
Band 3478

B. Nicolaevsky/
O. Maenchen-Helfen
Karl Marx
Band 5604

Gerhard Ritter
Freiherr vom Stein
Eine politische Biographie
Band 5610
Luther
Gestalt und Tat
Band 5641

Herbert Rosendorfer
Der Prinz von Homburg
Band 2249

Inge Scholl
Die weiße Rose
Band 88

Herbert Scurla
Alexander von Humboldt
Band 5634

**Die Töchter
von Karl Marx
Unveröffentlichte
Briefe**
Band 5617

Leo Trotzki
Mein Leben
Band 6627
Der junge Lenin
Band 6632

Henry Vallotton
Maria Theresia
Die Frau, die ein
Weltreich regierte
Band 5028

Fischer Taschenbuch Verlag